凤鸣上林苑
与
乡愁大槐树

筹划指导
中国共产党北京市大兴区委员会宣传部

统筹
中共北京市大兴区长子营镇委员会
北京市大兴区长子营镇人民政府

卫东海 阮海云
侯文学 李少白
任鑫 云章
著

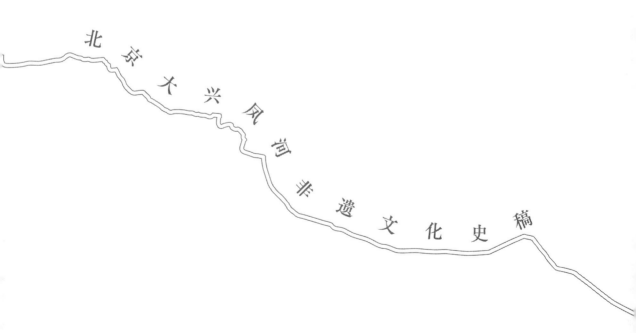

北京大兴凤河非遗文化史稿

光明日报出版社

图书在版编目（CIP）数据

凤鸣上林苑与乡愁大槐树：北京大兴凤河非遗文化
史稿 / 卫东海等著. -- 北京：光明日报出版社，
2023.10

ISBN 978-7-5194-7552-9

Ⅰ.①凤… Ⅱ.①卫… Ⅲ.①非物质文化遗产—研究
—大兴区 Ⅳ.①G127.13

中国国家版本馆CIP数据核字（2023）第198365号

凤鸣上林苑与乡愁大槐树：北京大兴凤河非遗文化史稿

FENGMING SHANGLIN YUAN YU XIANGCHOU DA HUAISHU：BEIJING DAXING FEGNHE FEIYI WENHUA SHIGAO

著　　者：卫东海　阮海云　侯文学　李少白　任　鑫　云　章

责任编辑：鲍鹏飞　　　　　　　责任校对：周文岚
封面设计：柒拾叁号　　　　　　责任印制：曹　诤

出版发行：光明日报出版社
地　　址：北京市西城区永安路106号，100050
电　　话：010-63169890（咨询），010-63131930（邮购）
传　　真：010-63131930
网　　址：http://book.gmw.cn
E – mail：gmrbcbs@gmw.cn
法律顾问：北京市兰台律师事务所龚柳方律师

印　　刷：朗翔印刷（天津）有限公司
装　　订：朗翔印刷（天津）有限公司
本书如有破损、缺页、装订错误，请与本社联系调换，电话：010-63131930

开　　本：185mm×260mm　　　　印　　张：26.5
字　　数：585千字
版　　次：2023年10月第1版　　　印　　次：2023年10月第1次印刷
书　　号：ISBN 978-7-5194-7552-9

定　　价：198.00元

　　凤河文化研究首席专家卫东海博士与哲学家、哲学史家、中国人民大学一级教授张立文先生一起探讨非遗研究的社会学田野调查方法

序

　　世界笔墨具一天，惊天动地至今传。《凤鸣上林苑与乡愁大槐树：北京大兴凤河非遗文化史稿》独具一种天地，风格独特，使一条古老河流成为震动天地、影响极大的非物质文化遗产。这是我的学生卫东海和他的业余学者团队关于凤河非物质文化遗产研究的学术专著。

　　人总是要有一点精气神的。东海博士搞行政工作多年，一直没有忘记自己的学人身份。这些年，工作再忙，事务再多，始终没有忘记读书人的情怀，充分利用所有的业余时间，致力于大兴凤河文化研究。他的学术研究成果终于支撑着一条古老的河流成为非遗项目，并且上升到文化战略高度。也只有凭借非凡的毅力、强烈的使命感、读书人的情怀和废寝忘食的治学精神，才能取得"笔下自有云烟飞"的成果。

　　"非遗"，是非物质文化遗产的简称，它是民族的精神血脉。习近平总书记多次强调要让文化活起来，"活起来"就是要实现创造性转化、创新性发展。"非遗"就是从传统文化、历史文化资源中汲取养分，延续文化基因的"活态"成分。

　　遥望苍茫，西山倩靓。西山永定河文化带是北京市"三个文化带"建设中的一个重要目标。凤河因其独特的历史渊源，在文化形态上沉淀了神奇而迷离的非遗文化色彩。2022年年初，申遗成功的大兴凤河传说项目，注定将作为文化软实力，成为永定河高端非遗品牌之一，成为新国门下文化赋能、以文促旅、产业融合的"文化润滑剂"。

　　大兴，史称"天下首邑"。凤河，曾是北京母亲河——永定河的故道，是永定河潜水溢出带形成的皇家苑囿——南海子"血脉"，金元以来，滋养了明代上林苑所辖的蕃育署核心区域，同时也夯实了明清宫廷筵宴农业生产资料供应的稳定基地。凤河传说内容厚重，表现方式多样，构成凤河文化独特的文化底色，成为西山永定河文化带建设中一张极其鲜活亮丽的金贵名片。

　　乡村振兴，就是要重新激活乡村活力。凤河传说的申遗成功，将会使凤河非遗"软实力"变成乡村旅游业态的"生产力"，调动农村剩余劳动力。解决留守劳动力就业问题的同时，让非遗项目也得以传承，实现"双赢"。

凤河文化不仅仅是北京市大兴区打造全国文化中心过程中的历史、文化、生态窗口，也是新国门文化展示的前沿，京津冀协同发展的民间文化集散地。"南海子""皇家苑囿""上林苑""蕃育署"等均是凤河流域的文化符号，富有历史的厚重感；"乡愁记忆""明清大移民""大槐树""精神家园""明廷筵宴"揭示了凤河的文化含量，具有鲜明的时代特色；凤河传说中龙凤共舞说、凤凰哀乐说、苏麻喇姑说、雌凤殉难说、大槐树引凤说、沙冈祭凤说、宫廷筵宴说、关公护凤说等，这些都是凤河传说系列中与新国门"金凤凰"紧密关联的精美事典，蕴含着美丽凄婉的乡愁、诚实守信的担当、音乐曲艺的精神灵觉、宫廷苑囿的庙堂高雅、大爱无疆的绝壮凄美。文化品牌，展示的是历史，服务的是现实，引领的是未来。凤河传说非遗项目浓缩着大兴乡土之美和人文之美，演绎了凤河流域积极健康的人文场域，张扬着时代的价值理念、道德规范和共同社会心理认同。

凤河传说是一个跨度大、品级高、传播广、内涵深的非遗项目，传说的原始母体，亦即传说核，就是凤凰，就是凤凰本体和与之相关联的事项作为凤河传说的原生体。母体之下便是衍生出来的初始意象，是家园乡愁、道义信仰、艺术灵觉、庙堂高雅、大爱无疆。初始意象之后是延展而来的流传在民间的神话、传说、故事的集成，这些传说的逻辑结构基本上围绕初始意象展开，只是由于传说者的时代不同、知识结构有别、生活体验各异，从而形成"层累"语境差异。再细分而来，就是凤河流域广大乡村流传的，林林总总具有正能量、健康向上的，体现社会主义核心价值观的故事传说集合体。

凤河传说非遗的总体特征是什么？该书从多个维度做了概括，我觉得有深度、个性化，而且比较准确到位。第一，广延的民间叙事聚合在历史长时段，使得很多门类的传说（故事）呈现出繁多的特点。第二，开放的叙事方式体现核心结构的生长点。凤河传说的生成发展，都以比较定型的核心结构（情节）凤凰为标志，构成传说的原始形态。这种核心结构是一个开放性的"活"的系统，由此引出众多的生长点。这些生长点在历史演进的生命场中，与不同时代、不同村落造成的不同的社会群体（创造主体）相结合，形成一个突出的"活态"趋势，即情节不断生成、不断扩展、不断追加，逐步由少而多，由简而繁，由单一型变成复合型，从而使整个传说呈现出蓬勃的生机和庞大的规模。第三，凤河传说由于生成年代久远，又长期广泛地流传着，多重的内涵体现在不断发展变动中，这就使它不断地接受纵、横多方面的积淀，成为具有多重精神内涵的民间文化"活化石"。

文化底蕴、习俗民风、宗教信仰、价值取向之间始终存在着错综复杂的关联，这就要求严谨的学术研究态度，其考据、考证功夫必须是第一位的。该书从历史考证、田野调查出发，从地名、物器遗存、家谱、祭祀、民俗、地方戏曲、口头传说等维度，大量运用最直接、丰富、翔实、准确的史料，按照社会学价值中立的方法，将辽、金、元、明、清时代凤河实证资料与现时代生活方式做了有的放矢的比对分析，竭力在纷杂凌乱的资料甄别中，探寻凤河传说背后深层文化的多样性，竭力综合多种研究方法，调动力所能及的最大限度，揭示研究对象的本然和实态。

除了依据正史的馆所碑铭、祭祀墓表、明清档案外，本书还大量调度了口述资料。口述资料是口述研究法的应用，提供了正史记载之外更加生动而鲜活的历史信息，触摸到凤河流域地方社会发展的历史脉搏，感受底层民众的苦乐悲欢，见识社会、思想变迁的轨迹，在主流话语之外的公共话语系统中追寻更加真实的历史信息。

东海博士和这支团队十五年如一日，牺牲了所有的业余时间，专心挖掘研究凤河非遗文化的历史底色，使这条过去名不见经传的河流成为新国门下的一张非遗名片。从2012年最初的《凤河岸边长子营——北京大兴区凤河流域明清移民文化考略》史料梳理，到2021年申遗的《沧桑凤河的故园家山》，再到今日的《凤鸣上林苑与乡愁大槐树：北京大兴凤河非遗文化史稿》，三本专著，有序推进，考据严密，论证周详，皇皇百万字，那是需要用理想与信念铸就的学术情怀。

学术研究的成果，为品牌打造奠定了扎实的学理根基。实现品牌的影响力，还需要不断提升对外传播的创造力、感召力，讲好凤凰传奇的故事，展示好凤河区域文化风采，让"美丽凤河""魅力凤河"形成更强的社会知名度和影响力。

"凤河传说非遗"的形成，有利于构建"乡愁长子营""古镇青云店""帝苑瀛海镇""历史蕃育署""凤凰新国门"等次生品牌，不断升华凤河流域文旅和合发展的气质内涵，让乡村民宿、农家乐、农家饭、土特产依托文化底蕴形成品牌，形成文旅资源产品矩阵，让每一处都成为网红景点和市民游客打卡地，实现以文塑旅、以旅彰文、以文赋能，使得"旅游＋""民宿＋"蓬勃发展，让传统文化创造性转化焕发新的生命力、活的亲和力。

岁月不言老，依旧海棠红，祝贺东海和他的文化志愿者团队。

是为序。

张践

于中国人民大学孔子研究院

2022.

目　录

第一章　活态文化的凤凰灵音（代导论）

西山永定河文化带是北京市"三个文化带"建设中的一个重要目标，如何提升"文化带"上大兴的永定河、凤河文化影响力和南海子上林苑皇家苑囿文化亮点，将已经申遗通过的南海子、凤河、永定河传说作为重要的文化软实力，打造高端文化品牌，进而形成文化事业与产业、文旅互促、产城融合、城乡一体的"文化润滑剂"，是新大兴、新国门"十四五"规划实施中，更加需要用实践理性回应的一个文化命题。

"非遗"，是民族得以延续的文化密码和精神血脉，进入二十一世纪，一直以方兴未艾之势不断成为文化发展和民生福祉的强大推力。2022 年 4 月，习近平总书记在海南考察时，强调搞好非物质文化遗产传承，将推动巩固拓展脱贫攻坚成果与乡村全面振兴有效衔接。5 月举办的十九届中央政治局第三十九次集体学习上，习近平总书记指出："要积极推进文物保护利用和文化遗产保护传承，挖掘文物和文化遗产的多重价值，传播更多承载中华文化中国精神的价值符号和文化产品。"习近平总书记坚定地强调，"要让收藏在禁宫里的文物、陈列在广阔大地上的遗产、书写在古籍里的文字都活起来"。"活起来"就是要实现创造性转化、创新性发展，从中华文化资源宝库中提炼精华、获取灵感、汲取养分，以延续文化基因，萃取思想精华，展现精神魅力。党的十八大以来的文献，习近平总书记系列重要论述、系列批示，为我们今天非遗的挖掘传承指明了方向。尤其在党的十九大以来，影响深远、波及各个领域的非物质文化遗产保护与传承帷幕在各个市场要素形态、各个产业部类、各个村镇社区徐徐拉开。

大兴，一个充满传奇色彩的区域，历史悠久，人文厚实，史称"天下首邑"，现在称为"东方新国门""世界会客厅"。大兴境内有一条魅力温柔的河，它像一条柔软的丝带，缠绕在大兴东南部广阔的土地。凤河，它曾是京师北京的母亲河——永定河的古道，也是永定河潜水溢出带形成的南海子团河的"血脉"，同时又是滋养明代上林苑和宫廷筵宴农业生产资料供应基地的"动脉"。这份北京西山永定河文化带沉甸甸的厚重文化遗产，是馈赠给大兴人民无尽的精神财富。这些年来，凤河流域的西红门、瀛海、长子营、采育、青云店五个镇 130 多个村、30 多个社区高度重视凤河文化的挖掘，在史料收集、学术研讨、典籍梳理、活动策划、机制创新和品牌效能等方面取得的成效可圈可点。

为了充分挖掘和利用凤河传说非遗文化资源，一批有共同使命感的文化志愿者团队，在努力钩沉凤河流域民间传说、史料、田野调查资料、访谈录音基础上，结合凤河流域村镇文旅融合新业态，积极寻找促进凤河传说文化品牌构建的突破点，以期寻找出凤河传说非遗转化的新路径。

一、软实力的"软"与"硬"

实施乡村振兴战略，是解决人民群众美好生活需要和发展的不平衡与不充分之间矛盾的重大举措，它是从农耕经济主导的农村社会向现代经济主导的城市社会转型的浓彩重笔。

考据训诂、历史研究是研究历史转型和社会变迁的重要切入点。实施乡村振兴战略，文化要素绝不可缺位。文化活起来的"魂"，依靠的是"活"的文化内生驱动力。随着国家软实力增强，传统文化、历史底蕴的生命力和吸引力逐渐凸显出来，一个词语的置换很能说明问题。近年中央文件提出的乡村振兴战略，用"乡村"这个词语替代过去沿用多年的"农村"词语，就是把乡村看成独立的社会、文化单元，以期在更高、更长远的层次上实现乡村的品质发展、融合发展、全面发展，替代词"乡村"的运用恰恰昭示了乡村新的文明时代快速到来。乡村振兴战略内涵中，"乡风文明""精神家园""村规民约"已经不是助力经济振兴的次要、辅助因素，而是乡村重构的重心、旗帜和方向。查阅资料，2021年中央一号文件是《中共中央国务院关于全面推进乡村振兴加快农业农村现代化的意见》，强调了乡村振兴战略；2022年中央一号文件是《中共中央国务院关于做好2022年全面推进乡村振兴重点工作的意见》，依旧强调乡村振兴战略。继承创新优秀传统乡土文化，赓续"非物质文化遗产"的"活态能量"，进而把保护传承和开发利用结合起来，是新时代、新使命、新任务，赋予了现代乡村新的精神内涵。

文化是乡村振兴的"根"和"魂"。习近平总书记用"乡愁"一词表述过乡村文化建设的意义和价值。"乡愁"指称的意义在于，未来无论怎样发展，都不能抹杀乡村精神、乡村品质，不能抹杀传统文化和自然生态的人文价值，既要留住青山绿水，又要传承传统文化。乡村文化的复兴之路，就是让传统文化活起来，延续下去。如此看来，做好乡村振兴这篇大文章，需要重新审视乡村的历史和文化，把"沉淀"的精华萃取出来、传承下去，建设乡村新文化。

凤河流域一直是大兴传统的"三农"区域，因其独特的历史渊源、区位地理，文化形态上沉淀了神奇而迷离的非遗文化色彩。随着北京西山永定河文化带建设的加速推进，凤河文化遗产日渐勃发生机，许多文化禀赋为凤河流域增添了丰厚的经济、社会附加值，无形中撬动着凤河流域文旅业态、产业势能的迅猛崛起。

在非物质文化遗产传承上，经济效益和社会效益、品牌竞争力与市场拓展有效结合是培植非遗的立足点，这是因为以下几点。（一）把闲置劳动力变成市场"要素竞争力"，能够有效便捷地"盘活"广大乡村留守的闲置劳动力。因为城镇上班族，他们的老人和孩子需要照顾，农村因此还留守了大量的劳动力。他们中的不少人还年富力强，却空有力气无处施展。同时，还有一些残障人士、贫困妇女想自食其力，由于技能所限，遇到就业的瓶颈。（二）非遗项目能够解决留守劳动力的就业问题。让农民拥有一技之长后，政府给予一定的政策帮扶，组织非遗传承人、手工匠人在村镇办起"扶贫车间"，充分利用留守劳动力学到的一技之长，既增加了留守劳动力的收入，又使非遗项目的经济效益得以实现，经济效益和社会效益获得"双赢"。（三）以"非遗 + 扶贫"促增收。非物质文化遗产尤其是传统技艺，具有带动群众就近就业、居家就业的独特优势，是助力精准扶贫的重要抓手。传统技艺只有学的人多了，才有传承和创新的可能，可以吸纳较多留守劳动力参与进来。当非遗项目实现产业化发展时，既可让参与者创收，又能传承非遗技艺。

乡村振兴，就是要让乡村文化复兴起来，重新激活乡村活力，让乡村文化在现代文明话语体系中得以复兴和重建。振兴不是简单地回归到从前，更不是推倒重来，换一个系统，再造一个完全不同的乡村，而是在复兴传统的基础上，满足广大农民多样化、个性化的文化需求，构建崭新的乡村精神和乡村理想，唤起群众的文化自觉，让他们更加热爱祖辈传下来的文化家园，增强对文化传统的自信和自尊。

二、凤河传说的非遗资本化

凤河是永定河文化和南海子文化中的一座重要文化地标，凤河凝固了大兴的过往。凤河传说内容厚重，表现方式独特多样，构成大兴独具魅力的河流文化底色，成为永定河文化亮丽的名片。

"风生水起在大兴"。2020 年时任北京市委书记的蔡奇同志在考察大兴时，对大兴的发展和非遗传承寄予了厚望。在新的历史重要转折点，坐拥大兴国际机场的"天下首邑"，肩负的将是比肩世界先进城市发展水平和国家形象的历史重任。

如果从文化的内涵和外延上缕析，凤河和永定河确实具有一脉相承的连续性。大兴自辽金草原游牧民族入主后，在相当长的时段里，行政区划一直变动不羁，凤河流域贯穿的北京南海子（南苑）、大兴东南部和河北廊坊安次区所辖镇村几历跌宕，几历起伏，导致了课题研究的核心区域不断拓展到大兴区西红门镇、瀛海镇、长子营镇、采育镇、青云店镇方圆一百多公里、130 多个自然村。凤河一头连接着元明清三代"古苑囿"的南海子，一头牵引着"五朝"皇家宫廷筵宴的"食材"基地——"蕃育署"区域。这条古老迷人的河流，贯穿的不仅有深厚的历史、皇家、苑囿，还蕴藏着悠久的祭祀礼仪、非遗文化、移民文化、民俗文化等。

大兴，顾名思义，乃"兴旺发达"之意。凤河传说文化品牌，不仅仅展现着首都北京走向世界城市过程中的历史、文化、生态窗口，也是京津冀协同发展的民间艺术集散地，是新国门文化展示的前沿。作为地域性文化符号，它体现着人文、历史、文化、生活样态等文明、和谐、厚重的价值，凤河品牌的价值意义非同寻常。

从品牌经济学视角看，能够称得上文化品牌，起码要符合五方面的基本要求。这就是，文化品牌能够反映地域地理特点，能够引领地域的历史文化发展，有知名度、美誉度，契合时代特色，符合城市发展目标，有广阔的市场前景。凤河传说非遗特色兼具这些要求和特点。

第一，凤河流域的文化符号富有历史的厚重感。譬如"南海子""皇家苑囿""上林苑""蕃育署"等。凤河源头的南海子是辽金以来中国封建社会后期都城政治功能的承载部分，南海子渐变为"五朝"寓游猎、演武与理政于一体的综合性皇家苑囿。上林苑监是明代在南苑区域专门设置的宫廷"食材"和对苑囿管理的行政机构。上林苑之名非明清创造，其名始于汉代，专为帝王游玩和打猎之所，同时"监正掌苑囿、园地、牧畜、种树之事"。明永乐初年，凤河流域设置"蕃育署"，属上林苑管辖。凤河流域从辽、金、元始，特别是到了明、清，为上林苑监辖管的京师"菜篮子""米袋子"。这些文化符号，附着大兴国际机场的辐射效应外溢，适宜宣传推介大兴，引流网红，广而告之。

第二，文化积淀适用于诸多资本要素的聚合。"乡愁记忆""明清大移民""大槐树""精神家园""明廷筵宴"等，揭示了凤河文化在乡村振兴战略中潜在的文化品质。明代洪武至永乐年间，仅山西就有18次大的移民，还不包括山东、河北非建制的移民。凤河流域聚集了明清山西大移民的集体记忆。村民习惯用"五台、八庙、七十二连营"来概括移民村庄的数量和特征。以永定河为纽带连接起来的晋蒙京津冀，因地缘、情缘、业缘之故，将不断抬升大兴的知名度和美誉度。

第三，传说类非遗的可塑性强，易于加速文化中心建设的形成。凤河传说是一个集合体，以"凤"为传说衍生出龙凤共舞说、凤凰哀乐说、苏麻喇姑说、雌凤殉难说、耶律璟掠凤说、凤尾自然说、大槐树引凤说、沙冈祭凤说、蚂蚁对话说、吴娘娘说、宫廷筵宴说、关公护凤说等，这些都是凤河传说系列中与新国门"金凤凰"紧密关联的精美故事，蕴含着美丽凄婉的乡愁、诚实守信的道义、音乐曲艺的精神灵觉、宫廷苑囿的庙堂高雅、大爱无疆的绝壮凄美。凤河是充满正能量、健康向上的、体现社会主义核心价值观的故事传说集合体，能够增强新国门意识，提振大兴的文化自信。

第四，传说的历史性和历史性的传说还原了人文场域。绿色、生态、低碳、休闲是凤河流域历史、现在以至于将来的人文场域。在中国河流史上，没有哪一条河流能与永定河相媲美，永定河是一条名字最多的河流，直到清康熙三十七年康熙帝正式赐名为"永定河"。凤河是永定河农业生产的"晴雨表"，凤河流域优美的原生态自然环境，丰饶的农业物产，深厚的民俗文化底蕴与多样、健康、科学的生活方式，酷爱民间艺术的民风，共同构建起了休闲之旅的浓郁氛围，是历史上永定河馈赠给凤河流域人民的丰厚遗产。

文化品牌，展示的是历史，服务的是现实，引领的是未来。凤河文化品牌业已得到社会各界和外来游客的广泛认同，这种认同体现了凤河文化深刻的社会影响和时代价值。

（一）凤河传说非遗项目浓缩着大兴乡土之美和人文之美，沉淀着价值理念、道德规范和共同社会心理认同。

（二）乡愁是凤河明清移民文化的底色。习近平总书记在北京考察时，叮咛要"让城市留住记忆，让人们记住乡愁"。这就更加增强了凤河乡村的凝聚力和人际的吸附力，这便是凤河文化传播的最大公约数。

（三）凤鸾和鸣，天籁清音。在凤河流域，已经成为国家级、市级非遗传承的民间音乐艺术日渐勃发生机，如白庙村雅乐、李家务道教礼俗音乐、五音大鼓等等，利于促进大兴民间音乐曲艺集散地的打造与形成。

（四）凤河边际的麋鹿文化节、月季文化节、西瓜节、桑葚节、凤河文化活动季等品牌，借势文化赋能的东风，能够为凤河流域经济发展增加丰厚的文化附加值，带动凤河流域文旅业态的形成。

（五）满足乡土文化需要"灵魂"统摄的情势。凤凰传说意象、大槐树情节、地缘情缘等非遗资源，唤醒京津冀协同发展的地域文化审美取向和艺术价值，唤起越来越多的京津冀文化交流融合。

凤河传说非遗的形成经历了一个长时段的探索培育过程，在中共大兴区委宣传部、区文化和旅游局和大兴区长子营镇党委、政府的悉心关注下，以凤河核心区长子营镇为中心，聚合了西红门、瀛海、青云店、采育等乡镇，在学术支撑、传说收集、田野调查、记录梳理、文化展示上迈出扎实的步伐，使得"凤河印象"影响力日渐强大，吃、住、行、游、娱、购各个环节得到不同程度的延展。凤河流域的镇村将文化软实力转化为经济社会发展的硬指标，"凤河传说非遗"发挥了文化高地的特推效用。

这种牵引力至少在六个层面上得以体现。

一是凤河流域镇村的"沟通协商、服务文化"定期会商制正在逐步形成。会商重点集中在四个向度。第一，重大事项及时会商，协调行动。第二，突出重点，分类指导，通报事项，解决难题。在每月的第一周定期会商，每月最后一周将下月会商内容通报。第三，及时把握文化经费的使用投向，增强财政对文化工作的针对性和指导性。第四，遇重要事宜或临时专项工作，随时召开会议进行会商，会商结果形成纪要。从 2020 年下半年到 2022 年上半年，在疫情常态化防控中，有 19 项关于凤河活动的重要事项需要紧急会商，通过沟通协商，有 8 个项目得以重新调整，实现了资金使用效益最大化。长子营镇将

《2021 年凤河文化重点工作》采取季度、月度工作例会和周一夜学制度研究协商，结合重点工作推进，达到事半功倍的效果。

二是历史考据的根基正在加速夯实。凤河流域的镇村通过与高校、科研单位和社会团体沟通，达成了文研学互动。先后与中国人民大学、北京石化学院、北京印刷学院、中央民族大学等 9 所院校的专家学者建立了课题研究、社会实践、非遗指导等方面的长期合作。长子营镇与北京联合大学非遗学院通过深化院镇合作内容、助力非遗传承保护等达成战略合作意向。通过借智、用智、引智，三年来组织召开凤河文化专题研讨会 12 次、项目对接会 7 次，达成了宽领域、多类别、深层次的合作共识。2021 年 7 月，"崇史明理 情满凤河——庆祝中国共产党成立 100 周年长子营镇凤河文化活动季"拉开凤河文化活动季系列活动帷幕。2021 年 9 月，长子营镇与北京联合大学专家围绕长子营镇非物质文化遗产的传承与活化利用路径进行深入探讨，形成了以文化传承为体，以文旅融合为用，持续打造地方文化品牌的新思路，"凤归长子 槐根乡土"凤河文化研讨会在下长子营村举行，高端活动得益于专家学者的智力援助，从 2018 年以来，长子营、采育、青云店镇通过邀请专家、建立智库、开展社会调研、举办专家研讨会等形式，在凤河历史文化、考据考证方面取得突破性研究。相继推出《凤河岸上长子营》《沧桑凤河的故园家山》《白庙音乐会》等具有较高考据学、文化学、史料学价值的学术专著、专题研究。"凤河传说的田野调查报告""帝王别苑与乡愁柔情"课题将在 2023 年年底完成。诸多课题以历史考据为出发点，以西山永定河文化、新国门建设为指导，凸显文化遗产的当代价值。"借船过河"有力地推动了长子营镇的凤河文化挖掘，提升了美誉度，拓宽了影响面。

三是一大批高水准的文化志愿团队正在崛起。文化志愿服务始终是镇村党政部门重要工作中的大事，被纳入全年重点工作任务、各项重大活动中。第一，根据文化志愿者的工作范围、爱好、特长等现状，对文化志愿者进行了归类管理，并根据工作需要，采取集中开展和分片区组织的办法，做到有计划地分配和安排。第二，用制度规范文化志愿者服务工作，建立小时化和星级制的评估制度，及时对优秀文化志愿者进行表彰，提高文化志愿者的荣誉感和成就感。第三，对文化志愿者开展专题培训。2020 年以来，共组织安排了 12 期培训班，内容涵盖戏曲表演、文艺创编、合唱排舞、器乐演奏、非遗保护、图书管理、文物保护、电影放映技术等。文化志愿服务紧紧围绕"三结合"进行。志愿服务与文化活动相结合。群众文化活动中，处处可见文化志愿者"红马甲"忙碌的身影。志愿服务与送文化下乡结合。由下而上的歌唱大赛、小品大赛、旅游形象大使选拔大赛等系列主题活动，使凤河文化变得具体而实在、魅力丰满。以会展、休闲广场、演绎平台为"一轴"，以研发和文化交流为"两翼"，带来文化品牌的大效应、大效果。2020 年送文化演出 16 余场，有效丰富了群众的精神文化生活。志愿服务与公益培训相结合。2021 年以来，组织文化志愿者举办摄影、音乐、舞蹈形体、朗诵、瑜伽培训班等 5 个公益培训，授课时间达 90 小时。

四是文化主线正在聚合起晋蒙京津冀的馆藏空间。600 余载移民记忆，形成了融合京晋特色、独具乡愁情怀的凤河文化特色。以山西移民村落为主的长子营镇，以流动博物馆和乡情村史馆为抓手，让乡愁落地。收集整理遗失在乡间的地契、家谱、碑刻文物、墓志铭等数千件，构建以凤河流域历史文化展览馆为主，革命斗争纪念馆、赤鲁村史馆等 8 个村级展馆为辅的"1+8"馆藏资源格局，充实实物馆藏种类，开发馆藏资源。不断丰富馆藏资源，通过文字、图片、影音和实物等形式，对村落的历史沿革、重大事件、建筑特色、手工技艺、民俗文化等进行保存。下长子营村作为凤河文化村，通过兴建党史村史馆和凤河北岸公园，把老一辈的所见、所闻、所思、所感、所忆如实地记载并展出，勾勒出山西移民村落独特的文化与发展脉络。2022 年 9 月 3 日，"新大兴 新国门 美丽大兴我的家"系列文化之"大河永定 凤舞九天"京津冀蒙晋民间音乐艺术节在呀路古热带植物园隆重举行。活动组合、联动京津冀蒙晋五省市的民间音乐团队，展现新国门背景下永定河、凤河文化带音乐的时代魅力。

这是一场华丽的民间音乐盛宴，来自北京、天津、河北、内蒙古、山西五个地区的民族音乐团队各领风骚，展示其独特的民间音乐魅力。活动融合了大兴区永定河历史文化类原创歌曲、原创舞蹈作为民间音乐传承创新的新形式，是一次具有浓浓乡土味、多元化的艺术创意。

在馆藏的保护上，长子营镇将涉及凤河文化的直接资料和相关历史资料进行保护，有纸质笔记、内部资料、地图、剪纸艺术品、老资料；有中国传统民俗使用过的龙凤文化资料；有瓷器、工具上的意象性的实物；还有关联性的老照片、老物件以及山西移民地的民俗文化实物。通过建立档案，尽可能将所有资料（包括口述资料）建立档案库、资料库，编号整理，便于永久查找。

五是政策导向正在提升留存文化的印记温度。特色美食、非遗表演、百年音乐让凤河文化鲜活又平实。长子营镇立专项资金，支持文化传承，推动凤河非遗。与专家学者、非遗传承人共同努力，多项非遗申遗成功。截至目前，白庙音乐会为国家级非遗，李家务音乐会为市级非遗，再城营五音大鼓、沁水营神叉老会获评区级非遗。2021 年"凤河传说""李氏佳宁宫灯"、小车会、高跷会等传统民俗 10 余种正在申遗中。截至 2022 年，长子营镇已获得国家级、市区级非遗 4 项。非遗艺术影响力不断扩大。

为了留存记忆，录制口述史、制作纪录片 10 余部，举办展览 2 次。开设"凤河学馆"，打造传统文化小课堂，以亲子活动的形式让凤河文化在凤河流域更好地传承和推广，目前已经举办 12 期。同时，在中小学校开设"非遗大课堂"，让孩子们练习"神叉"功夫，在非遗传承中强身健体；弹唱五音大鼓，在听说弹唱中传习非遗音乐。

六是乡村振兴战略正在为文旅融合注入活力。长子营镇、青云店镇充分发挥传统文化的现代价值，运用产业化思维精心打造一批具有地方特色的文化消费载体。积极盘活闲置民宅，打造精品民宿，注入乡村旅游经济发展新业态；紧抓"乡愁"情怀，持续挖掘凤河文化、平南红色文化，丰富文化载体；组织凤河旅游文化季系列活动，挖掘凤河传说，扩大凤河文化影响力，成功构建了以呀路古热带植物园为核心，留民营生态农场、北蒲洲营"番茄森林"、沁水营非遗大舞台等凤河文化为主体的文旅产品，以产品为载体讲好乡愁故事，助力乡村振兴。

文化活动季系列活动推出多项展览展示。人民日报网站、北京日报客户端等18家媒体做了深度报道。乡愁文化、节点经济使文化变得"集、大、强"，形成了独特的"凤河文化现象"。

三、非遗向度审视

"非遗"是非物质文化遗产的通俗简称，从2003年提出到现在，将近走过了20个年头。盘点历程，从当初的鲜为人知到现在的广为人知，从认知的"冷"到推广普及的"热"，这个历程折射了时代非遗文化保护与传承的总体态势。二十大之后，文化建设进入了"新时代"，这是一个包容大气、百舸争流的时代。我们再来审视非遗，可能就需要用更多的新视角，比如"文化软实力""市场竞争力""非遗的魅力""让文化活起来""创造性转化与创新性发展"等等。从"自信理论"上看，政府和民间都很重视非遗的保护与传承，但由于地方资金财力有限，不可能把所有的非遗项目和传承人都保护起来；从民间层面看，仅靠政府的力量是远远不够的，还必须依靠全社会的力量让"非遗"文化活起来、传下去。因此，政府的"保护性"传承是有限的，关键是要让非遗"融入社会、融入生活、融入时代"，以"非遗"的社会性和时代性强化"非遗"的内生力。

凤河传说是一个跨度大、品位高、传播广、内涵重的非遗项目，传说的原始母体是凤凰，以凤凰的本体和相关联的要素作为传说的原生体。母体下面属于二级母体，二级母体是原生母体内涵衍生的初始意象，是凤凰悲情的乡愁、公理和道义的信仰、音乐曲艺的精神灵觉、宫廷苑囿的庙堂高雅、大爱无疆的绝壮凄美。二级母体属下是三级意象，由二级母体延展而来的无数流传在民间的神话、传说、故事的集成，围绕二级母体，是数百年来形成的口口相传的、集体无意识的默认。凤河传说细化为：龙凤共舞说、凤凰哀乐说、苏麻喇姑说、雌凤殉难说、耶律璟掠凤说、凤尾自然说、大槐树引凤说、沙冈祭凤说、蚂蚁对话说、吴娘娘说、宫廷筵宴说、关公护凤说等。这些传说的逻辑结构基本是相同的，只是由于传说者的时代不同、社会地位有异、知识结构有别、生活体验不同，从而形成"层累"话语差异，比如耶律璟掠凤说，有的版本是金国的演武士兵射杀，有的是元鞑靼跑马追杀。凤凰悲情的结局是，有的版本是落下五彩羽毛飘落在海子的沙洲，有的版本是雌凤飘落下无数的羽毛，落在海子滩头边，有十三支形成南海子清末的十三个庄园，当然这个"层累"的故事可能发生在民国时期。凤河传说的第四级便是凤河流域流传的所有林林总总的、具有正能量、健康向上的、体现社会主义核心价值观的故事传说集合体。

凤河传说的总体特征可以概括为广延的时空、开放的结构、多重的内涵、醇厚的民俗、民族的融合五个方面。

第一，广延的时空体现在历史长时段的积淀中。

如果对民间凤河传说进行远距离考察，我们就会发现，它们如同雄浑古老的永定河一样，源远流长，流域宽广。直到今天，可以说在大兴区的西红门、瀛海、黄村、青云店、长子营、采育镇和河北廊坊地区的安次区，无处不有凤河传说的传播，可谓家喻户晓、老幼皆知。凤河传说非遗是一个很大的民间文学系统，里边包括了很多门类的传说（故事），文本与口头叙事倾向也非常复杂。

第二，开放的结构体现在文化核心结构的生长点。

凤河民间传说的生成发展，都以比较定型的核心结构（情节）凤凰为标志，构成传说的原始形态。这种核心结构是一个开放性的"活"的系统，由此引出众多的生长点。这些生长点在历史演进的生命场中，与不同时代、不同地区的不同"气质"中的社会群体（创造主体）相结合，便形成一个突出的特征，即情节不断生成、不断扩展、不断追加，逐步由少而多，由简而繁，由单一型变成复合型，从而使整个传说呈现出蓬勃的生机和庞大的规模。如龙凤共舞说、凤凰哀乐说、耶律璟掠凤说、大槐树引凤说、关公护凤说等，就是由凤凰的原始状态生发出来的。

第三，多重的内涵体现在文化元素不断交融的态势。

凤河传说非遗是一个历时性和共时性并存的文化体。凤河传说由于生成年代久远，又长期广泛地流传着，这就使它不断地接受纵、横多方面的积淀，成为具有多重精神内涵的永定河文化的"活化石"。每一个传说，它的每一个主要情节都可以由表及里，进行多层次的延伸。在传承中发展，在发展中传承，两者浑然一体，不可分割。在非遗传承问题上，任何极端化的惊世之语，都可能对大众形成误导，要以历史的眼光、辩证的视点看待非遗，把非遗放在今天的环境中，面向生活、面向未来、面向时代；真正挖掘非遗中的真、善、美，让人们的心里充满阳光、充满温暖、充满快乐，构建凤河流域人群共有的精神家园。

第四，醇厚的民俗体现在"层累"时代性叙事的过程中。

凤河民间传说在千百年的流传中，受到百姓的由衷喜爱和积极哺育，他们不断地把自己对社会现实的认识、从现实中积蓄起来的爱憎感情，以及对生活的愿望和理想注入其中，在改变叙事方法上，不断加入自己的民俗信仰，以更加积极的姿态融入传说情节，使故事情节中显示出醇厚的民俗。当然，有的民俗需要保护，有的确实需要发展，应鼓励去粗取精、去伪存真，不断注入崭新的方法论。

第五，地域的特殊使永定河流域体现出民族的融合。

北京自古以来就是草原文明与农业文明的交会地带，两种文明之间，你中有我，我中有你，彼此融合包容。凤河传说作为北京西山永定河文化带非遗文化的有机成分，在悠久的历史发展中，一直吸吮着北京母亲河的乳汁，形成了具有鲜明民族特色的包容性、吸附力。

四、激活沉淀要素，还原文化性

当进入凤河传说非遗深度探究的时候，有两个问题是必须面对的。一个是上林苑蕃育署的"蕃育"是不是今天的"采育镇"单一一个？如果不是，应该涵盖今天的哪些村镇？二是凤河流域界属和地域划定原则如何确定？依据是什么？

对其进行细致的甄别非常必要，特别是对数百年来流传在大兴凤河两岸的民间传说、故事及现有的相关地方镇志（如长子营镇、采育镇、青云店镇）等史料依据做出学术上的甄别，不仅能够对史料的模糊性或数据的不确定性做出真实的还原，而且有助于厘清研究的方法与路径，同时对民俗学、考据学、社会学的文献选择和价值判断做出正确的选择。

先看第一个问题，"采育"作为凤河流域地域指代的历史根据。

明代和清初的采育，不完全等同于现在的采育镇，采育古镇也不是现在的采育，河北安次区、大兴长子营镇、青云店镇的部分村庄都是明清时期的采育辖区、蕃育署署域。

凤河流域的采育、长子营、青云店镇，行政区划在历史上有一个一直变动不羁的过程，辽开泰元年（1012年）十月，境域称采魏院，属燕京析津府；辽太平六年（1026年）采魏院在南京道析津辖区内。

采育属于辽国的记载可以以考古学的成果作为佐证。

1976年，在采育镇下黎城村发现辽国遗址。该遗址位于村南约500米处的岔河河床上，东西延伸长度约200米。遗址南北边缘不清，河床底部及两侧地表下15—3米排列有整齐的砖墙和用砖铺设的地面。另外，还有坍塌的屋顶与柴灶、粮食、农具、钱币等物品。[①]

辽国消亡后，大金国取而代之。金天辅六年（1122年），隶属金。金天会三年（1125年）归属金中都大兴府安次县崇福乡。元至元二十一年（1284年），采魏院更名为采魏里，隶属大都路（今廊坊市西）东安县。明洪武元年（1368年）八月，该地设蕃

---

① 辽国遗址详细挖掘过程见大兴区文物管理所史料库。

育署，隶属上林苑；明永乐二年（1404 年），境域蕃育署沿凤河两岸共计 58 营，包含现在的长子营镇、青云店镇的部分村庄。明永乐五年（1407 年）改上林苑为上林苑监，境域隶属上林苑监蕃育署。清康熙二十三年（1684 年），采育营（建置实同镇）所辖称"七十二连营"隶属京师顺天府东安县，区划涉及采育、青云店、长子营 3 个镇 66 个村。清乾隆三十二年（1767 年），采育镇划入京师顺天府大兴县。①

关于长子营镇和采育镇的一体化，我们可以从《长子营镇志》作一旁证。长子营地区旧属东安县（今河北廊坊市安次区）。时属采育、青云镇两镇。清代乾隆年间，县境东南毗邻的东安县采育至凤河营一带划入大兴县。朱庄、长子营一带属顺天府大兴县采育巡检司，与采育镇镇志记载相吻合。

1928 年大兴县划归河北省，采育为大兴县第二区。1953 年春大兴县区下设乡，采育区下设采育乡、车固营乡、朱庄乡、大同营乡、大皮营乡、凤河营乡、张各庄乡、辛店乡、北泗乡、长子营乡、沁水营乡 11 个小乡、72 个村。1956 年大兴县撤区并乡，采育乡管辖范围扩大，辖 19 个村和 1 个采育镇。1958 年采育乡随大兴县划归北京市，管辖范围包括原采育境域的村、镇，加上青云店镇所属 41 个村和青云店镇共 114 个村。1961 年采育人民公社又划分为采育、青云店、长子营、凤河营 4 个人民公社。

1974 年采育人民公社所属的朱庄、罗庄、大皮营等 27 个生产大队划出，分别成立朱庄和大皮营 2 个人民公社。1990 年，北京市政府批准撤销采育乡，设立采育镇，辖 27 个行政村。2000 年，大皮营、凤河营 2 个乡并入采育镇。新设立的采育镇辖 55 个行政村。其中，以山西地名命名的村庄有：屯留营村、大同营村、山西营村、下黎城营村、铜佛寺村等。

历史总是以螺旋式方式上升和波浪式形式行进。之所以将"采育"从辽代至现在的区划变动单独论述，旨在强调，研究明清时期的凤河文化不能局限于现在的地名、域名，历史上的采育不等同于现在的采育，"采育"是凤河流域广大村庄的意象指代。历史上的采育涵盖现在的河北安次区、大兴区长子营镇和青云店部分村庄。

清高宗爱新觉罗·弘历经过采育时，写下了《经采育里咏事》，描写了上林苑监富庶的景象。②

诗曰：

闾阎富庶把畿南，明设上林有旧谈。

苑监犹称遵汉制，中人杂用信阴男。

可知保障非他任，假日输公济己贪。

---

① 北京市大兴区采育镇志编纂委员会：《采育镇志》，方志出版社，2020 年。

② 《御制诗集·四集》卷十二。

年利已乖王者政，属之若辈更何堪。

清乾隆三十五年（1770年），采育发生严重水灾。次年，即清乾隆三十六年（1771年），乾隆帝巡视畿辅，路过采育看到跪在路边迎驾的百姓，面无菜色，神态怡然，似乎没有受到上年严重水灾影响的样子，遂赋《采育里》诗一首。

诗云：

京南富庶村，厥名采育里。轻舆村外过，老幼路旁跪。去岁此被潦，谓当艰窘矣。审视无菜色，衣暖面多喜。急赈及大赈，加赈二月里。有司善推行，想皆实泽被。然未经见者，正复不少耳。①

今日采育所在的上林苑监辖区，是宫廷筵宴制度、祭祀礼乐制度得以持续的农业生产基地。

第二个问题，关于凤河流域界属和地域划定原则。

厘清楚凤河流域在明清之际的地域性、行政管辖权问题，还需要对北京大兴区及其所辖的采育镇、长子营镇、青云店镇的历史沿革有一个清晰准确的梳理。

大兴最早为古蓟县，蓟县当为先秦之县，为春秋战国时燕国所治。自汉至隋唐五代，蓟县之建制始终存在。辽会同元年（938年）蓟县改名蓟北县，辽开泰元年（1012年）蓟北县改名析津县，金海陵王贞元二年（1154年）析津县更名大兴县，元代至元九年（1272年）大兴县为元大都附郭赤县，隶属大都路。明永乐元年（1403年）北平府改为顺天府，大兴县属之。明永乐十九年（1421年）明迁都北京，大兴为依郭京县。清代，大兴仍为依郭京县，隶属顺天府。

从大兴的历史演变看出，析津县在金代改为大兴县之后，历经元明清迄于今，大兴之名不易。永乐十二年（1414年），明将元代城南的皇家猎场"下马飞放泊"扩建为南海子，自此县境分南北两部分。清代承袭明制，大兴县仍属顺天府，与宛平县分治京师。康熙初年，大兴县南部略有收缩，北部延伸至今昌平、顺义一带。全县辖9社，除青闰社（现大兴区青云店镇）外，还是没有提到采育镇。乾隆年间，原东安县沿凤河两岸的采育、长子营、大皮营、凤河营、朱庄一带数十村划入大兴，从而奠定大兴东南部村落根基。

从现在的行政地理区域看，凤河流域（除源头南海子外）涉及的村庄主要是现在的长子营、采育和青云店三个镇。其中许多村是清代早期自东安县（今廊坊市界安次区）划归大兴县。凤河流域这些村落就是传说中的"洪洞县大槐树移民""南海子募民"在凤河两

① 《钦定日下旧闻考·郊坰南一》卷九十。

岸培植的"文化基因"。

凤河流域特别是沿河两岸的村庄，在明代与清早期分别属于"蕃育署"、大兴县和东安县（今廊坊市安次区）。因此，明清凤河流域的广大村落应当属于大兴县、"蕃育署"、东安县（今廊坊安次区）共治区域。而且，大兴在合乡并镇前，凤河流域数十个村属于长子营、朱庄、采育、大皮营、凤河营乡5个乡共治。因此，明清凤河传说非遗的研究，已大大超出时下大兴区行政区划的历史范畴。

关于地域内涵的历史演变，就行政区而言，各个时代的名称与范围也常常出现交叉与变更。但如果在研究中仅笼统地以"大兴凤河流域"为讨论对象，显然过于粗略，会直接影响研究的深入与结论的准确。本书讨论的地域范围特指明清大兴、河北省东安县（今廊坊市安次区）所含涉的凤河从源头到下游地域，故以凤河流域贯穿的北京市大兴东南部和河北廊坊安次区所辖镇村为限。西红门、瀛海、长子营、采育、青云店，方圆一百多公里、200多个自然村。今天大兴区界的形成，本身就是一个漫长的演变过程。一方面，在相当长的时间里，大兴在行政区划上并没有完成整合，就名称而言，历史上的"凤河流域""采育地区"等名称的范围与今天的大兴并不完全吻合；另一方面，在很多王朝中，今天大兴凤河流域许多村庄往往与河北省廊坊市的地域处于同一个行政区内，有时部分村庄、乡镇甚至为不同政权、民族所割据。因此，在研究中运用"凤河""采育"往往缺乏实际意义，针对这种状况，本书在研究中使用的是历史地域意义名称，指陈的"流域""地区"也不是特定的行政区划，而是地理学意义上的概念。本书从宗教学、社会史学、文化学、人类学的视角切入，对凤河传说展开多维的研究，竭力再现凤河流域民众生活的各个景象，努力揭示生活法则与精神世界的互动。

永续、深厚的历史精髓和强大的人文精神是可持续发展的重要支撑。民间传说是我们的道德伦理延续、文化赓续、时代记忆的血脉和遗传基因，是我们传承延绵的精神血脉和形成民族归属感、认同感的精神纽带，更是凤河流域厚重的农耕文明养育出的"家园意识"的精神底色。

本书几历周折，不断补充、完善史料，补充了大量的考据学、民俗学、社会学调查口述资料、笔记、录音资料等，收集了大量遗失在乡间的地契、竹枝词、家谱、乡土史志、戏谱、碑刻文物、墓志铭等丰富资料、实物，竭力在纷杂凌乱的资料甄别中，探寻凤河传说背后深层文化的多样性。通过传说"层累"的追寻，凤凰意象的求证，对明清社会变迁演进，移民、民俗、信仰场景转换的梳理，合乎情理地为凤河传说非遗还原出一幅多姿多彩的地域生活图景。

五、怀疑·思考·求证

文化遗产是新一轮区域竞争的核心优势。当前北京正加速"四个中心"建设，如此更应增强文化遗产保护意识，处理好"保护"与"发展"的关系。在乡村振兴战略中，民间非遗的传承和转化应当纳入镇村总体发展规划，使存留在广大农村的、丰富的文化遗产形成内聚力、竞争力。

凤河传说非遗已经得到专家学者的高评，但需要弥补的工作依旧很多。面对的挑战也是多方面的。一是制度规划依旧缺位。旅游仅有活动是不够的，还得有制度、机制的保障，而这种机制又是多方面的，它包括旅游建制、结构方式、利益分配等。许多问题需要研究，如乡村旅游，采取公司＋农户的形式或是公司＋景点的形式，哪一种更为科学，需要深入探讨。二是政策集成运用不足。北京市打造国家发展新的动力源，为城市向南扩展延伸指明了发展方向，坐拥国际机场的大兴迎来了历史上难得的大发展期。但凤河流域的村镇尚欠缺对凤河文化战略高度的深度调研、规划，与大兴区所处地域特点——永定河历史文脉所承载的使命匹配不足。三是"点"状思维的封闭。欠缺系统性的深入拓展，文旅产业主线研究不突出，无法形成文化高地的品牌效应。欠缺具有国际化高度、凝聚世界文化软实力的品牌项目。要积极推进有高度、有世界影响力的文化品牌项目，如世界民间音乐凤河文化集聚中心构想规划、永定河非遗文化论坛、明清皇家生态非遗论坛（全球财富宏观三大领域：世界皇家资本、世界宗教资本、世界社会资本），充分利用历史文化遗产凝聚四海宾朋，成为引领新国门文化的纽带。以历史传说、历史记忆和历史人物作为凤河雕塑设计的重要元素，在公园绿地及一些街区，建设各式雕塑，反映百年历史、现实和谐社会风貌，增加凤河文化内涵的厚重感。四是职能部门合力不够。职能机构对永定河流域的凤河文化影响力、吸附力关注研究少，故无法形成大兴东南部文旅互促、综合发展的向心力与凝聚力，欠缺可持续发展的合力。应当加强民俗文化研究，积极进行规划，将其打造成时尚的、有生命力的民俗馆，可设置主题餐饮、咖啡厅、酒吧等消费场所，使之成为一道独具风情的凤河民宿景观。要加快建立凤河文化建设的专职机构，设置专门人员，对凤河文化建设与开发进行深入、系统的研究，并提出区域可持续发展的研究成果，为高层决策提供科学依据。五是视野的宽度缺乏。基层镇村走出去、请进来的工作欠主动，理论视野与实证高度的研究项目欠缺具有社会影响力的学者专家参与。应当建立可持续发展的国内外专家、学者智库团队（文化、历史、政治、经济、金融等），使之成为国家级和北京市的生态、民宿、非遗文化聚集带。站在历史发展建设的高度专项研究、规划凤河文化点线面布局。利用现有资源，建设若干微型文化社区，使之成为研究和展示凤河文化艺术、风俗人情、影视产业拍摄基地及旅游业发展的窗口。设置艺术景观，将来可开辟为喜庆活动摄影景区。以红色文化资源为主体，打造红色旅游文化景观群。加强与社会有影响力的文化、经济团体机构合作，携力推动文旅产业开发与建设。

市场经济是全方位的竞争经济，文化产品竞争力的高低取决于其内在价值，也取决于其品牌价值。打造具有较大覆盖面和影响力的区域文化品牌，必须区域协同定位、协调发展，形成完整、统一的区域文化形象；必须以强烈的竞争意识和积极主动的姿态，协同策划、协同包装、协同推介，形成强大的区域文化美誉度和感召力，大力提升凤河文化品牌的文化产业价值。

万物皆有价，品牌价无穷。文化品牌是一个地域文化内涵和形象的体现，是重要的文化标识和价值载体，是核心竞争力和灵魂所在。目前，凤河非遗的转化多限于群众性的活动，多限于一般意义上的文化交流。如何引领凤河传说非遗文化可持续发展，使凤河文化成为永定河文化带、京津冀协同发展的文化金名片，聚合起"风生水起"的国际文化交流效应，展示首都新国门文化形象，还须紧盯四个"关键点"，紧紧抓住，常抓不放。

一是品牌构建关键点。当前中国市场已经进入一个以品牌为核心的"第三代竞争"时代，文化、资本、人才等都是品牌竞争的要素。用市场手段打造文化品牌，离不开政府的指导和引导，只有政府制定政策，形成强有力的引导，才能与市场形成良性互动，取得成效。政府要把品牌战略系统理念渗透于文化建设的整体规划，把创建凤河文化品牌纳入永定河文化建设的总体发展规划。进一步树立"品牌资本"意识，将地缘、体制和经济优势转化为文化聚合和文化创新。职能部门要根据文化的不同门类，采取相应政策，制订长远规划，于公益性文化事业中确定一批重点文化元素，在深入调查研究基础上拿出可行的论证方案，给予财力支持并形成制度。

二是机制融通关键点。凤河文化建设是一项长期的系统性综合工程，需要机制、政策、部门协同、市场资源整合等多要素集成。畅通协商机制。凤河流域涉及 5 个镇、几百个村庄，不是一个村、一个企业的事情。要精心策划，把各种文化资源整合起来，形成文化品牌、产业开发的优势；建立多元化投入机制，完善产学研合作机制，优化服务体系及营商环境。推动非遗与旅游融合，创造性打造非遗场景生活区域，创新非遗作品转化方式。提升传承的有效性，培养一批既懂市场又懂营销、热爱非遗的、专门的非遗职业中介人。在鼓励传统优秀文化产品的现代适应性的同时，坚守创新的本源性。激发非遗传递精神价值的内核，发挥非遗在构成地方性知识以及塑造地方公共精神上所发挥的重要作用和意义，让公共文化服务建设真正落到实处；建立非遗 IP 素材库，构建以非遗 IP 为核心的非遗标识系统，为非遗文创产品的研发提供资源；培养、引进非遗文创人才，打造集知识性、高科技性、娱乐性、互动体验性于一体的特色旅游产业高地。打造区域非遗文创网红品牌，扩大非遗影响力。

　　三是市场要素关键点。非遗的可持续，关键是"活"。调动多种表现方式，深入挖掘凤河非物质文化遗产潜在基因，使文化品牌成为镇村持久的文化资源，使历史记忆和现代印象、人文景观和自然景观、经济气象和文化氛围互为衬托，相得益彰。资助鼓励流域村镇、民俗户、精品民宿企业、致富带头人建立多维度、多层次的传承体验、展示、营销窗口和基地，推进凤河非遗传、非遗与全域旅游融合，助力乡村振兴。建立凤河非遗传习展示中心、非遗传习基地，通过主讲人精彩演讲、嘉宾精彩点评、著名民间艺人精彩演出、凤河非遗实物展示、历史实景精彩演示、主讲嘉宾与听众现场互动等方式，展示凤河传说非遗文化的内涵和魅力，让诸多非遗产品包括各类艺术作品进入"普通百姓家"。将"乡愁文化"系列开发成可诵、可写、可研、可观、可卖的文化载体，甚至做成旅游纪念品、收藏品等文创产品；将凤河传说非遗策划成高规格、高品位、有特色的系列节会活动。突出晋风鲁俗、皇家会风、传统习俗，让游客感受以明清为底蕴的凤河文化氛围；将"五音大鼓""白庙雅乐""武吵子"等民间非遗音乐文化为背景的音乐作品以及仿古古乐和现代剧，用全新视听艺术手法潜心打造一批精品剧目，一批蕴含明风清韵的歌剧、舞剧、音乐剧等；精心设计编排多样艺术表达方式，营造凤河人独特的风俗场景，把古老的婚丧嫁娶、饮食起居民俗、节日庙会等艺术化，让游客在文化遗存中领略鲜活的风俗；将独特的器物制作工艺与旅游商品开发相结合，供游客鉴赏收藏，让游客欣赏凤河流域先进的工艺艺术，体验非凡、独特的生产生活工艺；将文献可考或民间传说中的凤河美食与现代品味相结合，开发一批特色的美食产品，并推动农产品和食品加工产业。还有许多可转化的文化要素，需要进一步研究其资本化的路子。

　　四是传播立体化关键点。统筹媒体平台资源，用好新技术手段，提升对外传播的创造力、感召力、公信力，讲好永定河、南海子、凤凰传奇的故事，传播好新大兴声音，塑造好大兴形象。凤河文化和品牌传播，不仅要兼顾传统媒体的严肃叙事，也要偏重新时代大众传媒的"接地气"特点，以文化科技手段加强传统媒介与新媒体对文化资源的适配组合，实现文化品牌的高质量传播。

　　文化特色构成区域文化软实力，充分发挥现代大众媒体传播的吸附力，形成纸质媒体与数字媒体结合、传统媒体与新兴媒体并用的立体化、多元化传播格局。特别是新媒体传播，要利用好抖音、短视频 APP 宣传打造凤河文化标签。如用"3D 都市慢活""魅力凤河""凤凰传奇"等文化标签与符号吸引游客到凤河流域观光游览。充分利用数字媒体艺术塑造非遗人物、场景，以及群众喜闻乐见的形式展现非遗的技术与艺术；利用互联网技术实现非遗的网上展陈、网上演出，开设网上非遗课堂等，实现非遗的资源共享价值最大化。结合每个镇自身优势，突出各自特色，创新品牌宣传途径，宣传好自己的文化形象，讲好自己的文化故事，展示好凤河区域文化风采，让"美丽凤河""魅力凤河"区域文化品牌形成更强的社会知名度和影响力。

　　在史称"天下首邑"的大兴推陈多样妙招，不断打出凤河传说非遗响亮的文化牌，构建"锦绣长子营""魅力青云店""帝苑瀛海镇""历史蕃育署""凤凰意象西红门"等形象品牌，不断升华融合发展的气质内涵。让旅游重点户、乡村民宿、农家乐、农家饭、土特产形成文化品牌，形成文旅资源产品矩阵，让每一处都成为网红景点和市民游客打卡地。把非遗融入文旅产业，实现以文塑旅、以旅彰文，以文赋能，使得"非遗 +""旅游 +"蓬勃发展，让传统文化焕发新的生命力。

第二章　凤河：神秘非遗基因承载

永定河是北京的母亲河。永定河冲积扇形成的平原，为北京城的形成、发展创造了天时地利的地理空间和赖以生存的水源基础；而永定河在数万年的冲积摆动过后，所残留的余脉渐渐构成了一条条地下水溢出带，随着地势流向东南，形成为数众多的涌泉。低洼处，自然形成了一处处小的湖泊，被称为"海子"，后来神奇地形成了膏腴丰饶的自然湿地——南海子。

凤河源头的南海子团河就是永定河潜水溢出带的"产儿"[①]，因"中有海子，大小凡三，其水四时不竭，一望弥漫"，故得名"南海子"。南海子（或谓南苑、南囿、上林苑）

凤凰

① 南海子水系中，无论是流经南海子的凉水河，还是发源于南海子的小龙河与凤河，无一不是由永定河摆动过后残留的地下水溢出哺育出来的涌泉形成的。

自契丹国拥有后，就开启了狩猎演武、居园理政之旅。辽金四时捺钵中的"春水之地"就位于此地；元朝帝室也曾在此纵鹰猎鹅，上演"下马飞放泊"的精彩场景；明朝扩建行宫和衙门，修葺庙宇群落；清朝改称南苑，清帝常在这里理政，定期与不定期地在这里举行祭祀、筵宴、郊迎、围猎、阅兵等，并把此地当作巡幸驿站，临时休憩。

凤河传说的母体亦即"传说核"——凤凰，就是从这个皇家苑囿开启的，凤凰意象与龙凤文化是历史馈赠给大兴人民的一笔厚重的文化遗产。

一、永定河盈缺的"晴雨"表

对于一个能够流传下去并且长盛不衰的故事、传说来说，它的原创者一定有着强烈的思想创作冲动，而这种冲动在安逸愉悦、歌舞升平境遇下是不可能孕育出来的。相反，当社稷凄风苦雨、灾难丛生时，当百姓惶惶不可终日，心头愁云密布、焦虑潮涌时，心头才会不时地产生出强烈的创作欲望与冲动，借以平慰胸中的块垒、郁闷、彷徨。因为人是情感的、社会性的动物，当一个人处于孤苦无助的时候，最需要的就是倾诉，而烦心、糟心、伤心的想法又不便与亲人、朋友、邻居促膝交流，所以就想把心里的感受构思在脑海里。几千年来，大兴广大乡村阡陌上的百姓基本目不识丁，他们没有读书识字的机会，更别提将优美动人的可以构成经典式的想法写下来，他们只能通过口头讲给周围的人，讲给身边的孩子，让内心的积郁、期望通过讲故事、讲传说释放出来。对于生活在天子脚下、笙歌剑影的苑囿周边的百姓来说，最深重的苦难莫过于遭受不可预见的灾难而官吏臣使置若罔闻。百姓生死当头，朝官昏庸无为，草芥庶民又无力扭转生存状态，此情此景，便是他们身心最愁苦、最不堪忍受的时候。在这样的状态下，他们要把满腔的苦痛、忧虑、希望、幻想全部倾吐出来，口口相传下去，于是也就形成了凤河许许多多传世的故事、传说。

"北京小平原"东南部的凤河传说是一笔巨大的非物质文化遗产，是数千年永定河灾难的"杰作"。

永定河，因其河流无定，历代朝政皆赋予其不同称谓。在中国河流史上，永定河应该是一条名称最多的河流。它从山西省宁武县的管涔山分水岭发源，流淌了山西数百个村镇后，与内蒙古洋河合流，经内蒙古、山西、河北三省，到燕山冲出西山之后，便开始恣肆改道迂回，宛若黄河下游般放荡不羁。大兴东南部的凤河是它的故道。

从文化密码上讲，凤河流淌的是永定河的血脉。后来，随着永定河的摆动，渐渐形成潜水溢出带，帝王独享的南海子成为历史改写者、战胜者的符号：南海子成为辽、金、元三朝天子王爷狩猎和明清两代帝王居园理政、休闲的"长杨"梦幻之所。就是这个富贵的禁苑，团河的潜水哺育了后来凤河的不绝源流。

永定河是华北地区最重要的河流，也是全国七大水系之一，是形塑华北地貌的重要力量。康熙年间改名为"永定河"之前，永定河的很多称呼如"小黄河""浑河""无定河"等，已经昭示了永定河非常显著的善淤、善决、善徙特性及灾难丛生的历史印记。

永定河最早的名称是汉代的"治水"①，东汉后称作"㶟水"②，隋唐时统称为"桑干河"③，辽、金时称"卢沟河"④，元明清时多称"浑河"，别称"小黄河""无定河"⑤。永定河在山区受到山峡的约束，数十万年不改其道，但当它来到北京平原上时，失去了约束，变得狂野恣肆、放荡不羁，从而摆动不定，因而便有了无定河的名称。⑥

金代以后，北京（燕京）被立为京师，此时的永定河"水质浑浊、冲激震荡、迁徙弗常"。到了清代，恐于水患，寄希望于平安吉庆，清朝入关后的第二任皇帝康熙帝——爱新觉罗·玄烨便御赐这条"浑河"为"永定河"。

从㶟水、桑干河，到卢沟河、小黄河、浑河，再到无定河、永定河……多变的姿态，不羁的性情，孕育了灾难性的北京小平原历史，也为凤河传说非遗的形成奠定了客观条件。

"水"承载着京城的漕运，滋润着皇家的苑囿，在润物无声地塑造着北京城的灵魂。北京城曾经水网纵横的景象已积淀成一种城市印迹，这些"水迹"承载着北京的水韵风情，见证着城市的沧海桑田。有了永定河的滋养，历史上的大兴水网密布、河湖众多，大兴因水而生、因水而兴。

《山经》言："西望幽都之山，浴水出焉。"《山经》是我国古籍《山海经》的一部分，那时候的"幽都之山"指什么山？"浴水"又是指哪条河呢？《史记·五帝本纪》载："申命和叔，宅朔方，曰幽都。"《周礼·职方》载："东北曰幽州。"如此看来，"幽"字，泛指古时中原人眼中偏僻的东北地区，大致包含河北北部及辽宁一带。"都"指人们聚集的地方。历史地理学家谭其骧先生推测，"幽都"就是那时候的"永定河畔的都市"。

《汉书》中把"浴水"记作"治水"，《说文解字》中记："㶟水出雁门阴馆累头山，东入海，或曰治水也。""治水"又称"㶟（读音'累'）水"。㶟水的"㶟"字显然是从累头山的"累"字来的。据清代学者杨守敬考证，累头山就是位于山西代县西北的"北斗山"，现在称为雁门山。

"㶟水"这个名字一直沿用到北朝。北魏郦道元的《水经注》中有专门的"㶟水篇"，其中提到了㶟水上游的一个支流——"桑干河"。到隋唐时期，"㶟水"这个名字消失了，

① 《汉书·地理志》。
② 《水经注》（有的《水经注》版本作"㶟水"）。
③ 《新唐书》《旧唐书》。
④ 《辽史》《金史》。
⑤ 《元史·河渠志》《明史·河渠志》。
⑥ 铭之传媒：《京城水迹——永定河还有很多名字》，《快资讯》，2020年4月20日。

"桑干河"的名字一直延续下来。

蓟城，就是当时北京城的名字。"桑干"两个字，又被记作"桑乾""漯湾"，像个拟声词。"桑干河"这个称谓，是从桑干泉来的。桑干泉，是燕京山上的"天池"之水潜流至洪涛山前，从地表涌出形成。这个泉群就是位于今山西朔州的神头泉群，燕京山上的"天池"就是位于今山西宁武县管涔山上的宁武天池。

"桑干河"特指进入北京之前的河道部分。也是从金代开始，"她"所经过的北京，变成了王朝首都，开始建设大规模水利工程。人们眼中的"她"，从一条"发源于山西的河"变成了一条"流经首都的河"。《金史》记载："大定十年，议决卢沟以通京师漕运……自金口疏导至京城北入壕，而东至通州之北，入潞水。"

金大定年间引卢沟河水，开凿运河通京师漕运。"卢沟河"就是"她"在首都的"官名"。

《元史》记载："卢沟河，名曰小黄河，以流浊故也。"

《明史》记载："（卢沟河）亦曰浑河。"

卢沟河、小黄河、浑河，这些新名字不再包含和源头有关的含义，而是直接描述从山西来到北京，一路上携带了大量泥沙的情状。《明史》记载："河初过怀来，束两山间，不得肆。至都城西四十里石景山之东，地平土疏，冲激震荡，迁徙弗常。"

清朝时，开始大规模地修筑卢沟桥以下的两岸河堤，尤其是对永定河大兴段"八大险工"进行大力度整治，防止其继续漫流，康熙皇帝赐其名为"永定河"。其后30余年至清中后期，永定河还是没有"兑现"帝王"永定安澜"之愿，下游依旧"我行我素"，不断改道，泛滥频发，给永定河冲积平原怀抱的大兴带来灾难深重的水患，更给凤河两岸带来无尽的灾难。

北魏时永定河改流蓟城（北京城前身）南，大致循今凉水河道下注。隋唐时大致穿过今大兴区中境向东南流至霸县东部，成为永济渠的北段。辽金时主要流经现在的凤河。自金海陵王迁都燕京（中都）后继元明清三代，为了护卫元大都和明清北京城的安全，几朝不惜血本，大力修固堤防，土堤不行，就增修更坚固的石堤。元明时在卢沟桥东南的看丹村处，永定河分为三种流向。明初《顺天府志》"大兴县·山川"下引《图经志书》云："桑干河，河自山西来，势极迅急。至卢沟桥东南，分为三支：一支自看丹口来，分流于新河水，合而达于州之境。一支自看丹口南入本县境，经清润店达于东安县境，今已淤塞。一支南流，入于固安县境，经霸州会于淀泊，出武清入小直沽，以达于海。"元明清时，永定河在卢沟桥以下河段决口泛滥，水淹大兴。现在大兴区的狼垡、鹅房、西大营、南北章客、赵村、东西麻各庄等处，都曾是永定河决口之处，决口后留下几条沙带。大兴区的凤河等河段，或为透堤水，或为永定河的故道地下水涌出形成。冲积扇在地貌学上有其特殊的沉积结构，当河流流出谷口时，摆脱了侧向约束，其挟带物质便铺散沉积下来，沉积物组成随着河流水动力的减弱而不断变细。流出谷口的河水有一部分渗入地下，成为"潜水"，潜水顺势向下流，在沉积物质变成黏土的地方溢出，形成大量地表泉和湖泊。因此，大兴东南部的凤河，流淌着永定河"血液里的依依恋情"，凤河源头的庙宇楼台、湖光水色和凤河两岸的上林苑监蕃育署区域，成为北京母亲河怀抱中的"娇子""明珠"。

地域的名称常常承载着历史沧桑的记忆。著名永定河研究专家尹钧科说："历史地名为研究历史上人类的活动及环境变迁提供了重要线索和证据。"源于永定河"潜水带"的南苑地区，是大兴、廊坊、武清的重要水源。

凤河名称的演变同样经历了一个相当长的历史时期。凤河地名的来历，明代早期的史料并无明确记载，只是到了明代后期，民间的史料、资料用过的这个名称才进入正史，如《明故中宪大夫右佥都御史李公葬墓志铭》《大明一统名胜志》。《东安县志》云："凤河，在县治东北四十里凤窝村李都宪墓前。"《水道提纲》言："至东安县东北四十里凤窝集为凤河。"王照的八景诗《凤河春水》亦曰："西北河源入凤窝，隆冬不冻自生波。"在清朝的史料中，把凤河"形如凤凰故名"作为一致的表述。

明永乐年间，《水道提纲》言："明时，浑河南注，夺琉璃河，经流下达霸州，其东流一道，不复相通，遂名凤河。"《大兴县志》记载："辽时当地是鸟兽的天堂，而凤凰则是百鸟之王，它们自由地生活在这片土地上。后来大辽皇帝射杀凤凰从而形成了团河与凤河。"

《东安县志》载："凤河，源出南苑内，自大兴县之凤河营入东安境。"《永定河志》亦载："凤河，发源南苑一亩泉。"《畿辅舆地全图》亦曰："凤河，形如凤故名，源出南苑，东南流经岔上营，又东南经采育营，又东南经凤河营入东安县。"这些史料从地理学、社会学的不同维度对凤河做了界定。

凤河"河身深广，以下填淤断续，一遇伏秋雨潦，散漫无归"。雍正时凤河河道大部分已淤，"凤河，源出南苑，流经东安县东北，又东入武清县，南入三角淀，河道久淤，雍正四年开浚"。乾隆年间又多次疏通凤河。乾隆三十二年（1767年），"高宗纯皇帝圣驾，自天津回跸，巡视凤河，特命开浚团河，俾源头无壅，其下游有断流处，亦一律疏通，永资利导"；乾隆四十一年（1776年），将凤河河道改作"之"字形，"使其曲折而下"，以达到"流出清波刷浑水，资安永奠意斯存"的意图；乾隆四十二年（1777年），因南苑水源未畅，再次命令重新疏浚凤河，"河南北旧宽六十余丈，东西五十余丈，复拓开数十丈"等，河流的疏治便利了人们，因之以河改名。

有关凤河的记载，明朝仅局限于私修史料中，如《潜确居类书》所云："凤河水在东安一渠，从北流至凤窝村，虽隆冬沍寒，水亦不冰。"《读史方舆纪要》载："淔河在县西，一名新河。自卢沟河分流至县界，析而分三。其正河为淔河，东入白河，其一为新庄河，南流入武清县界，其一为黄洰河，东注马家庄之飞放泊。"之后《大清一统志》与其记载类似，只是多了凤河的记载："旧志自卢沟流至县西，折而分为三，正流为潦河，东入白河，其一为新庄河，在潦河城南二十五里，南流入武清县，即凤河也。其一为黄洰河，东注马家庄飞放泊。""凤河源出南苑，流经东安县东北，又东入武清县，南入三角淀。""凤河，源出南苑内，自大兴县之凤河营入东安境，经由堤上营，计长八里余，至下庄头入武清界。"

"凤河，源出南苑团河，东南流经废潦县西南为新庄河；至东安县东北四十里凤窝村为凤河；至武清县西北二十里为潦水铺河；又绕武清之北，折而东，随地异名，至县南八十里为安沽港河，南入三角淀。"

雍正十三年（1735年）的《畿辅通志》与乾隆八年（1743年）修完的康熙《大清一统志》、乾隆十四年（1749年）的《东安县志》等文献都记载了雍正四年疏治凤河这一事件。清乾隆时期凤河名称已经扩充到整条河流，不再是河流的单一流域名称。但由于河流流经范围较广，受地名影响，随地异名，有新庄河、凤河、潦水铺河、安沽港河等河流名称，而后整条河流名称被凤河所代替。

永定河是一条多灾多难的河流，恣肆漫流造就了凤河的游移不定。据《中国灾荒史记》记载，康熙五十四年到康熙六十一年间，中国北方大部分都处于水灾当中。到了雍正年间，水灾依然是畿辅地区的重要威胁对象，雍正三年（1725年），水灾更是历年之最，畿辅地区有将近52个县处于大雨之中，溢决次数更是达到了24次。雍正皇帝认为："直

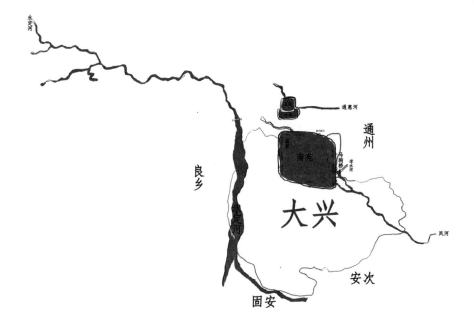

凤河区位图（手绘）

隶地方，向来旱涝不备，皆因水患未除，水利未兴所致。"故而，任用怡贤亲王允祥和大学士朱轼等人去畿辅等地勘查，凤河就是此时被发现的。陈仪作为畿辅地区的营田观察使，其所著《直隶河渠志》更是详细地记载了怡贤亲王查修水利的过程。

据《清史稿》记载，康熙三十七年（1698年），为了解决永定河下游平原河水泛滥的问题，康熙皇帝下令，"自良乡老君堂旧河口起，迳固安北十里铺……出霸州柳岔口三角淀……筑南北堤百八十余里"。

"永定"，康熙皇帝的心愿。

永定河下游原本没有完备的堤坝，河水泛滥时在平原漫流，水散流缓，虽然影响面积大，但灾情比较轻，水退之后，被水淹过的土地反而更肥沃。

康熙五十四年（1715年）至雍正三年，畿辅地区大涝，京南治水，以凤河为切入点，引凉水河入凤河故道，积潦尽消，再加政治色彩等因素，凤河名称从而由多条河流名称陆续扩充为一条河流，且有关凤河的记载也从民间史料过渡到了官方史料。"永定河不能独自达海，必东会凤河南入大清河……达津归海"，且乾隆皇帝认为，京南水系的治理是北京水系治理的关键，故而多次疏通凤河，确立凤河在京郊水系中的"地位"[1]。康熙雇佣外国传教士测绘京南地理情势的记载，从另一个侧面反映了康熙对永定河"护卫神京""永定安澜"希冀的深厚寄托。《中国传教会总会长张诚神父的信》比较详细地记载了康熙四十一年（1702年）雇佣外国传教士测绘京南的情形：

> 皇帝把测绘地图的差事交给安多、白晋、雷孝思和巴多明神父……随后，我们又从容不迫地予以完善，并以铜版雕刻法丰富其细部，使地图上不疏漏任何东西。[2]

为了根治永定河周期性泛滥，康熙派于成龙和传教士安多（Antoine Thomas）等人了解永定河的变迁并进行测绘，在康熙四十一年（1702年）系统地测绘了从北京到南苑南面大概纬度一度的范围，这是中国历史上第一次绘制铜版地图。在《皇舆全览图》铜版图印行之前的康熙五十五年（1716年），根据中国传统的"计里画方"绘制了《大清中外天下全图》，其中的文字说明强调：

> 自北距南二百里，则北极高一度；自南距北二百里，则北极低一度；距百里，则半度；余各有差，以顺天为中宫，纵横百里，上应天度——南北相悬，东西各别。

这里解释了自康熙二十几年开始，在康熙四十一年，以南海子为中心的第一次严格的

---

① 任同新：《明清直隶凤河流域历史地名变迁探析》，《中国地名》，2019年第9期。
② 杜赫德：《耶稣会士中国书简集：中国回忆录》，郑德弟译，郑州大象出版社，2001年，第26-27页。

试验之后发展出的度量衡制度，而其中的"以顺天为中宫"则说明了南海子就是这个地图的起点。康熙五十七年（1718年）完成的《直隶全图》，成为当时全世界规模最大，也是最先进的地图。

清朝初期的永定河仍称浑河、无定河，是一条越来越不安定的河。清代296年间，共发生了129个年次的水灾，有42次属于永定河水灾；在其中的5次特大水灾、30次严重水灾中，永定河就分别占了4次与18次[①]，永定河又一次突发大水，京畿形势危急。康熙亲临阅视，命于成龙大筑堤堰[②]，此一举也成为永定河治理史上的标志性事件。工程结束后，康熙赐名永定河，希望其永远安澜。

嘉庆皇帝有一首《海子行》的诗，诗中写出了南苑河水泛滥成灾的恐怖情景：

> 永定门外南海子，地势沮洳众流委。
> 辛酉季夏被涝灾，大堤溃决泛洪水。

据《大兴县志》记载："永定河北二工漫溢。二十二日，北上头工又漫口三百余丈……漫水东流至南苑西红门、黄村门，冲坏墙垣，进入苑内六七里，深三四尺。难民逃奔，寻栖身之地。广储司拨银万两赈济。"

光绪十六年（1890年），永定河再次泛滥，河水从海子北墙九孔闸（大红门东）涌入南苑，瞬间南海子地区变成了一片汪洋，苑内放养的麋鹿等珍贵动物多被冲出墙外，任人追猎捕食。

从清代宫廷档案可以看出，大约从18世纪中期开始，亦即清代对南苑的开发建设具有一定规模之后，这一带就开始出现比较严重的受灾记录。清廷专门编了一部大部头荒政书——《钦定辛酉工赈纪事》，详细记载了大型洪灾的破坏以及官府救灾放赈的情况。

滔滔浊浪，排空隐曜，永定河（浑河）经北京城南，形成凤河大大小小若干河道，留下大片洪积扇和积水洼地。[③]永定河阴晴圆缺、忽喜忽悲，使得朝政被迫使用各种谶纬、禁忌、诅咒等办法征服、迎合河怪，如神庙许愿、画符影射、讨好哀泣、瑞兽镇河等。因此，永定河封神的大幕也一直拉开着。

从金到清，永定河被封为多种称号，有安平侯、显应洪济公、河神、安流广惠永定河神等，这些都是历代帝王对永定河的封号。从金世宗大定十九年（1179年）始到清乾隆十六年（1751年），在这段连续570多年的时间里，曾有四位皇帝诏封永定河爵位：从"侯"到"公"再到"神"，而且封号一次高于一次。永定河这条数千年来称为"无定

① 尹钧科等：《北京历史自然灾害研究》，中国环境科学出版社，1997年。
② ［清］陈琼：《永定河志》卷六《工程》，上海古籍出版社，2002年。
③ 尹钧科等：《北京历史自然灾害研究》，中国环境科学出版社，1997年。

河""浑河"的河流，被朝廷顶礼膜拜，被百姓奉若神明，官方和民间皆以不同方式多次封号，其原因就是永定河水害水患恣肆，尤其危害京畿，胁迫京师，使政治中心的治国理政地理环境受到无时无刻的侵扰。因此，辽代以来尤其是明清时期的帝王们，既充满着治理永定河的雄心壮志，派出朝廷命官兴修大量的水利工程以制服之，同时又对永定河无边水患产生的威慑产生了无限的恐惧心理，以至于只能采取巫术与传统宗教封"神"的做法。

漫长的封建社会，以农业文明为经济主体的永定河冲积平原，百姓的生计是"雨养农业"，春旱求雨、夏涝拜神就成了乡村治理体系中的头等大事。建龙王庙，春旱求雨，秋收庆丰，搭建戏台，连唱大戏。于是，龙王庙渐成乡民文化生活的重要聚集地。

永定河冲击而成的平原，使得大兴地名、村庄都与永定河紧密维系在一起。从大兴的村名成因，就可窥视永定河泛滥程度。这些因河立名的考据，传递了大兴区在永定河整个流域范围的历史信息，凤河也就成为永定河温顺肆虐的"晴雨表"，许多村落的命名也铭刻着历经折磨的记忆。

凤河流淌在北京小平原，所在区域是典型的农业区大兴县，在这里，年俗、婚礼、丧葬、建筑、生产生活习俗等各式各样的习俗，都是村落延续文化传统而留存的民俗文化，凤河流域大部分居民仍然保留了曾因北京城修建、上林苑劳作、宫廷筵宴而迁徙来的山西、河北、山东移民地文化的痕迹。不同村落的风俗千姿百态，这些文化元素相互融合，相互补充，孕育了凤河传说的历史逻辑起点。

凤河作为永定河的古道，其游弋散漫恰恰彰显了永定河的"无定""浑浊"。凤河的"一招一式"，浓缩成永定河的晴雨表。今天的凤河已经成为一条"历史的河、生态的河、人文的河、帝王的河、非遗聚合的河"。

二、凤凰文化意象的追问

京师北京城，是东北渔猎文明、西北游牧文明及中原农耕文明三种文明的交会地带，三种文明在北京小平原持续碰撞、融合、吸纳，形成中华民族文化共同体的"展示窗口"，帝王离宫别苑的南海子就是这一共同体形成的浓缩。"与天地参"的生态意象、"礼乐复合"的社会观念、"多元一体"的民族统合、"以民为本"的民生伦理在这里交织互促。[①]凤凰作为凤河传说的"传说核"，一直围绕南海子政权更迭、帝王讲武习勤、居园理政、朝臣宫廷筵宴、皇后嫔妃游幸上林苑监、行宫群落展开，形成民间口头叙事流传下来。凤凰故事、传说以及由此衍生的基本意象、初始意象、集群意象等多重意象，除了永

---

① 张龙、王越：《中华民族共同体视角下的南海子营建史》，载《从春水捺钵到居园理政：北京南海子历史文化研究》（刘文鹏主编），中国人民大学出版社，2021年。

定河古道外，之后一切的"续集"都从南海子走来。

1. "五朝"聚焦南海子

南海子亦称南苑，永定门以南二十里。地处大兴区东北部，位于亦庄、旧宫、瀛海三镇，东至通州界，西至高米店。苑中泉沼密布，草木丰茂，是自然条件极为优越的皇家苑囿。其占地面积约为二百三十公顷，大过当时北京城面积的三倍。[①]因受永定河潜水溢出的灌溉滋养，自辽金至明清，一直是皇家苑囿与猎场。这一历史可上溯到辽金二朝四时捺钵中的"春水之地"。元朝帝室亦在此纵鹰猎鹅，明朝在元朝的基础上圈建围墙，扩建行宫、衙门，因"中有海子，大小凡三，其水四时不竭，一望弥漫"[②]而得名"南海子"。清朝正式改称南苑。[③]

称其为帝王苑囿，始于辽。辽会同元年（938 年）得燕云十六州，升幽州为大辽的南京，成为辽代陪都之一。擅长骑射的契丹王朝在南京的南部开辟了供狩猎娱游之用的皇家苑囿"延芳淀"，"放鹊、擒鹅"，时称"春捺钵""夏捺钵"。"捺钵"就是契丹皇帝在每年以到各地狩猎或者避暑的名义召集臣僚商议军政大事，这种制度称作"四时捺钵"。同时，"阅骑兵于南郊"，训练兵马。金占据辽南京后，海陵王"禁中都捕射兔"。常率近侍"猎于南郊"[④]。金章宗曾在中都城南建一所行宫，"以都南行宫名建春"[⑤]。常"如建春宫春水""猎于近郊"。史载，金章宗曾到大兴县黄村镇南天宫院一带："承安二年十一月甲辰，冬至有事于南郊。乙巳，以薪贵，敕围场地内无禁樵采。"而且设鹰坊，"掌调养鹰鹘（海东青）之类"[⑥]。此乃北京地区最早的皇家苑囿雏形。

善于骑射的蒙古族，也承袭了这个传统，这一带开始营建苑囿，时称"下马飞放泊"。"下马飞放泊在大兴县正南，广四十顷"[⑦]。"下马"言其离京城很近。"飞放"，就是侍卫簇拥帝王到湖沼纵放名雕"海东青"擒杀天鹅、大雁的狩猎雄壮场景。并在此堆筑晾鹰台、建幄殿，"城南二十里有囿，曰南海子，方一百六十里。海中殿，瓦为之。曰幄殿者，猎而幄焉尔，不可以数至而宿处也。殿旁晾鹰台，鹰扑逐以汗，而劳之，犯霜雨露以濡，而煦之也。台临三海子，水泱泱，雨而潦，则旁四淫，筑七十二桥以渡，元旧也"[⑧]。营建之后的"下马飞放泊"成为元统治者大都城南的皇家苑囿。明代叶子奇《草木

① 赵一沣：《明代北京南苑考》，《呼伦贝尔学院学报》，2005 年第 6 期。
② ［清］顾祖禹：《读史方舆纪要》卷十一，中华书局，2005 年。
③ 刘文鹏：《从春水捺钵到居园理政：北京南海子历史文化研究》，中国人民大学出版社，2021 年。
④ 《金史》卷五，本纪第五。
⑤ 《金史》卷十一。
⑥ 《金史》卷五十六，百官二。
⑦ ［元］刘应李：《大元混一方舆胜览》，四川大学出版社，2003 年。
⑧ 刘侗、于奕正：《帝京景物略》卷三，上海古籍出版社，2001 年。

子》记载：元朝一度饲养猎鹰的"打捕鹰房"，"岁用肉"即达"三十余万斤"，平均每天用肉千斤左右。由是观之，元代鹰房规模很大。

明成祖朱棣于永乐五年（1407年）三月诏改元上林署为上林苑监，"设良牧、蕃育、林衡、嘉蔬、川衡、冰鉴及典察左右前后十署"①，明永乐十二年（1414年）又下令扩充元下马飞放泊，四周筑起土墙，开辟了北大红门、南大红门、东红门、西红门。并命名曰南海子，使之成为一座名副其实的皇家苑囿。

明朝在南海子里大兴土木，先后修筑了旧衙门提督官署和新衙门提督官署，以及关帝庙、灵通庙、镇国观音寺等。到了明正德五年（1510年），又以"上林苑虽育养禽兽供御之所，亦先朝以时狩猎讲武之地，不可废也"，为此对南海子进行了修缮。②《明宫史》云："南海子即上林苑，总督太监一员，关防一颗。提督太监四员，管理、金书、掌司、监工数十员。分东西南北四围，每面方四十里，总二十四铺，各有看守墙铺牌子、净军若干人。东安门外有菜厂一处，是其在京之外署也。职掌寿鹿、獐兔、菜蔬、西瓜、果子。"《明一统志》云：永乐十二年时，海子"增广其地，周围凡一万八千六百六十丈"，关于明代南海子的面积，明诸家记载均称海子周围一百六十里，但《日下旧闻考》确定为"周垣百二十里"。明宣宗宣德三年"命太师英国公张辅等拨军修治南海子周垣桥道"；英宗正统年间修南海子北门红桥，又在天顺二年"修南海子行殿，大桥一、小桥七十五"。这样，明朝扩大了南海子，修治桥道，筑起围墙，辟成四门，并修建了庑殿行宫及旧衙门、新衙门两座提督官署，建二十四园等。

明末清初吴伟业在《梅村集》中提到南海子内"明置二十四园"，不过到清朝时已无处可寻。《养吉斋丛录》载："明有庑殿，为行宫，今俗称吴殿。其时设东、西、南、北四提督，以内珰为之，分建衙门，今称新衙门，旧衙门是也。旧有东、西、南、北四红门，明朝增为九。旧称一百六十里，实亦一百二十里。泉七十三，实亦不止此数。旧时有皇庄五所、菜园五所、瓜园五所、马馆三处、牛圈四处、海户一千六百人。桃林柳陌，沃壤天开。鸟族兽群，孳育蕃（繁）息。有之灵宫，顺治间仿京师光明殿营建。"

2. 离宫别苑和"三山五园"

皇家苑囿南海子，并不是辽金帝王的独创，回溯帝王别苑史就可以找到理论根据。

皇家苑囿起源于先秦，是中国古典园林的雏形。先秦、两汉时期，城市依河流选址，而与城共生的大型皇家苑囿多于水源处湿地营建，苑囿承担着生态保护、物质生产、禽兽牲畜繁育、起居游赏仪式、狩猎与军事等多重功能。

司马相如在《上林赋》中记载："终始灞浐，出入泾渭。丰镐潦潏，纡徐委蛇，经营

---

① 孙承泽：《天府广记》卷三十一。
② 《御制灵能庙碑》（碑文），转引自高世良《南苑杂记》，北京燕山出版社，1999年。

乎其内。荡荡乎八川分流，相背而异态。东西南北，驰骛往来。"可见苑囿水源丰沛，生态环境良好。作者极力渲染描绘苑内林木花草、奇珍异果、飞禽走兽、离宫别馆的壮丽景象及汉天子游猎的盛大规模："卢橘夏熟，黄甘橙楱，枇杷橪柿……旄貘貗，沈牛麈麋，赤首圜题……天子校猎，乘镂象，六玉虬，拖蜺旌，靡云旗，前皮轩，后道游。"借以讽谏帝王将如此肥沃的土地建为禁苑，是与民争利的行为。《上林赋》文章最后反思："地方不过千里，而囿居九百，是草木不得垦辟，而人无所食也。夫以诸侯之细，而乐万乘之侈，仆恐百姓被其尤也。"明代著名画家仇英根据《上林赋》中所描绘，创作了《子虚上林图》（又名《天子狩猎图》），再现天子于上林苑中游猎讲武、祭祀等恢宏画面，实际上这就是辽金以来，尤其是明代南海子的真实写照。

皇家苑囿历经元、明，到了清代，倏忽间由猎苑转为居园理政的驻跸之地。除了行政工作，居园理政还包括阅视水利、考察国家工程；礼佛祭观风问俗；开展水围，操演军队。

清廷在北京修筑了许多皇家苑囿，其中最为著名的便为三山五园。而在三山五园之外还有一个极其重要的皇家苑囿——南苑，清朝入关之初便将南苑划为皇家苑囿，作为清朝皇帝及皇子休闲、驻跸之地。自多尔衮于顺治二年（1645年）首次围猎于南苑后，历代清帝共巡幸南苑262次，总计1253天。[1]

大清的"三山五园制"又是一种怎样的政治治理模式呢？

在清代，北京是唯一的国都。与元代不同，历代清帝都不存在不同国都之间的季节性游移活动。清代行宫遍地而无其他国都，这是中央集权制度强化的一种表现。把建立多个国都的行为视作非汉民族的一种特殊政治现象，这种观点本身也是不准确的。[2] 我们再审视一下10—14世纪统治华北契丹辽朝的捺钵制度。契丹族建立的辽朝之政治架构、统治模式，中国历代王朝恐怕很难找出如此迥异的民族政权。

清朝跟前朝迥异的地方，在于它的二元理政模式：一是宫廷理政，即在故宫这样的皇家政治中心进行政治管理；二是园林理政。戴逸提出，清朝入关之后的顺治朝，还没有三山五园和避暑山庄，三山五园、避暑山庄是在南海子建成之后从南往北慢慢延伸推广建成的。南海子、三山五园和避暑山庄构成了清代园林理政的基本格局和框架，但南海子是园林理政的起点[3]。避暑山庄永佑寺碑《避暑山庄百韵诗》可以证实这一点，诗中写道：

三代以下，享国最久者，莫如汉、唐、宋、明。然四姓皆一，再世而变乱生焉，

---

① 朱蕾、张庆宏、王成：《南海子：清代行宫体系的咽喉》，载《从春水捺钵到居园理政：北京南海子历史文化研究》（刘文鹏主编），中国人民大学出版社，2021年。
② 康鹏：《都城与捺钵：辽朝政治中心之争》，《中国社会科学报》，2020年11月11日，第2045期。
③ 杨念群：《南海子：清朝园林理政模式的起点》，载《从春水捺钵到居园理政：北京南海子历史文化研究》（刘文鹏主编），中国人民大学出版社，2021年。

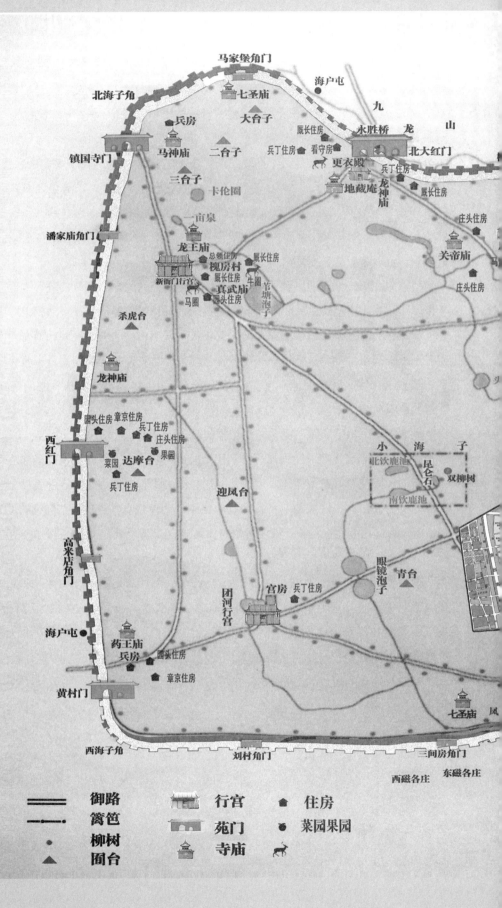

马家堡角门
海户屯
北海子角
九
七圣庙
兵房
大台子
山
镇国寺门
马神庙
二台子
厩长住房
永胜桥
龙
三台子
兵丁住房
看守房
北大红门
卡伦圈
更衣殿
兵丁住房
一亩泉
地藏庵
龙神庙
厩长住房
潘家庙角门
龙王庙
总领住房
厩长住房
庄头住房
新衙门行宫
槐房村
厩长住房
牛圈
关帝庙
真武庙
帝塘泡子
马圈
圈头住房
庄头住房
杀虎台
龙神庙

圈头住房
章京住房
小
海
子
兵丁住房
北饮鹿池
西红门
庄头住房
昆仑石
双柳树
菜园
达摩台
果园
南饮鹿池
兵丁住房
迎凤台

高米店角门
眼镜泡子
青台
海户屯
宫房
兵丁住房
药王庙
团河行宫
兵房
圈头住房
黄村门
章京住房

七圣庙
凤
西海子角
刘村角门
三间房角门
西磁各庄
东磁各庄

御路
行宫
住房
篱笆
苑门
菜园果园
柳树
寺庙
圈台

清·南海子

南海子（瀛海镇域含标注）2022.

是岂天心之怠眷，亦人事之偷惰实致之。我皇祖有鉴于此，故自三逆底定之后，即不敢以逸豫为念。巡狩之典，或一岁而二三举行……

由巡幸路线串联途经暂停站及目的地而形成的驻跸制度是清代行宫的重要功能与承载。乾隆帝按目的地划分巡幸路线：最北为盛京谒祖陵，最南是南巡终点杭州、海宁，最西达嵩洛（然而西巡指巡幸五台的路线），还有一些巡幸活动集中在京津一带。其中，南苑是离京城最近的一个巡幸目的地，这也是它居于咽喉位置的重要原因。巡幸路程中的驻跸场所，主要有行宫、大营、水营、尖营这几种类型，它们共同构建了一个巡幸驻跸的系统。清代行宫体系在乾隆朝逐渐发展，有一百多处行宫，南海子是其中唯一的一处第三种行宫，它承担着巡幸时往来准备、休整，集结人马、物资的功能。行宫文化，最是诗词歌赋的渊薮，团河行宫，尤为凤河传说的精彩标点。

3. 兼具政治功能的角色

辽朝入主北京（幽州治所）之前，四时捺钵在以上京为中心的区域内举行。辽帝常驻南京（燕京），每季春弋猎于延芳淀，延芳淀的西部就是南海子。

金朝初期，四时捺钵制度和五京制为女真人所承袭。最早的国都称为"御寨"，从金世宗时期起，金朝"春水之地"均围绕中都燕京展开，但南海子明确成为金朝捺钵之地，是在金章宗时期。他巡幸南海子最为频繁，承安三年（1198 年）在那里修建了建春宫，在位 20 年有 17 次春水记录，其中 7 次在建春宫。从辽代到金代初期，捺钵制度的发达被视为国都政治功能弱化的表现，虽然当时确立了五京制度，但"真正的政治中心是在捺钵和斡鲁朵，而不是在五京之中的任何一个京城，都城的存在仅具有象征意义，这是由辽、金两个北族王朝的游牧特性决定的"[①]。金朝迁都燕京后，国都的政治功能得到强化。捺钵遗俗仍在，但已开始趋向象征性。这就改变了辽代以来移动政治中心的形式，转而形成了固定政治中心与移动政治中心相结合的二元形式。元朝完成统一后，这种固定都城与移动政治中心相结合的二元体制得到强化，皇帝在大都与上都之间定期迁移，仍是捺钵制度的表现。他们在南海子的下马飞放泊仍被视为一种捺钵活动。

永乐十九年（1421 年），明朝正式迁都北京。明朝把元朝遗留下来的"下马飞放泊"改名为"南海子"。据《帝京景物略》载："永乐十二年，增广其地，周围凡一万八千六百六十丈。"在修建围墙后，又新开四座大门，分别为北红门、南红门、东红门和西红门。随着地亩扩大，明朝在南海子内修建了名为"庑殿"的行宫，以及旧衙门提督官署和新衙门提督官署，这也成为清朝两行宫的前身。

---

① 刘浦江：《金朝初叶的国都问题：从部族体制向帝制王朝转型中的特殊政治生态》，《中国社会科学》，2013 年第 3 期。

明朝在南海子修建的行宫、猎场等一切设施，均被清朝承袭和使用，南海子成为顺治时期和康熙前期主要的皇家行宫与苑囿，自顺治二年（1645年）多尔衮首次在此围猎后，历代清帝共巡幸南苑262次，总计1200多天。清朝逐步制定了一套详细的巡幸制度，进而以南苑为起点，逐步将其发展为清帝四方巡幸的制度。

清代不存在多国都体制。美国学者罗友枝（Evelyn S. Rawski）认为，"清朝多个都城的体制是模仿10—14世纪统治华北的契丹辽朝（907—1125年）、女真金朝（1113—1234年）和蒙古元朝（1271—1368年）这几个非汉族政权而建立的"。努尔哈赤也从不带领自己的大臣和部众按照季节迁移，举行捺钵。进入北京后，满人马上将政治中心由盛京移到北京。盛京名为陪都，但在整个清代只是作为处理东北事务的最高地方机构。清朝皇帝大多到过盛京，但主要是为了祭祖。盛京的地位更像明朝的南京，而非辽金元时期的行国政治中心。北京是清代唯一的国都。与元代不同，历代清帝都不存在不同国都之间季节性游移的活动。① 研究表明，战国时期的燕国已经实行"五京制"。燕都最早位于北京南部琉璃河董家林古城；后燕国吞并蓟国，并迁都蓟城；第三个都城是位于河北省易县易水之畔的临易；第四个都城位于北京市窦店；第五个都城位于河北省易县武阳城。特别是在燕昭王时期，燕国达到顶峰，以蓟城为上都，以窦店古城为中都，以武阳城为下都，形成三都并存的局面。但把五京制或多都城制度归结为契丹人或北方民族自身特点的观点显然比较武断。因此，南海子是清朝最早的行宫所在地，是对明朝行宫体制的继承和发展。

4. 居园理政序列

南海子，游猎民族与农耕汉族交融的、重要的皇家苑囿，得名于明朝永乐年间，史载为了与紫禁城北之"海子"（今积水潭）相区别，故称该地为"南海子"。清朝入关之后，始改称为"南苑"。辽、金、元先后将北京定为"南京""中都"与"大都"。这三个朝代都是北方少数民族建立的王朝，游牧打猎既是其经济形式，也是其民族习惯。元朝占领中原后，曾经计划把整个中国都变成牧场，不过最终受到劝阻而未施行。但为了继续保持游牧传统，以便打猎与练兵，元朝还是需要在其都城附近设立一个牧场。辽南京、金中都和元大都东南地区的一片地势低洼、水系丰富的沼泽地，就成为少数民族捺钵、练兵、打猎的最佳选址。②

面积3倍于明清北京城的南海子（南苑），是明清以来北京规模最大的皇家园林。中国第一历史档案馆中仅清代就有上千万件档案，北京市地方档案更多、更重要，特别是

① 刘文鹏、姜海若：《春水捺钵与居园理政》，载《从春水捺钵到居园理政：北京南海子历史文化研究》（刘文鹏主编），中国人民大学出版社，2021年。
② 戴逸：《从春水捺钵到居园理政：北京南海子历史文化研究·序》，中国人民大学出版社，2021年。

《日下旧闻考》和《帝京景物略》等文献对南海子宫廷御苑的历史进行了详细考订。南海子具备了中国古代皇家苑囿所承担（如物质资料生产资源储备、狩猎、阅兵、驻跸、游憩等）的全部功能，是中国古代皇家苑囿的活化石。美国城市学家凯文·林奇（Kevin Lynch）的城市意象理论认为，重要的边界、标志、区域、通道、节点是形成、保存城市（区域）意象的重要环境要素。[①]南海子（南苑）位于北京小平原永定河冲积扇前缘地下水溢出带，是辽、金、元、明、清五代皇家猎场和明清两代皇家苑囿，"南囿秋风"为明清时期的"燕京十景"之一。这里生态优良，环境优美，历史悠久，底蕴深厚，内涵丰富，地位崇高。清朝南海子与"三山五园"、塞外避暑山庄共同构成了紫禁城外园林（苑囿）理政体系，其中南海子启用时间最早、规模最为宏大、功能齐全，具有治国理政、演武阅兵、行围狩猎、颐养身心等功能。[②]南海子最辉煌的时刻也在康熙、乾隆时期，这两位盛世之君将南海子宫廷御苑的功用发挥到了极致。从处理政务、阅兵行围，到文化盛事、民族交融、巡游苑囿。清代康乾盛世，南海子是不亚于北京西北郊的圆明园、颐和园的一个行政副中心，大量的政治外交、礼佛祭祀、军事演练等活动都在这里进行。尤其是清朝初期，在"三山五园"经营之前，南苑更是皇帝政治生活的重要处所。记载皇帝起居、巡幸、祭祀等活动的史料汇编《清实录》显示，顺治、康熙两朝在南苑活动的次数超过了此后诸朝活动总数的一半。《清实录》记载了顺治九年（1652年），顺治帝在南苑接见五世达赖喇嘛的情形，"癸丑，达赖喇嘛至，谒上于南苑，上赐座、赐宴，达赖喇嘛进马匹方物，并纳之"[③]。《清会典》记载了顺治十三年（1656年）南苑大阅典礼盛况："顺治十三年，世祖章皇帝幸南苑，命两翼内大臣侍卫等提甲胄阅骑射，召内院汉大学士翰林及部院尚书以下四品以上各官从观，复陈围猎以示群臣。"[④]南苑同时兼有行围狩猎、册立册封、科举殿试等活动。此外，还是皇子习围、读书之地。

5. 讲武习勤的"围场"

辽代早期的四时捺钵在以上京（临潢）为中心的区域内举行。辽圣宗时期，为了便于筹备与宋朝的战事，从统和五年（987年）一直到统和二十年（1002年），这十多年间则集中在南京（燕京），此时的捺钵仅围绕燕京进行。[⑤]其中，春捺钵大致围延芳淀（今北京通州区漷县镇）之西。《辽史·地理志四》载："潞阴县，本汉泉州之霍村镇。辽每季春

① 凯文·林奇：《城市意象》，方益萍、何晓军译，华夏出版社，2001年。
② 张宝秀：《南海子：西山永定河文化带上的一颗璀璨明珠》，2019年6月29日在"首图讲坛·南海子历史文化讲座"上的讲稿。
③ 《世祖章皇帝实录》卷七十，顺治九年十二月癸丑。
④ 《光绪朝钦定大清会典事例》卷七百六。
⑤ 王新迎：《从辽圣宗前期捺钵看南京城的职能及地位》，首都师范大学学报（社会科学版），2004年（增刊）。

弋猎于延芳淀，居民成邑，就城故潥阴镇，后改为县。"延芳淀西部就是北京南苑。据考证，辽圣宗时期的延芳淀还建有长春宫，即后来金代建春宫所在。① 辽代捺钵的建筑形式以营帐为主，因而尚未见在南海子有固定建筑的记载。从宋人绘画中的契丹营帐，以及清代皇帝驻跸幄、大营，我们不难想象辽代帝王与南海子捺钵的场景。

贞元元年（1153 年），海陵王迁都燕京，北京首次成为帝国的首都。南海子遂成为金朝的首个皇家苑囿。金代帝王均尊崇儒学，号称小尧舜的金世宗，在吸收儒家文化的同时，也强调要延续渔猎民族文化传统，遵循辽代皇帝四时巡守的旧俗："自今四时游猎，春水秋山，冬夏捺钵，并循辽人故事。"在城东南三十里②："大定二十三年（1183 年）正月，辛巳，广乐园灯山火。壬午，如春水，诏夹道三十里内被役之民与免今年租税。"即今晾鹰台一带举行春水活动。金代"春水秋山"与辽代"捺钵"有所不同，皇帝行营不再是政治中心朝廷的所在，仅借春水之际体察民情："天子巡狩当举善罚恶。"金章宗巡幸南海子地区极为频繁，在位 20 年，有 17 次春水（春捺钵）记录，其中就有 7 次是在建春宫（南苑）。③ 元朝迁都燕京，国都政治功能得到强化。"动辄历时数月，在此期间，国家权力机构便随同皇帝转移到行宫，使得春水秋山行宫成为处理国家内政外交事务的重要场所。"④ 此时的捺钵活动同以往比起，已不可同日而语。

至元八年（1271 年），忽必烈听从刘秉忠建议，取《易经·乾卦》"大哉乾元，万物资始，乃统天"，改国号为"大元"，并于次年定都北京，自认中华正朔。逐水草而居的蒙古人，将行围视为皇室乐趣与荣耀之所在，在都城郊原设皇家猎场，称为"飞放泊"。内筑晾鹰台（呼鹰台）。元武宗于元至大元年（1308 年）二月下令立鹰坊为仁虞院。仁，是中国儒家学派道德规范的最高原则；虞，是古代掌管山泽之官，取名仁虞院管理下马飞放泊。元代这种固定都城与移动政治中心相结合的二元体制得到强化，仍是这种捺钵制度的表现，所以才有了南海子地区的"下马飞放"活动。由此将两座都邑分别与冬季营地、夏季营地复合在一起。⑤

明朝是第一个定都北京的汉人王朝，作为中原农耕文化的代表，明代积极复兴传统文化，因此，明朝统治者下令对下马飞放泊进行扩建，建筑垣墙，明确范围，改称南海子，由上林苑监管辖，设海户种植粮食蔬果，豢养牲畜，南海子成为京城重要的物资储备基地。除修建围墙，开辟苑门之外，明代南海子内辟二十四园，设四提督署，并修有庑殿行宫等建筑。明成祖迁都北京初期，受到北方游牧民族文化的影响，在苑囿功能上，南

① 于德源：《辽南京（燕京）城坊宫殿苑囿考》，《中国历史地理论丛》，1990 年第 4 期。
② 《金史·世宗下》。
③ 刘浦江：《金代捺钵研究（上、下）》，《文史》第 49、50 辑，1999 年 12 月、2000 年 7 月。
④ 刘浦江：《金朝初叶的国都问题：从部族体制向帝制王朝转型中的特殊政治生态》，《中国社会科学》，2013 年第 3 期。
⑤ 陈晓伟：《捺钵与行国政治中心论：辽初"四楼"问题真相发覆》，《历史研究》，2016 年第 6 期。

海子延续了辽、金、元时期皇家猎场的功能，成为明代皇帝行围演武的重要场所。清朝入关后，全面继承明代的宫殿、园林遗产，顺治十三年（1656年），顺治皇帝曾有谕："思物力之限，罔敢过用，轸民生之疾苦，不忍重劳。"于是，顺治帝将明代凋敝的南海子重加修葺，作为猎苑，改称南苑："仰惟开国以来，若南苑则自世祖肇加修葺，用备蒐狩。"并在此长期驻跸、理政，使之成为与紫禁城互补的政务中心。历经康乾两朝的持续增华，南海子全面复兴了中华民族先秦以来大型皇家苑囿的意向与历史功能。

即便有时战争频繁，皇帝在南苑行围活动仍很多。康熙帝在位的60年时间里，先后67次在南苑行围。平定三藩、收复台湾、亲征准格尔、抗击沙俄侵略前后，一年之中甚至五六次行围；每次行围期间驻跸南苑的时间短则五六天，长则半月余。与日常通过围猎以演练骑射的"行围"不同，"大阅"是对八旗兵战斗力的全面检阅，按照礼制，应当每三年举行一次。康熙帝在南苑共举行6次大阅兵，分别是：康熙十二年（1673年）正月、十六年（1677年）二月、十九年（1680年）二月、三十四年（1695年）十一月、四十年（1701年）十一月和四十三年（1704年）正月。另外，康熙二十七年（1688年）十一月还曾专门进行过一次火器营阅兵。无论行围，还是"大阅"，目的是保持八旗"国语骑射"传统，增强武备，提高八旗的军事战斗力。[1]在冷兵器时代，骑马射箭是当时先进的作战方式。清入关后，虽有火枪大炮，康熙开始亦有火器营建制，但作战时还是以骑马射箭为主，直至晚清时这一情况才有所改变。作为统治者，鉴于三藩之乱和蒙古布尔尼叛乱，康熙反复强调"国语骑射"，即坚持满语和练兵。[2]康熙一生搞了十四次大型阅兵，其中一半是在南海子。南海子是平原湿地，木兰围场是草原和山地，在这两处阅兵和练武会达到不同的功效。传教士宫廷画师们绘制的《乾隆皇帝大阅图》，详细地描绘了乾隆皇帝在南海子宫廷御苑内举行大规模阅兵的场景。无论是从时间节点、地域特点，还是从宫廷御苑的功能上看，南海子宫廷御苑与避暑山庄及木兰围场可以说各有所长，互为补充，构成了康熙、乾隆盛世宫廷御苑的全盛时期。由于南海子临近皇城且地域广阔，在南海子举办的很多大典的规模超过热河行宫和木兰围场。永定河的水脉乳汁孕育滋养了南海子，使其成为北京城南这片广阔膏腴的湿地，继而成为辽、金、元三代帝王的狩猎场，五朝苑囿。

6. 生态大美若梦幻

南海子是帝王的尊严，皇后妃子的乐园，文学艺术的灵感之所。南海子水系的治理成为宫廷维护皇家苑囿大美风光的大事。乾隆皇帝于乾隆三十二年（1767年）开始治理发

---

① 刘仲华：《南苑与清代北京历史文化》，2018年11月10日在"首图讲坛·首都科学讲堂"上的讲稿。

② 朱诚如：《盛世遗产：南海子宫廷御苑的历史地位——兼论南海子御苑和避暑山庄的互补性》，载《从春水捺钵到居园理政：北京南海子历史文化研究》（刘文鹏编），中国人民大学出版社，2021年。

源于一亩泉的小龙河。^①

一龙一凤，小龙河和团河是南海子的吉祥意象。乾隆皇帝下旨："一亩泉下游即归张家湾运河，俱应行开挖深通。"据《凤泉凉水河图》记载："一亩泉至二闸与凉水河汇，流出东红门，过马驹桥至张家湾南门外归北运河以济运，于乾隆三十二年开挖，三十三年告成。"据乾隆三十九年（1774年）凉水河疏浚工程竣工后在御制《凉水河》诗注中所记："自凤泉至南苑进水栅口，浚河三千丈。又自栅口至马驹桥，浚河五千丈。修建桥闸凡九，新建闸五，以资节宣。""或云其地似江乡风景者，不知余之意期于农旅俱受其益，并非借此为点缀也。"^②从乾隆皇帝的诗意自注中，可以看出他对这次疏浚凉水河十分满意。既清了淤，又修了闸，还筑了甬路，并且又新开了九顷稻田，他在《凉水河》诗中写道：

> 建闸蓄其微，通渠泻其怒。有节复有宣，遂得成川巨。
>
> 川傍垦稻田，更赖资稼务。南苑红门外，历览欣始遇。
>
> 或云似江乡，宁饰江乡趣。兴农利旅然，永言识其故。^③

乾隆三十六年（1771年），乾隆皇帝亲自勘查了永定河情况。据《日下旧闻考》记载："阅视河淀情形，见凤河有断流之处，于回銮驻跸南苑时，令查勘上游，疏浚以达河流，今据阿里衮等查明，团河下游即为凤河，一亩泉下游即归张家湾运河，俱应行开挖深通。已有旨给发帑金及时修浚矣。"乾隆三十七年（1772年），乾隆皇帝下令重加疏浚凤河的源头团河。《日下旧闻考》又载："因南苑水源未畅，命重加疏浚团泊。河南北旧宽六十余丈，东西五十余丈，复拓开数十丈。"紧接着，又开始疏浚凤河。把原较直的河道改挖成"之"字形的弯河道，以减慢流速，使清水缓缓汇入永定河。对此，乾隆皇帝在《南红门作》诗注中总结："凤河源于海子内团河，下流与永定河汇，荡涤沙浑，同由大清河入海，是凤河实永定关键。向以年久淤塞，因出内府帑金饬加排浚，俾得畅流，迩年颇

---

① 不论是小龙河的源头一亩泉，还是凤河的源头团河，均不是孤立的涌泉，都是由各自的涌泉群组成。乾隆皇帝在御制《海子行》诗注中写道："《日下旧闻考》称有水泉七十二处，近经细勘，则团河之泉可指数者九十有四，一亩泉亦有二十三泉，较旧数殆赢其半。稗野无征大率类是。"明代大学士李时勉于《北都赋》中描述："泽渚川汇，若大湖瀛海，渺弥而相属。其中则有奇花异果，嘉树甘木，禽兽鱼鳖，丰殖繁育。飚飚籍籍，不可得而尽录。"因此，南海子历元明清三代帝王，建成了继秦汉上林苑以后规模最大的一座皇家苑囿。

② 凉水河是一条流经南海子的主要河流，它发源于北京右安门外的水头庄。据绘制于清光绪年间的《南苑全图》标注记载："凉水河由栅子口进水闸至半边桥出水闸，计长六千三百八十五丈。"几乎流经了南海子的整个东部地域。使这里天润地泽，水美草丰，成为天然的牧场。皇家苑囿的牛圈、羊圈、鹿圈、马厩等设施，大部分都设置在这一地区。

③ 小龙河是南海子北部水系的一条主要河流，它源自南海子西北隅的一亩泉。一亩泉之水向东透迤流淌，似一条虬龙，因此得名"小龙河"。小龙河贯穿了整个南海子中部地域，几乎滋润了大半个南海子，形成三河交汇，五海相连，成为"南囿秋风"最为绚丽多彩的景区。

资其力。又以旧河势直，恐其一泻无遗，令作'之'字形，使其曲折而下。"

在这里可以看出乾隆皇帝的良苦用心。正如他在《南红门外作》诗中所写：

> 凤河一再渡桥楮，荡漾浑流每藉兹。
> 设使不为之字绕，清波直泻虑无遗。

乾隆皇帝还把"养源"作为治理南海子水系的一项主要目标。据《大清会典》记载："南苑之水出团泊、一亩泉，潴为五海。"乾隆时期"各建闸以宣泄之"，并设"河道苑丞简闸十四，桥五十二，设闸军三百一十九名，每月给银一两，米一斛"。乾隆时期对南海子水系的大规模、全面的治理，取得了治淤、养源、济运、清流的多重效果。他在《仲春幸南苑即事杂咏》诗注中写道："近年疏剔南苑新旧水泊，已成者二十一处。又展宽清理河道、清流演漾，汇达运河。并现在拟开水泊四处，次第施工，通流济运。"并在诗中感慨地写道："苑内亦多宜剔处，由来万事在人为。"

康熙皇帝赞美它"景湛清华"，雍正皇帝赞美它"熏风布泽"，乾隆皇帝赞美它"迩延野绿"，南海子成为清代帝王最想驻跸临憩的离宫别苑。凤凰意象就是南海子大美的宫廷象征。

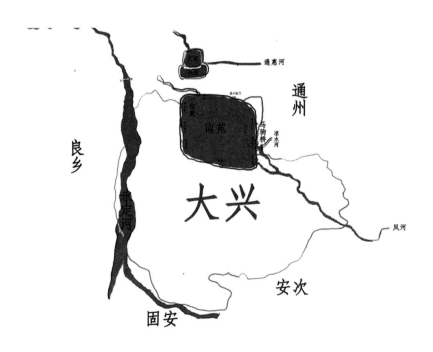

凤河与永定河的区位关系图（手绘）

三、上林苑的要素聚合

南苑内团河行宫的湖、泉是凤河的主水源。历史上每至夏季，常有多处漫溢决口。[①]

南海子（南苑），处于西山永定河文化带的重要位置。永定河从京西的西山冲出，奔腾向东，流速愈减，泥沙逐渐沉积，从海淀到丰台再到大兴南海子（南苑）一带，日渐形成了诸多旺盛的泉眼、汩汩的湖水、巨大的冲积平原、散状型河流。自辽至清代，南海子始终保持着"四时不竭，汪洋若海"的湿地风貌，据《日下旧闻考》载："海子内泉源所聚，曰一亩泉，曰团河，而潴水则有五海子。"[②]

五海子"旧称三海，今实有五海子，但第四、第五夏秋方有水，冬春则涸耳"。潜水层溢出构成的南苑水系基本有三条，由北而南依次为凉水河水系、五海子水系、团河水系。凉水河的主源出自京城西南角的水头庄、万泉寺、凤凰嘴、草桥一带的平地涌泉，自西北而东南穿过南苑；位于南苑内中部的一亩泉附近有 23 处泉眼，它们汇而东南流，构成了五海子水系的上源；位于南苑之内南部的团河附近有泉源 94 个，汇聚为团河而向东南流入凤河。南海子与京西的"三山五园"都因永定河而成。众多古代皇家园林、苑囿密集分布在这条曲折蜿蜒的水带上，凤河因南苑泉水溢出而成为大兴南部发散性的河流。

关于凤河在南苑的源头有多种传说，官方志记主要集中在两种解读。

其一，发源于南苑团河的双泡子，因其曾供帝后妃子垂钓，故名。南苑宁佑寺御笔题诗《海子行》有凤河源的描述为证：

> 元明以来南海子，周环一百六十里。
>
> 七十二泉非信征，五海至今诚有此。
>
> 诸水实为凤河源，藉以荡浑防运穿。

凤河到 1950 年进行疏浚，开挖下段才开始有了固定河道。1955 年开挖凤河新段，将团河至南红门段并入。支流有岔河、旱河、官沟、通大边沟。至凤河营入河北省安次县。岔河源于魏善庄镇赵庄子村西北七干闸，流经沙窝营村西入凤河，全长 18 公里。旱河源于魏善庄镇羊房村北，全长 17 公里。

其二，凤河在南苑流出，仍然没有固定河道，漫溢散流，形似展开的凤。1950 年疏浚凤河东大屯至大回城段。凤河河道的正式形成直到 1955 年，用了 6 年时间开挖新凤河，将上游河水自南大红门东行引入凉水河。自此，凤河向东南方向在凤河营以东出境流入河

---

① 《顺天府志·河渠志》，光绪十一年刻本。
② ［清］于敏中等：《日下旧闻考》卷七十四《国朝苑面·南苑一》。

北省廊坊市。

乾隆皇帝同样作《海子行》诗，把南海子的历史形成和地理概貌叙述得一清二楚。他在诗中做了大量的注解："《日下旧闻》称有水泉七十二处。近经细勘，则团河之泉可指数者九十有四，一亩泉亦有二十三泉，较旧数殆嬴其半。稗野无征大率类是。""海子内泉源所聚曰一亩泉，曰团河，而潴水则有五海子。考一亩泉在新衙门之北，曲折东南流，经旧衙门南至二闸。凉水河自海子外西北来，入苑汇之。"

凤凰，承载了帝王的期待；凤河所在的上林苑聚合了发展要素的均衡化和品牌、人力、资本的社会化。

一是庄园海户的示范效应。皇家苑囿南海子，众多守护，饲养和种植的役使人员统称为"海户"。海户一般为千人。有自宫男子发派而来[1]，有苑户、移民来的，有门军及其他海户，后期有租赁、买卖下来的土地主、庄园主。

守护者多种阶层的出现，是南苑地区保持生态景观、人文厚植、经济发展的重要举措，不仅维持了明清时期凤河流域的经济发展，也有效地带动了移民的聚集，进而促成今日凤河移民文化形成奇特景致。

二是蕃育署的产业繁荣。现在大兴东南部的长子营、采育镇，从辽代始，历金元明清，一直为上林苑监官署辖管的京师"菜篮子""米袋子"。辽开泰元年（1012年），析津府内有采魏院（今采育），辽太平六年（1026年），采魏院在南京道析津辖区内[2]；元至元二十一年（1284年），采魏院改称采魏里，在东安州辖内；明永乐五年（1407年）改上林苑，为上林苑监。《大明会典》言："上林苑监用北京效（应为郊）顺人役充，又拨山西民分派使用。"明洪熙元年（1425年），以良牧、林蘅二署并入蕃育署，计营五十八，有"鹅鸭城"之称。清康熙三十七年（1698年）裁撤上林苑监及良牧、蕃育二署，蕃育署遂废圮，但采育仍以畿辅首镇而闻名京师，在区域管辖和地理位置上，在清代前期属安次县，称采魏里。《春秋梦余录》称："采育乃古安次县采魏里也。明初为上林苑，改名蕃育署，而人仍呼采育，含新旧而名之也。去都城七十里。"

由史料可以看出，京南的南苑地区，是凤河水源的源头。南苑发源的凤河滋养了上林苑的物产丰美，南苑设立的上林苑监有效地保护了凤河流域的生态文明，管护保护了凤河的源头。[3] 关于上林苑监的设立、形成、发展，须追溯到朱棣称帝。1421年，明朝朱棣正式迁都北京，称京师顺天府。之后便设置了上林苑监，苑监的职能是"掌苑囿、园地、

---

① 《明会典》载，明嘉靖二十六年（1547年），净身男子1596人。

② 见《北京历史地图集》（侯仁之主编，文津出版社，2013年）所标注。

③ 凤河是南海子南部水系的主要河流。它源自南海子西南隅的团泊。乾隆皇帝在《海子行》诗注中记载："团河在黄村门内，异而东南流，经晾鹰台南过南红门，五海子之水自北注之，又东流出海子东南，是为凤河。东流历东安、武清境，至天津之双口，与永定河会，浑水借此荡涤乃成清流；又东至韩树入大清河，又东至西沽入运。"

牧畜、树种之事"。为了细分职责，上林苑监又前后设置了良牧、蕃育、林蘅、川蘅、冰监、典察等十署。为了保持高效良性运营，14 年后，上林苑监精简机构，保留蕃育、良牧、林蘅、嘉蔬四署，其余署撤销。蕃育署因其特殊的区位优势得以保留，继续作为皇家养育禽畜基地，署所设在顺天府东安县采魏里（今采育镇）。

三是凤河流域的皇家气象。蕃育署作为皇家养育禽畜基地之所以长盛不衰，就是由于凤河——一头连着皇苑，一头承载基地；一头连着水源，一头灌溉田畴。由于处于永定河冲积扇前缘区，采魏里"泽渚川汇，若大湖瀛海，渺弥而相属"。《天府广记》言："水木清华，最为胜地也。"又因其位于上林苑的中心，故又名"采育上林苑"（采育镇原名"采魏里"，处于凤河流域中心区位，因蕃育署之故改名"采育"）。自从南海子成为明代京师著名的皇家御苑后，清代帝王的行政、司法、觐见等国家重要活动均在这里举行过。清顺治帝在位 17 年，32 次临幸南苑，几乎每年都居住一段时间，处理政务。凤河源头喷涌泉水环绕的团河行宫，是南苑四座行宫中规模最大、最为豪华的一座，宫内"亭台多点缀，山水尽清澄"，尽显江南园林的精致典雅。[1]

四是宫廷筵宴的稳固后方。自从元代开始，南苑还承担了物质生产和物资储备的任务，需要为宫廷及皇室提供各种生活日用物资，这也是造成明清凤河大量移民的重要因素。元世祖至元十九年（1282 年），置上林苑署，"掌宫苑栽植花舟，供进蔬果，利措以饲驱马，备煤炭以给营绪"[2]。

五是移民聚合的资本吸附。史料记载，明永乐五年（1407 年），迁山东、山西移民5000 户至署内凤河两岸，聚落村庄，畜养户 2357 户，拨畜牧草场地 1520 余顷，并以此为赋，供光禄寺、太常寺、上林监苑和内库府，主要供光禄寺。有准确记载的官方文本表明，明代从山西移民达 18 次之多。清康熙三十七年，裁撤上林监苑时，此时人口尚有7582 丁。清明皇家苑囿的兴起，吸附了农民、自由民、自宫人员、商人、手工业者等各个阶层的人口聚集，产生了人口红利，完成聚合效应。更重要的是，加速了凤河流域不同时期移民的聚合。尤其是明清时期的晋商，以皇商的优势在凤河流域展示了权力资本化的过程。

凤河流域地灵人杰，崇祯进士、吏部左侍郎孙承（1592—1676 年）就出生在这个区域。盛极必衰是历史周期率的铁定法则，清乾隆年间，到底是哪一年凤河流域的采育大部分村庄划归大兴县，《大兴县志》无载，因为上林苑辖区隶属京师直管，独立于大兴县。

① 北京市政协文史资料委员会：《首都文史精粹·南海子史料集》，北京出版社，2015 年。
② ［清］孙承泽：《天府广记》，北京出版社，1962 年，第 367 页。

四、穿越"五朝风华"

游牧与渔猎兼具的辽，游牧文明的元，农耕文明的明，渔猎文明的金和清，聚合在南海子一带，渔猎、演武、理政、游憩自成一体。与紫禁城、"三山五园"共同构成北京三大政务中心，尤其开启了清代帝王园居理政的先河。凤河的源头是南苑一亩泉，南苑和上林苑监所属区域涵养了辽金元明清"五朝"的风华。

1. 从捺钵到巡幸

"行国"一词最早出现在《史记·大宛列传》中，《史记·匈奴列传》对此做了进一步阐释。从行国政治视角观察，四楼①作为太祖四季驻跸之所，实际承担着契丹王朝政治中心的特定角色。②金太祖、太宗两朝时，都城会宁府虽然创立，但国家政治中心的作用却已弱化，国家权力机构随同皇帝转移到行宫。③这就是南海子作为行国理政的依据。20世纪40年代，傅乐焕、姚从吾提出辽的政治中心不在汉人式的五京，而在游牧式的捺钵。

南海子是辽金以来中国封建社会后期都城政治功能的承载地。辽代的捺钵制度，金海陵王"猎于南郊"，元代"下马飞放泊"，清代尤其重骑射，使得南海子渐变为清代的寓游猎、演武与理政于一体的综合性皇家苑囿。很多重大活动，如达赖、班禅觐见清朝皇帝、多次重大阅兵活动、帝后巡幸等都发生在这里。诚如康熙皇帝所言，"南苑（南海子）乃人君讲武之地"。

明永乐十二年（1414年），南苑在元代"飞放泊"的基础上得以继续扩大。《日下旧闻考》记载："南海子在京城南二十里，旧为下马飞放泊，内有晾鹰台。永乐十二年增广其地，周围凡一万八千六百六十丈，中有海子三，以禁城北有海子，故别名南海子。"④

《春明梦余录》中也记载："中有海子，大小凡三，其水四时不竭，汪洋若海，以禁城北有海子，故别名曰南海子。"⑤明宣宗、英宗时期，对南海子附近进行了修治。南苑的整修达到鼎盛。南苑地区经过扩建后，已经具备了完整的管理体系及建制。《养吉斋丛录》对南苑地区营建工程记载甚详，如官署衙门之兴建、皇家庙宇以及行宫的建设等。⑥

---

① "四楼"是辽初四时捺钵制度的核心内容，为太祖阿保机营建。"楼"实为建筑物，与汉语语义的楼台等同。"四楼"中，东楼为春捺钵，北楼为夏捺钵，西楼为秋捺钵，南楼为冬捺钵，与蒙元时期诸可汗的"四大营地"制度类似，是北族王朝行国政治的鲜明体现。

② 陈晓伟：《捺钵与行国政治中心论——辽初"四楼"问题真相发覆》，《历史研究》，2016年第6期。

③ 刘浦江：《金朝初叶的国都问题——从部族体制向帝制王朝转型中的特殊政治生态》，《中国社会科学》，2013年第3期。

④ ［清］于敏中等：《日下旧闻考》卷七五，北京古籍出版社，1985年，第1267页。

⑤ ［清］孙承泽：《春明梦余录》，北京古籍出版社，1982年。

⑥ ［清］吴振棫：《养吉斋丛录》，北京古籍出版社，1983年。

永乐五年（1407 年），明代南苑地区专门设有管理机构，亦即上林苑监。上林苑之名始于汉代，专为帝王游玩和打猎之所。《续文献通考》记载："监正掌苑囿、园地、牧畜、种树之事。副丞为之贰……蕃育育鹅鸭鸡，皆籍其牝牡之数，而课孳卵焉。"

明代南苑辟有四门，东面称东红门，南面称南红门，西面称西红门，北面则为南苑正门，又称北红门。天顺二年（1458 年），状元彭时随明英宗至南海子检阅士兵围猎，"海子距城二十里，方一百六十里，辟四门，缭以周垣。中有水泉三处，獐鹿雉兔不可以数计，籍海户千余守视。每猎则海户合围，纵骑士驰射于中，亦所以训武也"①。南海子周边除了有广阔的水域之外，还有大片陆地。"南海子周环一百六十里，有水泉七十二处。元之飞放泊也。晾鹰台，元之仁虞院也。明置二十四园"。这里是皇家休闲游览之所，也通过定期围猎以训练兵士。

明朝皇帝多次巡幸南海子。相关记载有：

永乐中，岁猎以时，讲武也。（《帝京景物略》）

正统七年（1442 年），"十月丙午猎南海子"。（《明会要》）

天顺二年（1458 年），"上猎南海子。亲御弓、矢，勋臣、戚臣、武臣，应诏驰射，献禽，赐酒馔（陈设饮食）、颁禽从官，罢还"。（《明会要》）

天顺三年（1459 年），"十月十日，明英宗在内阁学士李贤、彭时、吕原扈驾下狩猎于此"。（《殿阁翰林记》）《彭文宪公笔记》中载："是日，扈从官皆蒙颁赐獐、鹿、兔，而内阁三人，比诸人差厚云。"

正统十年（1515 年）十月，上畋于南海子。（《明英宗实录》）

正德十二年（1517 年）二月车驾幸南海子。（《明武宗实录》）

正德十二年（1517 年），"正月己丑。大祀天地于南郊，逐猎于南海子"。（《明史》）

正德十四年（1519 年），"大祀天地于南郊，逐猎于南海子"。（《明史》）

天顺二年（1458 年），甲子驾幸南海子。（《明英宗实录》）

天顺二年冬十月，戊寅驾幸南海子。（《明英宗实录》）

天顺四年（1460 年）二月，癸酉驾幸南海子。（《明英宗实录》）

天顺四年三月，己卯上幸南海子。（《明英宗实录》）

天顺四年十月，戊辰驾幸南海子。（《明英宗实录》）

天顺四年十一月，庚戌驾幸南海子。（《明英宗实录》）

天顺五年（1461 年）十一月，壬戌驾幸南海子。（《明英宗实录》）

天顺五年十二月，乙亥驾幸南海子。（《明英宗实录》）

正德十一年（1516 年），明武宗缺南海子观猎，乃因事前朝臣之疏言、阻挠所致，也

---

① ［明］彭时：《可斋杂记》，《四库全书存目丛书》子部第 239 册，齐鲁书社，1995 年，第 342 页。

有事后评议。

南海子成为京师紫禁城之外的一处政治中心，比京城西郊"三山五园"和京外的避暑山庄都要早很多。南海子作为辽、金、元三代猎场，明清两朝皇家苑囿，蕴含了"参天地、赞化育"的生态智慧，"制礼作乐"的政治智慧，展示了"因其地、权其天、逸其人"的营建智慧，培育了"养源清流、束水攻沙、散水匀沙"的水工智慧。直到民国时期，南海子仍是梁启超等诸多学术大师聚会之地。[①]

2. 秀色奇居"燕京十景"

历史上的南苑，面积 200 多平方公里，曾经长期作为皇家苑囿，在长达七八百年的时间里，这片广大的区域基本上是以森林、湖泊、草原、流泉为主的湿地园林景观。

南苑地区的环境基础是永定河故道和永定河潜水溢出带形成的湿地，其生成、发展、变化过程，都是永定河变迁的产物。而围绕湿地的河流、湖泊、草原、森林景观等，构成了南苑历史文化的载体；南苑历史文脉的生成演变也是母亲河——永定河文化的组成部分。

历史上永定河冲出西山束缚后，在华北平原北部往复摆动，形成的洪积冲积扇为南苑地区发展提供了极好的水土条件。多种形态的土壤构成了多种类植被及农作物生长的肥厚温床。另外，河水的相当一部分渗入地下构成的冲积扇表层地下水，也被称为"潜水"。潜水顺着地势流到冲积扇的底部，在地势低洼的地方就会溢出，形成大量的地表泉水和湖泊（地貌学上称为"潜水溢出带"）。[②] 约在隋唐时期，永定河漫流于看丹、草桥、马家堡一线至南苑、大兴之间，所形成的河道被称为"灅水故道"，这条故道的洪积冲积扇横扫今丰台、大兴、通州及河北永清、廊坊和天津武清等地。大兴的黄村到采育一带从沙质土向黏土过渡，周边多湖沼和水洼。被长期浸泡过的河道沿岸和下方富含浅层地下水，遇到地势低洼处，潜水层的水便涌出地面，由成群的泉眼汇聚为淙淙溪流和湖泊。[③]

《元史》载曰："冬春之交，天子或亲幸近郊，纵鹰隼搏击，以为游豫之度，谓之飞放。"《元史》卷一百一《兵志四》之"飞放"显然是指一种狩猎制度，但有了限制条件，即地有禁，取有时，所获得猎物，以供宗庙祭祀之用。[④] 元代京郊有多处飞放泊，"飞放泊"，就是供皇家放鹰捕猎的广阔水面，"下马飞放泊"即今南苑地区。《方舆胜览》载："下马飞放泊在大兴县正南，广四十顷。"清徐珂《清稗类钞》记载："南苑在京城南，

---

① 参见天津大学建筑学院教授张龙、北京市社会科学院历史研究所所长刘仲华、中国人民大学清史研究所副所长刘文鹏在第二届北京南海子文化论坛上的发言。《光明日报》于 2019 年 12 月 19 日第七版以《南海子：溯"古苑囿"文脉，展"新国门"风采》做了专题报道。

② 邓辉：《永定河与南海子之源》，《北京日报·理论周刊》，2018 年 12 月 20 日。

③ 尹钧科、孙冬虎：《北京地名研究》，北京燕山出版社，2009 年，第 298—299 页。

④ ［元］姚燧《大元故关西军储大使吕公神道碑》、［元］苏天爵编《元文类》均记载游牧民族之习俗。

为元时南海子故址，亦名飞放泊，广百余里。"《日下旧闻考》卷一〇〇《京畿，方舆纪要》载："晾鹰台在县西南二十五里。高数丈，周一顷，元时游猎，多驻于此。"《元史》卷一一〇《表第五上》云："冬春之交，天子或亲幸近郊，纵鹰隼搏击，谓之飞放。"元代"飞放泊"在南苑的设立，开启了南苑"一台临三海子，筑七十二桥以渡"①的景观。有关元代飞放泊的历史记载，反映了南苑地区当时水草丰美、动物繁多的生态特性。②

元代还在南苑内建有幄殿，"殿傍瞭鹰台，南苑周边也是低洼沮洳之地"。明崇祯年间刊行的《帝京景物略》称："右安门外南十里草桥，方十里，皆泉也。会桥下，伏流十里，道玉河以出，四十里达于潞。……草桥去丰台十里，中多亭馆，亭馆多于水频圃中。"③南苑水系的上源地区，丰富的水脉从西北向东南流淌汇聚，就形成了南苑附近成片的湖泊。《日下旧闻考》言："考一亩泉在新衙门之北，曲折东南流，经旧衙门（旧宫）南，至二闸，凉水河自海子外西北来入苑汇之。"以上俱见刘侗、于奕正《帝京景物略》卷三"草桥"条。按，新衙门即今新宫村，属丰台区南苑镇。时称一亩泉，足见泉水流量之大。

明代南苑地区树木植被繁茂，泽国清丽，"獐鹿雉兔不可以数计，籍户千人守视"④。秋日景象更是壮丽寥廓，碧水蓝天，树木葱郁，明代大学士李东阳誉为"南囿秋风"，并将其列入"燕京十景"。（辽金时，南海子范围很大，覆盖到今天的北京朝阳区、丰台区、大兴区等，明朝永乐年间开始筑墙开门，修建宫室、庙宇、官署。清代将南海子称为"南苑"，南苑是皇室行猎的区域，也是以畋猎演武的围场。）

3. 湿地鱼歌、百鸟乐园

南海子"潴以碧海，湛以深池"，"陂隰广衍，草木丰美"，是一片天润地泽的湿地。

明朝宫廷还在南海子修建了二十四园，派海户千余人守视海子中的獐鹿雉兔。明成祖定都北京以后，每年都要在南海子进行合围狩猎、训练兵马。明英宗、武宗、穆宗等也常率文武百官出猎南海子。"天顺二年，上出猎，亲御弓矢，勋臣、戚臣、武臣、应诏驰射，献禽，赐酒馔，颁禽从官，罢还。正德十二年，上出猎。隆庆二年三月，上幸南海子。"⑤在黄村镇海子角有留存下来的观音寺蛟龙碑二，其一上刻明万历十三年《重修古刹镇国观音寺碑记》："镇国观音寺为唐代古刹，坐落在南苑围墙西南海子角村北，庙已无存。"⑥碑

---

① ［清］陈梦雷：《古今图书集成》，光绪十四年"美查版"。
② 元明清时帝王在南海子狩猎，鹰扑逐猎物会出汗，有时还会扑入海子里弄湿羽毛，所以朝廷便修筑晾鹰台，让鹰在这里小憩并晾干羽毛。《日下旧闻考》记载清代的南海子晾鹰台"台高六丈，径十九丈有奇，周径百二十七丈"。
③ 吴文涛：《元代大都城南花卉文化的兴起》，《北京社会科学》，2010年第2期。并参见［明］刘侗、于奕正《帝京景物略》卷三的"草桥"条。
④ ［清］于敏中等：《日下旧闻考》卷七十五，北京古籍出版社，1985年，第267页。
⑤ 《新校本明史》本纪，卷十九，本纪第十九穆宗，隆庆二年。
⑥ 高世良：《南苑杂记》，北京燕山出版社，1999年。

记中说："都城南四十里许乃上林苑南海子，我国蕃育鸟兽之所也。"

人的活动、族群文化，都是在特定的地理舞台上展开的。南海子湿地实际上是南海子地区所有历史、文化的承载者，而南海子湿地的发生、发展、变化过程又跟永定河密切联系在一起。

北京小平原地貌形态的塑造力是永定河，永定河西山段河流挟带的泥沙量非常高，到平原地区之后河水流速降低，河流挟带的泥沙便大量堆积在平原上，形成巨大的冲积扇。《元史·河渠志》里称永定河为"小黄河"，其实永定河的含沙量比黄河还高，20 世纪50 年代观测数据显示，永定河最大含沙为每立方米 49 千克（西山三家店一带）。黄河是每立方米 39 千克（陕县一带），永定河每立方米的含沙量比黄河多了 10 千克。

历史上北京地区的河流湿地主要有三片，其中南海子一带是古㳠水沿线的湿地，湿地构成了苑囿建设、郊区园林建设、郊区狩猎区建设的自然地理风貌。[①] 邓辉从地貌学的角度说明，河流的含沙量越高，对平原的塑造贡献就越大。在北京、天津、雄安新区之间这个三角形的区域内，分布的基本上都是永定河在不同时期形成的冲积扇。永定河挟带的大量泥沙堆积在这个三角区内，形成冲积平原。北京城所在之处属于永定河早期堆积成的一个冲积扇，大约在隋唐时期，永定河摆动到现在的大兴区一带，逐渐形成了北京城以南的一个冲积扇，正好是现在南海子湿地所处的位置。

南苑湖泊密布，绿树成荫，鹰飞鱼跃，莺歌燕舞。这里是百兽的乐园、百鸟的天堂。据元明之际的《图经志书》记载："翎之品：海东青、白海青、青海青、白黄鹰、黄鹰、皂鹛、鸦鹘、赤鹘、兔鹘、角鹰、白鹇、崖鹰、鱼鹰、铁鹞、木鹘鹞、崧儿、百雄、茸垛儿。"还有"天鹅、秃鹜、鹚老、地鵏、白雉、朱鹭、钩嘴鹭鸶、香匙嘴鹭鸶……胭脂鸡、青灰弗、黄灰弗、啄木、斑鸠、鹌鹑、山雉、拖红练角鸡、石鸡、小鸡、章鸡"。

《析津志》记载："天鹅，又名驾鹅，大者三五十斤，小者二十余斤，俗称金冠玉体乾皂靴是也，每岁大兴县管南柳林中飞放之所，彼中县官每岁差役乡民。广于湖中多种茨菰，以诱之来游食，其湖面甚宽，所种延蔓，天鹅来千万为群。俟大驾（指帝王）飞放海青鸦鹘，所获甚厚，乃大张筵会以为庆赏，必数宿而返。"明代万历十三年（1585 年）《重修镇国观音寺碑记》记载："都城南四十里许乃上林苑南海子，我国家蕃育鸟兽之所也。"《可斋笔记》载，南海子"獐鹿雉兔不可以数计，籍户千余守视""此南海子乃羽猎场。飞者、走者、蹄者、角者，或群或友，纷纭霍绎……"[②]

4. 楼台京华，氤氲烟雨

李东阳多次随皇帝游幸南苑，写下了生动描写南苑秋天怡人景色的诗。另在《大明一

---

① 邓辉：《永定河与南海子之缘》，《北京日报》，2018 年 12 月 20 日。
② [明]彭时：《可斋杂记》卷二。

统志》中记载[1]："南海子内有晾鹰台，亦称'按鹰台'。每值大阅之典，在晾鹰台举行。"清朝也多次实施河道整治工程，对南苑内外的河渠水泊加以大规模疏导，使其流经南苑内，汇同一亩泉等再流出南苑，汇入北运河。而凤河、龙河等原永定河故道也吸纳了团河等永定河冲积扇的潜水溢出，与一亩泉等相互沟通，穿南苑而屈曲流出。（远古时期的永定河是在北京平原上随意摆动的；虽然从辽代开始筑永定河堤，但辽金元时期河流从三家店出山后往下游去仍有较大的活动空间。）

南苑在元明清三代作为皇家苑囿，长期以来基本保持着以森林、草原、水泉为特征的园林景观，直到清末民国时期被大规模开垦为农田，南苑地区的地理风貌与土地功能才发生根本性的转变。

南海子历辽、金、元、明、清五朝，见证了京南皇家苑囿和凤河流域的大变迁，昔日的繁华富丽也受到当代人的关注。光明网数据新闻工作室 2019 年 9 月 12 日 0 时至 12 月 12 日 11 时统计显示，相关话题讨论量 2.2 万余条。"南海子是古人合理利用湿地的样本，具有完整的湿地生态链条，形成了完整的生态结构。""南海子公园是西山永定河文化带上的'明珠'。""作为清代的重要文化遗产，麋鹿文化、苑囿文化、宫廷文化等融合，构成了南海子文化的内涵。"……网络美评铺天盖地。[2]

南海子方圆 120 里，地上建筑有四个行宫及元灵宫、德寿寺等 29 个庙宇。各行宫之间有 13 条专供皇帝行走的御路，总长度达 177 公里。积土而成的假山，东西两湖，八景饰有江南苏式彩绘，殿阁楼亭、皇帝处理政务的宫殿、会见朝臣的朝房、后妃居住的储秀宫等一应俱全。

五、凤凰演绎毓秀诗章

在民间艺术中，南海子团河行宫这一起飞翱翔的五彩凤凰，赋予了大兴东南无名河流以传奇版的非遗。凤河的传说很多，多个意象衍生的层级也很多。有长子营、青云店、采育三个镇志的官方记录，也有瀛海镇、西红门镇民间社团相互抄录转述的，当然更多的是民间高寿老人按照记忆口述的。

1. 正史野史交互相融

从镇志的角度而言，官方凤河传说进入了镇志，无论从逻辑、历史，还是从典故、文采角度来看，都不及民间整理的凤河传说精彩。

---

① ［清］于敏中等：《日下旧闻考》卷七十五，北京古籍出版社，1985 年，第 267 页。
② 李晓、张景华、董城、王斯敏、蒋新军、王佳、张梦泽：《京南"古苑囿"焕发文化新活力》，《光明日报》2019 年 12 月 19 日第七版。

我们试图做一个比较。《采育镇志》是这样记载的：

> 很久很久以前，京城皇宫里有一个浪荡王子，骄横奢侈，荒淫无度。
>
> 一天，他招来侍卫臣僚，吩咐他们骑马带剑，陪同他到南郊荒野去打猎。这伙人出了宫，横冲直撞，路过哪里，哪里就会鸡飞狗跳，乌烟瘴气，百姓不得安宁。
>
> 说来也巧，正当这伙人风风火火地跑到南郊农场，发现前面不远的天空中有一对美丽的凤凰正向东南方向飞翔。光彩夺目的羽毛，高亢悦耳的叫声，使王子心动。王子立即下令："追！射！"这伙人哪敢怠慢，放马直追，乱箭齐发，可怜其中那只雌凤凰不幸中箭。好在伤势不重，只掉下一根尾羽。只听见两只凤凰鸣叫三声，猛展双翅，愤然升空向东南飞去。而雌凤凰掉下的那根五彩缤纷的尾羽，却闪闪发光，夺人二（耳）目，当其飘然落地时竟化为一条大河，把王子及其随从吓得目瞪口呆，动弹不得。[1]

作为镇志撰写传说，历史分析的方法运用不够娴熟，有违客观叙事、价值中立原则，特别是对兄弟民族在当代的偏见仍很突出，而且传说的口头语言为文学语言所替代，显得生硬，消融了口头叙述的魅力。

而《青云店故事汇》采取的是民间口语化方式，逻辑性和大众性强，集思广益，切磋交融。

青云店镇民间对凤河的传说是这样描绘的：

> 很久很久以前，北京南部南苑一带，人迹罕至，草木丰茂，绿树成荫，一派生机盎然的景象。随着京师扩城进程及人口的增加，更加诱发了人的贪婪，上至文武大臣下至地主猎户，开始不断地侵扰着这片天堂梦幻般的地域。
>
> 玉皇大帝急了，立即派遣鸾凤和白虎担任鸟王、兽皇来进行呵护、管理，防止人的贪婪导致任意捕杀和践踏。
>
> 鸾凤和白虎看到人们为逃避战乱纷纷逃入这片"世外桃源"与禽兽争食，出于道义，默许了。可人的自私与贪婪渐加膨胀，采食瓜果无度，捕杀动物争先。
>
> 耶律璟的士兵在护卫捺钵期间，践踏恣肆，为所欲为，凤凰蛋和白虎遭到抢劫，鸾凤生无可恋、悲愤交加，鼓起勇气长啸一声向耶律璟的营房撞去。
>
> 霎时间地动山摇，天昏地暗，耶律璟的士兵葬身于山崩地裂中。由于鸾凤撞击力度大，地下泉水汩汩而出，这便为今日凤河源头的甘霖。人们为了纪念美丽鸾凤

---

[1] 采育镇人民政府：《采育镇志》2019年，第497页。

的恩泽绵长，取名为"凤河"。引来了芳草树木，飞禽走兽，久而久之，形成"凤河春水"秀美景观，亦留下《凤河春水》脍炙人口的诗篇（略）。

无论是官方，还是民间，无论采信价值如何评价，凤河无疑融入了凤河两岸民众的社会生活。永定河，曾经伴随着季节性水量增减，在广袤无垠的华北平原随意摆动、宣泄，形成大片洪积冲积扇，多条河道和大量湖沼，以及丰富的地下水，铺陈在平面形状上就像凤凰散开而去的凤尾，形成极致的美丽传说。这是民间传说依据的形象思维的重要点位。

2. 帝苑气象培育艺术想象

南苑（明代称南海子）曾经是北京历史上面积最大的湿地。苑里湖沼众多，星罗棋布，水草丰美，适宜动物生存，鸢飞鱼跃，鹿雉出没，先后是辽、金、元、明、清五朝时期的皇家猎场。此地景色虽然无法与圆明园、颐和园的精致秀丽相比，但是其辽阔幽深的野境也别有一番独特魅力。经过元、明、清三朝的努力经营，逐步建成了继秦汉上林苑以后规模最大的一座皇家苑囿。据史料记载，从明英宗正统五年（1440年）到光绪二十九年（1903年），明清两代有十几个皇帝在此行围打猎，累计几百次。

南苑是清代帝王最想驻跸临憩的离宫别苑。清代皇帝尤为喜爱南苑，有10个皇帝曾驻跸此处。顺治帝有三分之一时间在此度过，几乎每年都要来南苑居住一段时间，有时甚至长达一年，仅顺治十三年（1656年）这一年间，皇帝就来了五次，很多政务都在此地办理，堪称当时紫禁城外另一个政治中心。康熙皇帝在位61年，来南苑举行围猎阅武的活动达132次。乾隆六十年，已届85岁高龄的乾隆皇帝又来南海子狩猎。此后嘉庆皇帝曾9次来南苑围猎，道光皇帝来此围猎12次。再到以后的咸丰、同治、光绪皇帝时，虽大清帝国日趋衰落，国事日艰，皇帝到南苑宸游甚少，但仍有来南苑举行围猎活动的记载。

明朝皇帝避暑，当时还没有避暑山庄，而且西郊全是太监坟墓，即"中官村"，后更名中关村。南海子湖泊交互、林草茂盛。据载，康熙在南海子避暑就曾打过一只老虎。清朝皇帝到南海子避暑休养的同时，还进行了一系列的文化创作。乾隆皇帝好写诗，而且都是长诗，长诗中不仅咏颂亭台楼阁、花鸟鱼虫，还有很多会叙述清朝较大的历史事件。当时的官僚士人对南海子亦格外关注，诸如《天府广记》《日下旧闻考》，乃至《顺天府志》等地方志，较多地记载了南海子中的行宫、庙宇、河流等内容。

南苑地势开阔，适于举行年节烟火观灯等活动，以联络外藩使臣及各部落王公。乾隆二十三年所作《御制南苑赐哈萨克斯坦布鲁特塔什罕回人等观烟火灯词》中有"灯火城南六十春，重观因赏远来人"的诗句，诗中自注："康熙二三十年间，元宵盖曾在南苑陈烟火，后以建畅春园，率于彼度节，不复在此观灯者六十余年矣。"乾隆朝在南苑的重要政治活动是乾隆四十五年（1780年）乾隆帝会见六世班禅。

除契丹、女真、蒙古族、满族之外，还有藏族、西域的色目人、朝鲜族等来过南海子。由于辽金元明清五朝帝王都把南苑作为围猎、校武、驻跸、临憩的胜地，因此随驾陪同的文臣名相也很多，留下了很多关于南苑秋天的名篇佳作。这是乾隆四十七年乾隆所作的《新衙门行宫杂咏书怀》[①]：

> 别苑临城辇路开，天风昨夜起宫槐。
> 秋随万马嘶空至，晓送千骑拂地来。
> 落雁远惊云外浦，飞鹰欲下水边台。
> 宸游睿藻年年事，况有长杨侍从才。
> 北红门里仲秋天，爽气游丝拂锦鞯。
> 行过雁桥人似画，踏来芳甸草如烟。
> 秋阳皎皎秋风起，千山万山收红紫。
> 南苑平芜晓色寒，游丝白日长空里。
> 我从前岁罢秋围，经年未到南海子。
> 重来历历忆旧游，真教见猎心犹喜。
> 黄羊麋鹿满平郊，捷射争夸驰骤骅。
> 就中白马夸我随，德力相谙已久矣。[②]

长杨是秦汉时行宫的名字，明代诗人对南海子（南苑）心驰神往、赞颂有加，喻之为"长杨"。长杨"本秦旧宫，至汉修饰以备行幸。宫中有垂杨数亩，因为宫名；门口射熊馆。秦汉游猎之所"[③]。

历史上南苑湖泊共有25处，经过清乾隆年间大规模的疏浚治理，苑里泉源畅达，清流潺潺，"五海子"再加上苇塘泡子、眼睛泡子等，水面达几千亩，这就是吴伟业"七十二泉长不竭，御沟春暖日涓涓"诗里的意象。吴伟业类似的诗还有《南苑》，诗云："六龙初驻晾鹰台，千骑从宫帐殿开。南苑车声穿碧柳，西山驰道夹青槐。"[④] 从立意上看，吴伟业的诗远不如乾隆皇帝的恬淡静谧，乾隆皇帝《南红门捕鱼》描写道："烟蓼亚寒汀，澄波漾秋捕。垂纶玉筒明，潜鳞看指数。萧然秋意深，数声离棹橹。渔笛横西风，云由入新谱。"乾隆皇帝在《荫榆书屋》诗序中，极为留恋这里的水光潋滟："佳荫满

---

① ［清］乾隆：《射猎南苑即事诗》（乾隆七年），《乾隆御制诗文全集》，中国人民大学出版社，2013年。
② ［清］乾隆：《白马篇》，《乐善堂全集》第一册卷十五。
③ 《三辅黄图·秦宫》。
④ ［清］吴伟业：《南苑》，《梅村家藏稿》卷一五《后集·七七言律诗》，四部丛刊影宣统武进董氏本。

庭，绿窗半榻，邈然有怀，率尔成章"①"别馆驻旌旟，森然古树稠"②，"朴斫轩楹翰墨筵，老榆晚菊景清妍"③。

在议政和阅兵之余，文武大臣以南海子景观和唱诗作，康熙在阅兵之余曾让臣下以景献诗。乾隆本人就是诗痴，南海子各处行宫，以及景观处所，都留有他的诗作，至今还有遗存的诗碑。以景抒情是一种文化境界，相当丰富的南海子景观，绝非"南囿秋风"一词所能全面概括的。

明代大儒，无论是达官显贵，还是文人雅士，对南苑的抒怀各具高格。礼部尚书、大学士金幼孜《随驾猎南海子》云："暖日融融静鼓鼙，条风拂拂动旌旗。柳间饮马春泉细，花里闻莺昼漏迟。"④著名诗人王廷陈的《驾幸南海子》云："虎兕先声伏，车徒翼辇趋。网罗张一面，部曲用三驱。"⑤当然还有更儒雅的休闲之作，如明代大学士李时勉的《北都赋》云："泽诸川汇，若大湖瀛海，渺弥而相属。其中则有奇花异果，嘉树甘木，禽兽鱼鳖，丰殖繁育。飑飑籍籍，不可得而尽录。"以明代大学士李时勉《北都赋》为代表的大儒的描述角度别有一番滋味。⑥

明代陈沂《幸南海子》："春旗出太液，夜骑入长杨。赤羽惊风落，雕弓抱月张。横驱视沙塞，纵发拟河湟。未寝开边议，谁为谏猎章。"明代薛蕙《驾幸南海子》："诏幸芙蓉苑，传言羽猎行。三驱陪上将，四校出神兵。列戟围熊馆，分弓射虎城。风云日暮起，偏绕汉皇宫。"明代欧大任《南海子诗》："敕使日调沙苑马，诏书春散水衡钱。西游不数诸侯事，尚忆词臣扈从年。"

清代大学者纳兰性德的诗词比起明代大儒来，多了文化内省、宗教信仰的底蕴。"自是软红惊十丈，天教到此洗尘埃"诗中，"软红惊十丈"是形容远离红尘俗事之远，"洗尘埃"是说此地得天独厚，能够把俗世的尘埃都洗得干干净净。他的长篇力作《南苑杂咏》一诗长达40句，可谓是诗中的鸿篇巨制。"分弓列戟四门开，游豫长陪万乘来。七十二桥天汉上，彩虹飞下晾鹰台。""草色横粘下马泊，水光平占晾鹰台。锦鞯欲射波间去，玉辇疑从岛上回。"这些诗词，词风清丽婉约、哀感顽艳，格高韵远，独具特色。

3. 从歇后语窥视凤凰意象

歇后语是中国民众在日常生活劳作中创造的一种特殊语言形式。南海子凤凰意象歇后语是自辽伊始，京南百姓以自己的睿智和幽默创造出来的具有皇家气象和京南风土底蕴的

---

① 《日下旧闻考》卷七四《国朝苑囿》。
② ［清］乾隆：《旧衙门行宫即事》《乾隆御制诗文全集》。
③ ［清］乾隆：《旧衙门行宫即事》《乾隆御制诗文全集》。
④ ［明］金幼孜：《随驾猎南海子》，《天府广记》卷四三《诗》，清抄。
⑤ ［明］王廷陈：《驾幸南海子》，《王忠端公文集》卷十，清顺治十六年刻本。
⑥ ［明］李时勉：《北都赋》，《畿辅通志》第七册。

语言。它一般由两个部分组成，前半截是形象的比喻，像谜面，后半截是解释、说明，像谜底，十分自然、贴切。在一定的语言环境中，通常说出前半截，"歇"去后半截，就可以领会和猜想出它的本意，所以称它为歇后语，歇后语也叫俏皮话，有谚语的作用。

歇后语具有鲜明的区域特色、浓郁的生活气息，歇后语幽默风趣、耐人寻味，为百姓所喜闻乐见。凤凰意象的歇后语虽然很少见于文字记载，但在民间流传不少，直到今天还继续为大兴人民群众所使用。

凤凰意象歇后语集中在南海子上林苑，可以分成两种类型。

一种是逻辑推理式的，从前面说明部分推理结果。例如，皇帝的圣旨将军的令——变不了、没法变、一口说了算；叫花子想皇后娘娘——枉费心；凤凰头上戴牡丹——好上加好、美上加美。还有一种是谐音的歇后语，它在前面一种类型的基础上加入了谐音的要素。如皇帝做馒头——御驾亲征（蒸）；王母娘娘缝花袄——神聊（缭）等。

凤凰意象关于凤凰的歇后语：

> 大象抓凤凰——眼高手低；
>
> 凤凰落到鸡窝里——有辱贵体；
>
> 凤凰麻雀换巢——贵贱颠倒；
>
> 凤凰树开花——红极一时；
>
> 黑老鸹嫁凤凰——不配、配不上；
>
> 鸡巢里的凤凰——至高无上；
>
> 金鸡配凤凰——天生的一对；
>
> 孔雀遇凤凰——比不上；
>
> 槐树上落凤凰——迟早要飞；
>
> 麻雀想学凤凰飞——枉费心机；
>
> 山鸡娶凤凰——不般配；
>
> 乌龟想骑凤凰背——痴心妄想；
>
> 鞋上绣凤凰——能走不能飞。
>
> ……

凤凰意象关于皇后、娘娘的歇后语：

> 马皇后赔情——不护短；
>
> 慈禧太后听政——独断专行；

王母娘娘开蟠桃宴——聚精会神；

见了王母娘娘叫大姨——攀高枝儿；

见了王母娘娘叫岳母——想娶个天仙女；

王母娘娘的锤布石——经过大阵势。

……

凤凰意象关于帝王的歇后语有：

半夜里梦见做皇帝——快活一时是一时；

慈禧太后的手下光绪皇帝——当家不做主、有职无权；

皇帝的后代——龙子龙孙；

皇帝的交椅——至高无上；

见了皇帝喊万岁——老规矩；

骂了皇帝骂祖先——不忠不孝；

袁世凯当皇帝——短命的货；

皇帝出宫——前呼后拥；

皇帝下圣旨——照办；

皇帝不称皇帝——孤家寡人；

天高皇帝远——有冤无处申；

皇帝的女儿招驸马——专拣好的挑。

……

关于皇帝、皇后、娘娘等作为凤凰意象的展开，是永定河、上林苑、帝王苑囿、大槐树、移民群落出现的特殊社会现象，是凤河流域百姓认识和思维活动长期抽象化的结果，它通过词和句子构成，口口相传下来，成为大家互动和交流的工具。

凤凰意象歇后语有如下几个特点。

（一）表达的意义更加复杂，褒贬色彩浓厚，典故的运用比较多，如果不仔细琢磨，有些歇后语所针对的话语语境还一下子反应不过来。而且许多用意还保持了古人的语法修辞习惯，古语含义保留占比很大。同时，对一些歇后语不能从现代汉语视角理解，还要具备比较好的古汉语功底。

（二）语音修辞艺术更讲究美感。惯用语音节鲜明清晰，许多惯用语念起来抑扬顿挫，起落跌宕，十分和谐，语音上的美感能够增强音感，给人留下深刻印象。还有比喻、夸张等修辞，不但使论证具有说服力，而且使语言生动活泼。有些用法有时还被综合运用，需细心体会方能领会其中妙处。

（三）语言精练形象，精辟与生动。讲究经济原则，力求简明，力求用较少的词语表达丰富的内容，如"孤家寡人""御驾亲征""枉费心机"。使用语言讲究可感性，以具体的事物表现人们的思想感情，这是语言形象性所要求的，如"袁世凯当皇帝""驸马""慈禧太后"。使用语言，讲究妙趣，以富有活力的词语感动别人，这是语言生动性所要求的，如"王母娘娘""夜郎自大""痴心妄想"。

（四）知识含量重。受社会发展因素、心理因素等的影响，凤河流域的人们日常表达力求对内容更为丰富、含义更为精辟，形式更为复杂的语言进行反映、概括和表达。

（五）表达习惯多围绕凤凰意象和相关的人文环境。如大槐树、昆仑石、皇帝行宫、团河、南海子、龙的九子、龙凤共舞、凤凰哀乐、苏麻喇姑、雌凤殉难、耶律璟掠凤、凤尾自然、大槐树引凤、沙冈祭凤、蚂蚁对话、吴娘娘、宫廷筵宴、关公护凤等。

4. 草木花鸟皆入诗行

南海子皇家苑囿的昆仑石是灵动的诗句，五海子水波潋滟是想象的音乐，湿地的落日是赋文的注脚，树木、禽兽是激荡的音符。在皇家苑囿，一山一树、一草一木都是诗词艺术的具象化表达，每一处建筑，尤其是供帝王、娘娘休闲的行宫，还有那征服人心的庙宇文化，更是艺术的再现。

面对自明代以来日益兴盛的岳飞信仰，顺治皇帝采取存而不论、回避矛盾的策略，加封关公为"忠义神武关圣大帝"，在全国推行关公信仰，弱化不利于民族团结的舆论。南海子在清代曾出现过6座关帝庙。事实上，南海子内共有寺庙22座，堪称北京城南郊的宗教信仰中心。顺治九年（1652年），五世达赖喇嘛首次入京朝觐，顺治皇帝于南苑设宴接见，并修德寿寺以表纪念。乾隆四十五年（1780年），六世班禅自西藏赴京祝釐，于德寿寺拜谒乾隆皇帝。藏族宗教领袖的朝觐使得藏族文化对中原文化产生了深远影响，而德寿寺正是中华民族文化认同、中华民族认同的重要载体。

明清两代，在北京大兴南海子的皇家苑囿内，相继修葺、建设了20多座寺庙，形成富丽堂皇的寺庙集群。在这些寺庙中，有道观，有民间信仰的寺院，也有纪念性的道德教化寺庙。德寿寺、永佑庙、关帝庙、龙王庙、元灵宫、永慕寺、宁佑庙、七圣庙等，从寺庙膜拜的形塑形象到解读塑像的道德律令来看，每座庙宇风采各异，每一个表现元素都可视作一首精美的诗章，每一座庙宇的生成均有其厚重的人文蕴含其中。

元灵宫，康熙帝和乾隆爷共同朝拜的圣堂。康熙作的《康熙皇帝有谒元灵宫诗》，笔下生华，文采飞扬。《圣祖仁皇帝御制文集》卷三七可以查阅康熙的斐然辞章。《谒元灵宫诗》这样写道：

杰阁横霄峻，清都与汉翔。规模开壮丽，星宿灿辉光。

碧瓦浮空翠，金铺映日黄。门当啼鸟静，户有异花香。

细草沿阶发，新槐拂槛凉。纡回疏辇路，藻彩绘雕梁。

警跸临仙境，瞻依问谷王。敬钦崇太昊，继述忆先皇。

岁月碑文古，乾坤事业昌。茫茫扶大造，暤暤体穹苍。

恭己身无倦，斋心念不忘。时巡非逸豫，几暇岂游荒？

卫骑骖骒列，华旂宛转扬。南熏披万物，北斗起千祥。

瑞气庭前见，佳辰昼正长。休歌白云曲，吾道在惟康。

后来，乾隆皇帝南苑大阅兵时，感慨万端，同样在元灵宫留下一首诗，诗名叫作
《南苑大阅谒元灵宫》，该诗铺彩摛文、行云流水，儒雅有致。诗是这样写的：

阅狩金舆驾，鸣驺赤羽翔。千官分鹭序，万姓仰龙光。

雪积平原白，泥铺御道黄。翠华来别苑，初地散天香。

杳霭云生路，萧森松泛凉。星辰围斗宿，丁甲护虹梁。

屏念瞻瑶殿，虔心礼素玉。若临钦在上，作极愧惟皇。

祇以绍庭切，何能与物昌。律身怀监史，敷化体穹苍。

文德犹惭未，武功不敢忘。搜苗遵古制，逸豫戒禽荒。

貘簇云屯盛，悠悠雾旆扬。一阳初应律，三白已呈祥。

渐觉条风扇，新添丽日长。觐扬吾未逮，布治愿平康。①

同一座寺庙，两位文韬武略的帝王赋诗其中，可见元灵宫承载寄托的指向和赋诗帝王
的情怀。

据《日下旧闻考》记载，元灵宫在大兴南苑小红门内，顺治十四年建，乾隆二十八
年重修，山门三楹，南向，额曰"宅真宝境"。内为朝元门，中构元极殿十有二楹，圆殿
重檐，置门二十有四，奉玉皇上帝，恭悬御书额曰"帝载元功"，联曰"碧瓦护风云，别
开洞府；丹霄悬日月，近丽神皋"。殿后为元佑门，内为凝始殿，重檐，殿宇五楹，奉三
清四皇像，御书额曰"上清宝界"，联曰"颢气氤缊，一元资发育；神功覆帱，万汇荷生
成"。东曰翊真殿，奉九天真女、梓潼像；西曰祇元殿，奉三官像。殿前穹碑二，恭勒御
制诗。再后随墙宫门后围房十六楹，中三楹为静室。

再看看德寿寺。

① ［清］乾隆：《南苑大阅谒元灵宫》，《乾隆御制诗文全集》第一册卷二，中国人民大学出版社，2013年。

德寿寺在南苑的中心位置，大殿奉南苑安禧司土神像，恭悬世宗御题额曰"薰风布泽"，御题额曰"福疆蕃育"。乾隆四十一年（1776年）写下了有名的《御制宁佑庙瞻礼诗》。德寿寺宏伟富丽，为南海子众多寺庙之冠，乾隆先后写下关于德寿寺的诗文20多首。如《题德寿寺禅房》《德寿寺》等诗都妆点渲染了这里清幽的环境，高远的意境，美丽的景象。

凤河的源头——南苑，是帝王、显贵、大儒、雅士的诗与远方，南海子成为凤凰吉祥的非遗发源地，与康乾诗风影响密不可分。康熙、乾隆作为政治家、思想家、诗人，南海子的风物为他们提供了激发灵感的创作源泉。帝王与大臣诗情与意向共同培植了凤河的大美景象。凤河流域的物产、形胜、民俗、非遗，文脉传承，古今相映。

根据相关资料，凤河源头的南海子是清帝入关后重要的居园理政、演武习勤之地，尤其是康乾盛世时期。[①] 如下：

第一，南海子处于关键的交通节点，京师很多容纳不下的功能可以安排在南海子进行，例如围猎；南海子拥有独特的湿地景观，生态稳定，环境优美；面积宽阔，行围阅武活动所需时间与空间资源巨大。南海子行宫是由四个行宫组成的行宫群其相互配合，共同完成驻跸的全部功能。康熙四年（1665年），康熙皇帝第一次到南海子行围，自此拉开了康熙帝南海子宫廷御苑活动的大幕，一直到康熙四十一年（1702年），前后37年时间，其出皇宫南巡、东北谒陵祭祖、阅兵、围猎，都常在南海子驻跸，几乎每年都去，较多的年份一年8次，这一时期重修了新、旧衙门两座行宫。从康熙四十二年（1703年）开始转向修建热河行宫。到了康熙五十二年（1713年），60岁的康熙可能觉得避暑山庄路途遥远，于是就又在南海子宫廷御苑区内修建了南红门行宫，以便就近驻跸。

康熙皇帝50岁以前在宫外宫廷御苑处理政务或进行巡游、阅兵、行围等活动时主要是在城南郊的南海子。在他70岁以后的19年中，他开始把南海中团河行宫和整个御苑区域当成避暑山庄之外的宫外活动的主要场所。康熙来南海子的次数，有学者统计150余次。康熙从12岁到50岁，特别是亲政后，六次南巡、大规模的阅兵、处理政务、读书、接见群臣、议论国政等是其间主要活动。皇帝出巡，按规制应出午门、正阳门，再至南海子行宫内的第一站，最后从南海子行宫内的最后一站返回。[②]

第二，再通过《清实录》《起居注》和《御制诗文集》的对照，可知乾隆皇帝共出城巡幸143次，其中47次驻跸南海子团河行宫。

---

① 关于清帝入关与南海子皇家苑囿的关联，国家清史编纂委员会、中国人民大学清史研究所、天津大学建筑学院、北京联合大学北京学基地的诸多学者在北京南海子文化论坛、首图讲坛等不同类型的学术活动中形成一大批重要的学术成果。以下四个方面的结论均为研究成果综合而成，特别是刘文鹏等主编的《从春水捺钵到居园理政：北京南海子历史文化研究》和刘仲华等著述的《讲武习勤的皇家苑囿——南苑历史文化区研究》等。

② 《盛世遗产：南海子宫廷御苑的历史地位——兼论南海子御苑和避暑山庄的互补性》，选自国家清史编纂委员会朱诚如、张友才：《永定河孕育南海子，南海子反哺永定河》。

乾隆皇帝对巡幸苏州有题诗："牙橘春日驻姑苏，为问民风岂自娱。艳舞新歌翻觉闹，孝扶幼挚喜相趋。周咨岁计云秋有，检察官方道弊无。入耳信疑还各半，可诚万众庆恬愉。"说明巡幸不是游玩，是为视察民情，验证朝堂奏折真伪，亲见百姓生活、安居乐业状况，确认官员所呈。

统计乾隆朝行宫驻跸天数，南海子排位第三，第一是避暑山庄，第二是盘山行宫——静寄山庄，这两个地方都有离宫的性质。

第三，南海子，占驻跸天数的 32.8%，这个比例已是相当可观。后朝几位皇帝出城巡幸次数与驻跸南海子的数据：嘉庆 52 次中有 17 次，道光 30 次中有 15 次，咸丰 6 次中有 3 次，同治 4 次中有 1 次，光绪 9 次中有 2 次，大多占到四分之一。

第四，离宫也就是次政治中心的行宫。与经停行宫相比较，南海子驻跸天数最多，达到 129 天。从巡幸路线上看，通往各个目的地的线路大多数经过南海子。例如，乾隆五十五年（1790 年）的巡幸路线，从皇宫出发谒东西陵再幸山东，两经南海子后回圆明园，足见南海子为其往来进出的咽喉部位。

第三章　凤凰传说核的基调

　　民间传说，无论是系列的，还是单一的，都要找到一个"传说核"做支撑。换言之，传说可以有许多个版本，但任何一个版本都要围绕最初的"生发点"和由此衍生的基本意象、初始意象展开，集群意象看似分散支离，其实始终没有脱离初始意象。因此，这个传说核的"核"，就是引发系列传说展开的最原始的"动因"或"初始"。最初的意象物是一个客观存在的具象，在民间原创者的口中，努力运用文学、哲学、美学等表现手法和大家喜欢的表达方式构建出来，使得传说核具有道德审美和伦理价值。在民间传说中的创作中，这个客观实在物始终处于核心地位，规定并支配着所有衍生的叙事不能脱离"核"，尽管不同朝代、不同时代的讲述人不断叠加自己的思想情感或时代意识，但必须紧紧围绕"传说核"补充、扩展其中的内容。"传说核"可以是具象的东西，可以是神话造型、真实的历史人物，也可以是历史事件、地方古迹或风俗习惯等。凤河传说作为一个多版本的传说、故事、神话、民间文学作品等文体的集合体，其"传说核"就是凤凰，所有传说的不同版本都围绕凤凰事项的系列故事、传说展开，以此形成宏大叙事。凤河传说以其深厚的历史感、宏阔磅礴的背景写实、优美感人的故事情节、曲折沉思的文学笔触，当之无愧地进入北京西山永定河文化带非物质文化遗产的殿堂。

一、"一河、一城、一海"协同体

　　凤河传说是大兴民间文学中的重要组成部分，内容涵盖历代社会活动的方方面面：神话想象、因果报应、山川河海、溪流湖泊、民间信仰等。大兴区民间文艺家协会赵玉良先生说，凤河传说中确有其人其事的轶事加工，也有子虚乌有的杜撰，但无论以什么样的方式传下来，每一个传说都有鲜明的个性特点。凤河传说以口头流传的方式呈现，是南海子地域和凤河流域群众文化生活的重要精神食粮。

　　故事、传说情境里，凤河流域的历史底蕴、社会变迁、特色物产、习俗传说内容丰富有趣，散发着浓浓的泥土芬芳。这些集群传说有极强的生命力，甚至对指导生产、赋能文旅、协和人际都有重要的借鉴意义。这些传说、故事为口头文学创作提供了极为宝贵的素材，为社会生产和文化活动留下了极其丰厚的资源。如果置于大兴民间传说的长河中，凤河传说更是大兴民间文学的一朵奇葩，它既是永定河系列传说的有机组成，又是南海子系列传说中闪光耀眼的精彩华章，苑囿文化、帝王行宫、宫廷筵宴、海户制度、移民景象等元素相互交织，使得凤河传说艺术价值高，故事曲折离奇、可读性强，自成一体。

我们把思路聚焦，翻拂陈史的尘埃，追溯凤河传说申遗之前与之关联的永定河传说和南海子传说的非遗依据。

其一，永定河传说非遗。永定河的传说既是古老的，也是新鲜的。永定河文化是一个延续了几千年，具有开放性和包容性的地域文化。在多种文化交融的永定河文化中，包括大量民众以口头的方式创作和传承的有关永定河的传说故事。这些传说故事包括神话传说、史事传说、人物传说、风物传说、生活故事等，奇特地伴随着历史的发展，记述了永定河的灌溉之利、泛滥无常、决堤改道以及治理的种种史迹，浓缩了永定河流域人民艰辛创业的历程。

大兴地处永定河冲积平原，永定河是北方第一大河，有"小黄河"之称，历史上多次决口，在冲击成大片肥沃的土地的同时，也给大兴人民带来深重灾难，大兴人民对之既爱又恨、既畏又敬。一方面修筑堤坝防洪，另一方面修建庙宇祭祀河神祈求保佑。直到如今，仍有许多与永定河相关的遗址存在，如位于榆垡镇求贤村内，修建于清康熙三十七年（1772 年）的防水坝遗址，遗址处立有乾隆《上谕碑》和同治《重修求贤坝碑》；位于大兴区庞各庄镇赵村南永定河大堤下的永定河神祠遗址，又称龙王庙，该处于乾隆三十五年（1770 年）闰五月决口，决口后第三年，清高宗题额曰"忧哉榭"，遗留御制石碑一座；辛安庄村有清光绪年间永定河渡口碑一座。这些碑上的碑文保存完好，是记载永定河历史的重要史料，这些史料经过艺术加工变成传说流传下来。

永定河的传说是丰富的、多姿多彩的，构成了一条独具民风的文化带。作为北京文化的母体文化，永定河文化带是现代北京所不能舍弃的，该项目已于 2007 年入选《大兴区级非物质文化遗产名录》。永定河传说的非遗项目，为作为其有机组成部分的凤河传说开启了思路，虽然二者之间存在巨大的差异，但在文化脉络上有极强的补益性。

其二，南海子传说非遗。南海子传说是以海子墙之内的皇家苑囿为基准，以帝王居园理政、行宫生活、筵宴礼仪、政权更迭、上林苑监等为内容的流传在民间的生动故事。南海子在北京城南 10 公里处，是辽金时期的皇家猎场，元明清三代帝王的苑囿。

南海子地势低洼、草木茂盛，是一处天然优质的狩猎场区。元至大元年（1308 年）筑呼鹰台，元至大二年建行殿，春秋之交元帝在侍卫簇拥下来此狩猎，称"下马飞放泊"。明永乐十二年（1414 年），明廷下令扩建"下马飞放泊"，四周筑土墙开辟四门称"南海子"。先后修建了提督官署、关帝庙、镇国观音寺以及根据二十四节气修建的 24 园等。"南海子"明时被誉为"燕京十景"之一，称"南囿秋风"。清顺治、康熙、乾隆年间，先后修建行宫四处，团河行宫是清代乾隆四十二年（1777 年）建造的皇家苑囿，是南海子四座行宫中最大的一座，占地 400 亩，修筑殿堂 300 余间。清末，团河行宫遭八国联军焚掠，后又遭北洋军阀、侵华日军的破坏，被夷为废墟。明清帝王在南海子的主要活动有四：一是临憩，二是围猎，三是大阅，四是政务。现存德寿寺碑记载着乾隆四十五年在德寿寺接见六世班禅的情景，宁佑庙碑详细记述了南海子历代沿革及水系变化，团河行宫御制石碑记述疏浚凤河原委。所有这些，既提供了珍贵的历史资料，也为民间传说的产生提供了历史依据。

南海子传说大多以苑囿内的历史遗迹和历史事件为依托，加入丰富的想象，不断地进行完善和创作，使得这一区域历史和文化的民间表现形式能够独立构成体系。南海子和团河行宫的传说、故事，有些被评书艺人编入著名武侠小说演播，几乎成为人们家喻户晓的文化大餐。如"黄三太镖打猛虎救皇驾"，在武侠小说《三侠剑》《彭公案》中常常被提到，成为说书人吸引听众的重要章回。

其三，凤河传说非遗。如果说永定河传说的申遗是基于北京母亲河的充分必要前提，南海子传说基于辽金元明清"五朝"的帝王离宫别苑和清代"三山五园"居园理政的历史厚度。那么，凤河传说申遗是基于什么样的考虑呢？

大兴历史悠久，史称"天下首邑"，凤河是北京西山永定河文化带上的一个重要文化地标。凤河文化内容丰富，表现方式多样，成为西山永定河文化带建设一张亮丽的名片。

凤河的地标性意义在于与南海子文化的相融并蓄。南海子文化是永定河文化带的重要组成部分，又由于南海子皇家苑囿和上林苑监的统辖，使得凤河文化与苑囿文化在文化的内涵和外延上具有一脉相承性和一致性。大兴自辽金以来，在相当长的时间里，行政区划变动不羁，凤河范围包含北京南海子（南苑）、贯穿大兴东南部和河北廊坊安次区所辖镇村。凤河的地标性意义是，一头连接着辽金元明清五朝古苑囿的南海子，另一头牵引着明永乐年建立的上林苑皇家宫廷筵宴管理机构——"蕃育署"辖区。这条古老迷人的河流，不仅拥有深厚的历史文化、皇家文化、苑囿文化，还蕴藏着悠久的非遗文化、移民文化、民俗文化等。"风生水起在大兴"，2020 年时任北京市委书记蔡奇在考察大兴时，对大兴提出了要求与厚望。在新的历史重要转折点阶段，坐拥大兴国际机场的"天下首邑"，肩负的将是彰显国家形象的历史重任。

凤河传说非遗是新国门文化的重要品牌。大兴——"兴旺发达"之首邑，凤河文化品牌，不仅仅是首都走向世界城市过程中的历史、文化、生态窗口，也是京津冀协同的民间艺术的集散地，是新国门文化展示的前沿。作为地域性文化符号，它体现着人文、历史、文化、生活样态等文明、和谐、厚重的价值，凤河品牌的价值意义非同寻常。

称得上文化品牌须符合五方面标准。文化品牌能够反映地域地理特点；能够引领地域的历史文化发展；有知名度、美誉度；契合时代特色、符合城市发展目标；有广阔的市场前景。凤河文化兼具这些要素和特点。

凤河传说的非遗形成，有着一个艰苦的史料挖掘过程。在明代上林苑监所属的蕃育署区域——凤河流域的长子营镇、青云店镇、采育镇及瀛海镇、荣华街道、河北廊坊安次区，民众以口头方式创作和传承了许多凤凰凄美的传说、故事。这些传说含有神话、人物、风物、生活等场景，表达了凤凰意象的价值导向和凤河流域的风土人情、文化生活以及人们于历史变迁中经历的艰辛。

长子营镇以凤凰文化意象、帝王苑囿、大槐树乡愁为基色，选择将凤河传说作为立项的切入点，旨在梳理南苑皇家苑囿文化对凤河流域民间的辐射及上林苑监对凤河文化、乡愁文化影响的历史脉络，通过挖掘特色文化元素，提炼文化内涵价值，充分展现凤河文化遗产特有的底蕴，厚植凤河文化根脉，为传播北京西山永定河文化提供支撑。

凤河的传说很多，该项目 2021 年经过专家审定正式通过，2022 年 2 月入选《大兴区级非物质文化遗产代表性项目名录》。

北京市大兴区文化和旅游局关于审批第七批大兴区级非物质文化遗产代表性项目名录的公示

来源：区文旅局　　日期：2021-12-17 10:34　　【字体：大 中 小】　🖶打印

分享：

按照北京市文化和旅游局工作部署，大兴区文化和旅游局于近日开展第七批《大兴区级非物质文化遗产代表性项目名录》立项工作。

2021年11月18日，我局召开专家论证会。在专家推荐下，拟将"北派玉雕""灯彩制作技艺""凤河传说""宏源伤科""平筋调骨疗法""面塑""青云店少林花会""南海子五色韭"等七个项目，申报为第七批《大兴区级非物质文化遗产代表性项目名录》项目。

现公开征集意见，公示期为20天（2021年12月17日—2022年1月5日）。公示期间如有情况反映，请致电大兴区文化和旅游局。

联系电话：81298861

附件1：七个项目简介.docx

附件2：专家评审意见.pdf

附件3：专家名单.doc

北京市大兴区文化和旅游局

2021年12月17日

非遗名录公示

二、凤河传说（故事）的逻辑向度

凤河传说是一个系列性的多维传说集合体，时间跨度长，影响广泛，从辽代至今一直被大兴人民口耳相传，反映了辽金以来大兴南海子的皇家文化、苑囿文化，并且在流传中不断叠加新的内容，使得凤河传说焕发出新的生命力。

凤河传说围绕南海子发展变迁，历辽金元明清五朝的更替兴衰，以凤凰为母体，以凤凰衍生出来的农耕文明与草原文明融合，创造出上林苑、宫廷筵宴、大槐树乡愁、山西大移民、凤凰天籁等，丰富的想象沉淀在百姓的日常生活中，成为高贵华美、哀婉凄清、善良正义、天籁灵音的非遗文化体。

可能在当时社会中，的确真真实实地存在这样那样的一些故事，而且这些故事都被广为流传，久而久之，一传十、十传百也就成了我们听到的传说。而之所以称为传说，必定是流传了很久的说法。然而，传说的母题，我们无法去考证，更无法考证其真实性，只能把这些漂亮的传说当成活灵活现的、有真有假的产物，这些产物当属大众最伟大、最真实的结晶。

凤河民间传说（故事）的特点，经过研讨论证、总结归纳，认为有以下八个向度的表现特征。

一是时间久远，跨度较大。从唐代藩镇割据演化为五代政权交替更迭，"幽云十六州"之属的幽州北京为契丹民族拥有，经过辽金元明清五朝，伴随着大兴历史变迁的成长历程而经久不衰。明代中期为凤河传说的高峰期，明代晚期为传说的成熟期，到了清早期，凤河传说（故事）的思想渊源、文化基因、框架元素基本固定下来。

二是"传说核"的可信性。既谓传说，那么其实际内容自然并不可信，传说的内容也不可能完全真实，否则也不称其为传说，而应是历史了。然而，凤河民间传说内容的可信性主要表现在民间传说的"传说核"上，即"客观实在物"。"传说核"可以是一个历史人物、历史事件，或者遗存古迹、风俗习惯等。客观实在物是可信的，而民间传说始终围绕着客观实在物进行叙事，传说的可信性就建立在客观实在物的可信性上。传说总是围绕真实的人、物或事展开，形成一个虚构的故事：或者故事中的主要人物是历史上或者现实中存在过的，其主要事迹和人格也基本属实；或者故事情节所依托的背景是历史上真实发生过的重大事件；或者所解释的事物名称、特征等是真实的；或者讲述的景物特征可现场观看，历史故事有"遗迹"可循。

凤河传说的母体意象——凤凰、团河行宫、帝王嫔妃、海子里等，主要是凤凰。虽没有史料明确指出凤凰在南海子及其明代上林苑监管辖地存在，但是传说中对龙的图腾崇拜确实一直流传至今。有崇拜龙的图腾之风俗在前，同时龙王传说有一个象征性的"客观实在物"——团河行宫、帝王嫔妃、海子里。大大小小的龙王庙分布在大兴，而百姓也因为它们一直信奉着这个传说中的龙王。龙凤一体，有龙必有凤。

三是口头传播，表达重点各有侧重。凤河民间故事以口头形式传播下来，涉及大兴亦庄、西红门、瀛海、青云店、长子营、采育、河北廊坊等地区多个村庄。亦庄镇、西红门镇、瀛海镇融入苑囿文化，皇家文化色彩比较重，帝王、大臣、皇后、妃子成为凤凰意象展示的抓手；青云店镇以辽金元草原文化粗犷、野性、捺钵、狩猎为特征，融入农耕文明的生态意识，儒家、道家文化信仰明显；长子营镇以明代山西大槐树移民文化为主体，将苛政、残忍、赋税、压榨等专制社会的异化问题不断凸显，以凤凰的善良、正义伦理还原；采育镇强化宫廷筵宴的生活资料供应的品质，突出上林苑辖署的生态大美。尤其是长子营镇，将凤河传说以启蒙（故事）教育、说唱形式、戏剧艺术、花会表演、著书立说等多元方式进行传播，生动活泼，妙趣横生。

四是情节曲折，充满焦虑。故事情节的传奇性是民间传说的一个显著而重要的特征。"所谓传奇性，指故事情节在总体符合现实生活逻辑的基础上，又通过夸张、巧合、超现实的想象等虚构手段，构造奇情异事，使故事曲折离奇，高峰迭起，引人入胜。"[①]毫无疑问，传奇的情节因素是传说所必须具备的一种特色，没有了这个特色，也就没有了传说的独特性。人们直观地区别历史传说和真实的历史记录，往往就是以是否有传奇意味为根据。

对生活苦难的呐喊、美好生活的追求和政通人和的祈求是传说者创作的动机。龙凤共舞说、宫廷筵宴说表达对美好生活、歌舞升平的向往；凤凰哀乐说暗含了对少数民族狩猎游牧的野蛮性痛诉；苏麻喇姑说传递了对大爱上善的赞美；凤河传说的悲情、乡愁意象，表现了人们对压迫、盘剥世道的鞭笞；雌凤殉难说、耶律璟掠凤说影射了对邪恶的仇视；凤尾自然说流露出对风光旖旎、美丽南苑的痴迷；大槐树引凤说阐释了明代山西大槐树移民的痛苦回忆和悲剧中的戏剧色彩；沙冈祭凤说、蚂蚁对话说融入神话、夸张的手法，是对善良正义的凤凰祭奠；吴娘娘说表达了底层百姓对幸福生活的渴望；关公护凤说张扬了千百年来的忠诚道义。凤河传说是一个文化集合体，初始意象衍生出来的集群意象更是不断叠加，形成凤河传说"后现代文化学"的典型例证。

凤河传说作为一种民间的、富于传奇性的叙事文本，其传奇性主要体现在情节的合乎常理却又悖于（超于）常理。就像凤凰遭遇到草原民族猎杀时悲痛欲绝的情节，却又是符合中华民族传统品德，颇合常情的。在这些情节中，适当地运用了巧合、夸张、幻想等艺术手法，以实现自然地制造美学、伦理、道德的波澜起伏，这也是凤河传说传奇性表现的一个层面。

五是多采用文学表现形式。赋比兴、用典、衬托、对比、渲染、托物言志、画龙点睛、以小见大、欲扬先抑、联想、想象等各种文学手法轮番运用，内容包含着许多超自然的、异想天开的成分，但在故事情节中又具有一定的历史性、地理性。就像所有其他文体的作品一样，从生活本身出发，但又并不局限于实际情况以及人们认为真实的和合理范围之内。

六是贴近生活。凤河传说晚于神话创作，是个体的人成为客观世界的主宰之后产生的

---

① 黄涛：《中国民间文学概论》，中国人民大学出版社，2004 年。

文体。故事的内容虽有不同程度的幻想成分，但都着眼、立足于现实生活，其主题、角色与主要情节都符合故事传播时的生活逻辑。从神话、传说到变形故事、寓言、笑话，其内容和艺术手法的幻想性依次减弱，现实性依次增强。

七是泛指性。凤河传说总是围绕一定的客观实在物叙事，叙事风格也受到历史、受到客观实在物的限制，这就使其流传的范围也会围绕着客观实在物进行。其传承范围是相对固定的，受到传说内容的限制，从而构成"一个个大大小小的民间传说圈"①。

故事发生的时间、地点，故事的主题往往是含糊的、不确定的。故事的叙述注重关键性情节的交代，而不做面面俱到的细节描述。故事的趣味性、吸引力也主要在情节的生动性上。凤河传说总是尽力把情节落实到确定的人、事、物上，尽管那些情节是虚构的。瀛海镇、采育镇、青云店镇三个地方相隔，并不邻近，却有一个共同点，都是以生活为根基，以民俗文化为媒介，此三处地区自然构成凤河传说初始意象的"传说圈"。传说孕育于凤河流域，是苑囿、水域、景致所衍生出的独特的历史文化，它是与永定河、凤河文化带的自然、地理环境和生产方式密切相关的，因而它在移民地区广泛流传，而在旧宫镇以北、大兴南部的地区则少有听到。

八是类型化。不论什么样的传说，怎样的故事，其实都或多或少地掺杂了借古讽今的味道。故事和传说，也仅仅是从表面上看东西，因为不可能直接地去描写、去表现，而是从另一个角度，用另一种方式去表现。

凤河传说，作为一种集体创作的口头叙事，在情节、主题、人物等方面有显著的类型化倾向。主题的类型化指许多故事表达同样的主题，如表达生活变富或弱者获胜的愿望，以及对于机智善辩的赞扬、对愚蠢呆笨的讽刺等。人物的类型化指许多故事的人物属于同一种形象类型，即在品格、行为等方面的主要特征是共同的。同一故事在传播过程中会生发出许多大同小异的说法，同一初始意象会表现为多种异文。贯穿于多种异文中的基本要素相同而又定型的故事框架称为"类型"。与类型化相关的是，故事对人、事物、景物的个性化描写较为清淡，叙事手法较为质朴。换言之，就是故事情节质朴简约，表达思想与民众的审美趣味相契合。

三、凤鸣团河还是团河引凤

明时"凤"之象征意义被应用到团河行宫的溪流上，以"凤河"冠名，可能不是民间"凤尾自然说"的集体无意识，这里面有几个重要元素不可忽略。一是生态相符。南海子梧桐丰茂，凤鸣相和，生态环境符合凤凰生长环境。《诗经·大雅·卷阿》记载："凤凰

---

① 李惠芳：《中国民间文学》，武汉大学出版社，1999年。

鸣矣，于彼高冈。梧桐生矣，于彼朝阳。萋萋萋萋，雍雍喈喈。"诗中记录的是梧桐茂盛葱郁，引得凤凰翩然栖息，婉转和鸣。庄子的《庄子·秋水篇》里也说到梧桐。庄子坚持凤凰从南海飞到北海，只有遇到梧桐才停留。二是民族意识。在明代上林苑监所辖的"十署"或"四署"——包括现在的西红门镇、亦庄镇、瀛海镇、青云店镇、长子营镇、采育镇，在民间的意识里，凤凰被定格为瑞鸟，寓意天下太平。明代第三任帝王朱棣迁都北京后，一扫契丹辽朝、女真大金、鞑靼元朝的轮番执政，在"夷狄论"观念中，古燕国重新回到汉人怀抱，认为终于时逢太平，盛世大兴，天禧正隆，水天绿色，凤之来仪。三是宫廷艺术。凤是风鸟，天籁有风，地籁有风，"风"是自然生成的音乐创造者。数千年来凤凰一直被民间视作拥有悠扬婉转、动人美妙声音的音乐鸟。《吕氏春秋·古乐篇》有言："听凤凰之鸣，以别十二律。"《吕览·古乐篇》也说："唯天之合，正风乃行其音若熙熙、凄凄、锵锵。帝颛顼好其音，乃令飞龙作乐效八风之音，命之曰《承云》，以祭上帝。"凤凰不仅是民间崇拜的太阳鸟，更是被宫廷苑囿、帝王佳人膜拜推崇的风鸟、风神。四是筵宴礼制。在民国以前的瓷器花卉图案之中，特别是元明清时期，宴会的器皿多采取凤凰展翅飞翔形象，潇洒自如、轻盈妙曼的龙凤增添了庄严的氛围。五是后妃仪态。皇帝后妃的冠饰，上饰凤凰样珠宝。明朝定制，凡遇大典，皇后冠用九龙四凤三博鬓（左右共六扇）、皇太子妃则用九翠四凤双博鬓（左右共四扇），行走时帽子两侧的帽扇会展开。

以上仅是猜想，还要回到团河本身来。

1. 一亩泉的滋养

明清皇家苑囿南海子里有一片清澈泉涌的地方，俗称"一亩泉"（南苑中泉源所聚之处谓"一亩泉"）。"一亩泉"属于南海子水系，永定河数千年摆动，在南海子地域形成地下水溢出带，形成了一处处勃发蓄势的涌泉聚集圈。"一亩泉"在新衙门之北，广袤无垠。

"一亩泉"组成南北两大泉水系：南系以团泊为主，有泉九十四处；北系以一亩泉为主，有泉二十三处。乾隆四十二年，尝加疏浚，复开拓数十丈焉。按《梅村集》说法，南海子有水泉 72 处。据乾隆《御制海子行》诗注称，当时所勘定"一亩泉有二十三泉，而团河之泉，可指数者九十有四"。

苑中河道有三，分南北二源，北源所出曰凉水河，曰一亩泉水，南源曰凤河。王璞子在《南苑建置考略》中记载："凤河者，源出团泊，由黄村门内，导而东南流，经晾鹰台南过南红门，会北来之五海子水，又东流出海子之东南，是曰凤河，苑内南源之水也。其水自苑墙外又东流至天津双口会永定河，再东入大清河，又东至西沽而入运河焉。"

团河在黄村门内六里许，旧称团泊，南北旧宽六十余丈，东西五十余丈。乾隆四十七年（1782 年），乾隆作《团河行宫作》，诗注中十分明确地描述了团河、凤河治理的情景："近岁因南苑水源未畅，命加疏浚，以期通流济运，其团河一支则醴为凤河，又东南流，资以涤永定河之浊，复由大清河归海，疏治既成，因于其旁构筑行馆，以供临憩，昨岁知过。"[1]进一步疏浚苑内海子、泉脉，将水导入凉水河、凤河，向北运河补水，有效避免运河因水流不足而淤塞的隐患。南海子是名副其实的水源地，与西北郊的"三山五园"共同形成了古都北京的"双肾"。

一亩泉所溢之水形成的小龙河由东南注入大泡子，再向东分为两支，一支为小龙河主河，从旧衙门行宫与德寿寺之间穿过后汇入凉水河。另一支经头海子、二海子注入三海子。夏秋多水季节，从三海子通过四海子、五海子后形成"龙爪湾"，在东南海子角连接凤河。源于一亩泉的小龙河，南北几乎贯通了整个南海子。乾隆三十二年（1767年），大规模治理南海子水系战略开始实施，疏浚治理的切入点是从南海子北部水系源头一亩泉的小龙河开始。"建闸蓄其微，通渠泻怒"，就是通过建设闸桥实现经济效益和社会效益双成效。闸桥，就是将桥与闸结合，建在一起，具有亦桥亦闸双重功能的水利设施。顶部为桥，可行人过车；桥下为闸，可截流泄水。乾隆皇帝治理南海子水系行动中，在凉水河、凤河、小龙河之上建起了数十座这样的闸桥，实现了既"养源"又"济运"的功效。[2]2006年，北京市文物研究所与大兴区文物管理所联合对大兴旧宫小龙河桥梁遗址进行发掘，本次发掘得出的结论是，出土的砖材为典型的清代砖，石望柱也为清代风格。石桥遗址位于旧宫村南，石桥的修建当与清代顺治至乾隆时期在旧宫地区扩建行宫有关，其年代的上限不早于顺治，下限不晚于乾隆末年。[3]

2. 团河本是凤河源

清王朝入主中原定都北京后，即位不久的雍正皇帝遇到了百年不遇的永定河水系泛洪，整个直隶京畿区域七十余州县被淹，严重的自然灾害迫使雍正皇帝下决心彻底治理永定河水系。

《日下旧闻考》载，雍正皇帝亲临凉水河勘察，"命修水利，查有凉水河，发源水庄头，贯南苑，出宏仁桥，东流至高各庄，东北流至张湾，入运河。乃于高各庄分流南引至堰上，入凤河故道。一路挑挖，过双口抵清沽港，入淀河。仍于分流之处各建一闸，水小则闭东闸启南闸，流入凤河。水大则闭南闸启东闸，泄入运河"。"次年河成，宛平、漷县、武清、安东一带积潦尽消，桐林、牛镇、三间房等处开渠引水，各营田数十顷"。乾隆三十七年（1772年），南海子水源滞畅阻塞，乾隆皇帝敕命疏浚凤河源头团泊。"因南苑水源未畅，命令重加疏浚团泊，河南北旧宽六十余丈，东西五十余丈，复拓开数十

---

[1] 于敏中等：《日下旧闻考》卷七十五。
[2] 张友才：《亦城村落纪实——一亩泉与小龙河》，《北京商报·新文化副刊》，2020年11月4日第八版。
[3] 大兴旧宫小龙河桥梁遗址发掘简报，执笔：冯双元、王宇新、侯文学。

丈。"①乾隆皇帝《团河行宫即事》诗注云："此处行宫乃因团河为凤河之源，向命疏浚水泉，积有土山，因于其旁构筑数宇，以供临憩。"五年施工，紧张有序，至乾隆四十二年（1777年），团河行宫——南海子皇家苑囿内的第四座行宫，也是海子内规模最大的一座行宫终于落成。《日下旧闻考》载："六方亭在北山之上，御书额曰'镜虹亭'。过河亭接苑墙之南，其下即团泊之水，流向苑外，团河迤逦而入凤河者也。圆亭御书额曰'云随亭'。龙王庙三楹，半山房五楹，西临河房五楹。龙王庙在北山之上，门外御书额曰'珠源寺'，半山房前檐额曰'拂云岫'，西临河房额曰'濯丹漪'。皆御书。"乾隆皇帝特为团河行宫钦定"璇源堂""涵道斋""狎鸥舫""归云岫""珠源寺""镜虹亭""漪鉴轩""清怀堂"团河八景。整座行宫山丘高起，翠柏青黛，碧波荡漾，游廊曼回，一座"江南好，风景旧曾谙"的江南园林傲然成为京都第一行宫。"南海子苑囿成为距皇都最近的离宫别苑，并与皇宫紫禁城和西郊的（三山五园）一起，成为北京三大理政中心。"

3. 凤窝营和凤凰嘴实证

凤窝营实证。大兴东南有一个村庄，叫凤河营村，凤河于此注入河北安次县。明称凤窝村，清称凤窝营，乾隆间正式易名凤河营。该村2005年撤乡并镇时划入大兴区采育镇。

凤河史料中，明永乐以降，都有"凤窝村（里、集）"记载，"洪武初编户四十四里"就有凤窝里。如成化年间的《明故中宪大夫右金都御史李公葬墓志铭》，崇祯三年的《大明一统名胜志》，稍后的《东安县志》，还有《水道提纲》等。《水道提纲》曰："明时，浑河南注，夺琉璃河，经流下达霸州，其东流一道，不复相通，遂名凤河。"王照的八景诗《凤河春水》亦描述道："西北河源入凤窝，隆冬不冻自生波。"史料中看出，凤窝村在乾隆时陆续被凤河营所代替，如《东安县志》《永定河志》《畿辅舆地全图》等。《大兴县志》载："辽时当地是鸟兽的天堂，而凤凰则是百鸟之王，它们自由地生活在这片土地上。后来大辽皇帝射杀凤凰从而形成了团河与凤河"。

地名变化，通常是河流影响村庄，或者村庄影响河流。但在不同的历史背景，河流与村庄还可能进行着相互影响。

关于凤河与凤窝村（凤河营），康熙及以前关于凤河的记载基本停留在东安县凤窝村（里）一带，清乾隆时期，凤河名称已经扩充到整条河流，不再是河流的单一段名称。而后凤河影响力逐渐扩大，使得沿河的河流均以凤河命名。畿辅地区的营田观察使陈仪，其所著的《直隶河渠志》中，详细记载了怡贤亲王勘修水利过程。康熙五十四年至雍正三年，畿辅地区大涝，治水就显得非常重要，凤河名称从而由多条河流名称陆续扩充为一条河流，并且有关记载也就从民间史料过渡到了官方史料。②

---

①　于敏中等：《日下旧闻考》卷一二〇。

②　任新明：《明清直隶凤河流域历史地名变迁探析》，《中国地名》，2019年9期。

凤凰嘴实证。考古发掘，大兴西北部的卢沟桥乡东南，有一个村庄叫"凤凰嘴村"，是金代中都城的西南角。《丰台区地名志》说："凤凰嘴金代成村。古金中都城西南角设有便门，称凤凰嘴，以后即以凤凰嘴为村名。"[①]

关于凤凰嘴村的形成记录，在记载明清宛平县众多村落的《宛平县志》《光绪顺天府志》等典籍中从未提到，但在民国《北平市城郊地图》上，赫然标出了一处称为"凤凰嘴"的村落。

从"凤凰嘴"一词的地名分析，这一带应当有某种总体轮廓像凰的地形，而村落恰好位于这只凤凰的嘴部附近，因此才以"凤凰嘴"作为村名。考察村落的地理环境分析，可能构成凤凰形态的地物只有河流水系，环绕凤凰嘴村四周的，都是在多水环境中形成的村落。历史上这里的泉水极为丰富，明洪武年间的《图经志书》有记载，《大明一统志》与此略有差异。除了泉水的数量不同以外，这两部文献对其归宿的交代实际上是一样的，明代的"百泉溪"，正是今天的水头庄、凤凰嘴、柳村一带。凤凰嘴村以西约 700 米的"水头庄"，则是凉水河的发源地，而这些泉水至少在清代已有"凤泉"之称。

由水头庄一带涌出的数十处泉水，在顺着地势向东南汇聚途中流成了一条条小溪，它们构成的图案看起来像惟妙惟肖的凤凰尾巴，每条小溪就是凤凰身上的一根羽毛，这些清泉因此获得了"凤泉"这个充满想象力的美妙称呼。众溪归一的位置——凉水河的发端，恰似这只凤凰向东南突出的嘴部——"凤凰嘴"。在"凤凰嘴"北侧形成的村落，就是今天以这个比喻为名的"凤凰嘴村"。

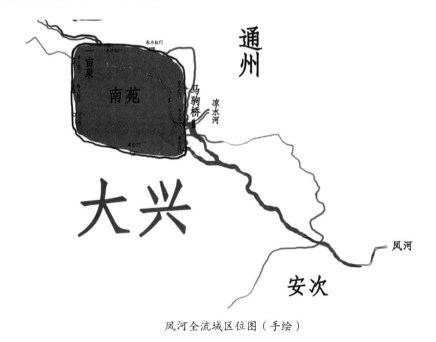

凤河全流域区位图（手绘）

① 丰台区地名志编辑委员会：《北京市丰台区地名志》，北京出版社，1993 年，188 页。

4.《南苑赋》里觅"凤城"

探究解构大兴凤河流域名称的缘起，必须提到一位赫赫有名的清代大学士，他叫张英，清代康熙年间的翰林院学士。康熙十二年，他作为随从，陪同清圣祖爱新觉罗·玄烨视察南海子，在如画如诗的皇家苑囿里，文思才涌，写下了著名的《南苑赋》，遂成为后世解读南海子不可绕过的一篇纪实鸿文。

张英生于明崇祯十年，康熙六年进士，选庶吉士，授编修。张英，字敦复，号乐圃，安徽桐城人，其父张廷玉乃一代名相，可谓相官之后。张英官至翰林院学士兼礼部侍郎、兵部侍郎，拜文华殿大学士，是经文维武的国家栋梁之材。在他任期里，相继担任《国史管文略》《大清一统志》《渊鉴类函》《政治典训》《平定朔漠方略》等典籍的总裁官。虽案牍劳心，然秉烛勤读、笔耕不辍。张英留给后人的著作有《笃素堂诗集》《笃素堂文集》《四库著录》等多部。数百年过去了，他以道德风范引导家族处理生活事务、调适人情物理的诗句依旧流传在民间，几近成为生命哲学的道德律令。"千里家书只为墙，让他三尺又何妨。长城万里今犹在，不见当年秦始皇"就是他写给家人的《六尺巷》诗，通俗浅显，哲思深远。

北京城南十公里处的南苑，作为皇家的猎苑始于辽代，之后，金元明清将这块水草丰美之地作为狩猎、检阅、休闲理政的地方。元代称"飞放泊"，明代称南海子，清代称"南苑"。明代京师燕京十景中的"南囿秋风"，指的就是南海子一带。

南海子周边是广漠无际的宜农、宜牧、宜林区域，明代永乐年间，在这里专门设立了官署——上林苑监。上林苑监为明廷十二监之一，是明廷专门负责御膳食材采买机构——光禄寺的主要供应地。康熙十二年四月，康熙帝游幸南苑（南海子），张英初任文官，奉旨随从记录皇上起居，在这儿才情勃发写下了著名的《南苑赋》。从《南苑赋》原文中，我们不仅能够了解到南苑设置的初衷、设计理念、苑内景色，还能获得"凤城"称谓的历史依据，这就为源于苑内团河行宫的凤河之"凤"找到依据。在为汉代和明清上林苑和苑内行宫作赋的名篇中，汉赋大家司马相如的《上林赋》、西汉辞赋家扬雄的《长杨赋》和清代大学者张英的《南苑赋》是当之无愧的"皇家苑囿辞赋三绝唱"，三篇辞赋主题一致，皆为描述皇家苑囿，但表达重点和意象又各有千秋。《上林赋》描绘的是上林苑里天子率众臣狩猎的浩大场面，构造了具有恢宏巨丽之美的文学意象；《长杨赋》以序文略叙长杨（行宫）之猎，但在赋辞之中概述历史，树立楷模，颂古鉴今，讽刺汉成帝的荒淫奢丽；《南苑赋》则不然，叙事白描，笔仿春秋，展示南苑（南海子）宽广富饶的京郊土地上的帝王游幸，那是一个怎样的画卷：平原绿野，草木茂盛，御车华丽，旌旗飘扬。这里，美丽的平原郊野由四通八达的大路贯通，和风徐徐南来，红日冉冉东升，远望景色万千，京畿之沃土，天造之大美。

《南苑赋》中，极精极简，聊聊叠词："凤城万雉，龙楼千仞"，可知南苑北侧，是龙脉中轴直达的"凤城"京师。苑内绿水环绕，怡情甘泉。行宫隐于翠柏，亭台蔽于杨柳。麋鹿在追逐，黄羊正奔跑，野鸡忙起舞，幽禽急落树，行宫别苑，大树参天。登高远望，郊原秀美，麦田平畴，雨露沾尘，让人流连忘返。赋之收尾，却又谦卑低回，大清延续南苑，并不是想扰民劳民，而是"效仿周武王承周太王的制度"。

读罢《南苑赋》，回放了南苑清代的景象，似乎找到了南苑团河行宫"双泡子"流出的河流底蕴。

"凤"与"龙"一样，是中华先民远古的图腾，神圣的太阳鸟形象辉煌、意蕴博大。"凤"为国运兴旺之象，象征祥和美满，多与喜庆相联，与京师长治久安内蕴相合。远古以来，凤形图纹丰富多变，资料繁纷。凤的意象在明清定型为首如锦鸡、冠似如意、眼如人目、喙如鹦鹉、身如鸳鸯、翅如大鹏、足如仙鹤、羽如孔雀、体呈五彩的状貌。鸡首象征呼唤光明，如意表示和平秩序，人眼表示文明高洁，鹦嘴表示欢悦的礼乐教化，孔雀羽象征吉祥，鹤足象征长寿，鸳鸯寓意爱情美满，大鹏表示鹏程万里，五彩象征东西南北中整体境界。京师凤城，龙脉南延。龙河蜿蜒，皇后嫔妃。龙凤呈祥，凤鸾和鸣。团河行宫滋养的河，当然就是凤河。

凤城就是京都的美称。唐代沈佺期的《奉和立春游苑迎春》诗中写道："歌吹衔恩归路晚，栖乌半下凤城来。"杜甫《夜》中曰："步蟾倚杖看牛斗，银汉遥应接凤城。"明末清初著名学者仇兆鳌曰："秦穆公女吹箫，凤降其城，因号丹凤城。其后言京城曰凤城。"清代思想家龚自珍《行香子》词中曰："在凤城西，垂杨畔，落花间。"现代古文字学家、考古学家郭沫若先生的《潮集·十年建国增徽识》曰："凤城西翼见巍峨，高唱人民解放歌。"

"凤"作为一个美学、伦理学、文化学意象，伴随着京师的历史演进而不断被赋予新的内涵。《拾遗记》载，周武王伐纣时，即以凤鸟式图纹为旗；秦以凤为图腾；汉修凤阙，命名凤栖原。凤（鳳）是传说中的鸟王（雄称"凤"，雌称"凰"）：雏凤清于老凤声，花丛中传来的雏凤鸣声比老凤的鸣声更清圆、清丽。凤鸣之声乃天籁，民间艺人常用"凤鸣之声"比喻绝美的音乐、绝壮的韵调。

北京在不同朝代有着不同的称谓。公元前十一世纪称蓟，《尚书·舜典》载称幽州，唐代称幽都，五代之后，不同政权称南京、燕山、中都、大兴、大都、汗八里。从明代开始，称北平、北京、京师。还有蓟城、燕都、燕京、京城、汗城、宛平等。北京的别称还有长安、春明、日下、帝京、京邑、京国、京华。前人一般用"京师"称呼北京。北京历史上除了用过上述名称外，秦汉之时北京曾为广阳郡治所；隋大业年间，曾是涿郡的治所；唐天宝年间曾是范阳郡的治所；辽代时曾是析津府的治所；明清之时曾是顺天府的治所。于是，广阳、涿郡、范阳、析津和顺天府也成了北京的别称。

北京悠久的都市历史，为我们解开了张英之所以称北京城为"凤城"之缘故。秦穆公女弄玉吹箫，有凤凰降临，于是称其城为丹凤城。《史记·封禅书》言："于是作建章宫，度为千门万户。前殿度高未央，其东则凤阙，高二十余丈。"汉代皇宫内又有楼名凤阙，后来便把京城称作"凤城"，把皇宫称作"凤阙"。京城、京师一脉也。[①]

也许方家会疑问：张英《南苑赋》里提到的"凤城"会不会是孤证呢？其实，京城"凤城"在明清时代已是一个常识性问题，康熙皇帝同样提到"凤城"。《南苑》诗中写道："羽仗连花影，帷宫接柳荫。凤城回头望，缥缈五云深。"这是康熙皇帝对南海子赞美的得意诗句。这里的"凤城"指的就是京城，就是从南海子看北京城。

北京享尽"凤城"之尊，从另一个侧面也折射了"五朝"何以抢占北京为京师之地。

山河之险，关塞之固，是古人都城选址的重要考虑因素，如古都长安："被山带河，四塞以为固。"古都洛阳东有成皋，西有崤渑，北靠黄河，南向伊洛，也成为诸多王朝都城所在。北京作为"五朝"都城，同样跟其山川形胜有重要关系。[②]北京山川形胜优越，《史记》载"勃、碣之间一都会也，南通齐赵，东北边胡"。这里正好处于农耕与游牧民族的交会地区，各民族之间可以互通有无，由此成为渤海与东北之间的一大都会。据《明一统志》载，战国时苏秦在游说燕文侯时认为"燕地方千里，带甲数十万，此天府之国也"。

北宋范镇《幽州赋》中说幽州"左环沧海，右拥太行，北枕居庸，南襟河济，形胜甲于天下"。南宋理学家朱熹从堪舆的角度，认为凡作京师之地，必是"天地间好个大风水"，因为"山脉从云中发来，前面黄河环绕，泰山耸左为龙，华山耸右为虎，嵩山为前案，淮南诸山为第二重案，江南五岭诸山为第三重案"，所以"古今建都之地皆莫过于冀都（今北京）"。辽国五京体系中，北京属南京析津府，有了"京"的称号。

金元在都城选址上对北京更加青睐。金代海陵王迁都燕京时，大臣说：燕都"北倚山险，南压区夏，若坐堂隍，俯视庭宇""东西千里，山峻相连，近在都畿，易于据守，形势雄伟"。元世祖忽必烈在确定都城的时候，大臣分析幽燕之地："龙蟠虎踞，形势雄伟。南控江淮，北连朔漠……大王果欲经营天下，驻跸之所，非燕不可。"

为什么明初洪武年间都城没有选择北京而是选择了南京呢？一方面，朱元璋的将相大多是江淮子弟，不大愿意离开乡土。另一方面，也有人认为，北京地区"王气"已尽，不宜建都。当时翰林院修撰鲍频就说："胡主起自沙漠，立国在燕，及是百年，地气已尽。"但朱棣最终还是舍不得北京的"凤城"之美、西山之固、浑河之涌。

① ［清］张英：《南苑赋》，《张英全书》（下册），安徽大学出版社，2013 年。
② 王洪波：《明王朝定都的南北之争》，《北京日报》，2022 年 4 月。

四、宫廷祭祀和筵宴舞乐

帝王祭祀和宫廷筵宴是中国礼仪文化的重要部分。传统中国十分重视礼制，在漫长的封建时代，帝王的宫廷祭祀或庆典等活动，乐舞伴以庄严肃穆是必不可少的甚至是关键环节。宫廷宴会，乐舞的演出，左右韶乐、左右司乐，皆以乐工为之，后改和声郎为奉銮。[1]大宴是明代宴享中最重要、规格最高的宴会，以明代大宴的乐舞奏曲为例。

朱元璋在洪武二十六年（1393 年）就制定了大宴仪，宴会搭配音乐的演奏曲有九，分别为：《炎精开运之曲》《皇风之曲》《眷皇明之曲》《天道传之曲》《振皇纲之曲》《金陵之曲》《长杨之曲》《芳醴之曲》《驾六龙之曲》[2]。这九支曲子从文化意象上看，基本分为三个层次：第一个层次，中国上古的文化传说，如《炎精开运之曲》，包含了神话精卫填海的情境；《天道传之曲》《振皇纲之曲》为第二个层次，龙、凤图腾崇拜更加凸显，如《皇风之曲》《眷皇明之曲》《驾六龙之曲》；第三个层次，表现文化源头的生态环境，如《金陵之曲》《长杨之曲》《芳醴之曲》，这些要素无疑为南海子皇家文化的凤凰意象增添了艺术感染力。

五、凤河人家的时代命题

剔除封建糟粕、迷信巫术倾向外，目前关于凤河传说的基本意象和初始意象版本能够确认的有 13 ~ 15 个版本的集合体。在这些传说的集合体中，凤凰主旋律是一致的，各个传说各有侧重，每个叙事都精彩纷呈，是一种数百年来流传在大兴本土上的民间故事，是一种未经城市化、后现代文化熏染的，无文字记载的口头传播叙事文本。虽然虚构成分大，加之传播者本人在承继上一代人或是同辈人传播中，不免会添加许多成分，但这并没有改变传说的主要元素、基本框架和叙事风格。正是这种扎根民间的文学样式，使得大兴群众的生活增添了丰富多彩的内容，其民间的影响力、穿透力，是小说、随笔、散文、报告文学等其他文学体裁无法取代的，把凤河民间传说的传承称为一门高质量的叙事文学也不为过。

凤河故事（传说），同样属于民间文学范畴，既然是传说，就不应当承担其他学科要求的题材来源、考据素材、故事框架、历史事典的责任，充其量当作一种参考、范式或补充。凤河民间故事（传说）以其独特的视角、大众化、百姓情怀担当起文化普及的重任，

---

① 张廷玉：《明史》，卷六一，志三十七《乐一》。
② 《大明会典》，卷七十《大宴仪一》。

而且自成系统。过去是一种具有十分重要的文学和历史价值的文学种类，现在依旧是，高雅的意趣同样需要俗的存在。作为民间文学的种类之一的民间故事（传说），无论社会如何变迁，其大众性的教育、欣赏、启蒙功能依然存在，并且重要意义越发凸显。

凤河民间传说（故事）经过无数代人的记忆和整理而成。凤河民间故事主要诞生于明清大兴凤河流域人们的现实生活中，并经过口耳相传，逐渐流传到今天。这些带有历史、神话、人文色彩的美丽故事像一个个优美的音符，丰富了我们的精神生活。它也反映了民族的一些习俗、信仰或是社会情况，这些都是一个民族整体文化的一部分。

凤河传说作为民间故事，过去是通过口耳相传得以保持其生命力的，随着城市化进程的加速，大兴国际机场动力源的外溢效应引发出的新的传播方式，势必左右甚至改变人们的日常生活路径。但这些渐渐淡出人们生活的民间故事依然充满了浓浓"烟火气"的时代价值。

1. 启蒙教育的知识积累

启蒙教育常用的说理方法是用一些被启蒙者已知的类似常识来说明道理，而不是讲述科学证明过程。当一个孩子在学习说话、行走和思考的时候，他们的善恶观、是非观、苦乐观，判断公平与否的价值观也在形成。毫无疑问，这是孩子一生中最易受外界影响的阶段。相对于其他的文学样式，民间传说（故事）喜闻乐见，口语化、情绪化，易于接受，民间故事不仅可以为孩子们提供各方面的知识和经验，而且有助于他们养成正确的价值观，是一种潜移默化的教育，凤河传说正好契合了启蒙教育。

凤河传说是一个系列性、复合性的传说（故事）集合体。故事的主要元素并不复杂，即使传说核衍生出来的基本意象、初始意象，也基本局限于南海子上林苑发生的故事：明代山西移民凤河两岸、关公显灵为受伤的凤凰疗伤，还有凤凰在凤河流域翱翔发出的天籁般的音乐感动执行公务的衙役等，这些传说内容生动可读、叙事通俗，没有半点教化式的训导、引导和教导，可以默默地在孩子们的心中形成一个潜在的印象，这就是：满足人性私欲、破坏生态环境的行为是要受到大自然惩罚的，人与大自然应当和谐共生，文明是人类进步的标志；关公是民间道德的化身，富强、民主、文明、和谐，自由、平等、公正、法治，爱国、敬业、诚信、友善永远是文明社会的核心价值观。如果把这些大道理讲给少年，相信即便当时能记住，但事后很快也会忘记，可是让他们以听故事、说唱的方式来接受，就会形成一种潜在的作用。在少儿日常的游戏过程中，他们会自然联想起这个故事，这种教育启蒙的效果高于说教。借助故事说教，对青少年品格的形成会产生良好的影响，有助于传统道德伦理的重新唤起。

2. 娱乐教育的快乐方式

传说、故事的娱乐教育价值不言自明，无论对成年人还是对儿童来说，都具有愉悦舒坦的心灵放松效应。在凤河流域村落中，民间所创造的独具特色的口头文学，记录了凤河人家民间故事的深厚基础和广阔背景，积淀着京师畿辅民众的思想感情和价值观。民间故事不仅蕴含着深刻的思想内涵，同时还呈现出文字简约、讽喻鲜明、寓意深刻的寓言性审美特征，这样也就更加丰富和拓展了民间故事的思想内涵和艺术张力。对民间故事做叙事美学研究，亦将有助于加强中小学民间文学课的趣味性，呈现其独具的文化意义。凤河传说系列故事使我们的后代受益无穷，其蕴含的宝贵经验、教训指导着我们如何做人。

民间故事具有立足于现实生活又富于幻想的艺术特色，具有很大的艺术欣赏价值。这些特色是民众在长期的自发创作中自然形成的，是中国传统审美习惯的典型代表。人们通常把民间故事和寓言、童话、神话、传说归为一类，因为它们在叙述形式上具有相似性。这些故事形式之间的差异一般会从微不足道到十分显著，程度不一。我们可以从民间故事中发现情节发展方面的一些基本元素。比如说，情节通常被分为三部分，即开头或引子，中间部分或情节发展部分，以及结局或结尾部分。情节发展部分通常围绕主要人物或多个人物所面临的某个问题或阻碍展开，而在故事的结尾部分，问题总能以这样或那样的方式得到解决。民间故事的一个独特之处就是：它们对听众或读者进行指导，向他们灌输道德观念。民间故事重新讲述了一些在地域范围内广泛流传的故事。就像民间故事领域里的一般情形一样，没有人声称对其中的任何一个故事拥有个人所有权或者绝对的著作权。这些民间故事都是由一代人以各种形式传给下一代人的，它们属于每一个人，给欣赏它的人以艺术享受。如关公护凤说、苏麻喇姑说，并不是单纯的艺术形式的转换，而是对内容的再创作。它接受的只是故事的基本内容，为了适应这种艺术形式的表现特点，它必须对故事内容进行调整、加工，必定要增加许多细节、情节。这中间，也必然加进了再创作者的感情、理想、审美观以及他所处的社会环境。有多少种艺术形式接受这个故事，就会有多少次这样的加工再创作。故事内容的发展变化固然有其深刻的社会原因，但我们不能无视艺术形式转换对内容的作用。应该说，故事内容在艺术形式转换中发生的巨大变化，是单一艺术形式流传中的逐步变异所不能相比的。对比研究一下同时代、同地域"雪落德寿寺""梨花村传说"，是可以证明这一点的。不同的艺术形式所带来的民间故事的再创作给人们带来新的艺术享受，它的艺术价值不容忽视。

凤河传说与故事之所以可以流传，是因为它富含十足的趣味性与愉悦性。在工作之余或闲暇之时，人们将它作为消遣的茶饮，或展现才华的场景表现。在讲述传说或故事的过程中，也常夹杂着移民地、帝王苑囿的特有用语或生活经验等常识，也会描述先人日常生活的场景，因为它代表着那个群体的共同记忆。[①]

3. 再现熟悉的思想观念

凤河传说之所以能够在大兴、河北廊坊、天津武清的地面上流传下来、生生不息，很大程度上是由于故事本身契合了当地百姓的某种思想和情感。凤河传说作为一个不断发展着的文学宝库，其内涵也随着时代的变化不断地丰富，不断地充实。因为上林苑独特的苑囿色彩和凤河乡愁，最易唤起人们特殊的心理共振，为人们所认可和接受，也就成为普通百姓茶余饭后的谈资、聊以消除心理压抑的解忧方式。

凤河传说这个故事由传说核凤凰衍生出来的意象——乡愁，表达了人们对故土的眷恋。"凤凰衔槐枝"的传说传递了这样的消息：被动地离开家园又遭到衙署官吏残酷的虐待，移民们曾绝望过、失望过，想过种种逃回原籍的办法，但在严密看管的情况下还是不奏效，于是他们在夜间痛打了押解的公差。在衙役患重病奄奄一息时，凤凰衔来灵芝帮助移民救助了衙役并导引他们来到了凤河沿岸，选择了平坦而水草丰美的地方安身立命。

故事体现出良知唤醒及其与法律的冲突，体现出当时人们的道德境界，对于我们研究大兴人的思想观念也具有一定的价值和意义。

4. 记录本土的民俗风情

凤河传说是地域性和方言性文学。方言作为一定区域里人们的交际工具和思维工具，是和特定地域的风俗与文化传统相联系的。因此，民间传说是与民众的日常生活息息相关的，其中包含了大量的民俗信息。很多民俗都是以生活的面貌出现在凤河传说文本之中的。民众的主观情感和态度及其置身其中的生活情境等都能够在凤河传说文本中得到很好的体现，弥补了民俗志缺乏对民俗主体以及其生活情境的关注之不足。

比如"腊祭"这个词，外地人在大兴工作许多年，如果不去了解大兴的历史是很难理解这个词语的文化意义的。大兴有一种礼仪风俗，农历腊八是一年中重要的祭日，人们在年终时用获得的禽兽祭祀天地、神灵和祖先，称为"腊祭"。《光绪顺天府志》云："腊八粥亦名八宝粥，雍和宫熬粥，定制派大臣监视，盖供上用焉。"熬腊八粥的仪式相当隆重，过程也十分复杂：腊月初一开始领料，初二到初五，陆续由皇宫运到雍和宫，初六日过秤分料，每锅粥要用各种米、豆等共十二石，大枣等干果各百余斤，初七日上午淘米，泡干果，下午点火熬粥。这个词语的背后，沿袭了南海子皇家苑囿和上林苑在宫廷祭祀礼仪方面的文化习俗。

再比如春节，过去常讲"五里不同风，十里不同俗"，但在大兴，春节礼俗与山西晋

---

① 乔恩杰：《中国四大民间传说的美学价值》，《牡丹江师范学院学报》，2010 年第 5 期。

南、晋东南的风俗有着惊人的相似。在这一地区春节最为隆重，礼仪习俗甚多，刚进腊月就开始准备如何过年，大兴流传着这样的口头禅："小孩儿小孩儿你别馋，过了腊八就到年；小孩儿小孩儿你别哭，过了腊八就宰猪；腊月二十三糖瓜粘；腊月二十四写对子；腊月二十五去打酒；腊月二十六去打肉；猎月二十七宰公鸡；腊月二十八把面发；腊月二十九蒸佛手；三十黑夜坐一宵。"腊月二十三祭灶，吃糖瓜、年糕，把旧灶王爷在灶门烧掉，换上新的，"老灶王爷本姓张，一碗供品，三炷香，上天言好事，回宫降吉祥"，父母念叨着把它烧掉了。除夕，上午家家打扫庭院，贴对联和门神，供奉各种神位，摆各种供品，自开始烧香至大年初一不间断；中午吃好饭，放鞭炮；除夕夜不许睡觉，夜间包饺子，包饺子时放一个铜钱，谁吃到谁有福；吃饺子前，放鞭炮，给长辈拜年，给小孩压岁钱。初一早上街坊四邻互相拜年，见面道"新禧"。初一这天不许吃荤。列举的这些系列的春节礼俗与山西移民地的春节礼俗如出一辙，从民俗学的角度更加证明了移民文化的历史恒久性和"活的文化"的传承性。

大兴人的思想观念与风土民情，常会潜藏在传说或故事的情节里，所以在凤河传说中可以找到许许多多的宝贵资料，这些资料可作为社会学、人类学、民俗学等研究的题材。

5. 积累宝贵的文化资料

民间传说是民俗学的重要研究对象，具有一般文学的性质，但又是不同于作家文学的特殊文学。民间传说、故事作为民众生活与思想的反映，是研究民众生活方式与思想状况及其发展历程的重要资料。特定的故事是在特定的时代和生活环境中形成的，也带有特定时代和生活状态的印迹。我们可以从凤河传说的故事中，清晰地看到某个阶段某个村落的民众是怎样生活的，以及故事情节的显著变化、民众对某类故事的接受状况的变化。

凤河传说是一种极具娱乐性的文学形式，它们不是教条或历史，很可能是曾经发生过的，但又并不需要很认真地对待其中所讲述的内容。它毕竟不同于作家文学，而是作为大众文化、民俗的反映，所以具有了更多文化人类学的意义。凤河传说总是不断地真实再现着各时期社会的某些面貌。从中，我们能感觉到前人朴素而睿智的思想、道德的准则、对理想世界的憧憬。凤河传说在大兴是重要的精神遗产，是永定河文化中富有真正价值的民族财富，反映着大兴人民丰富、鲜活而生动的文化。

凤河传说的意义在于它反映了历史生活与时代面貌，诸如"七十二连营"的传说，确实有凤河两岸以山西明清的县名作为村名聚集的事实。寓教于乐是民间传说的优势及特点，人们绝不会拒绝说故事方式的说教。因此，历史教育得以伸张，而许多历史事件亦可由民间传说获得佐证。

6. 传承传统的伦理美德

传统的道德观念与思想蕴含在民间传说与故事里，民间传统道德教育常通过民间传说与故事在潜移默化中获得实现。凤河传说中有很多颇具教育性的故事，着意揭示现实生活中的人际关系，批判道德丑行，弘扬和提倡人们应该遵循的道德规范和行为准则。如耶律璟杀凤说，讽刺了草原文化野蛮的狩猎行为，鞭挞了辽金士兵的荒淫无度，讥笑了宫廷视野短浅的滑稽可笑，批判了战争给人民带来的无穷无尽的苦难，将生活伦理、人生经验、生命意义、道德境界、价值趋向等寓于其中。我们可以从以下"七筐苦瓜吃了一辈子""乾隆微服私访记"传说中寻找传统美德。

七筐苦瓜吃了一辈子

"七筐苦瓜吃了一辈子"版本比较多，最好的版本是这样叙述的。

鹿圈有个王二奶奶，住在大石桥西，是从山东移民来的。丈夫哥仁儿，都早亡，三妯娌都居孀。（居孀，即守寡，是旧时代的说法，现在称独身。）

王二在世时，很是霸道，打骂媳妇是家常便饭。可他媳妇却很自信，总觉得自己长得好，黑头发，大个儿，又有才，虽没什么文化却很聪慧，逢年过节剪窗花是很拿手的。所以，她总说自己是一朵鲜花插到牛粪上了。

从山东到鹿圈定居，她给王二生了一个儿子、一个女儿。女儿夭折后不久，王二和兄弟们先后谢世，她和妯娌们同时守了寡，都没有再嫁。

我们单说这个王二寡妇，年轻时候大伙儿都这么称谓她。她自己有一个小院儿，正房三间，西厢房三间带门道，其他两间是磨房兼牛棚。院门外从北往南中了三棵大槐树，风水很好，每年夏天晚上都招徕许多人到此乘凉聊天。

王二寡妇确实是一个能人。她每天下地牵着牛赶着车干活，不管是锄草，还是趟地，都是自己干。镰刀、锄头都可"玩耍如飞"，地里场院全活儿，没有她不能的。可提到过日子、做家务她就马虎得很，每天粗茶淡饭，不喝茶，一年四季都抱凉水缸，连开水都没有。她的信条是：不干不净，吃了没病。她不讲卫生，喂鸡的食儿，把菜剁碎，拌上面和糠放入鸡盆。

她一个人辛苦挣下的家业，在一次土匪绑票中失去大半。但她不气馁，还是不停地去奋斗。

她的眼光比一般妇女要长远。儿子到了上学的年龄就供儿子上学。上完小学上初中，上完初中上高中，把自己一年辛苦赚来、省下的钱全部给了儿子求学。

一年冬天，儿子得了病，吃不下饭。她实在心疼儿子，可家里又没有现成的白面。于是，她就拿了二升麦子，到对面碾子上去碾面。三更半夜她也看不清，又没有箩面的箩，她就用手把麸子抓了抓，拿回家就和面，跟儿子包饺子吃。没有油没有肉，拿什么做馅儿？她剁了一棵白菜，也没剁太碎，半半拉拉的，抓了把盐搅和几下就开始包。因为饺子不常包，包的饺子大小不一，不像饺子。不一会儿，饺子煮熟了，饺子盛到大碗里，端到儿子面前，说道："柱儿，起来吃饭，妈给你包的饺子。"儿子从被窝里爬起来，坐到炕桌前，狼吞虎咽地吃起来。她问："香吗？"儿子说："香！香！"没肉没油，只放了点盐的饺子他就吃得香，他家平常日子可见一斑。

一个秋日的下午，村里来了一个拉骆驼相面的。王二奶奶（小孩儿们都这么叫）也过去凑热闹。正在相面的是对门豆腐坊王大妈，她竖起耳朵，想听听相面的说些什么。相面的看了看，说："大婶，您这是饿死的命儿，因为您的嘴角往下有条线一直兜着下巴。"王大妈一听便不高兴了，立刻破口大骂。人人都爱听好话，这不吉利的话没人爱听。待王大妈骂累走人了，王二奶奶便上前请相面的为她相面。相面的说："这位太太，您有苦瓜七筐，刚吃完三筐半。"她一听，哈哈大笑，连声说："说得对，不错，我是还得继续吃苦。"

确实如此，她的命运很坎坷。儿子上学上到高中一年级，实在供不起了，只好辍学。回到村里，村公所缺人，就让他去办公了。他吃上公家饭，腰里别着枪，当上了国民党。儿子有了工作，日子好过了，但她依然没有停下手中的活。这不，过两三年解放了，儿子考上了中国人民银行的工作。这工作很好，奈何一整风，儿子有历史问题，逮捕入狱，去黑龙江劳动改造三年。这下子她又没有了收入，土地入了社，她参加集体劳动。她这人天生豁达，生活的艰难、命运的坎坷，并没有影响她对生活的热爱，白天干活，晚上和邻居的孩子们说话。虽然贫困，却很快乐。

她五十岁那年，种着三十多亩地。她舍不得雇人干活，到了春耕时节，自己赶着车，载着犁和半面袋贴饼子，还有牛的草料，就下地了。到了地里，她亲自牵着牛，扶犁耕地。

她干起活来不要命，恨不得一天就耕完这三十亩地。不但白天干，夜里也干，一起来就是十几个钟头。她没有钟表，也不讲究作息时间。夜里就在地里靠着犁睡一夜，早晨东方刚露鱼皮白，就起身干活。她饿了就啃口凉贴饼子，渴了就在地边沟里喝口脏水。到最后老牛都筋疲力尽，干不了活了。

地是耕完了，她也病倒了。活儿累不算，她吃不好、喝不好、睡不好，铁打的人也受不了，这不就病倒了。这一病，她在炕上躺了一个多月，肝火上升，得了严重的牙周炎，到最后满口的牙连同牙床都坏掉了，没人受得了，但她却挺过来。自那以后，她就成了名副其实的老太太了。

到了六七十岁，她依然劳动。地里的活干不了了，她就干后勤。她到猪场去喂猪。喂猪比种地轻松很多，但她性子要强，干得依然不比年轻人差。每天中午人们都回家吃饭，她一人值班。当众人吃饭回来换她班的时候，她就说："我吃了。"人们就问："你在哪儿吃的？吃的什么？"她说："上午煮的猪食，我吃了两大碗，可香了。"众人一听心里不落忍，说道："您怎么吃这个，多脏啊。"她笑笑没言语。给猪煮食的是两口大锅，一锅煮菜，一锅煮玉米面粥。您想，给猪吃的能干净吗？菜都是腐烂的菜帮子，玉米面里有沙子、石头子、柴火沫子，最次的玉米面才会当作猪食。但她吃了什么事没有，从来不得病，连感冒都没有。

虽然生活苦。但王二奶奶有时也会改善一下生活。她改善生活也就是买块猪肉炖一炖。怎么炖？当她吃贴饼子的时候，把切好的肉放在一个碗里，往饼子锅里一放，盖锅烧火。等到饼子熟了就揭锅，也不管肉是不是熟了。有人问她，她回答道："谁知熟不熟，反正我没牙。"

老太太小时候就被她的娘亲给裹了小脚，走路、干活都不是很方便，可她从未以此为由放弃劳动。记得那年她快七十岁，冬天还到三海子去捞水草，晾干当饲料。晾干的水草在三海子岸边垛了两三垛，足有四五千斤。

王二奶奶还是一个热心肠的人，喜欢帮助邻里，谁家有事她都愿意帮忙，从给去世者做装裹，到结婚、盖新房、贺新居都有她的身影。王二奶奶很爱孩子，这是她善良性格的体现。孩子们经常去她家里玩，每天晚上好多孩子围在她身边，听她讲故事、唱小曲。

王二奶奶于 1982 年春离开了人世，她用她一生的辛勤创造了这个家，她把她全身心的爱给了她的儿子，她用她的小脚走完了八十七个春秋的人生路。最重要的是，她有一个不屈的性格，她是中国农村妇女生活的缩影，我们永远怀念她。[①]

从这则故事中，我们看到人们对于善良的赞赏与褒扬。人性是淳朴的，同样人们也希望这种淳朴可以继续下去。

"乾隆微服"作为帝王苑囿的皇家传说，同样在表现传统美德上很有代表性。

乾隆微服私访记

清乾隆皇帝，在国库充盈的情况下，大兴土木，以满足自己的享受。首先，他下令把明朝海子里土墙改成砖墙，并在海子里疏浚拓宽了团河，并在其东修建了团河行宫。

皇帝行猎有时要在团河行宫留宿。团河行宫里山水相伴，绿树成荫，亭台楼阁，应有尽有；游廊、船坞一应俱全。有旗兵在此保卫和听从使唤。

在团河行宫内有件宝贝——九龙杯。传闻，在杯中斟满酒喝了之后可以医治百病。

---

① 北京市大兴区亦庄镇人民政府：《南海轶事》（内部资料）。

宫外村里住着十几户满人，为官户，负责守护行宫。其中有一家人只有母子二人相依为命。母亲患着重病，吃了很多药都治不好。后听说九龙杯有此奇效，其子很是动心。这个十二三岁的小孩子想用九龙杯为母亲治病，可是九龙杯是皇上用的物什，他们这种平头百姓怎可能拿到手？

小孩子便想到进宫偷窃九龙杯，为母亲治病。行宫守卫森严，小孩子围着宫墙转了好几圈，终于找到了一条进宫的途径。那是一条排放热废水的水沟，墙下有个空洞，可通过一人，且无人看管。小孩子便决定从这里潜入行宫。

一天夜里，乌云遮天，伸手不见五指，是行窃的最佳机会。于是他就从火沟（排放热废水的水沟）潜入宫中。进入宫中，故意打翻蓄有热水的水罐，弄得四处蒸汽弥漫，宫中护卫一片混乱。趁着宫中侍卫混乱，小孩子成功偷走了九龙杯，回到家中用九龙杯为母亲治好了病。

第二天，宫中发现九龙杯不翼而飞。人们十分惊慌、恐惧，生怕皇帝怪罪下来。尤其是当天的守夜人，谁也脱不了干系。个个魂不守舍，惶惶不可终日。主事之人知道责任重大，不敢不回禀。皇帝甚感蹊跷：宫内人不敢偷，宫外人进不来，那么这个盗杯之人是谁呢？如若是宫外之人，这人功夫可真是非凡，故此决定访他一访。

这一日，皇上换上便服，扮成算命先生来到村中人多之处（茶馆、酒肆、街谈巷议场所），探听消息。

无巧不成书，算命先生访到一童子，正是盗杯之人。他见先生腰间挂着一个荷包状的饰物，趁皇上不留意顺手牵走。偷到物品童子甚是欣喜，回到家中，发现荷包内是一方印。童子不知此印来历深浅，故拿给母亲看。母亲一看大惊失色，知道不是寻常之人能够拥有的。母亲问清缘由，推断此人是来寻九龙杯的。心里寻思：偷九龙杯是抄家之罪，现在躲是躲不过，不如将物品交还，也许还能够有条生路。遂命小童将两件物事送给假扮算命先生的皇上。

这孩子将两件物事交还给皇上，道明缘由。皇上问："窃杯何用？"童子答："为母亲治病。"皇帝因孩子孝心，符合其以孝治理天下的本意，且小孩技高一筹，有过人之处，算能耐之人，遂免其罪责，赐物以励其孝，收为贴身护卫。

百事孝为先，这是中华民族的传统美德。时代在发展，社会在进步，但这项传统美德不应就此丢弃。①

这个故事在很多村庄都有，好多个版本，内容大体都差不多，讲的是小孩子进宫偷窃九龙杯为母亲治病。这个故事很明显地告诉人们要君子谋财，取之有道，孝为百善首，也

① 北京市大兴区亦庄镇人民政府：《南海轶事》（内部资料）。

要以"道"为义。

中华民族的很多传统美德在民间传说中都有体现。因此，这些故事的流传也是这种优秀思想道德的传承，在今天，依旧有着非常重要的意义。

7. 让历史在故事中传承

在收集的地方志中，有很多传说记载都是具有一定传奇色彩的，很多地名的背后都有着传奇性的民间传说的存在。也许这种民间传说的阐释并没有很大的可考证性或科学性依据，但从一定意义上说，是有它存在的历史和文化价值的根据，尤其是历史发展到今天，让历史以这种方式重现亦是有它独特的意义的。

以《双柳树与昆仑石》传说为例，予以说明。

双柳树与昆仑石

海子里，西毓顺西边的畜牧机械厂的南端有一鱼池，即历史上有记载的双柳树池。传说一对青年恋人，面临暴力被拆散，殉情于此，后来就长出一对夫妻树。其实，这里是小海子，清代时有一水道，为饮鹿池，有水自然是养麋鹿的好地方，池边生有双柳树，这柳树是极普通的树，当时，还真有些名气，《日下旧闻考》有这样一段文字："双柳树在海子居中地，旧有古柳二株，先后凋枯，随时补植，并蒙天章题，逐为苑内名区也。"清高宗乾隆帝曾于乾隆五年、九年、十一年等多次写诗题咏。乾隆帝在双柳树诗中写道："南苑双柳树，厥名亦以久。临池弄清荫，婉婉盖数亩。岁月与惧深，麋鹿相为友。"可想当时这里是多宜人宜物的猎苑，有树，有草，有水，并有各种动物出现。

在这饮鹿池旁，曾立一碑，名昆仑石，在乾隆二十八年立。上刻四首乾隆帝诗，北面是《春云诗》，西面是《杂言诗》，南面是《南苑双柳树诗》，诗中有这样几句值得一读："南苑双柳树，昔年何葱青。两棵立平原，千丝织晚晴。因循失其一，独树若无荣。至今行路人，犹道双柳名。岂无补植者，枯萎率不生。"

昆仑石东面刻有清高宗的《海户谣》一诗，诗中清楚地反映出海户们的真实生活。

南海子的海户始自明朝，有千余人。海户负责孕育鸟兽、培植树木和栽种蔬菜，主要由来自宫中男子充当海户，每个海户从朝廷每月支取三斗米。后来到了清朝，海户多时有一千八百户，后减到一千二百人。编为十甲，每甲有总甲一人，副总甲一人及小甲四人管理。每五甲，以海户头目一人，副头目一人统辖。其海户九百二十人，每个给地三十四亩。这些海户每年必须在苑内割草五十八万束，其中十二万束为官用，其余作价给钱，作为养鹿和南苑每年修缮费用。

明白了海户是怎么回事以后，咱们接着说乾隆帝的诗《海户谣》，诗中说："海户给以田，守南海子。常年足糊口，去岁被水。一起邮恒产，不与其民比。赈贷索费及，是时向已。我偶试春搜，扫涂仍役使。褴褛寻可怜，内宁惜此？一千六百人，二千白金与。稍以救燃眉，免沟中徒。并得春种，青黄籍有待。"

从诗中我们清楚地看到海户们的贫困生活，衣衫褴褛，面有菜色，但仍要给皇家服役，这不是耸人听闻，而是清高宗的自我流露，这是皇帝做了自我反省，可总也改不了挥霍无度的奢逸生活。

"昆仑石"这块石碑很有历史价值，可以给研究清朝和南海子历史的专家以实物参考。这块碑上圆下方，不应称碑，应叫碣。[①]

海子里的双柳树池，关于它的形成有着一个传奇性的历史传说。时过境迁，沧海桑田，海子里的许多村庄现在已成为亦庄经济技术开发区产业园和园区配套的生活区，往日的荒凉、贫穷、落后已荡然无存，现在所能见到的是一派现代化景象。

历史有正史，也有野史，而野史往往也是正史的必要补充。在没有确切的历史记载的情况之下，把传奇性的故事流传下来，对我们今天亦是一种财富。

今天，中国的传统文化和道德，在全球化语境下面临着挑战，在继承民族传统文化和道德方面，民间文学应该发挥它重要的作用。了解民族文化，培养民族传统文化素质，不仅可以丰富大众的文化知识，而且可以开阔人们的文化视野。所以在当代社会，民间文学仍然具有其独特的存在价值和意义。现代化发展的一个重要短版就是人性的关照越来越少，民间传说能够再次丰富人们之间的情感，将文学的人性观和人情味凸显出来，这也将是民间传说在当下存在的重要意义。

8. 新大兴为新国门赋能

现在人们不再满足于生活上过得去，而是更注重追求生活上的高品质。从购物场所走向文博、民宿，越来越注重文化场景体验，有了文化赋能，休闲、度假、艺术审美、生命家园感的寄托就上升到了精神层面的最高旅游境界。凤河传说非遗是北京西山永定河文化带的重要有机组成部分，深度挖掘整理非遗市场化、产业化，是塑造新国门印象的充分必要环节。

我们今天打造凤河传说非遗文化品牌，不是要论证民间传说的历史真实性，事实上也是不可能的事，传说就是传说，传说不是历史，虽然凤河传说的历史地理信息非常有考据的参考意义。凤河流域以长子营镇为重心，将凤河传说非遗融入文旅产业，就是要让群众感受文化魅力、增强文化自信。

---

① 北京市大兴区亦庄镇人民政府：《南海轶事》（内部版）。

财富是取之不尽、用之不竭的。绿水青山是自然财富，特色产业形态是经济财富，创意文化是智慧财富。最紧要的是立足资源禀赋，念好"水字经"、打好"生态牌"、唱好"文旅戏"，走出文旅体康的融合之路。

非遗是宝贵的文化资源，更是稀缺的资本要素，要千方百计、群策群力、扎扎实实地完善非物质文化遗产保护传承体系，让优秀传统文化"活"起来，让文化遗产"活"起来，让更多非遗产品进入"普通百姓家"，使得乡村旅游、非遗旅游、产业旅游、研学旅游等蔚然成风。

文化资本用之不竭。凤河流域有低碳绿色的生态大美，有产业民宿的聚合效应，有诸多的历史事典、文化名人、非遗记忆等，要以更长远的视线、多元的角度，赋予和开拓"凤河"文化新的时代内涵。将历史功能释放出来，通过"漫生态"游览、文化创意、会展等功能，扩充文化带空间尺度，彰显文化价值。把更多的流动博物馆、非遗传习所、古籍展示馆等文化场所纳入旅游线路，体现文化独特性、鲜活性、多样性的文化场景。同时要发挥好传说独特的价值。

把提高凤河非遗影响力和完成产业转化并举，发挥优势，成为新国门视域下的文旅战略连接点。以人才之智兴镇村。利用节点、传统文化纪念日、历史名人纪念日等文化记忆，举办特色鲜明、创意新颖的文旅节庆活动，塑造新国门旅游目的地，以人才之文塑镇村。打造体育时尚、诗词歌赋采风、"精品民宿＋馆藏、非遗"、情景剧目等文旅休憩所，打造文化特色品牌，打造文化集聚地，培育文化产业新亮点。以产业之融促镇村。在文化互通、产业互补、品牌互塑、机制互促上开展务实合作。通过聚合人才、资本、文化要素、市场导向，提升智慧文旅能级、丰富公共文化供给，打响非遗文旅品牌，提升文旅公共服务能级。传播途径上，努力实现"线上＋线下"互动展示、整合传统媒体和新兴媒体融合的传播场域，营造新国门高端、超前、跨越发展的氛围。

坚持两个"一大一小"，即小村庄大规划和小村庄大环境。小村庄大规划就是依托现状、自然本底，结合产业规划及镇域风貌引导，构建全域生态格局；结合自身生态优势，坚持医养健康、民俗农旅、文创休闲、都市农业、综合服务产业融合发展，构建"田园＋生态、人才＋文创、创业＋增收"格局。小村庄大环境就是紧紧抓住良好的生态基础环境是发展最大优势也是根基所在，践行"两山理论"，用实践证明优美环境也是金山银山，避免"破窗效应"，形成正向循环。

凤河传说是一个故事集合体，文化意象厚重，影响也极其深远。如果这个品牌影响力形成了，其将不仅仅是承载新国门历史、文化、生态展的窗口，也将是京津冀协同的文化展示的前沿。

从时代性来说，文化标牌展示的是历史，服务的是现实，引领的是未来，凤河文化品牌能够体现社会影响和时代价值。爱国、敬业、诚信、友善等社会主义核心价值观内容，能够促进永定河文化的社会和谐同构和促进创新发展、人才聚合的氛围营造，能够为经济发展增添丰厚的文化附加值，唤起京津冀地域文化认同。

在文化学家看来，能够称得上文化品牌，最起码要符合三方面标准。也就是文化品牌能够反映地域地理特点，有鲜明的时代特色，有深厚的民俗文化底蕴，凤河传说非遗这些特点兼而备之。

首先，凤河源头的南海子是辽金以来中国封建社会后期都城政治功能的承载地。凤河流域的许多文化符号，附着大兴国际机场的辐射效应，适合宣传推介大兴，广而告之。其次，凤河文化在乡村振兴战略中具有鲜明的时代特色，以永定河为纽带连接起来的晋蒙京津冀，地缘、情缘、业缘将不断抬升大兴的知名度和美誉度。最后，凤河是永定河农业生产的"晴雨表"，凤河流域优美的原生态自然环境，丰饶的农业物产，深厚的民俗文化底蕴与多样、健康、科学的生活方式，酷爱民间艺术的民风，共同构建起了休闲之旅的浓郁氛围。

在资本的构成中，文化资本是优于商业资本、货币资本的。其价值量完全取决于创新、人才、政策等元素，乡村振兴战略乡村活力是基础，活力依靠产业承载，很大程度靠人才拉动。凤河传说非遗，具本身不具有资本性，但它的辐射、聚合、外溢、衍生使得文化转化为资本。

夯实文化资本，应该在四方面下功夫。一是文化创意赋能。积极推进"新国门产业创新"，逐步探索建立各类人才服务乡村振兴的长效机制。夯实文化赋能"最后一公里"。二是政府积极引导。通过政府搭台，企业唱戏，利用线上、线下两个途径，为乡村旅游项目与旅游投资经营主体当好"红娘"，为企业和乡村建立紧密的"联姻"合作。三是开展多元合作。进一步完善乡村旅游公共服务体系建设，挖掘乡村文化，持续优化乡村旅游精品线路和参观研学线路，产业融合、创意整合、营销组合和跨地区平台联合，打造引领乡村旅游升级发展的新业态。四是打造产业民宿。打造以"吃""住""游""购"为重点的产品体系。加强旅游景点、大棚农业、精品民宿的串联衔接，打造具有本土特色、差异化、多样化的乡村旅游集聚地。

大兴的凤河曾是永定河数千年的故道，是其潜水溢出带团河的"血脉"，凤河文化品牌业已得到社会各界和外来游人的广泛认同。在北京市西山永定河文化带建设提速的背景下，打造文化品牌，推进文旅、产城、城乡融合。

六、凤凰意象的文旅资本转向

近年来，凤河流域品牌形象的定位越来越为流域村镇和资本市场看好，区域形象已经成为提升一个地区竞争力的重要抓手。2022年12月，大兴区党代会工作报告提出"一轴二河三中心"的文化战略，大兴东南部要打造"凤河文化"，以长子营镇牵头成立"凤河非遗研究"办公室（筹），凤河品牌作为文化软实力已经提上大兴区振兴凤河流域乡村战略的议程。

"形象"是人的视觉、听觉、触觉等各种感官，共同形成对于某种形象、某个过程、某个事情的整体印象，是历史印象、现实感受和未来期许的一种理性综合。这种印象一旦形成，就会影响人们行为的选择、兴趣的取舍。

凤河流域快速、高质量、跨越发展需要突破文化"短板"。凤河流域作为大兴国际机场的生态外围，皇家苑囿南海子文化的重要组成部分，同时作为凤河传说非遗的发生地，如何塑造"凤河印象"，亮出一张"凤凰金名片"，已经到了发力的时候。习近平总书记明确提出，北京要建立"四个中心"。凤河品牌形象的定位，就是要对凤河流域现存的文化资源要素进行主动的、创意性的总结提纯，吸引人们来此投资、居住、旅游。

我们正处于一个知识经济、虚拟经济的时代，也是一个眼球经济、自媒体的快时代，地域的文化形象越来越成为人们关注、思考、品味的焦点。一个很有名的文化旅游专家，叫魏小安，曾说过一段经典的话："一个地方要发展，不研究它的总体形象、总体品牌，只去研究几个点来形成城市名片，这肯定单薄了一点。"凤河流域以乡村为基色的村庄发展，可以通过塑造地域文化形象来提升核心竞争力，进而获取地域发展的竞争优势。

凤河非遗软实力来自大兴区的发展要素支撑。凤河非遗如何与大兴区发展要素互动整合呢？

1. 必须紧扣大兴的总体形象定位

大兴总体定位一级理念为"一体化、国际化、高端化，宜居宜业和谐新大兴""高技术制造业和战略性新兴产业"。这个形象定位对大兴进行了今昔对比，凸显出大兴的独特优势。大兴形象的二级理念是交通枢纽、产业集群、政策集成。面对如今的发展趋势，大兴在发展过程中遇到了文化定位缺失的挑战：大兴的旅游业态龙头带动作用不强，绿海田园、馆藏文化、历史景观等拉力不足；大兴旅游资源质量高，但分布零散，大资源小产业，有遗产无氛围；大兴近年来在宣传方面很下功夫，但是给大多数人的印象仅仅是绿海田园，尽管每年都有西瓜、梨花、桑葚等各种节庆活动，节庆过后，也就风平浪静了，并没有给游客留下深刻印象；文化发展定位笼统，缺乏针对性，没有区别于北京其他区县的特色标志，"不温不火，印象模糊"，五个指头一般齐。

2. 必须瞄准资源和市场两个要素

从区位优势看，大兴古为京南重地，京畿要冲；背倚京城，面向渤海，外埠进京通衢，京津冀枢纽要冲，有"京南门户"之称。随着近年来的经济发展，大兴交通建设加快，地铁 4 号线、亦庄专线、京开高速、机场支线陆续建成，交通枢纽地位将更加凸显，市场要素的可进入性和融合性大为增强。

从历史文化资源看，有四方面考量。一是首邑文化。大兴是中国最古老的县份之一，燕国建蓟县，秦置广阳郡，汉至隋唐五代，蓟县建制始终。康熙二十二年（1683 年），张茂节修《大兴县志》，感慨"大兴实为天下首邑也"。清代顺天府府尹直辖两个县，城东为大兴，城西为宛平，这样的布局一直维持到民国。皇帝诏曰"以成首善之化"。二是移民文化。表现为民俗习俗、寻根文化、宗教情怀、庙会传统、传统工艺等。三是海户文化。这是最具独特性的东西。明代海户是京师皇家苑囿南海子内一种特殊户民，主要由京师附近和山西等地的编户充当。"海户"一词较早出现在唐代。四是物质遗产。历史馈赠大兴的物质形态的标识，如大兴县署。《顺天府志》《清史稿》《北京通史》都叙述了清代"大兴县"的地理区划。清代乾隆年间《北京城图》勾画了大兴县署在安定门大街东侧"大兴县胡同"北部。同时，物质文化还体现在苑囿文化，元素有：第一，湿地生态和麋鹿物种，麋鹿流落海外百年重返家园；第二，南海子、行宫、官署、庙宇，南海子山形水系、诗词书画、皇家行宫，园林古建；第三，南苑围场，专供皇室行猎和习武。清朝将土墙改为砖墙，在明朝四门的基础上加修五门。现在的南苑航空基地，原址是明清时期皇家狩猎的苑囿。

从自然资源看，主要是永定河农业文化，农业品牌文化。永定河是首都的母亲河，大兴文化成为不可或缺的部分。魏文帝时，大兴人徐邈劝导务农有记载；《史记·秦始皇本纪》载，秦始皇下令"更名民曰黔首"；太庙西瓜，明万历年宛平县令沈榜编著《宛署杂记》，有"为太庙荐新供西瓜……"；"金把黄"鸭梨，明沈榜著《宛署杂记》一书记载，"金把黄"鸭梨曾作为贡品进献过皇宫；白色腊皮桑葚，《大兴县志》载，明清时安定的白色腊皮桑葚为皇宫大内的"贡品"。

从文化市场看，在国际市场上，作为与首都城区同等地位的旅游、产业链上，国际游客构成和北京市的大同小异；国内市场上，除了本市客源外，相邻周边省份（如山西、河北、山东、内蒙古）所占比重比较大。另外，东部沿海经济发达地区如广州、上海也是大兴国内市场的重要客源集中地。

从经济现状看，大兴区和亦庄经济技术开发区是北京的高技术制造和战略性新兴产业区，产业基础力量雄厚，被称为"中国设计硅谷""中国药谷"，并且在全国产业园区中处于技术领先地位，带动了全市的经济发展。另外，处于国家的京津冀经济发展带上，发展潜力巨大。

从政策环境看，主要有：中关村"1+n"模式，开发区的"产业规划"，城南行动计划，"两区"融合，新机场，等等。

从发展潜力看，主要是南中轴延长线文化带的可塑性。一条中轴路，挑起大兴富裕路。北京3000年的历史、800多年的建城史，故宫中轴线南延伸，王权、皇室的象征。打造历史文化名片，打造当代大兴的"文化中轴"。南中轴文化是"中轴文化"的延展，地理标识有五大板块：一是湿地（南海子）、生态（南森林公园）涵养；二是皇家苑囿历史文化；三是现代高科技、高附加值为主的创意产业，如星光影视、新媒体产业；四是新航城临空经济文化；五是都市现代休闲观光旅游业态，包括农业旅游、度假、休闲、采摘等。

3. 形象定位突出市场性

突出宜居田园自然风光优势。主要以舒适休闲环境来向大家展示凤河流域的新形象，增加本地居民的对外服务意识，影响社会人群。如"首都南大门的绿翡翠""永定河的宠儿""新国门下的后花园"等。

宣传时，要依托大兴的资源独特性，突出形象，提升知名度。"天下首邑""创新硅谷""都市田园"等都可以作为凤河流域形象的名片。也可以依托首都北京、大兴区共同宣传，以中轴路南延长线为纽带，打造辽金元明清文脉历史一条线，发展"五朝古苑囿　世界会客厅""凤河：一个浓缩明清皇家筵宴文化的地方"等。

"十四五"规划大幕已经拉开，明确区域形象定位，提升区域竞争力已经是时势之趋。凤河流域的形象定位应该更为灵活、巧妙，打出凤凰传说核的母体，使得人文与自然、市场优势与社会资源得到全面融合，在激烈的市场竞争中使得凤河传说非遗资本化占有一席之地。

第四章　凤河传说的元逻辑起点

凤河传说的魅力，在于时间跨度长、传播范围广、"层累"内涵深、叠加体验多。凤河传说是由传说核、基本意象、初始意象和集群意象组成的多层次传说集合体。传说核（母体）是凤凰，一个最吉祥、最优雅的文化本体，一个最凄美善良的指代；基本意象是以凤凰为中心，以凤凰故事发生地的团泊、团河行宫、南苑、南海子皇家猎场、帝王苑囿、上林苑监及其所辖的蕃育署为承载地，衍生出与凤凰关联的无数传说、故事；初始意象是由此生发出来的凤凰悲情、人文和合、大爱纯洁、天堂乐园、灵音祥瑞、家园乡愁、诚信守义、文化认同等多个维度。除此之外的集群意象，是在凤河流域和凤河源头形成的数百个传说、故事，是意象展开延续而成的故事集合体（不在本书描述之列）。目前收集到的非孤证的、民间认可的、有稽可考的凤河传说核及其基本意象传说版本有 13 ~ 15 个母体性版本。

传说核母体的凤凰和以凤凰传说事项作为传说的基本意象、初始意象，经过民间讲述人的酝酿积淀，围绕南海子帝王讲武习勤、居园理政、宫廷筵宴、皇后嫔妃游幸、上林苑生态大美、行宫群落、艺术灵觉展开，形成民间口头叙事流传下来。由此衍生的意象描述，就从凤河源头——南海子走来。

基本意象是原生母体衍生的意象，基本意象衍生出的初始意象是无数民间神话、传说、故事的集成，数百年来形成口口相传的故事传说成为集体意象。百鸟朝凤说、凤凰哀乐说、苏麻喇姑说、雌凤殉难说、耶律璟掠凤说、凤尾自然说、大槐树引凤说、沙冈祭凤说、蚂蚁对话说、宫廷筵宴说、关公护凤说等，每一个传说虽然都有多种讲述方式，但逻辑结构、关键元素基本是相同的，只是由于讲述者所处的时代不同、社会地位有异、知识结构有别、生活体验不同形成"层累"话语差异，但所有林林总总的讲述都具有正能量、健康向上的特点。

一、定义凤凰意象传说核

在凤河传说里，以"凤凰"为中心的传说核衍生出无数精美绝伦的美好意象，一以贯之地承载着不同时代的价值观、人生观、世界观。

意象追寻之前，我们对"凤凰"具象该如何认识和把握呢？我们需要借助于历史的典章，做如下追溯。

凤凰亦作"凤皇"，雄"凤"雌"凰"。中国最早的古文献传说记载中，凤和凰指两种不同的五彩鸟，《山海经》言，五彩鸟一曰皇鸟，一曰鸾鸟，一曰凤鸟，后来渐渐演化为凤凰总称。《小学绀珠》亦有言："凤象者五，五色而赤者凤；黄者鹓雏；青者鸾；紫者鸑鷟，白者鸿鹄。"凤凰是古代传说中的百鸟之王，象征着祥瑞和谐，自古以来一直是中国吉祥文化元素里极其重要的文化符号。郭沫若《卜辞通纂》言："古人盖以凤为风神。"甲骨文里"凤""风"同音同义、同字通用。除了凤、凰、鸾三种称谓外，民间认可的叫法还有鹓鸡、鸾、鸿鹄、丹鸟、火鸟、威凤等别称。

1. 想象与实存的凤凰真实样态

神话传说中，上古中国有十大神兽，分别是白泽、夔、凤凰、麒麟、梼杌、獬豸、狨、重明鸟、毕方、饕餮。十大神兽中，凤凰排序居第三位。凤凰作为一种祥瑞吉鸟，从上古就被赋以美丽吉祥的意象。

"凤凰"之"凤"意指风神，"凤凰"之"凰"意指火神，两词联合解读为风助火威、风火相济。在甲骨文中，"风"通"凤"。早期金文《中鼎》言："……归生风于王。"郭沫若曾断定"生风"一词指凤凰。

"凤""风"相通，风神转换为火神。"凤"的甲骨文字代表具有风的无所不在及其灵性力量的意蕴；"凰"即"皇"字，为至高至大。

古代文字里的"皇""凰"，古音与光相通，一种与光有关的鸟，即太阳鸟。《鹖冠子·度万》《初学记》有解释。

凤凰作为"历正之官"，是有天文历法依据的。凤凰作为"群鸟之王"与光明同升，与日月共舞。《左传·昭公十七年》里的"历正之官"指的就是凤凰，因为历法的天文参照物正是太阳。

中国文化遗产的标志，采自四川出土的金沙"太阳神鸟"，三足乌原本就是"日中阳鸟"，"太阳神鸟"也是四只神鸟围绕太阳旋转飞翔的造型。这种对太阳和鸟的双重崇拜，使得凤凰从诞生伊始，就生成为中国文化的一个重要形象。

虽然凤凰形象演变与龙图腾的形成一样，经历了复杂的聚合过程，但在最初的文献记载中确为具象物存在。中国最早的地理学专著《山海经》记载，"有鸟焉，其状如鸡，五采而文，名曰凤皇"。《禽经》云："雄凤雌凰，亦曰瑞者，百鸟偃伏也。"汉李陵诗言："凤凰鸣高冈，有翼不好飞。"《瑞应图》曰："凤不啄生虫，不折生草。"

先秦神话传说《山海经》中的《大荒西经》和宋代唐慎微编著的药物学著作《经史证

类备急本草》还有食用的记载。

《说文解字》解释："凤，神鸟也。""凤之象也，麟前鹿后，蛇头鱼尾，龙文龟背，燕颔鸡喙，五色备举。"南宋罗愿在其训诂著作《尔雅翼》中也专门做过解释。南宋地理学家周去非在其地理名著《岭外代答》中非常详细地记叙了凤凰的性情和行为。

凤凰究竟是作为一种文化信仰存在于官方还是作为具体物象存在于民间，也许是一个永远没有结论的命题。一种观点，凤凰是我们的祖先在生产水平极其低下的原始社会阶段，由于认识视野的局限，出于对神灵的虔诚、崇仰、顶礼膜拜而创造出来的一种神性鸟意象。但从甲骨文、金文传递的信息看，凤凰是一种虽然稀见但却并非不存在的鸟类。另一种观点，也是学术主流倾向，认为凤凰意象具有虚拟性、要素的综合性特征。还有一种观点，西方文化也有 phoenix（凤凰）。其实，西方人将 phoenix 视为凝聚爱情的神物，美丽和珍贵的示象，是重生、复苏、完美、爱情等的寄情，传达的意蕴与中国传统文化表达不尽相同，但凤凰文化作为吉祥、美好、至善，在东西方文化中却是有着相同之处。

2. 凤文化的演进法则

凤凰已然成为百鸟中最为尊贵者受到民间追捧，鸟中之王的集体默认也因"百鸟朝凤"词语和无数精美的传说得以恰如其分的诠释。

《尚书·虞书·益稷》第五篇，叙述了大禹治水后举行庆祝盛典的场景。夔龙主持音乐，群鸟群兽载歌载舞。最后凤凰也来了——"萧韶九成，凤皇来仪"。凤凰是天籁灵音的化身，音乐艺术的始祖。

商周时期，凤凰被看作是一种神鸟；战国秦汉后，凤凰完全被神化成一种灵异之鸟。《左传·昭公（元年至三十二年）》《汉书》《后汉书·光武帝纪第一》都有详细记载。考古学家认为，汉画像石墓中，若凤凰者，即取意于重明鸟，能驱退鬼魅魍魉，故以其装饰拱卫墓门。

"四灵"说起源于汉代，有两种说法，其中地上的是麟、凤、龟、龙，天上的是青龙、白虎、朱雀、玄武。凤为其中之一得以首肯[1]。香港中文大学的校徽至今仍然以凤作为标识。汉代独尊儒术和道家思想的弥散，使汉代的精神文化中带有贵玉、崇凤的文化基因，"辟邪压胜""权力威仪""灵与美"的生活功能、社会意义，上升到宗教主义的文化内涵。

凤凰作为民间民俗文化在唐代应用得非常广泛，作为国家象征的大唐皇宫大明宫的正南门，即取名为丹凤门。而且唐代是一个文化繁荣下的"凤凰热"的时代。《全唐诗》"凤"字出现了 2978 次，"凰"字 282 次，"鸾"字出现了 1080 次，凤凰最有代表性的三

---

[1] 《礼记·礼运篇》。

种称谓出现的总数约占《全唐诗》总目数的十分之一，平均约每十首唐诗就有一个"凤"字、"凰"字或"鸾"字。

凤凰性格高洁，志趣邈远，以至于在中国传统文化典籍里，渐渐成为儒道两家道德伦理的化身。凤凰"非梧桐不止，非练实不食，非醴泉不饮"，《山海经·图赞》《抱朴子》都有明确记载、解释。

龙凤何以整合为文化共同体？民间把凤和雄性的龙糅合在一起，与龙并驾齐驱，无形中放大了图腾的意蕴。中华儿女世代敬仰、崇拜，从而创造出丰富灿烂的龙凤文化。如龙飞凤舞、凤表龙姿、龙兴凤举、龙凤呈祥等龙、凤词语的搭配大量出现在《辞海》里。

龙凤呈祥是最具中国特色的文化图腾。凤凰是中国皇权的象征，常和龙一起使用，凤从属于龙，用于皇后嫔妃，尽管凤凰也分雄雌，民间美术，凤也代表阴，将其看作阴性。"凤""凰"见于女性名字，民间花会龙凤旗的大量使用，表明在物品上龙凤作为吉祥标记使用。凤凰的形象经常点缀于帝后的生活用品及衣着打扮上，久而久之，凤凰也就成了帝后的代名词。秦汉以降，龙渐渐成为帝王的象征，帝后妃嫔开始称凤，凤凰形象渐渐"雌"化，而且凤凰与龙关联起来。《淮南子》认为，凤凰是飞龙之子；《大藏经》认为，凤凰是应龙后裔。帝王服"龙衮"、住"龙邸"、佩"龙火衣"；帝后戴"凤冠"、居"凤楼"、配"凤头"。帝王之龙象充满权威、尊贵，帝后凤凰之仪态借喻美丽、仁爱。龙凤之象，阳刚阴柔，合则生威，俨然太平盛世、高贵吉祥之表征。

龙凤作为中华民族两大最有影响力的图腾系统，仰凤崇凤沉淀着浓郁的民族情怀和民间信仰趋向。美好意象的驱使使得民众赋予凤凰很多美好的指代，诸如美丽、吉祥、喜气、太平、平安、善良、宁静、有德、自然等。

3. 龙凤呈祥的文化底蕴

凤凰和龙一样，是古代各民族崇拜的神鸟，与龙同为民族的图腾。无论在历史抑或是现实生活，凤凰与龙，均是人神之间、天人之间的一座桥梁、一条重要的沟通纽带。人们借助于龙、凤神性，实现与大自然的联系与沟通。

在中国文化传统里，美好生活从凤凰意象始。唐之前，民间不轻易以凤喻人，然而到了唐代之后，人们出奇地使用，而且自由随意。唐代凤纹的造型凸显出"鸟体"化，许多铜镜上的凤纹生机盎然、洒脱稳重、快乐逸趣、自然怡情。元代瓷器装饰，凤纹的表现更加充满艺术性，浓淡相宜，明快畅达。明清时的凤鸟意象，广泛运用于丝绸装饰题材，有云凤、团凤、穿花凤等，与吉祥的寓意联系，寄托美好的愿望与向往。近现代如蓝印花布、刺绣、挑花、民间木雕、石雕、砖雕等大量民间工艺品中，凤鸟纹饰，除了富有鲜明的时代性，更主要的是牢牢地传承着中华民族传统的审美情趣。2008 年，北京奥运会火炬接力的标志设计凤鸟，成了纳福迎祥、驱邪禳灾的象征。火炬接力把吉祥美好的祝福传遍全中国，带给全世界。香港凤凰卫视的一凤一凰振翅高飞，将媒体的特性得以充分表达。

凤凰的形象还大量出现在古典诗词歌赋中，厚植了艺术的天成和美的表达，"凤凰相对盘金缕，牡丹一夜经微雨。明镜照新妆，鬓轻双脸长。画楼相望久，栏外垂丝柳。音信不归来，社前双燕回。"温庭筠的《菩萨蛮》可窥一斑。

凤凰是中国传统文化中的神鸟，民间创造出来的典故也就非常多而且家喻户晓。这里我们不妨解读一些凤凰意境。

"凤凰来仪"指凤凰飞来起舞，仪态优美，喻义吉祥的征兆和祥瑞的感应。"吹箫引凤"喻示着箫管乐律的极致，引申至"筑巢引凤"，用于创造纳贤聚士，凤凰是美好意象；"凤还巢"歌颂花好月圆的幸福景象；"百鸟朝凤"强调祥瑞的预兆，突出太平盛世出现的奇观；"彩凤鸣朝阳，元鹤舞清商；瑞此永明曲，千载为全皇。""凤鸣铿锵"言夫妻和洽谐和，后世强大无比；"凤求凰"象征对美满幸福姻缘的向往和歌颂；"凤鸣岐山"将凤鸟视为神奇的吉祥生物，以凤鸟纹装饰器物；"梧桐栖凤"指代树中之王的灵树梧桐可知时知令；"得凤之象"上升到神学政治的"形象大使"；"凤凰涅槃"比喻难得的杰出人才或其他稀世珍宝。"学者如牛毛，成者如麟角。"《北史·文苑传序》做了巧用；"凤鸣朝阳""百鸟朝凤"指称盛世太平，南齐诗人谢朓[1]用诗的意境做了解读。尚有许多成语、词语和谚语，吉祥意象，美不胜举，不一一赘述。

二、主题与类型化

在凤河流域，民间传说丰富，是一个很典型的"活态"文学题材库。丰厚的文化底蕴，经得住考证的传说，使得凤河民间传说的创作、延续、传承自成一体、顺理成章。凤河传说之所以能够上升到"非遗"，是因为其文化底蕴厚、流传分布广、影响非常深。"三朝"（辽金元）猎场、"五朝"苑囿（辽金元明清），在南海子苑囿和明代上林苑监区域和清代南苑这个相对稳定的地理空间，在这样一个历史悠久的独特的地理形态下，造就了四时捺钵、居园理政、皇家苑囿、文明融合、宫廷筵宴、祭祀礼仪、移民相融的文化遗产，使得凤河传说与帝王、神话、民生连接为一个文化共同体整体，凤河传说的主题与类型化表现在以下几方面。

1. 人、神、自然的和合

在自然面前，个体的人永远是渺小的，甚至是微不足道的，战胜自然只能是一厢情愿的事。但人有利用自然、把握自然规律，进而改造自然的智慧和韬略，从中获取战胜自

---

① 《永明乐十首》。

然的信念与精神动力。在凤河传说里，忠义关公、凤凰精魂、龙子囚牛、昆仑山仙石等以拟人化的创造，使人渐渐成为自然的主人翁，可以随心所欲、呼风唤雨，让人世间的一切存在变成他们意志使然的工具。在人与神的关系上，关公、凤凰其实也是对于个体的人伴随着文明演进和道德他律、信仰自律后的行为，给予人以最高的价值评价和道义奖励。自然中的任何具象性物体，在神话传说中又可以变成人或得道成仙，这样便有了一个关系："自然—人"的过程。而从自然到神的过程中，必然要经过人的变化，人作为中介的桥梁、纽带，即"自然—人—神"的过程。人、神的过程告诉人们，要成就某些事情，必定要主动有为地实现"创造性转化"。"神—人"的过程就是对社会秩序治理体系的道义评判，这些都是这个三角关系所给予的"人、神、自然"三者的布局，这些关系之间或多或少地隐藏的某些东西，绝不会是杜撰，神话、传说、故事不会无缘无故地产生，只是意象性的借喻、暗示不为我们即刻理解罢了。

2. 伦理道德的社会秩序

传统的伦理道德，是民间传说教育功能中至关重要的一个环节。在中国传统伦理道德中，"仁"是"四德""五常"之首。而"仁"的根本精神就是爱人利他，克服私心私欲，以去私作为为仁之道。同时，传统伦理道德还特别重视义利之秩序，义即公，利即私。"义也者，天下之公也；利也者，一己之私也"，将义利之辨看作是应事接物、处理人伦、实践道德的重要生活法则。明义利就是别公私，重义就是尚公。传统伦理教育中的"见利思义""义以导利"，就是在教导人们要重视整体利益。天理为公、人欲为私，尚公是贯穿中国传统伦理道德的一条主线。我国自古便是一个礼仪之邦，正是因为这样的道德规范，人民的言行举止、社交礼仪，都被限制在一定的范围之内。凤河传说系列很好地传导了伦理道德教化的教育功能。孝庄皇太后用"玉兰花"的象征表达对康熙国家利益和民族尊严的寄托；苏麻喇姑以含蓄深沉的表白鼓励康熙担当道义，征服叛乱凯旋班师。还有大槐树下生离死别的"打锅牛""脚趾刻印记号"、凤凰携枝救助弱势群体等，无不表达了长辈之大爱、爱情之纯洁，以及对野蛮掠杀的憎恨、对吉祥如意的向往、对兄弟姊妹间的友善谦和的赞美、对苦难生灵的同情等。这些正能量的弘扬，很好地体现了凤河传说对于个体的道德修养和公德大义的憧憬。

在幽州治所的地方，自燕国以来，城头变换，大王易旗，草原文明、渔猎文明与农耕文明交汇碰撞，京师与陪都交替，导致每个朝代对于道德、伦理确有不同的规范标准。这些规范有的是官方的道德规范，有的上升到法律、法规高度；有的是朝廷权力本位迫使人们默认遵守，有的是在民间世俗生活中久而久之形成的集体无意识，共同遵守。不管是哪一种方式，民间规范成型的道德、伦理观都是社会秩序得以维护的原因，很好地指引了人们的社会行为。

3. 艺术生活的情感趣味

凤河传说的艺术魅力体现在它的影响、典型性、内涵上。凤河传说是艺术价值很高的民间文学艺术形式。之所以称之为高品位的民间文学艺术，是因为这些传说代表了凤河流域无数普通民众对当时现实生活的密切观照，用说唱、讲述、笙管等多种艺术表现手法，表现民众内心世界的情绪。

凤河传说的系列化、主题性成为家喻户晓的讲述精品材料，而且被民众作为地域化、本土化的精品通俗故事讲授，在不同的场景、不同的对象、不同时间段竞相传播。最远的不说，自明清以来，这种地域文化认同的交流媒介为不同阶层的人士接受，而且喜闻乐见。这就说明，凤河传说系列中的每一个故事均有其鲜明的价值特色，故事生动、情节曲折，凤凰意象折射其内在的魅力。在中国古代的凤河流域村社，有学问、有能力读书的人毕竟是极少数，而且，这些传说是由当地长辈和乡绅口口相传保留下来的。流传以后，又经过不同时代、不同人群各自的体悟、回味、咀嚼，经过秀才、乡绅的总结提炼，不断填充新的时代内容。故事不断"层累"、叠加，使得凤河传说更加适应时代的审美、道德要求。如"七十二连营"传说，仅独立自成体系的版本至少不低于 5 个，不同场景的讲述更多，民间收集到的讲述 40 多种，但基本是由 5 个基本版本拓展而来。

京师北京在明清以来，流行着一个特殊的故事、传说讲述行业——评书、说书，如凤河流域再城营村的"五音大鼓"就是典型的讲述方法的创新。"五音大鼓"是原汁原味的民间文化形态，是一种古老的京畿民间艺术曲种。清代诗云："五音齐奏带笙簧，大鼓说书最擅场，野调无腔偏入妙，皆因子弟异寻常。"这种鼓曲于清末形成两个分支：一支走进北京成为供市民欣赏的舞台艺术，这就是后来的"单琴大鼓""北京琴书"；另一支则是继续在京津冀农村广为流传的五音大鼓。"五音大鼓"吸纳了奉调、乐亭调、梅花调、悲调等其他鼓曲的腔调，从而有了原生态的鼓曲基因。"奉调""四平调""柳子板""慢口梅花""二性板"五个曲种的曲调不断变换，音韵悦耳动听，深受百姓的欢迎。说书人细致入微的讲述、面面俱到的境遇描述、高亢的语气、多元化的表情、清晰明了的节奏、带有丰富情感投入的表演，很好地诠释了故事传说中的每一个角色，使得角色鲜活而富有真实情感，比单纯的讲述更有氛围，而且听书的人更是络绎不绝，听完后会起到一传十、十传百的效果，这也就使得民间传说更富有广泛的传播性。五音大鼓文学性很浓，故事曲折生动，书目内容丰富，而且其唱词更形象、更专注地体现出京味文化深厚的文化内涵和底蕴。

凤河系列传说的艺术价值，不仅因为其故事情节感人、合情入理，还在于其文字的艺术、口述的魅力。如同一个画家，想要画出令自己、令别人满意的作品，不仅要善于运用七种色彩来反复均衡。色彩就这么几种，涂来涂去也只有七种，还要巧妙地运用比喻、象征、夸张、对比等修辞手法，使得作品富有意境、情趣。

正是有着多种文学艺术表现手法，才使得一个故事、一个传说可以重复讲、反复讲，每次都是新创造，每次都是新感觉，炫彩不断，精彩无限。凤河传说的艺术性，在于美的灵感、意境，用这些文学元素作为映衬，使凤河传说的口述表达变成真正的生活艺术。

凤河传说来自凤河流域的广大乡村，反映着各个时代的社会现实。作为一种通俗易懂的口述文学，它已经上升到文化和艺术的高度，真实地再现民众的生活情趣。当一个传说、故事上升到艺术高度时，它不再是传说、故事的本体，而是一种生生不息的"活"的文化，一种万古不息的文明传承。

三、凤凰悲情的心灵共鸣

凤河传说脍炙人口。从辽金算起，已流传上千年，已扎根到京南凤河流域百姓的心里，甚至对河北廊坊、安次、固安、天津武清都产生了广泛深远的影响。

凤河传说作为一个系列性的故事集合体，因其绵亘之久、流传之广、影响之深，而被称为"永定河五大民间传说"之一。它不仅是明清皇家上林苑监百姓生活与智慧的结晶，瑰丽丰富的宫廷筵宴、苑囿园林、历史绵延以及民间伦理美学也给了讲述者创造的灵感。凤河传说作为京畿民间文学创作的重要素材，也当之无愧地跻身京师京味文化遗产的精彩华章。从美学的视角，深度认识这些既外在独立又内在联系的系列性传说，挖掘其当代美学价值，以期在西山永定河文化带建设、提升大兴文化软实力的创新发展上，能让更多的人去回望、继承、坚守"五朝"苑囿文化与不同文化交流碰撞中激发的文化价值。

1. 悲情的深沉之力

鲁迅说，悲剧就是将人生有价值的东西毁灭给人看。以"苏麻喇姑说"为例，"苏麻喇姑说"最动人心弦的不是爱情的流露，而是苏麻喇姑对康熙帝深沉挚爱的爱情的毁灭，流淌出人间最美的巨大的悲剧情愫。"悲剧的亮色在于主人公的精神不灭，他们的毁灭正是为了实现美好理想而必须付出的代价。"[1]苏麻喇姑以爱的牺牲保持自己的尊严和爱情——不得不将其隐藏在自己的内心深处，并以自身的悲壮引发人们深思，唤起人们的道义，鼓舞人们在否定不幸的同时去拯救另一种幸福，这就是用自己内心的痛苦换来康熙平定噶尔丹叛乱赢得的社稷安康、民生安乐。这正是悲剧美的力量所在，显示出撼人心魄的艺术感染力。[2]

① 赵凯：《悲剧与人类意识》，上海：学林出版社，2009年，第179–181页。
② 张元：《论我国古代四大传说》，北京教育学院学报，1997年第2期，第42页。

2. 大爱的强烈崇高

悲剧显示崇高。凤河传说中有许多悲剧般的崇高，比如"凤凰携枝说""关公显灵说"就比较明显。善良大美的凤凰为了帮助山西大槐树下男女老幼移民尽快找到新的"落脚点"，不辞辛苦奔波往返于大槐树与崎岖的山路间，最后牺牲自我救助移民。关公显灵，用拯救底层百姓的方式打动了孝庄皇太后。凤凰的行为、关公的显灵无不显示着令人震撼的道义美、崇高美。"具有崇高特性的对象，一般地总具有艰巨斗争的烙印，显示出真与假、善与恶、美与丑相对抗、相斗争的深刻过程。"① 正是在这种道义与残酷现实的对抗、斗争过程中，凤凰以崇高的品格、坚韧的精神来打动人们，使人们肃然起敬，为传说中的崇高壮美所感染、所激动。也正是在这种感情的陶冶中，人们首先得到美感，享受艺术熏陶，受到鼓舞与激励，在艺术欣赏中强烈感悟到拼搏与抗争的崇高之美和崇高之力。传说巧妙地运用了这一审美手段，艺术地反映了正义力量遭遇挫折与有价值的东西被毁灭所带来的悲剧，表现出这种悲剧崇高美的思想性和社会意义。②

正是这种崇高审美中转换的吸引、愉快，显出了崇高不同于悲态和悲剧的独有特色。③ 也正如德国哲学家康德说，"先有一种生命力受到暂时的阻碍的感觉"，然后则是"更强烈的生命力的洋溢迸发"④。黑格尔指出，理想的本质在于"使外在的事物还原到具有心灵性的事物，因而使外在的现象符合心灵，成为心灵的表现"，只有这样，"理想才是真正美的，因为美只能是完整的统一，但也是主体的统一"⑤。

文学对人的精神有着重要的补偿作用，凤河传说也以其超然的理想实现了对普通民众的精神补偿。凤凰内心的种种斗争，以正义、痛苦与牺牲，展现崇高美，在巨大的矛盾冲突中获取美学价值，这种崇高又是超越一般美感之上的美。

3. 心灵的中和之道

"喜怒哀乐之未发谓之中，发而皆中节谓之和。中也者，天下之大本也；和也者，天下之达道也。致中和，天地位矣，万物育矣。"《礼记·中庸》要求创作者表现喜怒哀乐的情感要合乎节制，这种美学原则对悲剧的结局要求也是王国维所指出的，"始于悲者终于欢，始于离者终于合，始于困者终于亨"。为了使听者达到某种心理满足和精神慰藉，讲述人往往要在大悲大戚之后，来点"团圆之趣"⑥。

① 王朝闻：《美学概论》，人民出版社，2004年。
② 乔恩杰：《中国四大民间传说的美学价值》，《牡丹江师范学院学报》，2010年第5期。
③ 张法：《美学导论》，中国人民大学出版社，2004年，第121页。
④ 康德：《判断力批判》，商务印书馆，1985年，第101页。
⑤ 黑格尔：《美学》第1卷，商务印书馆，1979年，第201–202页。
⑥ 高明：《论"三言"爱情小说的"大团圆"结局及其成因》，《牡丹江师范学院学报》，2007年第4期。

凤河传说基本意象和初始意象的十几个版本中，至少有三分之一的传说表现出心灵的中和之道。传说讲述所追求的"中和之美"，也正切合孔子评价《关雎》时所言，"乐而不淫，哀而不伤"，从而也就实现了"无过""无不及"的和谐美。这种传统的中和之美不仅符合中华民族传统的审美文化心理，而且生动地反映出普通民众对追求幸福生活坚定不移的信念和面对挫折艰险时顽强乐观的自信态度。

把握普通民众的心理，靠近接受群体的情感体验往往是文学作品将大团圆作为故事结局的必然选择。凤河传说以其独具魅力的美学价值深入人心，流传不衰。故事的深处流淌出我们民族的情感之美。

4. 独特的艺术魅力

民间传说作为民间文学的重要体裁，是一种古老而至今活跃的文学体裁。作为系列性集合体的凤河传说，是凤河流域民众在数百年生产、生活实践中，创作的与一定的历史人物、历史事件和自然风物、社会习俗相联系的故事。传说里，有的描述知名历史人物的狩猎场景，有的记叙某一重大历史事件发生发展的过程或片段，有的解释某一自然物、人工物或风俗习惯的成因和来历。凤河传说就是以神话传说、人物传说、史事传说和风物传说为表现手段的非遗。

凤河传说每一个版本的框架、逻辑结构、关键要素是不变的，但随着讲述者的不同或是境遇各异，讲述方式总是在变。内容和体量不断加厚，新的素材又不断填充，折射了不同时代的民众对现实所持的态度，以及他们为幸福而争取的精神能量和对未来美好的憧憬。其中看到的，是不同时代人们鲜活的生活画面和多彩的精神世界。

传说是一种从远古时代起就兴起的文化表达，是人们口头流传的多样题材而又充满幻想期许的叙事体故事。它们以大众化的语言和象征的形式呈现，架设起讲述人与听众之间的种种关系，就像所有优秀的创作一样，民间传说从生活本身出发，但又并不局限于实际情况，这个创造的空间一直把控在讲述者认为真实的和合理范围之内。它们往往包含着超自然的、异想天开的成分。凤河传说具有自己的风格，同样，也有一个结尾模式，不时地把我们从幻想世界带回到现实中来。

凤河传说被凤河流域的人群视为一种"文化的遗存"，是前辈生活、习俗、心理、信仰的遗留。很多现代民间故事的母题，即传说核，都被认为是保存了那些时代很有参考价值的文化要素，因而成为研究各个时期文化特色不可或缺的材料。凤河传说的传说核和基本意象反映了凤河流域民众精神层面的文化诉求。我们欣赏各种各样的凤河传说民间故事时，更多的不是把它们当作一部文学作品或一种文学样式，而应当将其看成"文化的活化石"，它集中体现了南海子、上林苑、蕃育署、大槐树等文化留存的传统与特质。应该说，凤河传说是关于凤河流域在辽金元明清各个朝代民族文化的简史版。

凤河传说不仅有值得聚焦的社会功能与文化价值，而且还有着独特的品牌高光和令人倾倒的艺术魅力。

四、申遗底蕴的底气

流传在京南大兴的凤河传说，是千百年来民间集体创作的成果。这些传说经历沧桑，历经社会变迁的不确定走向，叙事元素由基本确定到新的不确定性，再由不确定性打破超确定性，不断赓续口口相传的语言艺术传统。凤河传说不仅体现在正统的事项，如祭祀礼仪、宫廷筵宴、捺钵演武、居园理政、海户劳作、庄园私化等，而且透过民俗生活、伦理世务，展现着凤河人集体的价值导向，如百鸟朝凤、关帝显灵、沙龙祭凤等，均成为百姓率直坦诚的真情流露。

传说系列与传说集群意象不同，凤河传说系列由传说、故事、歌谣、歇后语等组成，这些成就都是大众关于底层生活状态的口头表达传递。几千年来的凤河流域的乡村，少年童生都是听着爷爷奶奶、外公外婆为他们口头讲述传说、故事长大的。比如"很早很早以前，有一个力大无比的怪兽……"，"明朝洪武年的时候，天下着大雨，地上积水成河，官方军爷刘九皋逼咱的祖宗又开始上路了……""话说那幽州城南有一片人烟稀少的沼泽地，沼泽地四周有一眼望不到边的皇家坞子，叫帝王猎苑……"长辈们正在进行的，就是精心构思为晚辈讲述充满伦理道德的正能量故事，这些通俗浅显的口头叙述是每一位长者教育下代的知识启蒙，所讲述的故事或富有为人处世的伦理教育，或者情节曲折、精彩动人让少年随着故事进入状态引发思考。这些讲述，也许讲述者压根儿就分不清哪一个是传说，哪一个是故事，尽管传说和故事之间有许多关联、它们与历史事件也非常接近，但这些区别根本不需要阐释，只需要用讲述的口头方式、把一代、再上一代的集体口头创作成果传承下来，将祖祖辈辈以同样的方式的表达艺术传递下去。故事或许有的张冠李戴，有的太原府的事情附加到大名府上，有的王家祖上的事情安置在李家，其实这些都不太重要，因为民间传说的变异性是允许而且宽容这样黏加转贴的。

从过去时代一直传承下来的传说、故事，主要是"活"的文化传统，"活"的文化才是非遗，口口相传的神话、民说、故事、诗歌（歌谣）、说唱、民间小戏、谚语和谜语等口头文学诸形式就是文化传统。凤河传说以文化集合体的形式保留到今天，不能不说是极其珍贵的文化遗产，为研究明清南海子皇家苑囿和上林苑辖署的地域文化提供了宝贵的佐证。

北京市文旅部门已经把"凤河传说"提到"非遗"的高度，先解决对"民间"这个范畴如何解读的问题。"民"就是民众、百姓，不包括衙府当差的"俸禄"者，当然后来告老还乡的乡绅勉强可以算作其中。"民"是以乡民为主体的庶民百姓，他们处于社会底层，没有资本（阶级地位属性、经济实力、权力资本等）接受正规教育，对家庭的教育主要采取口头教育。美国加州大学民俗学和人类学教授邓迪斯、日本学者大藤时彦对"民众"的解读，似乎对框定在没有机会接受正规教育、没有文化修养的"田夫野人"提出疑问。事实上，唐宋以降的科举制度已为普通庶民开辟了一条改变阶级结构和身份地位的通道，并且是唯一的。虽然所占比重与富家相比比较低，但毕竟也是一个事实。科考题名的庶民子弟跻身知识阶层、官宦体制后，便把庶民阶层的民俗文化带到了庙堂之中，使得民间传说形成文本叙事；告老还乡后，又发挥着自己的社会身份之便，把庙堂文化播扬到江湖之远。随着社会、历史变迁，一部分庶民子弟有机会承继了文化传统的正规性。

"民"的理路基本清晰，"民间"同样是一个不可绕过的壁垒。"民"与"民间"不是同一概念。"民"强调的是个体、层次，"民间"强调的是社会关系、交往互动、价值评价。"民间"的意义应当是生活在当时现实社会空间的"群体"，而且这个群体有着健康向上、充满理想、生活情愫的人群，他们（她们）的生活领域出也融融、入也洋洋，精神世界异常丰富，荡漾着对美好生活的期待与渴望。因此，这个"口述者场域"绝不是文化人阶层想象的普通空间，而是一个人际交融互动、知识延续绵延、叙事方法不断更新的群体，神话、民间传说、故事、歌谣、谚语、谜语等口头叙事构建起了强大的的表达者群体。民间传说与故事的创作与传播折射出凤河乡民的传承、教育方式。

凤河传说以传统的民间形式创作和传承，它是一种由凤河流域大众集体口头创作，并以口耳相传方式传播，诉诸口头话语系统，由一代代特定的人群"层累"加工，逐渐润色"修订"而成，使得口头叙事方式成为文化保留的动态样式。讲述者在"传说核"中，不断添加新的情节、片段，在讲述场景、对象、时间、地点中强化、渲染美妙的意境。这样一来，凤河传说就具有了口头叙事、集体创作、代际传承和内容叠加、史实丰富的文化意蕴特征。

凤河传说以其文化厚重而为民间接纳。凤河将神话、传说和故事三种体裁有机地融合起来，着力圆融数百年凤河流域普通百姓的生活态度与心理调适。围绕苑囿文化、移民文化、宫廷筵宴、凤凰（吉祥）写意、民俗习俗创造出来精美绝伦、意象高端的故事，一代传一代，讲述着自己、家庭、家族、社区业已熟悉的故事，再现底层百姓的苦与乐、美与丑、情与理、权与责、爱与恨，将时代的价值观、人生观、审美观以及生活伦理等用喜闻乐见的叙事完成代代相承。

五、品牌影响力考量

从学术研究角度讲，民间传说和历史考证是两种完全不同的话语体系或类型，但两者的关系极为紧密。

传统的传说论者认为，传说有一定的历史依据，记忆"沉淀"了特定条件下的历史场域。后现代主义历史思潮观点认为，传说是民间群体通过自己的方式建构起来的地方历史，却被正统的占主导地位的史学家们拒之于历史的门外。从记忆过去的层面看，传说和历史是没有本质区别的，只不过一个是"说"出来的，一个是"写"出来的。当然，传说毕竟不是历史，传说在不断远离事实和过程，而历史却需要得到不断的"证实"，哪怕是细节性的描述。历史的记忆、痕迹只有进入某种话题的时候才能变成历史的知识。传说也可以说是一种历史话语，是一个特定群体对所记忆的历史事实的阐释，只不过传说的创作者和传播者不是历史学家，而是靠口头传播。[①]

在历史与传说之间，我们需要进入争论与缓冲、肯定与否定、偏颇与中立的学术场景之中，因为任何一种思想或观点都是对现成研究事实的补益。凤河传说作为一个高端的非遗项目，建构一个过得硬、叫得响、站得住的文化品牌，需要多角度、跨学科的争论与探求。

1. 传说·事实·历史场域

传说不是历史，传说是形象思维的，所以它有肉有血，有声有色，形象生动，往往有主观的幻想虚构；而历史却是逻辑思维的，它必须是客观的叙述，不允许幻想和虚构，也不主张删减或增添。传说是记忆的叙述，是基于历史的创作，是不断虚构的过程；历史却是不断追求真实的过程，去粗取精，去伪存真，属于社会科学。

传说的创作是以特定的历史事件、特定的历史人物或特定的场域为依据，离开了一般历史事项的凭借不能称之为传说，只能冠之以民间故事。但无论如何，传说是口头的文学形式，它绝对不是历史事实的照抄。有一部分传说，原来可能是一度发生过的历史。但是这种传说到底是少数，而且在传述过程中，它也不断受到琢磨、装点，即受到艺术加工，它跟原来的事实已经不完全一样了。从这种意义上说，传说也与神话和民间故事一样，是一种虚构性的艺术，并不是一种真实的历史事实。那些原来根据特定的历史事实进行创作的传说，经过流传，也往往在传述中受到民众不断的加工、润色，已经不可能是事实的原貌。[②]

顾颉刚先生以孟姜女传说为案例，阐释了传说与历史的联系与区别。经过考察，他发现，春秋时期孟姜女的原型称作杞梁妻，或者叫杞良妻，即杞良的妻子。杞良本来是齐国的战将，后来在跟莒国作战时战死，国君在野外准备向杞良妻表示哀悼之意，杞良妻拒绝了。因为按照礼仪，不应该在野外悼念，而应该到她家里去悼念。这个故事在一开始并不是一个关于民众的故事，而是一个关于贵族的故事，是一个关于礼制、礼仪问题的说法。

---

① 万建中：《民间传说的虚构与真实》，《民族艺术》，2005 年第 3 期。
② 万建中：《民间传说的虚构与真实》，《民族艺术》，2005 年第 3 期。

后来到了战国时期，由于齐国是一个鱼盐之地，商业比较发达，随之导致休闲文化发展，人们开始编故事、制歌曲、创音律，杞良妻的这个故事就开始进入到歌曲和音乐。由于要传唱，于是在不断传唱过程中就变成了杞良妻唱歌，而且哭她丈夫时的调也成为歌的调，哭腔以韵律呈现。到了汉代，由于天人感应学说的盛行，故事就发展成为杞良妻的哭声感动了天地，感天动地后，连城垣都因之崩塌，而城中最大的是城墙。到了魏晋南北朝，特别是北齐，正好赶上大兴土木修长城，人们就把杞良妻哭倒的城墙说成长城了。到了唐朝，民间开始联想，长城是谁开始修建的啊？一想是秦始皇，于是这个故事就跟秦始皇挂上钩了。杞良妻的名字正式命名为孟姜女。实际上，"孟姜"在春秋时期是一个美女的代称，不是固定的人的名字。

顾颉刚先生说，传说与历史打混，最是讨厌的事。从前的人因为没有分别历史与传说观念，所以永远缠绕不清，不是硬拼，便是硬分。现在要用历史的眼光去看历史（杞良妻的事实），用传说的眼光去看传说（杞良妻变为孟姜），不论用何种"眼光"，历史和传说的关系总是纠缠不清的。

传说不需要历史真实，但又脱离不了历史，正因为传说获得了某种历史的根据，才使得故事情节显得真实可信；又因为传说不是历史本身，才使得传说中的人物和事件更典型，增强了传说的艺术感染力，融入了民众强烈的爱憎和良好的愿望。这就是传说和历史的辩证关系。

2. 传说：难道虚构了过去？

传说最主要的意义在于它反映了历史生活与时代面貌。像凤河源头关于"凤凰"的种种传说，确实关联着特定的事物——南海子、团河行宫、上林苑和山西洪洞老槐树。这些传说真实地反映了历史的本质面貌，揭示出一般的社会生活现象。可以帮助透过明清历史，体悟历史的真实景象。

凤河传说中的事件并不一定是当下现实中发生过的，传说中的人物也不一定就是历史场景中的人物。有的传说的确是以历史上实有的人物为主人公，如关公（关云长）、苏麻喇姑、青云店的吴娘娘等，但传说中的人物与历史上的人物不同。历史学家认为，传说不能成为研究历史人物的客观材料。这是因为：传说的幻想、夸张、虚构的成分很多，而编写历史却不允许这样；传说可以将几十个人甚至几百个人综合、集中在一个人身上，而编写历史是不能这样的；传说流传的时代较长，它可以将不同时代、不同地域发生的事件黏合在一个时空里，而编写历史不能这样。

例证一：大槐树移民传说的分析。

朱元璋于洪武初年开始大规模移民，又于洪武十一年、二十二年、三十五年进行了移民，数次徙山西太原与平阳两府的百姓于中原。朱元璋死后，建文帝即位，"靖难之役"

期间，昔日从洪洞大槐树迁出的人口，不是死于战乱，就是逃往他乡，一部分回到了山西，另一部分转迁到云南、四川、贵州、新疆、东北等地区以至海外。燕王朱棣攻破南京改元永乐，移都北京，为了巩固封建政权，不得不采取以移民垦荒为中心的振兴农业战略的措施，永乐二年、三年、四年、五年、十四年、十五年，连续数次大规模地移山西太原及平阳两府汾、辽、沁、潞、泽五州的百姓于京、津、冀、鲁、豫、皖、苏、甘等地。据统计，从洪武初年到永乐十五年近五十年的时间里，山西移民就达 18 次，遍及全国 580 个市县，人口 140 万余人，仅京津冀就有 137 个市县。

600 余年过去了，第一代古槐已不复存在，消失在历史的风尘之中，而同根孳生其旁的第三代槐树，则枝叶繁茂，充满活力。在广袤的华夏大地上，到处都遍布着老槐树下外迁的山西人后裔。

槐乡的后裔，有的还远徙到南亚一些国家和地区。民众从古槐迁走后，经过几代、十几代，大都不知道迁出地是何村何地，但都知道"大槐树下是家园"，这一点，至今谁也没能忘却。

1949 年后，山西洪洞大槐树遗址游人不断，他们千里迢迢，寻根认祖，这些中华儿女，也像古槐一样，一代又一代，繁衍在黄河两岸，大江南北，地球东西，世界各地。他们铭刻前辈背井离乡、漂泊四方之苦，继承祖业，艰苦创业，尽力为民族的繁荣昌盛竭忠尽智。

伴随着明初社会出现几十年的相对稳定，加上北方、中原地区洪洞大槐树移民的迁入，无数百姓垦复荒田，开发新田，开垦的荒地归垦者所有，新开垦的土地数年不起赋，使明初的农业得到迅速恢复和发展，粮田增加，户口增长，显示了大槐树移民的洞见。

当时移民迁徙到北京后落脚于昌平、延庆、怀柔、密云、平谷、通县、大兴、房山等几个区县，永乐初年从山西之平阳、泽、潞及山东之登、莱等府州迁来的五千户隶属上林苑监（今凤河两岸）专伺牧养栽种之职。

大槐树移民的传说版本非常多，叠加的内容也不断增多，它借用明代山西大移民历史事件，黏合了不同历史时期的类似的东西。各代都将自己时代的东西黏合上去，形成历史的多层黏合体，就像滚雪球，愈滚愈大。

例证二：移民背手习惯传说的分析。

在广大的村庄，特别是以山西明清时期的州县命名的村庄，村民走路有背手的习惯，据说与明朝初年的大移民有关。本来走路两臂前后摆动，既能保持身体平衡，又能加快走路速度。但在明代移民路上，人们的双臂被绑在身后，动弹不得。捆绑走路的时间长了，便有了这种习惯，并随着民俗习俗逐渐传承下来。双手背在身后，特别是上坡的时候，走上一段，反觉得优哉游哉，倒有一种舒服和休息的感觉，既悠闲又精神。[①]

从例证二看得出，民间传说夸张的和传奇的成分特别多，但同样也是对过去的一种记忆，是"一种不自觉的艺术加工"。这种加工与其说是艺术的，不如说是历史的，是民众对过去历史的一种处理方法。之所以谓之传说，是由于有了传统历史观念的参照，而所谓的正史，同样也有虚构、夸张和传奇的成分，因为任何叙事都不可避免地进入虚构的世界。正史典籍常常成为评判是传说还是历史的权威范本，之所以被坚信为真实，是由于史学本身在不断进行考证的工作。其实，从记忆的层面看，传说和历史都是对过去生活世界的重构和组合。[②]

例证三：解手习惯传说的分析。

去过山西洪洞县的人都知道，那里的"卫生间""洗手间"叫"解手场"。

山西洪洞大槐树下的移民是强制性的。人们不愿意离开故土，用各种办法逃避和反抗，官府就用诱骗、抓捕、强征的办法移民。起程前，移民官兵为了防止迁徙者半路逃跑，就把他们捆绑串联起来上路。男子中青壮年捆两条胳膊叫大绑，妇女、老人捆一条胳膊叫小绑。一般是迁往一个县的为一大拨，迁往一个里、屯的是一小拨，一小拨一般有几十人，指定的里长、屯长牵头连在一条绳子上。这样，很多人连在一起，要动都动，要停俱停，一个人要动，牵扯很多，谁也逃不脱。这样的统一行动，对押解移民的官兵来说倒是省了很多事，但却苦了捆绑的移民，最麻烦的就是大小便了。这种事无论是白天行路中，还是晚上睡觉时，都不可能统一行动，其中有一个人要大便或小便，就得首先报告押解的官兵，把捆绑着的手解开才能进行。起初人们为了把自己的意思表达清楚，也为了能让押解的官兵明白，话就说得比较完整，而且一个人一种表达，后来这种话说多了，听惯了，说者渐渐把原来的话简化了，只要有人高喊"解手"，那就是他要大小便了。大小便时也无须再报告随行官差给他们解手了，久而久之，"解手"就成了大小便的代名词，并流传开来。

凤河流域广大农村普遍流行的一个俚语"解手"，其实，历史上"解手"的最初含义并不是这样，而是一个充满友情的文言雅词。"解手"一词自宋元直到现在已经历了三次演变：宋朝以前朋友们相聚后分手称为"解手"；元末明初"解手"又有了"解决、解决的办法"等含义；明以后随着山西洪洞移民的传播，"解手"一词又被赋予了特定的含义，成为"上厕所"的专用名词，一直到现在仍被广泛传播使用。

---

① 北京市大兴区青云店镇霍州营村村民杨磊口述，2021年7月；大兴区长子营镇沁水营村部分村民集体座谈口述，2021年8月。

② 万建中：《民间传说的虚构与真实》，《民族艺术》，2005年第3期。

3. 追问：真实的被建构

按照"知识考古学"等后现代主义历史思潮的观点，对传统意义上的客观历史的终极追求只是一个梦想，历史客观性只是话语建构而成的。因此，对传承下来的各种形态的记忆或记录进行真伪考辨，已不是最重要的了，重要的是"如何"真、伪和"为何"真、伪。米歇尔·福柯（Michel Foucault）说："应当使历史脱离它那种长期自鸣得意的形象，历史正以此证明自己是一门人类学：历史是上千年的和集体的记忆的明证。这种记忆依赖于物质的文献以重新获得对自己的过去事情的新鲜感。"知识考古学要发掘的东西，就是要揭示各种不同形态的历史话语是如何形成的，即所谓"话语的构成规则"。

凤河传说作为一种集体记忆，当然不能等同于历史事实，但同样可以进入后现代史学的视野之中。民间传说明显的虚构特征，反而使人们认识到历史建构的本质。

传统研究民间传说的方法，总是一再反复地强调它与历史的不同，认为传说追求的仅仅是艺术的真实，与历史的真实风马牛不相及。其实，任何民间口头传说都是一个成千上万次被"重复"的过程。讲述者和听讲人并不会刻意去追问是否真实。所有的民间传说不真实的看法，是由传统历史的真实观导致的。许多真实的"意象"附会在凤凰、昆仑山、辽金王爷、元世祖、朱棣、康熙、乾隆上，"层累"地构建了关于他们的传说。从表面来说，这些传说充满了时空错置与幻想虚构，但是如果不去探究事迹真实与否，而是将其视为一种历史信息，那么，就可以解释为何历史要如此记忆和传播，可能对历史会有更全面的理解。凤河传说和神话故事的具体情节或者传说意象都有可能是虚构的，但是他们所表现出来的历史情景与创作者和传播者以及改编者的心态与观念却是真实存在的，而我们所要了解的正是这种记忆得以存在、流传的历史情境。从复原历史的条件来说，由于民众话语权的缺失，解析凤河传说就是探寻民众的历史记忆的一种较好方式。

4. 进入历史，无须通行证

尽管传说不是历史，严格来说，不是史学家们认定的历史，但却反映了民众的历史观念。民众自己口述的历史，史学家们均视之为传说；历史事件一旦进入民众的口头语言系统之中，便被打上了传说的烙印。在民间，传说是当地人的主要历史，即便是历史，也被当作传说来讲述。也就是说，民众并不认为传说和历史之间有什么区别，他们从不担心历史被歪曲或者不真实。考据和求证不属于民间，而是史学家们的生存之道。

传说和历史的重要边界之一，就是表现方式的差异。霍林东在《中国史学史纲》中认为，传说与史学的关系可以概括为：传说是最原始的"口述史"，先民对于历史的记忆和传播，是通过这种原始的"口述史"来实现的。最原始的"口述史"，是指它所叙述的内容仍不能完全摆脱虚构的成分，但其中毕竟包含着不少真实的人物和事件；即使是虚构的部分，也并不是完全脱离历史的奇想；文字产生后，这些远古的传说被人们加工、整理和记载下来，乃成为史学家们研究、探索先民初始时期历史的重要材料。万建中在《民间传说的虚构与真实》一文中认为：远古的传说，严格来说，不算是史学，但传说故事是传播历史知识的一种形式。既然远古的传说能够被纳入史学的话语系统，获得史学界的礼遇，那么同为传说，后世流传的同样也应该进入历史学家的视野之中。从大量的实证金石物器考据来看，口头传说的历史在远古就存在了，而且是一直存在。从这个意义来说，如果我们探寻的是"意义的历史"，那么，传说和历史便是一个同义语。

第五章 凤河传说的意象解构

凤河传说是一个集群性的传说集合体或者说是共同体，由传说核（传说基因）、基本意象、初始意象、意象叙事、集群传说五个层次组成。凤河传说的传说核是凤凰，这也是任何传说必须找到的原始"基因"。传说核引发出来的基本意象是构成传说最原始、最基本的基调，也是传说最根本的底色。基本意象之下，延展出多层次的意象构成初始意象，初始意象紧紧围绕凤凰这个基本意象内在的和表象的所有形态在不同社会境遇下展开。意象叙事是基本意象和初始意象派生而来的传说。集群传说是围绕初始意象在该传说流传的地区、区域范围内生发出来的多种传说，这些传说可能与传说核主体不一致（这个层次其实也不需要一致，如果一致，可能就转化为初始意象了），但与基本意象与初始意象的共性层面紧密关联。鉴于集群意象分散性、数量大、涉众广的特点，本章除收集整理了"七十二连营"系列传说外，大量集群意象的传说没有植入，待将来不断地深入研究，收集整理。

"凤凰"传说核的基本（原始）意象和初始意象通过对收集到的传说进行研判分析，可将基本（基础）意象确立为悲情关切，基本意象之下衍生出来的初始意象细分为圣洁大爱、人文和谐、家园乡愁、忠厚仁义、灵音祥瑞五个层面。其中把悲情色彩确立为基本（基础）传说的基色，这样判断是有其原因的。其一，凤凰是吉祥幸福的图腾，美丽凤凰的遇难给人留下的精神压抑是巨大的、情感创伤是无限的；其二，中国北方政权在漫长的封建社会里，草原文明对农耕文化生态造成的破坏力，特别是在"两种"文明交汇地的大兴（幽州属地），北方少数民族造成的凤凰悲情促发了文明地域的憎恨情绪，留在心里的创伤也是巨大的，并且是难以排解的；其三，社会境遇和美好象征的凤凰在不应该的死亡中带给当地人及其后世的孤独和忧伤同样不可估量。作为凤凰本体衍生出来的悲情意象，规定并影响着凤河传说的基调，圣洁大爱、人文和谐、家园乡愁、忠厚仁义、灵音祥瑞几个文化单元的发展脉络永远都是基本意象内在和外在的表现。这样一来，无论是基本意象还是初始意象，无论对讲述者还是对听讲人，凤河传说就是一支蹉跎岁月里难忘的歌、忧思的歌，一支拨动着人们心弦的歌。无论在凤河流域的哪一个村庄，只要听到老大爷、老奶奶给他（她）的孙辈或村庄的孩子们讲述凤河传说，不管它是哪一个版本、哪一个层次的意象，都会让听讲人内心深处慢慢泛起一种忧伤凄婉，这就是凤河传说集合体的魅力所在。

一、凄美的心学色彩

悲情是一种负性情绪，由诀别、分离、丧失和牺牲等引起情绪共振，在文学表达上，包含沮丧、失落、孤独和忧伤等情感体验。在哲学上包含主体的让渡、机遇的错失和信念的破灭等。晋代陆机的《赴洛道中作》中的"悲情触物感，沉思郁缠绵"，就是哀伤的心情宣泄。悲情关切基本意象中关于凤凰的传说目前收集到的版本有四个，四个版本讲述的悲情色彩基调基本上是一致的。就体例来说，属于传说性质的有 3 个，文学类版本 1 个。文学版本是以规范的文学书面语言创作的，字数超过 12000 字，几乎是大体量的中短篇小说，限于篇幅，仅摘录 600 字左右的梗概。其他四个传说类版本按照口述资料整理，保持原貌。四个版本均以凤凰涅槃为终极，引发悲情的主体是辽国、金国、清代而不是汉人执政的明代。这里可能有一个讲述者的倾向性问题，农业文明对草原民族的偏见。虽然是猜测，但这块土地确实是辽、金、清代的重镇。

版本之一：口述的题目叫作《凤河传说》，描述的是辽国的王爷以乱箭残忍地射杀了凤凰，凤凰掉落的那根五彩尾羽化作一条波涛汹涌的长河，这条长河叫作凤河。此传说由亦庄镇的张有才先生收集整理，采育镇人民政府的《采育镇志》已经收录。

凤河传说

很久以前，南海子（北京采育境域）水美草丰，泽渚川汇，嘉树甘木，奇花异果，是走兽的王国、飞禽的天堂。这里鸟类尤其多，它们千羽一巢，百鸟翔集，争鸣斗艳，欢聚在一起，无忧无虑地繁衍生息。

又过了很多年，五代时期，有个叫石敬瑭的人想当皇帝，为讨好北方新崛起的契丹人所建立的大辽王朝，把燕云十六州割让给了辽。这十六州即幽、蓟、瀛、莫、涿、武、云、檀、顺、妫、儒、新、应、朔、寰、蔚。辽定幽州为陪都，称幽都府。从此，幽州南郊南海子这片鸟的乐园没有了安宁之日。

契丹原本就是以渔猎为生的民族，祖祖辈辈最喜欢的渔猎活动就是纵放猎鹰捕捉天鹅大雁，他们把这种活动称为"捺钵"。猎鹰是被专门训练用以捕猎的一种猛禽，其中以海东青最凶猛。海东青羽毛乌黑，体长约三尺（1 米），嘴呈钩状，产于黑龙江、乌苏里江入海处。因其从大海以东飞来，故而得名。海东青飞行速度极快，捕捉能力极强，能在高空中捕捉到比它重一倍以上的天鹅。在海东青的品种中，又以玉嘴玉爪最为名贵，只有帝王权贵才可拥有。后来有人曾在诗中写道："内家喜爱海东青，锦鞲挚臂翻青冥。晴空一弓雪花坠，连绵十里凤毛腥。"清宫廷画师、意大利人郎世宁就曾画有多幅蒙古亲王及朝鲜国等进贡给乾隆皇帝的纯白色的海东青图画。

辽国的王爷们很快就发现南海子是个放鹰捕鹅的绝好地方，经常骑马架鹰率随扈近侍到此渔猎。这样一来，南海子内的众鸟可就遭了大殃，每天都有很多鸟死于王爷的鹰爪之下。南海子上空鸟雀哀声一片，于是众鸟商议，为救众生，须筑台引凤，请来百鸟之王，此地方可安宁。大家主意已定，齐心合力，衔泥筑台，很快就筑起一座迎凤台。不负众鸟所望，不久，果真迎来一对凤凰。这对凤凰，头似雄鸡，颈似花蛇，翎似飞燕，背似神龟，足似仙鹤，尾似孔雀，头青、颈白、嘴红、胸黑、爪黄、彩尾，身高六尺（两米）有余，五彩并举，耀眼夺目。众鸟见此情景，兴高采烈，飞上天空，回折盘旋，遮天蔽日。迎凤台上，欢声一片拥戴鸟王，希望能保一方安宁。

这一天，王爷率众多随扈侍卫又来到南海子放鹰捕猎。当王爷骑马架鹰来到迎凤台旁，忽见一对天鹅从上空飞过，王爷拍了拍架在胳膊上的猎鹰，示意让猎鹰腾空搏击。只见猎鹰展翅飞起，冲向空中。不料还没飞多高，就滑翅折回，又落在王爷的臂膀上。王爷又试了几回，猎鹰均中途折返，无功而回。原来，凤凰乃百鸟之王，猎鹰见了，也早已惧怕三分。

王爷不知何故，十分恼火。出来几天，一无所获，非常扫兴。这时，他忽然发现不远的土台子上，落有一对大鸟，五颜六色，十分耀眼。王爷一见，心中已明白几分：鹰不敢捕猎，皆因惧怕这两只大鸟。王爷恼羞成怒，率随扈侍卫，骑马直奔凤凰所落土台，距台不远，勒马张弓，瞄准欲射。凤凰发觉后即腾空而起，直冲云天，一面盘旋，一面呼叫，让百鸟赶快进入丛林躲避。听到鸟王呼唤，众鸟立即飞进丛林。王爷见状，更是火冒三丈。看那光彩夺目的凤羽，听那高亢悦耳的凤鸣，王爷更加不肯罢手，遂令手下骑马拼命追击，并命他们对准空中凤凰乱箭齐发。可怜一只凤凰不幸中箭，被射下一支带血的尾羽。凤凰受伤后，血流不止，大声鸣叫着，但它依然展翅愤然向东南方向飞去，终因失血过多坠落在山东沂蒙境内，化成一山，后人称之为"凤凰山"。

凤凰的那根五彩尾羽，飘然落地后，霎时化作一条波涛汹涌的长河。河水涌向王爷一伙，很快把他们卷入滚滚的波涛中。须臾，风平浪静，河水碧波粼粼，色彩斑斓，如彩凤闪耀着夺目的光辉。从此以后，人们就把这条河称作凤河。

由于有了凤河，南海子和凤河两岸，更是林木葱茏，平甸碧野，广阔无垠。据说，凤河"虽隆冬互寒，水亦不冰"。明清时期，凤河流域属东安县，"凤河春波"当时被列为东安八景之一。①

---

① 张友才收集整理，北京市大兴区采育镇志编纂委员会编撰，录入《采育镇志》，方志出版社，2020年12月。

　　这个传说是张有才先生根据民间的传说整理而成，张先生是大兴老一代文化人，整理后的传说不足之处是书面语言浓重，淹没了口头语言的通俗叙事，但能够尊重民间原意，保持传说的逻辑框架。

　　传说之二：口述的题目叫作《蚂蚁祭凤》，以蚂蚁祭祀凤凰的叙述，描述了大金国完颜洪烈王爷乱箭齐发射杀了可怜的凤凰，受伤的凤凰因失血过多坠落在海子里不远处的水泊，化成两股水柱，后人把这汪水泊称为"团泊"，团泊就是凤河的源头。

蚂蚁祭凤

　　明清时代大兴县的私塾中，流传着南苑清明时蚂蚁堆积形成凤凰开屏状的故事，而且民间基本形成一致的传说。

　　大金国完颜亶天眷年间，春天来得分外早。有一位叫完颜洪烈的王爷兴致正浓，和着暖暖的春光，背搭虎皮裹实的弓箭，肩扛着凶猛贪婪的海东青，在众多侍卫的簇拥下，驰出大都南行二十余里，飞马扬鞭来到南海子放鹰捕猎。侍卫骑马直奔凤凰所落的一个高大的土台，距台不远，勒马张弓，瞄准欲射。乱箭齐发中，一只可怜的凤凰不幸中箭，鲜血直流，羽毛飘荡，受伤的凤凰大声哀鸣，但它依然展翅向西北方向飞去，终因失血过多坠落在海子里不远处的水泊中，化成两股水柱，后人把这汪水泊称为"团泊"，把凤河遇难的地方称作凤河的源头，把凤河栖落的土台叫做"凤凰台"。后来，进入元朝称作"晾鹰台"。

　　天地万物都是有灵性的。自从凤凰因大金国王爷猎杀后，每年清明节前后，海子西北部的蚂蚁就自发地云集到一块，摆成凤凰开屏的形状，清明节之后，又自然地收缩成龙的形状，用龙凤呈祥的方式，以静寂无言的物语，默默祭祀着这只被大金国射杀的最美丽的精灵。

　　这个故事的流传后来为地方志证实。明代地方志《帝京景物略》记载："海子西北隅，岁清明日，蚁亿万集，叠而成丘，中一丘，高丈，旁三四丘，高各数尺，竟日散去。今士人海清明节往群观之，曰'蚂蚁坟'。"[①]

　　传说之三：口述的题目叫做《南苑沙龙祭凤》。描述的是大清顺治年间，大清国演武中，休闲的士兵捕杀南苑的飞禽走兽，射杀凤凰。突出的是凤凰的悲剧，强调凤河源头的南海子。

---

　　① 根据北京市大兴区西红门镇焉宇、王诚等三位村民提供的传说整理。大兴报社记者刘洋、刘佳佳整理。

南苑沙龙祭凤

南苑沙龙祭凤说与蚂蚁祭凤说故事情节大同小异，差异在于：一是射杀的时代不同，一个是发生在大金国完颜亶天眷年间，一个是发生在大清顺治年间；二是射杀的主体不同，一个是王爷率众乱箭齐发，集体射杀，一个是大清国演武休闲士兵因奖励机制单独射杀；三是祭祀的方式不同，一个是蚂蚁自发云集摆成凤凰开屏的形状，又自然地收缩成龙的形状，以人的思维诠释这一自然过程，一个是漫卷的黄沙聚合成长长的游龙，数日不去，直到清明节后，这条长龙预示了龙凤姻缘，大爱无疆。凤殇龙悲，不离不弃。口头叙事中，也有的版本说是沙龙为了祭祀孝庄皇太后和苏麻喇姑，为了天下至爱，辅佐康熙帝完成中兴大清的历史使命。

传说变成历史，是源于叙述人的情感和对地域的熟识。南苑的沙龙形成异景是特殊地理条件决定的。永定河冲积平原是由河水带来大量泥沙长期积累形成的，经过日积月累形成的长形状的沙岗恰恰发生在南海子西北部，客观上为凤河传说提供了素材。《帝京景物略》是明代地理方志，在民间有很高的权威性。其中记载："海子西墙有沙岗委蛇，岁岁增长，今高三四丈，长十数里矣。远色如银，近纹若波，士人曰'沙龙'。"西墙以西地区至永定河一线及其以南地区，为永定河故道和永定河冲积平原，方圆约40公里，一片茫茫，皆沙丘，沙包连接，起伏绵延。冬春两季，风沙漫卷，天昏地暗，遮天蔽日，海子西墙，成为一道挡风的屏障。西北大风刮到海子墙。海子墙西侧由此往南形成了一条长约10公里、宽约1公里，逶迤起伏的狭长地带，当地百姓叫"沙龙"。南苑沙龙这一特殊的自然景观，在一些史籍资料中被称为"南海子沙龙"。有明代李元弘的《南海子沙龙》为证：

> 日肥月长沙龙山，鳞凤斑雨形其间。
> 鼍扬间为出脊肋，舂插无所施人力。
> 蜒蜒委委数百寻，日光闪闪星黄金。
> 马前拔蹄人没踝，一步一步声玲玲。
> 头尾北向帝京聚，聚非因风泐非雨。
> 地气疑结龙皋钟，岳不在高在所主。[1]

传说之四：题目是《凤河的传说》，是以文学叙事写成的故事，长篇幅只适用于文

---

[1] 原大兴报社专题部主任杨勇、新闻部主任赵亮整理。

学创作活动,不适用于口口相传,是传说的变体,是对传说的进一步加工。2014 年收录到青云店人民政府编著的《青云店故事汇》,创作者不详。该传说 12000 多字,此处选录600 多字作为梗概。

凤河的传说

在北京南郊流淌着众多河流,灌溉着这么一方热土。凤河就是这众多河流中的一条小河。凤河虽没有这些河流最后所汇入的永定河那样有名,但作为永定河最为著名的一条支流,还是流传着许许多多可歌可泣的精彩神话故事。

人类总是会犯那些好了伤疤忘了疼的错误。既然现在有了一处安身立命之地,贪婪和掠夺的本性又随之爆发出来。难民们除了以这林间瓜果为食,也渐渐开始狩猎小动物。这已经伤害到了林间万物的利益,鸾凤和白虎见人类也是为了其自身的生存,所以也就只好听之任之。人类见守护者没有什么反应,于是又助长了得寸进尺的心态,开始乱砍滥伐森林中的树木。不但造起房屋居住,更是将这林间树木贩卖换取钱财。森林遭到破坏,这下子可就惹怒了鸾凤和白虎,于是现身施法将人类赶出了这片原始森林。

……

霎时间,鸾凤呼啸而至,直接撞到了耶律璟的大营之上。只闻得地动山摇,顿时天地间灰飞烟灭。恶贯满盈的昏君耶律璟和众喽啰一起葬身于这山崩地裂之中。

由于鸾凤撞击的缘故,山岭间的地下山泉破土而出,飞流直下而汇聚成一道小河。这便是如今大家所熟知的北京南郊的凤河。此河灌溉和孕育了北京大兴广大民众千余载,可谓是恩泽绵远。当地人民为了纪念鸾凤的功绩而为其命名"凤河"。

由于有了凤河,南海子东南的荒沙岗子慢慢长出了芳草树木,还引来了无数飞禽走兽。久而久之,凤河上下还形成了"凤河春水"的秀美景观,引得文人骚客在此驻足赏景,也就留下了《凤河春水》的动人诗篇:

> 淡荡春光日正迟,草色千寻青翡翠。
> 雨晴渡口归舟隐,幸遇升平无个事。
> 一泓新水湛涟漪,水光万顷碧琉璃。
> 风暖沙头宿雁稀,挥毫聊写凤河词。[①]

传说之五:题目同样是《凤河的传说》。2022 年 9 月,大兴区融媒体中心广播电台

---

① 北京市大兴区青云店人民政府:《青云店故事汇》(内部资料),2014 年 12 月。

FM986 播出《凤河的传说》（"千年风雨话大兴"第十五期）。9 月 15 日，融媒体的"这里是大兴"公众微信号以题为《传说中，凤河竟然是凤凰的尾羽变的……》做了转载。电台创作的故事取材大兴区史志办相关资料，是为了凸显可读性、趣味性的再加工。传说中悲剧的制造者依然是辽国，王爷的随扈侍卫。"层累"的这个传说，应当属于一个新的版本。传说是这样叙述的——

大兴区有一条河叫凤河，这个名字和一个神话故事有关。

很久很久以前，南海子这个地方水美草丰，奇花异果甚多，是走兽的王国，飞禽的天堂。这里鸟类尤其多，它们千羽一巢，争鸣斗艳，无忧无虑地繁衍生息。

到了辽代，大辽的王爷们发现南海子是放鹰捕鹅的绝好地方，就经常来这里捕猎。从此，南海子上空鸟雀哀声一片，众鸟商议决定筑台引凤。不负众鸟所望，迎凤台筑好后，果真迎来了一对五彩夺目的凤凰。众鸟欢声一片，拥戴鸟王，希望它们能保这一方安宁。

这一天，王爷又来到南海子迎凤台附近捕猎，示意猎鹰捕捉一对天鹅，不料还没飞多高，就滑翅折回，又落在王爷的臂膀上，试了几次都没有成功。原来，凤凰是百鸟之王，猎鹰见了，也早已惧怕三分。王爷不知道原因，十分恼火。出来几天，一无所获，非常扫兴。这时，他忽然发现不远的土台子之上，落有一对大鸟，五颜六色，十分耀眼。王爷一见，心中已经明白猎鹰不敢捕猎的原因。

王爷恼羞成怒，率随扈侍卫，骑马带箭直奔凤凰所在的地方，勒马张弓，瞄准欲射。凤凰发觉后即刻腾空而起，直冲云天，一面盘旋，一面呼叫，让百鸟赶快飞进丛林躲避。王爷见状，火冒三丈，看那光彩夺目的凤羽，听那高亢悦耳的凤鸣，更加不肯罢手。于是，下令手下骑马拼命追击，并且命令他们对准空中凤凰乱箭齐发。可怜一只凤凰不幸中箭，被射下一支带血的尾羽。而凤凰的那根五彩尾羽，飘然落地后，霎时化作一条波涛汹涌的长河。河水涌向王爷一伙人，很快把他们卷入滚滚的波涛之中。在这之后，风平浪静，河水碧波粼粼，色彩斑斓，像彩凤闪耀着夺目的光辉。从此以后，人们就把这条河称作凤河。[①]

二、圣洁的德行伦理

庄子《秋水》篇中云："夫鹓雏发于南海而飞于北海，非梧桐不止，非练实不食，非醴泉不饮。"鹓雏是凤凰类的瑞鸟。凤凰是纯洁高尚的象征。《老子》中说"上善若水，水善利万物而不争"，大爱是"上善若水，大爱无疆"的行为，与西方"博爱""无疆"相似，是最高级的爱、顶级的爱，意为无穷、永远，没有止境。战国时期，君主为龙子龙

---

① 2022 年 9 月大兴广播电台 FM986 编辑记者集体创作。

孙，王后皇妃为能带来吉兆的凤凰，龙凤配成型。司马相如的《凤求凰》意境优美，隽永绵长："有一美人兮，见之不忘。一日不见兮，思之如狂。凤飞翱翔兮，四海求凰。无奈佳人兮，不在东墙。"

传说以孝庄太后、苏麻喇姑与康熙的故事表达了孝庄皇太后对康熙深沉的大爱，苏麻喇姑对主子无言的爱。

南苑内，还有两座虽历经沧桑却不失凄美的寺庙，一座是永佑庙，建于康熙十七年，另一座是永慕寺，建于康熙三十年。两座寺是大清国康熙帝为两位伟大的女性而建，一位是对他恩重如山的皇祖母孝庄太后，另一位是服侍他一生的"贴身丫鬟"苏麻喇姑。之所以言之凄美，在于"女性伟大之美"。

电视连续剧《康熙王朝》中把这个传说演绎得更加生动，从中可以体悟出"大爱""大美"的崇高，及其深邃辽远的惊动天地、气撼山岳的壮美。

康熙皇帝在皇祖母孝庄太后的挚爱与培育下，成为一位睿智与稳健的君王，在铲除权臣鳌拜收回皇权中，在平叛和消灭"三藩之乱"之首的吴三桂的漫长决斗中，皇祖母孝庄太后总是运筹帷幄，娴熟权变，而且在最关键时"一鸣惊人，扭转乾坤"。康熙皇帝的千古英明背后，有着一位卓越超群的伟大女性，这就是皇祖母孝庄太后。康熙对皇祖母的怀念，恰似白居易《慈乌夜啼》诗般的悱恻："慈乌失其母，哑哑吐哀音。昼夜不飞去，经年守故林。夜夜夜半啼，闻者为沾襟。声中如告诉，未尽反哺心。百鸟岂无母，尔独哀怨深。应是母慈重，使尔悲不任。昔有吴起者，母殁丧不临。嗟哉斯徒辈，其心不如禽。慈乌复慈乌，鸟中之曾参。"

另一位是丫鬟苏麻喇姑。

康熙帝玄烨少时，突患重病几天昏迷不醒，太医束手无策，便张榜天下公开求医，乡村女童苏麻喇姑揭了皇榜，冒着被"活埋"的危险，用"牛吃的芨芨草"救活了康熙帝玄烨！

自此，苏麻喇姑与康熙帝玄烨青梅竹马，以后的几十年，更是心心相印、冷暖与共、肝胆相照、生死相依……

康熙帝玄烨亲征噶尔丹远在漠北，重臣张廷玉要离开京城去漠北大营见皇上，临走时去向太皇太后（皇祖母孝庄太后）和苏麻喇姑"请安"，看有什么"要带的话"。孝庄太后对张廷玉说："你要这样说，老祖宗硬朗着呢，只要皇上惦记着老祖宗就能打胜仗！……那株媚儿足足开了九朵了！……"

"白山发祥远，黑水溯源长"。"媚儿"，是满族祖宗喜爱的一种花，生长于白山黑水之间。"媚儿"是长白山的代名词，是满族人的文化象征。满族人视长白山为生命发祥地，将民族根脉系于白山，将盛世启运肇于白山，因此奉长白山为神，与祭祖融为一体。长白山是满族的故乡，是满族文化的摇篮。皇祖母孝庄太后捎给康熙玄烨的"口信"里，满含大爱。

张廷玉见过太皇太后之后，又去见苏麻喇姑。苏麻喇姑说："你告诉皇上，苏麻给他写了封信，又烧掉了！"烧掉的第一封书信内容是："皇上，丫头这辈子，只深深地爱过一个人，这个人就是弟弟玄烨，就是皇上！……三十多年了，苏麻说不出口！……因为，您是主子！"……

"因为，您是主子！"朴实的表达暗含多少缠绵的凄清，让人联想起宋代柳永的《雨霖铃·寒蝉凄切》诗篇："多情自古伤离别，更那堪冷落清秋节！今宵酒醒何处？杨柳岸，晓风残月。此去经年，应是良辰好景虚设。便纵有千种风情，更与何人说？"

真诚而深情的影视对话堪称经典。①

2022年9月18日，大兴区融媒体中心的官方微信号"这里是大兴"转载了广播电台FM98.6"千年风雨话大兴"第十八期的"青云店吴家出娘娘的传说"，备注的故事取材大兴区史志办相关资料，均属于转载，故事是这样讲的——

吴家出娘娘的传说

雍正当了皇帝之后，一天到晚忙于朝政，终年不休。有一位大臣进谏道："万岁治国有方，天下太平，此时何不选美女进宫，为万岁解忧哇。"雍正看了一眼这个大臣，认为他在阿谀奉承，就想难为他一下，说："嗯，好！正合朕意，但是呢不要很多，只要一个骑龙驾凤，头戴银盔，手托金印的美女，命你到民间去选，一月时间回来复旨。"这个大臣可犯难了，心想哪去找骑龙驾凤那样的美女，无奈只好听天由命吧！于是带领一干人马去民间四处查找。

且说青云店吴家府上有一个侍女名叫平陵，正值二八妙龄，模样长得秀美俊俏，聪明伶俐，可惜头上长有秃疮。这天老夫人派她到街上去买豆腐，她在返回的路上，听到一阵锣声，不少人在看热闹。平陵想上前去看个仔细，可是人多看不清楚，她索性爬上了墙头，刚刚骑在墙上，不知从哪儿飞来一只大公鸡，要吃她手里的豆腐，被她一手抓住抱在了怀里。

再说此时大臣骑在马上正在寻找美女，突然他看到前方彩光闪闪，定睛观看，发现一名美女骑在墙头。大臣突然一阵眼花，觉得这个土墙像一条龙，大公鸡像彩凤，平陵头戴着银盔，豆腐就像金印光芒四射。他灵机一动，这不就是我苦苦要找的真命娘娘吗？于是派人把平陵送进了宫里。雍正仔细观看，此女确实长得端庄秀丽、美貌动人。就问道："嗯，家住哪里，姓氏名称，年龄多大呀？""民女家住顺天府大兴县青云店，姓吴，

---

① 微博《岷江东流日记》，大兴区文化遗产保护协会整理。

名平陵，年方一十六岁。"雍正皇帝见平陵温柔有礼，言语动听，高兴地说："好，朕就封你为贵妃，你看如何？"平陵受封口呼万岁，叩头谢恩。

三、人文的和谐合和

凤凰饮甘霖、栖良木，居秀水山泉，体现了天地自然、人文和谐的美好生态环境。作为皇家苑囿的南海子，自辽以降直至晚清，将人文合和体现得淋漓尽致，是帝王离宫别苑的人间仙境。凤尾说和吞牛泉传说就是基于帝王苑囿的大美生态演绎而生。

先品读凤尾说的和谐之韵。

凤尾说

流经大兴、廊坊、武清等地的凤河，从大兴团河流出，一路东南蜿蜒而去，以其充沛的水力，构成永定河水系中京、津、廊的重要水源之一。

查阅明时官方正史，并没有明确的记载，而到了清朝的史料中，一致表述为凤河"形如凤凰故名"。"凤河形如凤凰得名"，《畿辅舆地全图》亦曰："凤河，形如凤故名，源出南苑，东南流经岱上营，又东南经采育营，又东经凤河营入东安县。"《东安县志》载："凤河，源出南苑内，自大兴县之凤河营入东安境。"《永定河志》亦载："凤河，发源南苑一亩泉，自东南隔闸子口流出，经大兴县之采育村、凤河营、东安县之堤上营，东流至通州之南三房村入武清县境。"后来《大兴县志》记载："辽时当地是鸟兽的天堂，而凤凰则是百鸟之王，它们自由地生活在这片土地上。后来大辽皇帝射杀凤凰，从而形成了团河与凤河。"凤河命名与凤凰等传说有关，而后地名又影响了河流名称，凤河一名因此而来。[1]

第二个传说当数"吞牛泉"了。通过一亩泉演绎一段生态秀美动人的传说。

在南海子西北部，有一泉水名一亩泉，别看面积仅有一亩地大小，流出的泉水几乎滋润了多半个南海子。[2]在当地，一亩泉还有一段动人的传说。

吞牛泉

传说很久以前，这里土地肥沃，男耕女织，人们过着丰衣足食的生活。附近住着一位

① 任新明：《明清直隶凤河流域历史地名变迁探析》，《中国地名》，2019 年第 9 期。
② 瞿宣颖：《北平史表长编》，北京出版社，2016 年。

王老汉，养着一头力大无比的牛。人家的牛一天也就耕地十来亩，它能耕地上百亩。经常耕完自家的地，就帮街坊四邻耕地，成了全村的一头宝牛。由于它力气大、干活多，必然就吃得多喝得多。王老汉本来耕地就不多，觉得实在喂不起它，就打算把牛卖了换一头一般的牛。可遭到了全村人的反对，大家一致同意由全村人喂养这头牛。

一年夏天，连降暴雨，泛滥成灾。把眼看就要收到手的庄稼都泡在地里，大家急得搓手跺脚干着急，叹息一定是颗粒无收了。正在大家一筹莫展的时候，那头宝牛不知为何从牛圈里跑了出来，直奔村北泡在水中的庄稼地里，低头不停地喝起水来，从早一直喝到晚。说来也怪，全村庄稼地里的水眼瞅着减少，最后只剩下宝牛所站的约一亩地的地方了。正当大家惊叹之时，忽然，大家看到牛身逐渐往下沉，不大一会儿，整个牛身就要都沉下去了。这时，就在牛头快要沉下去的一刹那，从牛嘴里吐出来二尺多高的水柱。就这样，宝牛不见了，而水柱却经久不息地往上喷涌，形成了涌泉。这股泉水向东面和东南面流去，四时不竭，从此，人们就称之为"吞牛泉"。

又因为该泉仅占地约一亩左右，所以又被人们称为"一亩泉"。由一亩泉流淌出来的一条小河，由西北向东南奔流，弯弯曲曲的就像一条小龙，因此就被人们称为"小龙河"了。另外的向南的清泉逐渐汇聚成水量更大的河，加上美丽凤凰意外的遭遇，就是后来大家常说的"凤河"。

四、乡愁的家园底色

家园感、乡愁意识实际上是传统文化中祖先崇拜的集中体现。人格化的"祖先"被想象出来作为最高的存在，体现为家族本身。儒学在学理层面是儒之学说，但在民众生活中往往表现为"天人感应—道统说—程朱理学—陆王心学—近世宗教伦理"五个阶段。"祖先"已经超越了具象形态，以图腾式的方式呈现在人们的日常生活劳作中，不论被想象成什么，都会让子孙感到某种让人信服的神圣法则。在"家园乡愁"的初始意象环节，凤河传说以凤凰携槐枝、思乡鸟寻根、打锅牛、小脚趾复形等口传故事形式形成有机的诠释。

凤凰携槐枝

明朝建文年间，经过一场"靖难之役"的艰苦决绝，燕王朱棣好不容易夺得皇位。政权来之不易，朱棣这下子可踌躇满志了，他决心干出一番轰轰烈烈的事业。北京是古幽州的治所，一直是草原民族进入中原内地的战略要地。元末，战争惨烈，对幽州的破坏可想而知。于是，他就沿袭其父朱元璋的雄才大略，加快对受元末战火蹂躏的京师北京、畿辅地区的建设，完成人口均衡发展，以便尽快恢复农业生产，稳定百姓生活秩序。朱棣执政后，多次下达迁民诏书，移民政策也逐步细化，成功地组织了大小规模不等的多次移民迁徙。从山西迁徙的大量百姓填充上林苑辖区就是燕王朱棣移民的一幕记忆。

那一年秋天，洪洞老槐树下领取了川资的山西移民要迁往上林苑辖署和京畿地区。迁民的队伍由于规模庞大、男女老少聚集，并且正好赶上天公不作美，一路艰难险阻不断，行动迟缓，眼看要到规定的到达目的地的时间了，这时迁民的路程才走了不到一半，如果不能在规定时间到达目的地，押解的公差便要遭到朝廷的兴师问罪。起初还比较和善的衙署公差，后来慢慢地变得暴躁起来，不敢让迁民们随意休息，尽量披星戴月、没日没夜地赶路，甚至连吃饭和上厕所的时间都压缩得不能再压缩。这样的结果是，许多年纪较大的、身体羸弱的人开始生病，再加上长时间高强度的赶路，许多人的脚上甚至腿上都有了伤痛，既影响行路速度，也引发了移民与衙差之间的关系恶化。但由于惧怕衙役手中的兵刃，鲜有人反抗，迁民积压在心中的怒气、怨气与无奈等情绪只好倾诉给随身携带的槐树枝。这些槐树枝是他们出发前在洪洞老槐树上折下的槐树枝，表达对故土的思念和眷恋。

迁民们实在走不动了，有的报告要"解手"，有的报告要"方便"一下，躺下就昏昏沉沉睡着了，公差怒火不打一处来，但也是没有办法，只好耍起狠来。吵闹声不绝于耳，公差鞭抽脚踢非人道的景象时有发生。

这天，迁民们刚蹚过一条小河，电闪雷鸣，狂风大作，他们再也走不动了。正在这时，不远处出现了一个五彩光球，慢慢地向着他们漂移过来，上天派来的凤凰神终于降临了。为什么会出现这种现象呢？原来，大家的内心独白和倾诉汇聚成强大的能量传递到了洪洞广济寺院老槐树。老槐树可是千年神树呵，是唐尧虞舜时神仙所栽，是天庭种在人间的一棵神树。神树的职责就是传递人间的苦乐悲喜，遇上仁爱的统治就降下符瑞，作为奖励帝王的礼物，遇上残暴黑暗的君主治理，就降下灾害以示警告。迁民每家每户离开故土时，都要折走一段槐树枝，新枝又没有吐蕾抽丝，使得老槐树法力渐渐变弱，没有恢复元气，所以老槐树终日郁郁寡欢的情绪让上天知道了。迁民前面出现的五彩光球，正是受上天委派来帮助移民迁徙的凤凰，当凤凰遇到这些移民时，凄惨的景象让凤凰怜悯顿生，它下定决心变换各种方式、全心全意呵护他们平安到达目的地。

从这天起，善良大爱的凤凰就开始不停地往返于洪洞大槐树和移民迁徙的崎岖山路间，一趟一趟不知疲惫地携着槐树枝为移民们架桥布栈、开山辟路。有了凤凰的暗中相助，移民队伍很快就来到了一条叫"浑河"的大河边。由于连日来暴雨连绵，原本就湍急的浑河更如凶险，如出笼猛兽般冲毁了原来的浮桥，阻挡了迁民行进的路，大家多次尝试架设浮桥、堆扎木筏，均告失败，怅然无奈，只能沿河往下游行进。奇迹意想不到地发生了，在前行人马寻找渡河方式的第二天，几处刚刚建好的木桥桥墩就出现在了河面上，奇怪的是浮桥没有桥面。正当大家在为如何过河犹豫不定时，天空中一声长长的凤鸣划过，伴随着叫声，一只美丽的凤凰急速坠落，转瞬间就砸落在了河面，原来是凤凰为了能让移民队伍在规定时间内渡河并到达目的地，隐忍着超负荷的疲惫，顽强坚持着，尽管早已精疲力竭。凤凰终于支撑不住了，跌落下来时，用最后的爱心、悲情将一根根羽毛化作连接浑河两岸的浮桥。

迁民看着眼前奇迹般的一幕，终于明白了凤凰在危难中的默默付出。面对此时凤凰的大恩大德，大家不知该说点什么。俗话说，大恩不言谢，还有什么语言能够表达内心的感激之情呢？等众人过了波涛汹涌的浑河时，河上的桥面又不见了，桥面一下子变成凤凰的躯体，躯体直立起许多五彩的羽毛。飘起的羽毛同时也变得透明起来，并且在逐渐分散，最终幻化成无数个光点飞向了目所能及处。

最终这些移民如期迁入目的地，并在拿到路引后，各自沿着凤凰幻化的光点飞出的方向找到光点幻化的小槐树。为了纪念凤凰的大恩，并铭记凤凰的美德，迁民在槐树旁建房圈院，加上年复一年家乡又逐渐迁来新的移民，慢慢形成了村庄。迁民安顿下来后，发现这些槐树旁边的聚集区域都是山西老家的县和地名，深深感激凤凰的恩惠，就将串起这些村庄的河叫成"凤河"，日子久了，大家习惯叫"七十二连营"。山西有个民俗习

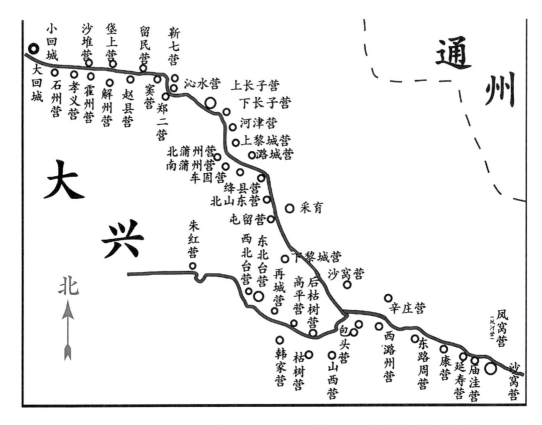

凤河全域图（任鑫电脑绘制，基于大兴区凤河流域部分移民村落分布图修改绘制）

惯，数字多了记不清，就用七十二代表虚数，心照不宣，一直保留在凤河两岸百姓日常生活中。

这个故事告诉人们，上林苑的凤河只有一条，但有过不同生活体验的人，他们心中的凤河却有千万条。凤河流淌在人们的心中，烙印在民俗的记忆深处。这个故事也告诉人们，思乡是一杯醇厚的烈酒，让人回味，不能忘掉。思乡是延绵永续的精神血脉、精神纽带，是祖祖辈辈养育出来安放后代灵魂的"家园"。①

思乡鸟寻根传说产生的年代不长，是1991年发生在洪洞县的事情。《青云店镇志》的记载与《洪洞县志》记载吻合，青云店镇应当属于转述。

思乡鸟寻根

从刚过年不几日，还没出正月，洪洞县委、县政府就开始积极筹办第一次"寻根祭祖节"，全国性的，县里参与的工作人员自然非常多。三月末的洪洞县，春暖花开、杨柳吐絮，呈现出一片欣欣向荣的美景。3月31日下午，祭祖园的工作人员正在忙碌第二天的开幕式，临近傍晚时分，祭祖园上空突然飞来数万只灰色无名的小鸟，密密匝匝云集在大槐树周围，站满了几百株树的树枝与树梢。居民的房顶上，也落满了这种小鸟，啾啾欢叫。

人们一下子惊呆了！无论普通百姓、专家学者，还是县委、县政府筹办活动的工作人员，都不知道这些鸟从何而来，叫什么名字，是什么种类。但人们一致认为：这是几百年前移民先祖之魂，化作小鸟回乡探亲。不管这个传说官方认不认可，反正民间是认可的。从那年以后，这种不知名的小鸟年年四月初就飞来，一直停留十日左右才恋恋不舍地飞走。

更为奇怪的是，有一年当地不准备举行"寻根祭祖"节了，小鸟依然前来，不是飞到祭祖园，而是径直飞向洪洞县委大院，好像示威抗议一般。还有一年，当地开工修建占地三百亩的祭祖堂时，小鸟全部飞到此处，当地人说："连小鸟儿都来庆贺祭祖堂的开工。"

这个传说展现移民先祖对故土眷恋之情，几百年也割不断，即使在世不能回来，灵魂也要化作小鸟回来探望，也反映了山西人故土难离的情结。②

打锅牛的传说历史悠久，传播地域广，大兴流传的版本与山西、河北、河南、内蒙古许多乡村的传说一致，只是大兴版的传说更加富于感染力，生动形象。有两个版本。

---

① 故事来自长子营镇、采育镇的河津营、沁水营、潞城营、大同营、上黎城、下黎城等村落的15位村民口述记录。任鑫、寒林调研整理。

② 北京市大兴区青云店人民政府：《青云店故事汇》，2014年12月。

打锅牛

明永乐年间，山西洪洞县大槐树下集结迁民的时候，有一家蒲州姓牛的人家，兄弟五人，临别时，兄弟依依不舍，就打破一口铁锅，分为五块，各执一块，作为后代认亲的标志，所以称为打锅牛。

如今，姓牛的人们见了面，总要先问一句：打锅不打锅？如果说打锅，那毫无疑问就是一家人了。

还有一个打锅牛的传说，是说姓牛的人家有七个儿子一个女儿，家穷无力娶亲，只好分家移民，另谋出路。临别时打了一口锅，分为八块，七个儿子一人一块，连嫁到张家的女儿也分了一块。牛家老爹说：只要破锅在，就是一家人。因为这个说法，张氏和牛氏攀亲也要对认破锅。

打锅牛的传说，反映了移民的亲情观念、伦理家族观念。

小脚趾复形的传说与打锅牛的传说一样古老、传播广，在洪洞县祭祖园中门，有一副显赫的对联印证了传说的伦理性。对联是这样写的："举目鹳窝今何在，坐叙桑梓骈甲情。"对联意思是，只要是大槐树迁民后裔，小脚趾都是复形的。也就是说：小脚趾分为大小两瓣。

小脚趾复形

传说明朝移民时，人们留恋故土，不想走，即使到了路上，也屡屡逃跑。官兵就想了一个办法，让迁民脱掉鞋袜，在每个人的小脚趾上砍了一刀，一方面是脚受伤，移民要逃也跑不快；另一方面就算逃跑了，官兵捉拿的时候，只要一看小脚趾，就知道是不是移民了。

这个微小的生理特征，因为联系着移民的血泪历史，就这样遗传下来了。

如今，你只要是小脚趾复形，人们就有把握说你是移民后裔。刀伤能够遗传，这自然是不科学的，但这个故事是大槐树移民对明朝移民过程中野蛮情节的民间记忆，也表明了他们不忘故乡、不忘根本的精神。

五、忠厚的信仰根基

关于关公的传说在大兴区和北京经济技术开发区流传非常广泛。

第一个版本，关公显灵。

相传，康熙执政的前期，一个秋季，本来南囿秋风，景色如画，沁人心脾。可这年的南苑海子里，空荡荡秋叶泛黄，灰漫漫萧索冷清，天气比往年多了几许凉意。海子周围许许多多的陇亩由于遭受百年不遇的虫灾、旱灾，颗粒无收，喂养牲口的草料都不继，海户和饲养户忧心忡忡，不知如何兑现宫廷纳贡，整天怨声载道，开始东躲西藏。一日夜里，孝庄皇后在凤城南面的行宫睡梦中突然惊醒，只因梦中有三名缺胳膊少腿穿着奇特衣服的外族贼人在梦中索命，甚是恐怖。自此，每到太阳落山，孝庄皇后便感觉胸闷气短、手脚冰凉、肩膀沉重，传唤了多次御医，吃了许多宫廷御医的配方药也不见好转，就连丫鬟苏麻喇姑也束手无策，哭鼻子抹泪。康熙帝闻悉此事后，便下旨遍寻能人异士为祖母医治怪病，但均无功而返。孝庄皇后也因被怪病折磨，日渐消瘦，身体一日不如一日。

一日，内务大臣禀奏康熙帝，听闻海子墙外民间有一位老郎中，人称"罗三爷"，乡邻又称呼"罗瘸子爷爷"。药法神奇，五行精到，悬壶济世，人品极好，或许能帮孝庄皇后根除怪病。康熙帝急切地让太监恭请"罗三爷"为祖母诊断医治。

见到孝庄皇后，罗郎中便说："太皇太后是因三股邪气缠身导致的怪病，但因我道行浅薄，不知是否可以战胜邪气。如若能胜还则罢了，如若不胜便会耗散我全部的元气，助长了邪气的势力，那时我便无能为力了，还请太后宽恕。为保周全，小民想恭请'忠义神武灵佑仁勇威显关圣大帝'显身保佑，方可确保万无一失。"

为此，造办处不分昼夜地赶制出了

山西运城关公像

一尊高一丈有余的关圣大帝持刀站像。凤眼生威、卧蚕似雾、英气逼人、霸气十足，宛如关圣大帝亲临行宫，不怒自威的气势让在场的众人都不敢直视。

在关帝像赶制出来的第二天夜里，在行宫外侧塑像前设祭坛，一是祭拜忠义神武灵佑仁勇威显关圣大帝，二是借关帝威严的气势镇压住邪气的戾气。三拜九叩之后，"罗瘸子爷爷"喃喃自语，似乎得到治病的妙方，嘱咐皇后身边的人退下去，禀告皇后良方，如此云云，密不外泄。

第三天，南苑周边种植蔬菜的海户和饲养鹅鸭驴马的农户收到宫廷的通知，内务部太监宣布：恩准是年海子墙外的种植养殖户和海子里的海户免除纳贡义务，同时还可以得到次年需要的籽种、粮草和口粮救济，需如实上报，不得欺瞒。好消息突然天降，海子内外一片欢腾。面对苍天，农户男女老少顶礼膜拜，声呼万岁，这一幕景象被孝庄皇太后看在眼里、喜在心上，回宫休息去了。

第五天，孝庄皇后又按照"罗瘸子爷爷"的吩咐早早来到关公的塑像前祈祷。让孝庄没有想到的是，关帝像前的戾气顿然消失得无影无踪，气清天朗。在拜后的一个时辰，"罗瘸子爷爷"的腿也突然感觉到从未有过的热流穿过，暖暖的气流贯穿到了肩胛骨。就在这时，身后嘶鸣一声，顿时金光乍现，关帝显灵了！只见关圣大帝身披金甲、手持青龙偃月刀，手起刀落，三下五除二便将笼罩在周边空旷的雾霭浊气杀得干干净净，在孝庄皇后、苏麻喇姑和"罗瘸子爷爷"惊讶的目光中，关帝塑像身披金光熠熠生辉。

又过了三五一十五天，孝庄的病好转了。神采奕奕，步伐坚定，话语铿锵，随从无不欢呼雀跃，宫廷嫔妃无不呼唤老祖宗圣体平安，万岁万岁万万岁。

"罗瘸子爷爷"也因此受到宫廷的嘉奖，但出乎意料的是，罗郎中跪拜万谢，不敢受此重礼，只是请求孝庄皇太后开恩在海子外的闾里阡陌建造三五一十五座关老爷庙，地址可在青云店、蕃育署、老槐里、霍州营等村域选定。自此，乡邻们也再不称呼"罗瘸子"或"罗三爷"了，直接改称"罗爷爷""罗大圣""罗公"了。

经过三五一十五天之后，孝庄皇后的怪病也自然痊愈了，此前消瘦病态的脸庞也日渐红润丰盈起来，而且身体比之前还要硬朗。

孝庄皇后，本名布木布泰（蒙古贵族语意为"天降贵人"），直到康熙二十六年仙逝。以享年七十五岁的高龄，孝庄文皇后成为历史上口碑极好的贤后，一生培养辅佐了顺治、康熙两代英明皇帝，孝庄的谥号是：孝庄仁宣诚宪恭懿至德纯徽翊天启圣文皇后。溢美文辞至高无上。几百年来，街坊一直传言，罗大圣使用的是治心术加偏方，治心术是中医最高明的医道，也印证了民俗里"仁者寿"的箴言。后来人们猜测：传说里"凤城南面的行宫"就是今天的团河行宫，"三名缺胳膊少腿穿着奇特衣服的外族贼人""三股邪气"指的是入主幽州的辽金元三代草原民族，"三五一十五"指的是汉民族民俗里的数字"三"和"五"，"三"是"道"，生生不息的通天数字；"五"是大化流行、五行相生相克的乾坤数

山西运城解州关帝庙

字。这个传说告诉后人：邪不压正，邪气是自私自利的产物，正气就是浩然之气，立以公正，自然心就无私欲，百病不侵。这个传说还告诉后人，好人有好报，老天自有公道。同时，这个传说还告诉人们，清入主京师后，文化信仰选择上，极力推崇关公信仰，并从南海子给全国州府、直隶州、散州、县、乡做出了示范。[①]

第二个版本，是关公显圣，事实来源于明代永乐年间，上林苑辖署的长子营、采育、青云店各个村都与关帝庙有关，关帝庙供奉的是"武圣人"关公关老爷。故事是这样描述关帝的忠厚仁义的。

在凤河流域，关帝庙历史悠久，究竟始建于何年何月，当地老百姓没人能说得上来。反正现在八九十岁的老人都说，他爷爷的爷爷，再上几辈，小的时候就听他们的爷爷说关帝庙显灵的故事，而且每年农历十月十九日至二十四日，还是一年一度的关帝庙会，当地人通称十月庙，每天来赶庙会的人不下万儿八千，熙熙攘攘，非常热闹。

关帝庙坐北朝南，大殿中供奉着关公身跨赤兔马、手持青龙偃月刀的威武神像，真如赫赫天神一般。

① 北京市大兴区旧宫镇、瀛海镇、采育镇三个镇的14名村民录音，任鑫录音修改、整理。

有一年深秋，关公的元神远赴成都昭烈庙看望大哥刘备，恰逢三弟张飞也在，兄弟三人想起在世时桃园三结义，历历往事一幕幕浮上心头，不由得一阵唏嘘感叹，也就多喝了几杯酒。宴会结束后，兄弟三人依依不舍地道别辞去，关公骑上赤兔宝马，驾起七彩祥云，一路风驰电掣般回到了青云店关帝庙。

谁知路上偶感风寒，歇息一日后身体颇为不适，关公就骑马来到东店村的药王庙。只见这里香火比较旺盛，每天都有人烧香许愿，祈祷神灵，想起自己那里香火没有这里香火旺盛，心里就有些酸酸的，感到好生奇怪。药王孙思邈把关公迎入正殿，望闻问切，又开了几副草药，关公拿上草药，辞谢而去。

回来时，关公就把天齐娘娘庙、顾庄普照寺等几座寺庙也参观了一遍，发现娘娘庙的香火略胜一筹。到庙里后，关公就思索开了，想起附近的村子，一片片见风就起沙的白沙地，只能种些绿豆、红小豆之类的低产作物，小麦、玉米种了也打不了多少粮食，总之是"土地贫瘠少沃土，产量不高生活苦"。虽然也能种一些果树，但禁不住害虫吃，年年出二茬叶子，因产不出多少果子，也就卖不了多少钱。再一看住的，附近村子上千户人家，大多数都是"四角硬"土坯房，条件好一点的，也只不过是"里生外熟"砖包坯的房子，一砖到顶的明楼大屋寥寥无几。又看了看人们吃的，一天三顿饭，大都是窝头咸菜糠谷皮，白面馒头一年到头也吃不上几次。难怪人们不来烧香，是手里没钱呐！人们生计艰难，膜拜药王和送子娘娘也无非就是个祈盼身体康健，早得贵子。想到百姓的苦楚，关公潸然泪下，打算帮当地百姓解决点实际困难。

他掂了掂自己的青龙偃月刀。心想：这又能卖几个钱呀！况且种田做工的买它回去何用？忽然他眼睛一亮，有了。第二天关公起了个大早，摇身一变，化作一个从口外来的身披绿袍的贩马商人，牵上那匹自己曾千里走单骑、过五关斩六将骑过的赤兔马，来到镇上的集市。那天正逢初九大集，牲口市上人来人往，热闹非常。一些牲口牙子跑前跑后，做着牲口交易。有一个身穿黑布衫的高个子大汉，一眼看中了这匹赤兔马。原来当这匹马在所有的马中间一站，简直鹤立鸡群。通身上下像一匹锦缎，整个身子如红火炭一般鲜亮。高个子大汉再看看这卖马人：身长九尺，面如重枣，唇若朱丹，丹凤眼，卧蚕眉，五绺长须飘洒胸前。好一个美髯公！高个子大汉便问起这马的情况，关公说："我这马，力大无穷，耕地拉车、坐骑奔驰，各种活计样样都会。但有一条，只许喂料，不可饮水。另外，我这是一匹宝马，钱少了我可不卖。"

大汉看上了这匹马，就是重金，也决定买下。于是，很快讲定了价钱。大汉付了钱，拉马要走，关公再三叮咛：千万可别饮水。那大汉答应着，这才想起问关公的姓名和住址。关公告诉他姓关，家住青云店关帝庙后街东头。大汉把马牵走了，关公带上卖马的银两依依不舍地往回走。

再说那高个子大汉买了这匹赤兔马，果然样样能干，从不知累。

一年夏天，他套上这马去西山拉石头，回来时路过一条小河。天气非常燥热，马通身是汗，他十分心疼。急忙把马卸下来，让马打了个滚，然后拉到小河边。谁知这马嘴一接近河水，只喝了一小口，便"咕咚"一声倒在地上，瞬间变成一堆烂泥，急得大汉连哭带喊。这时，他才想起了绿袍卖马人再三嘱咐他的话，可说什么也晚了。

买马的高个子大汉来到青云店集，打听一个住在后街姓关的红脸绿袍大汉。村里人都说这儿没有姓关的。

这时，正好有个后街的农户由此经过，听到他们的谈话，便说："在青云店住的只有关公关老爷姓关，想必是关老爷显灵了，你跟我去看看吧！"结果进庙一看，赤兔马不见了，供桌上面的香炉底下压着一个锦盒，里面放着不少钱。

高个子大汉一点钱，和自己出的钱数一样多，分毫不差。钱的上面一张白纸上，端端正正写着两个大字——"济贫"。人们这才知道原来是关老爷感念民力维艰，显灵救济百姓了。从此以后，人们对关老爷更加虔诚了。

六、祥瑞的艺术灵音

这是一个神话传说。凤是凤鸟，凤同风，"风"是自然生成的音乐创造者，凤凰在民间被视作音乐鸟。《吕氏春秋·古乐篇》有"听凤凰之鸣，以别十二律"的记载；《吕览·古乐篇》曰："唯天之合，正风乃行其音若熙熙、凄凄、锵锵。帝颛顼好其音，乃令飞龙作乐效八风之音，命之曰《承云》，以祭上帝。"灵音祥瑞以广为流传的《百鸟朝凤》传说承载了初始意象。

《百鸟朝凤》传说在民间这样流传。

百鸟朝凤

很久很久以前，幽州治所的南部出现了严重的旱灾，天雷引火，恶水滔天，许多沉睡于地下的远古凶兽也都慢慢苏醒过来，为了生计开始到处祸害生灵。作为天庭信使，多种灵性十足的鸟儿都将凶兽在人间的祸事传到正在昆仑之巅修行的凤凰耳朵中。经蟠桃会上众多仙人的指点，凤凰历尽劫难终于求得了可以镇压凶兽的昆仑神石。善良的凤凰不敢有一丝一毫的耽搁，抖了抖漂亮的羽翼，便立即全身心地投入了镇伏凶兽的惨烈搏斗中。

时光过得好快呀，几个月过去了。这一天，风和日丽，难得的好日子、好心情。历经数月恶战后的凤凰拖着疲惫的身子带领大军来到了幽州西山以南的漯涫水下游，追击逃跑至此的最后几只冥顽不化的凶兽。由于有昆仑神石，残余的凶兽不一会儿就被打得狼狈不堪、四处逃窜，但神石所蕴含的法力也快要消失殆尽了。就这样，在最后一场战斗中，为了击败并镇压最后一只险恶的凶兽，凤凰将自身法力全部注入神石当中，完成了最后振聋发聩的雷霆一击，凶兽服了，终于被封印，但凤凰的心神也坠入无尽的迷踪之林，神志也陷入深度昏沉迷幻之中。

为了方便照顾落魄失志的凤凰，百鸟在战场以东的一处还未完全干涸的两眼小泉旁，用百鸟的羽毛和百兽的鬃须搭起了一个巨大的帐篷，并将昏睡的凤凰静静地安置在此。在数日精心照料、精心呵护下，凤凰还是未见有任何转醒的迹象，群鸟急得团团转。在无良策之际，这时候一个仙人突然出现，笑眯眯地现身指道，要救凤凰在人间的俗身，必先引其神志回来。可要指引凤凰的心神摆脱迷踪之林的打扰，必须找对适合的方法为凤凰指点迷津，通过其强大的心神之力才能真正走出来，那这个最好的办法到底是什么呢？群鸟百思不得其解，正在惆怅之际，忽闻帐外响起了清脆悦耳的箫声瑟音，原来是鸟中的思乡之情诉诸于思念家乡的音乐，那样清丽，那样脆爽。正在众鸟都沉浸在凄清悠长的思乡之情时，突然发现凤凰的眼皮动了，鸟儿们惊喜若狂地发现，苦苦寻觅的正确方法竟是注入情感魅力的音乐，是音乐唤起了凤凰。

办法找对了，百鸟一刻也不敢懈怠，纷纷拿出携带的乐器或就地取材通过法力将其变幻成了自己擅长的乐器。一会儿工夫，由鼓、钟、镛、磬、缶、铃、鸾、簧、哨、埙、箫、管、篪、笙、琴、瑟等组成的器乐队便开始演奏，乐曲悠扬绵长，声感山丘，很快便传到了天上酷爱音乐的囚牛耳中，优美的旋律把囚牛都听得如痴如醉。乐曲时而情绪激荡如汹涌波涛，时而情绪忧郁宛然雨后雾霭……曲罢，落于云头的囚牛被音乐中的情绪深深地感动，忍不住潸然而下。虽说囚牛是龙的九子，还不是真龙，但作为龙子，他的泪水也具有意想不到的神奇法力。掉落的泪滴让黄沙岗一下子焕发了生机，树木开始抽发新芽，花草也悄悄地破土而出，枯萎的泉眼如久旱逢甘露般喷珠吐玉，水流逐渐汇合成淙淙小溪，蔓延开来，到处是一片祥和之景……

就在大家被眼前美景吸引之时，囚牛泪水穿透大帐滴落在凤凰身上。但让百鸟意想不到的是，神奇的泪珠还是没有唤起凤凰，而是使凤凰的身体慢慢地变成晶莹的半透明状，而且不断地膨胀，在撑破大帐的同时开始飘向半空之中。正在鸟儿疑惑之际，突然凤凰的肉身幻化成一个巨大的火球，并慢慢地化成晶莹的翠珠飘落而下。看到这一幕的鸟儿们都以为凤凰陨落了，抽泣声、哭喊声、哀怨声此起彼伏，就在大家宣泄心中悲伤之时，漂浮在半空的翠珠突然爆裂，形成无数的小光点，在众鸟惊讶的目光中幻化成凤凰的轮廓，然后慢慢由半透明化为鲜活五彩斑斓的光灿灿的神鸟。这时众鸟才反应过来，原来是囚牛导演了一场凤凰浴火重生的生死演绎。看到凤凰安然无恙，大家也都放下了纠结的心，刚才的悲情也烟消云散，代之而来的是喜悦的欢呼声、胜利的尖叫声。凤凰的重生让大家心有灵犀地又拿起了各自的乐器，演奏起了节奏明快的音乐交响曲。

与此同时，立于云端的囟牛在欢愉的音乐声中驾云而去，并扭动娇身将凤凰重生前的尾羽幻化成了一条条小溪，后来这一条条小溪弯弯曲曲向着南海子东南方向摆动而去，汇成了今日的凤河汩汩清泉，不断地给凤河两岸百姓带去绿色、带去欢歌、带去曲目繁多的美妙乐章。

时至今日，南海子的昆仑山还矗立在双榆树旁，团河行宫的两眼清泉依旧清澈透亮，沙岗不在了，康熙乾隆爷疏浚团河时改造了，留下了沙岗祭凤的故事。①

七、七十二连营：一道别样意象的风景线

七十二连营传说收集到的版本基本有四类，亦即四个主要版本，叙述如下。

第一个版本。

清光绪二十六年（1900年）八月初某日，南苑地区义和团为了壮大力量，坚守畔地，组织团兵把清武卫军在大粮台的屯米运往南宫村。谁知这一消息被八国联军知道了，他们就派出侦察人员，企图掌握粮食的准确地点，然后抢粮。当时，美国军队派出了二十几人的骑兵侦察排，由于他们路途不熟，在南海子一带摸索了一天，也没发现任何情况。

第二日，这些美国兵草草吃完饭，就向青云店一带摸来。刚走到南海子一带他们就迷了路，分不清东南西北，转了一个圈又回到了原来的地方。这个美国侦察排的头目叫尼克，他让手下快去找一个向导来。一个美国兵找了半天，发现海子南边有一个青年。尼克装成过路人，问那个青年：你们这里怎么这么荒凉？从这里能过去吗？那青年一看是一个外国人，还带着那么多兵，就知道肯定是八国联军要到青云店一带祸害百姓，就吓唬他说："哎呀，老总，你们怎么就说，从那里可以过去呢？"青年说："要过去，人只能从远处绕了。这里是四十里苦海，虎狼成群呀。"尼克不由吃了一惊，想了想又问："你知道那里有没有军队？"青年见问军队，忙说："有，有哇。那里有一条凤河，凤河两岸有七十二连营，共有四十八万兵，而且有天桥关口阻挡。我就是因为那里军队太多，才搬到这儿来的。"这青年说的七十二连营就是说那有七十二个都叫营的村子，如沙堆营、孝义营。

四十八万兵，是说过去朝廷为夏天降温在那里建了存冰基地，老百姓家家都为皇家存冰。而天桥关口，是指大逛城村北有一个逛城门，是南海子里外出入的通道。这本来是当地的地名或生产情况，可听起来却成了草木皆兵。尼克一听，当时就吓坏了，看来这仗是打不赢了。

① 本传说由青云店沙子营村、长子营镇沁水营村、瀛海镇三槐家园社区17位村民提供，任鑫整理修改。

七十二连营范围涉及今采育、青云店、长子营 3 个镇，由明初移民建村的共有 66 个村，其中，以营为名的村落有 44 个，以移民原籍州县命名的村落有 22 个，如霍州营、解州营、赵县营、沁水营、孝义营等。①

这个故事版本特别多，有的说是英国军队牵头的，还有的说是日本人单干的，还有的说是意大利军人伙同德国军人干的，等等。但故事的目的是要告诉大家，凤河流域山西移民过来的村庄非常多。从流传的版本精确、生动形象的角度看，青云店镇民间的叙事非常精彩。

第二个版本，主要是围绕五台八庙七十二连营吓退日本兵的传说展开，黄村镇、西红门镇流传比较广泛。何立轩搜集整理，辑录于《采育镇志》。由于篇幅较长，摘录如下。

"卢沟桥事变"后，日本帝国主义大举进攻河北省北部地区，也就是包括现在的廊坊、通州、大兴、宛平、良乡、房山等地界，为非作歹，残害老百姓，从而激起了人民的痛恨。

8 月中旬的一天，五六十名荷枪实弹的日本兵从刚刚建起的廊坊据点出发，向大兴地区进犯，计划在采育镇建立据点。当他们走到凤河营村村南的时候，遇到一个岔路口，不知道走哪条路近，便停下来寻找村民问路。正在这时，从一条路上走来 3 位穿着破旧衣服的村民，他们发现日本兵之后想跑已经来不及了，就立刻走进花生地装作拔草，但是他们没有躲过日本兵的眼睛，被端着三八大盖枪的日本兵喊了过来。他们装作非常害怕的样子来到日本兵面前，浑身还有些哆嗦，低头不语，等待着问话。一个当官儿的日本鬼子"哇啦哇啦"地说了几句日本话，只见一个歪戴日本帽、腰别盒子枪、带有天津口音的翻译官说："皇军要去采育修炮楼，走哪条路比较近呀？你们要老实说，不然的话……"那位高个儿健壮的村民抬胳膊一指说："前边这个村子叫沙窝店营，过了这个村子就进入大兴县的五台八庙七十二连营了，听说各台各庙各营都有八路军埋伏，有好多迫击炮、机关枪和手榴弹，到处都埋着地雷，可厉害了。您要是去，千万多加小心，别中了八路军的埋伏。"

翻译官立刻向日本官连说带比画，日本官儿听后，思考一会儿后，向身后的日本兵们摆摆手，示意后退，又向 3 位村民伸出大拇指致谢，然后挥挥手，率领日本兵们原路返回，向廊坊的方向走去……②

第三个版本，围绕义和团抗击八国联军展开叙事，口传极度有趣，情节曲折，富有传播力，载入《大兴县志》。

传说是这样叙述的。

庚子年春天，义和团倡导反洋人、反洋教，老百姓一呼百应。其时，黄村周围村村

---

① 北京市大兴区青云店人民政府：《青云店故事汇》，2014 年 12 月。
② 何立轩搜集整理，载于《采育镇志》（北京市大兴区采育镇志编纂委员会），方志出版社，2020 年 12 月。

设神坛，庄庄摆拳场。当时街里有个布铺，黄姓掌柜，入过义和团。但他忙于买卖，没工夫整天练拳耍枪，生意兴隆时就给义和团捐些银两，加上黄掌柜能写会算，经常抽空帮助义和团算账、写帖。当年夏天，义和团到北京城里，打西什库基督教堂，攻东交民巷，闹了个倒海翻江，结果还是输给洋枪洋炮，败回城外。八国联军追出城来，扬言要将义和团斩尽杀绝。黄掌柜庆幸自己表面上跟义和团没有露出牵连，仍旧踏踏实实地做小本生意。一天中午，八国联军突然闯进黄村，杀人放火，村人四处乱跑，黄掌柜跑进死胡同，让洋鬼子逮了个正着。洋鬼子把黄掌柜押到村西老爷庙前大槐树下，这里，被抓来的老百姓已有几十个。洋鬼子官骑着高头大马，用手比画说："你们若不说出义和团跑哪里去啦，统统杀死，一个不留！"黄掌柜听了腿直打战。鬼子官一见，忙挥手叫鬼子兵给黄掌柜松绑。他满脸堆笑，冲黄掌柜说："黄先生，认不出我啦？"黄掌柜定了定神，上下打量着鬼子官，心里琢磨着："这个鬼子官怎么那么像前两天那个破衣邋遢的叫花子。"原来，这个鬼子官是日本人，能讲中国话，说得还挺流利。他奉命率领一支八国联军剿灭义和团。听说黄村是义和团的大据点，不敢冒失，所以前几天他亲自化装成叫花子来侦察。那天，他要饭来到黄掌柜门口，黄掌柜见他可怜，给他两个烧饼。桥本千恩万谢，嘴里还说："日后一定报答。"鬼子官望着黄掌柜那七分慌恐三分疑惑的面孔哈哈大笑，说："黄先生，你不要怕，我知道，你是个大好人。"他指着被抓来的老百姓，又说："他们不说出义和团的下落，统统杀死！你没事。"黄掌柜毕竟是个中国人，他听到鬼子官要杀自己的乡亲，黄掌柜心路宽，主意多，他眼珠一转，计上心来，忙对鬼子官说："你不是找义和团嘛，我都知道。"鬼子官一听，喜得直咧嘴，迫不及待地说："黄先生，你知道义和团的下落，快说出来，有重赏！"黄掌柜凑近一步，说"我们中国有句俗话，叫'好狗护全庄'，我要是告诉您义和团的下落，得了重赏，可乡亲们叫你给杀了，您想想乡亲们能饶我吗？"黄掌柜停住话音，望着鬼子官。鬼子官握紧马缰绳想了想，说："黄先生，你说怎么办呢？"黄掌柜说："照我的意思，您先放了我的乡亲们，然后我告诉您义和团的下落，我拿脑袋担保，绝不撒谎。"鬼子官心想，他既然敢拿脑袋担保，放了这几十个人也没关系，于是下令把抓来的老百姓都放了。黄掌柜见鬼子兵放走了乡亲们，就对鬼子官说："义和团没跑远，就在黄村东南，那儿有五台、八庙、七十二连营，村村都有义和团。他们在那儿摆下一座青龙阵，孝义营是龙头，凤河营是龙尾，专等着你们哪！"桥本对中国文化懂得很多，尤其是阴阳五行之类。出兵前，他专门看过京南地形图，清楚记得黄村东部实有五台、八庙、七十二连营等村名。想到这儿打了个寒战，这时天色将晚，鬼子兵撤回了北京城。

第四个版本，也是围绕义和团抗击八国联军的，是不同年份的另一本《大兴县志》，与以上叙述基本大同小异，此处不再摘录。

第六章　非遗意象的历史关切

　　传说的历史性和历史性的传说很难拿出一个令人信服的解说尺度。从学术的视角看，历史性的传说是一种文学解读；从传说的文学性角度看，它又是一种历史的解构。

　　研究历史人类学的学者一直秉持，重要的不是历史叙述的对象，而是史料建构的过程。依此说法，传说就是民间个体或者群体，通过自己的方式（叙事风格、故事理解程度、价值观、判断标准等）建构起地方历史，只不过是传统研究史料学的专家将之拒于正式历史资料运用的范畴之外。

　　凤河流域广泛流传的关于凤凰意象的故事，是传说，有的传说还上升到民间文学、评书、快板的形式。这些传说确实还没有进入地方史划定的史料范畴。从文化发生学的视角看，凡称得上口口相传了几代人的任何一种传说，绝不会是无缘无故凭空杜撰。口头创作者的初衷，或释一个典故，或述一种民俗，或言一腔期望，言事言物必蕴涵一种指代意义。凤河传说不是上古神话、宗教借喻，也不是民间神话、文学故事，固然其中神话故事也有很多版本流传，但这并不是主流。凤河传说之所以能够被拔到非遗的高度，是因其是有一定历史依据、特定时间地点和厚重人文要素支撑起来的民间传说。

　　如果说凤河传说表达的历史轮廓及其场景需要找出一个边界、一种分野，那就是凤河传说是经过运筹、沉淀"说"出来的，属于草野庶民、黎族黔首、乡绅阶层。口言俚语谓之"说"，"说"是几千年农业文明时代乡村文化得以延伸的重要表达形式；历史是"写"出来的，属于贵族、庙堂、文牍的另一种表达方式。这种边界从传播的方式讲是两个平行系统。意义的历史和文字的历史对凤河传说的时代性、价值性而言，无疑前者高于后者，所以我们仍在不断地思考凤河传说的境遇和主体创造等。

　　行走在历史与传说之间，越深度思考、追问、拷问，凤河传说的非遗价值就越高越大，也越能够还原、剥离出传说因子中包含的历史真相。

一、暴力移民与语境叙事

　　明代移民类型中，有朝廷组织的迁徙，有律法加以限制和打击的流民，还有商人群体、军事屯边等迁徙方式，由于迁徙方式不同，不同类型的移民在辗转过程中的遭遇也就迥然各异。

凤河传说乡愁意象层面中，关于移民过程中官府暴力强迫或欺骗移民的传说非常多，较早见于清代的个人家谱，譬如道光二十三年（1843年）十一月的顺义、平谷、河北安次、河南偃师的许多家谱。其中《滑氏溯源》中这样记载：

> 或有问未迁之先，祖居山西何地，故乡尚有何人，熙日无据。老人相传，自洪洞大槐树下迁来。一说山西迁民不迁洪洞，故人多逃聚此邑。骤然行文，独迁洪洞，所以传至今日，凡属迁徙者，各族皆有此说。

在北京大兴、顺义、昌平的郊区区县，河北廊坊、安次，天津的武清等，一直就有"洪洞老槐树下是咱老家"的传说，这与胡大海血洗林县的传说是有直接关系的。

元朝末年有个姓胡的举子，在进京赶考的路上突遇狂风暴雨，天昏地暗中路边窜出一只母猩猩，把被吓昏的举子背到小西天猩猩洞里。

举子醒来发现自己躺在一个阴森潮湿的山洞里，到处是果皮、禽兽残骨。恐惧中举子几次伺机逃跑，但均被洞口的巨石挡得严严实实。日子久了，与猩猩生下一子，似猴又像人。举子教他说话，并起名为胡大海。

胡大海慢慢长大了，举子就把自己的遭遇、身世全告诉了儿子，父子决计逃出洞穴重返人间。一天黄昏，趁母猩猩出洞捕食，二人掀开洞口巨石跑了出来。母猩猩回来见父子俩已经逃走，便顺着山梁追到汹涌的淅河前，父子俩眼看就要被母猩猩追上了，情急之下，举子将儿子推上淅河岸上，自己死死扯住母猩猩游入河水深处，同时淹死。

胡大海游到对岸望见父母双亡，泪如雨下，孤苦伶仃，只好走村串户，乞讨为生。胡大海长得奇丑无比，林州人躲着他走，称他为"老毛虎"。乞讨生活让胡大海体验了饥寒交迫、人间羞辱之苦，尤其是刁薄的财主婆辱骂和放狗撕咬的场景让他恨透了为富不仁。幸好还有可怜他的穷人给他糠菜稀饭吃，破烂衣服穿。后来，胡大海参加了朱元璋领导的农民起义军，他力大无穷，传说在林州城东15里的营里练兵，两手能托起一个磨盘在头上转三圈，一只手能拔起一棵柿树，由此深得义军首领喜爱。

胡大海跟随朱元璋南征北战，立下汗马功劳，成为大明朝的开国元勋。洪武二年，胡大海启奏皇上到林县雪耻报仇，朱元璋念他功勋卓著，又不想让百姓再遭杀戮之苦，准奏他只杀一箭之地。胡大海带兵来到林县没找着当年那家财主，愤怒之下一箭射在老雕身上，老雕带箭飞遍了整个林县，他就带兵杀遍林县。后来朱元璋念他功高且能认罚认错，就赦免了他的罪。为了弥补胡大海屠戮的过错，朱元璋下旨就近迁徙山西泽州、潞州一带居民迁往林县。当时林县一带叫林州，属河西北路彰德府管辖。俗话说，江山易改，故土难离。山西居民不愿背井离乡向林县迁移，官府就采取暴力与欺诈手段下令："凡不愿迁移者，限三天内集合洪洞县老槐树下集合登记。"当人们齐聚老槐树下时，大批官兵团团围住，给这些人戴上违抗皇旨罪名，强令迁移不得逃跑。胡大海血洗林州的故事，为洪武、永乐年间京畿之地的凤河"大槐树传说"铺设了暴力移民的初始意象，也为"洪洞大槐树下是咱家"的凤河移民文化"嵌入"最早的传说源。

长子营镇的下长子营村和沁水营村、青云店镇的霍州营村、赵县营村的胡大海血洗林县的传说基本保持了传说的风貌，只是把胡大海的父亲传为一个樵夫，叫胡樵，其他情节基本相同。情节中增加了胡大海杀人一直杀到洪洞，因地名与洪武年号相重才住手的叙述。在大兴区的长子营镇、西红门镇、瀛海镇、青云店镇、采育镇的乡村流传最广的还有脚指甲复形的传说。

关于脚指甲复形的传说有许多版本流传，被迁的百姓多把自己初生子女的双脚小趾咬裂，以示纪念，这是一种主动的说法。青云店霍州营村、北臧村镇西王庄村还有一个"小脚趾的传说"，是说洪洞大槐树的迁民中有刘姓三兄弟，为了解救三姐妹，杀了官差，只好分道逃走，为了以后辨认方便，临别之前用石头在脚趾上砸下印记，日后他们分别落户到河北的安次部分村庄（清乾隆年间部分村庄划归大兴，就是今天的采育镇、长子营镇、青云店镇的部分村庄）、北京市的通州区和天津的武清。瀛海镇流传的另一个版本"双趾甲传说"则说这是轩辕黄帝子孙的特征，而黄帝是洪洞县人。此外，关于迁民定居的传说也不少，如"一家庄的故事"等。关于官方暴力移民产生的许许多多系列性传说，在凤河流域流传甚广，它们与各村镇风俗及历史相联系，数量以数十计，但版本大致相同。

其共同点表现为以下几点。

一是粘连着许多后代文人学者的观念和意识，口口相传的言说方式渐渐变为文学叙事。

二是除了脚指甲复形、背手、解手的传说等外，与洪洞大槐树移民本身的关系非常勉强。而恰恰是这些传说不断衍生，构成了"大槐树移民"的文化记忆。

三是突出了故事的生动形象、情节起伏，与历史的真实性有很大的出入。

凤河传说世代传承的特性，决定了它的集体性或群体性，而大槐树移民的内容本身亦加强了这一特点。在这里，我们找到了传说如何通过传奇性的故事成为集体记忆的重要渠道；同时我们发现，集体的历史记忆，尽管记忆的历史并不见得一定是传说中的主要情节或母体衍生的意象所要表达的主体，但能够引发出其他重要的历史侧面。比如通过暴力移民的诸多传说，让我们对朱元璋和胡大海真实的历史人物有了新的认识。

首先，明代开国皇帝朱元璋到底是恤民的帝王还是嗜血的暴君？

乞丐、寺僧出身的朱元璋对百姓存有同情怜悯之心："四民之业，莫力于农，观其终岁勤劳，少得休息。时和岁丰，数口之家犹可足食，不幸水旱，年谷不登，则举家饥困。"明朝政府移民垦荒的原则是把黎民从窄乡移到宽县，从人多田少的地方迁移到地广人稀的地方。明朝曾有定制，对北方郡县荒芜田地，召乡民无田者移民垦辟，每户给15亩，又给3亩菜地，皆免3年租税。朱元璋还设置司农司于河南，专管移民垦田之事，在此以前已下令，凡州、县农民开荒及移民开荒，都归垦荒人所有，作为永业，还责成地方官散发耕牛种子，使移民、流民能定居附籍，具备从事农业生产的条件。明朝廷鼓励迁民，还制定了许多优惠和奖励政策，如发给棉衣、川资及安家和购置农具的银两，分给土地，并豁免数年田赋、徭役，等等。即使这样，远涉他乡别离故土，很多人依然抵制，间或逃跑，反抗时有发生。因此，个案的强制并不能代表整个移民过程。《洪洞县古大槐树迁民纪略》记道："明初，尝徙苏、松、嘉、湖、杭民之无田者四千余户，往耕临濠，给牛、种、车、粮，以资遣之，三年不征其税。"明廷对移民的经济补贴政策可见一斑。又记道："中书省言：'河南、山东、陕西、山西及直隶、淮安诸府屯田。凡宜给牛种者十税五，自备者十税三，诏且勿征，三年后亩收租一斗。'""免其赋役三年，仍给户钞二十锭，以备农具。"①民国六年《洪洞县志·古迹》载："树下为荟萃之所。传闻广济寺设局驻员，发给凭照。"民国初年，编修《洪洞古大槐树志》（作者不详）一卷，柴汝桢又汇辑《增广山西洪洞古大槐树志》二卷，对洪洞县大槐树迁民事，述之颇详。景大启曰："古大槐树在敞庄广济寺之西，即世所谓迁民处也。"张淑琳的《古大槐树歌》里亦说，此时"官家定有懂理人，约期指地此焉聚。洪洞野外广济寺，行人共认大槐树"。

其次，胡大海到底是心胸狭窄的匹夫之勇还是武者仁心？

洪洞大槐树移民到京畿、河北等地同样待遇有加，给钱钞备农具，三年内不征赋税。②明末清初思想家、经济学家顾炎武到河北大名府，了解到该县非土著居民占人口的十分之八③，《明史》卷一三三有传。据《明史·胡大海传》记载，胡大海勇武过人，又是一位仁义之士，常对人讲："我一介武夫，不懂得书本上的大道理，只知道三件事而已：不乱杀人，不抢掠妇女，不烧房屋。"

山西洪洞在明清时隶属平阳府，大槐树移民悲壮凄婉的传说并不完全具有历史的真实性，或者说并不能反映整个移民过程的全貌。如何看待传说中的这些片段呢？

这些传说反映了明洪武和永乐年间山西民众在政策律令的强制下向外迁徙的历史事实，否则与正统官方文献记载太相悖，违背客观史实有削足适履之嫌。

故事的变异同时也说明，传说不是历史，传说反映的是民众的历史观念——民众自己口述的历史。历史事件一旦进入民众的口头语言系统之中，便被打上传说的烙印。民众并不认为传说和历史之间有什么区别，他们不用考虑对历史事实的歪曲和肢解是否要承担道

---

① 《明太祖实录》卷一九三。
② 《明史·货食二》。
③ ［清］顾炎武：《天下郡国利病书·北直·大名府田赋志》，光绪年白纸石印本。

德和法律上的后果；因为，考据和求证本来就不属于民间的专利，而是史料学者在象牙之塔探究历史过程的方法之需、治学之道。传说可以借助历史因缘，在讲述的生动性、趣味性、可记忆上渲染，实际上也是民众对历史人物、事件期望的反映。这样叙事表达，故事情节更有可信性、典型性，叙事方式也更加感人，故事选材更加符合听讲人的年龄、身世，讲述效果也似乎更好。

用两个例证进一步证明传说的历史性与历史事实之间的差距。

> 其一，洪武三十五年九月，命户部遣官核实山西太原、平阳二府，泽、潞、辽、沁、汾五州，丁多田少及无田之家，分其丁口以实北平各府州县，按户给钞，使置牛具、子种，五年后征其税。[①]
>
> 其二，永乐十五年五月，山西平阳、大同、蔚州、广灵等府、州、县民上言：本地土瘠且窄，岁屡不登，衣食不给，乞分丁于北京、广平、清河、真定、冀州、南宫等县宽闲之处，占籍为民，拨田耕种，依例输税，庶不失所，从之。仍免田租一年。[②]

对移民的奖励政策，明代各个时期不断加大，即使清代初期，恤民政策亦有之。清初康熙朝的"湖广填四川"移民，也是国家有计划、有组织的法令性移民，国家给予一定的政策优惠，占地称为"插占"，并以为恒产，同时减免税收和给予补助奖励性政策。《古今图书集成·赋役考》记载，清朝建立后，为了恢复生产，清政府奖励由关内向关外招募开垦，有能招至一百名者，"文授知县，武授武备"。

如此看来，传说的历史性原则允许超越情节本身，也默许了事实的放大，但不能悖于事件的基本真实。

二、特定场景的语境叙事

历史不是时态的过去，不是尘封的"影子"，历史定格在时下个体生活的社会关系网中。我们依旧可以遥想，明代大槐树下移民场景的凄凉；依旧可以揣度上林苑、蕃育署移民劳作的叹息。历史的脚步无处不在。

凤河传说非遗所在的北京市大兴区，数百年来一直有"天下首邑"之称，因为这里的每一个地点、传说背后，都有影响力巨大并且被津津乐道的历史痕迹。虽然几十年来随着

[①] 《明太祖实录》卷十二。
[②] 《明太宗实录》卷一〇六。

城市化进程推进，有些地方已经易名，但易名的过程又是新的时代典故的诞生。2022年初，大兴区委宣传部"新国门意识"大讨论更是加快了该区文化赋能、以旅促文、文旅结合的产业重塑进程，我们需要借助历史，挖掘沉淀在民间的传说非遗，整合区域文化竞争力，那是历史赐予大兴人民最为宝贵的文化印记。文化有活的也有死的，死去的文化不叫传统。非遗背后浓缩了"活"的文化，铭刻着或静态展示的善美，或剧烈跃动的沧桑。

即使当下的个体生活，都与其所处区域的环境、历史文脉紧密相连，赵世瑜先生把这种联系称作"历史三调"：第一个是现实的人出于自己的需要，不断地从历史中获取资源，并且以之创造新的历史；第二个是历史本身会不断在现实生活中留下印记，一些印记被磨灭了，但又会留下新的印记，世世不绝；第三个是历史与现实世界之间，既有延续也有变化，这些延续和变化就构成了我们所说的历史过程。[①]

文化不能离开特定的人群而存活。随着口述资料进入社会学调查的视阈，越来越多的口述历史为时代历史研究所接受。长期学院式、象牙塔的正统视觉也逐渐走出大学围墙，底层民众的叙事方式也不断为学术研究接受。凤河流域长期处于"社会—文化"边缘的乡村人群也逐渐走到了京津冀协同发展的文化舞台聚焦灯下，口述历史方法的广泛应用正是研究凤河传说非遗文化需求的方法，也是"凤河人家"品牌建设发展的诉求。

虽然由于时空跨度阻隔了我们对历史景象的清晰透视，但这并不妨碍我们对历史的把握，传说的历史性告诉我们：古今其实是相通的。人的历史是古今得以相通的桥，因为古人与今人虽素未谋面，且各自不同，但因其同为人类，故能依据我们都能理解的媒介，想其所想，察其所察。正如赵世瑜先生2010年在北京大学一次民俗学座谈会上所言，即使在同一时代，也有"人心隔肚皮"的说法，但也不是说人与人之间绝非不能相互理解。因此，只要我们像在现实生活中理解身边事物一样，知道那是人们在特定的情境下做出的能动行为及其结果就可以。

南海子遇难的凤凰落下的羽毛化作清凛的凤河，是大兴人民耳熟能详的民间故事，在北京市和各郊区县传播也很广，而且从其最早的原型开始到现在，一直流传了数百年。为什么会有这样的效果？这个故事讲的是，南海子（皇家苑囿、上林苑、南苑）本是一个水草丰茂、百鸟欢歌、秋风萧瑟的天人合一之境，后来平静的生活被打破了。缘于吉祥美丽的凤凰被射杀。

在不同的时代、不同的地方，凤凰悲情总是不断加上讲述人自己的生活特点，又不断累积与地域有关的一些情节。凤河传说为什么会流传这么广？为什么会传承这么长时间？说明什么？说明这个故事几乎打动了所有人。这个故事触动了文学语言最爱表达的——人

---

① 赵世瑜：《小历史与大历史：历域社会史的理念、方法与实践》，生活·读书·新知三联书店，2006年。

心当中最柔软的部分，赵世瑜称"人心当中最柔软的部分"为跨时空的心灵对话。

胡大海的传说不断演绎、代际层累传说素材就是典型的例证。

关于胡大海，近年来在大兴区凤河流域还收集到几个版本，无论哪一个版本，故事传说核胡大海没变，复仇情节没变，只是改变了地点、时间，时空交错，相互印证。由河南、山东移到幽州，幽州移到畿辅广大区域。整个凤河流域杂草丛生，淤积漫灌，毫无人烟。这样累积个人倾向的口述资料，其实是为乡愁文化——山西移民选择凤河流域制造、渲染气氛。

人们了解历史、透析历史的动机并不是要站在尊贵的讲堂去当一位经天纬地的历史学家，绝大多数人热衷于对历史的解析，是试图穿越时空，找到秦时明月、古今相通的人心共性、共情、共融。我们对现实相关问题的关切愈多，对历史的追问和探究也就越发强烈。人的一生不仅是他个人的生活态度、生命感悟、情感表达，其实也和整个时代、周边人际、社会氛围，以及家国社稷的起伏跌宕息息相关、须臾不分。历史不是冷冰冰的资料堆砌，它是有血有肉、充满生气的人的交流，是古今对话的时空连线，期间的人，无论或古或今，都是他们自身的历史。

这样理解，就能够极其有益地把握乡愁生成的境遇逻辑。

三、移民与皇家文化的碰撞与融合

凤河传说作为凤凰传说核衍生的多层次意象，素材的渠道不完全是通过口述传统传承延续下来，有的素材来自墓志、墓碑，也有大量见诸族谱，还有的正史中能够找到这些事件的根据，但要把悲情和乡愁的传说集合体梳理清楚，还有一个渠道不可以忽视，这就是山西移民地的宗族建构、卫所军户建制以及定居、赋役这些看似不太关联的因素。

明初洪武、永乐这个时间段，华北大移民是最为普遍的现象，但这个时期也是卫所设置和军人调防极其频繁的时期，民间的有序和无序人群流动与军屯卫所频繁调防交织在一起，构成浩浩荡荡壮阔恢宏的迁徙场景。到宣德、正统之后，大规模的军事行动已经停止，同时由于朝廷的防卫制度做了调整，卫所军人改为就近赴卫承役，无需长途跋涉，所以，制度所规定的全国普遍流动的移民行为大为减少。特别重要的是，明代卫所军户制度不仅制造了原籍军户和在卫军户的分离，而且还导致大量原属同一户的人口异地而居，同时，由于补役、袭职，以及此地的军户在彼地屯田，导致两地人口不断联系。明代中叶以后许多地方军户家族族谱的编纂和宗族的建构，是为了对付军役而采取的策略。这也导致华北许多村落的家谱移民地点具有高度惊人的同一性：移民迁出地集中在山西洪洞大槐树、大柳树、大榆树、老鹳窝、圪针沟等。明清时期移民迁出地除了山西洪洞大槐树外，河北有小兴州，江西有瓦屑坝，麻城有孝感乡，福建有宁化石壁村，广东有南雄珠玑巷，苏州有阊门，山东有枣林庄等。这些历史反映了卫所军人不断调防的历史，至于祖先入籍何处则是较难确定的。

在族谱中，并不都能发现关于其祖先属于明代军户的记载，在北京大兴、通州、顺义，河北安次、廊坊等地存在"异姓同宗"现象，即现今虽为异姓，但族谱记载原为同宗。原因之一，出于政治避难的考虑，如本为蒙古人，入明后被迫将其五子分别随妻妾改为五姓；或为元官，明初逃入内黄，入赘妇家，四子一女中或从妻姓，或李姓，五世后又或复原姓。原因之二，为原住民，因元末战乱，一地仅余两姓一男一女，婚后二子各承一姓。原因之三，洪洞移民，原为一姓，迁入移民地后其中一人改姓，死后并排立墓，称"双立祖"。虽然族谱或墓碑并未清楚记载其有军户身份。所说之三种原因，赵世瑜先生认为，都将其事定时于明初，显然是为吻合与明初编户入籍的规定找到合理的理由。同时，在研究异姓同宗的现象时，应当与后来常见的因某种需要的异姓联宗区别开来，出现明初同宗异姓现象倒非常可能是明初为军、将不同家庭三丁以上者抽一丁合户为一军户的历史记忆。但大多是为了避役改姓，单立一户。

洪武年间迁民的建议本来是户部官员提出来的，朱元璋最初也将批示下于户部，但具体的操作，却很多是由后军都督府来进行的，而后军都督府恰恰是京师内外都司卫所的上司机构，后军都督府除主管在京属卫外，也是北直隶诸卫（初北平都司、行都司）、山西都司、行都司以及大宁、万全都司的上司机构。上述地区既是明初山西移民传说中的主要迁出地，也是其主要迁入地。虽然没有直接证据判断这些移民迁徙后是否仍属民户，但从操作来看是纳入到卫所系统中的。[1]

不管怎样，凤河移民传说与明初、明中期的定居宜业及开发史有直接关系，而不同人群来到一处定居和开发的历史过程，也就是地域认同逐渐形成的过程。不同人群在不同时期定居与开发的历史，不仅是明清时期普通人的历史，也是明清国家形成的历史。

明前期延续了元朝的某些国家管控体制，比如在内地实行按役分户、配户当差的制度，在边疆实行土司－卫所双重管理制度等，以不同的统治模式将国家与人民、土地连接起来。但到了明代中叶，大约16世纪后，这些制度开始发生了变化。

由于上述变化导致人口流动性加大，并主要集中在16—18世纪。这个时期，正是各种祖先移民传说从萌发到广泛流传的时期，也是从更早的口头流传变成文字记录的时期。移民传说也逐渐广泛流传，它和其他的文化标签一起，扩大了地域认同的空间。

① 赵世瑜：《从移民传说到地域认同：明清国家的形成》，《华东师范大学学报》（哲学社会科学版），2015年，第4期。

四、故事、传说的资料性甄别

每个地域、每个村落总是有其可说可圈并具有独特个性的文化色彩。明清凤河流域文化个性是什么，移民情怀如何定位，乡愁意象如何确立，这也是需要文旅部门、各镇街认真解答的问题。明清凤河移民文化积淀的特色，最主要的是民俗传递、非遗底色、乡愁表达（主要通过实物实证和历史记忆呈现），这些都是北京西山永定河文化带最为精彩、最为鲜亮的"点睛之笔"。何也？有回溯形成的文化背景作为佐证。

关于明初山西洪洞移民的传说故事，包括关公救凤说、凤凰衔枝说、迁民缘起的传说、大槐树地点的传说、官府强迫或欺骗迁民的传说、脚指甲复形的传说、背手解手的传说、"打锅牛"分家的传说、迁民定居过程的传说等，有若干类、若干纲目。每个纲目之下又有不同版本。对此类语境背后的意义进行福柯式（M. Foucault）"知识考古学"的探究，也许可以发现这些话语和象征指代是如何创造出来的。

"洪洞""大槐树"被大兴凤河流域的移民后人坚定地认定为故乡。在中国移民史上，类似洪洞这样被移民世代记忆为故乡的地点，同时还"附会着"许多脍炙人口的传说。根据华北民间的谱牒、碑刻等资料统计，祖先来自洪洞大槐树的达到 11 个省、227 个县，移民人口达到百万以上，这么庞大的数据自然引起了众多学者的疑问，"山西移民"何以缩小为"洪洞移民"？"问我祖先来何处，山西洪洞大槐树"，这样一首妇孺皆知的俚语背后，究竟蕴藏着怎样丰富深厚的历史情境和文化内涵？

传说上升到非遗的高度，就必须面对传说的历史性和历史化的背景问题。对待传说的态度，学术界大致有三种观点或是三种考量。第一种观点认为，传说与史实属于二元对立，传说往往被学术界视为随意性大、杜撰成分多，且有人云亦云之嫌。第二种观点是对传说采取半信半疑、将信将疑的态度。有时会把传说简单地视为历史事实，并作为立论的依据，如《明实录》《明经世文编》等。著名学者赵世瑜先生曾指出，"当我们仔细查考了从明代到民国时期的 7 种版本的《洪洞县志》以后，发现除了民国六年的那个版本中讲到了大槐树和大移民的关系以外，在以前的各个版本中却对此只字未提"。第三种观点是立足于后现代主义视角，把传说视为与历史同等意义的"历史记忆"，更多需要意义立论而不强调考据。后现代历史观不能简单地说成是时代性缺失，自有其成功之处，史学界不断出现了一些从传说出发研究历史的成功个案就是"明镜"，比如顾颉刚的"孟姜女传说"的研究、陈学霖的"北京建城传说"和"八月十五杀鞑子"传说的研究，等等。时下关于移民传说的研究，业已成为历史学、社会学、民俗学、人类学等多学科共同关注的重要问题。

与其说洪洞大槐树移民问题是一个历史事件，毋宁说它更是一个非常复杂的文化现象。真实的故乡与想象的家园虽然有着很大的差距，但并不影响民俗学、文化发生学与伦理学、社会学的研究理路。

就民间传说进入正史的考据学意义，顾颉刚先生的"层累的古史说"给了我们很大的启发，可以说是启迪深远。顾颉刚先生认为，历史是一代代人根据现实社会中政治、经济和自身发展的需要不断叠加进去自己的理解和故事形成的主体客体化的结果。按照"层累的古史说"理论，女娲陵寝究竟是否在洪洞县赵城镇侯村、炎帝是否娶妻岳阳、舜躬耕历山是否在洪洞等存在巨大质疑的悬案似乎不应当是学界鄙薄传说时代性的主要问题，应该将关注点放在这种凝聚了上古传闻、种种臆测，充满浓厚血缘、亲缘和淳朴民风的民众信仰与祭祀习俗上，以及为什么其会产生如此持久和深刻的影响力上。

黄帝姓公孙，名轩辕，是中华民族的共同祖先。虞舜是黄帝的八代裔孙。据《史记·五帝本纪》记载：虞舜本名重华，舜是冀州人，登上帝位任职39年，到南方巡察，在苍梧（今湖南宁远县）境内仙逝，葬在江南的九嶷山，这便是零陵。据《舜贡》载：虞夏、商时代，山西洪洞县属冀州之域。传说舜生于洪洞县诸冯（今洪洞圣王乡村北）。民间信仰和称之为传说的其他事项，都应理所当然被视为文化创造的产物。在中国的乡村社会中，乡民的祭祀、舞乐、礼仪活动和仪式行为，无疑受到上层和下层意识形态影响。诸多乡村仪式行为，应当视为一个复杂的、互动的、长期的历史过程的"结晶"和"缩影"。"全息"地反映了多重叠合的、动态的社会演变的"时间历程"。

再反过头来回到大槐树移民的民间传说问题。传说有言，官兵强迫百姓在大槐树下登记后，为防止逃跑，把他们反绑起来，然后用一根长绳连接起来，押解着上路。由于移民的手臂长时间被捆，胳膊逐渐麻木，不久，也就习惯了。以后凡是移民大多喜欢背着手走路，移民们的后裔也沿袭了这种习惯。是否合乎学术逻辑，我们可以不管它，因为中国的历史就是一部大迁徙史、民族大融合史，稳定是相对的，变动是常态的。就移民史料作为文化系统工程研究的依据，我们以为，只要不是用故事和名人以及民间说法简单纳入地方志，就可以纳入口述历史范畴加以佐证。

五、上林苑监与凤河三镇

凤河流域的长子营、青云店、采育三镇至今流传的神话、故事，传承了移民故地的主体精神、人文精神。孔子诠释《春秋》是"微言大义"，鸿硕大儒们概括为"上本天道，中用王法，而下理人情"，比如董仲舒、韩愈、"二程"、朱熹等大儒都从不同学理角度做过阐释。在凤河传说非遗的社会学田野调查中发现，凤河流域的移民，其传说在今天的迁出地和移民地能得到相互的印证。

关于丹朱学艺传说。这个传说在山西长治市长子县和大兴区长子营镇上长子营村、下长子营村基本一致。相传尧定都平阳时，封其长子丹朱于山西长子县，故以"长子"命名，又称"丹朱城"。丹朱出世时，全身通红，尧帝兴奋万分，即兴赋名，为幼子起名为丹朱。丹朱自幼放浪不羁，胡作非为，尧帝由于忙于治理天下，平时无暇顾及丹朱。但当他知道丹朱的种种劣迹后，非常头疼，于是思量着如何教育丹朱。经过一段时间的考虑，并通过治水围田受到启发，他发明了围棋。自从丹朱学了围棋后，果然被围棋的博大精深和千变万化的棋局所吸引，从此不再顽劣不羁，整天与平时玩耍的小朋友一起认真学习围棋。短短几年很快过去了，丹朱不但棋艺大长，而且变成了一个尊老爱幼、彬彬有礼的人，尧帝心中大悦，围棋终于收住了顽皮少年的心。又过了几年，尧帝年老体衰要"离职"了，想把帝位传给丹朱，于是找他来商谈，不料丹朱推辞说："我们选帝王不能搞世袭制，应该让最能干的人当帝王。我认识了一个叫舜的人，他不但围棋玩得好，而且还注重实践，我向您推荐这个人。"尧帝经过考察发现，舜不仅在围猎方面有办法，耕种、治水也很有一套，加之丹朱又不想当帝王，于是就把帝位传给了舜；后人把尧、舜称帝的时期称为尧舜时代，围棋的起源就是在这个时期。这个故事在大兴长子营镇流传甚广，在长子县流传也很广泛，这不能说是一种巧合，应该说是一种"活"着的文化传统，是文化密码在流动持续着。

关于女娲补天的传说。这个传说在晋东南地区流传甚广，在今天的河北安次、大兴采育镇、青云店镇广大的村庄依然文化底色不减。相传在上古洪荒时代，水神共工和火神祝融因故吵架而大打出手，最后祝融打败了共工，水神共工因输而羞愤朝不周山撞去，哪知不周山是撑天的柱子，不周山崩裂之后，支撑天地之间的大柱断折了，天倒下了半边，露出一个个可怕的黑窟窿，地上也出现了一道道巨大的裂口，山林燃起炎炎烈火，地底喷涌出滔滔洪水，无数恶禽、猛兽蹿出来危害人类。女娲见人们遭受如此残酷的灾祸，就全力补救天地。她先在江河中挑选许多五彩石，熔炼成胶糊，把天上的窟窿一个个补好。又杀了一只大龟，砍下它的四肢竖在大地四方，把天空支撑起来。接着杀了黑龙，赶走各种恶禽、猛兽，用芦苇灰阻塞了横流的洪水。经过女娲几番辛劳整治，苍天总算补上了，地填平了，水止住了，龙蛇猛兽敛迹了，百姓又重新过上了安乐的生活。但是这场特大的灾祸毕竟留下了痕迹，从此天还是向西北倾斜，因此太阳、月亮和星辰都很自然地归向西方，又因为地向东南倾斜，所以一切江河都往那里汇流，当天空出现彩虹的时候，就是女娲的补天神石的彩光出现。

关于精卫填海的传说。这个传说在山西中部太原、临汾地区久传不衰，在大兴区凤河源头的西红门镇、亦庄镇、瀛海镇同样为民众津津乐道。传说太阳神炎帝有一个小女儿名叫女娃，是他最钟爱的女儿。炎帝不仅管太阳，还管五谷和药材。他事情很多，每天一大早就要去东海，指挥太阳升起，直到太阳落下才回家。炎帝不在家时，女娃便独自玩耍，她非常想让父亲带她出去，到东海太阳升起的地方去看一看。可是父亲忙于公事，总是不带她。这一天，女娲便一个人驾着一只小船向东海太阳升起的地方划去。不幸的是海上起了风暴，风暴像黑色山峦一样把小船打翻，女娲被无情的大海吞没了，永远回不来。女娲死后，她的精魂化作了一只小鸟，花脑袋，白嘴壳，红脚爪，发出"精卫、精卫"的悲鸣，所以，人们又叫此鸟为"精卫"。为了不让大海再夺去其他无辜的生命，精卫就发誓把大海填平。后来，精卫和海燕结成夫妻，生出许多小鸟，雌的像精卫，雄的像海燕，小精卫和他们的妈妈一样，也去衔石填海。直到今天，他们还在做着。

关于鲤鱼跃龙门的传说。这个传说主要集中在山西运城、临汾地区，以尧都区、河津县、绛县、万荣县为代表的村镇，在大兴，基本涵盖整个中部、东南部、南部的广大村镇，特别是榆垡镇、北臧村镇。传说东海中有一大群金背、白肚和灰腹的鲤鱼，听说禹王要挑选能跃上龙门的管护龙门（也称禹门口，位于河津县城西北 12 公里的黄河峡林中），便成群结队，沿黄河逆流而上。还没望见龙门的影子，那一条条灰腹鲤鱼便被黄河中的泥沙打得晕头转向，有的不幸碰上张着大口的鱼鳖海怪，便呜呼哀哉了。金背鲤鱼和白肚鲤鱼摆成一字长蛇阵，轮流打前锋，迎风击浪，日夜兼程，终于游到了龙门脚下。鲤鱼们看罢美景，就向禹王报名应试。禹王一见大喜，说："鱼龙本是同种生，跃上龙门便成龙。"鲤鱼们一听，立即使尽平生气力向上跃去，没想到刚跃出水面一丈多，就跌了下来，但它们并不灰心丧气，而是日夜苦练甩尾跳跃之功，就这样直练了四十九天，一下能跃四十九丈高。但要跃上那百丈龙门，还差得很远。有条为众鱼唤气垫身的金背鲤鱼，看着同伴们都跃上了龙门，唯独自己还留在龙门脚下。大禹一见赞叹不已，随即在这条金背鲤鱼头上点了红，霎时，金背鲤鱼变成一条吉祥之物——黄金龙。大禹命黄金龙率领众鲤鱼管护龙门。怪道老人们传说，过去在黄河上捞鱼的人如果捞到头顶有红的鲤鱼，就立即放回黄河中。学校招生出榜，姓名上"点红"做法就来源于此。

关于薛仁贵征西的传说。该传说主要以山西晋南河津县最为集中，在大兴长子营镇全域流传。薛仁贵，唐朝名将，龙门（今河津）人，名礼，字仁贵。龙朔元年（661 年），一向与唐友好的回纥首领死后，继位的比粟转而与唐为敌。唐高宗召薛仁贵为将，领兵赴天山痛击九姓回纥。临行，唐高宗特在内殿赐宴，席间唐高宗对薛仁贵说："古善射有穿七札者，卿试以五甲射焉。"薛仁贵应命，置甲取弓箭射去，只听弓弦响过，箭已穿五甲而过。唐高宗大吃一惊，当即命人取盔甲赏赐薛仁贵。赴天山后，回纥拥众十余万相拒，并令骁勇骑士数十人前来挑战。薛仁贵临阵 3 箭射死 3 人，其余骑士慑于薛仁贵神威都下马请降。薛仁贵乘势挥军追杀，九姓回纥大败。接着薛仁贵越过碛北追击，擒其首领兄弟三人。薛仁贵收兵后，军中传唱说："将军三箭定天山，壮士长歌入汉关。"从此，回纥九姓衰败，不再成为边患。

故事、传说、绘画、雕刻等均可作为文化密码的重要元素，文化元素则又是文化价值的重要部分。文化价值包括圣贤典章的精神境界，也涵盖了人们日常伦理中所表现的行为范式和价值取向。每个时代的现实生活毕竟受制于当下文化的规定。文化是一种最宽泛的通俗指代，广义的中国传统文化中，社会、艺术、民俗等无所不包，但在比较文化的前提预设下，文化是历史地分析"当下""此在"。人类学家克罗伯、克拉孔对160多个"文化界说"进行审视，确立了普遍能为人接受并采用的通用法则，这就是文化的核心由一套传统观念尤其是价值系统构成。观念作为文化灵魂的精神和流动着的传统，故事、传说则理所当然地成为民族的文化本位。文化是个别的、具体的，不是抽象的、普遍的，当然抽象的文化不能列入史料进行钩沉。

文化价值是一个多层次、多要素、有活力的系统运作。明清凤河传说经过自觉的反省与检讨，必须获得与时俱进的意义，那些故事、神话所涵盖的独特精神底蕴无论如何都是活着的灵魂。凤河传说非遗中层累的故事、传说，其文化价值传统的时代意义，贡献出了文化传统的危机化解及挽救之道。

关于文化密码的遗传基因问题，周公与桃花女的传说就是一个很好的例子。

周公和桃花女的传说本是山西运城地区馈赠给历史的一笔丰厚的非遗财富，但这笔财富依然惠及了大兴凤河流域的民众。山西早在元代就有《桃花女破法嫁周公》杂剧。我国台湾地区在20世纪80年代还出品了歌仔戏《周公与桃花女》，这是当年国民党退居台湾后，由山西籍的教育家、艺术家创作而成的。及至当下，单口相声《桃花女破周公》依旧脍炙人口、耳熟能详。这个传说在凤河流域民间流传久远、版本也多，但"周公与桃花女"基本分为两种版本。

田野调查的第一个版本主要是瀛海镇、长子营镇、采育镇，传说是这样叙事的。

公元前11世纪，商纣王荒淫无道、众叛亲离，周武王顺天应人，起兵灭商建立周朝后，大封诸侯以屏藩帝室。封召公奭于今北京一带，建燕国。封周公旦于今山东曲阜一带，建鲁国。周公、召公因忙于国事留守朝廷，命世子代父前往封国。平定管蔡之乱后，终至成康之治，周朝也达到了极盛之世，夜不闭户，路不拾遗。这一日，周公想念兄长召公，就出游来到了燕国，途经大兴青云店，演绎了一出与桃花女的啼笑姻缘、爱情佳话。

俗话说，卤水点豆腐———物降一物。周公虽然能掐会算，从不失手，但卜卦看相终究只是他的副业，治国秉政才是他的正事，所以才有了桃花女破法嫁周公的故事传说。桃花女艳压群芳，名动燕蓟，家住凤河与岗河之间清水河畔。加之她出生于阴阳世家，其父有天书、地书两部独门秘籍概不外传，她却只有一个哥哥心智平平不足以继承祖业，她父亲就把一身本事传给了她。也是桃花女聪明灵秀，且从小耳濡目染，给人算命百算百灵，破解之法更是精妙绝伦，是这一带有口皆碑的美女仙姑。父亲临终前留有一言，说桃花女一生坦途，唯婚一波三折，然坎坷过后却是贵不可言。进入燕国后，周公为体察民情，打发走了随从人等，竖起卦幡一路给人看相，安步当车地来到了清水河畔。不经意间走进了一户人家讨水喝，忽听堂中有人念子未归而心有怨声。略一询问，方知是这家老婆婆想念外出经商三年未归的儿子，老婆婆看周公仪表堂堂、谈吐不凡，定非凡夫走卒之辈，就说起了儿子的事。

周公想反正左右无事，问过老婆婆儿子的生辰八字，掐指一算，大惊失色，欲言又止。老婆婆看出端倪，担心地问："莫非我儿出事了？先生不妨直言相告。"

周公叹口气说："你儿子回不来了，他的阳寿已尽，今天午夜就要入土归西。"

老婆婆一听，顿时六神无主，大放悲声。桃花女恰好从河畔浣纱回家，听到墙内传来伤心的哭声，就迈步走了进去。

桃花女认得老婆婆，就问："老妈妈，您哭啥呢？"老婆婆就一五一十地学说一遍："还望仙姑救我，我儿今天就没命了，他再也回不来啦，呜呜呜……"桃花女听了也问了老婆婆儿子的生辰八字，她见老婆婆哭得伤心，就默默地占了一卦，掐指一算，也吃了一惊，心里想："果然周公八卦算人不差呀！"但你周公尽管算得准，却破不了，我桃花女呢，既能算准又能破凶化吉。

桃花女如此从中作梗，周公不禁气由心生，也是老夫聊发少年狂，周公想自己一生翦灭殷商、平定三监、分封诸侯、制定礼乐，皇皇功业堪与日月同辉，天子对自己尚且礼敬有加，岂能无端败于一个小女子之手。

原来桃花女自走进门来，就识破了周公的身份，也是美女爱英雄，她对周公的伟岸和才德仰慕已久，心想父亲遗言莫非应在今日，遂早有芳心暗许之意，就借机激起了周公好斗不服输的心。于是两人相约坐等明日来临，到时高下立见，一赌定输赢。

周公看到老婆婆母子团聚，这一个回合是输定了，就出门找了家客店住下，思量着下一步的打算。周公是个不肯服输的人，定要制服桃花女而后快。于是他心生一计，决定娶桃花女为妻，在娶亲的过程中，暗设机关置其于死地。

桃花女将计就计，爽快地答应了。但提出必须满足她的几个条件。必须做：一、要乘花轿，红布做围帐；二、要一顶大红盖头；三、要选好良辰吉日，天不亮就前来接亲；四、在周公家门前左右贴两个喜字，树两个草人；五、院内用红毡铺路，并摆设一香案，案上放一斗高粱；六、堂屋门前生一火盆，烧得越旺越好。

几个条件缺一不可，否则决不答应。

周公派去的人回去全盘诉说一遍，周公不解其意，答应全都照办，派人准备。

周公还是想暗害桃花女。一是自己动手，二是作法用纸人纸马帮忙。良辰吉日已到，一切准备停当。鸡叫三遍天不亮就去迎娶桃花女，花轿刚到门前，周公拿起了弓箭，照准花轿连发三箭。桃花女左逢右挡两支箭落在了草人上，一支箭从轿顶上飞过。第一招被桃花女识破了。

桃花女下轿踏上红毡。周公忙作法请纸人纸马提拿桃花女时，只见一道红光而不见了人。马见香案旁边有高粱便去吃。再见桃花女来到堂前迈过火盆，纸人纸马不敢近前。进到屋来，周公拿起宝剑，照定桃花女头上猛刺一剑。只挑下来红盖头。露出桃花女美丽娇艳的面容，对周公微微一笑说："你的招数都被我识破了，天命如此，该着你我成夫妻，不要再生害人之心了。"恰在此时，周公一阵恍惚，悠然听到耳边父亲周文王的声音："夫妻为人伦之首，吾儿不可造次，汝命中该当有此一劫，你和桃花本是真武大帝的戒刀转世，儿为刀身，彼为刀鞘，儿当速与桃花女合香，孤已命汝兄姬奭在燕都造好府邸以待汝二人。"

周公想起近日来的一些事，脸一红便对桃花女说："你的招数高我一筹，我们还是和好了吧。"此时，周公也说明了自己的真实身份，与桃花女同返燕都。在城门外，召公奭率领文武群臣出迎三十里。召公也对周公说起了前些日子父王梦中让他建造大婚府邸的事。兄弟二人相下一说，恍然大悟。

于是就在燕都府邸大宴宾客群臣，明媒正娶桃花女，成为一对恩爱夫妻。

这样的传说在大兴青云店就能找出相应的案例。青云店镇北头，就有一座"真武庙"。传说真武大帝在雪山修炼时，用戒刀剖腹洗肠，因失血昏厥，将戒刀弃置一边。后来这戒刀刀身修炼成阳体，刀鞘修炼成阴体，阳体下凡投胎为周公，辅助父兄做了一番丰功伟业，阴体下凡投胎在凤河与岗河之间的清水河畔，因喜欢桃花，人称桃花女。二人在世间祛病消灾，广济救人，深得百姓敬爱。最后世缘已满，理应复归天位，真武大帝于是将他们重新收回，做了自己身边的金童玉女。据说中国的婚嫁习俗，特别是新中国成立前用轿子娶亲、乘花轿、择良辰吉日、天不亮就迎娶、新娘头顶红盖头、男女门前贴喜字、树草人、设香案、拜天地、迈火盆、挑盖头等，一些礼节习俗都是从桃花女破周公时流传下来的。

经过几千年的演变发展，中国的婚嫁习俗礼仪繁多且自成体系，各地各族虽不相同，但大体相似。在世界各地婚嫁习俗史上，中国的最为多样。

田野调查的第二个版本主要来自青云店镇、亦庄镇、西红门镇，传说加重了情节的描述，青云店政府还将该传说收集到镇人民政府主编的《青云店故事汇》中。

"桃花女嫁周公"传说是这样传播的。

周公小时候家里很穷，每天早早起来，总是背个筐拾粪，拾呀拾呀，天天如此。有一天，周公从地上拾起捎马子，从里面掏出一本"天书"。周公从得了天书，本事就大了，能掐会算，懂得阴阳八卦、生死劫数。不管是谁家，不管是啥病，只要周公一看，很快就好了，看一个好一个。

这样，周公的名气就大了，成了一位财主，家有万贯，骡马成群，还雇用了许多佣人。再说，周公家里的佣人中，有个叫石成人的。他长年累月在周公家里干活，十分勤快，周公也很喜欢他。他看到主家每每给人看病，看一个好一个，不知道用的啥法子，心里便想试试主家的本事。一天，他躺在炕上，哼呀咳呀，装起病来。周公知道了，便给他看脉，看了以后，便对他说："你这病治不好了，三天头上就该死哩。"这一说不要紧，可把石成人给吓坏了。

回到家里，躺在炕上，哼呀咳呀，再也起不来了。石成人有个姑妈，姑妈跟前有个女儿，名叫桃花，石成人该称她表姐。这天，表姐到他家来串亲戚，看到表弟躺在炕上，愁眉苦脸的样儿，忍不住问道："表弟，你是怎么了？"开始，石成人什么也不说，等问得没法了，他才叹口气，说："我不能活了，俺主家是个神医，本事可大了，给人看病，看一个好一个。前天给我看了看，说我的病不能治了，今天夜里就该死哩！"说着又大哭起来。他的表姐听了以后，笑了笑，说："没事，我教你个法儿，肯定死不了……"于是她便如此这般讲述了一遍。

当天晚上，石成人按照表姐的吩咐，早早在村外一条大路边挖了一个深坑，等到太阳落山以后便跳在里面，只露出个头顶。约莫到了三更时分，便听到有人问："来了没有？"等问到第三遍时，他便搭腔了，说："来了！"于是，便听到哗啦哗啦一阵鸾铃，一队人马过来了。原来是几位神仙从这儿路过。等到了跟前，石成人便从坑里跳出来，跪在地上，苦苦哀求，说："救救我吧！救救我吧！"几位神仙便停下来，问道："你是谁？为啥在此呼喊救命？"石成人便把自己身世，主家如何说他该死……一一讲出来。几位神仙掐指一算，果然，他的阳寿已尽，应该马上去死。可再看他模样，怪可怜的，几位神仙商量，便说："这样吧，咱每人拨给他点阳寿算了。"大家都说："行！"停了一会儿，又听得晃啷晃啷一阵鸾铃，几位神仙便无影无踪。这样，石成人竟真的活了下来。

几天以后，他又回到周公那里上工去了。周公见了，十分惊奇，便问道："你怎么还活着？"开始他不说，经不住几番追问，石成人才将表姐如何想方设法拦住神仙和乞求赠寿的经过说了一遍。周公听了，便对石成人说道："这样吧，你去跟你表姐说说，让她嫁给我吧。"这么一说，倒把石成人给难住了。不说吧，当着主家的面子不好看；说了吧，表姐救了自己，还得让表姐嫁给他，这话如何开口？想来想去，忽然想起来了，我何不回家给妻子说说，让她出面去说。妻子很愿意办这件事。她到了表姐家里，把周公的话全盘说给桃花，还加枝添叶说了许多好听的。

想不到，桃花竟满口应允。亲事很快便说妥了，并选定吉日迎娶。因为石成人的妻子姓枚，人们称她枚婆。所以，后来人们便把说合男女亲事的人统统称作"媒婆"。

娶亲的时候，周公有意地在路上安排了蝎子精、蝴蝶精、茨藜精，十字路口和新人房里安置了"五鬼"，进门院里安排了"白马精"，稍有不慎，那精怪便要将桃花吃掉。娶亲那天，桃花事先叫人送来"通道路"的食盒，定好路线，等花轿来了回去的时候，要另换一条路，这就是人们常说的"新媳妇不走回头路"的由来。她还让人在轿里放一块猪肉，等到了十字路口，她把那肉解下来扔掉，那"五鬼"急着抢肉吃，花轿便很顺利地过去了；等一进门，她又让人们撒草撒料，那"白马精"只顾吃草吃料，桃花便趁机进了新房。人们说"一把草一把料，打发媳妇下了轿"就是这样来的。新房里不是还有"五鬼星"吗？她让人事先备好了弓箭，那"五鬼"一见弓箭，也就急急忙忙躲开了……原来，那石成人的表姐桃花是桃花仙女转世，桃花女是南顶老爷跟前一个站班的。那天，南顶老爷度化周公，她跟在旁边，等周公到了桥头，桃花女也跟了来。周公从地上拾起捎马子，去掏那天书的时候，只掏了前半本。过去的捎马子，是前后两个裕兜，那天书的前半部装在前裕兜里，后半部装在后裕兜里。周公只得了前半本，那后半本掉在河里，顺着水冲走了。

桃花女眼看着后半本天书被水冲走，很是愧惜，便顺着河水，跟了下来，到了这个村庄，就是桃花庄。从村里走出一位妇女，桃花女急中生智，连忙脱胎转世来了个急生急养急长，很快长成一个大姑娘，坐在河边洗衣裳。等那半本天书冲过来，她就用洗衣的棒槌把那后半本天书捞了起来。因为她脱胎的那个村子叫桃花庄，所以，她的名字就叫桃花女了。

人们说：周公会摆阵，但他不会破，因为他只有前半本天书；桃花女不会摆阵，但她会破，因为她有后半本天书。周公和桃花女的故事就这样流传下来了。直到现在，农村娶媳妇虽然不坐轿了，但有些风俗至今还保留着。[①]

凤河流域周公和桃花女的故事，印证了山西晋南婚俗文化，是一个典型的民间传说翻版。

明清凤河人家的婚嫁习俗，特别是用轿子娶亲、乘花轿、择良辰吉日、天不亮就迎娶、新娘头顶红盖头、男方门前贴八字、竖草人、设香案、拜天地、迈火盆、挑盖头等，这些礼节习俗都是对明清晋南民间流传的桃花女破周公传说的文化诠释与翻版，文化的独特精神底蕴是故乡文化活的灵魂。凯恩斯（J. M. Keynes）说："从事实际工作的人，总以为他们完全不受学术思想界的影响，但事实上他们往往是某已故学说的奴隶。"文化问题亦然，说明文化的传承延续离不开文化的原生态基本范畴，他们的婚嫁习俗，恰恰印证了山西南部非物质文化遗产独特的文化原生态"作品"，周公的婚俗典故至今都可以在凤河流域的移民村落中找到文化的原始要素。

文化价值指向能够准确表述凤河流域移民从家乡到异地带来的文化密码。从文化价值入手，探索山西迁出地与大兴凤河流域迁入地在民俗、习俗上产生的相同意义的社会特质，揭示这种共质性的内在超越中所蕴含的生活成分，一定是破译文化价值的新思维、新理路。因此，凤河传说非遗中神话、故事、传说的内涵延续在向实践理性的转换上，完全可以转化为乡愁文化的实践主体性。

---

① 北京市大兴区青云店人民政府：《青云店故事汇》（内部版），2014 年 12 月。

第七章　传说与历史的要素互动

　　凤河传说是一个由多意象、多层次的传说、故事、谚语、文学作品组成的集合体，比起全国一些知名的传说，凤河传说更厚重、有魅力，魅力之处在于传说核衍生出来的二级意象和二级意象衍生出来的三级传说、故事。每一个片段、每一段叙事都似乎经历过精雕细琢、有据可稽，体现了历史感、可考据和传奇曲折的可记忆，即使神话故事，也能在当下人文景观里找到"影子"。这些传说中，不光具有神话类的知识性、趣味性，大多传说都能找到真实历史的生发点，或时代背景、历史人物，或历史事件，或历史性存在的风俗、风物、特产等。真实的历史元素与传说核衍生的二级意象自然而然地与纯属虚构的神话、童话区别开来。由于有这个历史核心，人们在讲述传说时，会有意无意强调其内容的可信性。这些故事的人与物，常借助于别出心裁的夸张与想象，让人觉得其不可思议的传奇性。①因为"传说核"历史依据的不可撼动，使得凤河传说超越了故事、神话的魅力，讲述对象对讲述人所讲述的话语、情境、叙事方式深信不疑，借助于一种历史真实性的人物、事件或事物拟设故事中心，似乎故事情节根本不需要虚构，但不虚构的历史是缺乏生动曲折、感人至深的影响力，"虚构"只是讲述者为了增强叙事的魅力采取的文学技巧。

　　以《凤河传说·凤凰悲情》部分为例，20多个叙述方法，基本上都具有真实史料可查。有的虽然是以故事表达的，但在整理之时，把它们归类在传说篇上。而《凤河传说·诚信守义》《凤河传说·乡愁悲情》部分，虽然在描述每一单元情节时出现了"有一个姓牛的""大槐树下有个衙差""有位账房先生""有一位衙差"（在历史上无法考据有此人），还有时间上存有诸如"有一年""记不清走了多少天""很早很早以前""有一天在半路上的饭馆里"的话语，甚至缺少了部分"传说核衍生的二级意象"的要素，但仍然把它们归类在传说类别中。因为有着较强的历史事件的"民间故事"是通过叙者添加历史转换而成的。

　　再如，西红门镇、瀛海镇流传的"百鸟百兽音乐会"这则具有神话色彩的传说中，涉及许多元素。历史上南海子确实有"四不像麋鹿"，也确实有"飞来石——昆仑石"，凤

---

　　①　唐蕙韵：《金门民间文学集·传说故事卷》，金门县文化局，2006年。

河流经的地域也有"五海子"，且传说中的蚂蚁坟、沙岗确实存在于南海子西北部，清代历史均有权威记载，无疑这就是一则不折不扣的民间传说。而在青云店、长子营镇也有类似的故事情节，但缺乏了所谓的"传说核"，就变成了只是一则民间故事。

在传说与故事之间，凤河传说似乎根本没必要区分这些理论上的界限、范畴，因为凤河传说就是一部流动的、动听的、真实的历史翻版。

一、流淌在传说与历史之间

传说的创作是以特定的历史事件、特定的历史人物或特定的地域事物为依据的，传说离开了一般历史事物的凭借就不能称之为传说，只能说是民间故事。但是无论哪一种，都是口头的艺术。

凤河传说总是紧扣历史境遇进行的。凤河传说应该说绝对不是历史的本然事实。有一部分传说，原来可能就是曾发生的一个事件，但是这种传说毕竟是少数，而且在转述过程中，它也不断受雕琢、装饰，也就是说受到艺术加工，与原来的事实已经不完全一样了。从这种意义上来说，凤河传说大都跟神话和民间故事一样，是一种虚构性的作品，并不是历史事实。根据特定的历史事实进行的创作，经过流传，往往在传达中受到民间不断的加工、润饰，已经不可能是事实的原貌了。虽然，传说比起神话、民间故事来说，历史事实的影子较明显些，对于我们认识历史也有一定的作用，但是，传说不是历史。传说是形象思维，是有血有肉、有声有色、形象生动的，往往有主观的幻想与虚构。而历史却是逻辑的思维，属于客观的陈述，不允许有幻想和虚构，也不主张删减或增添。传说是记忆的叙述，是根基于历史的一种创作，是不断虚构的过程，而历史却是不断力求真实的过程。

讲述人主观意愿受限于时代变迁和社会进步。凤河传说不需要历史的真实，但又脱离不了历史，正因为传说获得了某种历史的根据，才使得其中的故事情节显得真实可信，又因为传说不是历史本身，才使得其中的人物和事件更典型化，增强了传说的艺术感染力，融入了凤河流域民众强烈的爱憎和良好的愿望，此乃传说和历史的辩证统一。

凤河传说申遗资料运用的方法可进入学术殿堂。传说与历史如影随形，不离不弃。历史学家在史料阙如的情况之下往往会求助于民间传说，历代正史、野史和方志的编修者，曾经有大量运用民间传说资源的痕迹。而不识字的草野庶民，有时更是将民间传说当做真实历史而深信不疑。近年来兴起的口述历史研究，使民间口头传说获得了某种"合法"的身份，其数据统计、实际应用获得学术界的公认。人们对传说作为史料的价值认同差异，只是运用它们的方法及程度不同而已。在从事民间文学研究的学者看来，民间传说不仅可以作为历史研究的辅助材料，而且它本身就是了解民众生活与思想的第一手史料。民众在传说中对某个历史人物的褒贬，对某个历史事件的态度，本身就是一种价值判断、一种社会理想的表达，那么传说是有可能成为历史的依据的。

凤河传说接近历史的真实也是显而易见的。如果说凤河传说与故事之间难以区分的话，那主要体现在学理上。事实上，民间传说与民间故事应该是区别开来的，这样的划分有助于进行历史的把握。但是，2021 年 7 月中旬大兴凤河传说到了非遗资料整理的时候，倏然发现，同一个"情节单元"、同一个层次的意象，由于不同村镇、不同年龄段的讲述人，出现了传说与故事之间界限模糊、相互转化的现象。一个故事中的"情节单元"若贴附在某个特定的时间与空间，而有了具体的人、事、地、物，也就变成了传说。反之，一个传说如果脱离了具体时间与空间，变成了"从前""有一个地方"这样的虚幻背景，也就成了故事。因此同样的母题，可以被处理成传说，也可以被处理成故事。传说也是故事，只不过是关于特定的人、事、地、物的口头故事。传说与当地历史文化有密切的关系，而故事则不是。

凤河传说在流传过程中，常常吸取民间故事中的情节来丰富自身内容。另一方面，传说在流传过程中，时间、地点、人物会逐渐模糊，出现程序化的特征，向着民间故事的方向发展。而民间故事在流传过程中，也会与历史事件、历史人物、风物习俗相牵连，演变为传说。民间传说和民间故事互相演变是相当常见的事。我们发现，在不同的村庄找到的相同"情节单元"，在甲地被发展成传说，而在乙地却可能被发展成故事，这也是不足为奇的。这也就说明了民间文学特征中的变异性（相同的故事情节附会在不同的地点上）。

二、草原牧歌

由于有了帝王苑囿南海子，凤河源头与苑内的团河、团河行宫有了千丝万缕的瓜葛，使得凤河传说二级意象体现草原游牧民族的历史依据非常明显。

1. "捺钵""春水"

"捺钵"一词系契丹语音译，本义为"行营""行帐""营盘"，后被引申用以指称契丹皇帝的四季游猎活动及其驻营地，"捺钵"乃国家政治中心之所在。

"捺钵"到底应该做何解释呢？我们还得回到正史中来。《辽史·营卫志》云："有辽始大，设制尤密。居有宫卫谓之斡鲁朵，出有行营，谓之捺钵。"[①] 捺钵就是"行营"。《辽史》又载：秋冬春夏"四时各有行在之所，谓之捺钵"[②]。由此推理，"行在"就是捺钵。宋人庞元英的论述可以作为旁证。庞元英在《文昌杂录》中亦云："北人（指契丹族）谓住坐处曰捺钵，四时皆然……因以问师儒。答云是契丹家语，犹言行在也。"也就是说，

---

① 《辽史》卷三十一，志第一。
② 《辽史》卷三十二，志第二。

为了生产、生活资料的获得，契丹民族不得不选择"适者生存"的人类学法则，辽河流域和"平地松林"的自然条件决定了契丹捺钵文化的产生基础。

《辽史》载："契丹旧俗，其富以马，其强以兵。纵马于野，驰兵于民。"① 在契丹族的竞马斗射活动中，不仅男儿参加，契丹女子也可以参加，于是便产生了"如应天之奋击室韦，承天之御戎浪渊，仁懿之亲破重元"②。《契丹风土歌》描述："平沙软草天鹅肥，胡儿千骑胜打围。皂旗低昂围渐急，惊作羊角凌空飞。"③ 这种独特的军事化娱乐色彩因生活环境衍生。

《辽史》各帝本纪中所言的"春水"，即是辽代皇帝春季打猎时所到的"水"；"秋山"，即是皇帝秋季打猎时所到的"山"。④ 久而久之，"春水"与"秋山"竟变成"春猎"与"秋猎"的代名词。契丹民族入主幽州后，南海子地理形势提供了作为皇家苑囿围猎演武得天独厚的围猎场域。

2. "讲武习勤""操练弓马"

元代的"下马飞放泊"，明代时称为"南海子"，以别于城内什刹海一带的海子。明清时南海子围墙之内的水系由北而南可分为凉水河水系、五海子水系、团河水系。三条水系相互沟通，但各自源泉有别。

金代帝王继承辽的捺钵制度，每年春季频繁来到建春宫所在的大兴南海子一带举行春水活动。金代皇帝尤其是金章宗，最喜到建春宫来休闲。这种喜爱的程度，可以用一组统计数据加以说明：

> 承安四年（1199 年）阳历 2 月 19 日，金章宗来到建春宫举行春水活动，五天后，也就是 2 月 23 日，还宫；
>
> 2 月 25 日，又至建春宫，直到 3 月 11 日，持续半个月；
>
> 3 月 14 日又一次来到，直到 3 月 20 日，持续 7 天；
>
> 3 月 21 日再来，待到 3 月 24 日，持续了 3 天。

从阳历 2 月 19 日到 3 月 24 日一个多月时间，金章宗先后 4 次来到建春宫；一个多月的时间，基本上是在建春宫度过的。⑤

---

① 《辽史》卷五十九，志第二十八。
② 《辽史》卷七十二，列传第二。
③ 《辽史纪事本末》卷三十二。
④ 黄凤岐：《契丹捺钵文化探讨》，《社会科学辑刊》，2000 年第 4 期。
⑤ 邓辉：《历史上的南海子湿地与永定河水系环境的关系》，《从春水捺钵到居园理政：北京南海子历史文化研究》（刘文鹏主编），中国人民大学出版社，2021 年。

元代，南海子被称为"下马飞放泊"。所谓"飞放"，即"冬春之交，天子亲幸近郊，纵鹰隼搏击以为游豫之度，谓为飞放"。"下马"，则表示距离很近。元代帝王在下马飞放泊一带狩猎的对象主要是天鹅。"天鹅，又名驾鹅，大者三五十斤，小者二十余斤"。每年冬春之交，数量众多的天鹅飞临"下马飞放泊"觅食休息，"其湖面甚宽……天鹅来，千万为群。俟大驾至，飞放海东青，所获甚厚。乃大张筵会以为庆赏，必数宿而返"。

"海子距城南二十里，方一百六十里，辟四门，缭以崇墉。中有水泉三处，獐鹿雉兔不可以数计，籍户千余守视。每猎则海户合围，纵骑士驰射于中，所以训武也。"① 明状元彭时记载，明永乐年间，南苑在元代"飞放泊"基础上继续扩大，除帝王休闲游乐功能外，主要是通过围猎训练武备。"凡属满洲，以骑射为根本。"② 清朝视"围猎""骑射"为立国之本。南苑作为皇家苑囿，承担着"讲武习勤，操练弓马"的"祖宗旧制"，一直为大清国强调和坚守。

晚清时有一支核心军队，即醇亲王奕譞掌管的神机营，其基地就在南海子。样式雷图档中有同治朝绘制的神机营军队操演图，军马也在南苑繁养。据《清代外交档案文献汇编续编》里中英交涉档记载，清道光、咸丰朝经常在南苑马场抽调马匹："又谕：前令西凌阿等备调察哈尔马二千匹，本定四月内解京。着庆的即将前项马二千匹，派员迅速解赴南苑牧放，并另挑选马二千匹备调，毋稍迟延。"晚清国力渐衰，南苑承担的重大庆典仪式渐次锐减。

3. 海东青：引发悲情的印迹

"海东青"，又叫白尾海雕。《本草纲目》记载："雕出辽东，最俊者谓之海东青。"纵放海东青，草原民族谓之"飞放"。辽代，就以海东青捕捉天鹅为皇帝春猎的重要项目。金元时，女真、蒙古贵族一直保持了用海东青捕猎的风俗。元明时，南苑成为帝王纵放海东青的重要场所，多在南海子晾鹰台举行。

明代魏之秀《晾鹰台诗》描述了"飞放"场景："晾鹰台回接沤汀，民乐咸歌囿诏灵。七十二桥虹影渡，骑郎争放海东青。"③ 明太医曾到南海子捉蛤蟆，"岁五日，中侍例同太医院官来捕虾蟆。嘉靖中，御用监御来定，五日方捕。至羊房南大柳下，坐柳根午食。顾旁一髑髅，米濡肉蒜盘，内髑髅口，戏问：'辣否？'髑髅曰：'辣。'来惊，去肉，辣音不已。骤驰而归，辣辣音追之。数日，来卒。"④

海东青是一种可驯养的动物，"海东青大仅如鹊"⑤，此禽凶猛无比，可捕天鹅和小兽。

① 于敏中：《日下旧闻考》，卷七十五。
② 《世宗宪皇帝实录》卷五十一，雍正四年十二月辛亥。
③ 转引自高世良：《南苑杂记》，北京燕山出版社，1999年。
④ ［明］刘侗、于奕正：《帝京景物略》卷三。
⑤ ［明］徐昌祚：《燕山丛录》二十二卷。

辽金时，每年春天来延芳淀弋猎。淀"方数百里"，是帝王春猎的好地方，当时把此淀划为禁区，"国主、皇族、群臣，各有分地"①。据《日下旧闻考》转载，弋猎的情景是：打鼓惊动天鹅飞起，国主亲自施放海东青。卫士们都穿墨绿色的衣服，手持连鎚、鹰食、刺鹅锥等器械，"列水次相去五七步"。在上风处击鼓，声传可远，当天鹅惊飞，稍离水面，国主即放出海东青，海东青直上青冥，几不可见。俟天鹅至半空，海东青自上而下攫其首，鹅惊鸣坠地，随猎的卫士的佩锥刺鹅脑饲海东青，获头鹅的卫士例赏银绢。

满族历来有驯养海东青的历史。每年秋季捕鹰，冬季捕猎。早春时，人们将鹰喂饱，除去铃铛和脚绊子，举行隆重的"放鹰"告别仪式，将鹰放归，海东青在春天和夏天繁殖后代。待到秋天，人们再迎接海东青的到来。②

三、凤凰栖落地的景象

1. 南海子：鸟兽的乐园

百鸟的乐园，百兽的天堂。浮游生物、鱼繁虾丰、两栖动物、食单动物、食肉动物一应俱全。乾隆帝曾为此赋诗："绿丝临池弄清荫，麋鹿野鸭相为友。"明代杨荣在《皇都大一统赋》中曾描述南苑中的珍禽异兽："乐鳞介之游泳，纵毛羽之离被。乃有骆虐效祥，麒麟表瑞。白质黑章，麋身牛尾。神鹿贡于遐方，白象出于南裔。倏玄兔之继呈，忽天马之沓至。复有马哈福禄，厥兽殊形。驼鸡之异，白乌之祯。"③特有的生物更加凸显出南海子湿地生态特色。正如《中庸》在哲学的视野感悟："唯天下至诚，为能尽其性。能尽其性，则能尽人之性；能尽人之性，则能尽物之性；能尽物之性，则可以赞天地之化育；可以赞天地之化育，则可以与天地参矣。"2019年，国际网上旅游指南猫途鹰有个统计，北京南海子麋鹿苑在"在中国首都必看、必做的排行榜"上排第199位。④该榜单共收录1600多处地点，南海子麋鹿苑排名颇高。在"自然与公园"类中收录275处地点，南海子麋鹿苑位列第47位。作为皇家园林的南海子，无疑是传承和发扬了中国古代的生态智慧之大成。

南海子的水系亦是一大特色，百草丰茂，花香鸟语，小桥流水，胜似江南，此景亦是热河行宫和木兰围场无可媲美的。⑤

---

① 转引自王顺成：《北京南海子的"珍禽异兽"》，《北京日报》，2020年5月21日。
② 参见张嘉鼎《关于海东青》，"北运河今昔"微信号，2022年3月29日。
③ 沈乃文：《明别集丛刊第一辑》第二十九册，黄山书社，2013年，393页。
④ 唐纳德·沃斯特：《城市公园的文化生态：南海子麋鹿苑之行的反思》，载《从春水捺钵到居园理政：北京南海子历史文化研究》（刘文鹏主编），中国人民大学出版社，2021年。
⑤ 朱诚如：《盛世遗产：南海子宫廷御苑的历史地位——兼论南海子御苑和避暑山庄的互补性》，载《从春水捺钵到居园理政：北京南海子历史文化研究》（刘文鹏主编），中国人民大学出版社，2021年。

2. 上林苑：湿地景象

城市研究专家学者形成一致共识：没有湿地的城市是枯燥的城市，是不会呼吸的城市，是没有血脉传承的城市。湿地依水而成，依陆而湿，是介于水体和陆地之间的生态交错区。多样的分布类型被美誉为"地球之肾"。"湿地"作为一个现代学术概念，最先由美国环保组织提出。1971 年，《关于特别是作为水禽栖息地的国际重要湿地公约》的签署，标志着湿地的价值及保护湿地的重要性在世界范围内取得共识。20 世纪末，中国也用"湿地"替代了原来的"沼泽""河漫滩"表述，1992 年加入该"湿地公约"。

南苑内凉水河、小龙河和凤河水系形成的海子潋滟方晴、妆点妖娆秀色，头海子、二海子、三海子，一直到五海子，还有小海子，以及未被称作"海子"的湖泊、湿地。这是永定河由北京城西北到东南摆动形成的独特自然景观。

历史上，永定河河水自门头沟三家店出山后，在北京小平原从北向南形成扇面摆动，如果以石景山为扇轴，就会发现，原来的河水流经石景山北部，现在移到石景山的西部直接南下，成为真正的"永定河"，即"一河永定"，河道不再改变。[①] 从海淀一直到南海子，这一片都呈现出多泉水、多河道、多湖泊特点，形成显著的淀泊风光。

与京师共生的帝王苑囿，譬如长安、洛阳、燕京等，总是与湿地资源建立一种并举兼容的关系，进而形成一个自然保护生态链条，这是中国古代城市几千年持续发展的大智慧。《国语·周语》有云："《周制》有之……薮有圃草，囿有林池，所以御灾也。"[②] 依托湿地进行园林生态建设，在保护生态、物种多样性的前提下，改善自然环境，抵御自然灾害。南海子（南苑）继承和发展了中国几千年文明史中的这个重要传统，成为京师"绿肺"营造的集大成。

五朝狩猎地，三朝古苑囿。南苑因永定河水系的团河、凤河、凉水河流过，久之便自然形成了以河流、水泊、树木、草地为主要特征的湿地景象，美丽生态环境成就了珍禽异兽的乐园。

以宫城为中心，在东、西、南、北形成四苑呼应的城市格局。东苑位于故宫西侧，明朝称之为"南内"，以古木、官衙、寺院、房舍建筑为特色；西苑就是西苑三海，以水域为主体，有仙山琼阁；南苑就是南海子，以丘陵、湿地、林木为主；北苑在城北，以林地、洼地为主。《北京城市总体规划（2016—2035 年）》中，北京城市发展特色，已然体现出"水城共融、蓝绿交织、文化传承"理念。[③]

---

① 李建平：《南海子与北京城历史文化》，《从春水捺钵到居园理政：北京南海子历史文化研究》（刘文鹏主编），中国人民大学出版社，2021 年。
② 《国语》，上海师范大学古籍盛理组点校，上海古籍出版社，1978 年。
③ 李建平：《南海子与北京城历史文化》，《从春水捺钵到居园理政：北京南海子历史文化研究》（刘文鹏主编），中国人民大学出版社，2021 年。

3. 鹿精灵：图腾感的"四不像"

在我国的甲骨文和石鼓文中，就有关于"麋"字的记载。麋鹿所在地南海子在历史上是辽金元明清五朝皇家苑囿。1865 年，法国传教士阿芒·戴维（Armand David）首次在这里发现麋鹿，并将其介绍到国外。[①]

麋鹿俗称"四不像"，亦是"四像"。在民间的礼俗里，麋鹿是吉祥的图腾，是真善美的化身，是坚韧、仁爱、包容、奉献精神的表征。与凤凰、龙一样，集合了人群崇拜的最心仪的意象。

麋鹿之脸似马非马，传递一种龙马精神，表达一种高昂升腾的信念；麋鹿之蹄似牛非牛，象征一种默默奉献、诚恳朴实的风格；麋鹿之角似鹿非鹿，揭示一种福禄祥瑞、幸福美满的意蕴；麋鹿之尾似驴非驴，表征着一种勇往直前、不屈不挠的气质。麋鹿的"四像""四不像"完全聚合了道德勇气与美好的人文气象，成为"精灵"的化身、"吉祥"的图腾。

漫漫几千年，浩瀚诗词赋。历史的长河积淀了华夏浩如烟海的古诗词，其中已知的述及麋鹿的有 300 余首，李白、杜甫、白居易、苏洵、苏轼、陆游及乾隆皇帝都酷爱麋鹿，给后人留下了关于麋鹿的瑰丽诗行。

四、意象性标志的虚与实

清光绪《顺天府志·河渠志》载，凤河源出南苑，团河行宫内的湖、泉便是凤河的主水源。

1. 源头有块昆仑石

在"三朝"皇家园林南海子内，有一块神奇的昆仑石，"昆仑"名称的寓意自然与昆仑山神秘主义艺术灵觉意蕴有关。昆仑山，被称为中国第一神山、万祖之山，被称为"中华龙脉之祖"，多重涵义包容传统文化的意象。

昆仑被称为"中华龙脉之祖"，已为文化发生学所公认，并进入中国诗词的意蕴。李白赞誉"若非群玉山头见，会向瑶台月下逢"；毛泽东主席亦有"横空出世，莽昆仑，阅尽人间春色"的《念奴娇·昆仑》华章；诗人王心鉴有诗《昆仑行》；1956 年陈毅前往西藏途中路过昆仑山时，激情满怀写了《昆仑山颂》。

昆仑山是中华民族神话传说的摇篮。古人之所以尊昆仑山为"万山之宗""龙脉之

---

① 白加德：《新时代关于中华麋鹿文化传承的思考》，载《从春水捺钵到居园理政：北京南海子历史文化研究》（刘文鹏主编），中国人民大学出版社，2021 年。

祖""龙山""祖龙"等，是因为上古流传下来的大量神话传说都与昆仑山有关。《山海经》《淮南子》等典籍详细记载了嫦娥奔月、女娲补天、精卫填海、西王母蟠桃盛会、白娘子盗仙草等神话传说。古典名著《西游记》《封神演义》都提到昆仑山。中国道教文化里，昆仑山被誉为"万神之乡"，是明末道教混元派（昆仑派）道场所在地。《封神演义》中"三清"之一的阐教教主元始天尊的道场玉虚宫坐落于昆仑山。古代神话中有这样的情节：昆仑山中居住着神仙"西王母"，"瑶池"是她用来酿制琼浆玉液的泉水。

昆仑山是吉祥凤凰的乐园。昆仑山生长着很多诸如神陆吾这样的奇异鸟兽，庄周说："肩吾得之，以处大山。"晋代郭璞注释"神陆吾"为"肩吾、鹑鸟"。鹑鸟，是凤凰之属的鸟类，《山海经·海内西经》说，昆仑开明西北皆有凤凰。《禽经》中说："赤凤谓之鹑。"凤凰是吉祥的指代，是王权的象征，无凤不成龙。

北京在明清时期作为京师之地，设置安放的昆仑石多数为清代乾隆年间的御碑，竖立在只有皇族才可享用的皇家园林里。

南海子昆仑石与北京其他七块昆仑石一样，均为乾隆皇帝独创的碑型。顶部为半圆形，底座为长方形，象征着天圆地方。底座雕刻海水波浪，象征浩瀚无边。南海子昆仑石通高 2.6 米，碑身高 1.8 米，宽 1.02 米，梯形圆顶，厚 0.62 米。碑座长 1.5 米，宽 1.1 米，高 0.75 米。碑座两侧各有一个长、宽均为 0.48 米的水槽。昆仑石为昆仑石碑的简称，长方形底座，底座上雕刻有粗犷线条波浪纹（海水纹），象征海水江崖。乾隆创造了昆仑石新碑型，表现他的诗文和书法。昆仑石南面镌刻乾隆五年（1740 年）御制《南苑双柳树》诗，北面镌刻乾隆皇帝御笔《春云诗》，东侧面镌刻乾隆皇帝御笔《海户谣》诗，西侧面镌刻乾隆皇帝御笔《杂言》诗。后三首诗均作于乾隆二十八年（1763 年）。1982 年，南海子昆仑石于西毓顺庄出土，成为南海子为数不多的文物遗存。①

昆仑石的创意源于中国古代昆仑神话和蓬莱神话，将西部高原的神奇故事与东部大海传说相结合，象征中国文化史上传说的神仙居住、凤凰和鸣、龙脉赓续、皇权威仪，也是清代帝王皇权至上、主流意识形态的独特标识。景仰昆仑文化就是认祖归宗，唯我独尊。昆仑石碑把王朝、京师、帝王与昆仑山联系起来，有极其浓厚的龙脉观念、政治信仰、文化诉求。

2. 五台八庙七十二连营

一条充满魅力的凤河，在大兴东南部塑造了一道美丽的风景线：五个以姓氏命名的"台"连接在一起，八处与百姓日常伦理信仰有关的庙宇密集点缀在"蕃育署"周边。而且更为壮观的是，"七十二个"以"营"命名的村落像一条柔软的丝带缠绕在凤河沿岸，

① 张有才：《南海子宸迹》，中国文史出版社，2017 年。

将凤河非遗与帝王龙凤文化有机整合，将凤河装扮成一条帝王的河、一条人文的河、一条瑰丽神秘的乡愁之河。

从燕王朱棣到清顺治帝，大兴西南的瀛海镇、黄村镇以降，始于青云店镇，中经长子营镇，到了采育镇，弯弯的凤河沿岸，依次坐落着"以台"和姓氏命名的5个自然村，"五台"分别是陈台、李台（铜台）、铁台（东北台）、冯台（西北台）和贾台，合称"五台"。这5个自然村缘于用石块砌起的一座座烽火台。"五台"中以铁台最为驰名。《北京市大兴县地名志》载，此地有一处明代冶铁遗址，村南有一座用铁铸造的桥梁。明崇祯年间（1628—1644年），此处一直设有炼铁炉铸铁，锻造打制冷兵器时代最重要的武器。因此，该处地名曾为铁匠营，后改为铁台。

"八庙"在明代"蕃育署"，现在的采育镇东西南北的四个城门内外，各建有1座沟通天地人的庙宇，它以神行伦理和道德说教规范引导着"上林苑"民众的行为。八座庙宇分别是：文庙、药王庙、天齐庙、灶君庙、娘娘庙、菩萨庙、关帝庙、真武庙。

更为奇特的是"七十二连营"，七十二个以"营"命名的村落，原指军人戍防的营房。清康熙二十三年（1684年），以长子营镇为中心，沿凤河两岸，全长二十余千米，有72个自然村，都以"××营"为名，统称七十二连营。营即营垒，后逐渐演变为民居村落。

七十二连营在大兴这个"天下首邑"的区域上流传了数百年，与山西省紧密联系在一起。乡民们说："山西多少县，大兴多少营。"这里还真有"剪不断，理还乱"的文化基因瓜葛。

明永乐初年，在现在的长子营镇、采育镇一带，明朝廷设置"蕃育署"，属朝廷直属的上林苑监辖管的十署（后不断拆撤为四署，蕃育署依然保留）。同时，在其周边，持续不断地"移山东、山西民填之，有恒产，无恒赋，但已三畜（鹅、鸭、鸡）为赋，计营五十八"，明永乐二年（1404年），"移山东、山西民添之，有恒产，无恒赋，但以三畜为赋，计营五十八，旧有鹅鸭城"。明洪熙元年（1425年），以良牧、林衡二署并入"蕃育署"，"计营五十八"，有"鹅鸭城"之称。由此形成一批以"营"为名的移民村落。尹钧科先生认为，《宸垣识略》中的这一记述不仅涉及明初移民被安置的确切地点，而且也透露了明初安置移民的详细信息，特别是"计营五十八"，明确记载了这次在长子营、采育地区安置山西、山东移民所形成的新居民点数量（其中以山西移民居多）。清康熙二十三年（1684年），"蕃育署"更名为采育营，凤河边上的"采育"一名由此延续下来，一直至今。

由此，我们可以说，流传不衰的"七十二连营"，就是以现在的长子营、采育为中心，沿凤河两岸的一批村落。"七十二"是否后来的实指，我们认为这是言其营多而集中，非实指矣。

"七十二连营"是大兴的东南部凤河流域以营为名的村落的统称。"七十二连营"范围涉及长子营、采育、青云店3个镇，"七十二连营"的村落目前能够清楚表达的有如下40多个营，它们分别是：南山东营、北山东营、屯留营、下黎城（营）、康营、延寿营、庙洼营、大皮营、包头营、大同营、东潞洲（营）、广佛寺（原名枯树营）、韩营、利市营（原名西潞州营）、番铁营、沙窝营、山西营、铜佛寺（原名高平营）、小皮营、辛庄营、堡上营、霍州营、沙堆营、沙子营、石州营、孝义营、解州营、泥营、北蒲州营、潞城营、上黎城（营）、上长子营、下长子营、沁水营、靳七营、郑二营、窦营、留民营（原名柳木营）、赵县营、河津营、车固营、南蒲州营、再城营、周营（原名绛县营）。

还有一个统计方法，其理论依据如下。

认为大兴区有516个村庄，其中的110个村庄完全由山西移民构成，还有一部分也是于明朝初年由山东和内蒙古移民建立。以区内东南部的青云店、长子营、采育、安定四镇山西移民村庄最为集中，仅青云店、长子营、采育三镇就有明初建立的山西移民村落66个，安定镇明初由山西移民建立的村庄11个，其中以营命名的村落46个，以移民原籍州县命名的村落22个。

此外，大兴县镇志记载，当时共建60余村，以移民原籍命名的村落有22个、以营命名的44个。[①]同时与大兴区安定镇和采育镇相邻的河北省廊坊市广阳区万庄镇也是以营命名村庄非常集中的地区，有伊指挥营、西华营、墨其营、三小营、武家营、高家营、殷家营、齐家营、邢营、李纪营、浑源营、石何营、合顺营、倘户营，计14个；九州镇有刘官营、刚其营、夏营、陈亮营、毛家营、火头营、田古营、卜营、大古营，计9个；廊房经济技术开发区有堤上营、麻营、化营、南营、韩营，计5个；广阳区以营命名的村庄多达28个。我们认为，整个凤河流域的移民村落，以及以姓氏和地域特点命名的村落，应当统筹考虑进去。如此一来，实际的以营命名的村落远不止72个。

现在的河北省廊坊市广阳区、安次区与大兴东南部相邻，地理位置、民风习俗、历史渊源都与凤河村镇极其相似，也有不少村庄是明朝山西移民。所谓的"七十二连营"是否也包括这些村落，尚需要随着以后研究的深入，做进一步考证。

大兴以山西故县命名的村庄主要集中在凤河沿岸，这是民间集体无意识的共同说法。根据目前收集到的明朝洪洞大槐树移民资料对明初移民的记载，迁徙之民以晋南为多，其次为晋东南、晋中数县，最后是云州、蔚州（现在归属河北省）。明代，山西省辖5府、3直隶州、16散州、79县。史书记载的明初移民主要有平阳府辖的28县，潞安府辖的8县，汾州府辖的7县，泽州辖的4县，沁州辖的2县，辽州辖的2县。移民的这些地区共有51县，平阳府最多，辖28县。其分布为：太原、五台、平定、寿阳、代县、交城、

---

①　北京市大兴县地名志编纂委员会：《北京市大兴县地名志》，北京出版社，1992年。

南海子麋鹿群

祁县、阳城、灵石、平遥、清徐、忻州、大同、浑源、应县、朔州、榆次、太谷、介休、阳曲、阳泉、定襄、榆社、原平、平鲁、杨高、盂县、汾阳、孝义、运城、静乐、长治、潞城、晋城。

往事如烟，岁月如炬。历史的尘封里，分合不羁。数理统计于人文学科的定性定量研究已不大合时宜，姑且作为参考依据而已。

3. 关帝庙：以青云店为例

青云店镇关帝庙坐落在青云店镇二村辖域内，此庙相传建造于明代。至于哪一年已无从稽考。关帝庙有大殿六间，东、西两院各有三间。大殿的两侧都各建有耳房两间。东殿供奉着关公，院内还各有东、西三间厢房。西殿供奉着不知那个朝代的帝王，后者是乡贤，村民从没听上辈说过。关公像只见过一次，那是1949年初，青云店镇解放的第二天，在拆除东殿内关公塑像前的砖墙时才亲眼见到，威武的关公坐像身披绿色战袍，左侧站立着手握青龙偃月刀的周仓。此前，关公像被一堵墙遮挡着，人们都以为关公像已经没有了。

东殿院内的西厢房建筑结构有些特别，中间的房子被一道南北截断墙隔成两个半间。三面是墙的东半间，一进门就能看到赤兔马的塑像。后半间设有三个门，后山墙的中间开门通向西院，北面和南面的截断墙上又各开一个门，北、南两间房就成为教师的办公室，且只能从西院进出。这由三间变四间的建筑、结构不清楚当时出于哪种设计理念。

2022年课题组从田野调查时的口述资料中获悉，关帝庙建成后，清廷还在海子里划拨了二百亩地，其地租收入用作关帝庙的维持费。清末民初时期，关帝庙成了民国时期的

南海子公园麋鹿

警察局所在地。大概从那时起，二百亩地租就没有再收不上来过。

在漫长的中国封建社会里，关羽（关云长）可谓是家喻户晓，他的故事，如桃园结义、温酒斩华雄、三英战吕布、斩颜良诛文丑、过五关斩六将、单刀赴会、水淹七军、刮骨疗毒等等，更是被人津津乐道，世代传颂。关羽原本是三国时期蜀汉的一员武将，一生重情义，智勇双全，武艺绝伦。在死后逐渐被神化，由将而候而王而帝而圣，历代朝廷多有褒封，直到清代奉其为"忠义神武灵佑仁勇威显关圣大帝"，崇为"武圣"，与"文圣"孔子齐名。其忠义和勇武的形象，数千年来倍受海内外华人推崇敬仰，被民众尊为关公、关老爷。

关帝庙就是为了供奉关羽而兴建的，随着关羽形象不断地被神圣化、政治化，庙宇越建越多，祭祀香火日盛。骑坐赤兔马、手持青龙偃月刀的关羽神像及其祠庙遍布各地，为中国神明中祠庙最多的一位。明清两代，"关帝庙遍天下，而京师尤胜"。清代中叶，仅京城之内，拜祀关公的庙宇便多达116座。

每年农历十月十九日至二十四日，青云店关帝庙会举行，庙会也叫"谷茬"庙会，凤河流域的人通称十月庙。这个庙会，不烧香，而是带有物资交流性质的庙会。每年唱戏，吸引很多人，辐射面很广，不下百八十里，北京、廊坊等地都有人来此做买卖。这个庙会应有尽有，唱戏的、说书的、练把式卖艺的、摔跤的、耍猴的、拉大洋片的；卖各种吃食如点心、糖果，卖各种布匹如估衣、皮袄，卖农家使用的各种工具；等等。天津、北京的都赶这个庙会卖东西。从农历十月十九至二十四日，共6天，每天不下万儿八千人。

五、影子：上林苑的跨时空

建构上林苑运维机制，不是明、清帝王休闲演武、离宫理政的专属，早在刘汉、李唐、赵宋的都城行宫文化中，已有成熟的建制运营，明清只是后继者而已。在历代帝王苑囿中，集天地之灵气，蕴万物之化育，聚人文之奇秀，最美好的意象、最珍奇的物品、最秀丽的景观都尽可能荟萃其中，上林苑同样不例外。

在凤河源头和凤河流域，有帝王宫廷筵宴支撑的蕃育署、水秀光照的采魏里，有权重位尊的上林苑监、冰河铁马的下马飞放泊、塞上长烟的南囿秋风，更有海户独有的乡愁绵延移民记忆，等等，"山川锦绣无限是，最美人文锁景观"，上林苑的影子似乎永远定格在凤河清清的涟漪里。

蕃育署：明清官署的称谓。署，即里庄。设于明初，隶上林苑监。上林苑监是帝王宫廷的直辖机构，负责宫廷苑囿和宫廷生活资料供应等，主管苑囿、牧畜、菜蔬、树种之事，所属有良牧、蕃育、林衡、嘉蔬四署。蕃育署设典署、署丞、隶事各一人，主理饲养禽畜之事，设在顺天府东安县采魏里（今采育镇）。蕃育署地处凤河流域，明永乐五年（1407年），迁山西、山东移民5000户至署内凤河两岸，聚落成村，分拨畜牧草场地，饲养鹅、鸭、鸡等，并以此为赋，供给光禄寺、太常寺、上林苑监内府库。年赋中以供给光禄寺为最多。明正统十四年冬，蒙古族瓦剌狂飙席卷北京，掠畿内诸府州县，蕃育署也遭受劫掠。至明景泰年间，畜养户不断逃亡。清顺治三年（1646年），蕃育署开始按民地征粮。顺治十二年，有人丁1733丁。清康熙二十四年（1685年），有粮地202余顷，人丁3801丁。康熙三十七年，裁撤上林苑监，蕃育署也随之撤销，时有人丁7582丁。至清乾隆年间，其所在地区划归大兴县。蕃育署为清初著名学者孙承泽故里。孙承泽（1592—1676年），字耳北，号北海，又号退谷；明崇祯进士，官至清吏部左侍郎，著有《春明梦余录》《天府广记》等。

采魏里：采育区域原属古安次县，包括今天的采育镇、长子营镇大部分及青云店镇的部分，称为采魏里。《春明梦余录》载："采育乃古安次县采魏里也。明初为上林苑，改名蕃育署，而人仍呼采育，合新旧而名之也。去都城七十里。"采魏里依傍凤河，水清木华，丰殖繁育，因在本地建置蕃育署（皇庄）。不隶京府，统于上林苑。明永乐五年（1407年），改上林苑为上林苑监。据《大明会典》载："上林苑监用北京效顺人役充，又拨山西民分派使用。"以中官相兼任，置左右监正各一员，正五品。所属设良牧、蕃育、林衡、嘉蔬、川衡、冰鉴、典察左右前后十署。明宣德十年（1435年）二月，革冰鉴、川衡、典察前后左右六署，惟存嘉蔬、蕃育、林衡、良牧四署。而蕃育署居四署之首。清朝定鼎，因其名而不改。本地仍属上林苑监蕃育署。

上林苑监：公元 1368 年，朱元璋在南京称帝，建立了明朝。这一年，朱元璋的北伐大军以迅雷不及掩耳之势攻占元大都城，将城名改为北平。1370 年，朱元璋封第四子朱棣为北平燕王，以强固北方的防守。1403 年朱棣夺取帝位，升北平府为北京，1421 年正式迁都北京，称京师顺天府。朱棣在筹划建都北京城的同时，向北平地区大量移民，迅速恢复和发展北平地区的农业生产。同时，设置上林苑监，用于"掌苑囿、园池、牧畜、树种之事。凡禽兽、草木、蔬果，率其属督其养户、栽户，以时经理其养地、栽地而畜植之，以供祭祀、宾客、宫府之膳馐"。并设置良牧、蕃育、嘉蔬、林衡、川衡、冰鉴、典察左右前后十署。1435 年，只保留蕃育、良牧、林衡、嘉蔬四署，其余撤除。蕃育署，为皇家养育禽畜基地，设在采育镇，因蕃育署设于此，改名"采育"。蕃育署位于古永定河冲积扇前缘区，这里一派"泽渚川汇，若大湖瀛海，渺弥而相属"的景象。《天府广记》记载："水木清华，最称胜也。"这里主要蕃育树木蔬果、养殖牲畜家禽，以供宫廷之用，同时也兼作帝王的游赏之地。因其位于上林苑的中心地带，故又名"采育上林苑"。

下马飞放泊：公元 1414 年，朱棣下令扩建下马飞放泊，因紫禁城北有海子，为了区别，故别名"南海子"，将扩建后的南海子划入上林苑的管辖范围，并"设海户千人把守"。明永乐年间，南海子四周修筑垣墙，因墙内为海子，故垣墙又称"海子墙""海墙"。建垣墙时，"辟四门，缭以崇墉"，并按方位分别命名为北红门、南红门、东红门和西红门。南海子成为明代北京一座著名的皇家御苑一直沿用至清代帝王。

南囿秋风：南海子文化意象和景观全貌的总体。据史料记载，顺治皇帝在位 17 年，有 32 次临幸南苑，几乎每年都在南苑居住一段时间，很多政务也都是在南苑办理。因此在清初时期，南苑堪称紫禁城外的又一个政治中心。康熙时期，在德寿寺东南二里许建永佑庙，在小红门西南处建永慕寺，在南红门内建南红门行宫，雍正八年（1730 年），在南苑的晾鹰台以北六里建宁佑庙。

清代自 17 世纪中叶入主中原以来，经过顺治、康熙、雍正三位皇帝的励精图治，国家已逐渐步入政治清明、国泰民安的盛世时期，国家的繁盛推动了大规模的园林营建活动，从而掀起了中国皇家御苑建设史上最后一个高潮。团河行宫是南苑四座行宫中规模最大、最豪华的一座。其占地面积约 162 亩。宫内"亭台多点缀，山水尽清澄"，堪称南苑内的一处杰作。团河之水成就了凤河的不竭之源。

康熙年间，在南苑举办多次大型阅兵等政治活动。乾隆四十五年（1780 年），适逢乾隆皇帝七旬寿辰，六世班禅喇嘛不远万里入朝觐贺。乾隆皇帝正是选择在南苑的德寿寺内接见六世班禅喇嘛。乾隆皇帝认为，"班禅额尔德尼祝厘来觐，又复于此谒见，后先辉映，实为国家盛事"。

海户：作为特殊阶层的海户发轫于南海子皇家苑囿。明清时，京南皇家苑囿南海子有众多从事守护、饲养和种植的役使人员，通称为海户。明南海子的海户一般为千人，从事守护园囿、饲养鸟兽、栽种花木和蔬菜等工作。此外，明代还收自宫男子，发往南海子供役使。明天顺三年（1459年），收留自宫男子16人，发往南海子种菜。最多的是明正德十一年（1516年），共收自宫男子3468人，充实海户。据《明会典》载，明嘉靖二十六年（1547年），南海子有供役净身男子15%。到了清末（1911年），南苑内外已经形成一些海户村，有鹿圈、庑殿、屈庄、西红门、东红门、北大红门、海户屯等。以苑户为主，形成的村庄有旧宫、南宫、团河、新宫4个。其中，鹿圈村原为喂养祭祀用鹿的地方，有鹿户18户居此，后形成村庄，以圈为名；西红门外居住有门军及其他海户，后形成村庄，以门为名；屈庄原有果园，海户每年交纳桃李不征钱粮，因有屈姓海户果园在此，后形成村庄，以姓名村。

乡愁记忆：关于洪武年间明廷迁山西民到河北、北平（北京）等地，在《明太祖实录》《明史》《续文献通考》及明人许多著述中皆有所记，多作迁山西平阳、泽、潞民之"无田者""无业者"。《明史》记成祖永乐年间，迁山西民事时述称："核太原、平阳、泽、潞、辽、沁、汾丁多田少及无田之家，分其丁口，以实北平。"[1]此记洪武开疆后，即在山西"按户迁民"，可补诸记之不足。

明初移民活动主要集中在洪武、永乐两朝的五十多年间。据有关学者、地方史爱好者统计，其间的移民活动大小50余次。明朝移民的原则是"移民就宽乡"，即把农民从窄乡移到宽乡，从人多田少的地方移到人少地广的地方。制订的徙民条例，则是"四口之家留一，六口之家留二，八口之家留三"。其实，北京的移民在元代末年已经开始了，只不过还没有上升到整建制、大规模、国家性、强制化战略高度，主要是天灾造成农业生产的不平衡。据《元史》载，仅元朝末年的水旱灾害，河北15次，两淮地区8次，大蝗灾亦有18次之多。元末兵燹之创伤未及医治，明初"靖难之役"又接踵而至，进行了长达四年的战争。北京市社会科学院研究员尹钧科在《北京郊区村落发展史》一书中介绍，元末明初，社会动荡，北京地区人口大量减少，地广人稀。为充实北京地区的人口，恢复和发展农业生产，增强抗御败退漠北的蒙古势力卷土重来，明初便开始有计划地从地少人稠的山西、山东等地向北京地区大量移民，每次移民动辄万户，少则千户。

《明史·食货志》记明初迁山西民事云："迁山西泽、潞民于河北。后屡徙浙西及山西民于滁、和、北平、山东、河南。"又云："太祖时徙民最多……成祖核太原、平阳、泽、潞、辽、沁、汾丁多田少及无田之家，分其丁口以实北平。自是以后，移徙者鲜矣。"

如果说乡愁是凤河文化里一支凄婉的奏鸣曲，那么，凤河传说非遗便是乡愁意象中极其沉重的意象展开。北京的母亲河永定河从山西晋北发源，滋养了北京广阔的平原和美丽传说的延展，明清大规模和零星散落的山西大移民成就了乡愁文化的历史厚度。

---

[1] 《明史》卷七十七之《食货志·户口》。

第八章 凄婉意象：移民境遇

天灾、人祸、匪患、战争……多种因素促成中国历史上人口流动，并形成极为常见的现象。著名历史学家葛剑雄教授认为，最早的人口流动是无序的，信息与交通的滞后，造成草野庶民对外界情况不了解，求生的手段也极为有限，所以碰到灾害，碰到天灾人祸，就无目的地流动或是投亲靠友。后来，有了一定的地理知识，流动选择就朝着地理条件比较好的地方。元末明初也同样不例外，所不同的是，明朝初年朱元璋和明朝早期朱棣下达了迁徙命令，把整建制的移民和变通赋役上升到国家战略，比如"江西之民填湖广""山西、山东之民填京畿""南方人口填凤阳"等。移民基本上采取"地缘择取"原则，如由南向北集中到朱元璋的家乡安徽凤阳等地，自西向东集中到后来明朝的都城北京。并允许"插标占地"，奏响了悲壮的"全国大移民"史诗。"洪洞大槐树"传说表达的就是山西移民的那段历史。朝廷整建制有组织、有计划的移民持续的时间并不是很长，形成京师的山西移民群体中还有流民、商人群体、"配户当差"等，因为人口大规模增加后，京师和畿辅地区无法承载自发流民。

元末明初，旷日持久的连年战火，使华北平原特别是京师畿辅地区满目疮痍，田畴荒芜，途有饿殍，庐舍为墟。凤凰悲情的乡愁可以在明清山西移民中找到史实依据。

一、凤阳迁都凤城

明朝迁都北京和之后的大清时期，北京作为京师首善之地，皇城营建、产业规划、建筑修缮、移民充实、宫廷治理等成为重点工作的重点，时势为各行各业的能工巧匠提供了广阔的施展才华的舞台。

蒯祥随父应征参与紫禁城建设。《皇明通纪》载："祥，吴县人，木工也。父福，能（主）大营缮，永乐中为木工首，以老告退。祥代之，营建北京宫殿。"紫禁城建设中，榫卯技术被蒯祥使用了数十种之多，朱棣把蒯祥称为"蒯鲁班"[①]。

---

① 转引自刘永加：《大国工匠建京城》，《北京日报》，2022 年 4 月 28 日，第 8 版。

雷家七代担纲设计。一家"样式雷"，半部古建史。"样式雷"的建筑烫样被广泛应用于紫禁城、圆明园、颐和园、畅春园、天坛、承德避暑山庄、南海子苑囿等皇家建筑。雷发达、雷金玉担任过内务府总理钦工处掌案，雷家七代前后 200 多年，作为清代高级建筑设计师，均主持过皇家建筑设计，被世人称为"样式雷"。

明清时期，北京的皇家园林和私家园林需要假山装饰。张然、张涟是江南松江造园建筑世家，应召入京。《清史稿·张涟传》载，康熙时期大学士冯铨聘赴京师，张涟以年老辞，"遣其仲子行"，仲子即张然应召入京达 30 余年。清陆燕喆《张陶庵传》评价道："延陵之石秀以奇，高阳之石朴以雅，安定之石苍以幽。"

叠山造型成就工匠精神。"山子"是假山的另一个称呼，造假山的人被称为"山子匠"，也就是叠山匠师的代称。扬州盐商文人程庭在康熙帝六旬万寿盛典时进京祝寿游览畅春园，《停骖随笔》对畅春园假山石景色这样描写："苑周遭约十里许，垣高不及丈。苑内绿色低迷，红英烂漫；土阜平陀，不尚奇峰怪石也；轩楹雅素，不饰藻绘雕工也；垣外行人于马上一时一窥见。垒垣以乱石作冰裂纹，每至雨后，五色五彩焕发，耀人目睛。"①

明清时期，中国十大商帮——晋商异军突起，触发了大量富商、乡绅、豪杰、官员修缮、建筑私家府邸之风，使得山西成为能工巧匠最为聚集的区域。加之山西与京师之间交通便利，能工巧匠入京参与建设"不计其数"，这也是形成明末清初北京自发移民的原因。

永乐元年（1403 年）正月，礼部尚书李至刚等言："自昔帝王或起布衣平定天下，或由外藩入承大统，其于肇迹之地皆有升崇。"北平作为"皇上承运兴王之地"，应该按照高祖皇帝中都之制，立为京师。永乐皇帝于是下诏"以北平为北京"，称"行在"，改北平府为顺天府。

治河通漕转输。为营建北京，永乐年间重新疏浚开通了大运河。永乐元年（1403 年），开卫河"令河南车夫由陆运入卫河，转输北京"。永乐五年（1407 年），"发民丁二十万浚疏北京河道"。永乐九年（1411 年），发民工三十万开闸河（会通河），北至山东临清与卫河会，南出徐州茶城与黄河合。永乐十三年（1415 年），凿清江浦，导湖水入淮，漕船直航于河。"自是漕运直达通州，而海、陆运俱废"，岁运多至五百万石并砖木瓦石至北京。

伐木采石备料。永乐四年（1406 年）闰七月，诏建北京宫殿，分遣大臣宋礼等采木于四川、湖广、江西、浙江、山西等处。湖湘地区以"十万众入山辟道路"，并凿石、制砖、烧瓦，运集京师。

---

① ［清］程庭：《停骖随笔》，《若庵集》卷四。

大规模营建宫殿城阙。永乐五年（1407 年）兴建北京宫殿。永乐十三年（1415 年）"修北京城垣"。永乐十四年（1416 年）十一月，复诏群臣议营建北京宫殿，命泰宁侯陈珪"掌缮工事，安远侯柳升、成山侯王通副之"。永乐十五年（1417 年），建成北京西宫。永乐十七年（1419 年），"拓北京南城"，将原来的大都南城墙向南推展至今东西长安街一线。永乐十八年（1420 年）十一月，北京宫殿城池告成。"凡庙社、郊祀、坛场、宫殿、门阙，规划悉如南京，而高敞壮丽过之。"北京城的营建前后延续了 15 年之久，有 20 多万工匠，上百万民夫以及大量兵士投入宫殿建造工程，"工作之夫，动以百万，终岁供役"。

从 1368 年朱元璋定都南京，到 1441 年最终确定北京为都城，明代国都之争绵延近百年，永乐帝雄才大略，力排众议，将都城自南京北移近三千里，加强了对北疆和东北疆的统治。都城布局严整，层次分明，规模宏伟，建筑壮丽，成为中国封建社会后期都城建设的典范。

永乐十九年（1421 年）正月初一日，正式迁都北京，永乐帝朱棣御奉天殿，受文武百官朝贺。永乐帝诏告天下曰："眷兹北京，实为都会。地势雄伟，山川巩固。四方万国道里适均。惟天意之所属，实卜筮之攸同……置郊社宗庙，创建宫室。上以绍皇考太祖高皇帝之先志，下以开子孙万世之弘规。"从此，北京改称京师，而在习惯上仍称北京。南京则降为陪都，南京诸衙门皆加"南京"二字。[1]

二、海户制度应运而生

从社会史学来看，大部分学者倾向于以下观点：明清时期大兴凤河移民是战乱的后遗症，兵戎持续，途有饿殍，鸡犬不闻，填充人丁发展生产成为民初帝王的战略重心抉择。这种观点不能说不正确，但还有一个更深层原因，那就是政权治理结构的因素——明初上林苑体制的建立才是催生大兴凤河移民的直接动因。

这样就涉及几个问题：海户是一个什么样的阶层？海户制度是怎么一回事？上林苑与移民有什么关系？民初大移民为什么偏偏发生在凤河流域？要回答清楚这几个问题，我们还必须回到明初时代语境中寻找历史的痕迹。

第一个问题：海户的阶级性透析。

海户，是明代京师皇家苑囿南海子内一种特殊户民，一个待遇极低、地位卑下的贱民社会群体，专为帝王、宫廷生活资料提供特种供应或是订单农业的生产者、服务者。[2]

如果没有燕王朱棣下令扩建皇家苑囿——位于凤河流域的南海子，没有支撑宫廷筵宴

---

① 王洪波：《明王朝定都的南北之争》，北京日报客户端，2022 年 4 月 28 日。
② 黄阿明：《特殊的贱民——明代海户浅探》，《历史教学问题》，2006 年第 2 期。

的上林苑生产生活基地的供给，可能就不会引发必然的、大规模成建制的山西明清大移民。大兴南海子成为明代的皇家苑囿后，其生产、管理自然催生出一个社会新阶层——海户。燕王朱棣主宰明朝社稷后，帝王苑囿、南海子行宫、宫廷筵宴、上林苑生产基地依靠京畿地区的民户保持可持续发展是远远不足的，必须依靠邻近府的民户充实。《大明会典》载："凡牧养牲口、栽种果蔬等项，永乐间，用北京效顺人充役。后于山西平阳、泽、潞三府州，起拨民一千户，俱照边民事例，给与盘缠、口粮，连当房家小，同来分派使用。"①《大明会典》这段记载强调，永乐年间南海子内的劳动者是由北京附近地区的效顺人充当的，"后于山西平阳、泽、潞三府州，起拨民一千户"。这里的"起拨民一千户"，与彭时、刘侗二人所说"籍海户千余守视""设海户千人守视"中的人户数基本吻合。永乐初年，海户是从京师附近的顺义和山西等地正常的编户齐民充任的。当然，社会上、宫廷里的自宫者、净身人也是海户的来源，但不是重要来源，编户齐民是主流。那么，海户正式出现是什么时候呢？

我们先对海户的语义词源做一次溯源。

"海户"一词较早出现在《全唐诗》文献中。《全唐诗》载陈陶《古镜篇》有诗为证："海户山窗几梳绾，菱花开落何人见。野老曾耕太白星，神狐夜哭秋天片。"②

这里注意，陈陶《古镜篇》里指称的"海户"，并不是明初南海子里的海户，它特指岭南海边靠打鱼为生的体力群体。

还有一段描述海户的文字，是关于海户的文牍。唐代段公路《北户录》载："愚闻，贞元五年，番禺有海户犯盐禁，避罪罗浮山，入至第十二岭，遇巨竹百丈万竿。竹围二十一尺，有三十九节，节长二丈，海户因破之为篾，会罢吏捕逐，遂挈而归。时人有获一篾，以为奇货，后献于刺史李复。复命陆子羽图而记之。"③这段文字讲的是广东番禺地区的海户以犯盐禁而避罪罗浮山的故事。应该说，《北户录》中的"海户"也不指南海子海户，是对海边居民的一种笼统概括。这样就可以断定，《全唐诗》中的《古镜篇》《北户录》中所提到的"海户"与明代文献中南海子"海户"含义大相径庭。

这就是说，明代海户中的"海"不是沿海之海，而是特指明代京师北京城南大兴属地的皇家苑囿——南海子。"海子"是沿用元朝的习惯说法"稍折而南，直环北门宫墙左右，汪洋如海，故名海子"④。燕京城内有北海，城外有南海子，明清南苑是皇家苑囿，内亦有海子。明代张爵说："南海子在京城南二十里，其周一万八千六百六十丈，乃育养禽兽、种植蔬果之处，中有海子三处，因京城中亦有海子，故名南海子。"⑤

① ［明］申时行：《大明会典》卷二二五，台北新文丰有限出版社公司，1976年。
② 《全唐诗》卷七四五，中华书局，1999年。
③ ［唐］段公路：《北户录》卷二，四库全书本。
④ ［明］蒋一葵：《长安客话》卷一，北京古籍出版社，1980年。
⑤ ［明］张爵：《京师五城坊巷胡同集》，北京古籍出版社，1982年。

明代社会阶层分隔复杂，阶层角色形形色色、林林总总，户籍分等作为社会、政权治理的基本原则。《明史》载，有明一代，"凡户三等：曰民，曰军，曰匠。民有儒，有医，有阴阳。军有校尉，有力士，弓、铺兵。匠有厨役、裁缝、马船之类。濒海有盐灶。寺有僧。观有道士。毕以其业著籍。人户以籍为断，禁数姓合户附籍。漏口、脱户，许自实。"（卷七十七《食货志》一）"毕以其业著籍""人户以籍为断"，如民户、军户、乐户等，确以职业断分，也以职业为名，但这种划分原则是不能涵盖所有的户民的。濒海地区除盐灶外还有蜑户，蜑户是明廷对部分渔民的蔑称，既不以籍贯断，也不以职业分，归属的依据显然随机性很大。再比如乐户、渔户、蜑户和贱民阶层中的陵户、坟户、海户等。①《大明会典》中，海户是与灶户、陵户、坟户等并列一起的，《明史》记载的海户的地位其实远远不及灶户，甚至比看守皇陵的陵户和守护功臣坟墓的坟户还要低下（卷七十八《食货志》二）。海户不是特殊阶层，其与贱民阶层中的其他户民一样，均是"役皆永充"（卷七十八《食货志》二）。

南海子湿地绵绵、水湾清澈，海子数量记载不一，有曰三有曰五。②《帝京景物略》言："南海子方一百六十里，中一殿，殿旁晾鹰台。临三海子，筑七十音桥以度，元之旧也。"如是看来，明清以来学者们对南海子内海子情况的史实已不太明晰，靠转载转录判断。无论三或是五，均言南海子水草丰茂、依水而兴、依木而生，这种特殊的地理位置成就了帝王建立上林苑的客观条件。

海户正是南海子皇家苑囿中的特殊户民，是明清两代皇家对苑囿南海子内所设一特殊户民的称呼。③南海子位于京城南二十里，"方百六十里，开四门，缭以崇墉。中有水泉三处……"。④明人刘侗云："南海子，……元旧也。我朝垣焉。四达为门，庶类蕃殖，鹿、獐、雉、兔，禁民无取，设海户千人守视。"⑤明人彭时且曰："籍海户千余守视，每猎，则海户合围，纵骑士驰射其中，亦所以训武也。"⑥清代沿袭明代于内设海户，《日下旧闻考》载："我朝因之，设海户一千六百人，各给地二十四亩。春搜冬狩以讲武。"⑦南海子是明朝皇帝游幸狩猎的场所，豢养各类家禽走兽，种植各种果蔬菜肴，专职人员负责栽种、豢养以供内廷。"永乐以来，岁时狩猎于此"。⑧天顺三年十月十日，明英宗在内阁学士李贤、彭时、吕原护驾下狩猎于此，彭时且云："是日扈从官，皆蒙颁赐獐鹿兔，而内阁三人，比诸人差厚云。"明代中后期南海子破败。反映出明代中后期皇帝驾临南海子

①　黄阿明：《特殊的贱民——明代海户浅探》，《历史教学问题》，2006年第2期。
②　［清］吴长元：《宸垣识略》卷十一，北京古籍出版社，1981年。
③　王天有：《明代国家机构》第二章，北京大学出版社，1992年。
④　［明］黄佐：《殿阁翰林记》卷二十二，四库全书本。
⑤　［明］刘侗：《帝京景物记》卷九，上海古籍出版社，2002年。
⑥　［明］彭时：《彭文宪公笔记》，泰山出版社，1999年。
⑦　［清］于敏中：《日下旧闻考》卷七十四，中华书局，1981年。
⑧　《畿辅通志》卷二十一，河北人民出版社，1985年。

的"讲武"功能已退居其次，基本变成纯粹供皇帝游玩的场所。天顺年间，明英宗连续四年"幸南海子"，其中只有一次狩猎其中。①

第二个问题：海户制度的治理结构。

明代上林苑监设在南海子，管理四署，这是一个不争的事实。

明代刘若愚说，南海子即是明代的上林苑。②也就是说，上林苑监管理机构设在南海子。《大明会典》卷二二五载，上林苑监，设于永乐五年。当时共置良牧、蕃育、嘉蔬、林衡、川衡、冰鉴及左右前后十署，对南海子实行分区管理。按东南西北方位分成四围，每面四十里，总共二十四铺。宣德十年，裁并十署为四署。此四署，即蕃育署，负责养殖鸡鸭鹅；嘉蔬署，负责栽种蔬菜之事；良牧署，专门从事猪牛羊的豢养；林衡署，专门负责果树等栽种。不论是鸡鸭鹅猪牛羊等家禽的养殖，还是蔬菜果树的栽种，皆有专门的劳作人户，也就是后世所称的"凤河人家"。

海户的职能是守视庶类蕃殖，辅助围猎。同时上林苑设立的时间与海户设立的时间也相合。海户应该是南海子内劳动充役者的统称。又《大明会典》卷二十载："（弘治）五年，令顺天府所属人民有私自投充陵户、海户及勇士、校尉、军厨，躲避粮差者，除本役外，其户下人丁照旧纳粮当差。"明人沈榜《宛署杂记》中说："夫古制，畴不有力役之征哉？所贵力者无不役，役者无不力，即不必曰先民，曰佚道，其谁曰厉也已！乃宛则有大不然者，五方之民，各挟所长，以游京师，典买田园，因而贾富十百千万，其所受固宛之廛也。……而彼则又曰：某云何，某云何，可以籍，法未可以役；某为酒户，某为醋户，某为厨役，某为女户，某为女轿夫，某为海户，某为某名下，某为某门下，吾辈率有劳公家，势俱不役。情可无籍，而自谓为优免户……"③从史料看，永乐间南海子海户是由民户来充当的，他们还需承担一定的差役义务，但在经济上可以享有一定的赋役优免特权。永乐年间南海子内海户人口数量不大，只有千余人，且都是编户民。

随着明代社会自宫风气的盛行，明代内廷不得不隔几年就收录一批自宫者，且人数日巨。④越来越多的社会下层人私阉以求录用，希望通过此路达到富贵目的。在此种情势下，明廷逐渐把皇家苑林南海子作为消融社会上大量自宫者的场所。把收录来的自宫者送往南海子充当海户，"按故事送南苑种菜"⑤。《典故纪闻》载："成化十一年冬，有自宫聚至四五百人，哄嚷求收用。宪宗云：'此辈逆天悖理，自绝其类，且又群聚喧扰，宜治以重罪。但遇赦宥，锦衣卫其执而杖之，人各五十，押送户部，如例编发海户当差。是后有

---

① 《明史》卷十二，明英宗后纪。
② ［明］刘若愚：《明宫史》，北京古籍出版社，1980年。
③ ［明］沈榜：《宛署杂记》卷六，北京古籍出版社，1980年。
④ 帅艳华、黄阿明：《明代社会自宫风气》，《巢湖学院学报》，2005年第7卷第2期（总第71期）。
⑤ ［明］陆容：《菽园杂记》卷二，中华书局，1997年。

再犯者，本身处死，全家发边远充军。礼部移文天下禁约。'"①《弇山堂别集》载："正德元年，大学士刘健等人言政十失内有言：'内府金书守门及各处添设分守守备等官，奉旨减革者，不无一二，而南海子净身男子又选入千余。'"②《明通鉴》载："正德十一年夏五月，……甲辰，录自宫男子三千四百余人充海户。"③

《明世宗实录》嘉靖元年五月载："原充南海子海户净身男子龚应哲等为首万人诣阙自陈……"④《弇山堂别集》载："（嘉靖）五年，二月，南海子净身男子九百七十余人复乞收入。上怒，命锦衣卫逐还原籍，为首者杖之。"

史料证明，南海子海户至迟在明宪宗时期开始，就有大量的净身男子混充。明人汪鋐说："宣德、正统以来，宦臣收入渐多，及武宗之世，日益昌炽，锦衣玉食之荣，上拟王者；为之弟侄者，往往坐获封拜，……是以间阎小民朵颐富贵，往往自残形体，以希进用，当时收充海户者几万人……"⑤随着时间的流逝，他们都忘记了他们祖先的占籍时间，甚至来自何地。⑥

永乐年间，初设上林苑监时，"时止设文官，职专进退，于民无扰"，南海子海户应是属于户部文官负责管理范围。但是孙承泽又说："（永乐初）以中官相兼任用，置左右监正各一员，正五品。"从"中官相兼任用"记载来看，永乐初年中官就参与管理南海子海户。后增设内官九员，弘治间已渐增至十八员，正德间有添设监督等，增至九十九人。⑦

历万历、天启、崇祯三朝的太监刘若愚说："总督太监一员，关防一颗。提督太监四员，管理、金书、掌司、监工数十员。"由此推测，随着海户成分的变化及中官势力逐渐增强，原来主要负责管理南海子海户的文官逐渐从中退出，而由中官负责实际的管理。宣德七年十月，"行在户部奏：上林苑监嘉蔬署菜户二百余人逃还山西，请差官督捕。上曰：……所以逃者，必为监临所虐，或身窘于饥寒耳"。景泰四年七月，礼部奏："上林苑监蕃育署总甲王嵩等节告，远年在逃养牲王三等六百三十五名，遣下原养牲口、鸡鹅等项，共九千九百九十六支……"

史料揭示，海户的生活是悲惨的，受赋税压榨、管理者盘剥之苦是深重的，因而逃亡现象屡见不鲜，从另一个侧面反映了南海子内海户管理者对海户的虐待。《大明律》规定，海户逃亡当以"逃避差役"罪量刑，一日笞一十，五日加一等，限五十。尽管如此严苛，海户逃亡依旧。沉重负担形成的逃亡局面也迫使朝廷不得不缓和执行相关处罚。譬如对待

① ［明］余继登：《典故纪闻》卷十五，中华书局，1997年。
② ［明］王世贞：《弇山堂别集》卷九十八中，中华书局，1985年。
③ ［清］夏燮：《明通鉴》卷四十六"正德十一年夏五月"，中华书局，1980年。
④ 《明世宗实录》卷十"嘉靖元年五月"，江苏国学图书馆影印传抄本，1944年，华东师范大学图书馆藏。
⑤ ［明］汪鋐：《题为计处净身以图善后事》，《名臣经济录》卷四十七。
⑥ ［清］吴伟业：《梅村集》卷六，四库全书本。
⑦ 《明史》卷七十四，《职官志》三。

两次逃亡山西的海户之态度可以看出，明宣宗并未按行在户部所奏的"差官督捕"执行，而是仅要求山西地方官员将逃亡的海户按数遣还，既往不咎；另一起逃亡事件在礼部的请求下，海户所欠牲口禽类赔垫数目有所减免。①

第三个问题（服务于宫廷的上林苑内幕）、第四个问题（为什么偏偏选择了凤河），后面章节会专门论述。

三、蕃育署人力资源补缺

这还得从明初赋役制度说起。

明朝宫廷及各级政府所需的一切物资和劳力，都需通过赋役制度强行征发。里甲正役包括催征钱粮、勾摄公事、攒造黄册以及出办上供物料、地方公费等；正役之外的其他徭役则统称杂泛差役，项目极其繁杂，当役者不变更原户籍。②

明朝"配户当差"的做法，将人丁按不同职业分成若干种户，除大多数属于民户外，军、匠、灶户的数目也较多，"如陵户、园户、海户、户、库役，琐末不可胜计"③。在许多地方志中，民户、军户以外的其他各种役户被统称为"杂役户"。④除官员、举人、监生、生员等享有特权性优免的人户外，全体民户都要承担杂泛差役。由于迁都和宫廷生活、祭祀礼仪等，明代北京是全国徭役使用最集中的地方，也是杂役户种类和应役人数最多的地方。⑤

各种杂役户中，数量最多者当属为官府工商业服役的匠户。关于明代北京轮班匠的应役人数，景泰五年有个统计，当时全国轮班匠总数应为289000余人，实存24万人。其中在北京应役者182000人，以四年一班计，每年在北京实际服役的轮班匠数为45000人。⑥

厨役户也是比较多的，使用厨役最多的衙门是明廷的光禄寺和太常寺，"厨役隶光禄寺者以给膳馐，隶太常寺者以供祭祀"⑦。永乐中北京及南京光禄寺共3000名，后又增至9000余名，宣德十年为减省依然保留了5000人供役，后又增至6884名。⑧各地选取精壮惯熟无过犯残疾之人，连同当房妻小一同起送到京。嘉靖六年，曾规定"厨役有缺，选各余丁及同乡人补役，免行原籍清勾"。嘉靖九年仍强调"不许辄行原籍勾扰""若果余丁不足"，由礼部"另行议处奏请"（《大明会典》卷二十《户部七·赋役》）。

---

① [清]孙承泽：《天府广记》卷三十一，北京古籍出版社，1984年。
② 高寿仙：《明代北京杂役考述》，《中国社会经济史研究》，2003年第4期。
③ 《明史》卷七十八《食货二》，中华书局，1997年，第1908页。
④ 参见王毓铨：《明朝的配户当差制》，《中国史研究》，1991年第1期。
⑤ 高寿仙：《明代北京杂役考述》，《中国社会经济史研究》，2003年第4期。
⑥ 《明英宗实录》卷二四○，景泰五年四月乙巳条。
⑦ 《大明会典》卷一一六，《礼部七十四·厨役》。
⑧ 《明英宗实录》卷八，宣德十年八月丙午条。

陵、坟户主要是看护除帝陵外的太子、公主、诸王、妃嫔、勋戚等的坟茔，人数不多。正德八年命宛平、大兴二县增拨佃户 20 户以供洒扫。① 园、果户任务是耕耘北京周围多处为宫府提供果品的果园，户数不多。大兴、宛平二县附近的果园，则由上林苑监兼管。② 将军、勇士、力士、校尉户从万历年间的 17000 人增加到天启年间的 3 万人。③

明代北京还有其他各种轮充杂役，仅见诸《宛署杂记》者就有土工、打扫夫、快手、看监禁子、更夫、苫盖厂夫、门子、水夫、铺兵、西湖景桶子夫、司兵等多种。④ 另外在兴建规模较大的土木工程时，有时还要临时征调大批民丁、工匠赴京服役。如永乐时营建北京"以百万之众，终岁在官供役"。⑤ 洪熙元年，为营建仁宗陵墓，于河南、山东、山西、直隶凤阳、大名诸府州起民夫 5 万赴工。⑥ 尽管各种杂役户都享受数额不等的优免待遇，但其经济负担和生活状况相差很大。⑦ "国子监膳夫、囚夫并厨役，其间多因衣食不给，逃回原籍。或于外郡趁食躲避。"⑧ 为惩治逃亡厨役，弘治年间规定："在逃三月之外者，参送法司问罪，送回转发著役；三月之内，免送问，随发著役。在逃三次者，依律责罚毕，仍发口外为民，当房家小随住。"⑨

明代北京各衙门均有为数不等的皂隶以供使役。随从皂隶是拨给官员个人使用的，公使皂隶是在各衙门服役的。此外一些衙门还有把门、看朝房皂隶等名目。"京官皂隶，俱出畿内八府及山西、河南、山东三布政司。"⑩ 弘治八年规定，都御史等官 182 员，应拨柴薪皂隶共 485 名，山西就占了 110 名。⑪

柴夫是负责采薪、烧炭并将柴炭输送内府的人，山西人占了大多数。砍柴夫即在易州山厂劳动，隶属于工部，例从山西、山东、北直隶佥取。宣德四年，定易州山厂每季起佥砍柴夫 25855 名，四季共 103420 名，具体分配情况中，太原府 5624 名，平阳府 2711 名，泽州 1233 名，潞州 1182 名，辽州 113 名，沁州 174 名，汾州 407 名。⑫ 实际数额远远不止于此，当役者之众可窥一斑。⑬

明代北京还有其他多种杂役户，除了上林苑的养户、栽户、海户外，还有名目繁多的

① 《明武宗实录》卷九十九，正德八年四月癸亥条。
② 《大明会典》卷二二五《上林苑监》。
③ 孙承泽：《春明梦余录》卷三七《户部三·仓场》文渊阁《四库全书》本。
④ 沈榜：《宛署杂记》卷六《力役》，北京古籍出版社，1980 年。
⑤ 邹缉：《奉天殿灾疏》，《明文海》卷四十八，中华书局影印本。
⑥ 《明宣宗实录》卷四，洪熙元年七月庚寅条。
⑦ 《明宣宗实录》卷十三，宣德元年正月庚申条；卷十九，宣德元年七月庚申条；卷六十三，宣德五年二月癸巳条。
⑧ 《明英宗实录》卷二三一，景泰四年七月甲子条。
⑨ 《大明会典》卷一一六《礼部七十四·厨役》。
⑩ 《明宪宗实录》卷一二五，成化十七年四月丁未条。
⑪ 《大明会典》卷一五七《兵部四十·皂隶》。
⑫ 《大明会典》卷二〇六《工部二十六·夫役》。
⑬ 《明英宗实录》卷三，宣德十年三月癸未条。

户，如菜户、酒户、磨户、油户、米户、羊户、膳夫、庙夫等等。

这里重点解读一下上林苑的养户、栽户和海户。

明代北京设置上林苑监，以掌苑囿、园池、牧畜、树种之事，所辖苑地分散在东至白河、西至西山、南至武清、北至居庸关、西南至浑河的广阔地域内。上林苑监的养户、栽户"以时经理其养地、栽地，而畜植之，以供祭祀、宾客、宫府之膳馐"。①

上林苑监下辖四个署，各有特定人户和土地：蕃育署原管畜养户 2357 户，分拨畜养草场地 1520 余顷，负责畜养鸡、鸭、鹅等；嘉蔬署原管栽种户 900 户，分拨栽种蔬菜等地 118 余顷，负责种植蔬菜；良牧署原管牧养户 2476 户，分拨牧养牲口草场等地 2399 余顷，负责牧养牛、羊、猪等；林衡署原管栽种户 1983 户，分拨栽种果树花木等地 138 余顷，负责栽种果树、花木等。②

永乐年间初设上林苑监时，养户、栽户用的是北京效顺人役充，不久又于山西平阳、泽、潞三府州起拨民 1000 户，连当房家小同来，分派使用。这些人户要自备牛具、种子，于附近荒闲地土内，尽力耕种食用。同时承担喂养牲口、栽种果蔬等役。③

上林苑养户、栽户，"惟育牲种蔬以供上用"。所种地土不收子粒，亦不承担其他杂役，但弘治以降，由于管苑宦官数额急增，他们擅征子粒、科扰百出。从山西起取来京的上林苑养户、栽户，所受盘剥也很重。宣德七年行在户部奏，上林苑监嘉蔬署菜户 200 余人逃还山西，请差官督捕。宣宗指出："闻苑中执役不下二千余人，今所进蔬已减大半，无甚劳苦所以逃者，必为监临所虐或自窘于饥寒耳。不必差官，但移文有司，令赴京。"④其后朝廷增派的管苑宦官越来越多，他们科扰百出，擅将牲地草场征派子粒，占用伴当御牢名目，逼索月钱，逼死人命数多，给役户造成很大灾难。⑤

上林苑除了养户、栽户外，还有一个重要的户——海户。海户除协助围猎外，还要为宫府备办野味以及菜蔬、西瓜、果子等。⑥"自永乐定都以来，岁时猎于此。"南海子"设海户千人守视""每猎则海户合围，纵骑士驰射其中"⑦。南海子海户的来源有两种。一种是永乐年间开设苑囿时，从宛平、大兴等县金拨民户充役，当时金拨海户 794 户，有丁 2300 余人。⑧另一种是发遣自宫者应役。如弘治三年，命将民自宫者 626 名发南海子编充海户。对于海户，朝廷有一定的优免待遇。隆庆五年规定："上林苑海户永乐年间额设、正德年间续补，及系正身充当者，准与全免差役；若系添补，量行优免三丁，其余丁产，

① 《明史》卷七十一《职官二》。
② 高寿仙：《明代北京杂役考述》，《中国社会经济史研究》，2003 年第 4 期。
③ 《大明会典》卷二二五《上林苑监》。
④ 《明宣宗实录》卷九十六，宣德七年十月庚寅条。
⑤ 《明世宗实录》卷十四，嘉靖元年五月丁未条。
⑥ 刘若愚：《明宫史》木集《内府职掌·南海子》，北京古籍出版社点校本。
⑦ 于敏中：《日下旧闻考》卷七十五《国朝苑囿·南苑》。
⑧ 《明武宗实录》卷五，弘治十八年九月辛丑条。

与民一体均编。"①

南苑的日常维护和运转，主要由苑户和海户等劳役人员承担。苑户主要设于南苑各处行宫、寺庙、马厩、牛圈、羊圈等处，专司洒扫、坐更等事，一般由身份较低的旗人充任。海户主要从事饲养兽禽、维护苑墙、栽培林木、芟割草料、种植蔬果等劳役工作。原定南苑海户 1800 名。海户与清代其他贱民身份相同，身份世袭，如果出现缺员，则以其子弟顶补。至乾隆时期，海户基本固定为 1600 名。南苑不同于一般的御园，它具有一定的物资生产和供应链功能，主要是生产供内廷使用的马匹、牛羊乳制品以及果蔬等物资。

南苑"设海户一千六百，人各给地二十四亩。春蒐冬狩，以时讲武。恭遇大阅，则肃陈兵旅于此"②。清代海户的数量比明代有所增加，每家海户可获二十四亩耕地，自种自收以供衣食，这样就从制度与政策方面保证了他们的生活，使他们成为皇家苑囿的专职守护者。乾隆二十七年（1762 年）南苑发生水灾，乾隆作《海户谣》记述其事："海户给以田，俾守南海子。常年足糊口，去岁胥被水。以其有恒产，不与齐民比……一千六百人，二千白金与。稍以救燃眉，庶免沟中徙。并得黄春种，青黄借有恃。"③乾隆时期国力强盛，不仅给予口粮，还保证来年有粮种，确保海户尽心履职。北京市社会科学院历史研究所孙冬虎教授在《制度与政策影响下的北京南苑环境变迁》一文中指出，海户们世代守护南苑，形成了特殊的职业身份。他们集中居住的聚落被称为"海户屯"，现在大兴黄村的"海户新村"、丰台南苑的"海户屯"，就是当年南苑外围海户聚落的历史记忆。

南苑的海户

明《大政记》载："南海子设海户千人守视，自永乐定都以来，岁时搜狩。"明代南海子隶属上林苑，设海户千人，从事蓄育鸟兽、栽培林木和种植蔬菜。史书记载，明代多次抽宫人到南苑种菜。《明英宗实录》载：明英宗天顺三年（1459 年）"六月肃王瞻焰首送收留自宫人一十六名，命俱发南海子种菜"。《明宪宗实录》载：明宪宗成化三年（1465 年）"六月直隶魏县李堂等十一名自宫以求进，命执送锦衣卫狱罪之，发南海子种菜"。《明世宗实录》载：明世宗嘉靖五年（1526 年）"二月南海子净身男子九百七十余人复乞收入，上怒，锦衣卫逐还原籍，为首者杖之"。《大明会典》载：嘉庆二十六年（1582 年）"海子供役净身男子一千五百九十六人，每名于京食月支米三斗"。

明末清初大臣、诗人吴伟业《海户曲》：

① 《大明会典》卷二十《户部七·赋役》。
② 于敏中：《日下旧闻考》，卷七十四。
③ 于敏中：《日下旧闻考》，卷七十五。

大红门前逢海户，衣食年年守环堵。

收藁腰镰拜啬夫，筑场赍酒从樵父。

不知占籍始何年，家近龙池海眼穿。

七十二泉长不竭，御沟春暖自涓涓。

平畴如掌催东作，水田漠漠江南乐。

驾鹅鹈鹕满烟汀，不枉人呼飞放泊。

后湖相望筑三山，两地神州咫尺间。

遂使相如夸陆海，肯教王母笑桑田。

蓬莱楼阁云霞变，晾鹰台上何王殿。

传说新罗玉海青，星眸雪爪飞如练。

诈马筵开桐酒香，割鲜夜饮仁虞院。

二百年来话大都，平生有眼何曾见。

头白经过是旧朝，春深惯锁黄山苑。

典守唯闻中使来，樵苏辄假贫民便。

芳林别馆百花残，廿四园中烂熳看。

记得尚方初荐名，东风铃索护雕阑。

葡萄满摘倾筥笼，苹果新尝捧玉盘。

赐出宫中公主谢，分遗阙下侍臣餐。

一朝翦伐生荆杞，五柞长杨怅已矣。

野火风吹蚂蚁坟，枯杨月落蛤蟆水。

尽道千年苑囿非，忽惊万乘车尘起。

雄图开国马蹄劳，将相风云剑槊高。

帐殿行城三十里，旌旗猎猎响鸣鞘。

朝鲜使者奇毛进，白鹰刷羽霜天劲。

旧迹凌歊好放雕，荒台百尺登临胜。

俊雕重经此地飞，墨河讲武当年盛。

吊古难忘百战心，堋空雉尾江山净。

新丰野老惊心目，缚落编篱守麋鹿。

兵火摧残泪满衣，升平再睹修茅屋。

衰草今成御蓿园，豫游只少千章木。

上林丞尉已连催，洒扫离宫补花竹。

人生陵谷不须哀，芦苇陂塘雁影来。

四、上林苑监整合

从"采魏院"到"蕃育署"

采育历史悠久，旧属东安县（今河北廊坊市安次区），清乾隆年间划入大兴县，属顺天府大兴县采育巡检司。采育二字由"采魏院""蕃育署"各取一字合新旧名而成。辽开泰元年（1012年），析津府辖区内已有采魏院。元至元二十一年（1284年），"采魏院"改称"采魏里"，置大都路总管府。明洪武元年（1368年）改大都路为北平府。采魏里傍依凤河，水清田肥，明廷在此地设置蕃育署（皇庄）。明洪武三年（1370年）至明永乐十五年（1417年），安置大批山西、山东移民于此屯垦。蕃育署不隶京府，直属上林苑。明永乐五年（1407年），于此地设立蕃育署，为皇家养育禽畜基地，专为宫廷筹措鸭鹅等禽品，供应太常寺、光禄寺和御膳之用。署治所设在采育。《大明会典》载："蕃育署原管畜养户2357头，分拨畜牧草场1520公顷2分2厘约10平方千米。至明朝中后期，由于蕃育署建制在此，达官富户多迁于此，南北五里地长街，店铺林立，市面繁荣。"清康熙二十三年（1684年），将原来采魏院、采魏里的"采"字和蕃育署的"育"合起来称为"采育"，据明末清初孙承泽《春明梦余录·名迹》（卷六十四）载："采育，乃古安次县采魏里也。明初为上林苑，改名蕃育署，而人仍呼采育，合新旧而名之也。"清英廉等编的《钦定日下旧闻考》、李卫等编纂的《畿辅通志》都沿袭此说法。改蕃育署为采育营（建制实同镇），初设守备，所辖称"七十二连营"，为左安门东南大道上的第一大镇。清乾隆年间（1736—1795年），东安县将凤河沿岸大部分村庄划归大兴，设采育镇，驻巡检司，故有"畿辅首镇"之称。

明代在京师上林苑，并不是永乐皇帝朱棣的创举，上林苑的设立有着帝王文化的渊源和传统。

上林苑早在秦始皇时期就设立了。《史记·秦始皇本纪》记载，秦始皇二十六年（前221年），秦灭六国后，"徙天下富豪于咸阳十二万户。诸庙及章台、上林皆在渭南"；十年后（秦始皇三十五年），"乃作朝宫渭南上林苑中，先作前殿阿房"。这些记载，为我们提供了上林苑在咸阳渭河之南和阿房宫在上林苑中这两个依据。此后，史籍中便再无新说。

一直到了宋代，程大昌在他的《雍录》一书中，才对上林苑做了颇有见地的表述："秦之上林，其边际所抵，难以详究矣！《水经》于宜春观曰：此秦上林故地也。《史记》载上林所起曰：作朝宫渭南上林苑中，先作前殿阿房。则宜春、阿房皆秦苑故地也。"按照程大昌的定位，宜春宫和阿房宫都在秦上林苑中。阿房宫位置清楚，而宜春宫在何处？北魏郦道元的《水经注·渭水》条下有记："（涝）水出南山涝谷，北迳汉宜春观，又东北迳户县故城西。涝水际城北出，合渼陂水。（渼陂）水出宜春观北，东北流注涝水，北流入于渭，即上林故地也。"这里所说的宜春观，指的是位于户县城西、渼陂水南的一处台观。而在秦上林苑以东的曲江池，却还另有一处苑囿，即宜春苑。《史记·秦始皇本纪》中的"以黔首葬二世杜南宜春苑中"，即指此苑；唐颜师古在注说此苑时，也讲"即今曲江池"之地。因该苑中又建有宜春宫，故后人往往将曲江池的宜春宫与户县的宜春观混为一谈。对此，颜师古在注《汉书·东方朔传》时已经做了澄清："宜春宫也，在长安城东南……在户者，自是宜春观耳，在长安城西。"显然，虽"宜春"同名，却宫、观异地。

秦上林苑的故地，应在今户县城西渼陂向东至西安三桥阿房宫遗址一带；而今咸阳渭河以南的广大地域，正处于秦上林苑的中心地区。上林苑的扩建，始于汉武帝时期。据《汉书·东方朔传》记载：汉武帝建元三年（前138年），武帝命太中大夫吾丘寿王在今三桥镇以南、终南山以北、周至以东、曲江池以西的范围内，开始扩建上林苑，并有偿征收这个范围内民间的全部耕地和草地，用以修建苑内的各种景观。后来，上林苑又进一步向东部和北部扩展：北部扩至渭河北，东部扩至浐、灞以东，形成了前所未有的规模，进入了它的鼎盛时期。

如此巨大的皇家园林，在建设之初就受到常侍郎东方朔"上乏国家之用，下夺农桑之业"的谏阻。历经昭、宣二帝之后，到元帝时，因朝廷不堪重负而裁撤了管理上林苑的官员，同时把宜春苑所占的池、田发还给贫民使用。成帝时，又将"三垂"（东、南、西三边）的苑地划给平民。西汉末，王莽于地皇元年（20年）拆毁了上林苑中的十余处宫馆，取其材瓦，营造了九处宗庙；接踵而来的又是王莽政权与赤眉义军争夺都城的战火，使上林苑遭受了毁灭性的劫难。《西都赋》讲到，"徒观迹乎旧墟，闻之乎故老"，说明东汉初期班固在写《西都赋》时，上林苑已是一片废墟了。上林苑自秦至西汉，在中国历史上大约存在了240多年。[①]

明代始有建上林苑皇家苑囿的设想，是从洪武皇帝朱元璋开始的。据《天府广记》记载："洪武中，议设上林苑。以妨民业，遂止。"《明史·职官志》记载：洪武二十五年（1392年），"命户部于正阳门外距板桥五里度地，自牛首山接方山，西傍河涯为上林苑，户部为图以进。太祖谓以妨民业止之"。

以上表明，在洪武中期，洪武皇帝商议设置上林苑事宜，并让户部开始规划测量，大至方位在牛首山至方山之间，西傍江边。但终因顾及会妨碍当地百姓安居乐业的正常生活而取消了建上林苑的打算。

洪武三十一年（1398年），朱元璋去世，皇太孙（已故长子朱标之子）朱允炆继

---

① 陈宏天等：《昭明文选译注》，吉林文史出版社，2007年。

位，年号建文，是为明惠帝。建文元年（1399年），皇四子北平燕王朱棣以"清君侧"为名四年征战，朱棣夺取了皇位，定年号永乐。筹划将都城从南京迁至北平。于永乐元年（1403年）升北平府为北京，并于永乐四年（1406年）开始营建北京皇宫殿宇和城垣。

设立上林苑监，主要动机是解决宫廷内的副食品供给，用于"掌苑囿、园池、牲畜、树种之事。凡禽兽、草木、蔬果，率其属督其养户、栽户，以时经理其养地、栽地而畜植之，以供祭祀、宾客、宫府之膳馐"[①]。但运营中的上林苑，加大了宫廷筵宴的奢华，加速了上林苑辖署的土地膨胀和对山西移民的吸引力。

据《天府广记》记载：明上林苑监"永乐五年（1407年）开设，设左右监正、左右监副、左右监丞、典簿，所属：良牧、蕃育、嘉蔬、林衡、川衡、冰鉴、典察左右前后十署。每署设典署、署丞、录事。洪熙元年（1425年），止存左监丞、典簿，余官不除。又以蕃育署带管良牧、川衡两署；嘉蔬带管冰鉴、林街两署，四署人户并四典察署人户俱拨二署暂管。宣德十年（1435年），只存蕃育、良牧、林衡、嘉蔬四署，余皆革，后仍设右监丞"。

嘉蔬署，为皇家栽种蔬菜，设在广宁门外。据《日下旧闻考》记载："广宁门外御菜园观音寺，一称海会禅寺，亦白纸坊地也，成化中上林苑监覃盈建。"清陈廷敬《重修南观音寺碑略》亦记曰："南观音寺创于金朝，明初废为嘉蔬署。"另据《大明会典》记载："嘉蔬署原管栽种户九百，分拨栽种蔬菜等地一百一十八顷九十九亩八分四厘八毫。后因修筑本署土城鹅房，占地二十二顷七十亩，今现存九十六顷二十九亩八分四厘八毫。"又据明人谈迁的《枣林杂俎》记载："嘉蔬署种地一百一十八顷九十九亩，岁造宫菜十三万七千五百八十三斤。又光禄寺青菜二十四万七千五百斤，芥子七石八斗。"

林衡署，为皇家栽种果林，据考证设在现石景山区衙门口村地域。据《宸垣识略》记载："在石景山东南……盖先朝果园。"《大明会典》载："林衡署原管栽种户一千九百八十三，分拨栽种果树花木等地一百三十八顷一十五亩七分一厘。迁民住基地一十顷九十五亩。自种地五十一顷四十二亩。"

良牧署，为皇家豢养猪、牛、羊等家畜。据考证该署设在今顺义县西北境衙门村周边广阔地域。衙门村曾出土过一块镌有"良牧署"的石碑。据《昌平山水记》记载，顺义"县西北六里……今为安乐庄，永乐间拨给良牧署"。另据《枣林杂俎》记载："良牧署牧户二千四百七十六家，草场地二千三百九十九顷十三亩，牛九百二十九只，牡牛（公牛）九十七只，牸牛（母牛）八百三十三只。羊二千五百六十七只，绵羊二千三百九十六只，公羊二百四十八只，母羊一百五十七只。儿猪六十六只，母猪千只。光禄寺岁取孳生牛八百只，羊五百只，羊羔二十只，腌猪二千口。正旦、冬至节肉猪千口。内府丁字库岁收

羊毛二千四十六斤四两。太常寺荐新活兔八十一只。"

蕃育署，为皇家养殖禽类，设在今大兴区采育镇周边广大区域。据《宸垣识略》记载："采育，古安次县采魏里也，去都七十里。明初上林，改名蕃育署，统于上林苑，不隶京府，乃元时沙漠地。永乐二年，移山东、西民填之。有恒产，无恒赋，但以三畜（鸡、鸭、鹅）为赋。计营五十八。"清楚表明，采育镇原名采魏里，因蕃育署设于此，"而人仍呼采育，合新旧而名之也"①。

史料记载，蕃育署乃上林苑四署之首，是上林苑的管理机构，下设林衡、嘉蔬、良牧三处，即所谓"外光禄"。《重修百果寺碑记》载："上林苑统四署，风土之饶，川泽之秀，则以蕃育署为首。"《天府广记》赞其曰："水木清华，最称胜也。"据《枣林杂俎》记载："上林苑蕃育署养户二千三百五十七家，牧地一千五百二十顷三十四亩，鹅八千四百七十只，鸭二千六百二十四只，鸡五千五百四十只。光禄寺取孳生鹅一万八千只，鸭八千只，鸡五千只，线鸡二十只，鸡子十二万。太常寺荐新奉殿新雁十二只，雉嫩鸡十三只，鸭子二百四十只，鸡子二百八十。本监岁进贡鹅六十五只，鸭黄七十五只，鸡黄五十只，大雌鸡十五只，鹅子九百五十，鸭子二万五千。内府供应鸭子三万。"

在明代管理机构中，设有上林苑监。据《明史·职官志》记载：上林苑监设左监正一人（正五品），右监正一人（正五品）；左监副一人（正六品），右监副一人（正六品）；左监丞一人（正七品），右监丞一人（正七品）；蕃育署署正一人（正七品），良牧署署正一人（正七品），林衡署署正一人（正七品），嘉蔬署署正一人（正七品）；蕃育署署丞一人（正八品），良牧署署丞一人（正八品），林衡署署丞一人（正八品），嘉蔬署署丞一人（正八品）；典簿厅典簿一人（正九品），蕃育署录事一人（正九品），良牧署录事一人（正九品），林衡署录事一人（正九品），嘉蔬署录事一人（正九品）。

上林苑监官职虽然是正五品，但位尊权重。明万历年间上林苑监一职由钦差提督东厂一位官校兼任。明正德年间曾任过上林苑监一职的太监张诚的墓志铭，是由翰林院编修兼经筵讲官王忠撰写。张有才《南海子春秋》记载，在上林苑蕃育、良牧、林衡、菜蔬四署中，需要大量的劳动力分别在各署从事种植、养殖，时称栽户和养户。随着上林苑规模的不断扩大，所需劳动力也陡然剧增，《明太宗实录》记载："永乐五年（1407年）五月，命户部从山西之平阳、泽、潞，山东之登、莱等府州五千户隶上林苑监，牧养栽种，户给道里费一百锭，口粮六斗。"

现大兴凤河沿岸当时属上林苑。当年从山西移往北京上林苑的移民中，这里的村庄地名大多命名为"营"，多以山西省一些州县命名。现丰台区的"菜户营"地名，原本是上林苑嘉蔬署所在地，其名称来源也具同样性质。②

---

① ［清］孙承泽：《春明梦余录》，北京古籍出版社，1992年。
② 卫东海：《沧桑凤河的故园家山》，北京燕山出版社，2021年。

朱棣皇帝于永乐十九年正式迁都北京后，上林苑就成为新皇城主要的副食品基地，起到了"以供祭祀、宾客、宫府之膳馐"作用。

伴随着南苑行宫群的逐步成型，清朝专门设立了负责行宫管理的官员，形成一套行之有效的管理机制，以保证行宫的运转。顺治十一年（1654 年），顺治帝以"内府事务殷繁，须各司分理"将内务府裁撤，以十三衙门代之，由十三衙门之一的尚膳监管理林麓苑囿等事。但尚膳监的主要职责在于负责宫廷宴席筹备等事务，因此对南苑的管理也主要针对飞禽走兽，以便提供食材等物资。顺治十八年（1661 年），十三衙门被裁撤，尚膳监被改设为采捕衙门，添设两名办事员外郎负责南苑诸项事宜的管理，此后改授一人为郎中。康熙初年重设内务府，将原来的十三衙门改为隶属于内务府的各部门，康熙十六年（1677 年）将采捕衙门改为都虞司，因此又将南苑划归都虞司管辖。康熙二十三年（1684 年）设立奉宸苑，隶属内务府，管理景山、瀛台、南苑等处各项事宜。

关于上林苑在有明一代的影响力，钱币收藏家有一段极为有创见的考证，这就是崇祯背"监"大钱的假说，从另外一个角度反映了凤河流域的宫廷吸引力。

明代重要的货币种类里有一种制钱，圆形方孔，有小平钱、折二、折三、折五等。《明会典》《春明梦余录》等史籍记载，明廷在京师设立的铸局分别是工部所属的宝源局（万历）和户部的宝泉局（《大明会典》的《吏部·官制一·京官》《吏部·官制二·南京官》和万历内府刻本《续四库全书》均有明确记载）。自从朱棣迁都北京，除工部宝源局和户部宝泉局之外，在京师是否还设有其他铸局，学界对此问题多从史籍的记载出发，并没有田野调查获得的实证信息。据明朝编年体史书《国榷》记载，崇祯十七年二月同时鼓铸当二、当五两种大钱，而现存的背"监"字制钱也只有当二、当五两品，崇祯背"监"字当五、二制钱应同铸于此时，也就是崇祯十七年二月。

郭从先生认为，崇祯背"监"字制钱为宝渊局所铸，宝渊局所隶属之衙门应与"监"字相关。也就是说，明季在京师除工部宝源局和户部宝泉局之外，还有一个宝渊局。[①] 本文查阅了有明一代称"监"字的衙门，除国子监、钦天监、上林苑监外，还有属于宦官系统的司礼监、内官监、御用监、司设监、御马监、神宫监、尚膳监、印绶监、直殿监、尚衣监、都知监"十一监"。

现今有许多学者认为，崇祯背"监"字制钱为上林苑监所制，可《明史·职官志》记载，国子监、钦天监和上林苑监的执掌与制钱的鼓铸均不相涉。这就出现了一个巨大的矛盾现象：如果不是上林苑监监制，那么崇祯背"监"字的当二、当五大钱说明什么呢？

---

① 郭从：《清初档案所见明季"宝渊局"考》，《历史档案》，2018 年第 3 期。

五、宫廷筵宴的吸附

明代的宫廷筵宴制度化，是秦汉以来以一种集体无意识的文化传统沿袭下来的。皇室的饮膳、宫廷办事人员的日常膳食、有功官员的赏赐宴、节日筵宴、番夷筵宴等宴会及祭享均属于宴享制度的重要内容。庞大的消费、食材安全系数的保障、严格的管理程式使得官方的上林苑监以及光禄寺相关机构成为宴享原材料的稳定来源。虽然上林苑监所属的机构无法满足宫廷筵宴食材供应，以至于负责承办膳食的光禄寺等相关机构不得不向民间铺行采买食材，但宫廷筵宴促成了山西移民成为上林苑监辖署的养户、栽户，保障着宫廷食材的稳定供应。[①]

宫廷筵宴还是一种礼仪传统，《周礼》说："以飨燕之礼，亲四方之宾客。"[②]"飨"通"享"，"燕"即"宴"。这种礼仪在古代中国就一直作为传统沿袭而来。元旦、冬至均设有筵宴，称为"大宴"。其他节日，如立春、上元、寒食、上巳（三月三）、四月八日（浴佛节）、端午、七夕、中秋、重九等，皇帝也常赐宴。另外，国家有大庆、大礼等，以及事功告成、宫室落成、官员有功时，也多设宴庆贺。甚至这种宴享之礼，体现在朝贡体制和祭祀制度上。《尚书·盘庚上》所言"兹予大享于先王"，就是天子祭宗庙的意思。[③]明代宴享制度，同样也包括宫中膳食、朝廷各式宴会等祭享。宴享文化在中国是礼制的重要体现。明代宴享制度的展开是一个系统化过程，有负责统筹的机构光禄寺、太常寺，有负责食材供应的上林苑和首善之地，有定单供应的州府各县，有皇家工部厂库及景德官窑。其中，宫中膳食由光禄寺负责统筹，祭享部分由光禄寺、太常寺会同处置。宴享体系所用器皿主要来自景德官窑。

1. 食材的采办机关

（1）光禄寺

明初定制，光禄寺设卿一人，从三品；少卿二人，正五品；寺丞二人，从六品。成祖迁都至北京，南京光禄寺在迁都后职权已简，属官亦减。[④]

明代的光禄寺承袭了隋制的功能，专门负责宫廷宴享办理，主要是负责皇帝一日三餐

---

① 陈依婷：《故宫学刊》，台北中研院近代史研究所，2004 年总第 1 辑。

② 《四部丛刊》卷五《春官宗伯》，台北商务印书馆，1965 年，第 87 页。

③ 邱仲麟：《皇帝的餐桌：明代的宫膳制度及其相关问题》，《台大历史学报》，2004 年第 13 期，第 15—18 页。

④ 参见徐大任：《南京光禄寺志》（东京高桥情报写真会社影印，1974），卷一；张英奉敕纂：《御定渊鉴类函》（收入《影印文渊阁四库全书》，台北商务印书馆，1983 年，卷九十二《光禄卿一》；永瑢：《钦定历代职官表》（收入《影印文渊阁四库全书》），卷三〇《光禄寺》。

御膳的办理。《宫廷睹记》有云："光禄寺进膳单，样牲口若干、香料若干、某物该用某法、某味合配某料，呈内庖太监，随照单调和进御。"[①]办理御膳过程中，光禄寺负责筹划菜色与烹煮方式，皇室其他成员以及文武官员的饭食，也由光禄寺筹划之后交由庖房。甚至宫廷在婚丧庆典所举行的祭祀，也属于"筵宴"的筹划范畴。宫廷筵宴包括范围极广，因此，除了光禄寺、尚膳监和掌管祭祀的太常寺，人数众多的厨役也会协助办理。《礼部志稿》即提到："厨役隶光禄寺者以给珍馐，隶太常寺者以供祭祀。"[②]

明廷对厨役的严格选取和严苛的工作奖惩标准，客观上使得光禄寺、太常寺的厨役对上林苑所辖十署的食材挑选更加严格。《大明会典》载云："若造御膳，误犯食禁，厨子杖一百；若饮食之物不洁净者，杖八十；拣择不精者，杖六十；不品尝者，笞五十。监临提调官各减医人，厨子罪二等。若监临提调官及厨子人等，误将杂药至造御膳处所者，杖一百。"[③]无论在供应皇室、文武官员者，甚至供应各国使臣，抑或供应祭祀天地神祇，力求食物的精美、洁净、鲜嫩是每一个厨役必须遵守和执行的第一要务。

根据《明英宗实录》《礼部志稿》（俞汝楫等纂）《皇帝的餐桌：明代的宫膳制度及其相关问题》（邱仲麟）的记载与考证，明代光禄寺厨役额数分别为：宣德初年9462，弘治二年（1489年）6884，正德六年（1511年）6884，嘉靖八年（1529年）5804。如此庞大的厨役群反映了上林苑种植业、养殖业、加工业范围呈级数增加，需要更多的移民充实到皇家苑囿生产中来。

（2）宦官机构

明代负责皇室与百官饮膳的机构，除了文官体系的光禄寺、祭祀礼仪的太常寺，还有一个随侍皇帝左右的宦官系统。隶属尚膳监的宦官与光禄寺差役的工作关系千丝万缕、交互进行。

一般情况，皇帝的御膳由尚膳监指定太监专人做指定的专职工作，以便心无旁骛、一心一意、专心致志，万历末年，开创了数位太监轮流办理御膳之例。孙承泽言："神宗朝宫膳丰盛，列朝所未有，不支光禄寺钱粮。彼时内臣甚富，皆令轮流备办，以华侈相胜。"又据刘若愚《酌中志》，天启以前，圣上每日所进之膳，俱由司礼监掌印太监、秉笔太监、掌东厂太监二三人轮办。至崇祯朝禁止此事，乃又回归尚膳监挨月轮流办膳。按月轮换，太监有了相对集中的时间到上林苑劳作和体验生活，为日后上林苑的海户制度形成奠定了基础。

---

①　转引自邱仲麟：《皇帝的餐桌：明代的宫膳制度及其相关问题》，《台大历史学报》，2004年第13期，第17—18页。

②　俞汝楫等纂：《礼部志稿》，卷四十《厨役》，《故宫学刊》，2008年；《天庖承事》，作者不详（台北中央研究院傅斯年图书馆藏明万历间刊本），卷九《厅署票》。

③　《大明会典》，卷一二九《刑部四·仪制·合和御药》，第4页。

（3）太常寺

传统中国，祭祀与日常生活可谓息息相关。帝王即位、册封、婚丧庆典、建造宫殿、出征、灾荒，甚至是民间的婚丧喜庆，总需要祭告天地、祖先、神鬼，宫廷的祭祀重任，历代皆由太常寺负责。太常寺的职权，明亦沿袭前代，设卿一人，正三品，少卿二人，正四品，寺丞二人，正六品。[①]

（4）工部厂库

明代宫廷宴享，需要大批器具盛装食材。"先年上用膳馐暨各宫膳料，悉由本寺造办供进，故岁用器皿甚多。"[②] 负责宴享总统筹的光禄寺，大官署岁需用器皿约一千六百五十件，系两京工部造送；珍馐署岁所需器皿五千一百七十七件，亦由两京工部造送；良酝署岁所需瓷器由河南彰德等府解纳；掌醢署岁所需瓷器，亦由河南彰德等府解纳。[③]

为了满足宫廷筵宴所需器皿，洪武年间，明廷乃在江西景德镇建立官窑。[④] 设有御器厂，以生产青花瓷为主。[⑤]

器皿的收贮，据《大明会典》所载："凡江西烧造金黄并青绿双龙凤等瓷器，送尚膳监供应，其龙凤花、素、圆、匾、瓶、罐、爵、盏等器送内承运库交收，光禄寺领用。"[⑥]

2. 宴享食材的来源

为了保障宫廷庞大的宴享活动，从明代初期开始，已设置官方的上林苑监作为稳定的菜肴果蔬基地，所属官员负责监督南海子及其所属区域的诸养户、蔬户，以期使宫廷膳食所需的食材能够供应不绝。明代官方除了设有上林苑监负责生产宫廷宴享所需的食材，光禄寺下辖司牲司、司牧局等相关机构，也生产若干宴享食材。然而，宫廷所需饭食的数量十分庞大，生产势必不足，因此，地方上贡的土产，就成为另一项重要的来源。明代各府州县的上贡品物，以猪、牛、羊等畜品，鸡、鸭、鹅等禽类，以及时令蔬果最为常见，海鲜鱼货由于产地之因，多产于沿海地区。除了上述两种获得食材的方式，由光禄寺相关官员向民间购买也是一项获得食材的方法。[⑦]

（1）官方生产

有明一代，宫廷日常膳食、宴会与祭祀所需要的食材，来自宫廷的上林苑监占据了重

① 《明史》，卷七十四《职官三》。
② 佚名：《天庖承事》，卷一《奏疏》，《续修四库全书》记载。
③ 《大明会典》卷二一七《光禄寺》。
④ 康熙《浮梁县志》，台北成文出版社，1966年。
⑤ 梁淼泰：《明清景德镇城市经济研究》，江西人民出版社，1991年，第4—14页。
⑥ 万历《大明会典》，卷一九四《窑冶》。龙凤文化在明代体现在官方的器皿上，图案以龙凤花为主。
⑦ 陈依婷：《故宫学刊》，台北中研院近代史研究所，2004年总第1辑。

要部分。上林苑开设于永乐五年（1407 年），其下辖良牧、蕃育、嘉蔬、林衡、川衡、冰鉴，及左右前后典察诸署，合计共十署。宣德十年加以裁并，只存良牧、蕃育、嘉蔬、林衡四署。此四署专职豢养鸡鹅、繁殖花卉，种植蔬菜、水果，以供应光禄寺使用。除此之外，凡是大兴、宛平二县附近的果园，从正统元年（1436 年）开始就服从上林苑监管属，大兴、宛平外围及其稍远的各府州县之果木，自行管属，所种果品任其自行进贡，不纳入强制范围。[①]

明代上林苑监初设时，只以文官专职管理，后设有内臣管理。《大明会典》记载，明弘治、正德时，内臣数量竟达九十九员之多。[②] 由于内官不法，所属职业户多受欺凌，被害者亦不鲜。王世贞在《弇山堂别集》曾记叙，上林苑监嘉蔬等署，因为添设内官，而有虐待菜户的情况。[③]

据《枣林杂俎》记载，蕃育署有养户二千三百五十七家，牧地一千五百二十顷又三十四亩，光禄寺岁取孳生鹅一万八千只、鸭八千只、鸡五千只、线鸡二十只，鸡子十二万个。嘉蔬署有栽种地一百一十八顷又九十九亩，光禄寺岁取青菜二十四万七千五百斤，芥子七石八斗。良牧所有牧户二千四百七十六户，草场地二千三百九十九顷又十三亩，光禄寺岁取孳生牛八百只，羊五百只，羊羔二十只，腌猪二千口，正旦和冬至节取肉猪一千口。[④] 以上数字表明，上林苑监提供给宫廷筵宴为数甚多的制作食材。

明代官方生产筵宴食材的机构，除了上林苑监之外，还有若干个隶属于光禄寺的机构。光禄寺所辖的司牧局之下，设有乳牛厂，供应皇室所需之牛乳及乳制品。至于乳牛厂的乳牛，原额一百九十九只，由兵部坐派直隶等处解纳，挤乳造办酥油、乳饼等物，以充宫中膳馐之用。《大明会典》曰：至嘉靖五年（1526 年）奏准：牛一只，折银六两，将折银贮库，以备买办奶子、酥油、乳饼应用。[⑤] 自是改为以银直接向市面上买办。

明代宴请百官或来朝外夷，亦皆赐予酒。古时候在不同的场合，酒代表着不同的意义。那个年代，酒是很珍贵的。宫廷筵宴，酒是君臣合作的催化剂，酒是友谊的祝福。为了制造御酒，明代设有御酒房，设提督太监一员，金书数员，专造竹叶青等酒。[⑥] 宫廷不仅对竹叶青等酒青睐，对醋的妙用更是喜爱有加，明代又置有酒醋面局，设有掌印太监一名，职掌内官宫人食用酒、醋、面、糖诸物。

① 李贤：《明一统志》（收入《影印文渊阁四库全书》卷一；孙承泽：《天府广记》（北京古籍出版社点校本，1982），卷三十一。
② 参见《大明会典》，卷一七七《上林苑监》；刘若愚：《酌中志》，卷 16《内府衙门职掌》；张廷玉：《明史》，卷七十四《职官三》。
③ 王世贞：《弇山堂别集》（收入《影印文渊阁四库全书》），卷九七《中官考八》，第 21 页。
④ 谈迁：《枣林杂俎》（收入《续修四库全书》），《智集·逸典·上林苑》，第 28-29 页。
⑤ 《大明会典》，卷二一七《光禄寺》。
⑥ ［明］刘若愚：《酌中志》，卷十六《内府衙门职掌》，第 114 页。

（2）各地上贡

随着礼仪的升级，明代宴享食材单靠上林苑和光禄寺的培育是远远不够的，各地上贡的物品就成为第二个来源，而且数量甚多，《明宪宗实录》载，天顺八年（1464年）二月，户部预拟来岁光禄寺的鱼果等物，计有一百二十六万八千二百余斤。成化八年（1472年），则是一百三十五万八千余斤。①成化二十一年（1485年）四月，礼部奏言天下各地积欠光禄寺牲品共一十三万余只，果物共七十九万八千余斤。②从"积欠光禄寺"公布的数据，知晓各地岁需上贡进京的食材数量甚多。

（3）铺行采买

明代宫廷所需食材，除了官方机构上林苑监生产供给外，还有一项重要补充来源，就是向民间采买。《大明会典》记载：凡上林苑四署供用不足，则于民间买办。③永乐年间，采买时差宦官一员，会同光禄寺署官、厨役，领取宝钞，在京城附近州县，依时价"两平收买"。洪熙、宣德以来，只差光禄寺署官与厨役收买。④向民间采买遵循太祖的上谕"今后但系光禄寺买办一应供用物件，比与民间交易价钱多十文。且如肉果之类及诸项物件，民人交易一百文一斤，光禄寺买办需要一百十文，随物贵贱，加一分，卖物之人照依时估，多取十文利息。"⑤这样做，避免官方压价与民争利，又不损害民间利益。既保全宫廷名誉，又体恤民生疾苦。"顺天府宛平、大兴二县召商上纳，例由该二县逐月委官，开具时估揭帖到光禄寺"⑥。

明初光禄寺买办是钱钞兼支，每年买办的金额，有钱一千八百万文，钞四百万贯，俱由光禄寺官员自天财库领回收贮。采买时，由光禄寺署官、厨役，协同内臣或是科道官员前往。⑦但由于预先支给官钱，致使买办人等得以侵吞，弊端滋生。后来改变方式，预先令各铺行报纳，然后才领款，各行头又借此为奸，压榨铺行商人。⑧成化初年，给事中陈钺上奏曾言："光禄寺遣人于街方市物，不复计直概以势取，虽称赴官领钞，未必皆得。纵有得者，钞皆破烂而不可用。负贩者不幸遇之，辄号呼痛哭如劫掠然。"大学士彭时亦言："光禄寺所用猪羊鸡鹅等物，自有派办常数。今铺行买办，委用小人，假公营利，入于官者少，入于私家者多。小民营利度日，一旦尽为所夺，嗟怨何堪！"⑨可知光禄寺相关人等至民间采买，不仅利用职务之便侵吞钱粮，亦克扣铺户所得，令其苦不堪言。

① 《明宪宗实录》，卷二，天顺八年二月壬子条。
② 《明宪宗实录》，卷二六四，成化二十一年四月甲寅条。
③ ［明］沈榜：《宛署杂记》，北京古籍出版社点校本，1980年。
④ 《大明会典》，卷一七一《光禄寺》。
⑤ 孙承泽：《天府广记》，卷十《光禄寺》，第130页。《春明梦余录》，卷二十七《光禄寺》第3-4页。
⑥ ［明］梁材：《议勘光禄寺钱粮疏》，收入陈子龙等编《皇明经世文编》，卷一○二《梁端肃公奏议》。
⑦ 《大明会典》，卷一七一《光禄寺》。
⑧ 《明孝宗实录》，卷五十七，弘治四年十一月庚寅条。
⑨ 《明宪宗实录》，卷五十六，成化四年七月丙戌条。

弘治初年，有官员提到：市井上有号称"报头"的无赖，常常假冒供应之名，在物品上"或刷以红土，或覆以黄袱"，然后即肆无忌惮取去，官方向其购买，则需两倍价钱。及至送纳之后，行头又不将钱支付给铺商，"动辄经年，方得给价"。远地来的行商，往往无法守候而去，京师坐贾也因迁延而亏损资本。更糟的是，铺商拿到的价钱，常被行头东克西减。弘治四年（1491年），巡视监察御史李鸾乃奏请令往后光禄寺买办时，该寺需先给予印信票帖，并连同该地衙门委官前往，买办完毕随即给价。铺行领价时则需严格验收，并强烈禁止报头等在市街赊买。李鸾的建议虽被采纳，但弊端还是无法完全革除。弘治十四年（1501年），光禄寺就因赊欠行户猪羊银三万二千八百余两，欲照惯例借太仓银补还。礼部认为太仓银乃为应付各边急用，实不可再行挪用，建议光禄寺删节开支，则银两不足的情况应可慢慢改善。另外，在嘉靖年间，梁材也曾指出买办上的诸多弊端，其中仍谈到光禄寺给价太慢，影响到资本小的铺行（如奶子、麻绳等行）的生计。至万历年间，宛平知县沈榜还是谈到铺行"守候之苦"与催事者、押事者从中讨赏或索贿。[1] 以上弊端，虽屡颁禁令禁止，但始终防不胜防，买办弊端始终无法革除。

3. 宫膳、宴会与祭享

明代宴享，包含宫廷的日常膳食、特殊时日的筵宴，以及祭享在内，常宴之外尚有各种依据的庆祝筵宴。

（1）皇室饮膳

明代皇室的膳食布局，从每月特殊的时令菜色，也能看出膳食具有季节性。

万历年间的御膳，据张鼐的《宝日堂杂钞》宫膳底账记载，所用食材安排如下：

> 猪肉一百二十六斤，驴肉十斤，鹅五只，鸡三十三只，鹌鹑六十个，鸽子十个，熏肉五斤，鸡子五十五个，奶子二十斤，面二十三斤，香油二十斤，白糖八斤，黑糖八两，豆粉八斤，芝麻三升，青绿豆三升，盐笋一斤，核桃十六斤，绿笋三斤八两，面筋二十个，豆腐六连，腐衣二斤，木耳四两，麻菇八两，香蕈四两，豆菜十二斤，茴香四两，杏仁三两，砂仁一两五钱，花椒二两，胡椒二两，土碱三斤。[2]

除了猪、鹅、鸡等是常见的畜品，繁育署有之，鹌鹑、鸽子等飞禽以及驴肉，繁育署亦有之，相较于明初御膳的俭朴，万历皇帝的膳食菜色较丰富。[3]

---

① 邱仲麟：《皇帝的餐桌：明代的宫膳制度及其相关问题》，《台大历史学报》2004年，第13期，第21–22页。

② 邱仲麟：《〈宝日堂杂钞〉所载万历朝宫膳底帐考释》，《明代研究通讯》第6期，（2003，台北），第16页。

③ 邱仲麟：《皇帝的餐桌：明代的宫膳制度及其相关问题》，《台大历史学报》，2004年第13期，第12页。

民间通俗小菜也是御膳的菜色之一。宋起凤在《稗说》中考证，明太祖朱元璋为了"示子孙知外间辛苦"，依照明代定制，规定御膳需有百姓吃的小菜、小点。小菜如苦菜根、苦菜叶、蒲公英、芦根、蒲苗、枣芽、苏汁、葵瓣、龙须菜、蒜薹、匏瓠、苦瓜、齑芹、野薤。小点心如稷黍枣豆糕、仓粟小米糕、稗子、高粱、艾汁、杂豆、干糗饵、苜蓿、榆钱、杏仁、蒸炒面、麦粥、莜粣。[①]

（2）节庆与赐宴

明代的宴会，程式复杂，规制有序，依据伊永文《明清饮食研究》所得结论，分为：对文武百官的恩赐宴，如驾幸太学筵宴、进士恩荣宴、纂修宴、武举宴、经筵宴、日讲宴、殿试宴等；祭祀方面，如祭祀筵宴、郊祀庆成、祭大庙享胙、祭社稷享胙、祭先农享胙等；节令宴，如正旦宴、冬至宴、万寿圣节宴、元宵宴、四月八宴等；庆贺、寿诞方面，如慈宁宫筵宴、皇帝躬侍皇太后宴仪、皇后千秋内宴仪等；番夷宴，如管待番夷土官筵宴、筵宴番夷土官领宴等。[②]依照《大明会典》的记载，明朝初年在圣节、正旦、元宵、立春、四月八、端午、重阳、腊八、冬至等节日例须设宴。[③]

以永乐年间元宵节、重阳节菜肴为例。

永乐年间元宵节菜肴：

> 上桌按酒四盘，果子、茶食、小馒头、粉汤圆子一碗，菜四色，酒三钟。中桌按酒四盘，果子、茶食、小馒头、粉汤圆子二碗，菜四色，酒六钟。

永乐年间重阳节菜肴：

> 上桌按酒二盘，糕二碟，小点心一碟，汤一碗，菜四色，酒三钟。中桌按酒二盘，汤二碗，小点心一碟，糕二碟，菜四色，酒六钟，粉汤酒一钟。[④]

（3）祭享

中国民间和历代帝王极其重视祖先祭祀，太庙、奉先殿的最新时令食材供给十分重要，《大明会典》所载的奉先殿荐新纪录如下：

> 正月，韭菜四斤，生菜四斤，荠菜四斤，鸡子二百六十个，鸭子二百四十个。
>
> 二月，芹菜三斤，苔菜五斤，冰蒌蒿五斤，子鹅二十二只。

---

① ［清］宋起凤：《稗说》卷三，第 121 页。

② 伊永文：《明清饮食研究》（台北：《洪叶文化》，1997），第 290 页。

③ 徐大任：《南京光禄寺志》，卷二《宴犒》。

④ 邱仲麟：《〈宝日堂杂钞〉所载万历朝宫膳底帐考释》，《明代研究通讯》第 6 期，第 20、23、24 页。

　　三月，茶笋十五斤，鲤鱼二十五斤。

　　四月，樱桃十斤，杏子二十斤，青梅二十斤，王瓜五十个，雉鸡十五斤，猪二只。

　　五月，桃子十五斤，李子二十斤，夏至李子二十斤，红豆一斗，砂糖一斤八两，来禽十五斤，茄子一百五十个，大麦仁三斗，小麦面三十斤，嫩鸡三十五只。

　　六月，莲蓬二百五十个，甜瓜三十个，西瓜三十个，冬瓜三十个。

　　七月，枣子二十斤，葡萄二十斤，梨二十斤，鲜菱十五斤，芡实十斤，雪梨二十斤。

　　八月，藕四十枝，芋苗二十斤，茭白二十斤，嫩姜二十五斤，粳米三斗，粟米三斗，稷米三斗，鳜鱼十五斤。

　　九月，橙子二十斤，栗子二十斤，小红豆三斗，砂糖一斤八两，鳊鱼十五斤。

　　十月，柑子二十五斤，橘子二十五斤，山药二十斤，兔十五只，蜜一斤八两。

　　十一月，甘蔗一百三十根，鹿一只，雁十五只，荞麦面三十斤，红豆一斗，砂糖一斤八两。

　　十二月，菠菜十斤，芥菜五斤，鲫鱼十五斤，白鱼十五斤。

　　明代迁都北京后，奉先殿供荐品物与南京奉先殿供荐品物没有差异。[1]这些新菜肴在祭祀后，即为御膳菜品。正如《明史》言："凡时物，太常先荐宗庙，然后进御。[2]同时会举行筵宴款待文武官员。"[3]

　　中国古代传统中慎终追远不忘本心的精神，也表现在对于祖先祭祀的重视，这种习俗，一直沿袭到明代。祭祀所用的肉类、菜肴新品，与宫廷宴享的菜色无二异，皆为各地所贡。据沈榜《宛署杂记》十四记载，宫廷祭祀所用肉类、果蔬有一半是当时大兴县负责承办，宛平县供应太庙各月份的品物太庙每月的品物单：

　　正月份，荠菜四斤，生菜二斤，韭菜二斤。

　　二月份，苔菜二斤八两，芹菜一斤八两。

　　三月份，鲤鱼十二斤八两。

　　四月份，羔猪一口，雉鸡三只，樱桃二斤八两，黄瓜十根，杏子五斤。

　　五月份，嫩鸡十一只，茄子七十五个，李子五斤，桃子五斤。

　　六月份，西瓜十五个，冬瓜十五个。

---

① 《大明会典》，卷八十一《祭祀二》。
② 《明史》，卷五十一，志 27《荐新》。
③ 《大明会典》，卷一〇三《膳馐一》。

七月份，鲜菱七斤八两，艾实七斤八两，梨十斤，鲜枣十斤，葡萄十斤。

八月份，鳜鱼七斤八两，芋苗十斤。

九月份，鳊鱼七斤八两，红豆一斗五升，砂糖十二两。

十月份，山药十斤，蜂蜜十二两，活兔二只。

十一月份，鹿一只，雁二只，红豆五升，砂糖十二两。

十二月份，鲫鱼七斤八两，白鱼七斤八两，菠菜五斤，芥菜二斤八两。

从太庙的物品清单可以看出宫廷享宴所用食材与大兴时令极其吻合。

宫廷筵宴是帝王文化和传统礼仪政治的组成部分。一日三餐之御膳，皇室庞大家族的饭食、宫廷上班族的日常饮食，以及使差的餐饮均在当中。礼仪种种，宴会频频，这里有特殊时点的节日宴、赏赐有功文武官员的各式赐宴、皇室诞辰的庆贺宴，还有外夷来朝的番夷宴，规制一经形成，宴享不可或缺。尤其是祭享一事，更为隆重，盛况空前，已然成为国家礼仪和江山社稷的重要表征。如此制度化的宫廷筵宴，主要有官方的上林苑监作为坚实的生产保障，再加上光禄寺相关机构的协助培育，牲畜牧养及果蔬菜肴有了稳定的供给。

在明代和清代，宫廷宴享是国家重要的大事情，仅有光禄、太常两个机构负责办理是不够的，需要厨役、太监协助机构配合办理，使得筵宴活动能够畅通高效地进行下去。明清宫廷面对每日、每周、每月庞大的生活开销，以及各种宴会的饭食，仅仅依靠官方生产是难以为继的，各府州县岁时上贡食材，自然成了另一项重要的来源。明中叶之后的"一条鞭法"实施，极大地便利了国家财税征收，各个地方的上贡方式，除了实物，折银也是常见的缴纳办法。这样下来，就更加催生了光禄寺相关官员赴民间采买食材的多样化，凤河流域作为上林苑辖署的重要基地，大量劳动力的保障成为山西移民的动力源。

六、边际效应与移民佐证

据 1981 年地名普查统计，安次区为 195 个村，固安县为 122 个村，永清县为 209 个村，山西移民占现在村镇 30% 以上，更占明初村镇的一半以上。

元朝时，由于统治者对待汉人极其残暴，禁止汉人持兵器，其大臣巴延奏请杀张、王、刘、李、赵五姓汉人。元朝诸王将领也各怀异志，内战遂起，江淮朱元璋趁机起兵夺天下。3 次兵灾为时 16 年，军队的残杀，造成全国人口数量减少。而天灾也接踵而来。据《元史》载，仅元末至正四年（1344 年）到至正二十四年（1364 年）20 年中，在我市境内较大的水、旱灾害 10 余次，饥民食蝗。至正十九年一月，京师死者无以计数，四月大都、霸州、河间皆蝗，食稼禾，草木俱尽，饥民捕蝗食。元末兵祸和天灾创伤未及医治，明燕王朱棣又发动长达四年的"靖难之役"，造成"淮以北鞠为茂草"，以至于"春燕归来无栖处，赤地千里少人烟"。当时廊坊市各县人口不过万，可谓荒地遍野。明朝为了巩固政权，早在洪武年间就采取了移民垦荒屯田政策。洪武四年，徙山后民35800户于北平卫府，又迁沙漠移民32860户屯田北京，徙蒙边境民17274户于内地。朱棣称帝后为充实京都北京，更是大量移民河北等地。洪武初对"北方近城地多不治，如民耕，人给15亩，蔬菜地2亩，免租3年"这一政策，持续近50年之久。

廊坊移民的迁入，始于洪武年间，大批量地迁民为永乐年间。所谓"富民"即经济实力强的居民，因为这些人具有雄厚的物质基础，对开发荒地有优越条件，而更多的迁民是从永乐二年开始，主要迁山西太原、平阳二府和潞、泽、辽、汾等州居民，较大的迁民活动达十四五次，每次逾万户。廊坊即是明永乐年间由山西洪洞县迁民侯安、侯敖兄弟二人而建的。

当时移民是有组织、有计划的。移民要根据政府部门安排，领取"凭照川资"至所分之州县报到，并非传说中走到哪里是哪里，见哪儿地物适合就在哪里定居。

《缴氏家谱》诗曰："永乐甲申别洪洞，祖随万户实京城。路皆白骨无人葬，极目东海心不宁。两河交汇焦家口，始祖来时更其名。台黄蒲芦交河流，草舍柴扉且太平。"这首诗写出移民的艰辛和所居之处的变迁，可谓移民史的真实写照。

明朝移民原则是把农民从窄乡移到宽乡，从人多地少的地方移到人少地广的地方。当时主要移山西太原、平阳二府，潞、泽、辽、沁、汾等州居民。即今太原、临汾、晋城、长治等地为移民的集散中心，而以临汾的洪洞县为最，这与洪洞县人口稠密，又地处交通要道有直接关系。

山西迁民在河北的历史，开始于明初。

洪武二十一年（1388年），明大臣奏报太祖朱元璋，"今河北诸处，自兵后田多荒芜，居民鲜少，山东、西之民白入国朝，生齿日繁，宜令分丁徙居宽闲之地，开种田亩，如此则国赋增而民生遂矣"。朱元璋的态度是"丧乱之后，中原草莽，人民稀少，所谓田野辟，户口增，此正中原之急务"。

朱元璋和朱棣均未轻视"为天下根本"的河北一路，"雄峙东北，关山险阻，所以隔阂重边，藩屏中夏"，父子俩在位时均重视迁民河北。

河北接收更多的山西迁民应该是在永乐年间，是时始有顺民和迁民之分。

嘉靖《南宫县志》记载："洪武初，所置皆元末土著遗黎，亦有邻邑之人避乱徙居于此者，谓之顺民。……永乐初，四方之民流寓于此，遂家焉，谓之顺民，其税有粮无草，以示优恤。……永乐间，云雷初定，榛莽弥望，迁山西高平、长子诸县民四百余家，听其开垦荒地以为永业，是谓迁民。"这亦是目前我们能看到的最早的记载山西迁民的河北文献。

  元末明初，河北地处风口浪尖，生民遭受重创，尤其发生在公元 1399 年至公元 1402 年的"靖难"，对许多地方而言无异于雪上加霜。是时史书的记载惊心动魄，充满血腥：朱棣军攻掠真定、顺德、广平、大名，在真定"斩首三万级"；在白沟河，其部乘风纵火奋击，"斩首数万，溺死者十余万"……冰冷的文字道出了当时生存环境的残酷恶劣。在这场叔侄争战中，平乡人口十有八九死亡，永乐二年即公元 1404 年以后数次迁民，当中洪洞迁民占了 80% 之多。

  永乐二年即公元 1404 年是迁民的一个重要年头，望都、邯郸、沧县等地志书均有公元 1404 年"迁山西洪洞等县民入籍"的记载。据谱牒和有关资料统计，正是从这一年开始，洪洞的迁民在大城先后立村 110 个。

  河北的山西迁民，以来自洪洞和洪洞周边的贫民为主，至今河北民间仍流传"问我老家在何处，山西洪洞大槐树"的说法，流传"凡小脚趾趾甲外侧另有一个小趾甲的人，都是从山西省洪洞县大槐树底下迁来的后代"的说法。

  目前所知洪洞韩氏家谱有三种，其中始修于明朝韩文的有两种，分别是中国人民大学图书馆古籍部所藏的嘉庆二十年（1815 年）重修本与中国科学院文献情报中心所藏的咸丰七年（1857 年）重辑本；另有一种是明人韩景伶编、清乾隆年间刻本，藏于中央民族大学。本文讨论的洪洞韩氏，以始修于明朝韩文的嘉庆重修本和咸丰重修辑本为基本资料。

  洪洞韩氏共计九次编修家谱，修谱活动比较频繁。

  古人谓三世不修谱，律之不孝，盖年久丁多，恐泯先世之泽、乱宗族之序也。况有同姓冒祖之嫌乎，凡我族人宜共凛之。

  据《明史》《明实录》记载，山西往京、津、冀移民，洪武年间 47 次，永乐年间 6 次。

  从移民史的角度看，河北方言去声分阴阳与晋语上党片的去声分阴阳同出一源，它是明代洪武、永乐年间由山西往河北移民的结果。因为代表北方官话的《中原音韵》去声不分阴阳，而河北的部分方言却分。今河北方言去声分阴阳和去声的合流反映的是，明代从山西晋东南地区移民到河北移民的"方言遗迹"。史载：明洪武二十一年至二十八年"迁山西泽、潞二州民之无田者，往彰德、真定、临清、归德、太康诸处闲旷之地，令自便置屯耕种，免其赋被三年，仍户给钞二十锭，以备农具"[1]，"仅洪武时期山西地区仅屯垦荒移民总数就在六七十万人以上"（安介生，1999）。"真定"即今河北正定、无极、深泽一带。永乐二年（1404 年）九月，"徙太原、平阳、泽、潞、辽、沁、汾民一万户实北京"[2]。

---

① 《明太祖实录》卷一九二，第 2825 页。
② 《明太祖实录》卷三四，第 604 页。

京师北京，金时正式建都，称中都，元为大都，明称京师。辖八府，两个直隶州，十七属州，一百一十六县，洪武二十六年编户三十三万四千七百九十二，口一百九十二万六千五百九十五。[①]

河北省简称冀，元属中书省，明朝直隶京师。明朝洪武初年攻下大都后，大都至漠北地区，东起辽东，西至陕甘，仍为元朝王室控制，明政府与其连年作战，为了巩固边防，充实粮饷，洪武年间就组织向京师地区（冀、京、津地区）移民。靖难之役后，明成祖迁都北京，这样永乐年间又多次往该地区组织移民。据《明史》《明实录》记载，向京、津、冀地区移民者有洪武二十一年八月、二十二年九月、二十五年十二月、三十五年九月四次，永乐二年九月、三年九月、四年正月、五年五月、十五年五月、十四年十一月年间六次，共十次，大批移民该地区为正史记载之首。迁民以移往北平府、真定府、广平府、顺德府、大名府、保安州所属县为多，移民以永乐年间为多，洪武年间次之，是明朝移民的重点地区。

明朝洪武、永乐年间的晋民迁徙，历史背景和原因很多，但以下几点是重要因素。综观《元史》《明史》《明实录》等正史和有关地方史籍、乡间野史和谱牒，概括为：第一，元明之际，战乱频繁，地域空旷，人烟稀少，自宋至元，中原较大规模的战争十余次，小规模的战争长年不断，土地荒芜连成阡陌，国民衰竭，国运不兴；第二，明王朝河山支离破碎，"人力不至，久致荒芜"，"积骸成丘，居民鲜少"，"累年租税不入"，国家长治久安陷入穷途；第三，元将察罕帖木儿及养子扩廓帖木儿（王保保）骁勇善战，机智多谋，饶有威名，且久居山西，深得民心，每次战争，筹款运粮从军参战，晋民无不争先，朱元璋欲谋天下，为求发展，不敢交战，于元顺帝至正二十一年（1361年）八月遣使"通好"[②]，但心中十分窝火，后因察罕帖木儿被害，扩廓帖木儿被迫北撤，徐达才攻占山西，明太祖故而迁怒报复，威逼迫迁，以示惩儆；第四，山左地广人稀，山右人丁繁盛，两相势不均衡。明时期的山西，土地膏腴，《宋史·礼志》载："河东地狭人众，虽至亲之丧，悉皆焚之即因土地匮乏而实行火葬。"元末战乱，又凭地理优势，据险以守，又有邻省难民涌入，故渐成人口稠密区。据《明太祖实录》卷一百四十洪武十四年（1381年）记载，当时山西人口是河北、河南人口的总和，达4030454人。

劳动力严重不足，土地大片荒芜，国家财政收入剧减，加之晋民"助逆抗命"等种种原因，明廷初始采纳了郑州知州苏琦、户部郎中刘九皋、国子监宋纳等人的奏议，实行了移民屯田的重大战略政策。[③]明太祖朱元璋曾诏谕："丧乱之后，中原草莽，人民稀少，

① 《明史·地理志》，卷四十，志第十六·地理一。
② 《中国历史大事年表》古代史卷，上海辞书出版社，1983年，第408页。
③ 《明太祖实录》卷二十五、卷五十。

所谓田野辟，户口增，此正中原之急务。"① 移民屯田对于政权建设迫在眉睫、刻不容缓。

对于抵制，明朝廷亦曾采用过招诱、征派办法。徙民条律载："四口之家留一，六口之家留二，八口之家留三。"② 洪洞县广济寺，即为移民离家出走的集散地，明在广济寺"设局驻员"，集中移民，编排队伍发放"凭照川资"③。官府宣称：不愿留者到广济寺报到，愿留者到广济寺言情。但当愿留者前往"央情"时，却被强制起解迁移，其顾盼留恋之情难以自禁，真乃一步一回首，一顾一叹息，只因寺前大槐树上有若干老鹳窝，故至今都说是山西洪洞大槐树老鹳窝人。

20 世纪 80 年代中期，王家铃在《中国人口报》发表《洪洞古大槐树记》一文，对这次移民做了概略的、艺术化的描写。

《明史》卷七十七《户口、田制》记道："户部郎中刘九皋言：'古狭乡之民，听迁之宽乡，欲地无遗利、人无失业也。'太祖采其议，迁山西泽、潞民于河北。""正史无载"的说法被打破。

———————————

① 《明太祖实录》卷二十五。
② 《洪洞县志》，山西人民出版社，1992 年。
③ 贺柏寿：《重修大槐树古迹碑记》碑文。

第九章　悲情恋歌：无奈的叹息

黄土高原的山西，特别是晋中、晋南盆地，自古以来就以其"山河表里"的区位优势受到历代政权关注。清初学者顾祖禹留下"山西之形势，最为完固"的赞誉，现代著名历史地理学家谭其骧先生同样对山西在文化史上的地位给予高度认同。

对美好生活的向往，始终推动着人们不断追求，不断迁徙，寻找最适合自己生存的环境与方式。葛剑雄先生说，移民是人类历史上最重要的活动，没有移民，就没有中华民族，就没有中国疆域，就没有中国文化，就没有中国历史。[①]

一、灾荒下的迁徙

历史上的山西一直是人口迁移的重要区域，明清尤甚。究其原委，一方面是气候因素，低温多灾的"明清宇宙期"出现，对山西造成巨大的影响；另一方面是人为原因，救灾能力下降，民众不得不背井离乡，到他处寻个活法以图再生。

人口学家认为，明清时期山西人口流动主要以三种方式进行。第一种，官方组织的成建制的大规模人口迁徙，这种流动方式具有很大的目的性。明洪武至永乐年间山西大批人口迁徙到北京、河北，就是迁都营造、皇家苑囿、上林苑监、宫廷筵宴引发的刺激性因素使然。永乐之后，山西移民规模虽然略有减小，但一直以持续平稳的状态存在着，一直到明末、清初、清中叶。第二种，自然灾害胁迫下导致的人口盲目流动，这种方式是无目的的流动。以明代宣德、正统年间为代表，山西流民数量超过百万，并且由北、中部向京畿地区和全国人口稀少、土地广阔肥沃的地方迁徙。第三种，经济的发展导致民众权衡劳动力成本，弃农经商，大批山西人口流向"人口密集"地经营商业，或是选择市场竞争非激烈的地区获取商业价值。明清晋商风靡全国就属于第三种情况。

人口流动，与生产资料的短缺有直接联系。从明初至明代中叶，山西人口数量停滞不变，"并不意味着当时人口自然出生率极低或等于零，也不能简单归结于人口统计制度

---

① 安介生：《山西移民史》，三晋出版社，2014年，葛剑雄作序。

上的缺陷与户口数字的残缺"①，主要由于山西高原人口承载力低，导致持续不断的流民运动基本抵消了山西人口的自然增长。从地理环境而言，"山西土瘠，水陆之产视他地为薄"②。"河东、绛郡、文城、临汾、龙泉、西河，土地沃少瘠多"③。土地沃少瘠多难以养活大量人口，元末明初，山西由于特殊的社会环境，导致人口大量增长，超过土地承载力，人口流动成为必然之势。明初由官方主导的移民活动就是在这种背景下展开的，大规模的移民活动对明初的人口调配、资源开发、经济恢复起到了重要作用。

历来学者总是将流民（移民）现象归结于租赋过重、官贪吏污，安先生却认为，中国传统在田赋制度方面的缺陷是导致流民现象的重要原因，这种缺陷就是"田地陷阱"，表现为广大农民不愿拥有土地与耕种土地，以务农为畏途，或弃农经商，或弃田产而为佃佣，最为甚者出现农民抛家弃产、大批逃亡的社会现象。④

对流民的安置成为解决流民问题的关键。一般而言，引导民众返乡复业是基本的手段，但是对于已经迁出的民众而言，大部分不愿意重返家乡，因为导致他们流动的并非仅仅是自然原因，更重要的是人为原因，自然因素可能在短期内即会随之而去，制度性、人为性的原因可能更令他们心有余悸、谈"返"色变。对于不断涌现的流民潮，明政府在制度上进行了调整，"逃民占籍"成为明代中叶为安置流民而采取的重大制度性变革。对此做法，安先生评价为，"异地附籍安置，重新纳入迁入地户籍是更为明智的选择"。从明宣宗宣德年间到英宗正统年间所进行的户籍制度调适工作，称得上是一个重要尝试，不仅在一段时间内在一定程度上舒缓了社会矛盾，而且为附籍政策的制定起到了启发、导引或前期试验的作用。明代的流民问题没有造成更大的社会问题，并且进一步在嘉、万时期达到经济高峰与这些机制、体制发挥的作用有极大关系。

明清时期，山西是人口流动的重要区域，自明初至弘治十一年，100多年的时间里，山西50%的人口在流动。仅平阳一府，成化二十年（1484年）外迁移民就接近30万口。"在严重灾荒发生之时，灾荒性移民所占当地人口比例往往达到或超过了50%。"⑤数量庞大的流动人口，说明明清时期山西的灾荒数量之多、影响之大。同时，也从另一个侧面表明明清时期山西民众的生活环境受到了破坏。

移民是一种现象，与中国传统农民安土重迁的思想无疑是相悖的。但是为何会有如此多的流民队伍充斥各个时期？结论是，山西区域民众生存状态不佳，由于自然气候的变化、过度的人为开发，"十年九旱"成为普遍现象。"事实证明，传统的中国社会在相当多的状况下恰恰表现为一个'变态'社会。之所以发生'扭曲变态'的症结之一，便在

---

① 安介生：《历史地理与山西地方史新探》，山西人民出版社，2008年，第600页。
② 雍正《山西通志》卷四七《物产》，页一，雍正十二年（1734年）刻本。
③ 雍正《山西通志》卷四七《风俗》，页三，雍正十二年（1734年）刻本。
④ 安介生：《历史地理与山西地方史新探》，山西人民出版社，2008年，第439页。
⑤ 安介生：《历史地理与山西地方史新探》，山西人民出版社，2008年，第231页。

于频繁而严酷的自然及社会性灾变，'灾变频发'也由此成为中国传统社会的一个重要特征。"①摆脱这种状况最简单的办法就是离开故土，到他乡寻觅"乐园"。事实上，无论哪个地方，都不会是农民永久的"乐园"，各个地方均会遭到不同程度的灾害。

明清时期（1400—1900 年），在灾害史视野下一般被称为"明清宇宙期"或"明清小冰期"，低温多灾时期，出现数次规模较大的灾害。山西身处其间，自然难逃噩运，成化年间、崇祯年间、康熙二十九至三十年、光绪三至七年、民国十六至十九年都有规模较大的灾害。崇祯年间的自然灾害加重了政治危机和社会危机。

成化年间的灾害，在荆襄流民中夹杂着大批的山西流民。到崇祯年间，山西又有一个重灾期。以崇祯六年为例，"春，芮城、平陆、辽、沁、绛大饥，发帑赈济。沁州、武乡雨雹伤禾。蒲州无麦……垣曲、高平、沁水、阳城、辽州疫……秋，临县、壶关、临汾、太平、蒲县、临晋、安邑、汾西、永和、蒲、隰大旱，民饥"。"七年，阳城、太平、蒲县、安邑、荣河、万泉、垣曲、永和、蒲、隰、绛、吉皆饥。"②灾疫之后，群起变乱之民数量大增，此时，陕西农民起义军进入山西，在晋南、晋西、晋东南一带活动频繁，对当地老百姓的生活造成了极大破坏。

地震灾害在嘉靖至万历时期也表现得极为活跃，据《明会要》载：嘉靖十八年四月，山西地震；三十五年十一月，陕西地震；万历九年四月，山西地震；十三年三月，山西地震，八月，复震；十五年九月，山西地震；十九年六月，山西地震。四十六年，山西州县十有七（地震）。③嘉靖三十四年的地震没有列入，其实这次地震覆盖面极广，自南至北，影响达数十州县。"十二月，太原、平阳、汾州、潞安地震，自蒲、解至洪洞有声如雷。蒲州尤甚，地裂水涌，城垣庐舍殆尽，人民压溺死者，不可胜纪。月余始息。"④"三十五年秋，泽州、岳阳、沁州、沁源、武乡、辽州地震。"⑤八十年内 7 次地震，无疑对山西民众的生活造成了严重影响。由于本文无意研究地震，没做全面统计，事实上，地震远不止此数。地震灾害与旱蝗相比，其破坏性要大，不仅在于其对民众生产生活环境造成的影响，更在于对民众心理造成的恐慌，没有预兆，无法防备。

大灾之下，民众的生存状态极其恶劣，从民间碑刻、金石中可窥一斑。"同治元年六月二十七日，有蝗自东南飞来，横空如云。……栖食七日始飞去。……凡田中菽粟、瓜菜无一不食。蛹子之害，较蝗尤甚。是年秋景，不过半收。……至于九年七月十六日，大雨夹冰雹，片刻异军突起间，以畅茂如云之稼，尽为折毁不完之苗。雨后农人于野哀痛呼号，吁天无及。是年秋不过二三分收成。越六载，及光绪三年，风雨不时，旱魃为虐，

---

① 安介生：《表里山河：山西区域历史地理研究》，商务印书馆，2020 年，第 196 页。
② 《山西通志》卷一六三《祥异》，第 20 页，雍正十二年（1734 年）刻本。
③ 《明会要》：中华书局，1956 年，第 1347–1350 页。
④ 《山西通志》卷一六三《祥异》，第 10 页，雍正十二年（1734 年）刻本。
⑤ 《山西通志》卷一六三《祥异》，第 12–17 页，雍正十二年（1734 年）刻本。

秋本甚歉，麦且未种。本年秋后，平斗米价业已七百。四年春犹旱，大麦又未种，人知续乏无物，接绝无粮，米价由是频频昂长，直至一千八百文一平斗，白面百文钱一斤。其余可推。嗟乎！村中各家室如悬磬者十居八九，而养生之物昂贵若此，何以聊生哉？所以自春及夏，死亡相继。死于家者，衾棺不具；死于野者，死之肉即为生之食。而射利宵小，且以人肉为丸，充为牛肉卖。独曲谨之辈，食草根，食树皮，食预焦子棒心，食捣干草面，苦不堪言，而饿毙者，终属无救。秋成之时，估计本村死之者，足有六分。"[1]持续遭灾，禾麦无收，物价上涨，死亡枕藉，民不聊生，社会动荡，类似情况遍及山西各地，民众生存窘迫。

"要想深入研究分析中国传统社会的变迁，离不开对灾变及其影响的深入思考。"[2]

二、类型的分层图式

元朝灭亡后，明政府为恢复全国的经济社会，主导了移民。朱棣继位，组织了更大规模的移民，在移民历史上，人数最多，范围最广，次数最频繁，种类最复杂，知名度也最高。这次大移民，从明朝洪武年间一直持续到永乐年间，前期是为消弭内患而进行的军事性移民，后期是为消除地区间人口不平衡的垦荒性移民，其中亦有为避免元朝残余势力与百姓勾连反抗，以及永乐年间将犯罪者及其家属迁往人口稀少之处的流放性质的移民。后世学者统计，明初的大移民，迁往河南、河北、山东、安徽、江苏等十一省227个县，人口在一百万以上。

明初移民，绝不仅仅是单纯的民屯，还有商屯、迁富实京、自发移民、流民等，方式多样。明后期直至清代，自发移民更甚。

明朝建立后，实行移民屯田，奖励垦荒的民屯、军屯、商屯之制等形式很多，其高潮历洪武、建文、永乐三朝，共50余年，使战争破坏的一些地区重新建立起社会秩序，使农业生产得以恢复和发展，官营和民营的手工业各部门也随之增加。陆续恢复生产，商业城市相继复苏。以南京和北京为中心，形成沟通南北的商路。

军屯。即"籍民为军，选民丁立都卫，置卫屯田"。军屯归卫队长官管理，每个士兵授田50亩，在边防地区三分守城、七分屯种，在内地二分守城、八分屯用。军屯是内地卫所军的屯田，生产粮食，作为军粮。军屯制规定，每军受田五十亩为一"分"。各地田土及生产条件不同，屯军受田数额不一，以五十亩为中制。洪武末年定税则"每军屯一分，正粮十二石，给本卫官军俸粮"[3]。明初，军屯田土曾达到八十九万二千余顷[4]。

---

① ［清］李钰：《东周村纪灾异示儆约言》，光绪六年，碑存高平市东周村仙师庙。
② 安介生：《表里山河：山西区域历史地理研究》，商务印书馆，2020年，第196页。
③ 《明会典》卷十八。
④ 《春明梦余录》卷三六。

商屯。商屯是商人经营的屯田，明初为加强边防，常在边境地区设立军储仓，由内地招募商人运粮、输仓，官给粮价及运费。商屯即募商人到边地开垦荒地，向军队交粮，然后回原籍领盐引做买卖。

商业移民。在明清时期，随着晋商的兴起，一种新的移民潮也出现了，那就是商业性移民。据统计，有清一代，出外经商谋生的山西人有数百万人之巨，即使十分之一最终留在了外地，也是个庞大的数字。"哥哥你走西口，妹妹我实在难留"的歌唱了一代又一代。因为这些商业移民的努力，创造了晋商的辉煌，同时因为减少了依赖于农业的人口，缓和了山西"地窄人稠"的矛盾，所以，清代并没有出现明代那样严重的流民问题。

民屯。即洪洞移民和流民、贫民、罪囚建立民屯，均由各布政司编里发迁，或有的送往户部编里发迁，所迁之民由后军都督押解送各地州县辖治。被迁之民迁到各地后，以屯田之别区分里甲与土著，以社分里甲，俨然区别。"土著者以社分里甲，迁民分屯之地，以屯分里甲，社民先占亩广，屯民新占亩狭，故屯地谓之小亩，社地谓之广亩"，迁"流民"或罪囚于北京。永乐十五年三月，"刑部、都察院移文诸司：除十恶、强盗监候审决，其杂犯死罪及流、徒以下，悉纵还家营路费，赴北京输役赎罪"。据《新京报》记者曹燕、杨奉焓讲，流民或罪囚徙到北京地区后，便在所耕种的土地上安家落户，留民营就是明初迁徙"留民"在这里屯种时形成的村庄。"流民"不雅，后改"留民"。昌平的北流村、大东流村也与此有关。民屯田地实属官田，各地根据丁力，分给田土。北方地区每人可分田十五亩，菜地二亩。在管理上以屯分里甲，纳入府县行政系统。河南、山东、河北等地至今有不少村庄是以姓为名、以屯为村名的。康熙版《永年县志》卷五载：明初"京东州县则有庄，有屯。土著曰庄，迁发曰屯。"顺治版《胙城县志》记载村落名称也云："凡名屯、寨者，皆明初迁民。"《明史》卷七十七亦载："太祖仍元里社制，河北诸州县，土著者以社分里甲，迁民分屯之地，以屯分里甲。"以村寨命名的村落，为移民居住区。

明政府实行移民垦荒屯田政策，不仅仅在洪洞大槐树一处实施，还涉及"山后"地区和"小云州地区"、江淮一带和山西地区。虽然这些地区在洪武、永乐年间有不同侧重，但综合比较，洪洞大槐树移民是明初移民的重点。"山后"即今太行山后及山西北部，"小云州地区"，即云州，指今山西大同一带。

永乐年间的数次移民，也并非仅仅是普通的民户移民，如史籍所载，来源亦有罪人，"定罪囚于北京为民种田例。其余有罪皆免，免杖编成里甲，并妻、子发北京、永平等府州县为民种田"，也有身怀技术的，"从山西之平阳、泽、潞等府州五千户隶属上林苑监，牧养栽种"——今天的采育镇，仍以葡萄等瓜果蔬菜知名，历史的遗风余绪犹存。

自发移民。民间自发的移民一直就没有断。据《明史》《明实录》等书记载，洪洞大槐树移居，从时间上看主要是明朝洪武、永乐两朝，但从家谱、碑文及一些地方志的文献看，移民，明朝初期是高潮，一直延续到清朝中叶。《续文献通考》载：金天辅六年既定山西诸州，以上京为内地，移其民实之。雍正版《洪洞县志》载："明宣德三年，山西民饥，流徙南阳诸郡不下十余万。"除明洪武、永乐年间是政府组织的大规模的官方移民外，其余时间是小规模自发的移民。特别是明朝中叶，山西遭遇罕见自然灾害，持续时间长，涉及范围极广，遍及晋南、晋东南、晋中以及晋北这些人口素来稠密的地方，农作物绝收，官府救灾不力，由此出现了持续了几十年的流民潮，人数保守估计也在数百万左右。成千上万的人走西口，晋商是走西口中的一部分人口，现在的呼和浩特市到包头市，都是"晋语区"。

迁富实京。明朝永乐中所选富民迁徙北京者，有三千户，"充宛平、大兴二县厢长，附籍京师，仍应本籍徭役"。宣德十年九月，"免德胜关富户原籍户丁徭役，时翟原奏，本关富户王礼保等一千四百五十七户，俱系各布政司府、州、县取来填实京师，岁久贫乏，乞免原籍户下徭役供给"。由于这些富户负担很重，日子久了也出现逃跑的情况。

流民。外迁的山西人组成了流民团体，最著名的一个叫"乞活"——闻名知意，"祈祷能活下去"，显现着多少无奈、多少凄凉。据史料记载，号为"乞活"的流民团体在10万人左右，多为并州人，流散各处。在整个北方流民潮中，已故历史学家周一良说，"流民之中团结最坚、活动区域最广、历时最久"。

毋庸讳言，人口个别的迁徙，虽然也能称之为移民，且时有发生，但只有战争才会使大规模的移民成为可能。因为战争使得人口大量减少、土地大量抛荒，政府才会在它的统治区域内，做统一的人口资源调配，且只有在这时候，百姓因生活所迫，或躲避战乱，或寻觅乐土，才会置安土重迁这样的文化传统于不顾，走上移民之路。每次大战的爆发，就是移民事件的先声。

三、独特商人群体透析

从明洪武二年（1369年）开始，中经明成祖朱棣永乐年间（1403—1424年），再到清中叶之前，正是山西向全国大移民时期，以洪洞县为中转，大量山西移民向北京、河北迁徙。与此同时，山西商人也开始席卷京城，由此在广大的京畿大地，譬如大兴的皇家苑囿南海子周边，出现了大量的会馆、店铺，商业与农业交织在一起，共同推动"上林苑"区域皇家农林牧副业的空前鼎盛，这就是消失在历史深处，甚至在稗官野史陈年发黄的故纸堆里，都无法寻觅到的山西商人移民群体。

晋商是"中原农耕文明"与"草原游牧文明"接合地带形成的山西商人群体。我国有六大线路型文化遗产：对外贸易有丝绸之路、晋商驼道、茶马古道三大古商道，对内贸易有京杭大运河、唐蕃古道、川陕古栈道三大古商路。

这些商道的命名是学者进行的文化概述。"丝绸之路"由德国地理学家李希霍芬于1877年提出，"茶马古道"由云南大学教授木霁弘于1990年提出，"晋商驼道"由晋商研究专家郎加明提出。郎加明先生认为，晋商大致有"南三线"（长江南北）和"北三线"（长城内外）之分。其主要枢纽为"一关、一店、三口"：北有山西代州（今代县）雁门关、南有河南赊旗店（今社旗），以及山西右玉杀虎口（俗称"西口"）、河曲黄河渡口（亦称"西口"）和河北张家口（俗称"东口"）。①"南三线"：东线（浙江、江苏中经河南至山西）丝绸线；中线（江西中经湖北、河南至山西）瓷器线；西线（湖南、湖北中经河南至山西）茶叶线。"北三线"：晋商走过的东北线、华北线和西北线。家喻户晓的"走西口"和"出东口"就是指山西商人从雁门关走出内长城后，分为三路：或至黄花岭棋道地（亦称"歧道地"）经张家口远赴的东北线，或至黄花岭棋道地经右玉杀虎口远赴的华北线，或至广武经河曲黄河渡口远赴的西北线。②

晋商在古代文献中多有记载，左丘明在《国语·晋语》中说："（晋文公）轻关易道，通商宽农。"又说：（晋都）"绛之富商，韦藩木楗，以过于朝，唯其功庸少也，而能金玉其车，文错其服，能行诸侯之贿。"也就是说，晋国在春秋时期已经成为"工而成之，商而通之"③的诸侯国，出现了"千乘之国必有千金之贾"④的商贾阶层。先秦山西的商贸"日中为市，致天下之民，聚天下之货，交易而退，各得其所"。《汉书》则用"赞拟王公，驰名天下"来形容战国时的晋商猗顿。秦之后，汉朝的王烈，隋唐的武士𰵢，五代后周的李彦蹰，宋代的张永德，明朝的张四教、王现、王瑶、薛缨，清代的范毓滨……都是史书中闪烁过的晋商身影。

明代谢肇淛在《五杂俎》里描述道："富室之称雄者，江南则推新安（指徽州），江北则推山右（指山西）……山右或盐、或丝、或转贩、或窖粟，其富甚于新安。"宋应星在《天工开物》中指出："商之有本者，大抵属秦、晋与徽郡三方之人。"清朝咸丰三年（1853年）和硕惠亲王在奏折内宣称："富庶之首，莫过广东、山西为最。"意大利人马可·波罗于1299年出版的《马可·波罗游记》中，也有"这里（指山西）的商业相当发达……这一带的商人遍及全国各地，获得巨额利润"的记载；日本学者宫崎市定考证认为，中国最早的商人应该是山西商人。

明清晋商创造的"货通天下"模式补缺了京师宫廷饮食文化、祭祀文化、上林苑移民文化，"凡有麻雀的地方，就有山西商人"，这是明清500年位居中国十大商帮之首的晋商曾创造"货通天下—汇通天下—创通天下"的史诗画卷。

---

① 朗加明、魏停：《晋商驼道》，《新晋商》，2013年第6期。
② 朗加明、魏停：《晋商驼道》，《新晋商》，2013年第6期。
③ ［汉］司马迁：《史记·货殖列传》。
④ 《管子·轻重甲》。

曾任德国柏林大学校长的地理学家李希霍芬在其著作《中国》一书中评价晋商："山西人具有卓越的商才和大企业精神，有无比优越的计算智能和金融才华。"晋商走过的道路无疑是一道亮丽的文化风景线。即晋商不仅蹚出"南三线"和"北三线"交通，更是用文化理念和生命伦理影响了会馆、餐饮、商贸、宗教习俗等文化。

四、乡愁：一种挥之不去的家园感

乡愁被赋予多种意象，它是鲁迅先生笔下的故乡，是台湾诗人余光中的一枚邮票、一张船票……诗人说，乡愁是当你离开了这个地方好多年，仍然会想念这个地方，仍然魂牵梦萦般地牵挂着这个地方；哲人说，乡愁是"一个生病的人因为他并非身处故乡而感觉到的痛苦"。乡愁无解，一个如同哲学一样无解的词语，它在鲁迅深沉的散文作品里，在余光中、北石和席慕蓉忧郁的诗篇里，也在钢琴王子理查德·克莱德曼感伤忧郁的琴声里，甚至在王洛宾、三毛多情唯美的意境里……

千百年乡土，世代在沿袭，浓缩着乡土之美和人文之美。传统农耕沉淀的价值理念、道德规范和共同社会心理认同，是我们留住乡愁、留住记忆的"根脉"。乡土文化是我们民族的血脉和遗传基因，乡村振兴靠文化振兴，文化振兴更依靠乡村振兴的内生驱动力。本书写作立论时，作者把视域放置于京津冀协同发展高地的"新国门新大兴"——一个叫做"凤河岸上长子营镇"的地方。

乡土文化重在"灵魂"。延续乡村文化脉络，重构乡土文化的意象系统，要深入挖掘地方民间艺术、农耕技艺、民间礼俗等非物质文化遗产资源。通过礼仪教化、乡风传承、道德评价等，唤醒乡村文化的审美取向和艺术价值，打造兼具道德教化和知识普及意义的精神家园。

"望得见山，看得见水，记得住乡愁。"明初山西大移民的历史景象，是北京西山永定河文化带一份沉甸甸的文化遗产，更是一部凤河移民后裔永远读不完的经典历史长卷。对京南凤河的乡土文化整理，正是作者对北京西山永定河文化探寻的好奇使然。

1. 凤河流域移民村落考

凤河，是流经大兴的一条重要人文河流、一条充满皇家气象而又精彩绝伦的河流。凤河有一个精美的传说。当年南海子东南有一片黄沙岗子，不毛之地。有一只凤凰飞不动了，坠落下来，出现了一条形如凤凰的河流，人们叫它凤河。凤凰洒落的血迹也化作了一条小河，从南海子一直通向凤河，成为凤河的源头，那就是团河。由于有了团河，南海子东南的黄沙岗子渐渐长出了芳草树木，还引来了无数飞禽异兽。那么凤河呢？凤河河床不固定，每至大雨季节，恣肆汪洋。1950年对凤河上段河道进行了清淤其才有了固定的河床。1955 年，将凤河上游的水导入凉水河，称为新凤河。凤河则改源于南大红门，在凤河营出大兴县境，进入廊坊。

团河的下游，孕育了皇家果蔬的管理机构——上林苑，上林苑就在采育地区，这是一块神奇的土地。辽开泰元年称为"采魏院"，元至元十九年，"采魏院"属上林苑，更名"采魏里"。《宸垣识略》记载，这时的"采魏里"，孤守着凤河沿岸大片河滩"沙漠地"，这个时候的凤河流域，人烟稀少，荒草萋萋。所以，元代的"采魏里"也只是地理意义上的一个名称，直到明初，大批山西、山东移民来到凤河两岸"安营扎寨"，这片土地才开始变得生动活泼起来。

沿着凤河源头顺流而下，课题组专门设定抽样点考察沿河两岸 48 个村庄，查阅史料、口述历史记录。除了永和庄注明为何姓人家自河间县迁此落户，起初村名称何家行子外，其余 47 个村庄都是明代由山西洪洞县移民来此组建。历史上这些移民村落的行政隶属多有变化，在河北廊坊安次、北京大兴间多有交集，加之大兴归属也多在河北、北京市之间游移。这些村落主要涉及大兴青云店镇、长子营镇、采育镇三个镇，这些村落也多在大兴合乡并镇时隶属关系有所调整。

本节涉及村庄以大兴 2016 年行政区划中心现状作为标准。

大回城。位于黄村镇东偏南 17 公里，村东南与东回城毗邻，西隔凤河与东辛屯相望。聚落呈带状分布，全村人均为汉族。明初由山西移民于此屯居（注：移民州县不详）。村北有古回城遗址，为唐乔置沃州治所设，时称回城。明于村西北开辟皇家苑囿南海子，曾在此设门，称回城门。后辟为大小二村，1981 年更今名。

东回城。位于黄村镇东偏南 17 公里，东南与石州营毗邻，西北与大回城相接。凤河自西北向东南流经村中。聚落沿凤河分布，全村多为汉族。明初由山西移民于此屯居（注：移民州县不详）。村东北有古回城遗址，为唐乔置沃州治所于汲，时称回城。该村名小回城。1981 年改称今名。

石州营。位于黄村镇东偏南 17.5 公里，东与孝义营毗邻，西北隔凤河与东回城相望。聚落呈长方形，主街道为东西走向。全村多为汉族。明朝建村，明初有山西省石州县移民至此成村，故名。明将兆雄在此曾建一宝封寺，檩上注"京都顺天府大兴县石州营"，曾名盐营。

霍州营。位于黄村镇东偏南 18 公里，凤河流经村北。村东与解州营为邻，西与孝义营相接，北隔凤河与沙堆营相望。村落沿凤河流向呈带状分布，主街道为东西走向。全村多为汉族。明初由山西省霍州县移民至此成村，故称霍州营。曾名高营、梁营。

孝义营。位于黄村镇东偏南 18 公里，东邻霍州营，西靠石州营，北临凤河。聚落呈矩形，主街道东西走向。全村多为汉族。明初由山西孝义县移民建村，故名。曾名大王营、小王营。明代属东安县界，清康熙年间划归大兴县界。

解州营。位于黄村镇东偏南 18.5 公里，凤河流经村北。村东与长子营乡赵县营为邻，北隔凤河与垡上营相望。聚落呈矩形，全村均为汉族。明初由山西省解州县移民至此成村，故名。

赵县营。位于黄村镇东偏南 19.5 公里，凤河流经村北，西与青云店镇界邻，北隔凤河与留民营相望。全村均为汉族。明初自山西省赵县移民至此成村，故名赵县营。又因董姓居多，又名董营。清乾隆年间由东安县划入。该村村民多会表演走高跷，且技艺甚佳。

留民营。位于黄村镇东偏南 19.5 公里，村东南与窦营隔河相望，西南隔河与赵县营相对，西与青云店镇界邻。全村多为汉族。明永乐年间自山西省洪洞县移民至此成村，因有流民之意，称为流民营，清时改称留民营。曾名柳木营。原属东安县，清乾隆年间划归今属。聚落呈正方形分布，村党支部书记张占林为全国人大代表，1987 年 6 月 5 日世界环境日被联合国环境规划署评为世界环境保护先进人物。

沁水营。位于黄村镇东偏南 21.5 公里，南隔凤河与白庙村相望，西与靳七营村毗邻。全村均为汉族。明初山西沁水县移民至此建村，故名。"叉子会"是该村村民保留的传统民间花会。清光绪年间，曾深得慈禧太后赏识，并赐予该会一把"龙叉"及一面书有"神叉老会"的旗帜，从此名声大振。

上长子营。位于黄村镇东偏南 22 公里处，凤河北岸，村东与下长子营村毗邻，凤河流经西南，西北与沁水营相接。全村均为汉族。明永乐年间由山西省长子县移民至此成村，分上、中、下长子营，本村为上长子营，村西原有刘上岗，后与中长子营同归属长子营。村民仍保留有传统的民间花会"双石会"。村东北有明初所建的庙宇遗址——良善坡。

下长子营。位于黄村镇东偏南 22.5 公里处，上长子营东南隅，村东南与河津营毗邻，西南临凤河。全村均为汉族。明永乐年间由山西省长子县移民至此成村。清乾隆年间自安东县划入。村南有古槐树，树龄约 450 年，列为一级古树名木。

河津营。位于黄村东南 22.5 公里，南与上黎城毗邻，西临凤河，西北邻下长子营。全村均为汉族。永乐年间山西省河津县移民至此成村，以县设营，称为河津营，曾名大窑上。

上黎城营。位于黄村镇东偏南 23 公里，南与潞城营毗邻，西隔凤河与白庙相望，北与河津营接壤。全村均为汉族。明初由山西省黎城移民至此建南、北两村，该村居北（凤河上游），故称上黎城营。

潞城营。位于黄村镇东南 23 公里，西南临凤河。全村多为汉族，余为满族、苗族。明永乐年间由山西潞城县移此建村，故名潞城营。1983 年以大队建置分设四个村民委员会。

白庙村：位于黄村镇东偏南 21.5 公里，村东隔凤河与上黎城相望。全村均为汉族，明永乐年间，自山西洪洞县移民至此成村，因姓氏得名，称白庙，沿用至今。原属东安县，清乾隆年间划归今属。该村村民尚保留传统的"狮子会"，演技精彩，堪称一绝。

北蒲州营。位于黄村镇东偏南22.5公里，东北隔凤河与潞城营相望，东南与朱庄乡南蒲州营毗邻。全村均为汉族。明初山西蒲州移民建村，名蒲州营。后拆分为二，因该村居北，故名。

南蒲州营：凤河流经村北。位于黄村镇东偏南23公里，东与车固营毗邻，北与长子营乡北蒲州营相邻。全村均为汉族。明初由山西蒲州移民建村，名蒲州营，后拆分为南北两村，该村居南，故名。

永和庄村：位于黄村镇东南20.5公里，全村均为汉族。清初形成村落，村址原为一片树行子，后有一何姓人家自河间县迁此落户，村名称何家行子。后分成两村该村居东，又称东行子，1912年后定名为永和庄，寓意永远和睦相处之意。

绛县营：位于黄村镇东南24公里，东与采育镇隔河相望，南与采育镇界邻，西邻东固营，北隔凤河与采育镇宁家湾相望。全村均为汉族。明已成村，明永乐年间由山西省绛县移民建村，初名绛县营，后因姓得名改称周家村，今简称周营。

屯留营：位于黄村镇东南24.5公里处，东隔凤河与采育镇相望，南与岳街毗邻。聚落呈矩形。全村均为汉族。此地明时为上林苑蕃育署，有山西省洪洞县移民至此屯垦，故得名屯留营。清乾隆年间自东安县划归大兴县。

岳街：位于黄村镇东南21.5公里处，采育镇驻地西南侧，东临凤河，南隔京济公路与下黎城相望，北与屯留营毗邻。聚落呈矩形。全村均为汉族。明永乐年间，自山西迁民至此成村（注：移民州县不详），时与采育同属上林苑蕃育署，清乾隆年间自东安县归属大兴，因有一岳姓旗人在此建庄，称岳庄子，后改称岳街，地处凤河流域西岸平原。

下黎城：东临凤河，位于黄村镇东南25.5公里，全村多为汉族。明初由山西黎城县移民建村，因北有上黎城，故此村称下黎城。原属东安县（今廊坊市界）。清乾隆年间划归今属。

潘铁营：位于黄村镇东南28公里，东隔京济公路与杨堤相望，西与采育乡界邻。全村均系汉族。明初山西洪洞县移民建村，本村原系两村称乌云寺（海慧寺），东村名辛庄。因负责为铁台运输铁原料，得名盘铁营，后改为潘铁营。

沙窝营：位于黄村镇东南27.5公里，东南与潘铁营相邻，北与采育镇界邻。全村均为汉族。明初成村，村民由山西洪洞移民建村，当时闫姓为大户，因村后有沙岗得名闫家沙窝，后演化为今名。

辛庄营：位于黄村镇东南29公里，东与凤河营乡界邻，南隔京济公路与杨堤相望，西为潘铁营。全村汉族。明初山西洪洞县移民建村，蔡姓为村中首户，故名蔡辛庄，后改今名。

杨堤。位于黄村镇东南21.5公里，东与凤河营乡界邻，西北为潘铁营，北与辛庄营相邻。全村均为汉族。明初，由山西省洪洞移民建村，当时杨姓为大户，又因临凤河堤，故名杨堤。

再城营。位于黄村镇东南 26 公里，村东与采育镇界邻，南与大皮营乡接壤，西接李堡，西北与东北台毗邻。全村均为汉族。俗称李台，相传为五台之一。1905 年前称李家台，因有山西省再城县移民迁此，改称再城营，沿用至今。

高平营。位于黄村镇东南 26.5 公里，北与采育镇界邻。全村均为汉族。明初山西高平县移民建村，名高平营。明正统年间，和尚妙湛法师广募善缘，筹巨款，在村建造长庆寺。明成化二十年（1484 年）又铸铜佛一尊，高丈许，有千手千眼，供奉殿内，始改高平营为铜佛寺。现在村里的寺庙和铜佛像均已无存。村中有国槐 1 株，列为二级古树名木。

广佛寺村。位于黄村镇东南 27.5 公里，东连包头营，南与大同营毗邻，西为韩营，西北与铜佛寺接壤。全村均为汉族。明初成村，村民由山西省洪洞县大槐树下移居此，原名枯树营，后因村北建有广佛寺，故名。村多植槐，有百年古槐 1 株，列为国家二级古树名木。

韩营。位于黄村镇东南 26.5 公里，东距广佛寺，西、南均与廊房市郊域界邻，全村均为汉族。明初山西移民在此建村（注：移民州县不详），韩姓为首户，故名韩家营，今定名韩营。韩营村的大兴古籍装订厂曾承接《乾隆版大藏经》的排版、装订，深得佛教界及广大用户赞誉。

大同营。位于黄镇东南 28 公里，东距山西营，南与廊坊市安次区接壤，西北临韩营，北 0.5 公里为广佛寺。全村均为汉族。明初成村，村民由山西洪洞县移居此地，因村中有一枯树而名枯树营，后因村民多为山西大同人，故改称大同营。

山西营。凤河流经村南。位于黄村镇东南 28.5 公里，南与安次县界邻，西距大同营，北与广佛寺接壤。全村均为汉族。明初成村，村民由山西洪洞县迁移至此，为不忘祖籍，以山西营为村名。

包头营。位于黄村镇东南 28.5 公里，东为小皮营，西南距山西营，西与广佛寺毗邻，北依凤河，全村均为汉族。明初山西洪洞县移民建村，始称包头营。

大皮营。凤河流经村北。位于黄村镇东南 28.5 公里处，凤河南岸，东与小皮营毗邻，西南与包头营相邻，北距潘铁营。全村均为汉族。明永乐年间由山西省洪洞县移民至此成村，因村中有一皮匠手艺超群，远近闻名，故得名大皮匠村，后简称大皮营。

小皮营。凤河流经村北。位于黄村镇东南 29.3 公里处，东与利市营相邻，西南距山西营，北依凤河。全村均为汉族。明初，由山西移民建村（注：移民州县不详），因距大皮营较近，本村小而得名小皮营。

利市营。位于黄村镇东南 30 公里，东与东潞州相邻，西接小皮营，北邻杨堤。全村均系汉族。明初移民形成村落，因村北桥南有市，故称利市营（注：移民州县不详）。日侵华时曾名西潞洲，1949 年后复用原名，故称利市营。

东潞洲营。位于黄村镇东南 30 公里，大皮营东南 1.5 公里处，东与凤河营乡界邻，南与廊房市郊域接壤，西距小皮营 1 公里，北依凤河，全村均为汉族。明初山西移民建村，因村民多山西潞州人，故名潞州营，后拆分为二村。此村居东，故名。

康营。位于黄村镇东南 31 公里，凤河营西偏北 1 公里处，东与延寿营毗邻，西与大皮营乡界邻，北临凤河。明初由山西洪洞县移民建村，初仅有康、季、崔三户人家，康姓为大户，因姓得名。

延寿营。位于黄村镇东南 31.5 公里，凤河营西 1 公里处，东与庙洼营为邻，西偏北为康营，北临凤河。明初自山西洪洞县移民建村，因村西曾有古庙延寿寺，故村名延寿营。村民喜植槐，该村原大队部院内有国槐 2 株，树龄均在 300 年左右，列为一级保护名木。

庙洼营。位于黄村镇东南 32.5 公里，凤河营偏西北，南与廊坊市郊界邻，西距延寿营，北依凤河南岸。皆为汉族。建于明朝（移民州县不详），因村内有两座庙，庙的四周地势低，而庙基高于民房，称庙洼营。

李家务。位于村镇东 23 公里，上长子营北偏东，东距京津塘高速公路 1 公里，西为朱脑村，北隔凤碱河与通县相望。汉族居多，还有蒙古族、壮族。明已成村。由山西省洪洞县迁居至此建村，李姓为村中首户，故名李家务。原属安次县，1949 年划归今属。

大黑堡。位于黄村镇东偏南 27 公里，村东北与通县界邻，东南为辛店。全村均为汉族。明初成村。村民自山西移民至此，行至此地正值黑夜，故以黑堡为名，因该村较大称大黑堡（移民州县不详），以前隶属东安县（今廊坊市界）。1949 年划归今属。该村有明朝栽植古槐 1 株，至今已近 500 年，定为国家一级古树名木。

北辛店。位于黄村镇东偏南 28 公里，采育镇东偏北，村东南与南辛店毗邻，西南隔官沟与施家坟相望。全村人均为汉族。明万历年间称辛店镇。村民多由山西迁此（注：移民州县不详），为京津往来要道，客栈多集聚于此。1951 年自安次县（今廊坊市）划归今属。

南辛店。位于黄村镇东南 28 公里，采育镇东偏北，村东临京津塘高速公路，东南与东庄相连，西隔官沟与施家坟相望，西北与北辛店毗邻，均为汉族。明万历年间称辛店镇，为京津往来要道，客栈多集中于此。村民多由山西移民迁此（注：移民州县不详）。原属顺天府东安县。1949 年由安次县（今廊坊市界）划归今属，后分南北二村，此村居南，故名。

半壁店。位于黄村镇东南 13 公里处，东为西南研堡，南距东沙窝村，西隔小龙河与魏庄村相望。全村多为汉族。明初山西移民建村（移民州县不详），相传村落之初分四

神叉老会（来源：大兴报社）

片，合称半边店村，始见清康熙《大兴县志》，后演变为今名。

倪家村。位于黄村镇东南 3.1 公里，凤河营北 2 公里处，东距龙门庄，南临官沟，西北与东半壁店邻。全村均为汉族。原属安次县，1949 年划归今属。明初由山西洪洞县移民建村，因倪姓为村中首户，故名倪家村。该村聚落呈"十"字形。

张各庄。位于黄村镇东南 5 公里，北与倪家村相望，西临官沟。全村多为汉族。明处由山西洪洞县移民至此建村，因张姓大户，故称张各庄。1953 年设张各庄乡，乡政府驻此。1956 年与凤河营乡合并。村民喜槐，村北有古国槐 2 棵，树龄约 300 年，已列为一级古树名木。

哼罗庄。位于黄村镇东南 33.5 公里，凤河营东北。东与通县界邻，南与廊坊郊区界邻，西北距张各庄。全村均为汉族。该村建于明朝（注：移民州县不详），曾名簸箩庄，旧属东安县（今廊坊市），当年村中有柳编作坊，以所产簸箩质高耐用而闻名，故称簸箩庄，因字体烦琐，后改为哼罗庄，1949 年划归大兴县界。

通过对 48 个村庄进行实证，大致得到以下几点结论。

第一，移民河北、北京广大地方的广泛性。河北地区移民分布很多，这与"靖难之役"河北战乱严重以及迁都北京有直接关系。永乐四年（1406 年）明政府迁都北京，为巩固中枢之地，多次移民河北地区，移民的分布以当时北京、真定府、广平府、顺德府、大名府所属县为多。据河北、北京民间家谱、碑文所载，永乐年间自洪洞迁入者颇多，移民迁入后多以姓氏为村名，也有以迁出县名为名。

第二，以原籍地、姓名命名村落。除了以故乡的名字命名村落，以姓氏取名者亦多。一地一姓者以姓氏命名村庄，证明了外籍移民所建村庄多的事实，因为本地"土著人家"习惯以自然地理实体取名，很少以姓氏命名。温县《任氏家谱总序》载，"稽我任氏乃黄帝之裔"，本系出自山西平阳府洪洞县，长门始祖居河内县紫陵镇，二门始祖居温县南张羌村，三门始祖居卫辉府，四门始祖居河南府孟津县邢家园，五门始祖居济源县薛庄镇。正德《大名府志》载，该县有姬文忠乡、李小二乡。这些屯名、乡名，都是以人的姓名来命名的。同时以他们的姓名或姓氏来命名村庄，反映了明初迁民对地名的影响。以迁民姓氏来命名村落，有些村名，沿用于今。有些村名，已于清代改掉了，村庄易名看似简单，其实背后的隐情、辛酸只有解读才能体悟。这里有三点。其一，"朝命既下，官吏俄催"，限期规定到达指定的迁居地点，强制性命令难违。其二，明初政府对于迁民安置有原则性规定。此项工作持续长达十年之久。《获嘉县志》卷八《氏族》载：王氏，城内始祖失名，传为明初由山西洪洞迁来；初居东张仪，后居城内，亦有迁方台等村者。朱氏，朱庄始祖朱岩，明初由山西高平县马村迁来，后有迁往扶沟县张坞岗者。道光《河内县志》卷二六《范淳传》载：其先山西洪洞县人，曾祖济世，"自济源再迁河内，遂著籍"等等。这种一迁再迁的情形表明，各地官府对迁民安置中的盲目性。其三，对迁民的歧视。正如《明史·食货志》所述："太祖仍元里社制，河北诸州县土著以社分里甲，迁民分屯之地，以屯分里甲。社民先占亩广，屯民新占亩狭，故屯地谓小亩，社地谓之广亩。"明隆庆初任怀庆府知府的纪诚在《均粮疏》中说："怀庆之地，每二百四十步为亩。"《孟县志》记："孟县以五尺为弓，以二百四十弓为亩。他县有以七尺为弓，以四百八十弓为亩者。"此外，在里甲编制上，迁民里小，土著里大。明朝的田赋是按亩征收的。徭役是按里甲摊派的，有些迁民，因其田少，不能养家糊口，不得不再迁或"求归社地而倍输其租"。

第三，移民的有组织性、国家强制性。密集的移民可以看出，元末连年战乱和灾害瘟疫，人口锐减。依据大兴县有关史料，元顺帝至正七年（1347年）时，大兴县人口锐减到4400户、1.2万人，至元末人口已不足万人。明洪武、永乐年间，大兴县数次接收来自山西、山东等地的移民，先后置49屯和51个军屯，人口由洪武初年的2993户、9892人发展到万历间的1.51万余户、7.1万余丁口，编户36里（百户为里）。受灾较少且人口密度较大的山西成为向外省提供移民的主要地区。仅洪武三十五年九月，户部遣官核实山西太原、平阳二府，泽、潞、辽、沁、汾五州，丁多田少及无田之家，分其丁口以实北平各府州县。洪武元年（1368年）至永乐十五年（1417年）这50年被认为是"移民史上的巅峰，是中国历史上的第三次规模大的也是最大的一次移民"。

所迁山西民众，主要是无地或少地的农民，多数是强制而迁，虽然是明政府组织的，亦有自愿应募迁徙的。这些迁民，由户部发给迁徙证书，派往指定地点，由所到之地官府予以安置。

由于洪洞大槐树移民分布范围广泛且涉及省份较多，在古代交通不甚便利的情况下，这样大规模的长途跋涉没有官方的得力组织无法实现。虽然存在个别的自愿迁徙的情况，如"山西平阳、大同、蔚州、广灵等府州县民申外山等上言：'本地土饶且窄，岁屡不登，衣食不给，乞分丁于北京、广平、清河、真定、冀州、南宫等县宽闲之处，占籍为民，拨田耕种，依例输税，庶不失所'，但这毕竟不能改变洪洞大槐树移民整体上由官方主导的性质。"

官方对洪洞大槐树移民的意志渗透主要表现在如下方面：中央政权审时度势对移民命令的下达；在"广济寺设局驻员，发给凭照川资"的准备工作；在迁徙途中对民众的管理与引导；在到达目的地之后的安顿编排以及提供农业生产的工具、种子、耕牛；等等。没有官方的组织引导，在历史上形成这样大规模、长距离的民众迁徙工程是无法实现的。

第四，旁证的亟需。由于历史或是其他社会原因，大兴弥补正史的民间家谱、族谱保留下来的不多，所以，研究明、清凤河移民史，挖掘整理其他省市的有关家史、宗谱、墓志、村志作为佐证意义非同一般。顺治《舞阳县志》卷一《地理·风谷》引嘉靖《舞阳志要》谓，该县"土著之民寡，流徙之民半"。康熙《永年县志》卷五载：明初"吉东州县，则有社、有屯。土著曰社，迁发曰屯"。顺治《胙城县志》记该县村落名称时亦云："凡名屯、寨，皆明初迁民。"《明史》卷七十七亦谓："太祖仍元里社制。河北诸州县，土著者以社分里甲，迁民分屯之地，以屯分里甲。"顾炎武《天下郡国利病书》卷五《北直隶》引《大名府志·田赋志》记："国家洪武初，承金、元之后，户口调耗，闾里数空，诸州县频徙山西泽、潞民填实之。予过魏县，长老云：'魏县非土著者什八，及浚、滑、内黄、东明之间，隶屯田者什三，可概见矣。'"此外，在有关地方志及家谱、碑传里，有着不少记述。

大多数族谱、口传只是强调来自山西洪洞县及洪洞县的老鹳窝，也有不少说得非常具体，有的还提到洪洞县的广胜集、老关沟、魏石沟、大柳庄、霍山、玄帝庙等。有的家谱自身漏洞多，甄别难，如洪洞迁到山东的孙氏创修《孙氏家谱》8部，关于始祖迁徙时间有4部记为明洪武二年、三年，有3部记为元末或元至正年间、元至正元年，1部记为元大德三年。其中可信的和与史实相悖的并存。《般阳孙氏族谱》为元朝至正年间，《颜山孙氏族谱》为洪武三年，《临朐天井孙氏族谱》为洪武二年，凌河孙氏谱为明洪武二年，《安次孙氏族谱》为元大德三年，《寿光埠西孙氏族谱》为洪武二年。

第五，山西洪洞家园感的确定。晚明到民国洪洞历史上的四本专志。这四本志书分别为明天启元年（1621年）编撰的《圣臣志》、崇祯元年（1628年）的《聪圣志》、清康熙二十三年（1684年）的《思深格言》、民国三年（1914年）的《古大槐树志》。遗憾的是，也许由于其印行数量不多，时间久远，除了《古大槐树志》以外，学界一直没有发现其他三种志书。

《圣臣志》，明天启元年（1621年），时任洪洞知县马鸣世邀集当地士绅共同编撰了《圣臣志》一书。《聪圣志》以士绅为主题的社会群体反复修建皋陶庙并为之撰写《聪圣志》，极力塑造"乐圣"师旷。师旷与皋陶成为影响和塑造洪洞地方历史的重要思想资源。正如康熙二十四年（1685年），范鄗鼎，这位身前被康熙皇帝赐予"山林云鹤"之称，死后同傅山、阎若璩、吴雯一起供奉在四徵君祠的理学大儒，在为师旷故里撰写的碑记中说："唐虞三代以来，洪洞有两人焉，一乐师师旷，一士皋陶。"《思深格言》，清康熙二十三年（1684年），洪洞士绅编写了继《圣臣志》《聪圣志》之后的又一本书。该书正文应有八十二条内容，遗憾的是该书现已不存，仅在县志风俗条中保留了十八条内容，主要是关于婚礼、丧礼和服饰方面的规定。

目前可见最早提及"大槐树""老鹳窝"的记载，是修于公元1586年（万历十四年）的江苏丰县刘家营刘氏族谱。

第六，儒家文化从学理层面向宗教层面转化。有明以来，上至皇室，下至士绅，都试图恢复因蒙元入侵带来的"礼俗隳坏""文脉断绝"的局面，修谱祭祖成为一时潮流。对于众多自山西而出的移民及其后代来说，认祖归宗，不但是一个续接血脉的问题，而且是维护汉族正统身份的问题。在这一时期的族谱中，大槐树还仅仅是一些家族的个别记忆。而到了明末清初，中原之地民众"播窜流离，族谱俱附兵燹"。在历经康雍乾三朝的休养生息之后，人口激增，越来越多的人迫切需要重建自己家族的谱系，此时，流传民间的大槐树传说重新散播开来，并成为越来越多家族修谱时的选择。

可以断定，"大槐树""老鹳窝"作为移民的精神象征，是集体记忆的产物。这也从另外一个侧面解释大槐树的传说在北中国有广泛民间基础，"但不见诸史，惟详于谱牒"的原因。

第七，传说进入正史的需求。及至清末民初，在山东为官的景大启等人，听说了遍布当地的"大槐树移民"传说后，在传闻中的广济寺遗址旁树立了古大槐树纪念碑。于是，从历史到传说，再从传说到重构的历史，大槐树记忆，在时间的磨洗之下，不但未曾淡化，反而越发清晰。

大槐树，在城北广济寺左，传闻广济寺内，人事专项，发给"凭照川资"。按《续文献通考》，明洪武、永乐间，屡迁徙山西民于北平、山东、河南等处，树下为集合之所。因历年久远，槐树无存，"寺亦毁于兵燹"。民国二年，景大启等发起募资，树碑以志遗迹，大槐树成为山西移民的精神象征。《中国绅士》言：洪洞大槐树不仅作为联系地方民众以及宗族情感的纽带，同时成为散居在外的游子想象中的家园象征，或者直接成为家园的代名词。

家谱、族谱作为记录宗族起源、迁徙、盛衰演变以及制度建设的文本，由于带有强烈的情感意识而造成史料价值的不确定性。族谱实际上可以说是宗族历史传说故事的另一种文字记载方式，凤河流域村落的许多谱牒在"文革"中烧毁，后人只能以传说替代史料。

第八，谱牒的附会之嫌。以《颜山孙氏族谱》《章丘孙氏族谱》《大口头庄孙氏石谱》《临朐天井孙氏族谱》《凌河孙氏谱》《临淄安次孙氏族谱》《寿光埠西孙氏族谱》几部谱牒反证之，其中元至正年间"吾迁居始祖孙禹寄居颜神后迁章丘"是可信的，而明洪武二年、三年的移民与史实相悖。另据《安次孙氏族谱》，元大德三年（公元1299年），孙氏之祖迁来山东的时间是可信的。

第九，移民的连续性非集中性。洪武、永乐年间是这一时期人口迁出最集中也最引人注目的一段，故而提起"大槐树移民"一般都与明初相联系，其实永乐以后山西人外迁的势头并没有停止，而是主要以流民潮的形式表现出来。震惊朝野的"荆襄流民"中不少人是来自饥馑连绵的山西。蒙古民族的南下也曾迫使众多的山西平民北上，"板升"的出现便是这种移民运动的直接结果，也成为塞外地区开发的先河。"走西口"的歌谣充分表达出山西平民与亲人分离的辛酸，而塞外的新景象全凭大批移民的奋斗。光绪初年山西发生的特大灾害不仅使本地人口大量死亡，更迫使不少饥民离乡背井。

山西历朝迁民并非一次，有明一代，洪武、永乐年间，因受元末兵荒，居民丧亡殆尽，迁徙太原、平阳、洪洞、蒲、绛等处动辄数十万户，"前往填植并非专迁洪洞人，亦可分道分批往也……称自洪洞大槐树迁来，仅知有洪洞，不知有他处，仅知大槐树，不知长大槐树之村庄，以一县为发祥地，以一树作遗爱品，入人心之深，千古不移"。

俗称七十二连营的44个村落如下：南山东营、北山东营、屯留营、下黎城（营）、康营、延寿营、庙洼营、大皮营、包头营、大同营、东潞洲（营）、广佛寺（原名枯树营）、韩营、利市营（原名西潞州营）、潘铁营，沙窝营、山西营、铜佛寺（原名高平营）、小皮营、辛庄营、垡上营、霍州营、沙堆营、沙子营、石州营、孝义营、解州营、泥营北蒲州营、潞城营、上黎城（营）、上长子营、下长子营、沁水营、靳七营、郑二营、窦营、留民营（原名柳木营）、赵县营、河津营、车固营、南蒲州营、再城营、周营（原名绛县营）。

2. 山西移民村落

沟壑填充老弱，膏锋吻锷少壮。元末，多年的兵革烽烟岁月，致使乡村路断榛塞，人烟断绝，万户萧疏。为尽快充实人口，恢复和发展生产，向北平地区移民成为明王朝的必然选择。山西"地狭民稠"，遂成为移民首选。

洪武二十一年，明廷下令"迁山西泽、潞民于河北"，后又屡次从山西移民到北平、山东、河南。建文四年还颁布了一项新规："命户部遣官核实山西太原、平阳二府，泽、潞、辽、沁、汾五州丁多田少及无田之家，分其丁口以实北平各府州县。仍户给钞，使置牛具种子，五年后征其税。"也就是说，命令户部派人到山西太原、平阳（今临汾、运城等地）以及泽、潞、辽、沁、汾等州去核实户口，发现人多地少，就将多余人口迁移到北平地区。朝廷发放"安家费"以供移民购买生产资料，同时还实行五年免税特殊优惠。

明洪武年间的北平移民，主要从"移民实边"角度考虑。永乐元年（1403 年）正月，礼部尚书李至刚等言："自昔帝王或起布衣平定天下，或由外藩入承大统，而于肇迹之地，皆有升崇。窃见北平布政司，实皇上承运兴之地，宜遵太祖高皇帝中都之制，立为京都。"仅永乐初年从山西迁来北京的两万户移民，就可新建 500 村左右。若加上洪武年间安置山西移民所设立的新村，则为数更多。

永乐五年（1407 年），"设上林苑监于京师（北京），取山西平阳、泽、潞之民充之，使蕃育树艺，以供上用。"《明实录》也提到："永乐五年五月，命户部徙山西之平阳、泽、潞，山东之登、莱府等府州民五千户隶上林苑监牧养栽种。"清代乾隆年间史书《宸垣识略》记载："采育，古安次县采魏里也，去都七十里。明初上林，改名蕃育署，统于上林苑，不隶京府，乃元时沙漠地。永乐二年（1404 年），移山东、西民填之，有恒产，无恒赋，但以三畜为赋。计营五十八。"凤河流域，尤以张采区域（现在的长子营镇、采育镇、河北廊坊安次县一带）水源丰沛、人烟稀少、地阔而肥，又为上林苑监辖区，是移民青睐的落脚地。

山西地名命名的村庄如一串串美丽的珍珠点缀在风光如画的凤河两岸，顺流而下，青云店镇有石州营村、孝义营村、霍州营村、解州营村；长子营镇有赵县营村、沁水营村、（上、下）长子营村、河津营村、上黎城村、北蒲州营村、潞城营（一、二、三、四）村、南蒲州营村等。周营村原名叫绛州营村，其移民主要来自山西绛县；采育镇有屯留营村、东潞州村、大同营村、山西营村、下黎城营村、铜佛寺村（原名高平营村）。《大兴凤河沿岸缘何成串"山西村"》[①] 一文中亦认为，故土之名，是这些移民聊以慰藉乡愁的最后方式，是深植于灵魂深处"安土重迁"观念的最后执念。随他们一起漂泊的，不仅是故乡之名，更是漂泊者对故乡的眷恋。

3. 移民数量、次数

关于移民的次数、人数，根据《明史》《明太祖实录》《明太宗实录》等史籍的记载，

---

① 《北京日报》2022 年 4 月 7 日，作者王洪波。

统计出从洪武六年（1373 年）至永乐十五年（1417 年）近 50 年间，从山西洪洞大槐树处分赴各地的外迁次数共为 18 次，其中洪武年间 10 次，永乐年间 8 次。[①]移民外迁的省份涉及北京、河北、山东、河南等地，其迁民总数少则七八十万，多则达百万。

黄有泉、高胜恩对洪武十三年至洪武二十五年间的迁民做过统计，共迁出 80858 户，总计人口 442293 人，从中剔除前面提到的洪武二十二年往大名、广平、东昌三府移民的 52144 户，其余迁民共 28714 户。若四次平分，则每次为 7178 户。

1. "（洪武）六年（1373 年），徙山西真定民屯凤阳。"[②]

2. "（洪武）九年（1376 年）十一月，迁山西及真定民无产者于凤阳屯田。"[③]"（洪武）九年（1376 年）十一月，迁山西及真定民无产者田凤阳。"[④]

3. "（洪武）十三年（1380 年）五月，山西民为军者二万四千余户，悉还为民。"[⑤]

4. "（洪武）二十一年（1388 年）八月，徙山西泽、潞二州民之无由者，往彰德、真定、临清、归德、太康等闲旷之地。"（《明太祖实录》卷一九三）"（洪武）二十一年（1388 年）八月，徙泽、潞民无业者垦河南、北田，赐钞备家具，复三年。"[⑥]

5. "（洪武）二十二年（1389 年）九月，后军都督朱荣奏：'山西贫民徙居大名、广平、东昌三府者，凡给田二万六千七十二顷。'"[⑦]

6. "（洪武）二十二年（1389 年）九月，山西沁州民张从整等一百一十六户告愿应募屯田，户部以闻，命赏从整等钞锭，送后都督金事徐礼允田给之。"[⑧]

7. "（洪武）二十五年（1392 年）八月，冯胜、傅友德帅开国公常昇等分行山西，籍民为军，屯田于大同、东胜、立十六卫。"（《明史·太祖本纪》）。"（洪武）二十五年（1392 年）八月，冯胜、傅友德等在大同等地屯田。计平阳选民丁九卫，太原、辽、沁、汾，选民丁七卫。……每卫五千六百人。"[⑨]

8. "（洪武）二十五年（1392 年）十二月，后军都督府金事李恪、徐礼还京。先是命恪等往谕山西民愿迁居彰德者听。至是还报，彰德、卫辉、广平、大名、东昌、开封、怀庆等七府徙居者凡五百九十八户。"[⑩]

9. "（洪武）二十八年（1395 年）正月，山西马步官军二万六千六百人往塞北筑城屯

① 黄有泉、高胜恩：《洪洞大槐树移民》，山西古籍出版社，1993 年。
② 《明史·食货志》。
③ 《明太祖实录》卷一一〇。
④ 《明史·太祖本纪》。
⑤ 《明太祖实录》卷一三一。
⑥ 《明史·太祖本纪》。
⑦ 《明太祖实录》卷一九三。
⑧ 《明太祖实录》卷一九七。
⑨ 《明太祖实录》卷二二三。
⑩ 《明太祖实录》卷二二三。

田。"①

10. "（洪武）三十五年（1402年）九月，徙山西民无田者实北平，赐之钞，复五年。"（《明史成祖本纪》）。"（洪武）三十五年（1402年）九月，户部遣官核实太原、平阳二府，泽、潞、辽、汾、沁五州丁多田少及无田之家，分其丁口以实北平各府州县。"②

11. "（永乐）元年（1403年）八月，定罪因于北京为民种田例。其余有罪俱免，免杖编成里甲，并妻、子发北京、永平等府州县为民种田。礼部议奏：山东、山西、陕西、河南四布政司就本布政司编成里甲……上悉从之。"③

12. "（永乐）二年（1404年）九月，徙山西民万户实北平。"（《明史·成祖本纪》）。"（永乐）二年（1404年）九月，徙山西太原、平阳、泽、潞、辽、汾、沁民万户实北平。"④

13. "（永乐）三年（1405年）九月，徙山西民万户实北平。"（《明史·成祖本纪》）。"（永乐）三年（1405年）九月，徙山西太原、平阳、泽、潞、辽、汾、沁民方户实北平。"⑤

14. "（永乐）四年（1406年）正月，湖广、山西、山东等郡县吏李懋等二百十四人言愿为民北京。命户部给道里费遣之。"⑥

15. "（永乐）五年（1407年）五月，命户部从山西之平阳、泽、潞，山东之登、莱等府州五千户隶上林苑监，牧养栽种。户给道里费一百锭，口粮五斗。"⑦

16. "（永乐）十二年（1414年）三月，上以其（隆庆）当要冲，而土宜稼穑，改为隆庆州……而以有罪当迁谪者实之。"⑧"本州原编东南、西南、东北、西北四隅，红门、黄报、白庙、版桥、富峪、红寺六屯，谓之前十里，谪发为事官吏充之。榆林、双营、西桑园、泥河岔道、新庄、东园、宝林、卓民九屯，连关厢谓之后十里，迁发山西等处流民充之，每户拨田五十亩，任种办纳粮差。"⑨

17. "（永乐）十四年（1416年）十一月，徙山东、山西、湖广流民于保安州，赐复三年。（《明史·成祖本纪》）。"永乐十四年（1416年）十一月，徙山东、山西、湖广流民二千三百余户于保安州，免赋役三年。"⑩

18. "（永乐）十五年（1417年）五月，山西平阳、大同、蔚州、广灵等府州申外山等上言'乞分丁于北京、广平、清河等宽闲之处，占籍为民，拨田耕种，依例输税，庶不

①　《明太祖实录》卷二三六。
②　《明太宗实录》卷十二下。
③　《明太宗实录》卷二十一。
④　《明太宗实录》卷三十一。
⑤　《明太宗实录》卷四十六。
⑥　《明太宗实录》卷五十。
⑦　《明太宗实录》卷五十九。
⑧　《明太宗实录》卷一四九。
⑨　嘉靖《隆庆志》卷一。
⑩　《明太宗实录》卷一〇三。

失所'，从之。仍免田租一年。"①

明洪武四年（1371年）六月，魏国公徐达移民共置屯254个，其中，大兴置49屯，计57451户。建文四年（1402年）九月分山西太原，平阳及泽、潞、沁、辽、汾丁口实北平。黄有泉、高胜恩两位老师没有统计洪武四年、建文四年向北京移民的情况，当然，整个明清两代，从明洪武三年到清光绪年间，大规模和小型的多层次数不胜数，移民运动加速了凤河流域村庄的形成。移民区村庄的命名，除了凤河流域以家乡县、村庄命名外，大都是按移民的姓氏或屯驻营扎等而定。大兴526个自然村，有110多个是由洪洞县大槐树迁徙过来的。移民的住地许多都以姓命村名，如贾家屯、王屯、康营、韩庄等。同时行军屯，大兴有军屯51个。

本书在甄别史料时，对照黄有泉、高胜恩的统计，做了一些史料查阅和考订，因为移民的实景还原是一个重要参考依据。

洪武四年（1371年）三月，"徙山后民万七千户屯北平"②。其具体数量及迁徙原因，徐达奏书中记载甚详："山后顺宁等州之民，密逐房境，虽已招集来归，未见安土乐生，恐其久而离散。已令都指挥使潘静、左傅高显，徙顺宁、宜兴州沿边之民，皆入北平州县屯成……计户万七千二百七十四，口九万三千八百七十八。"③同年六月，再次从山后迁徙民众，"徙北平山后之民三万五千八百户，一十九万七千二十七口，散处卫府，籍为军者为以粮，籍为民者给田以耕"。同时，徐达"又以沙漠遗民三万二千八百六十户，屯田北平府管内之地。凡置屯二百五十四，开田一千三百四十三顷"④。洪武五年（1372年）七月，"革妫川、宜兴、兴、云四州，徙其民于北平附近州县屯田"⑤。

前后几次移民数量即达85900余户。针对明初河北等地荒败境况，明廷也从山西迁徙大量人口到此垦种。洪武二十一年（1388年），户部郎中刘九皋奏称，"古者狭乡之民迁于宽乡，盖欲地不失利，民有恒业。今河北诸处，自兵后田多荒芜，居民鲜少。山东、西之民，自入国朝，生齿日繁，宜令分丁徙居宽闲之地，开种田亩，如此则国赋增而民生遂矣"，自此朱元璋下令"迁山西泽、潞二州民之无田者，往彰德、真定、临清、归德、太康诸处闲旷之地"⑥。

---

① 《明太宗实录》卷一〇六。

② ［明］沈榜：《宛署杂记》卷六，北京古籍出版社，1980年。《明史》卷二《太祖本纪二》。

③ 《明太祖实录》卷六二，洪武四年三月乙巳。

④ 《明太祖实录》卷六六，洪武四年六月戊申。"山后"，大致位于今山西、河北两省内外长城间地区。按词典网、互动百科、百度百科的解释，基本如出一辙。五代梁初刘仁恭据卢龙（今河北省太行山北端、军都山迤北地区），置山后八军以防御契丹。至石敬瑭割幽、蓟十六州于契丹后，便有了山后四州的名目。北宋末年所称山后云中一府，武、应、朔、蔚、奉圣、归化、儒、妫八州之地置云中府路。

⑤ 《明太祖实录》卷七五，洪武五年七月戊辰。

⑥ 《明太祖实录》卷一九三，洪武二十一年八月癸丑。

建文四年（1402年）八月，大量因战争逃亡的百姓也纷纷返回故土，"直隶淮安及北平、永平、河间诸郡，避兵流移复业者凡七万一千三百余户"①。同时为鼓励民众回乡，明廷命户部遣官"核实山西太原、平阳二府，泽、潞、辽、沁、汾五州，丁多田少及无田之家，分其丁口以实北平各府州县。仍户给钞，使置牛具子种，五年后征其税"②。

为充实地区人口，明朝还将部分军籍人口转为平民从事耕种，建文四年十二月，户部尚书掌北平布政司事郭资奏称："北平、保定、水平三府之民，初以垛集，充军随征。有功者已在爵赏中矣，其力弱守城者病亡相继，辄取户丁补役。故民人衰耗，甚至户绝，田土荒芜。今宜令在伍者籍记其名，放还耕种，俟有警急，仍复征用。其幼小纪录者，乞削其军籍，俾应民差。"③

永乐二年、永乐三年（1404年、1405年），均由山西迁徙大量人口，"徙山西太原、平阳、泽、潞、辽、沁、汾民万户实北京"④。永乐四年（1406年）正月，"湖广、山西、山东等郡县吏李懋等二百十四人言愿为民北京。命户部给道里费遣之"⑤。永乐五年（1407年），"命户部徙山西之平阳、泽、潞，山东之登、莱等府州民五千户，隶上林苑监牧养栽种户，给路费钞一百锭，口粮二斗"⑥。此后，嘉靖年间也曾"取山西平阳泽、潞之民充之，使番育树艺，以供上用品物"⑦。

永乐年间的数次移民，如史籍所载，来源亦有罪人，"定罪因于北京为民种田例。其余有罪皆免，免杖编成里甲，并妻子发北京、永平等府州县为民种田"；有身怀技术的人，"从山西之平阳、泽、潞等府州五千户隶上林苑监牧养栽种"。今天的采育镇，仍以葡萄等瓜果蔬菜知名，历史的遗风余绪犹存。长子营镇的很多村子里流传一句农谚："头伏萝卜二伏菜，三伏还能落荞麦。"三伏天之后种荞麦的种植习惯也与山西有着密不可分的关系。还有行商之人。长子营镇白庙村贾朝恩说，过去村里有一种大木轮子的小车，推起来吱吱呀呀的，俗称"叫蚂蚱"，当年的移民就有人推着这种车，车上或者肩上会搭一个"捎马子"（北京叫"褡裢"）。这种叫法，在晋商云集的晋中地区非常普遍，走西口的商人，以及当年的驼队，人人都有一个"捎马子"，用来装随身的物品。

明清之际，山西大移民除了战争、瘟疫、饥荒等原因外，严重的土地兼并现象造成大量农民自由流动，形成浩荡的流民潮，尤其是清中期以来，"走西口"便成为移民类型中最为壮烈的篇章。

① 《明成祖实录》卷一一，洪武三十五年八月丁丑。
② 《明成祖实录》卷一二，洪武三十五年九月乙未。
③ 《明成祖实录》卷一五，洪武三十五年十二月壬申。
④ 《明成祖实录》卷三四，永乐二年九月丁卯；卷四六，永乐三年九月丁巳。
⑤ 《明成祖实录》卷五〇，永乐四年正月乙未。
⑥ 《明成祖实录》卷六七，永乐五年五月乙卯。
⑦ 《明世宗实录》卷一四，嘉靖元年五月丁未。

历史早已翻过数不清的篇章，当年的"西口"到底在哪里，说法纷纭。

明末清初文学家顾炎武有一首诗，题目为《边城杂诗》，后来到了清末，改为《从大同到西口》，诗中提到"盛乐""丰州""板升"等地名。如何判定昔日的"西口"呢？

《辞海》的解释，"西口"指的是"山西省长城诸口，以别于北口"。北口是指"河北省长城诸口，以别于西口"。严格讲，西口并非实指某个具体的口，而是山西长城诸口的统称。

在山西、河北省，民间习称"口里""口外"，在清朝的奏折、律令、口谕中亦大量运用"口里""口外"的表述。清顺治十二年（1655年），曾颁令内地农民"不得往口外开垦牧地"。康熙四十八年（1709年）一份口谕中讲到，"大都京城之米，自口外来者多"。"自我朝定鼎中外，一统口外，归化城即为贸易之所，商民往来，交易日盛"。

事实上，"口外"不单单指山西省右玉县的杀虎口、河北省张家口外，凡长城沿线喜峰口、古北口、独石口等口外，皆表述为"口外"。明清晋商的票号、店记等资料中也佐证着这些。

学术界还有一种观点，西口是指当年的归化城（今内蒙古呼和浩特旧城）。嘉庆年间编修的《乌里雅苏台志略》载：乌里雅苏台"南至绥远城，俗曰西口，距五十四站，五千里有奇"。道光年间的《定边纪略》："绥远城之北，即归化城，俗曰西口……"清乾隆《临晋县志》续上《孝义传》亦载："王永奇有义行，年甫八岁，其父贸易西口外……"清代乔家商号的账簿中写道"西口归化城"，商号刻章印有"西口"，渐渐地，"西口"又从杀虎口转到归化城。

在晋蒙边际，西口还有旱西口、水西口之分，杀虎口等长城关隘是旱西口，而地处晋陕蒙交汇地的山西河曲，是走西口的水路码头，故称水西口，至今保留着"西口古渡"这一历史遗迹，留下了《走西口》苍凉的韵调。每年农历七月十五，举行盛大的"河灯节"，此民俗被列入第二批国家级非遗名录。

清代中前期，晋省人口增长迅速，土地短缺而贫瘠，自然灾害频繁，农民日益困苦，晋人艰苦创业的品格就是恶劣的自然逼出来的。

晋西北是典型的黄土高原地带，沟壑纵横，土壤贫瘠沙化，植被鲜少，降雨稀缺，90%以上的丘陵、山地，水土流失严重，清代康基田《晋乘搜略》曰：

> 山西土瘠天寒，事物少鲜，故禹贡冀州五贡物。诗云：好乐无荒，良土灌瞿。朱子以为唐魏勤俭，土风使然，而实地本瘠寒，以人事补其不足耳。

这是当时山西人所处恶劣环境的历史写照，《山西通志》载：至于"五月襄垣雨雹，大如伏牛小如拳，毙人畜甚众"。

《太谷县志》（卷三）："阳邑（太谷）民多而田少，竭牛年之谷，不足供两月。故耕读之外，咸善谋生，跋涉数千里，率以为常，土俗殷实，实由于此。"

《介休县志》（卷二）："介邑土狭人满，多挟赀走四方。"

《五台新志·生计》载："晋谷倍以商贾为重，非弃本而逐末，田不足于耕也。"

流民选择移民的艰辛，晋西北杀虎口有一首俚语："杀虎口，杀虎口，没有钱财难过口，不是丢钱财，就是刀砍头，过了虎口还心抖。""在家中，无生计，西口外行；到口外，数不尽，艰难种种；东三天，西两天，无处安身；饥一顿，饱一顿，冷暖不匀；住沙滩，睡冷地，脱鞋当枕；铺竹芨，盖星宿，难耐天明。"

从大的路线，走西口分三条路线：西路，陕北线；中路，西北线；东路，雁北线。

中线和东线，又分为六条线。河保线：山西河曲、保德为出发点；偏右线：偏关、平鲁、右玉、左云等相邻县走西口的路线；雁门关线：山西忻县、定襄、宁武、崞县、代县一带；大同线：以大同为起点，经过丰镇县，进入察哈尔草原；马市口线：河北怀安县、阳原县、山西天镇县及桑干河沿岸等地；张家口线：过大镜门，过察哈尔草原，到河北。①

4. 正史典籍何以很少记载

在地方志的引用上，我们总是把志当成比较权威的文献资料，但中国移民史上影响大、规模大、数量多、范围广的山西明初移民，在山西各地的史志、大兴县志上却少有记载。历史为什么会疏漏至此？即使《明史》《明实录》中有所记载，也是一句话两句话带过。

而且大兴、安次县地方史志里，也找不到明初移民记载，这是很正常的现象。当年对个体来说很宏大很重要的事，但对地方来说可能就一笔带过，而且当年移民迁出没有明确的迁徙目标。如果继续追问下去，最直接的原因有二：一是修志时间长、跨度大，二是大兴地域管辖变动幅度大。

先看第一个问题，修志时间的长度与跨度。

修志是中华民族文化传承中独有的传统。这些志书中，详细记载了山川胜景、社会变迁、人文气象、诗文词话、人情物理等许多方面的内容，全国现有的史料存量中，约占我国古籍十分之一的地方志为我们深入解构时代背景下的历史情境，提供了极为宝贵的资料。中国的地方志一直到了清乾隆年间才规定 60 年一修，地方上依据的史料也有限，通

---

① 吴承山：《右玉史话》，山西教育出版社，2014 年。

常也找不到太多证据。

作为正史，《大兴县志》的记载是简略的。《大兴县志》为县令张茂节等所修，撰修过程中一定有"为尊者讳"的顾虑。

大兴最早地方志见文渊阁书目——《大兴县图经志书》（一册）和《大兴县志》，二者均已遗失。现存唯一的志书是清康熙年间编修的《大兴县志》，张茂节总撰，举人李开泰、贡生郝尚礼、徐兆斗等撰修。《大兴县志》可以说是大兴方志的创始，其中的甘苦冷暖，唯张公自知。

一是时间异常紧迫。康熙二十二年（1683年），茂节承命，委托大兴举人出身的李开泰组成一个修志班子，从1683年的12月到次年的5月，用了6个月时间完成初稿。六卷本的《大兴县志》分舆地、营建、食货、政事、人物、艺文6纲，设32目，约计11万字。从1684年5月到1685年12月，又用了一年零七个月时间，进行了细致扎实的稽考、审验、酌修、训诂、辞章等方面的修订完善，体量之大、工程之艰可想而知。

时大兴县辖北京城区东部，县衙位于京城大兴胡同内，故该志偏重记述县域内城区事物，农村地区则嫌简略。张茂节，字蔚宗，江苏沭阳新河镇人，拔贡出身，曾于康熙十二、十九年两度出任大兴知县；主撰李开泰，字子如，顺天大兴人，清康熙五年中顺天乡试举人第一名。《大兴县志》问世后300余年，大兴再无续志，也是千古遗憾。

二是稽考的挑战。诚如《大兴县志序》中坦言："天下事莫易于守成，而难于创始，著作亦然。"

无存史可披阅。明初有过《大兴县志》，但张茂节组织撰写时，其书失传，"昔司马公作史记，祖述左国，原本事世，非漫然独创者"。可知此志在浩瀚的时间跨度中，钩沉史实，漫然独创中前行。

佐证资料奇缺。太子脚下，京官难当。迄明至清初，"令兹邑者不下数十百人"，县官变动频繁，准确统计全无，只能概述"数十百人"，而且"皆未闻有志"。在没有留下补阙的史料可供查阅的情景下，难度之空前。

有明以降，大兴县地域变动大，辖区"亦非复旧观"，厘清地域变动划分的纠葛实非易事。

草创之艰难。创作团队中，孝廉李开泰、贡生郝尚礼、徐兆斗开始编写，生员张采、陈国锐一同校正；顺天府学教授邢吉士、训导张调萧给予鼎力相助，"阅岁二载有奇"。这种草创之艰辛，从纰漏中可窥之一斑，即使今天来看，在所难免，这些纰漏瑕不掩瑜。

《光绪顺天府志》这样评价《大兴县志》："不出明人志书窠臼。""窠臼"意为现成格式、老套子。由于节略缩写、辗转传抄，致使诸本的妄改讹伪之处很多，讹衍脱漏字不少，讹字、应删之衍字、不规范用字等亦非常多，如"窗"字就出现了窻、牕、窓等，对兄弟民族名称前加上"犬"旁；脱漏的内容也不少，如《帝京图略》及图七帧；书中内容之讹误，如卷五《人才考》中将唐人高崇文列入宋朝，将金人程寀、任熊祥、高昌福列于辽代，《城池考》谓北京"重城筑于嘉靖二十三年"，实为"三十二年"等，真乃文章千古事，得失寸心知。

客观上，"事当初肇，工期近成，（茂节）以浅见眇闻，滋令兹土；诸君亦复以典籍沦没，无从征信"。

主观上，志中诸多讹误，"至于删削润色，讨论校正，则邑令张公实殚厥心"。"起于草创，纰缪疏阙，知所不免"。

一是社会制度之委曲隐微不见于正史者，往往于方志中得其梗概；二是前代人物不能登名于正史者，往往于方志中得其姓氏；三是逸闻轶事散在某部者，赖方志然后能以地为纲有所统摄；四是方志多详细物产税额、物价等事实，可以窥见经济状态之变迁；五是方志多详建置兴废，可以窥见文化升降之迹；六是方志多详族姓之分、合门第之隆衰，往往可与其他史实互证。

作为京南极其重要方志的《大兴县志》，由史、书、志、记、录、传、图、经等各种不同体裁互相渗透。一县之小，但其内容却极为广泛。既记自然、地理，又述政治、经济、军事、文化，还记风土人情、人物，不仅是有关自然科学的"博物之书"，而且是一地社会科学的"一方之全书"，大兴移民之事相隔年代久远，又不是个案性的事件，缺乏记载亦在情理之中。

中国历史上的主流移民多可从正史中找到线索。而移民现象纷繁复杂，贯穿着整个历史进程，许多小股移民、流民则更不见于正史，只能从家谱、方志甚至口述资料中寻找答案。

明、清凤河移民没有给后裔们留下什么特殊的印象，这不能不说是历史的遗憾。或许是这次流动太过复杂、散乱、仓促，人们没来得及去整理那些"记忆"，辗转之后又渐渐淡忘了，家谱资料中还显示有许多姓氏分支在这一时期竟不知去向，也许他们被抓了丁，或是死于战乱。

第二个问题，地域管辖变动幅度。

辽、宋、金、元时期，幽州城的政治地位开始逐步提升，从辽代的五京之一到金代的首都，元代更是一跃成为全国的政治、经济和文化中心。大兴地区作为京畿的南大门，担任着都城的保卫及补给的重要任务。

公元 936 年，后晋的石敬瑭卖身投靠契丹，并把包括今河北与山西两省北部的幽云十六州割让给契丹，从此契丹民族的势力开始深入中原地区。幽州也从以往中原王朝抗击北方少数民族的前沿阵地变为北方民族进入中原的前哨。随后，契丹把幽州升为五京之一的南京，也称燕京，府名幽都：开泰元年（1012年）改称析津府，军号卢龙，统辖檀、顺、涿等六州和析津、宛平等十一县。辽时期大兴大部分地区属析津县管辖，最南部属涿州管辖。

宣和四年（1122年），北宋与金联合灭辽，天祚帝西走云中。宣和五年（1123年），北宋从金人手中接过被扫荡一空的辽南京，改称燕山府。宣和七年（1125年），金以败盟纳叛为借口南伐北宋，在北宋三年的惨淡经营后，幽燕地区从此归入金人手中。金占领燕山府后，复更其名为南京。大兴地区隶属燕山府，从此纳入金人的势力范围。贞元元年（1153年），金海陵王正式下诏迁都，改南京为中都，改析津府为大兴府，在今大兴地区设广阳镇。2008年在大兴黄村地区发掘了一处大规模的辽金塔林遗址，出土经幢上的纪年，明确反映了这一时期本地区政权的变化情况。

贞祐二年（1214年）五月，蒙古大军占领金中都。连年的战争使得中都遭到了毁灭性的破坏，民不聊生。蒙哥即汗位后，建立了燕京等处行尚书省。至元元年（1264年），元世祖忽必烈把燕京改为中都，府名仍作大兴。至元九年（1272年）二月，改中都为大都。今大兴地区被一分为二，西部为宛平县东南地区，中东部为大兴县南部地区。

大兴在明、清时期是京师的重要组成部分。借助平坦的地势及丰足的水源，自元起在今大兴东北部开始营建以围猎为主的皇家园林，明、清时期的南苑更是成为两代帝王围猎娱乐的重要场所。

洪武元年（1368）八月，明军队攻入元大都，把大都改称为北平府，封朱棣为燕王，镇守北平。永乐元年（1403年），以北平为北京，改北平府为顺天府。永乐十八年（1420年）九月，明成祖朱棣下诏改京师为南京、北京为京师。十九年（1421年）正月，正式迁都北京。大兴也在此后明朝的二百多年中隶属顺天府，成为大明王朝的核心地带。

崇祯十七年（1644年），闯王李自成攻克北京。同年五月，摄政王多尔衮率清兵占领北京。十月，顺治帝抵达北京，宣布"定鼎京师"，即以北京为清朝首都。顺天府州县设置与明朝大致相同，没有大的变动。

1914年10月，顺天府改为京兆地方，辖大兴。1928年6月，大兴县划归河北省。1949年8月，大兴县划归河北省通县专区。新中国成立后，大兴县仍隶属通县专区。1958年3月，大兴县划归北京市，改为区建制。1960年1月，恢复县建制。2001年，大兴改县设区，以原大兴县的行政区域为大兴区的行政区域，此建制一直沿用至今。

历史上大兴县县域变化很大，也很复杂。今东城区、朝阳区大部，乃至顺义区西南隅（首都国际机场一带），明清时都是大兴县的地域。而现在大兴区的辖域，其北部为明清皇家苑囿区即南苑的大部分，不属大兴县管辖。其西部芦城、庞各庄、定福庄、榆垡等乡镇原属宛平县。南端的南各庄乡曾属河北固安县的地方。最东边的长子营、采育、凤河营三个乡镇的东部，本是河北安次县向北延伸的狭窄一隅。随着历史的发展和行政区域的不断调整，才形成今天的大兴区。

至康熙年间，大兴县辖区并不包含今日的长子营镇大部分、采育镇的全部。大兴县县基，在东直门西北，安定门东南角。

《大兴县志》载：

"正南：县基至永定门，计十五里。永定门至枣林村，计五十里。枣林村至荆家铺，计三十里。县属与东安县交界。""东南：县基至左安门，计二十五里。左安门至围城，计四十里。围城至青闰店止，计五里。与金吾卫交界。青闰店即现在的青云店镇治所。"

与东安县分治，"疆域则限于里数，不得而越"，所以到清代康熙年间，对于明代凤河流域山西大规模移民的记载不属于大兴县志书纂修的范围。

倒是《大兴县志》记载的凤河源头南海子（南苑），为研究凤河源头明清时的历史自然状态提供了准确的佐证。《大兴县志·山川考》中载南海子："在城南，京师孔道，方一百六十里，海之内庶类繁殖，獐鹿雉兔充牣其中，禁物敢取，设海户守之。"按此描述，南海子（南苑地区）乃沼泽、湖水充盈、水草丰美之地。

大兴扼京津冀战略通衢，区划调整频繁，区域管理分合不羁，直至清代康熙初年，大兴县并不包含今日的采育、长子营镇大部。现在大兴的行政区划与明清时期的大兴在地理空间上有较大的错位，研究明清时期的大兴移民文化就需要以历史的方法还原特定的时代场景，对照真实的本然状态。乾隆十八年（1753 年），东南邻县东安县采育至凤河营一带地域才正式划入大兴县。换言之，康熙年间知县张茂节主持编纂《大兴县志》时，凤河流域的大部分村庄仍不属于大兴管辖。光绪年间以镇辖村，大兴有了明确的村庄管理记录，辖礼贤镇、青云店镇、采育镇、凤河营镇六镇 254 村，增丁不增赋。因此，选择大兴凤河流域移民文化的视角需要与河北省廊坊市的安次、固安，以及天津武清统筹研究方可具有历史意义。

5. 明清山西行政区划及府州县

明代的行政区划是政区分治，权力分别分散在布政使司、都指挥使以及按察使司这三个机构。它们分别行使着地方的军事、行政及监察之职。这样的管理方法，分散了地方长官的权力，防止地方权力过大威胁中央的统治，避免地方割据。大部分同名的布政司、都司的管理范围都不太一样，并且还存在着很多军事飞地。[①]

洪武九年改行省为承宣布政司，下设府和直隶州，府下设县和属州。府和直隶州为二级行政区划，属州和县成为三、四级行政区划。

都司卫所是明代的基本军事制度，它是地方行政与军事制度在地域上相结合的产物。都司卫所的管理层级大致为四到五层：五军都督府—都指挥使司—卫（守御千户所）——千户所。[②]卫所的设置也灵活多变。边境卫所大致分为三种情况，分别是"守卫型""交通型"及"沿海型"。

"守卫型"位于华北和西北地区，卫所设置相对密集，与长城平行分布，连成一片，主要防御的是边墙外的蒙古诸部。

明朝山西下辖4府20州77县。明代的行政区划是典型的高层政区分治，权利分别分散在布政使司、都指挥使及按察使司这三个机构。三司分别为承宣布政使司、都指挥使司、提刑按察使司，其中承宣布政使司掌民政事务，都指挥使司掌军事，提刑按察使司掌刑狱。承宣布政使司（布政司）主管地方行政，地位等同元朝的行中书省。都指挥使司（都司）主管地方军事。明太祖采用卫所制，于1370年在各省设置一都卫。提刑按察司是元朝（至元二十八年后改肃政廉访司）、明朝（改称提刑按察使司）、清朝（改称按察使司）三代设立在省一级的司法部门，主管一省的刑名、诉讼事务。提刑按察使在明代与承宣布政使并为一省最高长官。明代在地方设这三个官属，意在分权，不致地方官权力过大。

明初沿袭元代的行省制度，但划小行省面积，简化行政层级。洪武九年改行省为承宣布政司，下设府和直隶州，府下设县和属州。布政司属于高层政区，共出现过15个布政司，即13个布政司及京师（北京）和南京。

山西承宣布政使司，简称山西布政司或河南省，治所太原。下辖4府20州（含4直隶州）77县，清代沿袭明代县名，保持基本一致，大部分县名沿用至今。4府分别为太原、平阳、潞安、大同，4直隶州分别为汾州、泽州、沁州、辽州。

太原府（6州22县）下辖：阳曲县、太原、榆次、太谷、祁、徐沟、清源、交城、文水、寿阳、孟、静乐、河曲、平定州（乐平）、忻州（定襄）、代州（五台、繁峙、崞）、岢岚州（岚、兴）、保德州、永宁州（临、宁乡）。平阳府（6州29县）下辖：临汾县、襄陵、洪洞、浮山、赵城、太平、岳阳、曲沃、翼城、汾西、蒲、灵石、石楼、蒲州（临晋、荣河、猗氏、万泉、河津）、解州（安邑、夏、闻喜、平陆、芮城）、绛州（稷山、绛、垣曲）、霍州、吉州（乡宁）、隰州（大宁、永和）。直隶州汾州（3县）下辖：孝义、

---

① 杨杨：《明代行政区划变迁浅论》，《大东方》，2015年第8期。

② 顾诚：《明帝国的疆土管理体制》，《历史研究》，1989年第3期，第135–150页。

平遥、介休；潞安府（8县）下辖：长治县、长子、屯留、襄垣、潞城、壶关、黎城、平顺；大同府（4州7县）下辖：大同县、怀仁、浑源州、应州（山阴）、朔州（马邑）、蔚州（广灵、广昌、灵丘）。直隶州泽州（4县）下辖：高平、阳城、陵川、沁水。直隶州沁州（2县）下辖：沁源、武乡。直隶州辽州（2县）下辖：榆社、和顺。

清代山西九府十六州。明清二代，山西的行政区划制度和现在基本类似，省不直接辖县，只辖直隶州或府，府的级别相当于现在的地级市。直隶州及府以下才辖县。当时的直隶州或府，大致相当于今天行政区划制度中的地级单位。

传统的说法，山西在清代是九府十六州的行政格局，实际上，这十六州中包含着散州六个。也就是说，十六个州有十个是直隶州，其余六个称作散州。

直隶州和府是平级的，但主城（治所）建筑规模、面积比府要小，辖县也较少，产值、收入也较少，应该算作省直辖的较小的地级市。散州，与县平级，除了名字叫州外，与普通的县没有本质区别，官员的级别也比直隶州要低，散州大致可以理解为现在的县级市。直隶州知州为正五品，品级小于知府；属州知州为从五品官，品级大于知县。

清代山西的地级区划数量应该是19个。

清代山西的九府分别是太原府、汾州府、潞安府、泽州府、平阳府、蒲州府、大同府、朔平府、宁武府，十个直隶州为辽州、沁州、平定州、解州、绛州、隰州、霍州、忻州、代州、保德州。同时山西还领辖了归绥六厅，六厅分别是归化城厅、绥远城厅、萨拉齐厅、托克托城厅、和林格尔厅、清水河厅，以及宁远厅、丰镇厅。少数民族地区区划体系与内地不太相同。

清代山西的十九个州府，与今天相比，社会变迁如下。

太原府，府治阳曲县，辖阳曲、太原、榆次、太谷、祁县、徐沟、交城、文水、岚县、兴县等11县，以及岢岚州1个散州。汾州府，府治汾阳县，辖汾阳、孝义、平遥、介休、石楼、临县、宁乡（今中阳）7县，及永宁州（今离石、柳林、方山）1个散州。潞安府，府治长治，辖长治、长子、屯留、襄垣、潞城、壶关、黎城等7县。泽州府，府治凤台（今晋城城区及泽州县），辖凤台、高平、阳城、陵川、沁水5县。泽州府版图与现在晋城市基本吻合。平阳府，府治临汾，辖临汾、洪洞、浮山、岳阳（今安泽、古县）、曲沃、翼城、太平、襄陵、汾西、乡宁等10县，及吉州（今吉县）1个散州。蒲州府，府治永济，辖永济、临晋、虞乡、猗氏、荣河、万泉等6县。大同府，府治大同，辖大同、怀仁、山阴、阳高、天镇、广灵、灵邱7县，及应州、浑源州2个散州。朔平府，府治右玉，辖右玉、左云、平鲁3县，及朔州1个散州。宁武府，府治宁武，辖宁武、偏关、神池、五寨4县。辽州直隶州，州治在今左权，另辖和顺、榆社2县。沁州直隶州，州治在今沁县，另辖武乡、沁源2县。平定直隶州，州治在今平定，另辖盂县、寿阳

2 县。解州直隶州，州治在今运城，另辖安邑、夏县、平陆、芮城。绛州直隶州，州治在今新绛县，另辖垣曲、闻喜、绛县、稷山县。隰州直隶州，州治在今隰县，另辖大宁、蒲县、永和 3 县。霍州直隶州，州治在今霍县，另辖赵城、灵石 2 县。忻州直隶州，州治在今忻州，另辖定襄、静乐 2 县。代州直隶州，州治在今代县，另辖五台、崞县（今原平）、繁峙 3 县。保德直隶州，州治在今保德，另辖河曲县。①

① 山西省政协文史资料研究委员会：《山西清代"九府十六州"与如今"十一地市"对比》，《山西文史资料》，2021 年第 14 辑。

第十章　乡愁渊薮——洪洞大槐树

数百年来，山西洪洞、大槐树、老鹳窝，已不是单纯的故乡记忆，人们已经把这种记忆演化成对精神家园的执着和对生存意义的思索。素有"百年老刊"之称的《东方杂志》于 1999 年复刊，当期齐如山先生这样写道："吾族乃于明永乐二年由山西洪洞县大槐树下迁去的，清朝末年，有许多京津冀的军官重到山西，又寻到大槐树之所在……"明代的行政区划，按《明实录》载，"山西平阳府辖州六、县二十九，泽州辖县四，潞州辖县六，沁州辖县二"。这些州县的名字有许多对应着大兴凤河流域的村庄。今天大兴的长子营、沁水营、解州营、霍州营、上黎城、下黎城、河津营、蒲州营、绛县营等村庄，都能够在山西地图中找到与其对应的县。

一、乡韵乡恋

从历史跌宕和社会变迁维度看，大兴凤河流域的这些村庄，明清迁出地大部分在山西临汾、运城、长治和晋城等地区。从《明史》与《明实录》的原始文本看，当时组织移民的地区相当多，除雁北、忻州、吕梁地区外，还包括整个山西中部、东部和南部。这些地区的移民临行前，大部分人是在洪洞槐树下办理迁移手续，领取户部衙门颁发的迁移资证，乡亲邻里不情愿也很无奈地叙旧告别，然后各奔西东。在朝代更迭、战乱频发的封建时代，移民政策是朝廷政令，任何个人意志在强制性的政令面前都无济于事，即使是早已固化了的乡规民约，也只能被解构与重新建构。

洪洞何以具有此种战略意义呢？从《山西通志》（1734 年刻本）、《晋故辑要》（清光绪十年刻本）、《洪洞县志》（民国年间刻本）可以看出，洪洞于秦汉时置县，隶河东郡；隋隶临汾郡，义宁二年（公元 618 年）更名洪洞，取县北洪洞古崖为名。关于洪洞古镇，地方志有过生动的记载："洪建在县小雨门外，洞水之南。壁立百尺，逶迤东五十余里。郭景纯游仙诗所云拍洪崖肩者即此。""因有洪洞，镇故名。相传南有洪崖，北有古洞，镇得名以此。"洪洞隶属临汾，临汾"南通秦蜀，北达幽并，东临太岳，西控汾河"，因地理位置重要，自古为商旅之地，洪洞也因此成为晋、内蒙古、冀、豫之通衢要道，故而也成为移民迁出的聚集地。

关于洪洞大槐树，民国年间编纂的《洪洞县志》载，"大槐树在广济寺内"。广济寺为唐贞观二年（628年）重建，寺院宏大，殿宇巍峨，往来香客不断。同时，这里又处于南北要道，设有驿站。传闻天下的洪洞大槐树就生长在广济寺，相传为汉代所植。经年累月，树大荫深，吸引了成千上万的老鸹在此筑巢垒窝，成为洪洞县独特的景观。明王朝在广济寺"设局驻员"，负责登记移民事宜。明洪武、永乐年间，山西向外移民，多次从这里迁往北京、河北、天津等地。

千里大移民是明清时期为稳固社稷而采取的绝对措施，所谓"绝对"，就是带有根本的强制性。山西有句俗话，叫作"金窝银窝，不如自家的老窝儿"。当百姓举家迁移时，扶老携幼哭声震天，其声凄厉，其状其景悲极。今天，大兴凤河流域的采育、长子营、青云店镇群众的一些日常用语还保留着当时大迁徙时的文化密码和生活痕迹。从人类学的观点分析，文化价值同时也涵盖人们日常伦理中所表现的行为范式和价值取向。

心理学表明，身处困境的个体和弱势群体当产生一种无限的迷茫感、孤独感和困惑感时，精神的非理性状态就会成为常态，唯一的转换渠道就是通过拯救论克服"心理休克"状态。当移民者离开曾经养育过他们的热土时，最后一瞥"定格"家乡最有纪念意义的标志，就是那棵大槐树。于是，槐树就成了山西移民祖祖辈辈互相传递的心语象征。移民明知咫尺的困境无助，心理上只好趋向家乡的寄托，需求安抚的心理把神本与人本融合。在山西人心目中，数百年的老树已与祠堂及庙宇里的神、仙、祖先、上帝等宗教与泛宗教的偶像具有等同的象征意义。

代代相传，口口相授，至今500多年过去了。当你走遍大兴凤河两岸的村庄时，不经意间就会发现，房前屋后，村头地边，种植着大量槐树。据老百姓说，这是山西祖先移民带来的习俗。文化是历史的"当下""此在"，文化表象是个别的、具体的，不是抽象的、普泛的。也就是说，每个民族在不同地域、不同时序均有其自身的文化特殊性。凤河村落广泛流传着这样一首歌谣："房前种上大槐树，不忘洪洞众先祖；村村槐树连成片，证明同根又同源。"

大槐树作为至高无上的精神象征，当移民痛切地感觉到异乡生存重压时，对丧失自我与异化力量的默认，对前景的迷惘与沮丧之情就会立即化为情感忧郁的救助。大槐树铭记了山西移民，移民反过来厚植了大槐树情结。

"谁是古槐迁来人，脱鞋小趾验甲形。"凡是从洪洞迁来之民，小趾甲中有一裂缝，好像是两个趾甲，不是古槐迁者，均无此特征。复形趾甲这一问题，还有待民俗学者、遗传学者深入研究。移民们迁往各地，鉴于不同村不能同姓的规定，兄弟之间为了相互照应，有一姓分为几个姓者。至今，凤河流域乡村仍有"回、翟、常一个娘""魏、梁、陈一家人""崇、刘、顾是一户""长子营无二郭"等说法。每个时代的现实生活受制于当下文化的规定，无论从哪一个角度观察槐树种植，可以说，都是特定文化背景的表象。

对照元末明初、明中晚期山西移民大迁徙的路径发现，当时由山西迁往京津冀地区而形成的村落，多以姓氏命名，而以原籍县名命名的则不是很多，至于明朝为什么恩准凤河两岸移民以原籍县名命名村落，研究社会学和人类学的学者提出三种推测。一是明朝禁用原籍县名命名村落，其目的是使移民忘记"精神家园"的失落，尽快让其在异地"生根落地"，实现平衡全国人口、繁荣北方经济尤其是京畿地区战乱后的复兴。然而明初首批迁徙遇到的难题是，大批晋南、晋东南精英团结串联，使明朝迁徙战略遇到挑战，适当满足这些县份移民的心理要求，是减少这些家乡籍政界要员对体制运营"摩擦"之考虑。二是朱元璋作为开国皇帝，曾为农民起义领袖，深知民怨后果，为了实现国家整体迁徙战略，在迁徙问题上，采取了迂回手段，通告公示晋南百姓迁徙圣谕，有特别原因者可不迁徙，但须本人到洪洞县申明理由，经批准后登记造册，方可留下。但申明理由的家族，其理由主要是家业大故土难移。如何消除他们对故乡的眷恋成为朝廷户部衙门的难点。三是大批晋南政治、文化的精英们，相信朝廷指令，申明理由的不充分反倒使他们成为强制迁徙的首批移民。为稳定人心，明王朝除给予优厚的移民政策外，破例允许第一批移民使用原籍县名来命名落地村名。今天，凤河流域的晋南移民虽然经历了数百年的风风雨雨，但他们血脉中依然流淌着那古老而奇特的乡土恋情，以原籍县名命名居住村庄便构成凤河两岸村落文化的独特景象。美国学者斯图尔特在《中国的文化与宗教》一书中对这种现象作了分析，他甚至认为"乡土恋情几乎是中国人真正的宗教信仰"。从一定意义上讲，这样理解明初的移民情结也不无道理。移民虽然故土难移，但没能形成具有终极意义的"终极关怀"，而只是一种与自己有着血缘和心理情感联系的、具有现世意义的乡土情结。这样一来，"终极"做出了情感让渡。故乡眷恋实际上是儒家文化的另一种表现方式，家园情结已经成为一种非常牢固、非常强烈的心理范式、情感定势和精神本体，深深扎根在百姓生活和生命之中。

以大兴而言，移民使得大兴在明中期的户籍人数增长了 6 倍有余，从一万多人增加到七万多人。大兴以山西地名命名的村庄，长子营镇有赵县营村、沁水营村、（上、下）长子营村、河津营村、上黎城村、北蒲洲营村、潞城营（一、二、三、四村）、永和庄村、南蒲洲营村、和顺场村。另外，周营村原名叫绛州营村。青云店镇有石州营村、孝义营村、霍州营村、解州营村，采育镇有屯留营村、东潞州村、大同营村、山西营村、下黎城营村、铜佛寺村（原名高平营村）。

顺义区以山西地名命名的村庄，赵全营镇（为"赵县营"转音）有东、西绛州营村、忻州营、稷山营、红铜营村（与"洪洞"音同），高丽营镇有河津营村和夏县营村。不仅如此，那些并非以山西地名命名的村庄，根据方志记载，移民村落也非常多。

同源同名是故乡眷恋的表达方式，这种现象既是一种观念、心理情感和活动，同时也是既定的礼制、仪式、习俗和道德与伦理规范的汇集。错综复杂的地缘、血缘的存在与发展，形成并延续了独特的宗族观念。据海联网（www.cofk.org.cn）统计，在移民社会村落中，地缘性组织的比重仍然较大，大部分地缘性组织与神缘性组织交织在一起。

他们从家乡带走了较强地域性的寄托，这些寄托成了凝集地缘关系的精神纽带。尽管早期的凤河流域移民传统信仰有了融合的趋势，但各个村落仍然具有强烈的局域性个体化的文化色彩。

二、文化密码

据《大兴县志》《大兴县地名志》载，长子营、采育镇辖区，大部分村庄多属山西南部移民所建。摘取几个例证，从村落与山西故乡同源通缘的对照中，我们试图窥测一种文化密码。

长子营与长子县。长子营分上长子营与下长子营两村。据考证，长子营村之所以称为长子营，是因为村民们的祖先来自晋东南长子县。早在 5000 多年前，中华始祖炎帝神农氏就在晋东南长子县获嘉禾而试种五谷，教民耕，授民艺，开创了原始农业，至今留有神农城、神农泉和神农井等遗迹。尧舜时，尧之长子丹，受封于长子县一带，长子由此得名。秦汉 400 年间，长子县一直为上党郡治，到东晋十六国，又为西燕国都，历时 9 年。女娲补天、精卫填海等神话里的中华始祖传说就起源于此。

上黎城、下黎城与黎城县。上下黎城村由晋东南黎城县移民迁入而建。黎城历史悠久，商时为黎国，是一个历史悠久的文明古县。相传早在夏商之际，尧的孙子就分封于此，称为黎方，是当时重要的方国，后曾为盘庚迁殷的都城。箕山、晒布崖、洗耳河、许由洞、彭祖故居"彭庄"等人文遗迹，不仅是黎城历史久远的有力佐证，而且留下了"西伯戡黎""许由洗耳"等许多历史故事和神话传说，素以太行山"世外桃源"之美誉为当地百姓自傲。

潞城营和潞城县。因申姓居民多，潞城营又名申营。分为潞城营一、二、三、四村，四个村虽在行政区划上互不隶属，但皆由山西潞城人迁入本地。潞城位于山西省东南部，历史悠久，人杰地灵。就地理位置而言，扼上党门户，挟太行雄风，联齐秦为指臂，跨燕赵为腰肢，是晋冀鲁的通衢要冲。早在旧石器时代就有先民集居，播下了文明礼仪的火种，迄今已有 2300 多年的县制历史。商殷时就有"微子国""潞子国"之称，其中"微子国"名称来自"比干访微"的传说。

蒲州营与蒲州。蒲州营因明时晋南蒲州（今蒲县）人迁入本地而得名，居凤河南北而分南、北蒲州两村。北蒲州村现已被确定为国家级新农村建设试点。晋南蒲州古称蒲坂，《帝王世纪》云："尧旧都在蒲，舜都蒲坂。"蒲州西临大河，控遏雄关，山川要会，秦晋要道，西卫京师，东守三晋，兵家必争，军事重镇。到了明清时期，蒲州府城更是繁华昌盛。诗人描写："贵家池馆，绮带霞映，关城所聚，货列队分，百贾骈臻，灌东诸郡，此为其最。"更有民谣说："对门三阁老，一巷九尚书。"唐朝的文学家和诗人柳宗元、王维、卢伦和大唐贵妃杨玉环等人皆出自蒲州；明宰相张四维、兵部尚书杨博、军事家王崇古等都是蒲州人；王实甫作《西厢记》，王之涣游蒲州，写下著名的《登鹳雀楼》。

河津营与河津。河津营村地处凤河流域中部，河津营人因自晋南河津迁入，为不忘故里而取名河津营。春秋时建有耿国，秦置皮氏县，北魏称为龙门，宋改名河津。河津自古就有"险扼龙门，西河要地"之称，人杰地灵，名贤辈出。春秋时期著名教育家孔子七十二弟子之一的子夏，写出史家之绝唱《史记》的汉太史令司马迁，人称"文中子"的隋朝学者王通，唐代著名诗人王绩、王勃，初唐名将薛仁贵，明朝著名理学家薛暄，清朝书法家许成贵，义和团河津首领张守忠、范居江等均为此地英豪。河津风光旖旎，自然景观、名胜古迹颇具盛名。

沁水营与沁水县。该村花会非常有名，其中"开路神叉"清时名噪皇宫，曾进宫表演，慈禧观后兴致所至，亲笔为其题写"神叉老会"四字会旗。沁水营中的"沁水"二字，得名于晋东南沁水县之县名，自明时迁入后，移民为不忘家乡而将县名定为村名。沁水古为端氏地，春秋属晋，战国属韩，名胜古迹众多，有下川遗址、八里遗址、东峪北齐石刻造像、柳氏民居、玉溪塔、圣天寺、汤王庙等。位于沁水历山舜王坪自然风景区的柳氏民居，系我国唐代著名政治家、文学家柳宗元之后裔于明清时期所建，为一进十三院文人府邸，是一处极为罕见的集南北方建筑风格于一体的明清文化艺苑。

绛县营与绛县。绛县营现名周营，因明初由晋南绛县人迁入而得名。村中居民多周姓，后改为周营，该村坛子会是明、清时期帝王宴宾的文化大餐。绛县春秋属晋，周惠王八年（公元前 669 年），晋献公派大夫建城，将群公子全部杀光，始将此地命名为绛，定晋都于绛，《史记》称"始城都绛"。绛县风景秀丽，名胜古迹众多，太阴寺、佛教风景区等分布县域，其中以东华山最为著名，"劈山救母""神仙脚印"的神话诠释了绛县人精神的根脉。

可以看出，凤河岸边移民文化内涵多以故乡为根基，向外辐射，形成个体行为范式的内在规定。移民的个性精神主要表现在：

异乡漂泊促成生存俭约。晋东南"地高气爽，土厚水清，其民风淳厚"，谢棕《清虚观记》、明人刘健《电留记》称："其地在万山之中，险狭而硗薄，民力田勤苦，岁获不及他郡之半，故土俗称纯俭，其势然也。"生存境遇对人的影响非常显著……但是，这种影响毕竟不如他所接触的，总要与之发生关系的周围对象对其的影响大。[①] 屯留、长子、

① ［苏］约·阿·克甫维列夫：《宗教史》上册，中国社会科学出版社，1984 年。

沁水"其民又多俭啬之风，忧深思远，不事娱乐，故与商业之性质尤宜；近世山西商贾，著称宇内，盖其所由来者远矣"①。

民风淳厚塑造诚信质朴。晋南、晋东南各县自古就有"衣冠简朴古风存"美誉，《诗·唐风》言："土瘠民贫，勤俭质朴，忧深思远，有尧之遗风。"杜佑《通典》言："山西土瘠，其人勤俭。而河东魏晋以降，文学盛行，闾井之间，习于程法。并州近狄俗，尚武艺。"《隋书》言："人物殷阜，然不甚机巧。"清前期这些县民风务实勤俭，淳朴无华。

中国人民大学卫东海的博士论文《明清晋商精神及其宗教伦理底蕴》通过参阅《山西通志》和田野调查，做过具体综合评述：

长子县：士穷理学，兼集辞章，敦厚不华，淳俭好学，工商务实勤俭。

沁水县：性率刚劲，俗崇俭约，力于田亩，颇尚文学。

黎城县：民素刚劲，俗尚俭朴，力稼穑。

绛县：其民重厚、知义、尚信、好文。

蒲州：民性淳朴，俗尚俭素，勤于稼穑，颇好勇义，享礼报本。

平遥县：民勤俭而尚文。

洪洞县。据光绪六年《洪洞县志》载："洪洞县流风故俗，民尚勤俭……耻于骄奢……习于法程……人民淳朴……崇礼让，多勇敢……有尧之遗风。"清道光七年《赵城县志》载："其民得山水刚直之气……奢示俭，俭示礼……化民成俗……其陶唐氏之遗风欤。"1991年，洪洞县重版民国《洪洞县志·序》："此地民性强悍，民风淳厚，自古多慷慨悲歌之士。"顾炎武说："国初，民无他嗜，崇尚简质。"②

文化积淀汇聚实用信仰。晋中以南是尧舜禹与华夏族的基点。尧都平阳（今临汾），舜都蒲坂，禹都安邑，华夏的"基点"都在明清晋中地区的南部和东南部。三皇燧人氏、伏羲氏、神农氏是上古燧石取火、农耕渔猎的文化聚合形象，黄帝、颛顼、帝喾、唐尧、虞舜"五帝"是汉民族血统的文化符号和精神导向，是早期文明的缔造者和创发者。三皇五帝的民族认同理念恰恰与凤河移民的家乡传统习俗构成亲缘。他们以县设营在于文化纪念意义，故乡已经作为一种信仰诉求的符号根植于他们心灵深处。《祭统》说，"贤者之祭也，致其诚信，与其忠敬"，"不求其为"，"故唯贤者能尽祭之义"。加之佛道的融合，三教互动，使凤河人的思维方式在人道与神道、出世与入世、哲学与宗教、理性与情感之间找到平衡。"凤河人"文化传统的神性与人性在《国语·鲁语》中得到印证："夫圣王之制

① 王孝通：《中国商业史》，上海书店，1984年。
② ［明］顾炎武：《肇域志》（铅印本），1901年（清光绪二十七年）。

祀也，法施于民则祀之，以死勤事则祀之，以劳定国则祀之，能御大灾则祀之，能救大患则祀之。非是族也，不在祀典。"

从"凤河人家"的传统在不同时期的变化中可以看出，传统信仰会根据不同的生活需要而相应地在功能和形式等方面做出调整，这种适时的调整使传统信仰一直拥有较强的凝聚力。求生存是移民选择的首要目标，而求生本能这种日常伦理行为使他们看到，实用精神在信仰和经济领域的共同表现自有其现实的原因，他乡的恶劣的生活条件，迫使他们采取更加脚踏实地、灵活多变的姿态，最大限度地利用资源，包括自然的和社会的。要使自己逐渐在他乡异地站稳脚跟，唯有用自己的力量、智慧及死里求生的拼命精神。因此，在对择地毗邻的理解上亦具有独到的把握，即不同阶段、不同境遇的理解和运用。

第一，共同的儒学文化自信。甲骨文中的"儒"或"濡"，便是最初的"儒"字。从字形上看，像"人在淋浴时，水自头顶上冲洗而下之形"，是传统祭祖祀神、婚丧之礼的斋戒之一，祭典要求沐浴以示对祖先、神灵、上帝的诚敬之情，[1] 也就有"儒有澡事而浴德"的记载。自古以来，华夏民俗（以山西晋南为发祥地和中心）中就有敬祖祭祀的传统，人们以多种方式追念先祖对后世的恩泽，缅怀先人的功德名烈，以心理的感应激发后生的意志品行和良知良能。民间墓祭、风俗家祭、节日祭，都是崇拜祖先的情感纪念，都是个体价值源头的文化纽结。[2]

晋中以南是尧舜禹与华复的文化聚集区，是中原文明圈的中心，"三皇五帝"是汉民族血统的文化象征和精神激励，是早期传统宗教的缔造者和创发者。[3]

第二，共同的血缘、亲缘。宗族祠庙、家庭神龛的建制不仅具有精神整合的功能，也涉及对地缘的凝聚和认同。明清时代虚拟血源的姓氏宗亲组织、地缘性的乡亲会馆、业缘性的行业公会等社会群体组织就是这种宗教性文化亲缘的扩散和放大。

这种情感本位的方式，正是传统宗教精神在移民社会活动中的泛化。在他们特殊的生活环境中，这种"家"本位的伦理思想有它存在的必然性。这种具有排他性的聚居方式，在一个不稳定的、陌生的环境中，不能不说是最有效的行为共同体。

地缘性一直都在个人的社会关系结构中起着重要作用，据海联网统计，在华侨社会各种类型的组织中，地缘性组织占的比重仍然较大，9000多个海外侨团中，地缘性组织有1300余个，约占14%左右。[4] 各种类型的组织中，大部分地缘性组织与神缘性组织交织在一起。山西人喜欢结帮，按地域、行业等形成帮派。如清代的山陕会馆中有太原帮、汾州帮等地域帮；按产品有红茶帮、合茶帮、卷茶帮、西烟帮、汇粟帮、核桃帮、花布帮、

① 王文锦译解：《礼记译解》，中华书局，2001年。
② 霍尔根、凯斯顿：《耶稣在印度》，赵振权、王宽相译，北京国际文化出版公司，1987年。
③ ［汉］司马迁：《史记·五帝本纪》，并见《全注全译史记全本》，李翰文主编，北京联合出版公司，2018年。
④ 参见中华海联网，网址：www.cofa.org.cn。

当帮、西油帮、西药帮、土果帮、皮货帮、红花帮、皮纸帮等各种帮派。他们从家乡带来了各自的具有较强地域性的神灵，这些神灵成了凝集地缘组织的精神纽带。尽管早期的晋南移民传统信仰出现了融合的趋势，但仍然存在不少个人信仰，这些个人信仰具有强烈的家族性色彩。

庙会往往成为具有地缘性特征的有效组织方式。某种程度上，庙会具有西方教会、乡土宗帮会的凝聚功能。庙会性地缘组织定期举办活动，为各村的山西移民互通信息搭建起一个良好的平台，对合伙创业的直接组合等起到重要的纽带作用。

第三，共同的利益目标。广泛融合的社会道德规范，保持和谐协调的社会行为让他们聚合。一是朋合模式。"朋合"是以血缘为纽带，心理上具有公共的宗教认同，有形资本与无形资本评议权估后，货币资本与人力股本相济。家族制在精神同构方面之所以具有绝对的震慑力和凝聚力，承传泽惠于周礼的礼、教、政三位一体的宗教形式。从宗教化、教条化看它是"教"，从规范化看则是"礼"。从宗祠的礼遇导出文化功能的凝聚意义，小而言之是家，大而言之是村落。合伙经营是货币资本控股方与劳力、智力者共同合伙，故"估人产者但数其大小伙计若干，则数十百万产可屈指矣"。"人与天地万物为一体"由惠施、公孙龙正式提出，庄子加以附和，禅宗加以宣传（慈照禅师"天地与我同根，万物与我一体"）。进入宋明，"天地之大德曰生"、"生生不已"等经世致用的哲学思想便发展出"尽物之性""万物并育而不相害""利用厚生""开物成务"观念，但"利用"仍是"尽物之性，顺物之情"，尽量与天地协同而不是主客分裂。概括了明、清凤河移民人文和合的创业精神。无论合伙还是朋合，人格的平等，尽人之才，尽物之用，既是利用厚生又是开物成务。二是神性制约。资本膨胀与市场份额的占有在扩大再生产过程中需要以地域为纽带的群体联合。关公崇拜标志着移民地域帮会市场垄断的开始，地域帮内部，又按不同的风俗、文化特性形成具有差异性的局域帮，如大同帮、河津帮、潞泽帮、太原帮等，生活帮派化是凤河流域移民先祖重人文、重和合精神的突出表现。共同的事业有共同的核心价值观，关公和行业神性伦理特有精神风格、乡土组织行为和社会效用价值叠加，构成移民普遍的行为范式和决策方式。贾道义取、求之有道保持了和谐协调、主客同构、"大我""小我"的文化传统，因而移民精神底蕴更多地体现为群体协作秉性，"疏离"和"异化"很少发生在思维方法和伦理行为上。

三、"槐"传统、"槐"民俗

凤河流域的村庄有种植槐树的习俗，以现在的采育镇为例，据北京市园林绿化局2016年统计，辖区内300年以上树龄的槐树尚有4棵，为北京市一级保护林木；200年以上树龄的槐树有2棵，170年的1棵，为北京市二级保护林木。

槐树在凤河流域一直以来与百姓的文化生活息息相关，作为一种文化元素被融入移民的日常伦理和文化传统中。作为源于上古的古老姓氏姬姓，黄帝时期，槐已作为姓氏存在，出自黄帝的臣子嵬槐氏；用神树做社坛，源于我国从古至今各民族筑社坛敬神祭祖的习俗。《淮南子》载："正月，官司空，其树杨……九月官候，其树槐。"被奉为神树，槐树还产生了许多流传至今的神话传说。《天仙配》中董永和七仙女因老槐树开口做媒；谚语有"门前一棵槐，不是进宝就是招财"，人们把槐树誉为招财进宝的吉祥树；《太公金匮》中记载，周朝的姜太公将它视为神灵的栖息地；作为官位的别称，古代封建社会里，槐树是三公（太师、太傅、太保）宰辅之位的象征。[1]周代宫廷外有三棵大槐树，官员朝见天子时，都要站在这三棵大槐树下。后人用大槐树象征宰相国公辅助国君，槐树因此成为国树。周朝有"三槐九棘"制度，槐树也从一种常见的树种逐渐成为宫廷符号、官位别称。与此同时，还出现了众多含槐、具有政治寓意的词语，如槐鼎、槐位、槐卿、槐宸、槐掖、槐望、槐绶、槐府、槐第等。槐作为古代"三公"官位的别称而受到读书人的喜爱，太学旁，读书人聚会、书籍买卖的"学市"，因槐树多被称为"槐市"，以致槐还可借指学宫、学舍等，成了科举中第的吉兆。[2]槐树还是思乡寻根祭祖的寄托，迁移的百姓都在大槐树下集合，被迫踏上移民的征程。后来移民们在新家安定时，会在路口栽种槐树，用以思念回不去的家乡，祭拜遥远的先祖。作为民俗的良木，人们有戴槐芽（槐树的嫩叶）去眼疾、小宝宝戴槐芽除灾避邪、冬天烤槐枝烤槐火辟邪预防时疫的习俗；槐树作为文学意象，始于魏晋，盛于唐朝，魏朝曹丕、曹植等多人作《槐树赋》，白居易作《庭槐》《寿安歇马重吟》等多诗，借槐抒情，鲁迅的小说《伤逝》、俞平伯的散文集《古槐梦遇》都表达了对槐树的情感。槐树作为艺术的载体，也是画卷丹青、建筑设计中不可或缺的尤物。槐树也是古时建筑设计的重要组成部分，如北京四合院，槐树因其寓意成为民居建筑不可分割的一部分。[3]

凤河两岸的人们，为什么偏偏对大槐树情有独钟呢？这还得借助历史回答。

在中国移民史上，有几次大规模的移民，移民的起点都联系着一个特殊的地名——移民共同的源头，如麻城孝感乡、南雄珠玑巷、洪洞大槐树、江西瓦屑坝等，这些地方分别被看作移民的故乡。这些移民及其后裔心中的故乡，或者他们先人的出发地，都只是一个很小的范围，不过是一个圈、一个乡、一条巷，甚至只是一个点——一个老鹳窝、一棵大槐树。

几个世纪以来，山西洪洞大槐树移民遗址，已经成为许多人的故园家山：被喻为"家"，被称为"祖"，被看作是"根"。它已然成为众人心目中的"精神家园""故园家

---

① 孙昱、彭祚登：《国槐的历史文化与价值研究》，北京林业大学学报（社科版），2018年第6期。

② 黄金灿：《槐树历史文化意蕴趣谈》，中华读书报，2018年5月16日。

③ 费青：《槐树与北京的历史文化》，《城市林业》，2008年第6期，第66-68页。

山"，由此生发出的传说亦林林总总。

山西迁往北京、河北共治的凤河流域之民，为什么多称洪洞为其祖籍？这有其历史原因。史载，洪洞因靠近人口最密集的平阳府（占当时山西总人口的40%），交通便利，故成为移民聚集之处。移民在城北广济寺大槐树下办完移民"川资凭证"手续后，难舍难离故土，因此望着高耸的古槐，听着栖息在树上老鹳的声声哀鸣，无不潸然泪下。他们回望远去的故土，隐约呈现在眼前的，是大槐树和老鹳窝，这最后的情景便烙印在他们脑中，经久不去。

元时鞑靼对汉人的阶级划分，造成山西下层平民的目不识丁。迁离故土后，日久天长，他们便将原籍名字念错记错，但对办理移民手续时的洪洞大槐树及层层叠叠的老鹳窝却永志难忘，因而将此当成家乡的记忆传给后人。口传的过程中，许多移民把洪洞传成"红桐"，把大槐树传成"大柳树"或"大杨树"，老鹳窝传为"老鹤窝"或"喜鹊窝"，等等。因而，山西移民迁徙到河北、北京等地，皆称山西洪洞大槐树或洪洞大槐树老鹳窝为故乡。

大槐树、老鹳窝，这些象征性的地名让我们必须先从山西地方志里找寻依据。目前国内现存最早的《洪洞县志》为明朝万历年间所修，大部分传说和族谱把洪洞移民定位在明洪武或永乐时期，但全书竟没有任何地方提到移民事情，更没有提到大槐树和老鸹（鹳）窝。原因何在？第一，据该书记载："相传旧无城，至明正统十有四年，始奉文创筑土城。"第二，该书说，"宋元以来，都图因时更易，国初洪洞都里旧四坊，统八图（在城内），四乡统十都，十都统九十八图"，然后具体记载了各乡所统辖都、图的具体位置。在所发现的墓志、碑刻、家谱中，自称祖先来自洪洞某个具体地方的，都很难与这些记载的地名对应上来。第三，按该书的统计，明洪武二十四年，洪洞有11900户、92872口；永乐十年，有11592户、87775口；成化八年（1472年），有11448户、98240口。永乐年间比洪武年间少了300多户、近5000口。成化年间也是许多地方记载从洪洞向外移民的一个时期，这时期，比永乐时少了140多户，但人口增加了1万多。少了的140多户绝不可断定就是移民走了的户籍，就算是，这点规模究竟是否能造成那么大的影响，值得继续商榷。

历史行进到1917年，《洪洞县志》中的大槐树移民才有了显性的"痕迹"。

关于大槐树和老鸹窝（许多文献中多写作"老鹳窝"），地方文献也有不同的理解，光绪十年（1884年），阎河村的《始祖刘旺登墓碑记》："刘氏相传本山西洪洞县大槐树村人也。"光绪十三年《王氏谱序》说："始祖原籍山西洪洞县老鹳窝木查村。"曹县大马王《王氏合谱》说："始祖原系山西平阳府洪洞县老鹳窝之民。"民权县的《段氏历代世系姓考》说："洪武三年，奉令由山西洪洞老鹳窝卢家村……迁移冀、鲁、豫三省交疆之地。"这些碑、谱都把老鹳窝、大槐树传为地名。另外也有康熙六十年（1721年），河南内黄邢固《王氏祖碑》称，"山西洪洞县枣林村，乃余家祖居也"，洪洞的喜鹊村，洪洞喜鹊窝，这应该是因"老鸹"即乌鸦通常被视为不祥之物，而故意改为表示吉利的喜鹊，"鸹"写作"鹊"或亦因此故。

喜鹊被视作思乡之鸟，在多年的传说中，就自然而然地为移民蒙上一层神秘色彩。《洪洞县志》记载，洪洞县委、县政府筹办第一次"寻根祭祖节"时，数万只灰色小鸟密密匝匝云集在大槐树周围。普通百姓、专家学者都难以知晓这种鸟的名字，一致以为，移民先祖化作小鸟，承载了思乡的情愫。这种释读当然是不具有科学意义的，只能从民俗学、文化学的视角，把这种释读解释为一种割舍不断的眷恋、故土难移的故园情结。

山西移民当然不全是来于大槐树周边的村落，也不可能只有洪洞一个县。那么怎样解释"洪洞大槐树现象"呢？

有的学者以为，"洪洞大槐树"是指他们的出发地，因为各地的移民都要至大槐树集合，然后由官府发给准许迁移的凭证，再由此出发。但稍作分析，就会发现此立论难以自圆其说。以凤河流域民间传说为例，认为明政府当时制定的五条《移民法则》是：一、流入山西的难民，全迁；二、山西籍民愿迁者，准迁；三、有丁无田者，必迁；四、大户人家，三丁出一，强迁；五、抗旨不遵及徇私舞弊者，杀无赦！查阅史料，尚未发现支持"五条法则"的史料，这也不符合就近迁移的规律。山西外迁的道路很多，步行的移民完全没有必要从数百里外的家园绕道洪洞，多走数百上千里路，还浪费很多资费、时间。况且，当时多数移民并非真正"奉旨"或由官府强制，而是带着生存和发展的强烈愿望自发行动，并不需要领取官府凭证。经过元末战争，白骨露于野，千里无鸡鸣，华北各地也正求之不得，招徕还唯恐不及，哪里还要什么凭证？因此，民间传说的大槐树下设计骗局来移民的说法更难成立。而且参与这场"骗局"的导演者刘九皋（户部侍郎、移民钦差）、马天顺（钦差谋士）、牛永皋（钦差谋士）、赵勇（钦差侍卫）、张郎中（工部侍郎、移民特使），史料更是无从记载。

绝大多数移民目不识丁，没有留下文字记录。他们或其后裔在各地定居下来后，对于故乡的记忆随着岁月的流逝渐然模糊，中经几代人，自然印象远去。待到一些人口繁衍兴盛、社会地位上升的家族需要续修或新修家谱时，只能根据历代口耳相传，请文人士绅作出附和解说，于是"洪洞大槐树"具体而鲜明的印象就成为家族故乡的共同标志。本来已经不知道自己来历的诸多家族，也在从众心理的驱使下，认同"洪洞大槐树"，并使之最终演变为山西移民的根。

以其他地方收集到的《任氏族谱》《卫氏家谱》"花氏祠堂"的族谱做一次旁证。《任氏族谱》是同治十一年（1872年）由海南济源东留养村创设，"或曰：其先盖山西曲沃任也；或曰：自洪洞来曲沃至济源，然皆不可深考"。对"身世所出怀疑"写进族谱就是历史的翻版。《卫氏家谱》雍正十三年（1735年）由河南卫沟卫氏创修，家谱称"祖籍山西晋阳人也"，此后续修族谱时说法有一次变化：嘉庆六年"余族由太原而迁济居"；咸丰二年则为"吾族山西洪洞人也"。从阳城—太原—洪洞，卫氏靠近了洪洞。道光十三年（1833年），河南孟县东田丈村创修"花氏祠堂"，"尝谓族人曰：'我花氏自山右洪洞迁移以来，世代变更，子孙繁昌。'""传说进入族谱，便成为可信的史料，族谱所说再被采择进正史或者学术性著作，历史就这样被亦真亦幻地建构起来了。"学者赵世瑜在《祖先记忆、家园象征与族群历史》中总结的这种境遇，就是移民史实的形成情况。

山西洪洞大槐树，在洪洞县城北1千米处。这里有座著名的寺院——广济寺，考证为唐贞观年间（627—649年）的建筑，寺院宏大，殿宇巍峨，唐宋以后又建有驿站，房舍宽大，官员常驻此处，办理四方来往的公差事务。大槐树就在广济寺旁，驿道从树阴下通过。因临近汾河滩，河滩上的老鹳便在古槐树杈间构巢垒窝。明初迁民时，在广济寺驻局驻员，集中移民，编排队伍，发放"凭照川资"，大槐树下就成了移民汇聚之所。"房前种上大槐树，不忘洪洞众先祖。村村槐树连成片，证明同根又同源。"直到今天，大兴凤河两岸，凡是山西移民来的许多村落，房前屋后，村头地边，都种植槐树。《大兴县志》和《长子营镇志》《采育镇志》中都有关于古槐的记载。采育镇张各庄村，有两棵树龄300年的国槐；北营村有一棵古国槐，大黑垡有一棵古国槐，为北京市一级保护林木；广佛寺村有一棵古国槐，屯留营村有一棵古国槐。《沁水营村志》里有这样一段话："槐树在新土地上生根长叶了，移民们在新地方住下了，安心了。槐树开花结果了，移民们也在新地方繁衍子孙了。"他们把栽植的槐树当作故乡的象征，当作祭祀祖先的象征，对它充满爱护和尊敬。逢年过节，面对槐树念故土、想亲人，寄情于槐树。烧香献供，叩拜祈祷。或家里有什么难事、灾病，也面对槐树祈求祖先保佑。这种习俗沿袭至今。

据《明实录》载，移民活动大多在晚秋进行，此时槐叶已凋落，只有老鹳窝清晰醒目。从山西迁徙四处的先祖，飘零他乡，就把洪洞大槐树、老鹳窝的故事流传给后代，聊解思念故土之情。

当我们把口述历史与地方史志对照起来分析时，总体印象是，其一，大槐树移民之事大量存在于民间传说与族谱之中，而在民国或晚清以前的地方史志中比较少见。那么，究竟是因为之前的文献记录者认为这些传说荒诞不经而不加采录呢，还是由于之后的知识精英因某种原因刻意"包装"这些隐喻象征（包括在文献中对其加以记录），造就了这些广为传播的传说呢？其二，无论是地方志、碑刻还是谱牒，文献中对洪洞移民、大槐树等象征的记载是比较简单的，而在民间传说中总是比较丰富的。从这些传说分析来看，它的情节是随着时间的流逝不断丰富添加起来的，许多内容是不断黏附上去的。那么，这个丰富、添加、黏附的过程，究竟是在知识精英的传播之前发生的，还是在其后？历史往往是在质疑中"螺旋式上升"。

四、文化隐喻

全国乃至全世界，从来没有哪一棵树能像洪洞大槐树这样被崇拜为根、祖、家的图腾，也从来没有哪一棵树能像洪洞大槐树这样被称为故土家园，成为飘零者寄托灵魂的象征。

"北有大槐树，南有石壁村"，南方客家人的祖根系于福建宁化石壁村。洪洞大槐树之所以成为北方人心中的家园，与其说它是一个具体的移民源头，毋宁说是一个抽象的"家园"象征性符号。洪洞所处的晋南是华夏文明、黄河文明的发源地之一，这里有厚重的历史传承和独特的文化积淀。人类始祖女娲，"乐圣"师旷，还有被称为"狱神"和"道统之宗"的皋陶，都曾被考证为来自晋地一带。在华夷之辨的历史时期，"道统"文化在确定汉民族正统性中发挥了重要作用，在晚清民国时期民族存亡的历史关头，大槐树移民文化更彰显了强大的感召力。

1. 忧思绵绵，槐者那根

槐树俗称"家槐"，学名国槐（有别于洋槐），原产于中国北部，是华北平原和黄土高原常见的树种，而在南方难以生存。唐代诗人白居易在其《庭槐》中云："南方饶竹林，唯有青槐稀，十种七八死，纵活亦支离……"云贵那里大榕树等树种漫山遍野，却很难见到大槐树。"吾家远祖植三槐，堂下森森手自栽。槐树于今资口说，祠续散处普尘埃。"而山西、山东等地，数百年的大槐树比比皆是，成为我们祖先共同认为的吉祥树，也是大自然为人们区分云南和小云南的一个特殊标志。

由大槐树移民故事而衍生的众多谚语和歌谣，也从另一个侧面折射了那段久远历史的踪影。如"门前有棵槐，财源滚滚来""祛灾又避难，子孙都成才""蒸干饭，熬鲅鱼，撑得妗妈上不去驴""搭戏台，唱大戏，要唱唱了个五里地""唱京戏，唱吕剧，三天三夜没歇气""花喜鹊，尾巴长，飞上槐树向西望，向西望，泪汪汪，想念老家爹和娘""大槐树，长得旺，割块树枝做门框，做门板，做大梁，叮叮当当盖新房，盖新房娶新娘，娶新娘，养儿郎，喜气洋洋日子长"……乡情浓重的情感流淌于字里行间，道出了"槐乡"后裔对大槐树深深眷恋的不了之情。

长子营镇《沁水营村志》记载，解放初时沁水营有槐树二十余棵，其中四五百年树龄的槐树有五六棵，皆为汉槐。这里种植的几株老槐树与洪洞广济寺的槐树同根同源。山西移民的许多村落，房前屋后，村头地边，都种植有槐树。《大兴县志》和《长子营镇志》中都有关于古槐的记载。屯留营村民申丙歧说，村里 90 多岁的老人说，打记事起，这棵树就这么粗了。北营，村庄已被推平，一棵槐树坚强挺立，同样挂着被保护的标识。

《沁水营村志》说，想亲人，寄一切情感于槐树。家里有什么难事或灾病也面对槐树，祈求祖先保佑，这种做法沿袭成习。北营、屯留营的古槐不知几百年，青云店到采育的青采路，路两侧国槐不足百年，沁水营新种的国槐不足十年，它们都承载同一个意象，"乡"者，"想"矣。《山西晚报》记者谢燕、王晓娟、李雅丽、贾丽、刘巍、李遇在大兴采访时这样报道："山西洪洞大槐树是大兴凤河流域移民的精神家园，也是他们心灵安顿的信仰根脉所在。这个'家园'既是道德性的，同时也是宗教性的。明清移民由于大多属于普通百姓家族，没有确切的家谱记载，只能靠代代口口相传。由于岁月久远，他们已经无法准确地记起籍贯出自山西哪个州那个村，只能以移民出发的地点作为他们的心灵安顿之所。因此也就有了后来'大槐树''老鹳窝'进入凤河流域村落无数移民后裔的家谱、记载。"

史料记载，袁世凯派卢永祥攻山西民军，卢永祥部下所到，肆意抢掠，在与洪洞比邻的赵城（后并入洪洞县），"无贫富贵贱，一律被抢，不余一家，不遗一物"。抢掠赵城后，卢永祥部队南下洪洞，"车四百辆，骆驼三百头，马数千蹄，负包担囊，相属于道"，

2014年《山西晚报》报道封面

留下赵城"城无市，邻无炊烟，鸡犬无声"。卢永祥部途经古大槐树处，却秋毫不犯，士兵纷纷下马拜谒，"徘徊不忍去者久矣"。究其原因，乃"群目为祖宗里居所在地，弗扰也"。1992年夏天，60位台湾老者来此祭祖。1994年春天，一位在泰国生活了半个世纪的老人，带着全家老小来到洪洞大槐树下。1995年8月，3名多年旅居马来西亚的华侨专程赶到洪洞县共同为大槐树献上一只大花篮。2008年3月16日，江苏丰县张氏家族张大彪等11人赶至洪洞寻根。

傅振伦先生说："博采史籍、方志、碑刻、谱牒、传说，辑为《洪洞古大槐树志》，这是一部谱学专门史志，不是封建士族的家谱，而是移民之史、人民之史……"费孝通、李毓珍等学者也都对大槐树移民研究表现出了相当大的

兴趣。

就中国的移民传说而言，类似于洪洞大槐树的移民集散地还有很多，唯独洪洞大槐树让人们产生了这样的"根祖"认同。如前文所说，这有其历史的原因。另外，"槐"的隐喻，也从文化角度成就了这一现象。

象征与隐喻，也成就了大槐树、老鹳窝，使之成为凤河沿岸的精神根脉。

2. 洪洞记忆，千古绝唱

正史资料，没有明确记载在山西洪洞大槐树下集中移民，但多处记载了迁移山西平阳府之民。洪洞是平阳府的人口大县，隋义宁年间置县，至宋金之际，洪洞县发展成为山西南部首屈一指的经济文化鼎盛区。郑滋《大宋晋州洪洞县重修后土庙记》云："洪洞晋之上邑也。山水田环，林木交映有足观者。至于人物之盛，皆冠邻壤，故虽佛僧神祠，亦号佳绝。"[①]金代时，平阳地区文化发达，有名的藏书楼就在洪洞县建成。孔天鉴在《藏书记》中称赞："河东之列郡十二，而平阳为之帅。平阳之司县十一，而洪洞为之剧……邑居之繁庶，土野之沃衍，雄冠它邑。其俗好学尚义，勇于为善，每三岁大比，秀选辈出，取数居多。"[②]经济富足，人口众多，科举发达，人才辈出，这种情形一直保持到明初。据成化版《山西通志》载，除临汾县外，洪洞是平阳府属县内户口最多的县。洪洞县的发展在很大程度上得益于优越的交通地理位置。乔逢辰在《惠远桥记》写道："洪治隶平阳，壮哉县也，其始为城者，适当大路要津，骈骖之所奔驰，商旅之所往来，轮蹄之声昼夜不绝。"[③]明时的洪洞广济寺大槐树旁是沟通当地南北的交通官路，明朝官府选择在洪洞聚集移民然后再行发遣到中原各地区，则是顺理成章的事情。在我国北方地区，数以万计的民间家谱、碑文资料有详细记载，在地方志中如《温县志》《宝丰县志》《宁阳县志》《丹凤县志》《商南县志》《山阳县志》等都明确记载了在山西洪洞大槐树下集中移民。民国版《孟县志》关于洪洞移民的记载称："然证之故老之传述，考诸各姓之谱牒，则实确凿可据。且当日户部所给之迁徙勘合，光绪初年，民间尚有存者，故补录之。"600余年来，他们祖辈相传，均言及祖籍洪洞，以及从大槐树下迁移之事。

洪洞大槐树移民的时间，实际上应该从北宋南迁开始，到明朝洪武、永乐形成高潮，一直延续到清代中叶。从宋徽宗建中靖国元年（1101年）至清嘉庆二十五年（1820年），历时700余年的时间。葛剑雄先生说："在中国移民史上辐射范围最广、影响最大的一个移民发源地，大概要算山西洪洞大槐树了。"[④]从收集的地方志、家谱、碑文、信函资料可

---

① 《洪洞县志·艺文志》卷十五至十七，民国五年（1916年）铅印版。
② ［清］张金吾：《金文最》卷二十八，清光绪年江苏书局白纸刊印本。
③ 参见《洪洞县志·艺文志》民国五年铅印版和安介生《山西移民史》（三晋出版社，2014年）。
④ 安介生：《山西移民史·康家山何止大槐树》，三晋出版社，2014年。

以看到，明朝大槐树移民京津冀 129 县（市），这在中国历史上是罕见的。

明朝洪洞大槐树移民是明朝移民的重点。

明朝政府实行的移民垦荒屯田政策，不仅仅是在洪洞大槐树一处实施。主要的移民源地史书记载有三个地区，即"山后"地区、江淮一带和山西地区，虽然这三个地区在洪武、永乐年间有不同的侧重，但综合比较，山西地区的洪洞大槐树移民是明初移民的重点，这是不容置疑的事实。

"山后"地区的移民，即今燕山以北晋蒙冀交汇处的移民，为 1370 年"平章汤和取宣德府，以其去虏巢甚迩，虏或不时出没，保聚为难"，明太祖下诏徙其民于居庸关南，现居固安、永清、顺义等县。①1371 年 3 月又迁顺宁、宜兴二州之民，入北平诸州县屯戍，计 17274 户、93970 人。② 其年六月，徐达又迁山西居民 35800 余户，191000 余口散居北平各地屯田，再迁沙漠遗民 32800 余户在北平屯田。③ 以上三次移民，山西地区的移民从规模上、数量上、次数上都远远超过另外两个地区。史书记载，从洪武年间到永乐年间，大规模移民有 18 次，而民间家谱、碑文记载从洪武到永乐年间的 50 年几乎每年都有。山西洪洞的移民一直延续到明末清初，主要源地是太原、平阳、泽、潞、沁、汾等府州，以洪洞大槐树处为聚散地。

明朝洪洞大槐树移民为历代移民之最。三国时魏、蜀、吴争先移民屯垦。唐代的屯垦遍布全国各地，尤其集中在边疆一线，仅次于明代。宋代也采取了一些屯田措施，但重文轻武，收效甚微。到了元代，虽然重视移民屯垦，但由于民族歧视和民族压迫，民屯不是移民垦荒，而是强迫农民抛弃耕地，另行屯种，破坏了屯垦的发展。历代移民屯垦都比不上明初的规模，明初的大槐树移民在正史上记载的次数就有 18 次之多。就人数来说，据安介生教授《山西移民史》统计，"山西移民各类移民累计起来，将近百万人之多"。以后的清代百姓自然迁移的较多，官方移民的很少。

雍正版《洪洞县志》载："明宣德三年，山西民饥，流徙南阳诸郡不下十余万。"在普查地名中，定陶县洪熙年间到崇祯年间有 50 户洪洞移民，有 18 个村庄是元清时迁去的。宋到清中叶，除明洪武、永乐年间是政府组织的大规模的移民外，其余时间都是小规模自发的移民。

明朝政府组织的洪洞大槐树移民，不是只迁洪洞人，洪洞广济寺大槐树是集聚地。洪洞大槐树移民从宋元少量的自发移民，到明初洪武、永乐年间政府组织的大规模移民，使

---

① 《定府镇志》卷三四，嘉靖年版。
② 《明太祖实录》卷六二。
③ 《明太祖实录》卷六六。

"北京南，南京北，两千余里间，偶与之语，其先自洪洞来者居多"[①]。然后到明中叶、明末、清初、清中叶的自发移民共历四代，移民地域为十八省（市）五百余县，涉及八百余姓，包括汉族、蒙古族、回族、满族四大民族。其声势之大、范围之广、时间之长，堪称亘古绝唱。

北京大兴区明代移民绝大多数来自山西，极少数来自山东、内蒙古。"无限风光在险峰"的博客里的《大兴区史话》之《大兴区明代移民村庄名录》统计了凤河两岸的三个镇——采育镇、长子营镇、青云店镇山西移民村落。它们是大兴区明代山西移民主要移入地区，是明代山西移民最集中、传统文化保留最完整、传统饮食得到较好传承、地域特征最明显的地区，数十村庄集中连片，地名具有很强的历史地域特征，可以说是活着的明代大槐树移民文化博物馆。

长子营镇山西移民村庄 29 个，分别是李家务村、留民营村、赵县营村、窦营村、靳七营村、郑二营村、沁水营村、上长子营村、下长子营村、河津营村、小黑垡村、白庙村、上黎城村、北蒲州营村、潞城营一村、潞城营二村、潞城营三村、潞城营四村、永和庄村、南蒲州营村、车固营一村、车固营二村、周营村、朱庄村（原名朱洪营）、和顺场村、西北台村、东北台村、再城营一村、再城营二村。

3. 穿越大槐树的千年

洪洞、大槐树、老鹳窝，构建成洪洞大槐树文化的社会认同。大槐树和老鹳窝成为移民们惜别家乡的标志。

这里有古老而富有传奇色彩的监狱，俗称"苏三监狱"，始建于明洪武二年（1369 年），距今已有 600 余年的历史，是我国仅存的一座典型的县级明代监狱。这里有一座闻名中外的佛教名刹——广胜寺。广胜寺始建于东汉建和元年（147 年），原名俱卢舍寺，亦称阿育王塔院。唐大历四年（769 年）扩建，改名广胜寺。明代修建了飞虹塔等建筑。飞虹塔、元代戏剧壁画、《赵城金藏》被称为广胜寺"稀世三绝"。

洪洞，古称"神圣之邦"。多处仰韶文化遗址的发现把洪洞的历史推到了石器时代。

"洪崖斩壁，古洞连云"，洪洞县（由原洪洞县和赵城县 1954 年合并而成）历史悠久，源远流长。洪洞县名依照传统的说法是由城南"洪崖"、城北"古洞"而来，赵城之名，早在西周时就有此称。《史记·赵世家》记载："赵城，周缪王以封造父，赵氏受姓之始也。"

洪洞县有"槐乡"之称，民国初，山西崞县人刘子伟在洪洞供职，游历至大槐树处，咏诗曰："木本水源流泽长，古槐庇荫到地方。昔人广桔粉榆社，后代优怀桑梓乡。"洪洞

---

① 《李氏族谱》，山西平定，光绪十二年（1923 年）卷五一六。

人王笃诚在诗中也写道："槐树荫中认故乡，殖民往事感沧桑。芳踪千载终难没，赖有群贤任表章。"

洪洞民众历来崇尚文化。旧志载，县域之民"士多务学，耻于骄奢。魏晋以降，文学盛兴闾阎之间"，"每三岁大比，秀造辈出，先后相望，科第绵绵相继，代不乏人"。明清时期，县城先后建有玉峰、简城、丽泽、相观、登瀛、养正、万安等七所书院，"人才之所出，惟书院为最，士之飞黄腾达者，书院中十居六七"。文风之盛，可见一斑。

"寻根祭祖节"从 1991 年 4 月 5 日起，每年吸引五万余人前来参加，"寻根祭祖节"次于祭孔，县长必致祭文。第十九届寻根祭祖节，山西省长出席。大槐树是识别家乡的标志，是心目中根的象征。在大槐树之北有石经幢，金承安五年（1200 年）惠璇法师主持修建。石经幢基高 2 米，幢高 9.4 米，幢身分 5 层，由 59 件石雕构件组成，上刻楞严神咒，计 427 句，2620 字，故又称"楞严幢"。它是广济寺现存的唯一遗物，也是明初大槐树移民的唯一见证。

多年祭祀活动，留下了数不清的移民后裔凭吊的足迹。今辑录部分，以窥后裔之情笃意切。

> 重洋归赤子，千里寻根，同源血脉再相连。（浙江金震欧）
>
> 风雨忆当年，泪眼望天，先宗别土槐为证；心香呈此际，亲情动地，后裔寻根树系魂。（辽宁谢毅）
>
> 长居海外，问何日寻根，夕阳斜月皆无语；直抵山西，喜今朝祭祖，新柳老槐总有情；恒居海角天涯，离情昔付秋庭月，怅望家山故土，别梦今圆春日槐。（江苏李海章）
>
> 饮水思源，老登茶铺闻乡味；折枝忆旧，慢数槐花念祖恩。（湖北左绿林）
>
> 风雨千秋树，我根我祖；沧桑一品槐，龙脉龙枝。（河北赵训铃）
>
> 风雨忆当年，鹳窝惊月，槐树悲秋，长亭驿道皆飞泪；龙人逢此日，素手焚香，丹忱祭酒，汾水霍山总寄思。（湖南刘松山）
>
> 树大根深，枝荣叶茂大槐树；宗洪祖旺，源远流长洪洞宗。（香港蔡经湘）
>
> 异地耀丰功，饮水思源怀祖地；他乡辉盛绩，寻根溯本访家山。（香港邱春木）

4. 已然成为文化共同体

槐亦是"怀"。槐树，亦是满怀移民寄托。采育镇到青云店镇有一条路，叫青采路。路两侧有 30 里老槐。当地人说，这些槐树"把守"青采路的时间并不久远，但它们的存在是在延续一份 600 年无法割舍的乡情，是一种故乡的象征。村民们说，这里曾有一棵与山西同根同源的古槐，是明代移民时从山西带来的。

"举目鹳窝今何在，坐叙桑梓骈甲情"。五百年前是一家，均出自大槐树移民。河北省河间县高鲁村高氏在家门口栽了一棵槐树，保定府西关谢氏开了个"老槐茂"的酱菜铺，河北历史上有槐树庙村、大槐树村、槐树庄村。汾城崔秀峰撰文作《古大槐树赋》，峰庄乡苗庄的《苗氏祖碑》、姜屯镇田高庄的《高氏祖碑》、龙阳乡何岭的《何氏祖谱》等，均记载着"大槐树、老鹳窝"。从洪洞县走出的人们，从历史文化、民俗风物、语言文学、宗教信仰等方面，逐渐形成了对祖宗、对故园家山的信仰共同体，即洪洞大槐树的精神家园。洪洞民众的精神世界中，占据"神圣"地位的，莫过于"唐尧虞舜及娥皇女英""女娲""玄帝"信仰及迎神赛社活动，这三种类型的民间信仰一直影响着民众的思想观念和日常生活，也牢牢塑造了洪洞乡村独特的地域文化。这些远古传说和信仰的存在和延续，赋予了该地域"正统"与"根"的文化象征，恰恰暗合了洪洞作为汉民族发祥地的"根祖"意义。每届大槐树节日和庙会场面之宏大、民众之狂热令人咋舌，研究社会学、民俗学的学者将此现象称为宗教的狂欢精神。这是亿万移民后裔心中的根、文化的根。

山西洪洞大槐树已然成为凤河移民后代共同的精神家园。"老家洪洞大槐树"几乎是明清山西移民的一致命题，山西省政协文史资料委员会编写的《阎锡山统治山西史实》中记载，阎锡山祖籍洪洞。柳容《增广山西洪洞古大槐树志·序》中写道："披览族谱，敬悉始祖于明洪武二年自洪洞大槐树处迁代之正下社村。"寿阳祁韵士《万里行程记》说："洪洞县……余始祖河东公本此邑大槐树人，明处徙居寿阳。"并赋《访大槐树故里》诗一首。其中云："数典重根本，刿敢忘其故。紧维吾祖德，绵绵衍世祚。相传手植槐，家在洪洞住。当明洪武中，移民实诸路。"[①]祁宿藻在《洪洞感旧》诗序中写道："予家老籍洪洞，已数百年于此矣。"洪洞大槐树吸引无数移民归宗。《山西晚报》2000年11月发文论述张学良张氏始祖于明永乐五年，由山西洪洞县迁河北大城县提北村，五世祖禄宗迁冯庄，十三世祖天达、永贵（谱系'允'字辈，外出后谐作'永'字）迁辽宁海城，传两辈。到十五世，张有财育有三子，为作泰、作孚、作霖。作霖即张学良将军之父。

将大槐树先祖载入族谱，不仅体现了他们对自身历史身份的认同，而且在一定程度上强化了移民对历史的记忆，为移民后代寻根祭祖、大槐树祖先信仰的形成及其制度化提供了有力的史实依据。

从民国年间修复大槐树遗址，到1991年举办洪洞县首届寻根祭祖节，以至于现在开放为中华移民后裔瞻仰"圣地"，宏文卓篇，不胜枚举。有士绅乡绅的义举，有官员大亨

---

① ［民国］山西省文献委员会：《山右丛书初编》，山西人民出版社，1986年。

的书风；有民间自发的捐赠，有官方堂皇的倡导；有县长的积极奔波，有省长的助推。具有代表意义的碑记、祭文很多，以唤醒凤河移民后裔祭祀祖先、挽住乡愁的情结。

五、一种伦理维度

葛剑雄教授说："在中国移民史上辐射范围最广、影响最大的一个移民发源地，大概要算洪洞大槐树了。"洪洞、大槐树、老鹳窝，家祠、谱牒、地方志，家、家族，构成了洪洞大槐树精神家园的文化符号。

明清之际，法律是成文法，但现实中真正起作用的是不成文法——谱牒。谱牒中的家规家训是对家族宗族伦理道德的规范，是对法律法规、村规村约的补充。谱牒的重要意义在于，"族人认为族而无谱陋也，谱而不修益陋也。族而无谱微族也，谱而不修末族也。"

以《赵氏家谱》为例分析。

据《赵氏族谱》，山西沁水县赵姓一支字辈谱为："忠和树德，孝友传芳。"清雍正十一年（1733 年）赵伦撰《赵氏宗谱》，浙江萧山赵姓一支字辈谱为："齐圣广渊，明允笃诚，忠肃恭懿，宣慈惠和。"

以伦理治理社会，明王朝始终站位高、力度大。洪武皇帝下令郡县设立官学，推广道德教化。1375 年，他还亲自撰写了《资世通训》。朱元璋竭力扭转被"胡化"的过去，恢复"中国先王之旧制"。1384 年，朱元璋在四个月内接连表彰了山西五位普通妇女的"贞洁"。平民百姓开始热衷于修家谱、立祠堂。

谱牒中家规家训（或称之为族规族约、宗规宗约）有的经历了数代，几十年甚至上百年，如《颜氏家训》《朱氏家训》等。

洪洞大槐树谱牒中家族家规的内容大致包括以下几点。

"圣谕当遵"。"圣谕万言"必须奉行唯谨，不敢有丝毫违背。

和睦乡里。如明初名儒方孝孺在《宗仪九首》中，列举"睦族"之后，又列举了"广睦"之条。

和睦家族。方孝孺在《宗仪九首》中专门列举了"睦族"之条。

婚姻当谨。很多家族族规都重视婚姻的门当户对，强调良贱不婚，反对婚姻论财及卖女为妾。强调士为四民之首，农为本。明中后期宗族规约对择业的规定也有了变化，有些家族规约中出现了"工商皆本"的观念。

明代大槐树移民谱牒中家族家规以儒家的伦理纲常辨别世系、昭穆，明确族人血缘关系，是明代朝廷法律的补充，约束了家族成员的生活伦理。

六、谱牒里的集体记忆

有一种观点认为，山西人口稠密地区首推平阳府，而洪洞县又是该府人口最多的县，说明洪洞是移民人数迁出最多的。但是安介生先生指出："仅从常识出发，假如这些资料都属实的话，那么累积起来，将是个相当庞大的移民数字，而洪洞一县在明初可能拥有如此众多的人口吗？"

记录中国社会史特别是宗族历史，族谱是一种非常重要的资料，但也是需要慎重对待的一种资料，因为在不断续修、重修过程中，它成为重构宗族历史或社区历史的重要工具。在关于洪洞大槐树移民的论著中，族谱成为最重要的文字记录或史料依据，相对于传说，族谱似乎是更为可信的史料，又由于许多族谱系根据家族墓地所立碑记整理而得，因此洪洞大槐树移民一事，似乎便成为一桩铁案。在今河北、山东等省存留的族谱中，记载其祖先迁自山西洪洞的不计其数。

族谱中虽然大量提及洪洞迁民之事，而且言之凿凿，但其中疑点也不少，很难被视为有力的证据。特别是在这些族谱中，其还将我们前面曾举到的某些传说故事写入，作为家族历史留传，族谱这样的书面文本又成为口述传说的载体，共同夯实和传递关于祖先的历史记忆。如河南偃师缑氏镇崔河的《崔氏家谱》中提到，洪武年间，河南"遭受红雨，人畜伤亡，人烟稀少"，于是从山西长子县迁来不少人。这实际上是与关于"红虫"的传说相同的隐喻。关于官府把百姓骗到洪洞集合，然后强迫迁移的说法在族谱里也很常见。有相当多族谱记录了与"打锅牛"传说类似的故事。

其实越是晚修的族谱，吸收传说的内容就越多，而且明确写明祖先是来自洪洞大槐树、老鹳窝的也越多。传抄过程中增改的痕迹很多，此事也有后世增添的可能。传说进入族谱，便成为可信的史料。但是，这并不等于说所有记载其祖先来自山西洪洞的族谱在这一点上都是虚构的，也还有很多族谱记载其祖先来自山西其他地方或者其他省份。历史上许多时期，人口迁移是很频繁的，山西也是如此，甚至政府有组织的移民行为也是确定的事实，为什么就不能有洪洞来的移民呢？

"但不见诸史，惟详于谱牒"，迁民的缘由、路线等一系列细节除部分见于地方县志之外，大都依靠家谱或族谱的文本保存。作为记录宗族起源、迁徙、盛衰演变以及制度建设的文本，家谱或族谱带有强烈的情感意识，这导致了其史料价值的不确定性。但是，从某种程度而言，它们实际上可以作为定格宗族历史的一种文字记载方式，不仅可以用来与官方历史记载相印证，同时也可以用来深度挖掘这一记载背后所体现的社会文化意义。在这种历史叙述中，无论是真实记录还是附会掩饰，都有可能成为此后民众记忆家族与地方认同的有效依据。

传说显然是民众记忆历史的工具之一，对于那些没有通过文字记忆历史的能力和话语力的人来说，就更是如此。但传说往往经历了许多世代，因此不断叠加了不同时代的讲述者记忆的历史，它也就成为一种"长时段"的历史文本。

为什么后世对大槐树或老鹳窝这类虚构的地名情有独钟？按照历史人类学家的看法，历史人类学中有两大类别，一是历史民族志，即利用档案资料和当地的口述史资料，研究过去如何导致现在，或对过去的历时性和共时性进行研究；二是所谓对历史的人类学研究（anthropology of history），即集中注意特定族群"借以拟想、创造和再造他的过去，以至把过去和他们身处的现在联接在一起的各种方法和文化理路，如何记得，又为什么要记得，以及人们如何解释过去并和现在联接在一起"。就本书而言，基本上是沿着后者的路向，因为本书并不试图再进一步证明许多自称来自洪洞的移民其实是本地的土著或来自其他地方，也不试图缠于考证是否在历史上的某个时期，是否有大批移民从洪洞或经由洪洞去到各地，而是试图通过分析大槐树、老鹳（鸹）窝之类象征的创造过程，去理解这些北方移民是如何建构自己的历史的。在这个意义上说，本文是历史学研究。而心态的建构本身又是文化的建构，文化把一个族群的历史与现实勾连起来，同时也把族群建构起来，因此本文又有人类学的意义。

葛剑雄教授说，其实族谱、家谱的记载，也未必都正确。移民可能会有一种从众心理——大家都说是从大槐树来的，那我们写谱的时候也说从大槐树来的，尽管这些移民的故乡实际包括山西各地，洪洞大槐树只是一个官方规定的移民聚集、出发地。

移民活动不是一次能够完成的，应当是多次分批进行的。除了官方组织的迁徙，还有大量的流民，灾荒性的出逃，或者官府流放的罪犯，很多是叠加的，是一拨一拨的，情况极其复杂。他们的后人如果修谱，都要找个自己的名路，为祖先讳言，附会大多数人的说法，或者还有别的社会因素，想加入这个群体。它是种文化现象，文化现象和史实本身是不一定能对接起来的。

学术界比较通行的方法是开展实地调查，就是田野调查，如实记录，不做评价。采证些口述史料，把讲述人的身份进行定位，运用人类学、社会学、历史学、地理学、民俗学等研究方法。

对洪洞大槐树移民传说的质疑还有两点：一是直到光绪戊申年（1908年）光绪皇帝、慈禧太后去世之时，洪洞人对洪洞大槐树移民传说及其遗迹了解甚少。二是旧县志缺乏相关记载。洪洞县志有明嘉靖三十三年、万历十三年、顺治十六年、康熙十二年、雍正九年、同治十一年、光绪八年等版本，但未见洪洞大槐树移民之相关记载。不能只以其所记述事实本身是否可靠来评价，而应考虑到有关历代祖先故事的形成和流变过程所包含的历史背景，应该从分析宗族历史的叙事结构入手，把宗族历史的文本放到当地的历史发展的脉络中去解释。

明政府组织的洪洞大槐树移民，不应只是迁洪洞人，洪洞广济寺大槐树乃是整个山西平阳府 28 县及晋东南诸县的迁出地。大槐树是山西民众迁徙时的重要聚散地之一。

第十一章　天籁灵觉：民间艺术集散地

　　东汉顺帝时，凤河流域村镇里社是太平道的主要传教区域。现在大兴的一些镇，如长子营、采育、青云店等属幽州管辖，道教在这一地区的流传是毫无疑问的。

　　太平道的领袖是河北巨鹿人张角，《后汉书·皇甫嵩传》载："角因遣弟子八人，使于四方……十余年间，徒众数十万，连结郡国，自青、幽、冀、荆、扬、兖、豫八州之人，莫不毕应。遂置三十六方，方犹将军号也。大方万余人，小方六七千人，各立渠帅。"无论作为上层意识形态还是民间文化传播形式，在当时百姓的意识深处，宗教文化中神的权威至上性决定了一些社会运动及政治运动。在当时的历史条件下，"一个图谶，一条教义，都可以用来作为号召、发动群众风暴的煽动手段"①。

一、艺术灵觉的"土壤"

　　谈到道教在凤河流域的发展，我们需要对区域内的道教文化作一简略回溯。唐宋皇室尊老子，上层达官贵族捧为官教，虽然道教的宗教精神极为强烈，但世间的美好总是能在典籍的理想状态中觅出影踪。出世而不离世，入世而不恋世，这正是道教的社会伦理魅力所在。

　　道教所有派别都来自民间，而且宗教精神对大众心理塑造及一般社会伦理有着比较广泛的天然影响力。真大道教、太一教、全真教与净明教的广泛传播，标志着宋明以来道教作为真正的民间宗教兴起于现实生活的日用伦常之中，"一人得道，鸡犬升天"的"道"是成仙的世俗价值，仙界美好源于人间使命行使。道教流派由于文化区域性的特点呈现出不同的样态，但基本宗旨是一致的，它的民众影响程度之大使得新道教和当时的理学、禅宗鼎立，代表着平民文化。这种精神的独特之处在于将理学、全真道教、禅宗以入世道德精神统以贯之，体现了晚唐到宋代一种普遍的时代精神——"拼田凿并，自食其力，垂慈接物，以期善俗"。

---

　　① 李养正：《道教史略讲》，中国道教学院编印，1997年。

　　"默谈玄妙"和"打尘劳"是完成神性向人性转变的两条途径。所谓"尘劳"，是要求每个人恢复日常心境，积极入世去做有利于社会和他人的事情，而且"利他"的行为是靠不断积累实现的，如此"积跬步行千里"的德行完满之后，"阴德"才算作人间的功业，入世当以"苦志多年，积功累行"。"默谈玄妙"是"教人积功行，存无为而行有为"（《北游语录》）。"无为"不是消极的"静"，而是积极的"动"，这便是以出世的精神做人间良心的事业。

　　老子原本提出的"无为"是要人"无不为"，"无不为"就是要有为。至于如何有为，老子只是确定了通向道的方向。新道教直接把"立功立德"的入世之路当作从必然王国走向自由王国的成仙之道，"士农工贾因而器之""为天下式"等词语描述新道教绝非虚言溢美。

　　道教在凤河流域的真正发展期应当说是在北朝。北魏鲜卑族拓跋氏统一北方后，为了消除异己，抑制汉人的叛逆，声称拓跋氏也是黄帝的后裔，以同化政策作为社会和谐的"润滑剂"。据《北史·魏本纪》载："魏之先出自黄帝，黄帝子曰昌意，昌意之子受封北国，其处有大鲜卑山，因以为号。"

　　北齐立国之始，道教曾经得到开国皇帝的支持，据唐大潮《中国道教简史》记载，天保六年（555年）时北齐所辖地区"已是佛教寺庙到处都有，佛教徒的人数和一般平民人数差不多，而道教的观宇更是遍布山野，道徒人数比纳税的正户还多"。唐代更甚，唐玄宗下令全国每户必备一册《道德经》，还亲自为《道德经》作注。《资治通鉴》载："时上尊道教，慕长生，故所在争言符瑞，群臣表贺无虚月。"[1]《旧唐书·礼仪志四》载："玄宗御极多年，尚长生轻举之术，于大同殿立真仙之像，每中夜凤兴，焚香顶礼。天下名山，令道士、中官合炼醮祭，相继于路，投龙奠玉，选精舍，采药饵，真诀仙踪，滋于岁月。"[2]

　　金熙宗皇统二年（1142年），幽州人刘德仁据《道德经》创立了"大道教"。《元史·释老传》曰："其教以苦节危行为要，而不妄取于人，不苟侈于己。"据《大都宛平县京西创建太一集仙观记》，元世祖诏太一道五祖萧居寿至京师，"特建琳宇，敕额太一广福万寿宫，命主秘祀，其香火衣粮之给，一出内府"[3]。

　　由于道教文化对上层建筑的渗透，明世宗竟在嘉靖二年（1523年）于宫中建醮，"顷闻紫禁之内，祷祀繁兴。……夫以斋醮为足恃而恣欲宫壶之间，以荒淫为无伤而邀福邪妄之术，甚非古帝王求福不回之道也"[4]。

---

① 司马光：《资治通鉴》卷二一六，中华书局，1992年。
② 刘昫等：《旧唐书》，中华书局，1997年。
③ 王恽：《秋涧集》卷四《大都宛平县京西创建太一集仙观记》，清光绪十四年版。
④ ［清］夏燮：《明通鉴》卷二十，中华书局，2013年。

政府对道教的抑制主要在清朝末年，这种抑制源于外患的压力，实际上，清朝自嘉庆年间开始，随着洋枪洋炮、基督圣经和鸦片的输入，国内民怨鼎沸，规模性的农民抗争连绵不断，抗争的精神往往借助于道教的巫术成分。当一种哲学捆在政治的战船，势必随政治的起伏衰落而改变，儒释道三教在中国历史上的分分合合、此消彼长与朝代的跌宕至关密切。清朝道光元年（1821年），朝廷禁止道教天师进京朝觐，至此道教中断了与朝廷的政治关系。

随着辛亥革命废除封建帝制实行民众信教自由的政策，中国道教又得以合法存在。但在五四运动中，儒释道文化为西方文化的优势压倒，被认为是民族劣根和封建迷信，遭到猛烈抨击。辛亥革命后，凤河流域地区的道教为了适应形势，以变相方式改变自己的组织状态以求得存在。白云观和东岳庙作为京城善男信女烧香朝拜的集中地方，距凤河村落直线距离不过30千米左右，明清以来道教在京城的两大宫观，举办的庙会盛况非凡，如今白云观和东岳庙依然在发挥着不可替代的作用。

二、长子营镇白庙雅乐与潭柘寺

每逢春节，白庙村民活动站里总是人声鼎沸，古乐声连绵，村里"雅乐班"的乐手们拿着横笛、管子、笙、云、锣、钹、铙、镲、鼓等多种乐器，看着工尺谱，演奏传承了多年的古乐，这就是白庙雅乐。

白庙村音乐会所演奏的音乐为僧传笙管乐，是小型乐队演奏形式。它具有北京地区的禅乐和民间吹打乐的特点，历史悠久、传承严格、脉络清晰，曲牌曲谱及演奏形式保存基本完好，艺人演奏技艺娴熟，是一项宝贵的音乐类非物质文化遗产，具有较高的历史、艺术及文化价值。

白庙村音乐会所演奏的音乐与北京潭柘寺渊源极深。相传，明朝末年，潭柘寺失火，僧人们为维持生计纷纷下山化缘：被称为三师父、五师父的两位僧人一路化缘来到白庙村，见到这里的村民乐善好施，便将用工尺谱记谱的音乐传授给他们，并教他们演奏乐器。经过二十多代人的延续，这种古老的民间音乐至今在白庙村仍基本保存完整。

白庙村音乐会的传承方式是口传心授，代代相传。由于年代久远，前几辈成员的名字和流传的辈分已经无从考证。以乐队成员贾朝生为例，他在家族中是音乐会的第六代传人，传承关系依次是，第一代贾进恒，第二代贾成喜，第三代贾朝生的曾祖父贾兴知，第四代他的祖父贾永善，第五代他的父亲贾振东。

白庙村音乐会的负责人称作会头，由音乐会中资历最高者担任。会头负责平时成员的召集、日常管理、财务管理和对外演出活动的接洽联系等。音乐会入会退会自由，但在会期间一定要遵守会规。会规为：不许赌博，不许演奏规定外的曲目，不许参加红事演出，不许私自到外边演出。

每年的农历正月十五、七月十五，白庙村音乐会要在村里进行演出。农历正月十五的演出是参加村里的灯花会，村里人在前面散灯花，音乐会跟在后面演奏，在村里绕行一周。其目的是祈求神佛赐福，保佑一年的丰收。七月十五的演出活动是在村里绕行一周，边走边吹，其目的是为屈死的鬼魂超度，企求他们早日托生。

白庙村音乐会除在村里活动外，主要参加附近村落丧葬活动演出，有演出要求的人家，要派人到会头家里请，称为"请经"，会头同意后立即组织人员参加演出。事主要派车来接，演出完毕要负责送回。白庙村音乐会的主要经济来源：1949 年之前来自本村富户的资助和村民的自愿集资，1949 年之后由村集体资助。对外演出不收取费用，参加丧葬活动在事主家吃饭，不收取费用，但可以接受事主和事主亲属的赏钱。赏钱不分给参加人员，由会头负责保管，用于购置演出用的服装和乐器。白庙村音乐会的财务账目由专人保管，所有开支要经过会头同意，并定期公布收支情况。

白庙村音乐会最重要的仪式为"安齐儿"，所谓"安齐儿"，就是会员们包素馅饺子给祖师爷地藏王菩萨上供，招收新会员，在农历十月十五举行。这一天所有会员聚在一起，会头向大家公布账目，村里爱好这项音乐的人也可以来参加，愿意入会的可以报名入会。

仪式过程如下。

　　会头将新参加人员的名字写在黄纸上，装入用黄纸叠成的表中。表的形状呈长方体，高 80 厘米，底边长 20 厘米。

　　会头带领众人向地藏王菩萨行礼。地藏王菩萨像放在靠墙的桌上，桌上地藏王神像前，左右两边放烛台，中间放香炉。仪式开始，会头在前，众人在后，会头将一股香点燃，向神像鞠躬后插入香炉，率众人跪倒磕头，念《元宝经》。念经完毕将表烧化，意即所有新人已去地藏菩萨处报道，行礼完毕，众人起立，由会头教新人唱入门曲《出坛记》。

　　练习到吃饭时间，所有新老会员一起吃饭。

白庙村音乐会主要以家族传承的方式传承，同时也接纳家族外的传承人。新会员进入音乐会后，根据个人情况确定自己所要学习的乐器，通常是先从最难学习的吹管子开始，如果学着有困难再学习别的乐器。所学乐器确定后，正式拜师。拜师仪式为：师傅端坐，徒弟面向师傅双膝跪地，双手重叠，手心向下，首置于手背，拜地；随后，徒弟向师傅敬烟、敬茶。师徒关系确定后，徒弟每年重要节日要去师傅家中看望师傅。

北京潭柘寺的师傅传授给村民的音乐的记谱方法为工尺谱，乐队编制是小型吹管乐合奏形式。所使用的乐器为笙、管、笛、锣、钹、铙、镲、鼓 8 种乐器。音乐会目前由 15 人组成，表演一般由 9 人或 11 人进行。白庙村雅乐的演奏由管子领头，用小镲控制速度。表演时队员们分为前后两场依次坐定，前场由小镲开场，用鼓、锣等打击乐器演奏，后场由笙、管子、横笛等乐器演奏，前后两场交替进行，依次循环，直至曲目演奏结束。据 75 岁高龄的音乐会老会长贾朝生介绍，现存最古老的乐器为笙，已有 150 多年的历史，这个乐器目前还在演奏中使用。

白庙村音乐会所演奏的乐曲记谱方法为工尺谱。工尺谱不仅包含了"六、五、一、上、尺、工、凡"7 个音符，还有高低音、变调和停顿、定板和流水板之说，音乐会原有乐谱 100 余首，目前所存乐谱有《玉芙蓉》《翠竹帘》《谨然神灯》《五圣仙》《望江南》《刀兵祭》《唐多令》等 70 余首，是 1985 年后白庙村音乐会老艺人凭着记忆整理出来的，其余已失传。

白庙村音乐会演奏技艺的传授，采取口传心授的方式，新会员在老艺人的带领下先练习唱曲：唱曲就是把乐谱根据演出需要唱出高低音和快慢节奏，老艺人唱一句新会员学一句。练习熟练后学习乐器，乐器从吹管子开始，如果学吹管子有困难可以再学习别的乐器，一个会员在一种乐器学会之后也可以再学习其他的乐器。

白庙村音乐会用于丧仪，它主要在附近村落有丧葬活动时进行演出。演奏曲目主要有《出坛祭》《醉太平》《老八板》《放驴》《唐多令》《望江南》等多个曲目，一场演奏为期两天。演出程序为：第一天早上先来到丧主指定的亲属家里，然后从这里出发，按照路程长短吹奏《出坛祭》《跳神》《醉太平》《三叭赞》《老八板》《抓不着》等曲牌；进入丧家之后，先"贡驾"，即在指定地点挂地藏王菩萨像，然后进入厨房"参厨"，吹奏《浪淘沙》等乐曲（中午 11 点左右）；接着就开始奔灵，路上吹奏《焚火赞》《大三宝》，回程路吹奏《抓不着》《放哨子》。第一遍仪式也称"第一遍灵"就到此结束。中饭后，"第二遍灵"开始，仪式程序与第一遍相同，只是不再"参厨"。"第三遍灵"在太阳落山之前结束，程序与"第二遍灵"相同。

在参加殡葬活动时，白庙村音乐会根据事主要求还会进行一些较为复杂的项目，如跑方、渡桥等。跑方是第一天下午见灵后，事主在门外放 5 张桌子，其中 4 张摆成四方形状，中间放一张。桌子上放板凳，板凳上放佛像牌子。跑方是音乐会人员，他们由东进入，念经、吹打，孝子跟在后面，但要隔开一定距离，做出追的样子，意思是音乐会的人引领死者的魂魄参拜各方神灵，孝子在后面追赶着死去的先人。各方神灵依次参拜后，跑方的工作才算结束。

渡桥是在第二天早饭后进行，桥用马车搭成，有 5 孔、7 孔、9 孔不等。渡桥的意思是死者来到阴间，被一条河拦住去路，要给死者搭座桥才能过去。死者过桥要由孝子托过去，渡桥时孝子趴在地上，背上放上马鞍子，意思是驮先人过河。孝子从东开始爬，音乐会会员分别站在桥的两边，吹奏乐器的在上首，打击乐器的在下首。在孝子上桥时吹《浪淘沙》，在孝子到达桥上时吹《唐多令》，在孝子下桥时吹《青江引》，孝子爬下桥后仪式结束。

2000—2004 年期间，《北京日报》《大兴报》等多家媒体对白庙雅乐进行了报道，潭柘寺有关人员看到消息后，立即与该村取得联系并亲自造访。与老会员们交谈，通过听说看了解了音乐的根源，后请乐队会员到潭柘寺进行交流演出，认定白庙村音乐会的曲谱与潭柘寺的曲谱、拜师仪式、入会规矩均相同。

白庙雅乐是典型的佛教音乐，是我国宗教音乐的重要组成部分，同时也是民间音乐的精彩篇章。白庙雅乐在长期的发展过程中兼收并蓄、博采众长，形成了独特的风格，既有清虚神秘的宗教色彩，又有浓郁的民间乡土气息，突出表现了中国佛教音乐的风格，保存了完整的佛教寺庙音乐的特点和精华。它从一个侧面反映了凤河流域的时代风貌和人们的社会生活，是珍贵的非物质文化遗产。白庙村音乐会流传至今，已经有 400 多年的历史，吸收了禅乐和民间音乐的华彩因素，形成了更加独特的艺术风格。

传承时序与传承脉络

白庙村音乐会年代久远，传说起源于明朝末年，距今已有 400 多年历史，共有 20 余代传人。根据白庙村音乐会现任会首贾廷永提供的资料，目前可考的传承人有七代，贾廷永是家族中第七代传人，传承关系依次是：

传承谱系一：

第一代乐师——贾进恒（1825—1886 年）。

第二代乐师——贾成喜（1847—1906 年），贾进恒之子，擅笙。

第三代乐师——贾兴知（1868—1918 年），贾成喜之子，擅吹管。

第四代乐师——贾永善（1887—1955 年），贾兴知之子，吹笙。

第五代乐师——贾振东（1913—1970 年），贾永善之子，擅吹管。

第六代乐师——贾朝生（1934—2014 年），贾振东之子，擅吹笙。

第七代乐师——贾廷永（1971 年生），贾朝生之子，擅吹笙。

传承谱系二：

祖祖师爷：贾兴知（1868—1918 年）（吹管、打云锣）。

祖师爷：贾永善（1887—1955 年）（吹管、吹笙），音乐会会长。

师爷：刘长荣（1918—1989 年）（吹管、打云锣），音乐会会长。

师傅：贾朝生（1934—2014 年）（吹笙、打云锣），音乐会老长老，项目传承人。

贾廷信：（1945 至今），擅长吹管、吹笙，音乐会的核心骨干。

徒弟：贾士辉（1990 至今），现在学习"工尺"谱、吹管。

传承谱系三：

贾永巨（1889—1953 年）：鼓、念经，现会员贾金庭之六爷。

贾朝凯（1898—1956 年）：鼓师，现会员贾金庭之大伯。

贾朝丰（1917—1993 年）：鼓师，现会员贾金庭之二伯。

贾朝祥（1921—1976 年）：笙、云铙，现会员贾金庭之父。

贾金庭（1954 至今）：现音乐会成员。

传承谱系四：

任维奇（1900—1970 年）：吹管，现会员任梦洲祖父。

任维章（1902—1984 年）：笙、念经，现会员任梦洲之叔祖父。

任世昌（1946 至今）：笙，现会员任梦洲之叔。

任梦洲（1956 至今）：现音乐会成员。

白庙音乐会的乐器演奏难度较大，培养传承人的过程比较复杂。一般情况下，传承人受家庭熏陶较多，所以白庙音乐会的传承基本上是按照家族传承的模式进行的。

白庙村音乐会为僧传笙管乐，是小型乐队演奏形式。乐队编制是小型吹管乐合奏形式。所使用的乐器为笙、管、笛、云锣、铙、铙、镲、鼓、铛子、手磬、木鱼，共十一种。白庙村音乐会最大的特点，在于具有禅乐的风格和特征，其音乐风格庄严、肃穆、豪放、高亢，节奏鲜明，曲调动听、悠扬、典雅，既有清虚的寺庙宗教色彩，又有浓郁的地方特色和质朴的乡土气息。

白庙村音乐会蜚声海内外，中国音乐学院硕士研究生崔华伟专门来白庙村做社会调查，撰写了一篇 5 万余字的毕业论文。在村委会的大力支持下，白庙村自 1985 年起恢复了"灯花节"。灯花节每年两次，日期为每年的农历正月十五和七月十五。

白庙音乐会

三、采育镇大黑垡中幡大鼓

大黑垡是采育镇属的一个历史悠久的村庄。据《采育镇志》记载，明朝初年，山西部分移民至此定居，到达此地正值黑夜，相邻有两个名为黑垡的村庄，故以黑垡定名，加上当时移民人口较多，占地面积较大，故命名为大黑垡村。

大黑垡的中幡艺术有着上千年历史。《晋书·乐志下》等史料均对中幡的幡旗和演练套路有详细的记载。中幡早年叫"大督旗"，又叫"大执事"，起源于晋朝，鼎盛于明、清时期。除史书记载之外，民间记忆中还认同这一表演起源于皇家的说法。中幡技艺在《北京俗曲·过大年》《北平指南》等著作中都有详细的记载。中幡会属于镶黄旗佐领，属内八档会之一，且受过皇封，在行军或打猎休息期间，旗手们为给皇上解闷，挥舞耍动大旗以博皇上欢心，鼓舞三军斗志。到了清乾隆年间，将原龙旗杆上加上伞，耍起来更是好看。后来加伞的大旗杆被皇宫用作迎接外交使者的仪仗队，显得更加威武庄重，故名大执事。皇宫里每年耍大执事，庆祝重要庆典。同时，大黑垡村中幡大鼓又是一项古老的民间传统艺术，是老北京文化尤其是老天桥文化的缩影。清朝末年，天桥老艺人王小辫从宫中

《大兴非遗现状与再创新思考》（作者：张怀宇、巫建、任纳莹）

耍执事的哥哥处学得此艺，并将大执事改名"中幡"，大执事遂变成卖艺性质的表演传入民间。

该村老辈人传，村中在清朝末年有人与中幡艺人一起多年，学得一身本领，并收有徒弟，不知什么时期传给了该村外号为井上的一位大爷（已过世），曾经练过眼夹小辫红头绳（闭眼），水井上面架板凳，站在板凳上闭眼耍中幡的绝技；他为了不让中国历史文化失传，将此绝技传给了其子张广善，并收有徒弟孙万玉，其二人为了将中幡大鼓继续发扬光大，完成父亲（师傅）生前的心愿，一直苦苦练习，直到新中国成立初期终于练得这手绝技，不过二人现均已过世。虽然很多绝活没有传承下来，但追溯历史、保留历史文化的精神和行动并没有消失。

改革开放促进了经济、社会发展，也促进了人们对传统文化的追忆。村中民间艺术爱好者又逐渐将中幡大鼓整顿起来，虽然演出用的设施和行头并不齐全，但他们克服一切困难，继续将中幡大鼓舞起来并传承下来。1985 年，时任大黑垡村副书记的郭启瑞和酷爱中幡大鼓的老艺人孙文让为使珍贵、濒危并具有历史、文化和科学价值的非物质文化遗产得到传承、发展，开始筹备演出人员和行头等一切所需设施。周朝贵老人自己花钱请人画中幡上的八仙图案，村里的很多中老年妇女义务为制作中幡的幡面、演出服装裁剪缝纫。一切准备就绪，村民们开始了正常的练习，把大黑垡的中幡大鼓重新恢复了起来，中幡大鼓演艺队顺利地成立。

中幡以其声势宏伟、节奏强烈为特征。现在艺人们表演的所谓中幡只是幡的一种，早期的耍中幡有"幢幡""担幡"等，在清朝中期，北海公园到了冬天还有"担幡滑冰"的表演。中幡是装饰华丽，既具有仪仗特色又具有比赛力量的一种旗帜，主干是一根长三丈三（10米多）的竹竿，由幡杆、伞、旗子、幡面和铃铛等组成，竿顶悬挂一面长条锦旗，旗的正面绣有"万寿无疆"等祝福语句和吉祥图案，反面有时绣上表演团体的名称，因此又称标旗。中幡净重15千克，它下粗上细，由两根竹竿拼成，竹竿的大小、柔韧性也有讲究。一筒中幡要加工成成品大约要四年时间，其制作加工程序目前仍属祖传，拒不外泄。幡按大小分为硕幡、中幡和小幡三类。硕幡一般比较重也比较高，基本在12米以上；中幡一般在9米左右，多数表演者选用的都是中幡，所以耍中幡这一叫法也就传开了；而小幡则只有3～4米，一般是在小的场地表演，比如剧场、茶馆等。大黑堡的中幡全高6米，幡楼子3层，大鼓有36调，小镲、铛子与大鼓相随相配。虽各打各调，但协调自然、浑然一体。我国北方的中幡也是体育与娱乐、力量与技巧结合的传统体育项目，其次是由大鼓、小镲、铛子（小锣）作为整个表演队伍鼓舞气势的乐器，其中，大鼓在整个中幡队伍里发挥着重要作用。该项目流传久远，备受回族、满族和蒙古族群众的喜爱。

从技艺角度和表现形式来说，中幡包括手法（挑端云开垂）和腿法（踢抽盘跪过），练的是人的胆量、力量和技巧，需要文武兼备，此外，中国式摔跤、气功等技艺也是练习中幡的基础。中幡分为单练、双人对练和集体练，动作有50多个。表演者或顶幡上额，或伸臂托塔，惊险动作连连不断，但始终幡不离身，竿不落地。十余米高、几十斤重的中幡在表演者的手中、肩上、脑门、下巴、项背等处上下飞舞、交替腾挪。

中幡的表演均为直立进行，一般的程式为：起式"怀中抱"，一臂将其举三举，落三落，前悠后摆，上下翻飞，如行云流水；稍好些的，可以不用手，即令那百斤重的中幡在自己的头顶、肩膀、下颚、臂弯等处闪转挪移。在表演时，艺人们将竿子竖起托在手中，舞出许多花样，其表演动作样式各有形象的名称，主要有托塔、掉搂、单过桥、双过桥、余子（下颏）、梁子、脑架、童子拜佛、虎口拔牙、擎天一柱、金鸡独立、燕子啜泥、黑风扫地等。将竿子抛起用脑门接住为霸王举鼎，单腿支撑地面用单手托住竹竿为金鸡独立，此外还有龙抬头、老虎撅尾、封侯挂印、苏秦背剑、太公钓鱼、擎一柱等样式。考究的中幡竿顶上还有一层乃至数层由彩釉、锦缎、响铃、小旗、流苏组成的圆形装饰物，称为缨珞宝盖，舞起来不仅五彩缤纷，而且发出悦耳的声音。舞毕需保持中幡的直立不倒，还要高高抛起，稳稳接住，动用身体的各个部位轮换地作为支撑点。

中幡表演要求稳、准、快，手眼配合一致。在表演时，表演者用手掌、手背、肩膀、额头、下颚等部位分别完成举、顶、牙剑、脑剑、单山等动作，不断晃动、抛起、落下。中幡表演，以扔得高、立得稳为准则。

大黑垡的中幡大鼓在鼎盛时期，整个演出队伍庞大壮观。行会时，最前面的是两面黄地蓝牙边的大会旗，上绣"老会朝顶进香"六个大字。会旗后，两杆神枪，紧随其后的是四人抬两面大铜锣。接着，旗、锣、伞、扇簇拥着"娘娘驾"（金黄色的轿子），轿内站立一尊金光闪闪的"太子佛"铜像，威严壮观。娘娘驾前是背表人，紧贴"娘娘驾"左右是两个护驾的童子，外围两边是举着回避、肃静两面龙虎牌的牌宫。再后面才是"中幡大鼓"表演队伍：前面正中是一面黑幡，这是本会的总指挥旗，后面是排列两行，红、黄、蓝、绿各色的8杆中幡。参加演出的人员完全着黄衣戴黄头巾。

每年腊月初八，会头闭门写表（黄色的纸），将本村所有的人名都用小楷工整地写在表上。从这天起，参加中幡大鼓表演的人员开始排练，叫作"摘鼓"；从正月初一开始，中幡大鼓就要参加各地的庙会或应邀演出，直至正月十四去辛店（本地）娘娘庙进香后，不管天气早晚，都要到会地申表（烧表）；正月十五上午在本村演出，下午挂鼓。

中幡的艺术特色表现为一种独特的广场艺术，中幡通常上部装饰越多，阻力也就越大，要求舞者必须有高超的技艺，更要有过人的力量。其表演的技术高、动作惊险，如《北平指南》中记载："幡会又名大执事，中幡之形式以一丈大竹为主，高可数丈，中嵌一丈长布旗式，并缀铜铃，顶有小伞，重约百斤，走时如遇牌楼（妙峰山走会时用竹子编成的牌楼形状），必掷之而过，尤为难能可贵。"大执事在各香会中最为难练，有时大执事须走头会，更不能出丑。练大执事全仗找好重心，因为幡竿又高又重，练会时不能稍事休息，所以难度更大。其次是具有威武、壮观的色彩。大执事还要在幡竿面上写上会万儿（即会名）及成立的日期（年、月、日）。在《百戏竹枝词·舞中幡》中，有一段文字就描述了庙会中耍中幡的场面："铃铎声中金鼓撞，佛场弟子键能扛。彩帆正面凌风稳，一朵云飞如意幢。"再次，天桥撂地表演的中幡强调与观众的互动，形成庄中有谐、谐中见庄的特点。同时，在中幡表演中难度更大的是"连说带练"，场上说话既有底气又洒脱风趣，动作也更为夸张，即兴成分更多。

中幡不仅传承了历史文化，也在艺术领域别具风格。1986年正月，大黑垡的中幡大鼓复出后，首次参加了大兴县在黄村举办的春节调演；1988年，应中华铁路总工会之邀，去长辛店"二七"机车车辆厂演出；1990年，参加了北京市龙潭湖庙会会演，荣获奖旗、奖杯，同年又参加了"贝贝杯"国际足球赛开幕式演出。此后十几年，年年参加区、县、乡镇组织的文艺调演会演，而且享有盛誉。

中幡大鼓经历百年洗礼，在演出队和传授技艺的老艺人精心梳理下，中幡大鼓上升为凤河流域魅力不衰的民间非遗艺术。

四、青云店镇的道教《北京韵》

在青云店镇的东部，有一座道观叫"良善坡蟠桃宫"。该道观过去一直是白云观的下院，是京南地区规模最大、香火最旺的一处全真教道观，所有斋醮科仪法事均与北京白云观如出一辙，青云店的张玉国作为该项目传承人，使得道教《北京韵》得以保存下来。

《北京韵》是曾经在以北京为中心的天津以及河北部分地区的道教斋醮科仪法事中被广泛使用的一套道教音乐的总称。北京白云观是道教全真派的三大祖庭之一，号称"道教天下第一丛林"，曾经长期使用全真派通用的《全真正韵》（亦称《十方韵》）作为法事音乐。到清末，方丈孟永才为了留住游方的经师长并使其住观内，把《十方韵》改为了北京地方的《北京韵》。

道教信仰是中华民族固有的宗教信仰，它启于黄帝之术、老子之学。北京地方道教音乐自蒙元以来，尤其受明代宫廷音乐之影响，音乐风格庄严凝重，使得殿堂气息日益浓厚。在划分上，有全真派大丛林内使用的《十方韵》、其他中小型道观使用的《北京韵》以及周边地区的吹打乐等，是道教音乐重要的组成部分，与皇室内廷的道教祭祀雅乐，全真派《十方韵》，昌平天鼓乐以及顺义、宛平、大兴等地"口子"上之民间道乐一起组成了系统多样、格调丰富的北京道教音乐。

良善坡蟠桃宫属邱祖龙门派。邱祖，即全真七子之一的全真子——邱处机。良善坡蟠桃宫始建于明代，几经焚毁、复建，清乾隆年间扩建，乾隆皇帝亲自题写了观名"良善坡蟠桃宫"，名称沿用至今。此后香火渐渐旺盛，每逢正月十五、三月三、七月十五、十月十五等道教传统节日，香客云集、游人如织，尤其是三月三王母娘娘的生日这一天，更是热闹非凡。新中国成立后，大兴县政府由青云店迁往黄村，因资金不足，拆毁附近庙宇作为建造政府机关的木料。良善坡蟠桃宫被毁，仅留山门外配房三间供观主居住。其余道士皆被遣散。据大兴文物普查记载，该处有螭首雕"新建碑记"汉白玉碑一座，碑首题"创建玉皇庙碑记"。纪年为：清康熙四十九年三月立。碑首四龙盘绕，须弥座。碑阳文有"文华殿大学士兼户部尚书加三级京江张玉书撰文，礼部尚书加三级海宇许汝霖篆额，镶白旗满洲都统加二级杨岱率善众公立"。碑文载："海子南有坡曰良善……于康熙三十有一年至三十五年犹未落成，几于中废。"康熙四十九年（1710年）三月建成立碑。碑文曰："计殿则四十有三，计阁则十有五，为山门与楼者三，塔一，井四，基棚九，廊庑寮舍百二十。前后凡七建，碑碣以志不朽焉。"

民国年间，王君仅先生所记录的《北京韵二十六首》以及20世纪80年代孟至岭道长所录音的资料及记录的曲谱都是目前能够见到的最直接的《北京韵》资料。

良善坡蟠桃宫属于白云观的下院，白云观第十九代圆静道长在此修行传经布道，为第一任观主，后有长子营牛房村郭明河（1829—1902），八岁时因家中孩子多被家人送到观里，拜道长为师，学习吹打音乐诵经，此时观内只有师徒二人往来于白云观，也有在此挂单的道士和种地的伙计。老道长后回白云观，郭明河为第二十代第二任观主。后有李家务李至慧（1884—1957），自幼出家拜郭明河为师，学习音乐吹打诵经，后有下长子村的高文清、上长子村郑金榜和赵县营村康福喜，拜郭明河为师，学习音乐吹打诵经。高文清主要负责送大表，康福喜当大帽主念，郑金榜打法器后吹笛子。郭明河于1902年73岁因病而羽化。李至慧为第二十一代第三任观主。

良善坡蟠桃宫，因李至慧吹管子，而成名于青云店采育一带。

郑文采（1913—2005），法名理净，号青云道人，为第二十二代传人。八岁开始拜李至慧为师，学习音乐吹打诵经，后有下长子村郑文学、铁台村张福贵、爱各庄周文宽拜李至慧为师，学习音乐吹打，以上四人至此时观中还不够一班人。1929年郑文采去天津玉皇庙深造，在1947年以前经常与白云观来往。1952年被遣回大兴，重回良善坡蟠桃宫。以吹笛子诵经在天津、河北大兴一带而成名，直到大兴县政府从青云店迁至黄村时，该道观被大兴县政府拆除，郑文采回到本村务农。1979年开始出经演出。《北京韵》现在的传人为青云店镇东廻城村的张玉国，法名宗艺，号善德，1963年生，1994年拜郑文采为师，开始学习诵经，张玉国为第二十三代弟子。郑文采于2005年正月十五日因病而羽化。

《北京韵》的传授，采取口传身授的方式，徒弟在师傅的带领下根据演出需要唱出高低音和快慢节奏，老艺人唱一句新会员学一句，开始学习音乐时，唱工尺谱练习，乐器有笙、管、笛、箫和各种打击乐器，有钹、铙、锅子、鼓、磬、铛子、颤钟、手铃、引磬、木鱼等。

后传用《北京韵》唱诵《玄门早晚功课》《太上三元赐福赦罪解厄消灾延生宝命经》《太上玄灵北斗本命延生经》《太上全真施食科仪》等道教经文。

良善坡蟠桃宫道教音乐表演形式与艺术特色如下。

一是用《北京韵》以吹打坐念诵经为主，目前该项目传承人张玉国所掌握的主要是《太上诸品仙经》《玄门日诵早课》《太上三元赐福赦罪解厄消灾延生保命妙经》《太上玄灵北斗本命延生真经》《太上全真施食科仪》。

二是用《北京韵》吹打诵经的音乐，主要用于道观祈福、消灾、解厄、延生、保命、祈愿天下太平等作用。祈福用《太上感应篇》，消灾用《太上老君说消灾经》，解厄、延生、保命用《太上玄灵北斗本命延生真经》和《太上三元赐福赦罪解厄消灾延生保命妙经》。

三是法器主要有钹、铙、镲、锅子、鼓、铛子、颤钟、手铃、引磬、磬、木鱼等。

四是全真施食太上诸品仙经曲目。全真施食太上诸品仙经，用《北京韵》讽诵的京韵曲牌，经张玉国多年整理，整理出《太上三元赐福赦罪解厄消灾延生》《大黄箓斋筵》《玉帝宝诰》《八大神咒》《清静妙香》《太上玄灵北斗本命延生真经》等 59 首。

五是乐器主要有笙、管、笛、箫等。

用《北京韵》所吹奏的曲牌有：《刀兵计》《翠竹帘》《四季放牛》《三宝赞》《玉花荣》《走马赞》《五上仙》《地里子》《六七赞》《浪淘沙》《灯赞》《灯尾》《跳神》《柳黄烟》《挂金锁》《六头赞》《柳春阳》《赶子淘金令》《琵琶令》《望江南》《对子瓶》《过楼》《行头征》《唐头令》《计枪》《小吊鸡》《玉芙蓉》《出坛记》《金子经》《大俄腊》等三十多首曲目。

《北京韵》具有明显的民歌成分，大多经韵中使用了"依呀哈、哎嗨、哎哎嗨、哎嗨嗨、啊哈呀、嗨嗨嗨"，也有民歌中的"九腔十八调,、七十二嗨嗨"的特点。《北京韵》与《十方韵》等其他地方韵有明显的不同。它体现了北京独有的一种韵调。

道教《北京韵》流传至今，已经有上百年的历史，在长期的发展过程中兼收并蓄、博采众长，形成了独特的风格，又有浓郁的民间乡土气息，这是新国门传统民族民间音乐中难得的文化遗产，具有重要史料价值。

五、民间说唱艺术的"野生稻"

再城营的"五音大鼓子弟会"组建于清代光绪年间，由"城南调"和"落腔调"演化而成五音大鼓，伴奏乐器有三弦、四胡、扬琴、鼓板，并一人演唱，是现代北京琴书的前身，在本村已经传承了四代，至今还传承演唱着。中国音乐学院的刘小平教授说："五音大鼓保存了原生态的鼓曲基因，保留了传统文化的宝贵基因，堪称北方鼓曲的'野生稻'；野生稻是栽培稻的始祖，蕴藏着丰富多样的优异遗传基因。"五音大鼓在《中国音乐词典》中这样被描述："'北京琴书'前身称'五音大鼓'，清代道光年间兴起于北京的东南部及河北省安次县农村，因以三弦、扬琴、四胡、鼓板伴奏，再加上演员的唱腔，合为五音，故名。"五音大鼓就是这样一株民间说唱音乐的"野生稻"，具有极高的研究和欣赏价值。

五音大鼓的伴奏乐器以三弦为首，扬琴（打琴）为核心，伴以四胡（四弦）等。"五音大鼓子弟会"使用的乐器都有百年以上历史，琴身由实心红木做成，比普通四胡重一些，通体透着古韵。鸳鸯板由铜制成，经过多年的摩挲，手指夹的部位明显比其他部位薄许多。还有一架扬琴和一个书鼓，是今廊坊市辖区柴孙洼村刘玉昆（绰号短胳膊刘）晚年送的。有两排码，72 根弦。据文物收藏家钱锋先生考察，该琴至少有 150 年的历史，出自清朝手工作坊，现已被视为"师传珍品"，中国音乐学院照原样复制了一架，现正在使用。

五音大鼓的主演剧目有：

传统大书：《杨家将》《岳飞传》《刘公案》等。

五音大鼓

传统小书：《湘子上寿》、《武家》、《孔明压宝》、《宝玉探病》、《杨八姐游春》、《小寡妇出阁》、《北京城》（节选）、《小姐俩拾棉花》等。

现代段子：《王老汉征婚》《长子营新貌》《小姐仨剪窗花》《我向奥运表真情》《永定河畔艳阳天》等。

这些剧目体现了浓烈的伦理情怀和宗族意义，按戏曲内容，从哲学和宗教学的角度基本可分为以下几方面：

自然为本的生存伦理，习俗性伦理朦胧观念纳入自然宗教。

行为为本的自悟伦理，因果轮回中个人痛苦解脱与彼岸境界。

生命为本的性命双修，珍视生命，追求创造，劝善成仙。

生活为本的自性伦理，佛性、人性的至善，行为至诚。

孝慈仁爱的宗族伦理，真诚宽容，谦虚修睦，先知的灵活。

曲艺是艺术性的文化，戏曲艺术承担了诠释和弘扬生活价值观的使命。艺术的生活化和生活的艺术化让人们直面命运的不可把握，"里中演戏，系造作草纸之家敬奉造纸之蔡侯，今日第三天，来观者十分众多，昨日约数万人"。"里中商号，今日开市，商家亦然……京畿商号亦且演剧以贺"。

相对城市文明的文字系统来说，五音大鼓是农村司空见惯的口传文化。其具有维系世俗人情、巩固良好伦理道德观念的功能，其行为有文化价值观念的追求。在过去悠远的历史长河里，无数默默无闻的前辈表现出一种共同的生活方式，体会着独特而别有特色的思想行为模式，并由之形成共识，成为传统文化。一代代承续这种传统，需要的不仅是一种音乐、一种曲艺，同时也是一种古老的生活方式。

据刘广清先生的撰文，五音大鼓的传承发展经历了一个漫长的历史时期。刘广清先生是这样表述的。

北京琴书是我国北方曲艺中的一朵奇葩，半个世纪的发展是与琴书泰斗、著名表演艺术家关学曾老人分不开的。关老不但是享誉海内外的北京琴书表演艺术家，还是北京琴书的奠基人、开拓者。关老自幼学唱，又多年潜心研究改进，才使北京琴书有了现在的风格。北京琴书的发源地在大兴，由北京市大兴区再城营村的五音大鼓演化而来。

五音大鼓源起清代光绪年间，京城一带较有名气的"京南花马袁"，指的就是大兴再城营以轿车营运为生的袁喜、袁孙氏家。

袁孙氏是家务村大户人家之女，婚后生有二子，长子袁德海，次子袁德林。袁孙氏能说《前后七国》《施公案》《彭公案》等传统大书，还会唱"城南调"，她在附近村庄家喻户晓。袁德林在十岁上下时得了一场重病，因当时条件有限，造成双目失明。袁家为给次子袁德林求得谋生之路，从廊坊麦洼村请来黄先生教袁德林学习西河大鼓、落腔调和中医，袁德海等人也跟着一起学了一年多。黄先生走后，村里喜欢唱的人，都愿意到他家串门学唱，最初，村里人以为西河大鼓只需要一把三弦伴奏，后来喜欢唱的人逐渐多了，伴奏的乐器也增加了几件，除三弦外，还有四弦（四胡）、二胡、打琴（扬琴）、月琴等。而大家在学唱袁孙氏"城南调"的同时，又加进"落腔调"的唱法。经第一代组合的组织者袁德海、李桂忠、袁德林等人的改创，便形成了一个由三弦、四胡、打琴、二胡、月琴、鼓板伴奏，一人演唱的新的演唱形式。大伙觉得这种演唱形式不错，而且伴奏乐器还挺丰富，参与的人也就多了。这就是"子弟会"的初期，召集人是袁德海、李桂忠，地点就在袁德海家里。后来"子弟会"改叫"五音大鼓子弟会"，这种新的演唱形式大伙就叫它"五音大鼓"，也有人叫它"落腔调"。

五音大鼓的流传。当时，安次县（今廊坊市）柴孙洼村唱西河大鼓的盲艺人刘玉昆（绰号短胳膊刘），经常带徒弟来"五音大鼓子弟会"串门，有时还唱上几段。他也觉得这种新形式唱法挺好，就在村里成立了一个"子弟班"，也唱五音大鼓。后来，刘玉昆小有名气了。他晚年还把自己使用过的书鼓和打琴送给再城营"五音大鼓子弟会"，一直沿用至今，完好无损。

蒲州营村的张瑞祥，与"五音大鼓子弟会"的李桂忠是表兄弟，他跟李先生学习打琴，把五音大鼓也学了去。张瑞祥先生是马驹桥镇柴家务村"单琴大王"翟青山的师弟，二人又是磕头盟兄弟，愉快地合作了多年。翟先生与其师兄弟们一道改制单琴大鼓，不仅使单琴大鼓名扬于京津地区及河北安次县（今廊坊市）一带，还在冀东等地演唱，并录制了唱片专辑，后来传遍了全国。1934年，翟先生的长子翟万盛身背单琴，来再城营村拜访"五音大鼓子弟会"的艺人。袁德海之子袁广坡先生亲自把他请到家中，盛情款待。翟万盛说："我父亲告诉我，有什么事到李台（指再城营村）找你袁大伯（指袁德海），他们肯定会帮你的。"

1949年前夕，再城营"五音大鼓子弟会"又把五音大鼓传给了李堡村的张宝林、张丙元，西北台村的郝志海、贾宪武、张永顺、王玉山等人。至此，李堡村、西北台村也有了五音大鼓的传人，目前有的传人还健在，但大都年事已高。

五音大鼓的传统。五音大鼓除艺人之间互称"先生"外，其他人也称艺人们为"先生"以示尊重，它讲究的是"以弦为媒，结交朋友"。1949年前，五音大鼓子弟会创始人之一的李桂忠先生，被抓做壮丁，就在上了车，准备被送往南苑时，被一管事的人认出来："这不是说大鼓书的李先生吗？"确认是李桂忠后，就把他放回去了。还有一次，袁德海先生去于家务村串亲戚，路过赤鲁村高大的沙堆，正遇本地土匪劫道，当土匪认出是再城营五音大鼓的袁先生时，竟放过了他。

五音大鼓起初是农闲时艺人们聚在一起自娱自乐的，或谁家有红白喜事，也请去一唱，属于业余演出，从不收一分钱，当时知名度不是很高，发展不快，普及面也不太广。但它有自己的"规矩"，凡入会学艺者，严禁参与任何形式的赌博活动，不但要口头宣誓，而且需写凭据，签字画押，以示诚意。除此之外，学艺先学做人，绝对禁唱带有色情内容的段子。

据《清代内廷演戏史话》一书记载："光绪九年……六月二十日，内学首领何庆喜面奉旨传：学《亭会》《牧羊》《望乡》。陈寿峰、严福喜、张云亭着实教。总管请五音大鼓、八角鼓着小子们学。"五音大鼓在《中国音乐词典》中这样记述："北京琴书，前身称五音大鼓，清代道光（1821—1850年）年间兴起于北京的东南部及河北安次县农村，因以三弦扬琴、四胡、鼓板伴奏，再加上演员的唱腔，合为五音，故名。"《中国大百科全书》（《戏曲曲艺卷》）在北京琴书词条中则是这样提到"五音大鼓"的："前身是清代盛行于河北安次县一带及北京郊区农村中的五音大鼓，以三弦、四胡、扬琴等乐器伴奏，长期没有专业艺人，只是农民在农闲时传唱，以为娱乐。"《中国曲艺音乐集成》（天津卷）所附"天津曲艺音乐种类表"有"落腔调"曲种形成地点为京郊、安次等地，在"备注"栏注明："在产生地称五音大鼓。"《北京

大兴百科全书》（北京出版社出版）这样记载：清末至民国年间，前高米店、康营、
再城营等村先后成立了曲艺组。……50年代后期，全县共有曲艺组6个、大鼓会
5个。主要曲种有五音大鼓、梅花大鼓、琴书西河大鼓等。

关学曾老先生对"五音大鼓子弟会"很重视，并对现存完整说唱组合袁广坡、
李万石、陈德佩、刘广清、尤春普几位先生说："我学的时候就是五音大鼓，它没有
曲牌和固定唱腔，唱法随意把握。师傅说过，五音大鼓由三弦、四胡、扬琴、鼓板
伴奏，没听说有瓦琴，这么多年了，你们还传承演唱着，可真不容易啊！一定要把
它保留下来，传下去！"

五音大鼓在大兴只有再城营的说唱是最为完整的组合，并且是业余演出的继承者。艺
术不老，生命之树常青。历经四代传人，让艺术之花保持了生命力。

刘广清先生撰文，详细列出四代传人的传承关系：

第一代说唱组合

袁孙氏（女）：生于同治七年（1868年），袁广坡之祖母，唱"城南调"，说
《前后七国》《彭公案》等传统大书。

袁德海：生于光绪九年（1883年），袁广坡之父，五音大鼓主要组织者之一，说
唱、三弦、四弦。

李桂忠：生于光绪七年（1881年），五音大鼓主要组织者之一，三弦、打琴。

袁德林：生于光绪十一年（1885年），袁广坡之叔父，说唱、三弦、四弦。
（盲人）

张云岐：生于光绪四年（1878年），说唱、四弦。

李俊生：生于光绪二十五年（1899年），三弦、打琴。

陈彦成：生于光绪二十二年（1896年），说唱。

尤学曾：生于光绪六年（1880年），三弦。

第二代说唱组合

袁振发：生于中华民国八年（1919年），三弦、四弦。

尤德先：生于中华民国七年（1918年），尤春普之父，打琴。

陈彦平：生于中华民国八年（1919年），说唱。

陈书庭：生于中华民国九年（1920年），三弦、打琴。

刘殿祥：生于中华民国十年（1921年），刘广清之伯父，三弦、四弦、打琴。

李广和：生于中华民国三年（1914年），月琴。

陈彦仓：生于中华民国七年（1918 年），说唱。

李大兴：生于中华民国六年（1917 年），说唱。

尤德锋：生于中华民国十一年（1922 年），打琴。

李玉岭：生于中华民国十四年（1925 年），李万石之叔父，说唱。

王德洪：生于中华民国十二年（1923 年），打琴。

第三代说唱组合

袁广坡：生于中华民国二十八年（1939 年），说唱、打琴。

李万石：生于中华民国三十年（1941 年），打琴、四弦。

陈德佩：生于中华民国三十一年（1942 年），三弦、四弦。

王殿荣：生于中华民国三十年（1941 年），说唱。

马凤明：生于中华民国三十年（1941 年），说唱。

刘广山：生于中华民国二十三年（1934 年），三弦、四弦。

尤春栋：生于中华民国三十一年（1942 年），打琴。

刘广友：生于中华民国二十五年（1936 年），四弦。

陈书岐：生于中华民国二十六年（1935 年），说唱。

张广生：生于中华民国三十四年（1945 年），二股子、四弦。

李松信：生于中华民国三十二年（1943 年），说唱。

第四代说唱组合

刘广清：生于 1958 年，说唱、三弦、四弦。

尤春普：生于 1962 年，说唱、四弦。

张怀生：生于 1960 年，打琴。

陈德旺：生于 1956 年，说唱。

李长亮：生于 1962 年，说唱、三弦。

刘书增：生于 1956 年，说唱、四弦。

陈德忠：生于 1962 年，说唱、四弦。

六、民间花会——民俗化的生活

中国艺术研究院研究员孙建君认为，民间文化艺术是一种情感的表达。当人们在飞扬的红绸与滚滚的烟尘之间目睹情感的爆发，就会感受到那份文化心理认同的力量。

民间花会是一种源远流长的传统民俗活动。早自汉代即有之，彼时称作"百戏"，宋、元时称"社火"，与宗教结合在一起源于元代佛教的"行像"大会，清代达到鼎盛。后来逐渐演变成一种百姓自娱自乐的群众文艺组织，常见于各种节庆民俗活动中。历史上流行于大兴的花会有歌舞、乐器、武术、杂技、香会等。表演形式有文吵子、武吵子、小车会、高跷会、秧歌队等 24 种。每种表演的名称均冠以会字。各种花会以村为单位，自发组织，一个组织为一档，一般是一村一档，有的村同时有几档。花会属于民间组织，始见于明朝中叶。大兴的民间花会以清代为最兴盛。清代以来，由于满族阶层及八旗庶民皆迷信神佛，从而使民间诸般花会披上了浓厚的佛教色彩，多在节日庙会上进行表演。京城内外的民间花会组织不断扩大，种类逐年增加，技艺日臻高超，影响日趋深远。

凤河流域村落的花会由于与南苑凤河源头的皇家苑宥文化连到一起，因此，老北京的民间花会与凤河地区融为一体。花会旧时被称为"香会"，分文会和武会两大类。文会又分"坐棚"和"行香"两种。它们主要是为寺庙香会、香客及游人义务服务的民间组织，所以又称"善会"。如粥茶老会、清茶圣会、掸尘老会、缝绽老会等，有几百种之多。武会主要是在庙会、节庆时献艺表演。武会的表演特点是集歌舞、戏剧、武术、杂技、曲艺、音乐和各种民间技艺于一体，极具娱乐性和观赏性，是最受老百姓喜爱的群众性活动。当年，武会中最有名的会档，当属"幡鼓齐动十三档"。过去，在会规中还为这十三档会编了一段顺口溜，内容是："开路（耍叉）打先锋，五虎少林紧跟行，门前摆着侠客

武吵子表演

木（秧歌），中幡抖威风，猴子蹲门分左右。双石头门下行，石锁（掷子）把门档，杠子把门横。花坛盛美酒，吵子（大镲）音乐响连声。杠箱来进贡，天平称一称。神胆（胯鼓）来蹲底，幡鼓齐动响（享）太平。"民国以后，会规里又增加了三档会。顺口溜儿最后又增加了"门外旱船把驾等，踏车、云车（小车会）紧跟行"。

许多村庄几乎都有自己的花会，其规模大小种类多寡一般随村庄大小而定。大的村庄可能有一档或几档花会，小的村庄有一档或与别的村庄共同组成一档。花会是展示一个村落经济、文化状态的重要窗口，因此，各村都把花会的组织建设放在首要位置。二十世纪三四十年代以后，由于战火连绵、社会动荡、民生困厄，有些世代流传下来的花会逐渐失传。

民间花会对于老百姓来说是过年不可缺少的文化盛会，承载着浓浓的乡情、缠绵的乡愁。民间"正月十五闹元宵"，其中的"闹"字，除了百姓赏灯之外，更重要的一项内容是各项花会的表演。正月十五是春节过后第一个隆重的节日，同时也为春节画上了一个完美的句号。因此，这个节日便成了人们狂欢的日子，高跷、吵子、小车各种花会队伍火爆登场，这个日子成了花会展示风采的舞台。

吵子是庙会期间和春节期间重要的花会表演项目。器乐有大鼓、镗子、镲歌、小锣、海笛、唢呐、碰钟等十几种。在 2006 年的非物质文化遗产普查中，共普查到各种类型的吵子会 37 支，其中武吵子会 15 支、文吵子会 17 支，另外 5 支既可以表演武吵子又可以

长子营镇非遗项目表演现场

表演文吵子。大兴的吵子会所使用的乐器和演奏的曲目基本相同。

大兴的民间花会以清代为最兴盛，多在节日庙会上进行表演。每逢皇家盛典，京城里还有走皇会活动。下黎城的杠箱会参加走皇会表演，曾受赐有黄龙盖、黄裱和乌纱帽。沁水营的叉子会在参加慈禧六十六岁寿诞庆典活动时，名列各档花会之首。抗日战争期间，花会活动陷于停顿。1953 年以后逐步恢复，全县有花会 21 种 108 档。20 世纪 80 年代后各花会队相继成立，大秧歌兴盛于城镇乡村。2006 年全区有秧歌队 800 余支、花会 10 余种，总数达 400 余档。

正月为元月，古人称夜为宵，而农历十五又是一年中第一个月圆之夜，所以称正月十五为元宵节，又称上元节。元宵节又称灯节，起源于汉，兴盛于唐。唐开元年间，为了庆祝国泰民安，人们结扎花灯，借着闪烁不定的灯光，象征"彩龙兆祥，国富民强"。世事变迁，朝代更迭，这一习俗却始终没有改变，并且元宵节逐步成为与春节、中秋节同样重要的节日。在这个节日里，燃放花灯是一项重要的民俗活动。过去大兴没有官方举办的文化活动，所有文化活动都由群众自发组织，所需费用由群众集资或是地主、商家出资解决。元宵节燃放灯花活动大多以村为单位开展，场面不如庙会但非常普及。

花会的繁荣离不开集市的辅佐，重大花会期间，已有上百年历史的采育、青云店集市更加热闹。数里长街，大小商号，店铺林立，川流不息。

花会期间，凤河流域的知名花会品牌有：长子营镇白庙村音乐会、朱家务同乐圣会、周营村坛子会、李家务村的花灯节……

花灯节以长子营镇白庙村和李家务村举办的花灯节为代表。长子营镇白庙村在正月十五、七月十五举办花灯节，白庙村的花灯节活动是从山西老家带来的一项重要的民俗活动，历经数百年不衰。花灯节期间搭棚、供奉地藏王菩萨等佛教诸神，演奏各种传统曲牌，村民来神佛像面前烧香、上供，晚上在村内的主要街道散灯花，音乐会沿街吹奏各种曲目，为当地百姓驱鬼祈福。至今已举办 30 余届。李家务村的花灯节也由该村的音乐会举办，也在正月十五和七月十五各举办一次，但该村音乐会所演奏的音乐为道教音乐，其民俗活动也按道教仪式进行。两村举办的花灯节参与群众大多为附近村民，与之相邻的河北省廊坊市一带的村民也常闻讯而来。

朱家务同乐圣会

每逢过年冬闲时，朱家务同乐圣会到各集镇庙会演出。吵子敲打吹奏，文武结合，文吵子以吹奏打击为主，武吵子以武打跳跃为主。演出有两种形式，一是立场围圈，二是行走式。前边两人抬着大锣开道，后边是镲、铙。四路纵队，两个人抬着大鼓，有时一人操作，有时两人一块打。紧跟着两把唢呐、小钹、镏锣、小铜儿，该吹奏时乐器手共同配合，该打时鼓手用鼓点指挥全体吵子人员演奏。一板一眼，非常有节奏感。朱家务同乐圣会就这样年复一年，新老接替地传了下来。1968 年，席久龄、赵景涛、刘俊德等编写了新的武吵子曲牌，主要是以革命歌曲为题材，代表曲目有《东方红》《下定决心》《大海航行靠舵手》等。在冬闲季节招收新学员练习，打出了风格，打出了水平，曾被县调演，获得过奖旗。近几年，武吵子深受人们的欢迎，每次表演都引来许多群众观看。队伍中的武打人员受到鼓舞，表演更加起劲，对打两个人一伍，由 12 人、14 人组成，其他人员配打，站立两边。武打人员亮镲跳跃，按鼓点敲打，上下飞舞，五颜六色的镲缨随风飘落，大有龙腾虎跃之势，精彩的表演赢来群众热烈的掌声。

周营村坛子会

坛子会以其悠久的历史、丰富多彩的表演形式，构成了中国杂技独树一帜、绚丽多彩而古朴大方的艺术特色。坛子会至今已经有 500 多年的历史，是明朝山西移民带过来的艺术奇葩。"耍坛子"作为一项险中求稳的技艺，十分难学，它需要巧妙、准确的技巧和千锤百炼的硬功夫。由于苦练基本功，演员头顶大都有一块磨得不长头发的地方，而技艺高超的"耍坛子"演员在轻重感觉通灵神化时，才留起长发。"戏法"演员要求手法快捷，"耍坛子"的演员要进行各种重量物体的训练，四肢身体都要经过硬功夫的苦练，只有这样才能达到通灵神化、游刃有余的表演效果。同时，"耍坛子"也把中国的陶瓷艺术与杂技交融在一起，那彩绘的花坛在演员身体上上下翻飞，演员们姿态翩跹，如彩凤飞鸣、游龙戏珠一般，给人心神俱佳的美感。

周营村的坛子会是当时人们为了强身健体自发组建的。农闲时节和茶余饭后，会员们就会自发地到村子的空地聚会，一起练习，弯腰、压腿、练顶功，每人还要举着石块围着村子走上几圈。据村里的老人介绍，坛子会最兴盛的时期要数 1945—1947 年，当时会员已经达到 30 余人。坛子会所耍的坛子分为两种，一种是大口的花坛子，另外一种是小口的尖嘴坛子。由于没有固定的表演场所，演员们多是应邀参加节庆和走街串巷进行表演，每年的正月十五、二月二、三月三、五月初八等重要的节日，坛子会都会收到附近乡镇的邀请去义务演出。中国杂技具有严密的内向性，都是代代相传的。一般杂技艺人坚持自己的技艺绝不轻易舍弃，总是寻找合适的传人，使这项技艺流传下去。但是由于当时生活条件比较艰苦，大多数人因为生计，不愿意花太多的时间和精力去学习它，后来这项技艺就渐渐失去了活力。

朱庄村的单琴大鼓

朱庄村的单琴大鼓距今已有 200 年的历史，表演由 3 人组成，一人击鼓、板，另两人以扬琴、四胡为伴奏乐器。唱词口语化，唱腔旋律简洁，板式变化丰富。

说起单琴大鼓，还得从五音大鼓说起。单琴大鼓的前身就是五音大鼓，五音大鼓是三弦、四胡、扬琴加一块儿唱。当时演唱的都是农民，没经过专业训练，大家也都没指着这个吃饭。有一次，弹三弦的没来，只来了一个扬琴演员，于是演员就在台上唱五音大鼓，出乎意料，听众反映特别好，索性后来演唱者就把那几样乐器去掉了，这也就是我们现在的单琴大鼓，也是琴书的由来。

为了弘扬传统的古老文化，让它在村里继续传承，20 世纪七八十年代，扬琴艺人杨凤来收了 8 名徒弟，年龄最小的只有 19 岁，他要用单琴大鼓来歌颂家乡、歌颂制度。为宣传粮食补贴政策深入人心，艺人们连夜编词编曲，创作了《税费改革好》，抒发了对家乡变革的喜悦心情。近几年，农民依靠科技管理，腰包鼓了起来，艺人们又自编自演了《社会主义好》《伟大的祖国》《朱庄村新貌》等节目，以此抒发个人的情怀。

小车会：田野文化的艺术

马振海在长子营镇工作，2006 年就对小车会做了详尽的记述。

在长子营镇留民营村，活跃着一支由 40 人组成的队伍，每到农闲时分，村民们便自发地组织到一起，搭起场子，吹起喇叭、打起锣鼓，扭起小车会，锣鼓声、欢笑声汇成一片。该村的小车会已有百余年历史，流传至今，已是第 7 代。

小车会表演是在一个竹制的小车道具中坐美女 1 人（实际是站立行走，盘着的腿为假腿）。前面 1 人拉车，后有 1 人推车，3 人为一体，角度不同，动作协调一致，犹如一个完整的小车在行走。大丑婆是舞蹈中的演员与乐队的总指挥，他不仅要完成自己的动作，还要有"眼观六路、耳听八方"的机敏。

二丑婆同样男扮女装，表演中既要有女性特点，又要有男性的力度。特别是在其腰身的左摆右晃中，给人以幽默、滑稽之美感。推、拉、坐 3 人，通过"小车"连为一体，尤其是在睡车、卧车、望桥和上下桥的动作中，虽各自角度不同却步调一致，表现了小车行进的一个完整的形象。小车会舞蹈的基本步为"丁字步""踏步""云步""旁弓步""前弓步""大八字步半蹲""十字步""推车蹲裆步"等。主要道具是一架彩车，即用竹木绑扎，上饰彩绸和丝做的车帐子。中间用数根木方打榫，两侧加护栏柱，并留出艺人表演的车排子。排子下面蒙布，挂车围子，并绘上车轮图案。此外，在小车会行进表演的场景中，还设置一架拱桥，拱桥用铁管烧焊而成。桥面用铁板或木板铺设，桥身两侧用布蒙，上绘有砌石和桥孔图案。

小车会的音乐伴奏为吹打乐。吹奏乐器有唢呐、笙、二胡和笛子，打击乐器为一面大鼓和大铙、小镲各两副，乐曲始终配以打击乐齐奏。在音乐的配合上，类似于戏曲。如舞蹈中的亮相动作，大多用"跺头"或"四击头"等锣鼓点。

留民营的小车会是农民田间地头的一种自娱自乐的活动。人们的业余文化生活越来越丰富，小车会也吸引了更多的人，留民营还将小车会与旅游业紧密相连，每逢有大批游人到留民营参观时，村民就会舞起小车会。有时，锣、鼓、胡弦一齐响，游人们都情不自禁地也加入小车会的队伍中。

窦营武术名扬京畿

武术是中华民族文化的亮丽瑰宝，精武传习源远流长，内涵丰富，博大精深，是群众在长期的生产、生活中创造出来的艺术"佳作"，其中，少林武功以其功力深湛威扬天下。在大兴区长子营镇窦营村，有一个传承少林武功的少林会。

窦营村少林会所表演的是正宗的少林拳术，源于清朝康乾盛世，完善于光绪年间，历 200 多年不衰。关于窦营少林会起源有两种版本：一种版本说，是由一位少林的师傅从通州区杨乐店传过来的；另一个版本说，清光绪年间由赵致元师傅精心贯通发扬光大。无论哪一个版本，有一点是肯定的：窦营村少林会在大兴影响力是很大的。据窦营村民讲，少林会最初是两三人，后来发展到十多人。作为一套系统的操练方式，少林会的基本功是要练习四套拳法，而且每套拳法都没有拳谱，都要靠师傅手把手传授，主要练习行拳、六角架、角八件、八套拳四套拳法以及双手代、少林棍、三节棍、单刀、双刀、花枪、铁扇子等器械。少林会集个人单练拳、双人或多人拳脚对打、武术器械单打或多人兵器对打表演于一身，展现中华武术的博大精深。少林功夫分长拳、短拳、形意、八卦等门派，短拳门又分"短""蹿""弹""华"四小门。"短"为短拳，有代表性的拳种为"七十二连拳"及"太子锤"拳法；"蹿"为轻功；"弹"为弹腿；"华"为华拳。经多年融会贯通，博采众长，它演化为集软硬功、散打搏击、器械对练为一体的武会表演。

窦营少林会不仅是长子营地区民俗文化的传统，而且一直是群众庙会节日的文化大餐。在民间约定俗成的节庆活动中，总是能够看到窦营少林会武者的矫健英姿，为大兴地域文化平添了节日氛围。

正月十五娘娘庙进香日，有戏、有会，辐射通州、安次、大兴方圆五六十里，数千人前来赶庙会，连续 3 天夜间挂灯；二月十九观世音生日，佛教信徒为纪念大士诞辰，在张采一带观音寺前搭台唱戏、行会，方圆数十里数千人次前来朝拜赶会，前后3天，香烟缭绕；三月初三在长子营良善坡举行3天盛大的香火会，方圆百里进香的、拴娃娃的、许愿还愿的、做买卖的数以万计，人头攒动，也引来不少的客商活跃市场。

四月二十八药王爷生日，村里请戏班在采育东门外戏台唱戏，四方客商到此卖夏收农具、夏季生活用品，赶庙、看戏、买东西的人来人往，非常热闹；五月十三关帝庙，搭台唱戏3天，赶集带庙会，热闹非凡；六月六凤河营冰雹庙会，周围十里八乡的百姓到冰雹庙烧香祈祷，求冰雹神保佑，不要下雹子，秋后有个好收成；九月初一到初三在采育东门外，还唱戏，这时秋收秋种基本完成，粮食入囤，农活渐少，接闺女请女婿，赶集上庙看戏，卖粮食买东西；十月十五，采育西门外灶君庙南搭戏台，商会凑钱去城里请戏班，还有沧州来的杂技团跑马戏的、摆摊的、拉洋片的、套圈的，以及沿着南北大道卖炸饼、火烧、豆腐脑、馄饨、快餐酒菜的，一连几天，十分热闹。

窦营少林会的鼎盛与赵致元师傅传道授业关系密切。赵致元生于清光绪元年（1875年），祖籍河北省冀州小王庄。幼年师从少林游走和尚，得到了少林功夫真传，轻功极好，二十来岁即以"通天炮""翻身炮""对面花锤""贴身靠"散打绝技成名。在清光绪二十年（1894年）左右，跻身北京城最有名的"会友"镖局当镖师，闯荡江湖十几年。1922年至1926年在其当年镖友的推荐下，受聘为冯玉祥驻南苑十一师的武术教习，以走庙会形式展现少林功夫。1936年左右，被聘为宋哲元二十九军军士训练团武术教习，地点在南苑机场。至1955年逝世，享寿80岁。

清光绪二十年（1894年）左右，经人推荐，赵致元来到"会友"镖局，人称赵镖师。进镖行得先学镖行规矩，熟背"春点术语"，即江湖黑话。"走镖"要插本号镖旗，沿途要喊本局镖号。"会友"是四字镖号，即"吆喝喝唔"，"唔"字拉长音，声震数里。

赵师傅早年对所授三十六徒定下极严的规矩，即"先学挨打，不许打人，万不得已，点到为止"；"打起不打卧，不能致伤人命"；"不许吃喝嫖赌抽，不许坑蒙拐骗偷"；做人准则为"仁义礼智信"，不能恃强凌弱、横行乡里。诸弟子在几十年的传承中遵从师训，练武守德，带动民风和顺。

在赵师傅严格的教练下，"三十六友"的武功都有了长足的进步，尤其是大徒弟铁头张文平的油锤灌顶、环子，张荣的大刀，王凤林的杆子鞭，梁德海的双鞭，刘玉贵的金钟罩铁布衫及王凤录的太子锤拳，各式的器械对练、徒手格斗更是惊险逼真、精彩纷呈。1949年北平解放，赵师傅早年的小师弟在解放军某部当了团长，找到了赵师傅，与驻军搞了一次盛大的武术联欢。军民同场献艺，场面热烈壮观，共同庆祝中华人民共和国的诞生。大徒弟铁头张文平1949年前后被肖村聘为武术教练。据传赵师傅的关门弟子是霍时忠、霍进明。1995年北京举办全国民间武术大会，他们以精湛的武功获得表演奖。几十年过去了，赵致元及"三十六友"相继作古，传统的武术套路部分失传。但长子营人习武之风仍很盛行，趣闻逸事仍在流传着，这正是武术的魅力所在。

李家务村的花轿会

旧时，坐花轿是长子营、采育地区娶媳聘女最为隆重、庄严而又神圣的一种仪式。坐花轿，作为山西旧式的婚礼形式，是从南宋开始流行的，这种传统一直保留到凤河移民的习俗中。这种淳朴的乡土文明在旧时婚嫁礼仪中，被乡亲们视为明媒正娶的重要标志。深闺秀女只有在出嫁到婆家这天最为光彩，而坐花轿也成为女人一生中最为荣耀的事情。如今骑大马、挂红花、坐花轿、跨火盆这些民俗婚礼，在农村早已成为历史，对久居闹市的人们来说，更是一种尘封的回忆。

长子营镇李家务村，至今仍旧活跃着这样一支队伍——花轿会，他们以传统的中式婚礼，为更多的年轻人找回丢失的记忆。据花轿会的发起人王傅龙说，队伍是1995年组建的，起初只有一台小花轿，几名成员，2002年购买第二台花轿，后来队伍一天天壮大，发展到现在拥有4台长宽均为1.5米、高1.8米的大花轿以及30多名花轿会成员。举行中式婚礼不仅是对中国传统婚礼文化的一种继承与发扬，也是对时下婚礼奢侈浪费之风愈演愈烈的有力回应。每逢有人家办红事，前来邀请，队员们就提前做好准备，婚礼当天，将披红挂绿的大花轿请出来。花轿很讲究，轿帷用红绸子制成，织锦刺绣，轿顶上插有喜鹊、凤凰或者八仙过海等吉祥如意的花鸟人物，轿门的门柱、抬杠都用大红的油漆漆得光彩夺目、鲜艳漂亮，很是喜庆。轿夫、锣鼓手身穿长及膝头的绿色彩衣，头戴斜插鸟翎大帽，与喜轿相映。全身穿戴一新的新娘坐上轿，敲锣打鼓的吹鼓手就操练起来，向新郎家出发了，仪仗队和乐队分列在花轿两旁，热闹、壮观。

李家务村这种淳朴的民风积存深久，清初移民村落形成后，婚嫁喜庆的轿子舞就一直与一种民间音乐相伴生长，至今还传承演唱着，这种音乐与花轿的舞步共同构成一道"喜庆风景线"。

李家务村文化传统氛围十分浓郁，除夕夜、正月十五挂红灯习俗与花轿、民间音乐一道，成为百姓重大节日里的文化大餐。每逢除夕傍晚，每个家庭都要派出一个成员到指定的地点挂灯笼，一般是每户两只灯笼，多者不限，灯笼带有防风玻璃罩，上面有各种图案。人们提前将灯笼擦干净，加足煤油，立好灯杆。除夕傍晚，孩子们聚集在一起走街串巷地喊："挂灯笼啦！"家家户户都将灯笼点挂出，整齐壮观。人们穿上新衣，借助灯光进行各种表演，场面非常热烈，每每通宵达旦。生活需要艺术，而真善美的艺术精神又以乡土的审美和情趣为重要构成，使人们更好地感受生命的真理。目前，中式婚礼因其节俭，成为时下越来越多追求个性的年轻人的"考虑"和追求。现在，花轿会一年可以举行四至五次古式婚礼，不仅给新人们带来现代时尚又古色古香的婚礼享受，还获得了可观的经济效益。

神叉老会与慈禧

明清之际，在今天的长子营镇沁水营，有一个受到皇家极其推崇的文化活动，叫"叉子会"，又称"开路会"。这个历史悠久的民间文艺形式起源于明代下半叶，兴盛于清代咸丰、同治、光绪年间。每逢皇家盛典，京城里均举办"走皇会"活动。该村的叉子会曾多次受皇家钦点，进京参加"走皇会"演出。光绪年间，"叉子会"参加慈禧太后 66 岁寿诞庆典活动时，名列榜首，深得慈禧太后喜爱。赏识之际，慈禧老佛爷赐予该会一把"龙叉"和一面上书有"神叉老会"四个字的旗帜，沁水营村的"叉子会"从此名声大振。抗日战争和解放战争时期，由于战乱，该会陷于停滞状态。新中国成立后，"叉子会"又开始复苏，李天星（李德荣爷）、刘怀德（刘凤林爷）、老冯三（冯光显老爷子）都是该会的主力。1953 年至 1959 年，该会多次参加北京市和大兴县的文艺会演。三年困难时期和"文革"期间该会活动停止。1970 年后恢复活动。其间，张书彦、张翠华均为该会的主力。作者运用社会学田野调查方法对沁水营村 7 位村民做过录音整理，这个说法是一致的。

慈禧之所以会赐给沁水营村一把"龙叉"和一面上书有"神叉老会"四个字的旗帜，与慈禧太后的戏曲艺术修养有很大的关联。一是正史载，慈禧，叶赫那拉氏，孝钦显皇后。慈禧博学多才，能书善画，书法长于行书、楷书，绘画有花卉画等传世。慈禧不仅精通书画，戏曲上亦颇有建树，准确地说，她是一位戏曲专家。清代有三大戏台，分别在承德避暑山庄、故宫的畅音阁、颐和园的德和园。德和园戏台最大，上下三层。从清初到清中叶，大戏台只有在婚庆、寿庆等重大节日才演出，但到了慈禧时，每月能演出数次，慈禧太后可能受咸丰帝戏曲理论与实践的影响，加上她的聪颖，自己还编写剧本，甚至有时还担任导演，也喜欢双簧、相声、大鼓、秧歌等曲艺，后来也喜欢花会、马戏表演。[①] 二是与山西潞安（今山西长治市）的地缘、情缘关系。沁水县与慈禧有一种地缘上的关系。据李国荣先生《清宫档案揭秘》载，清道光十五年十月初十（1835 年 11 月 29 日），是清朝入关后第 7 位皇帝咸丰的贵妃，也是第 8 位皇帝同治的生母慈禧太后的诞辰日。和普通人家生了个女儿一样，她出生除了让她的父母多一份欣喜之外，并没有引起其他过多人的关注。关于她的出生，历史几乎没有留下任何正式的记录，因为谁也不会料到，几十年

---

① 北京百科全书编辑委员会：《北京百科全书》，奥林匹克出版社，2001 年。

后，这个普通人家的女子，会成为执掌大清国朝政 40 余年的圣母皇太后，而且是人人都要向她顶礼膜拜的"老佛爷"。她的名字，被列入世界近代两百名人之中。历史对她身世留下的这段空白，给后世想了解她的人带来了许多遗憾和困惑。自清末迄今，围绕她的家世和生平，有种种传说，对她的出生地问题，更是众说纷纭。人们都试图从这位赫赫有名的圣母皇太后降临人间的第一个"驿站"起，追根溯源，探询她的思想、性格形成的脉络和源泉，探询她成长、成名的偶然和必然，以解开发生在她身上，给一个民族带来深刻影响同时又改变了历史进程的历史之谜。

"潞安说"正式提出于 1989 年。是年 6 月 23 日，山西长治市郊区下秦村农民赵发旺（自称是慈禧五辈外孙），到长治市地方志办公室找到负责人刘奇说，慈禧是长治县上秦村人，他交出了一份 5 位老人联名、上面还有人人按了手印的书面材料，要求政府帮助澄清。此后的 9 月，长治市史志办的工作人员到上秦村对慈禧的身世做了艰苦细致的调查。10 月 8 日，长治市史志办负责人刘奇撰写了《慈禧太后是长治人》一文，在《长治日报》上发表。自此，慈禧生于上秦村的"长治说"开始引起社会反响。

此说所依据的"铁证"，主要是百年来流传于当地，特别是长治县西坡村和上秦村一带关于慈禧童年的口碑传说。据说，慈禧原本是长治县西坡村汉族农民王增昌之女，名叫王小慊。4 岁那年，因家贫，母又病死，被卖给上秦村宋四元，改名宋龄娥。龄娥天资聪明，爱唱小曲，宋家夫妇把她视为掌上明珠，7 岁时送书房读书，9 岁时就会双手写字。岂料在其11 岁时，宋家又遭灾难，她因而被转卖给潞安府知府惠征做丫头。一次，惠征夫人富察氏发现龄娥两脚底下都有一个瘊子，是福相，于是收她做养女，改姓叶赫那拉，更名玉兰。

惠征又请人教她填词作赋，玉兰出落得越发灵敏可爱。后来参加皇帝三年一次的选秀女，被选中入宫，从妃嫔一步步升成了皇太后。当了皇太后的慈禧，爱吃长治的地方食品，譬如黄小米、玉米面、壶关醋、萝卜菜；偏袒重用长治人做朝廷官员，长治人原殿鳌犯了欺君罪，但因慈禧讲情而免死。她还提拔了山西五台人徐继畬、长治人郭从矩，1900 年逃到山西时还接见了潞安知府许涵度；爱看山西地方戏——上党梆子；爱唱山西民歌；关心长治人的疾苦，曾专拨银粮赈济长治灾民，等等。[①]

与传说相呼应的还有大量的物证：在上秦村关帝庙后，至今保存着一处"娘娘院"，被认为是慈禧入宫前住过的院落；在西坡村王氏家谱上，更明确写着"王小慊后来成为慈禧太后"的话；在位于西坡村外羊头山西侧的荒滩岸边，甚至还有慈禧生母的坟；在长治市城区原潞安府后院保存有"慈禧太后书房院"；而在上秦村宋家的土炕上，又刨出了慈禧给宋家的信，光绪、宣统年间清廷特制皮夹式清代帝后宗谱以及慈禧本人的单身照片，等等。林林总总，口传、实物和文献各种证据共达 38 项。

---

① 山西长治市慈禧童年研究会：《慈禧是长治人》，中国社会科学出版社，2004 年。

为此，宋四元的后人，自称是慈禧四辈、五辈侄孙女的宋双花、宋六则等曾联名写信，要求政府调查澄清。长治地方的男女老少，众口一词，并纷纷画押公证：慈禧是长治人。长治市为此专门成立了慈禧童年研究会，《长治日报》连篇刊载了有关慈禧童年及其家世的文章，认为"慈禧太后本是山西汉人"。近几年，研究会还陆续编辑出版了《慈禧童年考》《慈禧童年——解开百年不解之谜》等书，拍摄了《慈禧是长治人》《慈禧后代、乡亲话慈禧》等电视剧、资料片。山西长治县西坡村的王家和上泰村的宋家提供了大量实证性的实物，且为官方认可。

1993年，长治市慈禧研究会与北京史学会联合召开了"慈禧童年学术研讨会"，30多位学者参加。会议认为，长治市慈禧童年研究会经过多年的深入访问调查，提出了自己的学术见解，认为慈禧出生于山西长治，这是关于慈禧童年研究中值得重视的一种意见。还有的专家学者认为，社会上流传的慈禧生于内蒙古、安徽、浙江等说法可以排除，但"山西长治说"和"北京说"可以并存。尤以中国人民大学历史系资深教授张革非的观点最具说服力和排他性，而且满人檀林在《圆明园秘闻》一书中的结论是非常得力的佐证。

如果说，沁水营"神叉老会"的传说真的可信的话，那么从另外一个侧面，为印证慈禧是山西长治人的说法又提供了一个证据。

第十二章　关公护凤说的明清印迹

大清入关后，选择顺治帝避"痘"的最佳处所成为清廷的头等大事，几历周折，最终还是选择了明朝上林苑监所在的南海子，清廷易其名为"南苑"。南苑不仅是休憩围猎之处，它还是治国理政、文化交流交往、操武演练的地方。在后世的多个版本记述里，四座行宫、关帝庙、上林苑景色均被称为最美的风景。要说关帝庙之美，并不是因其多么富丽气魄，而是因其特殊的象征意义，它影响和指导了偌大版图上多民族的道德伦理建构。

一、南苑帝景彰显关公信仰

1. 从样式雷图档看南苑庙宇

南苑，清时的称谓，明称南海子，元代称"下马飞放泊"。《帝京景物略》载："城南二十里，有囿曰南海子。方一百六十里，海中殿，瓦为之。"乾隆皇帝的《仲春幸南苑小驻跸之作》中则写道"南苑会无二十余里"，并在御制诗《入北红门小猎即事·其一》中写道"出城十里到红门"。

南苑地处古永定河流域，因紫禁城北的积水潭有北海子之称，于是这里就叫成了南海子。苑内草木茂盛，动物繁衍，形成了一大天然狩猎场所。故而自辽金起封建帝王就在这里游猎，到明代又扩建殿堂宫室，四周修建围墙，正式将此地建成行宫御苑。

南苑占地面积广阔，四周墙垣约一百二十里，全苑面积相当于三个旧北京城，南北范围约为今南四环至南六环，范围包括大兴区旧宫镇的全部，瀛海镇、亦庄镇、西经门镇的大部分地区。南苑呈不规则四边形，苑墙开九座大门、十三座角门，苑内用地分为猎场、养牲地、开垦地三类，猎场居于南苑中心，占绝大多数面积。苑内的建筑是在明代修建的基础上，清代各帝对其进行了大规模的建设修缮，并留下了大量图档。

南苑内除了行宫外，还建有大量的皇家庙宇，至乾隆时期，南苑内庙宇共有二十多处，包括苑内最大的道观元灵宫、苑内唯一的喇嘛庙永慕寺、规制崇丽的德寿寺、关帝庙等。清历代帝王来南苑，常要瞻礼参拜这些皇家庙宇。

在国家图书馆藏有的大量样式雷图档中，天津大学整理出来的《样式雷图档·南苑卷》相关图档，计二百六十二件。这些图档中，包括南苑总体布局图、河道图、各行宫设计修缮图、单体寺庙建筑图、兵营分布图等，记录着南苑的发展变化，反映了苑内各建筑设计、施工、装修、维护的全过程。按形式分，图档有勘测图、设计草图、正式图、局部装修图、说帖、做法手册等。样式雷图档除了图纸外，还有各式各样的文字档案。一种是样式房遗存的文字档案。第二种包括略节、清单、说帖，详细记载府第各处房间数量、尺寸、装修使用材料清单、做法手册等。"样式雷图"是清代主持皇家建筑设计的雷氏家族所设计、绘制和写作的建筑图样与文字档册，被统称为"样式雷图档"。"样式雷"是对清代 200 多年间主持皇家建筑设计的雷姓世家的誉称。中国清代宫廷建筑匠师家族：雷发达、雷金玉、雷家玺、雷家玮、雷家瑞、雷思起、雷廷昌等。

17 世纪末期，一个南方匠人雷发达来北京参加营造宫殿的工作。因其设计的作品技术高超，很快就被提升担任设计工作。从他起一共八代直到清朝末年，主要的皇室建筑如宫殿、皇陵、圆明园、颐和园等都是雷氏负责的，这个世袭的建筑师家族被称为"样式雷"。直至清代末年，雷氏家族有 6 代后人都在样式房任掌案职务，负责过北京故宫、三海、圆明园、颐和园、静宜园、承德避暑山庄、清东陵和西陵等重要工程的设计。雷氏家族进行建筑设计方案，都按 1/100 或 1/200 比例先制作模型小样进呈内廷，以供审定。模型用草纸板热压制成，故名烫样。其台基、瓦顶、柱枋、门窗以及床榻桌椅、屏风纱橱

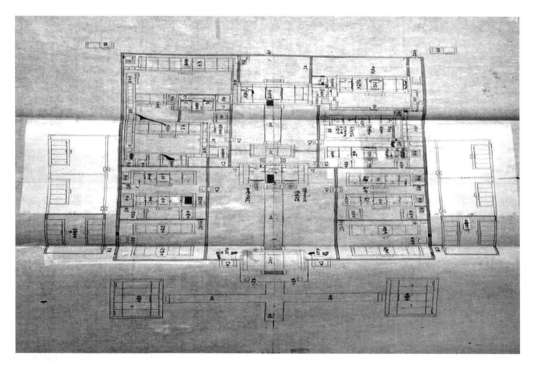

南海子皇家苑囿

等均按比例制成。雷氏家族烫样独树一帜，是了解清代建筑和设计程序的重要资料。《样式雷图档》以其非常珍贵的建筑史料入选《世界记忆名录》。它承载了大量清代社会、政治、经济、文化等信息，蕴含着中国古代建筑理念、建筑美学、建筑哲学等思想。南苑是清入关后第一个大型皇家苑囿，从顺治皇帝开始到清末。

从雷式图档和官方史志记载看出，清廷采取了尊重、包容的多元文化政策，将中国传统的儒释道文化和民间宗教信仰放大，建造了一批儒释道当代寺庙，维护修葺了明代留下的寺庙建筑，以此凝聚不同信仰的民众，提振政治统治自信。

兹以南海子皇家苑囿和北京城关帝庙做一剖析。

关帝庙又称老爷庙、关公庙，为供奉三国时期蜀国大将关羽而兴建。关帝庙是汉文化的一个主要组成部分，与百姓的生活息息相关，关羽与后人尊称的"文圣人"孔夫子齐名，民间称之为"武圣关公"。

关于清代北京城为什么有那么多关帝庙的问题，2015年11月7日，"北京论坛（2015）"历史分论坛C组"融合与扩散——区域与都市历史地理变迁的不同路径"讨论会上，北京大学教授李孝聪做了发言，针对民国以来政府和学术机构对北京寺庙的调查统计资料做了梳理和分析。据不完全统计，截至1929年，北京城内有文献档案记载或建筑基址可考的宗教信仰活动场所是1621座。在清朝京城内各区的分布是：皇城内103座；内城东城503座，内城西城499座；外城516座：共计1621座。其中属于儒教的坛、祠52座，佛寺712座，道观689座。其他如清真寺、萨满教堂、基督教教堂、天主教教堂、东正教堂等相加总数不超过100座。这些数字背后，关帝庙最多，共116座，观音大士庵，共108座。另外，除了直接名称为"关帝庙"外，红庙、白庙、伏魔庵奉祀的"伏魔大帝"也都祭祀关羽。明朝时北京城内的关王庙才20座，清朝猛然增加这么多关帝庙的理由是：清朝为了减少异端淫祀，就将百姓普遍尊奉的关羽从"武安王"晋升为"三界伏魔大帝神威远镇天尊关圣帝君"，诏令全国各地普遍修建关帝庙。而且关帝还被请进佛教寺院，佛寺里普遍建造关帝殿，关帝被奉为守护神。[①]

由于南苑关帝庙的政治象征意义，整个清代，满族人崇奉关帝已到无以复加的地步，上至公爵王爷，下至普通旗人莫不如此。关云长在清朝所享封号也登峰造极，一直封到协天上帝。并且旗人借汉姓者关姓者亦多。乾隆皇帝也与关帝结缘，把自己比附为刘玄德转世，这当然是乾隆自导自演，但也折射出他的"崇关"情结。

南苑关帝庙，位于旧衙门行宫南，明朝嘉靖年所建，乾隆二年重修。乾隆还觉不够，又在苑内建了三座。重修的那座老庙，山门南向，前殿供奉关帝，二层殿供奉真武大帝，后殿供奉三世佛，即"过去""现在""未来"，也就是燃灯佛、如来佛、弥勒佛。

---

① 石伟杰：《北京城为什么有那么多关帝庙？》，澎湃新闻，2015年11月12日。

南苑关帝庙

《大清会典》及《日下旧闻考》引《南苑册》（故宫博物院文献馆藏有南苑建置图一帧）记录南苑关帝庙的地理位置：关帝庙在旧衙门东，德寿寺之西南里许，南向，明世宗嘉靖间建，清乾隆重修之。殿三层各三楹，又门一楹，前殿奉关帝，中殿奉玄武，后殿供三世佛。

顺治帝经常前往南苑，有时甚至数月驻跸于此。顺治十一年（1654 年）十一月至顺治十二年（1655 年）九月，顺治帝长期居住于南苑。顺治十四年（1657 年），建道教庙宇元灵宫。顺治朝还修建了德寿寺、真武庙、关帝庙、七圣庙、药王庙等。乾隆朝政治稳定，经济增强。乾隆三年（1738 年）重修关帝庙和元灵宫。[1]

乾隆皇帝对南海子（南苑）的修葺活动始于乾隆三年（1738 年）。乾隆三年，乾隆皇帝为解决到南海子（南苑）狩猎等活动的更衣之便，首先在大红门内新建了一座更衣殿。同年，乾隆皇帝敕命重修南海子关帝庙和元灵宫。[2]《钦定日下旧闻考》记载："关帝庙本朝乾隆三年重修。"

南海子有辽金以来特别是康乾时期留存下来的数十座庙宇，佛教、道教，甚至各种民间宗教的庙宇一应俱全。庙宇是一种信仰，更是一种文化，在各种宗教文化的交融之中尽显南海子文化的广博精深。

① 刘仲华：《清代南苑的历史发展及其功能》，首届北京南海子文化论坛发言稿，2018 年 12 月。
② 张友才：《南海子春秋》内部资料，北京南海子公园管理处，2017 年。

2. 南苑边际的佐证

无论从历史角度还是现实生活观察，关公在整个中华文明体系中都不可置疑地占有一席之地。如若将目光聚焦到乡村社会，其重要性则会更加凸显，从曾经出现的"村村都有关帝庙"的普遍现象中即可看出。当关公以庙宇的形式成为乡村治理的组成部分后，拜关公就逐渐超越信仰和文化层面，转而成为关涉乡村经济、生活、习俗等各个层面的社会事务，在某些村庄、社区甚至成为凝聚人群的精神纽结。

精神层面的关公更多体现的是国家和儒学意志，实体层面的关帝庙则更多体现乡村大众的需求。"无论是从实地调查中的感受来看还是从碑文来看，村民们所在乎的似乎更多的是庙宇的建筑是否完备（庙貌），而不是其中的神灵是谁；是神灵塑像是否精美，而不在乎这个塑像是谁。毫无疑问，凡庙皆有神，而且神灵总是居于庙宇核心的位置，但是对于民间庙宇来说，这并不意味着神灵就是庙宇最核心的内容。"[①]

关公作为神灵是一回事，关帝庙作为信仰载体则是另一回事，两者间存有差别。时代越往后，关公作为神灵的一面越弱化，其庙宇的一面越突出。在修建关帝庙这一问题上，不论是古代儒生还是当代学者，大都从信仰层面论证其修建的合理性，却忽略了另一个重要现象：当修建关帝庙在区域乡村成为人们习以为常的事情后，其行为本身就形成了一种小传统，这从侧面折射出"关帝庙作为庙宇的属性越来越超过关公神灵本身"。

清帝入关后，修葺南海子皇家苑囿，将关帝庙保留下来，而且对之愈加景仰，由此引发出关公信仰、关帝文化在民间呈现张扬的态势。南海子周边村落到底还有多少座关帝庙，这在官方数据里无法找到资料。从大兴区亦庄镇、旧宫镇、青云店镇、采育镇村民的口述资料中，可以了解到明清时期关公信仰在民间的活跃程度。

富源庄村由两个庄子合并而成。东为恒力庄，西为富源庄。村里的老人们讲，这里原是由清宫大总管李莲英所建的庄园。民国年间还有围墙，围墙就地取土，设有东西大门。富源庄村西有个土丘，村民称之为九龙山，传说土丘下面有砖砌四合院。九龙山旁有座小庙。"过去的，好多年了，哪一代的，不得而知。"村民们说，"庙门上有匾一块，写的什么字，没人留意。庙里没有泥胎，只在墙上画的像，供奉的是刘备、关羽、张飞。据说是城里买卖家出资兴建的。"

旧宫村南500米的地方，有座古刹，数百年来森然庄严，无论迁客骚人抑或是军阀老爷，凡途经此处，都要顶礼膜拜。此庙时人呼为"老爷庙"，亦呼"关帝庙"。据《日下旧闻》载："关帝庙建自明嘉靖年间，在德寿寺西南里许。本朝乾隆三年重修，山门南向，前殿奉关帝，二层殿奉真武，后殿奉三世佛。"又"关帝庙山门一前殿、二层殿、后殿各

---

① 郝平、杨波：《超越信仰：明清高平关帝庙现象与晋东南乡村社会》，商务印书馆，2019年。

三楹"①。

大兴地方文史专家张有才先生转引湛叶师傅的口述说，老爷庙坐北朝南，门外有座十米多长的大影壁。大门为山门结构，中间大门常年不开，只走左边门。山门内左右有钟鼓楼，后有三层大殿：前殿供奉协天大帝，殿左右有古柏两棵；二层殿供奉宣武大帝；后殿供奉释迦牟尼佛。殿后有舍利塔（和尚坟）两座。民国初年，军阀混战期间，各大军阀曾先后到此膜拜奉香，拜佛求签，挂匾，求香钱。前殿的匾额"协天大帝"四个大字为吴佩孚所书赠。

老爷庙红墙、黄瓦，熠熠生辉。每层大殿的屋顶两侧的迎水脊上都塑有十个小兽，村民解释为一龙、二凤、三狮、四海马、五天马、六狻猊、七狎鱼、八獬豸、九斗牛、十猴。旧宫老爷庙历史悠久，儒释道融和，建筑雄伟而庄严，各殿佛像栩栩如生。这座殿堂如今已荡然无存。

大兴亦庄镇双桥村指的是南双桥，位于南海子内。双桥村东有两座关帝庙，大钟寺关帝庙在西边，东边还有一座。西边庙里供的关公身穿绿袍，脸呈红色。东边关帝庙里供的关公脸是金色，头戴一顶汉代皇帝戴的皇冠，平顶前后都垂一排珠串。同一个地域同一个关公为什么相貌如此迥异呢？这里有一段历史故事。

南海子里有御道，属于皇帝狩猎时走的道路。从旧宫村到大羊坊村是北御道，从大羊坊马驹桥北的东红门是东御道。一次，乾隆皇帝在东御道骑马行走，忽然听到身后有马蹄声，可回头一看却什么都没有。乾隆感觉奇怪，回到宫中，就向刘墉说了此事。刘墉听罢，说道："皇上您以后再听到马蹄声可千万不要再回头。您只管问'是谁在朕身后保驾？'您看他有什么反应。"

过了些日子，乾隆皇帝又到南海子里狩猎。行到双桥门附近的时候，又听到了马蹄声。他想起刘墉说的话，没回头，问道："身后是谁为朕护驾？"他这一问，身后居然有答话："二弟云长。"乾隆一听，心想：不用说，我就是刘备转世。于是又问："三弟呢？"答曰："镇守辽阳。"再问："四弟呢？"答曰："去向不明。"

回到宫中，乾隆心想：二弟云长为朕护驾，就在朕身边，而三弟却远在辽阳，不如将其调到我身边，天天厮守，以尽兄弟之谊。于是就发了一道圣旨，命辽阳太守进京面圣。

辽阳太守接到圣旨后想，俗话说，文官怕调，武官怕选，武官一被选就要打仗。一打仗，殉国的机会就多。而文官一调进京，官位马上自降三级。现在不定是谁在皇上面前奏了我一本，进京也是凶多吉少。与其受罪而死，不如我自尽而亡来得舒服。于是，便自尽了。辽阳太守的死讯传到京城，乾隆很是后悔。如果在圣旨上说明白就好了，就不至于出现这样的结果了。不过，事已如此，也不能挽回了。

---

① 《钦定日下旧闻考》卷九十，四库本。

乾隆又想，四弟已去向不明，就只剩下二弟了。只可听其声而不能谋其面，不如给他建座庙，封个爵，不就能常见了吗？不过，封什么爵位好呢？玉皇大帝？已经有了，只好封他个副职。于是就在大钟寺关帝庙东面又建造了一座关帝庙，只不过关老爷不是红脸，而是金面，头戴一顶汉代帝王的头冠。[①]

关羽是中国历史长河中唯一可以与孔子并称"文武二圣人、二夫子"的具有传奇色彩的历史人物。千百年来，他被中国的平民百姓塑造成为无所不能的神一样的存在。人们崇拜关羽，为他建立庙宇，为他撰写典故，所以关帝庙遍及天下，关羽的生平事迹也家喻户晓。

大兴亦庄镇双桥村发生在乾隆时期的"对话关羽"传说也能在其他地方的传说中找到"影子"，譬如河南、山西的关公庙亦有相同的传说，只不过发生在康熙皇帝的身上。

据说康熙帝有一次微服私访，走在路上总是听到身后有马蹄声，回头看却什么也没有。康熙感到很奇怪，便壮起胆子问："身后何人？"话音刚落，就听身后有人答道："二弟云长。"康熙一愣："云长不就是三国名将关羽吗？关羽对他自称'二弟'，莫非自己是刘备转世？"康熙回京后，上朝时把这件奇特的经历讲给他的文武大臣们听。于是，善于讨好的大臣们纷纷进言，说万岁爷竟然是贤德明君汉昭烈帝转世，又有关二爷庇佑，国势必然大兴！我主宜将关二爷之忠义昭示天下，建庙宇供万民敬仰。康熙听了非常高兴："众臣之言正合心意！"于是敕封关羽为"关圣帝君""伏魔大帝"，下了一道圣旨昭告天下，要求举国兴建关帝庙。

双桥村关帝庙故事发生在乾隆身上，而其他地方发生在康熙身上。是双桥村转述了其他地方的故事，还是一种巧合，不得而知，民间传说本来就是口口相传，理性的推理是不适合放在文学故事里的。但能够说明的是，这完全是康熙帝、乾隆帝的一个政治手段，希望以此来巩固满族人的政治统治，稳定汉人仇满情绪，实现满汉亲和、和同开弥。满族人入主中原，其时汉人对满族多有不满，满族贵族也不大能待见汉人，为了缓和满汉之间的对立状况，皇帝便借由自己理政休闲、在外私访的名义，号召各地兴建关帝庙。也就是在这种浪潮之下，有了富源庄村、旧宫村、双桥村关帝庙出现的历史背景。

我们再举出青云店镇泥营村和采育镇的关帝庙做一佐证。

青云店镇泥营村是从泥鳅营到泥营的过渡。相传晚清时期，村里有一个黄姓的大财主，家财万贯，村庄的大片土地都归其家族所有，村子的正中央有一块风水宝地，被黄财主开辟修建为家庙，用以供奉祖先、荫护后代。后来一个风水先生查看此地之后，言之"此地非猛将不得镇邪！"黄家深觉非关老爷驻此庙不可：一来关公乃三国名将，勇猛无比；二来关老爷还能保佑黄家财源广进、香火不断。于是黄家就把家庙改修成了关帝庙，

---

① 张有才：《亦庄史话》（内部资料）。

当地人称其为"老爷庙"，供奉的正神便是赫赫武圣人——关羽关云长，副神有张飞等人物。后来黄家败落。民国时期，有村民在关帝庙附近湿地里用铁锹挖出大量的泥鳅，挖出的泥鳅个大味美，烹食后让人垂涎三尺，遂一传十、十传百，"泥鳅营"的名字由此传承开来……

"文化大革命"时期，关帝庙被拆除，此地被用来修建民房，"泥鳅营"的名字因带有所谓的"迷信色彩"被废除，村名改为"红金星村"……后来，泥营的名字渐渐盛行开来，一是村民们深觉"泥鳅"做名极为不雅，二是村里土地已经挖不出泥鳅来，与事实相悖，遂去"鳅"保留了"泥营"。也有老人说改名字为泥营，是因为泥营的水好地好，能够种出优质的水稻，"泥"乃土地之根本，只有好的"泥"，才能盛产优质大米，所以才叫泥营。①

采育镇关帝庙。采育古镇北门里的关帝庙，南向。大殿5间，大式，硬山筒瓦，挑大脊吻垂兽，排山滴水，和玺彩画，面宽15米，进深10米。有"重修关帝庙碑"，明正德十年（1515年）立，1949年前已损毁。②

3. 关帝文化的聚合辐射

关帝庙的祖庭位于山西省运城市解州市解州镇。三国时蜀汉名将关羽，原籍河东解梁常平村人，曾封"忠武侯"之职，以"忠义"著称并留传后世。历代帝王崇信追封，清代钱曾《读书敏求记》云：《汉天师世家》一卷中称三十代天师讳继先者，宋崇宁二年投符解州盐池，磔蛟死水裔。上问用何将，随召关某见于殿左。上惊，掷崇宁钱与之，曰：'以此封汝。'世因祀为崇宁真君。此当是关帝受封之始。"③自此，便开始了关羽的封赠与朝廷的国家祭祀。哲宗赵煦已经封了玉泉山的关羽祠，此当是封赠之始。关于宋徽宗宣和五年的敕封又载于《续通鉴长编》："宣和五年正月，礼部奏请封侯，敕封义勇武安王，令从祀武成王庙。"此后，到了元代，文宗孛儿只斤图贴睦尔又一次加封："（元）文宗天历元年九月，加封汉将军关羽为显灵义勇武安英济王，遣使祠其庙。"④明朝的万历皇帝在位时曾两次加封，最后一次将关羽提封为帝君，从此人称关羽为关帝。《茶香室丛钞》："……至明万历二十八年封协天护国忠义帝，四十二年封三界伏魔大帝神威远镇天尊关圣帝君。自始有关帝之称……"到了明代，关羽已从一个蜀汉将军变成了忠义英勇的典范，而且成为天上地下无所不能的伏魔大帝、关圣帝君。满清入关后，清廷崇儒尚道，试怀柔天下，也将对关羽的封赠继续保持："顺治元年定祭关帝之礼。九年敕封忠义武安

---

① 青云店人民政府：《青云店故事汇》，2014年12月。
② 北京市大兴区采育镇志编纂委员会：《采育镇志》，方志出版社，2020年12月。
③ ［清］俞樾：《茶香室丛钞》卷一五。
④ 《续文献通考·群祀考三》。

神武关圣大帝。乾隆二十四年加封关帝为忠义神武灵佑关圣大帝。"①

随着对关羽的追封晋爵，关羽声传海内外，全国兴建关帝庙者大振，故有"天下祠宇，关庙为多"之说。据 1928 年北平特别市寺庙登记，供奉道教伏魔大帝也就是佛教伽蓝的关帝庙竟有 267 座之多。换言之，老北京的寺庙中有近 20% 都是供奉关圣帝君的庙宇。老北京人除汉族外，满、蒙古、回、藏、维吾尔等各族对关帝的信仰同样深厚。②

明清时期，京师关帝庙甚多。明代沈榜的《宛署杂记》说，当时北京著名的关帝庙有 51 处。尔泗《北京胡同丛谈》中说："（北京）明清两朝仅关帝庙就有百处以上。"从明代的 51 处统计数据和明清时期的百处以上看，这两个数据并不矛盾。清代比明代增加 50 余处是符合实际的。

作为明、清两代封建王朝的京都，旧京有关帝庙 200 余座。这些关帝庙规模大都相对较小。老北京的几座已经消失了的著名关帝庙有：前门关帝庙，建于明永乐八年；倒座关帝庙，坐落于西单安福胡同，明万历年曾重修；铁老鹳庙，在宣武门外铁老鹳胡同（今铁鸟胡同），清光绪二十八年二月十八日建；姚斌关帝庙，庚子之乱时便已毁。在众多关帝庙中，幸得以保存，比较著名的还有几座。

位于海淀区蓝靛厂的立马关帝庙，建于清光绪年间，大太监刘诚印的家庙（一说与大太监李莲英等同建）；始建于明洪武年间的白马关帝庙，名汉寿亭侯庙；建立年代较早的双关帝庙，现有元代泰定年间重修之碑，断定元泰定以前即应有庙；建于明万历年间的万寿西宫，该庙原名护国关帝庙；建于清代的长辛店关帝庙，俗称老爷庙，旧时进出京城的客商经过此处必焚香礼拜，乞求平安；雍和宫关帝殿，原为雍和宫西跨院。③

北京内城各城门瓮城内都有关帝庙，关帝似乎负有保护国都的重任，最著名的当数正阳门关帝庙。杨静亭的《都门杂咏》中称："关帝庙在前门瓮城内，求签者甚众。"其词曰："来往人皆动拜瞻，香逢朔望倍多添。京中几多关夫子，难道前门许问签。"每年五月初九要举行磨刀祭，庙中有三口大刀，分别重八十斤、一百二十斤、四百斤，相传是嘉庆年间打磨厂三元刀铺所铸。

官方修建的关庙一律称武庙，与大成至圣先师文宣王孔子的文庙相对；古人感之有云："今且南极岭表，北极寒垣，凡儿童妇女，无有不震其威灵者。香火之盛，将与天地同不朽，何其寂寥于前，而显烁其后，岂鬼神之衰亡亦有数耶。"④北京还有许多关帝庙被人们赋予了更为通俗的称号："鸭子庙""万寿西宫""红庙""白庙""大庙""高庙""金顶庙"等。清军八旗兵营中都供奉关帝，建立了庙宇。

① 《清朝文献通考·群祀考上》。
② 《北京寺庙历史资料》，中国档案出版社，1997 年，第 62 页。
③ 陶金：《关帝信仰与老北京的庙会》，《中国道教》，2003 年第 3 期。
④ ［清］赵翼：《陔余丛考》卷三五。

　　清帝王对关羽的封赠与其治国理政模式有关。关羽是一个集忠义英勇于一身的忠君报国的典范，正是清帝教化万民忠君所需要的良好榜样。对于百姓而言，关羽也确实是一个英勇和忠义的完美结合，他死后升天，也必定会恩泽万民、扶危救难（以先烈、先贤为神，这是中国人最典型的信仰心态）。

　　查阅资料，发现了一个有趣的现象，驻扎在京西的八旗兵营里都建有供奉关羽的庙宇：西郊第一区北营房二百九十八号关帝庙，建于清；健锐营正蓝旗营四十四号关帝庙，建于清乾隆年；健锐营正白旗营九十七号关帝庙，建于清乾隆二十五年；西郊五分署镶白旗营八十号关帝庙，建于清乾隆年；阜成门外西郊一分署南营房内一百一十六号关帝庙，建于清嘉庆二十二年；西郊第五分署镶红旗营一号关帝庙，建于清嘉庆二十二年；西郊第五分署正黄旗营七十号关帝庙，建于清道光二十二年；西郊五分署正红旗营四十二号关帝庙，建于清道光十年；西郊一分署南营房内十二号关帝庙，建于清光绪二十六年。

　　可以初步得出的结论是：关羽为忠义勇武的化身，过去凡习武之人必拜关公。由关外进驻中原的满族八旗兵士在关内已经被汉化，开始信奉道教神祇（佛教亦奉为伽蓝，但地位比关羽在道教中的地位要低得多，只是护法安僧罢了）。这不仅反映了当时的社会风尚，更说明了人们对关羽信仰的强有力和人们对忠臣义士的景仰已经超越了民族与民族之间的界限。关羽不仅是汉族同胞心目中的英雄，而且是整个中华民族所景仰的义士。

　　南海子关帝庙的修葺有效地辐射了北京的关帝文化形成，我们不难看出这些方面。第一，北京的关帝信仰带有浓烈的帝王色彩。前门关帝庙、白马关帝庙等都是皇帝敕建；清代的皇帝还亲自到关帝庙降香，无疑推动了对关帝信仰的普及，这也就是为什么北京大多数关帝庙都建于明清之际。第二，带有很强的民俗信仰色彩。虽然很多的关帝庙直接或间接地由帝王敕建，但大多数的关帝庙或由民间的道士、和尚募化而建，或由俗家人设立家庙而建，或由合村设立公祠而建。第三，北京的藏传佛教和驻京的八旗兵丁皆供奉关帝，这在他处则少见，这主要是因为信仰的融合与民族的融合。

　　关帝信仰成为维系炎黄血脉的有力寄托，于右任先生对其作了对联："忠义二字团结了中华儿女，春秋一书代表着民族精神。"

二、清朝入关的文化苦旅

　　清朝入主中原以后，大力提倡尊孔崇儒，崇尚程朱理学，大力倡导尊君、忠君的思想。在这种背景下，号称忠义之士的关羽，自然又得到了统治者的青睐，在清朝入关后的 10 位皇帝中，先后有 8 位皇帝共 13 次封谥关羽，其中光绪皇帝对关羽的追封竟然多达

26个字："忠义神武灵佑仁勇威显护国保民精诚绥靖翊赞宣德关圣大帝"。由此，彻底奠定了关羽在中国历史上武圣人的地位。

1. 关公的秉正、诚信为清所需

宋元时期是戏曲高度发展的时期，三国戏尤其盛行。演员演出时，需勾画脸谱以辨别忠奸是非。红色在中国人的审美判断中，一直都是忠诚、正直、勇猛的代表，因而红脸民俗与民族技艺自然就成为关羽内心世界的外化。除此之外，人们还赋予关羽一双美丽的丹凤眼和卧蚕眉，符合了关羽性格中略带几分傲气的特征，再加上他拥有美髯公的称号，于是关羽高大、威武、红脸、长髯、蚕眉、凤目的形象，便在老百姓的心目中被定型了。又因为关羽为一代名将，素有"万人敌"的称号，后人便根据自己的想象赋予了他传奇的装备——青龙偃月刀和马中之王赤兔马，以此来表达良驹配英雄的美好愿景和他超凡脱俗、与众不同的人生。元末明初，随着关羽英雄事迹的戏曲传播和《三国志通俗演义》在民间广为流传，关羽逐渐成为广大百姓心中千古不朽的忠义代表和英勇化身。

明朝是以"驱除鞑虏"为旗帜推翻元朝的，他们在争夺天下的战争中，声言关羽以十万天兵援助了自己的正义行动，而在他们内部以武装斗争夺取皇位的"靖难之役"中，明成祖朱棣又说是关羽显灵保佑了他。正因如此，历代明朝皇帝制定了很隆重的祭祀关羽的仪式，而且把这一天定在五月十三日，此后的农历五月十三日便成为关羽的忌日。明朝中后期，朝廷对关羽的神明地位更加推崇，明神宗朱翊钧崇信道教，于万历十年（1582年）封关羽为"协天大帝"，8年后又加封关羽为"协天护国忠义帝"，万历四十二年（1614年）加封关羽为"三界伏魔大帝神威远震天尊关圣帝君"。明神宗对这次追封十分重视，并且为关羽的神像配置了九旒珠冠、真素玉带和四蟠龙袍。人们今天看到的关羽塑像是身着帝装的，就是起源于这次追封。关羽最终由王晋升为帝，由帝晋升为天尊，名义和地位达到了至高无上的顶点。

纵观清代皇帝对关公的追封过程，追封力度不一、背景不一，追封的方法也不一样，但不难看出，他们做这些的目的是加强人们对当朝的信任，巩固自身的统治地位。古代的统治方法很简单，让人民过上安稳的生活很简单，除个别荒年外，在没有战乱的情况下几乎每个不乱征徭役的朝代的百姓都可以过得安稳。但物质上的安稳还不够，统治者也需要让百姓有精神寄托，否则吃饱喝足的人民就可能会不满于现状，就可能会给统治带来问题。这样一个忠心耿耿的人在百年之后受到皇帝的加封，激发了人们对朝廷的衷心，给那个风雨飘摇的社会打了一剂定心针，对清朝的灭亡起到了一定的延缓作用。

清代中期以后，由于山西的商业活动特别发达，山西人就创办了票号，类似于现代的商业银行，拿一张纸便可以汇通天下。那么，在这样的商业活动中，就必须讲究"诚信"

二字，于是山西人将关二爷抬出来作为他们心目中主持公道、维持正义的神。从此，关羽便成为各种商业活动必拜的财神爷了。

2. 跨越狭隘的民族视野

如何消除对"满清""蛮夷"的狭隘民族偏见，是大清入关后制度选择、文化立国的首要考题。汉民族长期对地域边缘的少数民族政权持有偏见，主要是源于地域中心论的文化传统，其实儒家几千年来倡导的"天下一家"早有诠释。孔子弟子子夏提出并践行了"四海之内皆兄弟"的博爱观。

儒家另外一部经典《礼记》有一篇孔子和弟子言偃参加完蜡祭（腊月举行的合祭百神的活动）后出游时的长篇对话，即著名的"礼运篇"。这一部分描绘了大同世界的美好图景，这是一个大公无私的世界，"人不独亲其亲，不独子其子"，"老有所终，壮有所用，幼有所长"，但孔子又提出"圣人耐以天下为一家，以中国为一人者，非意之也，必知其情，辟于其义，明于其利，达于其患，然后能为之"。北宋早期的理学家张载有超越时间力量的"民胞物与"思想，提出："为天地立心，为生民立命，为往圣继绝学，为万世开太平。"

"天地之塞，吾其体；天地之帅，吾其性"，宇宙是一个大家庭，天地化育万物，也化育出万物之首的人。张载在《西铭》中有更为动情的描述，"尊高年，所以长其长；慈孤弱，所以幼其幼"。"凡天下疲癃（衰老多病之人）、残疾、惸独（孤苦无依之人）、鳏寡，皆吾兄弟之颠连而无告者也"。王阳明的心学体系风靡社会，源于他"天地万物与人原是一体"的思想，"大人者，以天地万物为一体者也，其视天下犹一家，中国犹一人焉。若夫间形骸而分尔我者，小人矣"。由家人之仁推及社会，由社会之仁推及天下万物，也就实现了天下一家的宏伟理想，民国时期孙中山先生突出"天下为公"，使这一理念臻于至善境界。哲学家钱穆曾说："世界大同、天下太平，这是中国古人理想中的一种人类社会。"①

3. 康乾盛世的包容底气

其实清从入主中原以来，天下一家、和谐包容的理念就从没有停滞过，从南苑庙宇的布局与保留可窥一斑。

这里，我们不妨继续追溯一下传统文化的源头。

《尚书·尧典》载："克明俊德，以亲九族，九族既睦，平章百姓，百姓昭明，协和万邦，黎民于变时雍。"庄子说："天地与我并生，而万物与我为一。"荀子说："四海之内

---

① 罗慕赫：《古代思想中的天下一家》，《中国纪检监察报》，2022年2月25日。

若一家，莫不趋使而安乐之。夫是之谓人师，是王者之法也。"

"天下一家"传达了华夏民族对于"世界大同"的美好期盼与愿望，这一理念一直就有深厚的历史脉络和思想根基。

大道之行，天下一家。何谓"大同世界"呢？"大道之行也，天下为公，选贤与能，讲信修睦。故人不独亲其亲，不独子其子，使老有所终，壮有所用，幼有所长，鳏、寡、孤、独、废疾者，皆有所养。男有分，女有归。货恶其弃于地也，不必藏于己；力恶其不出于身也，不必为己。是故谋闭而不兴，盗窃乱贼而不作，故外户而不闭，是谓大同。""大同"是中国古代先圣先贤的价值理想和价值目标，"天下为公"的社会制度就是公为他人，若为私，有违大道之行。①

"羲和敲日玻璃声，劫灰飞尽古今平。"浴火再生，羲和鞭策日车，向前奋进，劫灰飞尽，灾难不起，日月顺行，天下太平。古代一批最杰出的政治家、思想家对"天下一家"进行过诠释，为后辽、金、元和清治理中国留下一笔丰厚的精神遗产。孔子弟子子夏曰："君子敬而无失，与人恭而有礼。四海之内皆兄弟也。君子何患乎无兄弟？"②四海之大，远超越我们日常生活的范围，我们熟悉的生活方式。尽管我们身处不同地域，源于不同文化，彼此甚至未曾谋面，但中国人认为可以兄弟关系视之、以兄弟之情待之，这是中国人朴素而美好的善意。这种善意生发于对血缘、亲情与家庭的高度重视与尊崇，并拓展到家庭之外，延伸到社会以及更广阔的天下。《诗经》都讲"投我以桃，报之以李"。

4. 南苑关帝庙折射"华夷一家"

唐朝之后，在中华版图上，各民族政权就开始跌宕交替，轮番执政，此起彼伏。在汉民族长时段的治国理政中，儒家王道传统的意识形态核心命题——"夷夏之辨"或"华夷之分"一直是治国决策之纲确立的重要依据。1644 年多尔衮率清军入关，伴随着清王朝逐鹿问鼎的社稷安顿，如何在中华民族偌大的疆域内，在众多民族的文化信仰里，特别是汉人群体中，确立一个汉民族为主体的、能够让大家普遍接受的意识形态，并且使之合法化、合理化，已然成为清王朝安顿天下秩序、构建文明华夏的首要问题。

从夏朝始，"华夏""夷狄""中国"等范畴就不断从地理意义上升到信仰维度，这些概念其实本身就包含一定的动态性和历史性，纵向的历时态与横向的共时性，使之具有愈来愈大的包容度。

体悟中华人文史发展历程，可以断言，最初的"华""夷"指称基本上停留在地理概念层面，并没有涉及名教伦常、道德水准或者文明程度，从地理观上，"华"与"夏"实

---

① 张立文：《中华传统文化与人类命运共同体》，《光明日报》，2017 年 11 月 6 日 15 版。

② 《论语·颜渊》。

为一辙。华夏在地理上的意义，则是处于"中国"，而夷狄，古籍中又有"四夷""九夷"之说。夷狄乃居于华夏四周的部族，其中最大的，莫如最初居于海滨的"东夷"①。

疆界相对固定下来后，"夷夏之辨"就逐渐逸出地域与族群范围，在各民族彼此的生存竞争和部族角逐中，"夷""夏"词汇就渐渐蒙上了强烈的政治和伦理色彩。特别是在春秋战国时期，因为夷狄借诸夏礼崩乐坏的间隙，交相侵扰华夏。由此，夷夏之别就成了文明与野蛮、进步与落后，乃至善良与邪恶之分野。

"华夷之辨"大幕由此拉开。"华""夷""狄""夏"这些最初并不带伦理色彩、阶级划分、政治倾向的地理概念和种族部落标志，伴随诸夏礼崩乐坏和夷狄的渗透侵扰，华夏族引起了高度警觉。为强固华夏文明基因、传承文明理路，诸夏慢慢凸显出带有道德纲常与民风习俗意蕴的"华夷之辨"。随着朝代的更迭，原本没有情感道德分别的语汇，久而久之便与道德、文明和政治挂起钩来，乃至这种含义掩盖了"华夷之辨"的原始文本语境。

夷狄与华夏在表现方式、行为范式、习俗信仰等方面有诸多不同，如种族、血缘、语言、地域、风俗、习惯等，但严格地讲，除了种族与血缘乃先天不变之外，其余一切都是处在变动中的。

华夏并不永远是华夏，夷狄也不是永远为夷狄。判断华夷的标准，早就不是血缘和种族，而是看其是否能推行道义、是否恪守君臣父子这一套西周以来已经成为共识的"亲亲尊尊"的伦常秩序。孟子有言："舜生于诸冯，迁于负夏，卒于鸣条，东夷之人也。文王生于岐周，卒于毕郢，西夷之人也。地之相去也千有余里，世之相后也，千有余岁。得志行乎中国，若合符节。先圣后圣，其揆一也。"这段文字里，孟子的意思非常清晰明白：舜是东夷人，文王是西夷人，都不是汉族人，但是都得志行于中国，符合礼仪，所以就是圣人。

因此，春秋战国之后，人们再谈到夷夏之辨，极少是从血缘与部族着眼的，且通常都持一种动态的眼光来对待。韩愈《原道》曰："孔子之作《春秋》也，诸侯用夷礼则夷之，进于中国则中国之。"朱熹亦曰："礼书如《仪礼》尚完备于他书。""《仪礼》，礼之根本，而《礼记》乃其枝叶。""《仪礼》是经，《礼记》是解《仪礼》。且如《仪礼》有冠礼，《礼记》便有《冠义》；《仪礼》有昏礼，《礼记》便有《昏义》，以至燕射之礼，莫不皆然。"华夷之辨，仅是儒教礼仪之辨；华夷之辨，仅仅是一种文化礼仪主义。唐代韩愈、宋代朱熹不断地重申，华夷之辨绝非血统上的区别，而是文化上的差异。

既然华夷的区分并不绝对化，且时刻处于变动当中，这就意味着华夷融合乃是历史的

① 张耀：《从"华夷之辨"看国家民族观之嬗变——从〈大义觉迷录〉说起》，《荆楚学刊》，第18卷第3期，2017年6月。

必然。

清自顺治帝入关后，治国理政更是将"天下一家""王者无外"这种精神意识发挥到极致。儒生纷纷竭忠尽智、献计献策，创造出"满清皇帝尊儒教合礼仪乃为圣人"的顺天行道逻辑，帮助清朝聚拢民心，镇压抗清的零星斗争。在雍正皇帝撰写的《大义觉迷录》中说："至谓八十余年以来，天昏地暗，日月无光。在逆贼等之意，徒谓本朝以满洲之君，入为中国之主，妄生此疆彼界之私，遂故为讪谤诋讥之说耳。不知本朝之为满洲，犹中国之有籍贯。舜为东夷之人，文王为西夷之人，曾何损于圣德乎？"很显然，舜是东夷人，文王是西夷人，都不是汉族人，但是都"何损于圣德乎"，秦国是西戎，非华夏，而孔子列其誓于周书之后。又不断重复儒教"天下一统"天下主义。有孔孟观点的直接支持，清朝治理华夏就是替天行道。雍正皇帝的《大义觉迷录》一书针对汉人"夷狄为禽兽，满洲为夷狄，明亡清兴乃夷狄篡窃"等系列论点进行了论辩，雍正皇帝旁征博引，据史力陈。夷狄只是地理籍贯，版图决定了华夷分野；华夷之别最根本在于人伦、在君臣大义，而不在于种姓部族；华夷同秉阴阳之气，皆得应运而兴；为政之本在德，不在华夷之别，得民心者得天下。明亡清兴，在于明之失民心，并非夷狄篡窃，相反，清作为夷狄，得华夏之民心，方能得天下。

雍正帝就"华夷之辨"这个关系到治国理政的信仰问题，不依不饶，逻辑严密，回答得理据皆备、晓畅明白。

在清王朝296年（1636—1912年）的发展过程中，"华夷之辨"的严格分野逐渐消弭在政通人和、天人合一、主客同构中，"天下一家""四海之内皆兄弟"的伦理概念不断得到广大民众的认可，传统信仰渐渐成为民间普遍接受的主流观念。

大清朝廷的决策机构、智囊集团也深知，论血缘、种族，他们自然是不能以"中华""华夏"自居的，唯有诉诸伦理道德、文化传统，方能消弭狭隘"华夷之辨"给他们带来的困扰与隐忧。故而从八旗子弟越过山海关的那一刻起，他们就有意识地用夏变夷，抹平"夷狄"，以包容、宽厚、大德治国，最终成为"天下共主"。正因如此，清代在开疆拓土、团结部族、塑造中华民族共同体意识上，做出了历史性贡献。

移民群体的生活伦理

关公信仰的形成与中国明清十大商帮之首的晋商助推有着至关密切干系。隋唐以前，关羽并没有知名度，背运咄咄走过麦城，直到景耀三年刘禅才不得已追封关羽为壮缪侯，相形之下与后世神的光耀无法相比。隋唐年间佛教盛行，关羽被佛教借用和推崇。按照佛教的说法，因为在玉泉山建造了佛庐精舍，关羽父子就此皈依佛门并有护法功勋。唐代之后，为了突出关羽"忠义"楷模的精神特质，对关羽的评价愈来愈具有政治伦理目的，封号追谥愈来愈重。绍圣三年（1096 年），宋哲宗赐关羽玉泉祀额曰显烈庙；宋崇宁元年（1102 年），宋徽宗加封关羽为"忠惠公"和"崇宁真君"；宋大观二年（1108 年），宋徽宗又加封关羽为"武安王"；宋宣和五年（1123 年），宋徽宗又加封关羽为"义勇武安王"。关羽在宋代的荣耀几乎达到了顶点。明万历姚宗仪说："今上尊为协天大帝、又救三界伏魔大帝、神威远镇天尊、关圣帝君，兼赐旒玉带，至尊无上也。"①《走西口》是山西家喻户晓的民歌，歌词表达的正是明清晋商创业艰辛的心路历程。②越过偏关、杀虎关、张家口昔日胡汉民族拉锯的城垛分野，早期的晋商创业者们浪迹荒漠、乘槎浮河，已将命运的不可知和无奈交给神明庇佑。异乡飘零，环境恶劣，"有时驼行沙漠，风吼雷鸣，群集而呼天，继而默祷关公，风过漠平，回忆危难之际，所见所闻，聚点成形，敷衍成章，代代相互传承"③宗教心理也就在颠沛流离的无助无奈中默然生成。再加上宋元民间文化积淀，关公圣明已在明初三晋大地口碑风靡。宗教心理学认为，"闻惊则跳，闻怒则闷，见死亡则悲，见美色则眩"是客体作用于主体的本然反映④，是心理感应的自然投射，经过经验性的反复契合，关公信仰便在心灵深处定格为永恒。在口碑传递的过程中，当祈求的良好之愿、奢望之意在某些特定场合与现实情景发生偶然巧合如愿以偿时，便视关帝为商海攸关的保护神。山西人多商于外，"十余岁辄从人学贸易，俟蓄积有资，始归纳妇。纳妇后仍出营利，率二三年一归省，其常例也。或命途蹇剥，或事故萦牵，一二十载不得归，甚或金尽裘敝，耻还乡里，萍飘蓬转，不通音问者，亦往往有之"⑤。漫长的苦涩辛酸在寻觅与跋涉中默然地流淌着，"大多数晋商没给后人留下太多的著述，倒是关公庙流传的晋商故事和那凄怆缠绵的'走西口'歌声让人愿意通过解读关帝走进晋商的精神世界"⑥。

这种"超人间力量形式"的关帝信仰也就潜移默化地伴随了晋商创业的艰辛历程。他们把随身携带的关帝神像、香火或纸符带到异域安身立命之所，设龛供奉，一如在家祈求问卜。"日有所思，夜有所梦，梦与夫妇团圆，阖家天伦，云天万里，神会情牵，以为关帝怜悯，有时梦中大事商榷，纵难决抉，承蒙关公指点迷津，事果成，以为关帝现灵，遂烧香叩首，隆重酬谢，以示不敢违德"⑦。尤其在移民的创业初始，许多客观因素的不确定性困扰着他们，商业书《生意论》（手抄本）从另一个侧面反映了晋商处境的环境险恶，

① ［明］姚宗仪：《常熟私志》，转引自清代姚福均《铸鼎余闻》卷二，北京图书馆。
② 北京大学研究所国学门歌谣研究会：《歌谣》周刊卷 2 第 24 期，上海人民出版社，1962 年。
③ 《朔平府志》卷五，第 240 页。这段话与《泉州通淮关岳庙志》第 76 页叙述的意思非常相近。
④ 冯川译：《荣格文集》，改革出版社，1997 年，第 202–210 页。
⑤ ［清］纪昀：《阅微草堂笔记》，清道光二十七年（1847）刻本，山西图书馆。
⑥ 山西右玉交通局牛建山、党史办曹满荣口述整理，1999 年 5 月。
⑦ 傅金星、曾焕智：《关帝庙与"三胞"》，《泉州通淮关岳庙志》（内部资料），第 76 页。

择其一条析之。

> 外出办事第一不要车马鲜明，恐人暗算；住客店，铺设不要富丽，恐动人之眼目；过关隘，必带文凭，不漏税物，免生阻滞；不赴歌舞，不走娼门，不饮过量之酒。不昧良心账目以行私弊。旷野之处，如路遇生人，不说真言实姓，恐匪人无端设计，冒充姓名以被诬害事。宜儒雅，不可彰名较著，此乃仔细之道也。

强势群体的心理具有一种本能的优越，而身处困境的个体和弱势群体就会产生一种无限的迷茫意识，孤独感、困惑感使他们觉得无助，精神上会长期处于非理性状态，唯一的发泄渠道是通过拯救论克服"心理休克"状态。晋商的创业者在困境中感到无助，只好求助于家乡关公神灵的一线玄机，祈求神佑的心理机制就把神本与人本宗教伦理融合在了一起。当"虚拟的命运力量决定着当下生活的重要性和意义时，一切现存的苦难和逆境就会化为乌有"①。日本秋田大学副教授山下清海先生曾于1979年在横滨中华街实地调查，发现横滨华侨主要信奉商业神关帝，各家在店里均设有小神龛供奉关帝，"横滨的华侨甚至虔诚地笃信中华街有今日繁荣是仰赖关帝的庇佑"②。清翰林编修陆序秋为维多利亚列圣宫奉祀关帝写过楹联，书云："君德岂难名，乃圣乃神，乃武乃文，化起中国，恩敷异域；民情大可见，无偏无党，无反无侧，内安梓里，外睦邻邦。"③凡是有华人的地方，就有关帝文化的存在。这个结论从当代国外的资料中可以得到佐证。

1981年9月16日，毛里求斯发行了一套3枚的《宗教与文化》邮票，其中第3枚以位于该国首都路易港的关帝庙内景为主图。照片由世界关公文化促进会副会长朱正明拍摄。从照片中可以清晰地看到，关帝庙内雕工精细、形象生动。金碧辉煌的神龛及其正中供奉的关帝雕像给我们提供了关公民间信仰的真实情景。④毛里求斯于2017年6月20日又隆重推出一枚《关帝庙175周年》纪念邮票，该邮票以关帝庙外景为主图精心创意、认真设计。2016年8月，这座关帝庙被列入毛里求斯国家遗产名录，体现了毛里求斯政府一直秉持的多元文化共同发展的战略决策。

是必然中的偶然还是偶然中的必然，这是历史史观探究的问题，此处不做赘述。法属波利尼西亚于1996年5月18日为纪念"中国96亚洲国际邮展"也发行过一枚邮票，主

---

① 狄尔泰：《世界观的类型及其在形而上学体系内的展开》，《人的潜能的价值》（马斯洛等著），华夏出版社，1987年，第8页。
② 转引自童家洲：《试论关帝信仰传播日本及其演变》，《海交史研究》，海外交通史研究会，泉州海外交通史博物馆主办，1993年第1期，第28页。
③ 转引自黄德海、张禹东：《宗教与文化》，社会科学文献出版社，2005年，第362页。
④ 司徒一凡：《异国他乡的"关帝庙"》，《上海集邮》，2020年第7期。

图凸显当地华裔少女在一座中式宫殿建筑前载歌载舞的场景，同时推出的 1 枚无齿小型张，是一幅 1940 年当地华人学校的历史照片，小型张其余部分图案与邮票相同。这座中式宫殿建筑便是位于波利尼西亚塔希提岛（大溪地）帕皮提市中心的关帝庙，是当地唯一的华人寺庙。

关帝辅助了山西移民，凤河移民反过来又播扬了关帝。清廷延续了明代的文化理路，更以开放包容的姿态把关公作为护国神，同时对庙制定了强制性的规定。《清会典》中定制："南向，庙门一间，左右门各一，正门三件，前殿三间，殿外御碑亭二。东西庑各三间，东庑南燎炉一，庑北斋市各三间，后殿五间，东西庑及燎炉与前殿同，东为祭品库，西为治牲间，各三间，正殿覆黄琉璃瓦，余位筒瓦。"无论是京师内城，还是京畿村落，无论是官建还是民建，规格统一，几乎没有例外。

闲话关帝庙对联

关公姓关名羽，字云长，是老少皆知的三国名将。关羽之所以得天独厚，遍享人间香火，与历代封建帝王对他的封赐推崇有关。关羽在世时，就被曹操表封为汉寿亭侯，死后追谥壮缪。宋朝又加封武安王。明万历年再加封协天护国忠义大帝。到了民国，更与民族英雄岳飞合祀于武庙。对于这许多封赠，关羽是否都乐于接受？小迪城张道长介绍，他师父有副祖上传来的对联，是这样写的：

> 钦崇历有唐有宋有元有明，其心实惟知有汉；
> 徽号或为侯为王为君为帝，当日只不愧为臣。

这种说法可能是对的。因为关羽确实没有称王称帝的野心。而只心甘情愿对刘备称臣，一心一意效忠蜀汉。尽管曹操三日一小宴、五日一大宴地招待他，仍没有把他留住，关羽最后还是退赠物、悬侯印、过五关斩六将而去。

青云店沙堆营村位于东中心街的位置，有一座当地村民俗称"大庙"的庙宇，后据考证，名为"高台寺"。高台寺大殿供奉着关公老爷手拿《春秋》书卷坐像一尊，赤面长髯，不怒自威。关公像旁一侧为关平站像，一侧为周仓手持青龙偃月刀站立像。大殿内书有对联。

上联：志在春秋功在汉
下联：心同日月意同天

横批：亘古一人

此联基本上就是各大关帝庙常用的对子，体现了关羽忠肝义胆、义薄云天的高尚品格。

各地关帝庙楹联对关羽都有褒奖之词。传说关云长"好读《春秋》"，于是便有楹联：

知我者其为春秋乎？乃所愿则学孔子也。

志在春秋，孔圣人未见刚者；气塞天地，孟夫子所谓浩然。

由于旧时祀孔子的庙称"文庙"，祀关羽的庙称"武庙"，所以许多楹联都把关羽和孔丘并提。但孔子只称"圣"，而关羽却"圣"而兼"神"；孔子只是儒家的祖宗，而关羽则有儒释道"三教皈依"之说。如此讲来，中国历史上竟没有人可与关羽相比了。请读楹联：

三教尽皈依，正直聪明，心似日悬天上；

九州隆享祀，英灵昭格，神如水在地中。

乃圣、乃神、乃武、乃文，扶四百载承尧之运；

自西、自东、自南、自北，如七十子服孔之心。

先武穆而神，大汉千古，大宋千古；

后文宣而圣，山东一人，山西一人。

圣至于神，荐馨历千载而遥，如日月行天，江河行地；

湖开自汉，崇祀值两峰相对，有武穆在北，忠肃在南。

帝爽有昭明，当朝谥号增崇，奉戴仪同文庙肃；

神功无代谢，亘古山河作证，灵长远过蒋侯奇。

湖指杭州西湖。岳飞墓、于谦墓皆在西子湖畔，西汉和东汉历时四百多年，故有"扶四百载承尧之运"的说法。这些楹联提到了很多历史人物。又比之亘古永存的日月江河，把关羽抬到了极端的高度，褒奖之词无以复加了。

关羽既是圣又是神，当然不允许有人提他的缺点。

史学家陈寿在《三国志》中只提了一句"关刚而自矜"，便有人出来打抱不平。有一副关帝庙对联说：

史官拟议曰矜，误矣，视吴魏诸人，原如无物；

后世尊崇为帝，敢乎，论春秋大义，还是汉臣。

虽然在为关羽辩白，却没有说服的力量。视"诸人"如"无物"，反而证实关羽的矜了。

据《熙朝新语》记载，山东有儒生张孝文，崇奉关帝十分虔诚。一次，张孝文于病中梦入关庙，见关羽穿汉代衣冠正在那里办理公事。关羽对张孝文说："我庙中的楹柱对联，肤浅俚俗，甚不惬意，你与我有香火缘分，何不另外给我撰写一副？"张生当即跪颂一联：

数定三分，扶汉室，削吴吞魏，辛苦备尝，未了平生事业；

志成一统，佐熙朝，伏寇降魔，威灵丕振，只完当日精忠。

上联比较实事求是地概括了关羽的一生，只叹事业未成，颇含惋惜感慨之情。下联则是要关羽似昔日精忠保佑当今朝廷，为之"降魔伏寇"。这个"梦"当然是无稽之谈，对联的作者，不过是借此劝诫世人效法关羽，为朝廷卖命而已。

关羽一千多年来受到人们如此景仰和敬重，除历代封建统治者有目的的推崇外，也与他被小说美化了的事迹有关。说他不爱财、不好色、不嗜酒，光明磊落，而且胆识过人，英勇无敌。其桃园结义，誓同生死，共图大业，成为历代有志之士结盟的典范。他对曹操的一段礼遇之恩，先是替曹操斩颜良诛文丑，后又义释华容。这当然是丧失原则的私恩公报，但过去却有人认为这仍不失为"义士"行为。据传青云店镇街中东侧一阁楼，名曰"文昌阁"，也叫"魁屏阁"，曾挂一副长联，还这样为之夺理：

识者观时，当西汉未收，昭烈尚无尺土。操虽汉贼，犹是朝臣，至一十八骑走华容，势方穷促。而慨释非徒报德，只缘急国计而缓奸雄，千古有谁共白。

君子喻义，恨东吴割据，刘氏已失偏隅。权即人豪，诅应抗主，以八十一州称敌国，罪实难逃。而拒婚岂曰骄矜，明示绝强援以尊王室，寸心只在自知。

大概文人笔下有时难免"公说公有理，婆说婆有理"，这副对联把义释华容解释为"急国计而缓奸雄"，把拒婚东吴又解释为"绝强援以尊王室"，可算是善于强词了。关公有妻室有子嗣。人们通常把关羽父子同时供奉，但也有专门建关夫人庙的，其楹联曰：

> 生何氏，没何年，盖弗可考矣；
>
> 夫尽忠，子尽孝，可不谓贤乎。

真是"爱屋及乌"。盖了庙，还不知夫人的姓氏，情形近似滑稽。好在也有人考证出关夫人姓胡。发现关羽祖考大略的是康熙年间的于昌，发现的经过还是老规矩——关公显神托梦。于昌读书于关羽的故居"塔庙"。梦关公授"易牌"二字，醒后见浚井者得巨砖。根据砖上的文字，找到了关羽祖先的墓碑，终于弄清楚关羽的家世。这也算是一则奇闻吧。

关羽是被神化了的，也是被历代统治阶级吹捧起来的。上面引用的有关联语，虽然说可以窥见不同时代不同人们心目中的关羽形象，但要想了解他的真貌，比较可靠的还是要去看陈寿的《三国志》。[①]

三、凤河"三镇"的田野调查

民间信仰把至上力量的道德命令安扎在人们心中，而习俗正好是宗教伦理转换为道德他律的民间文化载体，一旦日常生活形成一种理所当然的习性，遵守约定俗成的道德规范就会成为应当和应该。信仰的空间产生如此的道德行为的惯性力量，虽属外在，通过习惯规定下来，自律性的行为规则就自然而然。正如休谟在《人类理解研究》一书中把这种习惯看作是人类生活的伟大指南，缘在于人类缺乏意识自信，祈望一种强势的神圣道德力量来约束人类贪欲的本性，只有唤起人们的良知，才会转化为一支独特的道德他律力量。

1. 传说融入史料的语境

对民间信仰的关注，一直是非遗赖以支撑的民俗学、社会学的社会史热点。张成福在《毁灭、重建与扩建——主簿营村关帝庙历史的田野考察报告》中认为，围绕着历史上民间的信仰实践，不同的研究维度都会做出自己的诠释。[②]加拿大学者丁荷生研究发现，"自 1979 年以来……中国各地约有两百万个村庙被重修重建，并且长期以来被认为已失传的传统正在这些庙宇中重塑"[③]。到 2019 年，被重修重建的庙宇早已超过了一两百万个。刘

---

① 青云店人民政府：《青云店故事汇》，2014 年 12 月。

② 张成福：《毁灭、重建与扩建——主簿营村关帝庙历史的田野考察报告》，《民间文化论坛》，2019年第 1 期。

③ ［加］Keenth Dean（丁荷生）：《中国东南地方宗教仪式传统：对宗教定义和仪式理论的挑战》，《学海》，2009 年第 3 期。

正爱的民族志报告表明："村民的信仰生活中充满了知识生产与传统再造的过程。"①北京大学教授张志刚认为："在民间信仰的复兴过程中，基层群众的精神需要是基础，当地精英的策划组织是关键。"②面对千百年来袅袅升腾的香烟，以敬拜和内心警示为核心的庙会成为中国乡土宗教与文化时明时暗的风景。③

学者岳永逸提出，要"突破人与神、家与庙、公与私、一神教与多神教的机械对立"④。华智亚在民众生活和民间信仰自身的逻辑中寻找信仰者热衷于举办庙会的原因，认为"热闹"是隐藏在其背后的文化逻辑。⑤

历史实存的庙宇往往是村民划分地理、生活空间的重要参照物，它们和院墙、院门、大坑、水井等与村民物质生活密切相关的生活必需品一样，在村民的生活中发挥着举足轻重的作用，共同构成了"乡村的地标"。⑥关帝庙作为村民的历史记忆和集体无意识，除了作为地标外，更重要地承担了村民关于国家、历史、个人生活的记忆。明朝是关帝信仰兴盛的重要时期，尤其在明万历年间，"侯则居九州之广，上自都城，下至墟落，虽烟火数家，亦靡不醵金构祠，肖像以临，球马弓刀，穷其力之所办"⑦。碑文此处所言之"侯"正是指的汉寿亭侯关羽。明初朱元璋于洪武元年（1368 年）下令恢复关羽生前原有的汉寿亭侯封号。村民所记忆的"万历年间修"，正是关羽在历史上达到鼎盛地位的时刻。关羽"在万历十三年（1585 年），由民间私封为'协天大帝'"，万历四十二年（1614 年），关公被万历皇帝正式封为"三界伏魔大帝神威远振天尊关圣帝君"⑧。受此影响，民间也开始流传关公因护国保驾而受封为"伏魔大帝"，这样，"明代万历年间也就是关羽神圣化历史进程中登峰造极的阶段"⑨。包诗卿的研究也指出："明代是关羽信仰传播和普及的重要时期，也是关羽庙宇兴修和扩建的重要阶段……到明代后期，关羽祠宇数量甚至超过孔庙。"⑩大兴区长子营镇、采育镇、青云店镇的关帝庙据传也是万历年间初次修建的，正好与关帝信仰在中国北方发展的大潮流相符。碑文中所说的关帝"曾几显圣"，也是村民的

① 刘正爱：《村落社会的知识生产与传统再造——以山西寺庙重建为例》，《宗教人类学》（第六辑），2015 年。
② 张志刚：《"中国民间信仰研究"反思——从田野调查、学术症结到理论重建》，《学术月刊》，2016 年第 11 期。
③ 岳永逸、王雅宏：《神圣与世俗：庙会中物的流转和辩证法》，《世界宗教文化》，2015 年第 3 期。
④ 岳永逸：《宗教、文化与功利主义：中国乡土庙会的学界图景》，《云南师范大学学报》（哲学社会科学版），2015 年第 2 期。
⑤ 华智亚：《热闹与乡村庙会传统的生命力——以冀中南地区为中心的考察》，《文化遗产》，2012 年第 4 期。
⑥ 岳永逸：《传统民间文化与新农村建设——以华北梨区庙会为例》，《社会》，2008 年第 6 期。
⑦ 徐渭：《徐文长逸稿》，台北伟文图书出版社，1976 年。
⑧ 王见川、皮庆生：《中国近世民间信仰：宋元明清》，上海人民出版社，2010 年，第 281 页。
⑨ 李惠明：《试论关羽神圣化的历史过程》，《上海师范大学学报》，1996 年第 4 期。
⑩ 包诗卿：《明代关羽信仰传播基础述论》，《河北师范大学学报》（哲学社会科学版），2008 年第 5 期。

重要记忆。范丽珠结合自己对中国北方民间宗教的研究指出："悠久的历史和丰富的传统资源往往是民间寺庙和仪式得以恢复的重要依据。"[①]

2. 从"神灵中心"转向"庙宇中心"

神灵是关公研究的核心，但从乡村和社会层面考察，庙宇则是关公研究的核心。"在这个意义上的社庙绝不仅仅是一个信仰活动的场所，庙是乡村社会、经济和文化生活的一个缩影和集中体现。关帝庙是最典型的代表。"

关帝庙是一座衙门，是基层政府的议事厅；关帝庙是一个社民权利和义务的确认地；关帝庙是一座法庭，是乡村调解纠纷的地方；关帝庙是一个新闻通讯社和学校，是乡村的信息中心和教化中心；关帝庙是一处市场，乡村庙会常常在庙宇附近举办；关帝庙是一所医院和心理诊所，人们在这里寻求心理的慰藉；关帝庙是一间剧场，几乎有庙就有戏台……关帝庙是区域乡村各类场所的集合地，几乎涉及乡村生活的方方面面，绝非单纯的信仰和文化范畴所能涵括。"庙宇是村社治理的核心，它是村社组织的具体的活动空间。"[②]

多神崇拜是中国民间信仰的最大特点，而在众多神灵中，关公常常居于非常显赫的中心地位。关帝信仰所承载的信义精神是村社组织建立过程最需要的伦理价值，因此以关帝来作为社的名字更为合理。

作为一项重要的关帝庙习俗，搭戏台唱戏并非单纯地承载酬神功能，还有对外宣传、对内教化及村际交往等社会功能。对于很多村民来说，娱乐功能甚至居于首位。可以说，时代越往后，信仰之上被附加的其他功能越多，类似碑文足以反衬村民对修庙唱戏的热情在某些时间节点上显然要高于神灵本身。这种外在形式掩盖内在意义的习俗现象，在当下乡村仍大范围存在。

区域乡村的各类人群几乎都与关帝庙产生联系，以往受关注最多的当推商人，大致沿着关公忠义精神与商人先义后利理念相契合的思路展开。

3. 实用理性的自觉

晋商初期创业不是靠项目、资本、策划、运营，而是在拓展生存空间中孤军作战（最多是族戚联袂）。境遇多舛、生存维艰势必要求形成合力，竭诚团结，于是，以族缘、地缘为桥梁纽结的宗亲会和同乡会组织（后来发展为晋商会馆、山陕会馆、"七省会馆"等）应运而生。由于关帝"忠义"楷模的准绳规范商业行为，因而各会馆成员都能自觉地守望

[①] 范丽珠：《中国北方乡村民间宗教的复兴及其策略》，《甘肃理论学刊》，2010年第6期。

[②] 郝平、杨波：《超越信仰：明清高平关帝庙现象与晋东南乡村社会》，商务印书馆，2019年。

良知、虔诚合作，谋求共同生存与发展的正当利益。每年农历五月十三关帝诞辰之时，各会馆都要举行隆重的庆祝活动，有的还演戏酬神①，甚至进行春秋二祭。精神上的支撑和心理慰藉并非西方经济学家马斯洛、赫兹伯格的"需求层次理论"所能说明的，需求层次论从五个方面细化了哲学意义上人生的两重世界——意义世界和现实生存世界。一副关帝庙前的对联富有意蕴："大地几英雄，碧血丹心，千古云霄思汉鼎；天涯有桑梓，春椒秋菊，一堂风月话乡亲。"这幅长联在洛阳、成都山陕会馆和许多关帝庙（包括晋商会馆）都能看到，说明关公既是保护神和商业神，也是家乡乡土观念的象征。"许多人参加（对关帝的）祭祀活动，主要是基于文化上的认同和增进同乡友谊，并当作一项社会联谊活动。"②即使后来随着晋商票号拓展到日本、朝鲜、俄罗斯等海外许多国家，以关帝为主的崇拜活动也未曾停歇，"侨居此地的华侨，将关帝庙视为中华民族的崇拜象征，无论是从中国内地来的，还是从中国港台来的，还是外国辗转而至的，都以此庙为中心，在这里认知自己的文化之根③。关公庙除了祭祀关羽外，基本形成关公为主祭，配以行业诸神和固定节日的祭祀文化系统，现将北京临襄会馆祭祀条规罗列如下：

正月初二　祭财神

三月十五　恭祭玄坛圣诞

五月十三　关帝

六月廿二、廿三　恭祭马王、火帝圣诞

七月初一　祭酱祖、醋姑

七月廿二　财神圣诞

八月十八　恭祭 酒仙

九月十八　恭祭财神

十月初一　祭神

每年阴历年终除夕日，恭祭列位圣神

明清晋商信仰里，形而上学的宗教概念形成一套非常现实化的宗教观。这种宗教观的出发点是祈求神明保佑。民间的宗教属泛神论，三教的神皆被赋予同样的使命，普遍地被膜拜。因此，同时到儒、道、佛庙宇上香，交无抵触处，甚至三教的神明同时被置于同一庙宇内祭祀。④

①　黄德海、张禹东：《宗教与文化》，社会科学文献出版社，2005年，第361页。

②　童家洲：《试论关帝信仰传播日本及其演变》，《海交史研究》，1993年第1期，第31页。

③　孙立川：《从通淮关帝庙到神户关帝庙》，《泉州晚报》，1989年6月6日。

④　参见林孝胜、张夏帏、柯木林、吴华、张清江、李奕志等汇编，由新加坡南洋学会出版的内部资料。

对于各位神祇殿宇，建筑宏伟，悬挂着众商会所送的牌匾和对联，这是抄录自汉口山陕会馆的部分神殿对联：

关圣帝：麟经炳千秋浩气弥纶江汉仕商钦宝训
　　　　鹤楼高万尺名区辉映晋秦桑梓肃明禋

魁星楼：东郊紫气冲霄汉
　　　　北阙文光射斗牛

财神殿：开财之源节财之流悉赖神功为主宰
　　　　爵以驭贵禄以驭富多由明德荐馨香

天后宫：圣德齐天颁来玉简金函功操海宇
　　　　母仪称后睹此波恬浪静福惠苍生

七圣殿：一十七世现身说法统智愚贤否悉皈化育
　　　　万千百年司录兴文普山陬海澨咸沐灵光

吕祖阁：点石得先生黄金布地
　　　　飞身来上界宝剑横秋

泰山庙：体大物博祖阳气之发东方
　　　　云行雨施不崇朝而遍天下

地藏庵：锡杖用当年地狱内超升不少
　　　　金仙成此日藏府中显应无边

不能从"玄学的意义上把握任何事情，但是这些事情却能从心理学的意义上予以阐明"①。在信仰的世界中，宗教价值就是建立在这样一种事实上的："生命的价值都是和生命总的、整体的意义相联系的。这种意义在于道德的价值，在于灵魂的规范性，在于实现灵魂真正的价值命运。这一最高价值超越了空间、时间及物质。它是整个生存的造化，是宇宙意义上的专注，是履行义务的心灵满足。"②这一价值可以通过两种方式的信念表达出来：一是最高的、最完美的价值是无处不在、无时不有的；二是否定空间和时间，设想出一种永恒而无限的超越。不管怎么说，对于经验主体，"这两者都意味着从有限和终极的诸种制约中获得可以企及的最大自由。伦理信仰都是针对生命的精神意义的，因而也就超越了空间和时间中的事物，达到了赋予灵魂以终极意义的那种价值关系"③。

---

① 卫礼贤、荣格：《金华养生秘旨与分析心理学》，通山译，东方出版社，1993，第120页。
② 施普兰格尔：《价值的等级》，《人的潜能和价值》（马斯洛等著），华夏出版社，1987年，第21页。
③ 马斯洛：《人的潜能与价值》，华夏出版社，1987年，第20-21页。

司马谈揭示的中国文化的精神底蕴，正好说明晋中民间信仰关帝的宗教文化上升到传统哲学的理论高度，使得民间文化"其为术也，因阴阳之大顺，采儒墨之善，撮名法之要，与时迁移，应物变化，立俗施事，无所不宜，指约而易操，事少而功多"①。在理想的精神构成之中，坚定的宗教倾向是最为高尚的。关公信仰作为一种文化，从某种意义上看，就具有团结的凝聚力、鼓舞的号召力和培养道德品质的向心力。

4. 关帝配祀的规格等级

明清晋中商人主要是通过习俗完成宗教礼仪的伦理性，进而把宗教伦理推向制度化，从制度上确定了人对民间神敬仰和崇拜的本质。关公信仰是他们的核心宗教价值观。鉴于生存应然状态的需要，主祭关公时辅以多神配祭表现为更加迫切的实用理性诉诸。无论在关公庙（包括后来发展扩大的晋商会馆）、民间祭祀场所还是在私人住宅，无论是重大公益节日还是个人生活中的婚丧嫁娶，关公祭祀礼仪表达的是对神的长期敬畏，其他配神的祭祀则隐含着非常功利的现实诉求和索求——或忏悔以求宽恕，或发愿以表感恩，或迷茫以求指点。晋中民间祭祀习俗自唐代开始，以家禽动物牲祭制度较为普遍，到了明清，祭祀制度有了改变，人们意识到这种方式是人的原始野蛮本性与神的残暴的叠加，毕竟牺牲也是生命，与佛教和道教教义违背。明清晋中人膜拜关公和其他民间神祇，把牲祭改为食祭，除了固定的节日用猪头和公鸡祭神，其他时间都用食品代替。食祭方式更为朴实，以米饭、糕点、瓜果等生活食品。②

在传统村落的人际圈子里，形而上学的宗教被简单化和世俗化，民间的习俗信仰大量以泛神论方式表现，儒释道三教的神皆被赋予同样的使命。一个家庭、一个族群同时到儒、道、佛庙宇上香，甚至三教的神明同时被置于同一庙宇内，可以和平共处。③民间神祇的关公配神主要有八种，差不多在所有的晋商会馆志和碑刻的资料记载中均可找到，并且晋祠博物馆的历史文献进一步验证了祭祀配神的民间习俗。刘文炳记述："一年之中所需神像、烛台、香炉、奠爵笾豆之属，与香烛、金银箔、爆竹、花边以及种种祭品，在咸同之间比户丰饶，虽一小村而所耗甚巨。"④

（1）财神。文财神是春秋越国的范蠡。关于武财神，有二说，一是道教中的赵公明。赵氏为虚构，传说是汉代张天师之徒，张炼丹成功分丹与之食，遂成仙。张天师命他守

① 司马谈：《论六家要旨》第 10 册，中华书局，1959 年。
② 根据介休、徐沟、太谷等多个明清晋中区域的县志综合而成。这些习俗一直沿用到现在。同时根据殷俊玲博士调查的太谷武保德、榆次常凤岱 2003 年 6 月至 2004 年 10 月口述资料。
③ 林孝胜：《典型华族庙宇玉皇殿》，《石叻古迹》第 117 页，《石叻古迹》由林孝胜、张夏帏、柯木林、吴华、张清江、李奕志合著，新加坡南洋学会出版。
④ 刘文炳：《徐沟县志》，山西人民出版社，1992 年，第 262 页。

坛，赵公明遂成为后人尊奉的财神，故又称赵玄坛。另一是关羽。在商业活动中，商人希望获取最大利润。晋商与其他商人一样，崇祀财神，希望财神保佑他们生意兴隆，财源茂盛。

（2）真武大帝。民间又称"玄天大帝""荡魔天尊"。玄武在道教声威显赫，地位仅次于"三清"和"玉皇大帝"。人们对玄武的信仰很早。在上古神话中，玄武本名玄冥，是水神。这位水神即鲧。西周以来，二十八星宿之说开始兴盛。二十八宿即二十八个星座，分为东南西北四方，每方各辖一神，统称四方之神。传说明初朱棣起兵成功，便大建玄武庙，致玄武香火日盛。玄武是北方驱邪保护神，晋商崇祀玄武（真武）大帝是很自然的。

（3）火德真君。火在我国起源很早。火，作为神灵，以炎帝为帝、祝融为神、燧人氏为先火。古典小说《封神演义》又以罗宣为"南方三气火德星君"。火，给人类带来光明、温暖，促进了人类文明的发展，同时也给人类带来火灾，因此人们对火是又敬又怕。晋商崇祀火神，是为了保佑平安，不致遭受火灾之险，特别是烟、布、炉行，多祀火德星君。

（4）菩萨尊神。菩萨是指文殊、普贤等四大菩萨。晋商特别是经营油粮盐行的晋商，把菩萨作为保护神予以供奉。

（5）马王爷。人们对马，由感恩到崇祀，是很自然的事。民间传说马王爷有三只眼，盖源于此。明清晋商足迹遍布天下，马不仅是重要的交通工具，还是驮载货物的重要工具。因此晋商供奉马王爷，以求人畜平安。

（6）炉神。铜、铁、锡、炭是山西人的资源优势，经营此行的晋商均需炉火供应，故崇祀炉神。崇祀之炉神是太上老君，即老子。老子是道教创始人，能炼丹炼汞，有一座八卦炉。《封神演义》称："能工巧匠费经营，老君炉里炼成兵，造出一根银兵戟，安邦定国正乾坤。"因此，老子是晋商崇祀的行业之神。

（7）酒仙尊神。酒文化源远流长，没有文字记载前就有了酒的神话。而杜康是传说中最擅酿酒者，晋商经营酒行业者，供奉杜康为酒神，祈佑其酒业兴隆。

（8）葛、梅二仙。晋商中颜料行崇祀的行业神。

此外，晋商中供奉的行业之神还有蔡伦、吴道子、孙膑、张飞、金花圣母等。晋中祭祀的实用理性完全是民俗的长期积淀，神性体验也根据祭祀者的诉求目的和境遇伦理的不同而有不同的感受。民间信仰行为作为一种文化，与其他文化现象一样，也是良莠并存的。落后、粗鄙和不合时宜时常被作为"沉渣"的东西为现代人鄙弃。但还要看到，晋商民间信仰行为中也不乏有价值的和积极的因素。比如，对爱国志士和圣贤豪杰的崇拜、对为了维护民族生存与侵略者浴血奋战的英雄祖先的崇拜、对在创造发明上特殊贡献的能工巧匠的崇拜、对那些为人类的安全而补天衲地的创世之神的崇拜等，民间习俗的感受方式与中国传统文化的内证思维是重合的，这也印映了孔子、孟子及禅宗的圣典。孟子说过："尽其心者知其性，知其性者则知天。"这是"走内在超越的路，和西方外在超越恰成一鲜明的对照"（余英时语）。明清晋中民俗实践表明了宗教剥离巫术成分的理性程度大大超过以前（从祭祀物象的变化可以看得出来），而且已不是道教在民间伦理化，同时也不是宗教异端，恰恰走了一条儒释道文化合流的内证体验方式的独特路径，晋商会馆和民间的城隍庙都是神律极强的外在道德规范，且看长联的警示：

问尔生平，所作何时？欺人懦，诈人财，坑人命，占夺人田地，奸淫人妻女。罪大恶极，是不是？摸摸心头，想从前，机谋诡计，还能用得着？

到我这里，有冤必报。钩尔魂，灭尔产，荡尔家，降罚尔遭殃，灭绝尔子孙。神嚎鬼哭，怕不怕？睁睁眼睛，到此时，腥风恶焰，曾饶过谁来？

5. 民间信仰的集体无意识

在长子营镇下长子营村村民的历史记忆里，关帝庙和关公在村落文化语境中发挥着极其重要的作用。

首先，关帝庙是村里的地标，它曾经是村落居民在自己文化空间里叙述地理空间的重要标志物和文化场所。同时还是村民神圣世界的重要组成部分，和土地庙一样承担着个人生死之间中转站的职能。

其次，关帝显然是村落的地方保护神，没有他，村落就难得安宁，甚至关帝有时候还会帮助村民"欺负"一下外来者。

最后，关帝庙和村落的历史、民俗生活、现实生活密切相关，它曾经是革命的圣地，已经有机地融入村民的日常生活中，没有了关帝庙，村民的很多精神和现实需求都无法得到满足。因此，进入 21 世纪后，村民们开始张罗起重修关帝庙的事宜。

李向平指出："信仰认同是宗教与社会互动的结果。"[1]在山西运城市解州镇西关关帝庙开光后，不同的社会群体还在通过不同的方式持续地强化对关帝信仰的认同，他们力图通过广泛"传播见证"和"礼物交换"的传统来实现这一目标。因此，可以说，现在村民们对关帝庙的认同是被不同的群体一起无意识地建构起来的。

村民们口耳相传他们所见、所闻的"见证"，关公的灵验在村民中得到了普遍认同。

---

[1]　李向平：《信仰但不认同：当代中国信仰的社会学诠释》，社会科学文献出版社，2010 年，第 219 页。

也正是因为这种认同，在关帝庙建成后"发展"的过程中，更多的村民捐钱捐物、娱神、拜神、光大庙貌，通过这种"礼物交换"，关帝在村民的心目中更加威严、神圣。经过"见证"与"礼物交换"的互动，村民们甚至是无意识地建构起了对关帝的信仰认同。这种认同建构作为信仰在民间社会存在的一种方式或机制，还将持续下去，并对村民的日常生活产生持久的影响。

村民说，这里的高跷是从关里（指山海关）学来的，从清代末期传来的。有的人打小就学，愿意学。村落黄土地上的表演绝不同于舞台上的表演，因为这是本于心的表述，这种心性有对天地自然化育的感恩之情，有对生于斯长于斯的村社的眷恋之情，有对自己的家人及亲朋好友的真挚之情。

他们给演出的人做饭、化妆、做道具等，高音喇叭把现场的信息传遍了千户人家。他们都完全沉浸在"狂欢"的共同感受中。但是，这与西方的狂欢不同，钟敬文先生说："中国的这些民间社火、赛会和庙会中的狂欢现象所包含的文化内涵，要相对复杂一些……他们与现实的崇拜信仰，依然有着比较深切的关系。"① 在村的元宵节关帝庙会上，民众通过与平常的生活不同的特殊的文化表述，畅快淋漓地宣泄了求福纳吉的心理，坚定了生活愿望与生活信念。学者认为，"节日为人们提供了一个相互沟通和理解的公共世界，传达出某些这个民族共享的文化知识和它观察生活、了解世界的认知，充分显现着一个民族文化的价值意识和原型。"②"正月十五元宵节关帝庙盛会"既是传统农耕村落集体记忆的展示，又显示了这个蒙古族和汉族杂居的农耕村落的春节和元宵节的文化特质。这种"文化再生产"不是个体的文化行为，而是对于集体文化的记忆重构和民族关系和谐的重新认同。

四、伦理教化和道义统摄

道德力量的唤起依靠内心的自觉，这种自觉性需要载体的支撑。关公文化最通俗、最民间化的传播方式就是通过搭台唱戏、祭祀制度化、善行义为等看得见、摸得着、感受得到的方式实现。艺术的生活化和生活的艺术化让漂泊外地的人群直面命运的不可把握。凡节日年关，乡人常常在会馆欢聚一堂，聚酬演戏。置身于乡社戏台气氛中，聆听乡土苦辣酸甜的醒世恒言、劝世良言，在超然形上、物外无我的戏声中陶醉，调节抑郁。戏剧艺术是凤河移民群体所能寻找到的心灵避风港。会馆、关公庙，则是乡缘业缘的精神之所。

① 钟敬文：《文学狂欢化思想与狂欢》，《光明日报》，1999年1月28日。
② 孟慧英：《从多元文化视角看民族传统节日》，《民间文化论坛》，2006年第1期。

1. 戏剧艺术的精神体验

关公庙（包括后来扩展成为会馆的）的酬神演戏是关公庙制文化的重要组成部分，晋中乡土戏剧的衍生正好迎合了移民们经商创业过程中的心理。戏剧是艺术的文化，它通过直观、形象、直指人心的艺术对白把宗教伦理变为现世的说教，既有娱乐的功能，又有教化的实用。当创业的成败系于不可把握的不可知时，以宗教文化为土壤的戏剧艺术就承担了寄托生活价值观的使命。晋商带动山西梆子，使之成为所有地方戏剧目中最有生命力的艺术传播方式。[①] 有时商业活动达到预期目的时，晋商们也举办酬神和演戏活动。晋商会馆多建有戏台，有馆必有戏台。[②] 日本学者仁井田陞在 20 世纪 40 年代曾对北京工商会馆进行调查，其所著《北京工商行会》记述了山西临襄会馆三月十五日油盐合行春季聚岁演戏节目单：

天官赐福（戏谱）

全班合演：渭水河

《日良关》方荣翔　孟昭元　董富连　李启贵

《双怕婆》冯玉仙　李益善　商四亮

《华蝴蝶》王少琴　范斌泉　全武行　吴德贵　张金元

《滑油山》王盛茹　王长寿　程天佑　田长福

《打花鼓》刘玉荣　李益善　商四亮

《坐楼杀惜》郭少衡　吕长福　董兰亭　李文村

《辕门斩子》李慧芬　张洪祥　刘峻峰　张奎斌

《铁公鸡》姜铁麟　全武行　罗　斌　于义亭

早十钟开戏至下午七钟止戏

明清京师山西商人聚集的地区尤其是平遥、祁县、太谷、汾阳、榆次等县，戏班林立，笙鼓不绝。据现存舞台题壁及艺人回忆，仅平遥出现过的戏剧班社就至少有协同班、春和园、昌盛源、永福社班、众义园等二十多个晋剧班社；祁县有庆梨园、吉梨园、同梨园等数十个戏班；太谷有锦梨园、双梨园、金下班、昆梨园等十几个戏班。寿阳至少有 58 个戏班。[③] 从戏班生意火热程度推演出晋中梆子戏的市场需求度。戏是晋商和晋中生活不可分割的重要组成部分。"里中演戏，系造作草纸之家敬奉造纸之蔡侯，今日第三

---

① 王易风：《山右戏曲杂记》，北岳文艺出版社，1991 年，第 88—90 页。
② 寒声：《晋商在晋剧形成中的历史贡献》，《晋商史料研究》，山西人民出版社，2001 年。
③ 《汾阳县志》，海潮出版社，1998 年，第 787 页。

天，来观者众多，昨日约数万人。""晋祠商家翌日开市，今日演剧……惟去年正月因乱未曾演剧，而开市者亦寥寥无几。""里中商号，今日开市，晋祠商家亦然……晋祠商号亦且演剧以贺。"①演戏资助当然是商家，"有会必有戏，非戏则会不闹，不闹则趋之者寡，而贸易亦因之而少甚矣。戏故不可少也……"②由于演戏同样存在商机，精明的晋中商人自然乐此不疲。对于晋商精神与戏剧的密切关联，民国时刘文炳著《徐沟县志》记述道：光绪大祲以后，十有余载，年丰人乐，商者仍利，酬神之剧无地不多，每年剧班辗转游演于各县境者，多至五六十组，且孩子戏如北平所谓之科班者亦七八组。县城关之神庙每年无不有戏，且不止一等。县官之马号马王庙，亦不时有剧。故一岁之中时有戏期，春夏之交，几乎日日有演。直至清末时，社会人心之渐进，社会购买力亦渐弱，故当时之戏只有二十组，民国初年尚有十组，今则三四组而尚多休。他还说："戏剧之盛衰进退，关系于社会经济之顺逆。""光绪丁丑大祲之前，十室九温，县城为南北粮食总汇之地，粮行营业右媲天骄，豪商虎盘，……在此特期，剧情与音乐技术之进不可以道里计。""在李、渠组班（指粮商李玉和组舞霓园、巨商渠源淦组聚梨园）未出之先，技艺虽精而守简朴。演剧酬神献三日戏，最高之价不过二十缗，咸同以后则渐增。光绪大祲以后，百缗以上则为寻常，而乐具之改进亦在此时。相同之乐具，如鼓子、板、小锣、小铙，皆苏州制，月琴、三弦则北京制。"③生意的兴隆带来戏曲的繁荣，戏目的精湛满足了晋商的精神世界和虚荣。戏已不止于乡党邻里，而是作为文化产业随商而动，凡有会馆和关公庙的地方，一定有晋中梆子戏。

可以判定，上述山西会馆戏楼并不是当时之全部。但也可看出，梆子戏随晋商而走到了大江南北。

生活是需要艺术的，而真善美的艺术精神又以宗教的审美和情趣为重要构成。黑格尔说："宗教往往需要利用艺术来使人们更好地感到宗教的真理，或是用图像说明宗教真理以便于想象。"④

戏把符号、标志美、实感性（建筑）的体验美、艺术（书法、绘画、雕刻）的幻想美这些神圣性的象征完成有形与无形、有限与无限、超越与静态的和谐。戏使得晋中商人以遵循博爱、仁义、慈悲的精神处理人际，以善思善行体现情操，因内心体验神的爱感到自信、自豪，从而获得一种自赎和自我完善的满足感。

太谷秧歌《看秧歌》中就唱出了北洸村秧歌酬神演出时的热闹景象。⑤

① 刘大鹏：《退想斋日记》，民国二十年铅印本，山西图书馆藏，第176年、第191页、第193页。
② 刘文峰：《山陕商人与梆子戏》，文化艺术出版社，1996年，第182页。
③ 刘文炳：《徐沟县志》，山西人民出版社，1992年，第294页。
④ 黑格尔：《美学》第1卷，商务印书馆，1979年，第105页。
⑤ 吕洛清：《太谷的票儿班》（手抄本）。

家住太谷在沙河，北洸村搭起台台唱秧歌……大道上人儿多三五成群，男男女女都是要去北洸村。戏台搭在鼎峪东，车儿打得十来乘。戏场里头人山人海，卖吃卖喝的摊摊两边排……

戏是生活大餐，随时都可演出，婚娶之喜、生子之喜、科考之喜、生日之庆等。有的举办演出只不过是为了某个许愿，目的是表达对于如愿的感激。有的商家在家祭时也要请戏班唱戏，这样的演戏还频繁地出现于庙会、寺庙开光、开市、标期、节庆等场合。正由于这种需要，当地戏班林立，风采各异，整日笙歌不绝。与此相应，到处都有戏台。一般规模的寺庙都建有戏台，如清末年间，清徐县各村戏台甚多，有大小戏台 100 多座。[1]

卫聚贤在其所著的《山西票号史》中阐述得十分清楚。[2]

山西商人，在各地常集资建立关帝庙，作为集会之所。于每年关帝诞日，多演戏酬神，用作同行的大集会。如遇小事，亦可到关帝庙集议，因为关羽是山西解县人，各地人多敬仰而设庙祀，山西商人也借此而建立关帝庙。又传关帝为财神，此又商人所必祀，山西各地的行会，即设在关帝庙内。在关帝庙演戏酬神一般要连演三日，所需的经费大多由各晋商店铺依生意大小集资摊派。这不仅在山西本土如此，凡是有晋商汇聚的各大商埠皆是如此。

他们在孤寂苦行的商旅生涯中，对家乡的梆子戏更是情有独钟，不断地演出这种独特的家乡戏，"梆子腔"终于走出三晋传及全国，从而在清末引发了一场梆子戏的盛行热潮，这不能不说是众多晋商对晋剧艺术传播发展的贡献。

晋中梆子戏走红除其再现宗教伦理的自身教化因素外，与晋商实现士商互动的精神公关亦有关系。陈其田在《山西票庄考略》一书中指出[3]：

票庄结交王公大人，多在相公下处，相公下处的酒席非常讲究，招待殷勤，屋内布置也甚精致。因为妓馆是下级的交际场，高位者不肯涉足，所以结交大官必以相公下处做媒介。此处"相公"即指戏曲旦角演员，"相公下处"即他们的住所。正是由于晋商的不懈努力，京师的王公贵族们对梆腔由不欣赏到嗜好，此风后又延及

① 祁县城关乡志编写组：《城关乡志》，1988 年，第 194 页。
② 卫聚贤：《山西票号史》，三晋出版社，2017 年。
③ 陈其田：《山西票庄考略》，台北华世出版社，1937 年。

皇宫，为慈禧太后与光绪所称赏与倡导。

商贾如云是晋中秧歌戏成长的沃土。据《太谷秧歌》一书考证①，从 1875 年到 1948 年，太谷秧歌可考者共有 279 个剧目，1875—1911 年，计有秧歌曲目 161 个，现在仅摘录部分：《二八股卖菜》《二娘写状》《十把扇》《十二月对花》《十二不全》《七贤妻》《九游门》《三妻打皂》《下河南》《下凡》《大鹏起舞》《劈棺》《大上坟》《小放牛》《小姑贤》《小姑不贤》《王小二砍柴》《王小二赶脚》《王小二休妻》《王老二送女》《王少安赶船》《王婆骂鸡》《五女哭坟》《劝女》《劝妻》《打铁》《打花鼓》《打樱桃》《休瓦瓮》《打面缸》《打胎》《打油堂断》《出西口》《出东口》《顶缸》《送行》《送灯》《安安送米》《洗衣计》《珍珠倒卷帘》《姐妹拜月》《顶砖》《顶灯》《哭王更》《游花园》《游湖》《采茶》《采莲》《偷点心》《白猿偷桃》《偷菜》《借妻》《清风亭》《张连卖布》《退亲》《张生戏莺莺》《借衣》《借粮》《借当》《借灯》《换碗》《换花》《登楼》《绣花灯》《绣枕头》《绣花瓶》《绣荷包》《乡兜兜》《卖绒线》《卖画》《卖水》《踢球》《踢银灯》《踢毽毽》《女起解》《女戒金丹》《陈小二打母》《陈琳抱盒》《刘三推车》《刘二开店》《刘全敬瓜》《拾万金》《争房》《争媳》《争夫》《争夫》《韩君庵》《渡妻》《杀子报》《对银环》《两亲家相骂》《破牛》《破宴州》《算账》《水牛角》《玉杯记》《庆顶珠》《伍子胥过江》《把鹌鹑》《巫神》《苏梅三卖妻》《如意钩》《剃头》《取鼓》《孟姜女》《柜中缘》。

2. 乡愁的桑梓之情

在关帝庙原址改造、扩建，设立会馆的意义，多在晋商会馆碑刻铭文的记载中得到反映。《修建临襄会馆碑记》称："会馆之立，所以联乡情，笃友谊也。朋友居五伦之一，四海之内，以义相投，皆为兄弟。然籍同里井者，其情较洽。籍同里井，而于他乡遇之则尤洽。"制度化的会馆具有了"沙龙"、学会、宗亲、地缘帮会式思想功能，乃是仁、爱、礼、信、意、雅的精神世界和人生价值具体化的展开，是商帮与商帮、号归伙计之间有效的思想交流平台。温文尔雅的态度，谦谦有礼自重，所有的自制、自尊、自爱的人的尊严和责任得以真诚表露，被赋予感性的直观及理性的意义。浮山会馆《重修浮山会馆碑》载："建祀立馆，固由前人之缔造，而兴废补缺，尤赖后人之经营，天下事大抵然也。京师为人文荟萃之地，商贾辐辏之区，不设公所，则观光贸易者，行旅甫至，不免有宿栈假馆之繁，即仕宦坐商，欲会同而联乡谊，亦未免参商卯酉矣，此会馆之设所由来也。"②《重修临汾会馆碑记》载："北京为首善之区，商旅辐辏之地。会馆之设由来久矣。揆前人

---

① 郭奇文等：《太谷秧歌》（内部刊印），第 36—38 页。
② 《重修浮山会馆碑》，载《明清以来北京工商会馆碑刻选编》（李华编），文物出版社，1980 年。

创造之初心，非仅为祀神宴会之所，实以敦睦谊，联感情，本互相而谋福利，法意良美，至是多也。"① 会馆的权威有宗教关怀的支持，在塑造企业精神同构力方面就具有绝对的震慑力和凝聚力。当一个民族的宗教情感向民族情感转化，使得宗教情感变为一种民族的共同心理和传统习惯，这种结合起来的感情往往是一个民族强大的内聚力。② 从会馆对同乡的礼遇导出文化功能的凝聚意义，小而言之是乡土宗亲，大而言之是企业群体，导之以礼，风之以乐，才能"讲以洽闻，举遗兴礼，以为天下先"③。

虽远在他乡，再也不是从前的"兄弟析炊，亦不远徙。祖宗庐墓，永以为依"④。

晋商会馆延续了宗法效力，在"家族—地缘企业—帮会组织"中得以螺旋式递进，通过桑梓乡谊，强化了交流与合作，即使商贸中产生评议案件，会馆也"会董与原、被环座一室，胶胶扰扰，无不尽之辞，不达之隐，卒之片语解纷"⑤。在经济活动尚无成文法的明清年代，乡神和乡谊构成道德规则的重要伦理底色。

3. 唤起善行道义力量

直至民国之前，京畿、晋蒙、冀豫等主要交通路线山路崎岖、交通闭塞、信息不畅，山西人外出"淘金"并不一定都能达到预期的目的，落魄与衰败甚至客死他乡者数不胜数，这时候会馆便以慈善悲悯为己任，"以慰行旅，以安仕客"。一旦"横遭飞灾，同行相助，知单传到，即刻亲来，各怀公愤相救，虽冒危险不辞，始全行友解患扶危之谊"。或有人"疾病疴痒"，会馆则会"相倾体恤"⑥。

《临襄会馆财神庵三公地重修建筑落成记》载："会馆义园置产地之建设，因之以起，意至美，法至善也。"此处即为乡人"停枢厝棺之所"。明清晋商把儒释道善恶伦理和儒家的"不忍之心"通过"义园"理性地贯穿糅合在一起，使善恶具有了广泛的社会基础。诚如郭象所言，"凡得之者，外不资于道，内不由于己，掘然自得而独化也"⑦。而且在晋商企业组织行为中，尤其凸显的是将善恶报应理念实践化、世俗化。比如，洛阳山陕会馆的十三教条以及行善布施的主张；张家口民间宗教强调"以慈善为服务宗旨"等。在晋商生活的海外，华人庙宇（主要是关帝庙）基本上都能得到广大信众所捐献的大量缘金，这些缘金，在扣除基本费用后一般都用来作为当地居民福利基金和教育慈善基金，以发挥行

---

① 《重修临汾会馆碑记》，载《明清以来北京工商会馆碑刻选编》（李华编），文物出版社，1980 年。
② 马德邻等：《宗教，一种文化现象》，上海人民出版社，1987 年，第 15—16 页。
③ 《汉书·武帝纪》，首都图书馆藏。
④ 同治《苏州府志》卷三，"区县志"。并参见常建华：《明代宗族研究》，上海人民出版社，2005 年。
⑤ 天津市档案馆：《天津商会档案汇编（1903—1911）》上册，天津人民出版社，1989 年，第 87 页。
⑥ 赵令瑜：《中国会馆之社会学的分析》，燕京大学社会学系 1937 年学士毕业论文。并参见窦季良《同乡组织之研究》，正中书局，1946 年。
⑦ 郭庆藩：《庄子集释》第 1 册，中华书局，1961 年，第 251 页。

善布施的宗教精神。晋商会馆由于有无数商贾者的楷模行为，行善积德已变为自觉的习俗风尚。如果说俗世习俗把宗教伦理推向制度化，从制度上确定了人的敬仰和崇拜的本质，那么晋商善恶伦理则已脱掉宗教礼仪的面纱，回归到现实的道德伦理层面上来，行善是内心道德的律令，良知世界里不再隐含着一种诉求和索求，善是至大的宗教关怀，在学理层面与康德的至善论异曲同工。

第十三章　凤凰意象，吉祥出东方

既在预想之中，又出乎预料。

大兴国际机场的建成对于大兴区的每一个人来说，无疑是生活中的一件大事。既然坐落在"天下首邑"的大兴，其设计元素必有大兴本土的文化底色。是永定河、凤河、龙河的象征元素，还是南囿秋风、南海子的麋鹿、凤凰、月季的抽象意象？

大兴国际机场的造型，寓意吉祥的凤凰，代表着"凤城"京师迎接四海宾客、八方宾朋。金色凤凰与朝阳共舞，展现新世纪首善之地新形象，高端的文化意韵、深远的文脉延伸，体现了政治中心、文化中心、国际交往中心、科技创新中心"四大中心"的新特色、新气象。大兴国际机场向世界展现新时代赋予大兴区"坐拥新机场、毗邻副中心、联通雄安新区、辐射京津冀"的功能定位。

当然，这个解读是非正式的，其设计理念并没有公开。

2019 年 9 月 25 日，中共中央总书记、国家主席、中央军委主席习近平出席北京大兴国际机场投运仪式。大兴区委立足新时代，站位新起点，顺应新形势，响亮地提出了"新国门"理念，得到社会各界的高度认可。之后的第二届北京南海子文化论坛提出，"提升南海子文化国际影响力，全方位打造新国门文化"。2021 年，六届区委提出，打造"宜居宜业新大兴，繁荣开放新国门"的愿景目标，这一目标也被列入"十四五"规划发展纲要。"新国门"战略目标在大兴区正式确立。

一、凤凰从龙脉起飞

2014 年 12 月 26 日，对大兴人来说，是一个非常难忘的日子，时间将这一天定格为永恒。就在这一天，北京和全国各主流媒体在显要位置刊登了一则新闻——"北京大兴国际机场正式开工建设"。六年的努力，六年的等待，终于使这个期盼已久的项目尘埃落定。

"开工在眼前／我们呼唤了一遍又一遍／每一次总是泪流满面……只知道你是百姓福祉／只知道你是国际一流世界领先"大兴机场办负责人大吉先生（谢冠超同志）在激动中，满怀深情地写下这首诗，刊发在当天的《大兴报》上。大吉先生是机场办主要负责人，与其说他以官员的冷峻一直压抑着诗情，毋宁说是诗情表达了为这个事业付出艰辛的所有同志们的心声。《开工在眼前》，真实地传递出大兴人对于新机场的期盼和热情。乡亲们扶老携幼，不顾隆冬时节的寒冷，欢聚在开工仪式现场，倍受鼓舞。可以这样说，首都新机场项目是大兴人民最深情的期盼，如今，梦想走进现实，幸福生活准备起航。

新机场被定位为大型国际航空枢纽，规划 7 条跑道，满足年旅客吞吐量 1 亿人次，预计到 2025 年能实现旅客吞吐量 7200 万人次，货邮吞吐量 200 万吨，远超首都机场的规模。开工仪式虽然只有十分钟，却让这里的百姓看到了未来十年大兴发展的宏伟蓝图，以及幸福生活的美好愿景。

机遇总是青睐那些有准备的人。新机场带给大兴的发展机遇和区域形象，绝非一朝一夕的事情。过往时光总让人驻足回望，总有许多静默回味的思考与总结，从选址到破土动工，区委区政府群策群力，埋头苦干，发扬打主动仗、攻坚克难的精神，经过历时 6 年漫长的筹备工作，终于让新机场项目落户大兴，顺利开工。在历史为我们翻开崭新章节的这一刻，我们暂且停下，拨动时间的指针……

大兴国际机场

尘埃落定的那一刻

北京新机场项目不仅投资大，建设难度高，而且利益主体多，管理协调难。早在2008年年初，大兴区委区政府便做出"举全区之力，落实新机场建设项目"的重要批示，确保新机场选址大兴。2008年6月6日，经区委常委会研究决定，成立北京新机场建设服务中心，为选址工作从组织上提供保障。

新机场选址工作在北京、河北、天津三地展开，大兴所面临的挑战，就是如何让自身优势迅速在三地间凸显出来，赢得项目主动。在新机场选址之初，业内专家及媒体对选址大兴的方案颇有微词。区委区政府不等不靠，主动出击，主要领导实时听取北京新机场选址情况汇报，还为全区领导干部专门邀请国务院发展研究中心专家，就"北京新机场对大兴经济社会发展的机遇和挑战"进行讲解。全区从意识层面认清形势，形成共识，调动起了积极的工作热情。

北京新机场建设服务中心，也就是机场办的前身，在成立之初仅有8名工作人员。他们是临时抽调组成的"散兵游勇"，对机场选址筹建工作摸索前行。面对挑战，从区委区政府班子成员到具体一线运作的同志，处处显现出善打主动仗的精神。对新业务不懂，就边学边干。北京新机场建设服务中心组织工作人员参加全国机场科学规划建设与机场运营管理高级培训班，接受专业指导和培训；派人员借调到市发展改革委，加强信息沟通与交流；参加和举办各种形式的专家研讨会，加强课题合作及与专家的交流。对于他们来说，时间并不是以天来计算，而是以分钟、秒钟计算。夜以继日、争分夺秒成为他们的工作常态，这为新机场选址工作赢得主动打下了基础。

现实点讲，新机场选址工作并不是我们去选，而是我们被选，选择主体是国家层面，这就为选址工作带来了更多的不确定性。大兴发掘区内资源，动员一切力量，主动协调各个关节，积极获取各方面的理解和支持。新机场选址的准确信息和报告上交都是由上级单位或第三方完成，信息的获取和意愿的传递需要主动沟通和联系。为此，大兴加强了与国家发展改革委、空军、总参、中国民航局等各有关部门的联系，建立起快速准确的信息通道。在及时掌握各部门决策信息及主导意见的同时，还加强与各设计研究机构的联系，了解研究设计内容、研讨信息和方案修改意见，确保最终向国家发展改革委提交的正式报告体现出大兴优势，在国家协调小组会上能充分反映大兴的意愿。

新机场选址工作时间紧、任务重，在这样的工作体量上，工作质量却丝毫不能减。为配合市协调小组工作，大兴保质保量为市有关部门收集提供了土地、气象、水文、地震、环境、人口、规划等相关材料数据，为研究课题的顺利进行提供了有力的支持。在面对许多不利因素的挑战时，通过走访考察、反复核算研讨等，顺利将空域矛盾、基本农田、永定河泛区等问题化解。为引导主流意见，争取理解和支持，大兴通过主动走访、拜访，先后与40多位专家学者交流，并加强与研究机构的沟通。不仅如此，参加国家、市组织的各种专家研讨会或论证会10余次，先后组织各种研讨会10余次，邀请专家50余人次，为争取理解和支持搭建了交流平台。

2008年11月9日，国家发展改革委召开了北京新机场专家论证会预备会，与会48位专家，本着科学公正的态度研讨，一致推荐大兴选址为首选。2009年1月19日，国家协调小组第三次会议召开，会议一致同意北京新机场选址大兴。从主流意见的认同，到国家协调小组第三次会议上的"一致同意"，凝聚了全区干部群众的心血与智慧，更是大兴"举全区之力"打主动仗不懈努力的硕果。积极主动、不懈奋斗的工作作风，正是大兴收获新机场项目的重要原因，也是大兴描绘未来美好蓝图的如椽大笔。

二、凤凰出南苑而利蕃育署

"五朝皇家猎场，三代皇家苑囿"，是清代词人纳兰性德笔下的大兴南海子。大兴国际机场的外溢效应，首先带来新国门印象的品牌战略。

南海子作为辽、金、元、明、清五朝皇家猎苑，元、明、清三代皇家苑囿，是明清皇家园林理政体系的重要组成部分，历史悠久、内涵丰富、地位特殊。为全面系统地梳理南海子历史文化，补充首都南部历史文化的研究，丰富古都文化的内涵，推动中华民族优秀传统文化创造性地转化、创新性地发展，2018年12月8日，以"溯京南文脉 传古苑风韵"为主题的首届北京南海子文化论坛在北京大兴区龙熙维景会议中心举行。这是全国近年来首次专门针对南海子文化的高端学术论坛，来自业界知名专家共同探讨南海子文化的传承与发展。与会的北京南海子文化研究院学术委员会专家们围绕南海子历史文化进行深入研讨和交流，光明网对本次论坛进行全程直播。

南海子的形成和发展与我国北方的几支少数民族的兴起有直接关系。它是在北京逐渐发展上升为封建王朝统治中心的过程中，为了满足帝王的娱乐和狩猎活动的需要，逐渐演变成封建王朝的一座皇家苑囿的。

南海子的历史可以上溯至辽代。中世纪初，西辽河上游的一支少数民族——契丹族崛起，契丹人善骑射，以游牧、狩猎和捕鱼为业，建立了大辽王朝。辽定南京（今北京）为陪都之后，南京郊外一带便新辟为"春捺钵"的场所。但当时游猎的主要场所不在今南海子一带，而在今通州区张家湾以南的大片湖沼地，时称延芳淀。

1115年，活跃在松花江一带的游牧民族——女真族建立金朝。金灭辽后，于金贞元元年（1153年）迁都燕京，改名中都。金主完颜亮经常率近侍猎于南郊，并在中都城南修建了一座行宫。"围场"即为古代北京地区最早的皇家苑囿的雏形。

13 世纪初，我国北方的又一支游牧民族——蒙古族日趋强盛。蒙古忽必烈建立元朝后至元四年（1267 年）在金中都旧城东北营建大都，在大都（今北京城）南郊湖沼处多设猎场，很多湖沼都被称为"飞放泊"。今南海子一带湖沼因距大都城较近，故名下马飞放泊。至大元年（1308 年）立鹰坊为仁虞院，又在下马飞放泊筑晾鹰台，建幄殿。经过一番营建，下马飞放泊已经初具规模，成为元大都城南供元朝统治者游猎飞放的一处苑囿。

元朝灭亡后，下马飞放泊曾一度荒废。明永乐帝迁都北京后，每年都要在南海子进行大规模的狩猎和练兵活动。其后 100 多年间，明代诸帝在南海子内大兴土木，并按照二十四节气修建了"二十四园"，派千余名海户放养和守护苑中禽兽。明正统帝、成化帝、弘治帝、正德帝、嘉靖帝等也经常出猎于此。经过明代历朝的多次营建修缮，南海子已经成为北京南郊著名的皇家苑囿，被称为"燕京十景"之一，其名曰"南囿秋风"。明代后期的南海子，已是墙倒兽散、盗匪出没的一派凄凉景象。

公元 1644 年，清入主中原，重修南海子，更名南苑，先后增 5 门，设 13 座角门，修建了 4 处行宫、20 余处庙宇，面积达 216 平方千米。南苑中湖沼如镜，林木葱茏，鹿鸣双柳，虎啸鹰台，生机勃勃，与紫禁城、"三山五园"遥相辉映，是清中前期的政治中心和文化中心。

"南海子就是清初期的政治中心和文化中心，顺治帝、康熙帝初年经常到南海子这个地方理政治国。"国家清史编纂委员会主任戴逸表示，南海子的文化积淀就是多元文化的结晶，是中华民族融合历史的重要见证地与线索地。他认为，打造南海子文化，不是要完全按照历史上的规制去全盘复建，而是要结合实际着力恢复一些经典的原貌，重新呈现一些精彩片段，"文化传承是需要具象载体的，对我们后人的教育也同样需要具象的载体，这样历史文化的传播传承就丰富了"。

"南海子地区是北京两个腰肾之一。"天津大学建筑学院教授、清代皇家园林研究专家王其亨称，北京的第一个腰肾在西北郊，第二个腰肾就是南海子地区。南海子地区因为是三河故道，所以地下水非常充沛。南海子地区的功能不单是豢养湿地动物，还是一个完整的湿地生态链。他表示，团河行宫是南海子地区的核心，应该是南海子文化中的一个极为重要的部分。

国家清史编纂委员会副主任朱诚如认为，南海子文化是"康乾盛世"的文化遗产，南海子文化研究要与特定历史时期的区域特点相结合，找准历史定位，全面而系统地阐释南海子文化的内涵，真正古为今用。

北京联合大学应用文理学院院长、北京学研究所长张宝秀表示，南海子是枢纽性的区域，它既是京南古苑囿，又是国际会客厅。北京大兴国际机场建成后，南海子可接待南来北往国际国内的人们体验文化，让京南的古苑囿焕发出时代的新光彩。

随着首届北京南海子文化论坛的召开，"古苑宸迹"南海子历史文化溯源特展在大兴区开幕。一幅幅图片、一件件实物、一段段视频……以辽、金、元、明、清历代皇帝在南海子的足迹为线索，以图文结合、微雕展示、VR 体验等形式，展示南海子的游幸狩猎、大阅演武、政务活动、生态保障等功能，描绘了南海子的历史变迁。

论坛期间，首次展出了国家图书馆珍藏的清晚期《南苑全图》、清同治年间的《凤泉凉水河图》以及浙江省博物馆珍藏的康熙年间《京杭道里图》。其中，《南苑全图》具象展示了南海子鼎盛时期的地域四至、规模构成；《凤泉凉水河图》形象说明了南海子湿地水系与运河的关系；《京杭道里图》充分说明了历史上南海子与北京城、永定河、运河之间的关系。

展览利用 3D 复原和 VR 技术等科技手段，展示了南海子最大的行宫团河行宫、清初期见证民族融合的德寿寺等一大批历史建筑的复原景观；展示了手工制作的德寿寺、旧衙门行宫、南红门行宫等古建的微雕模型，再现了南海子的古苑盛景。

此外，大兴区在论坛上宣布，一部以德寿寺为背景的哲学与诗性电影《雪落德寿寺》筹划开拍。

北京大兴紧抓"城南行动计划"历史机遇，规划建设了总面积为 11.65 平方公里的北京最大湿地公园，一期已建成投入使用，二期将于 2019 年 7 月建成开放，重现了碧水环绕、绿荫环抱、芳草萋萋的优美景观，为南海子历史文化传承传播构建了良好的具象空间。同时，大兴区加强文物修复和保护，团河行宫、德寿寺得到修复，昆仑石、宁佑庙碑、南红门行宫等历史遗迹遗址得到妥善保护，南海子麋鹿得到保护繁衍，成为世界野生动物保护的中国样本。

北京大兴南海子是麋鹿发现地、野外灭绝地、首个种群成功回归地，为将其打造成西山永定河文化带上的一颗璀璨明珠，大兴区与北京市科学技术研究院携手，全力推动麋鹿保护自然申遗、北京南海子文化博物馆建设、南海子麋鹿文化大会三项重点工程。大兴区与北京市科学技术研究院将以此为契机，开展连续性的年度麋鹿盛会，推动麋鹿文化的内涵挖掘、精神传承、品牌传播，把大兴区打造成全国麋鹿科研高地、麋鹿文化传播策源地和麋鹿民间外交新阵地。

同时，大兴区与中国人民大学共同发起成立北京南海子文化研究院，深入开展南海子文化专题研究。研究院依托中国人民大学清史研究所，联合北京社会科学院历史研究所、满学研究所、北京史研究会、北京联合大学北京学研究所、京南大学联盟等高校与科研院所，着重围绕五大方面开展研究：一是南海子地区历史档案文献整理与研究；二是金元明清时期南海子历史地理与生态变迁；三是清代南海子及永定河水环境研究；四是清代对南海子及永定河的管理与治理；五是南海子与清代政治。通过成立北京南海子文化研究院，

2018北京南海子麋鹿文化大会新闻发布会

深入开展南海子文化专题研究，能够充分挖掘区域特色文化，阐释文化精髓，扩大文化影响力，厚植"新国门·新大兴"文化根基，助力首都文化中心建设。大兴区积极打造以南海子文化为特色的大兴文化品牌，就是不断推动中华优秀传统文化创造性转化、创新性发展，不忘本来，面向未来，力争将南海子文化打造成首都文化的又一张文化名片。

适逢冬奥会吉祥物全球征集、"新国门·新大兴"形象塑造深入推进之际，2018 年 8 月 24 日，国家林业和草原局野生动植物保护与自然保护区管理司、北京市大兴区人民政府、北京市科学技术研究院、北京市园林绿化局、北京经济技术开发区管委会联合举办 2018 北京南海子麋鹿大会，助力北京市全国文化中心建设。

麋鹿是我国特有的野生动物，俗称"四不像"，距今已有 300 万年的生命历史，是我国堪与大熊猫媲美的珍稀野生动物。南海子地区是麋鹿的科学发现地（模式种产地）、本土野外灭绝地、重新引进地。33 年来，北京市科学技术研究院北京麋鹿生态实验中心分别向湖北石首、浙江慈溪、河北滦河上游、北京动物园、江西鄱阳湖等地直接输送了 497 只麋鹿，建立了 37 个迁地保护种群，现今迁地保护种群数量达到 1800 只左右，占我国总麋鹿保护场所的 72%。33 年来，麋鹿中心以"环境适宜、政策支持、效益融合"为原则，秉承"科技先导、生态优先、科学保护、教育普及"的理念，紧扣首都生态建设的主旋律，充分发挥专家的作用，创建了麋鹿奠基种群及放归野化种群，先后编制了麋鹿中

南海子麋鹿

心的发展规划、规范化饲养及管护方案、种群输送及重引入方案，逐步在全国范围内分类型、分年度、有计划建立保护地。

世界自然保护联盟（IUCN）（2002）发布的《物种引进指南》认为，中国麋鹿重引进项目是全世界 138 个物种重引进项目中最成功的 15 个之一。自 1993 年，麋鹿实行迁地保护政策，野生种群得以恢复，麋鹿再无灭绝之虞。国际动物保护组织评论："将一个物种如此准确地引回到它们原来栖息的地方，这在世界的大兴麋鹿文化纳入西山永定河文化带重要内容，助力全国文化中心建设'重引入'项目中堪称独一无二。"大兴区将积极推进麋鹿保护申报自然遗产工作。这不仅将极大提升公众保护自然、关爱自然的责任意识，同时也将加强生态文明建设的宣传教育，更好地传承自强不息的民族精神的传承。

全国文化中心建设推进以来，大兴立足新版北京城市总体规划赋予的功能定位，开展了一系列工作。特别是针对南海子麋鹿这一独特的文化元素，确立了把麋鹿文化打造成西山永定河文化带上一颗璀璨明珠的工作目标，并积极开展实践探索，厚植"新国门·新大兴"文化根基。

麋鹿一直是南海子的"土著居民"，南海子是麋鹿在中国最后的栖息之所，也是东归回国之后最初的家园。它所在的永定河流域正是麋鹿的重要繁衍之地。因此，麋鹿文化不仅是南海子文化不可或缺的组成部分，更是西山永定河文化带上的一颗璀璨明珠。打造麋鹿文化品牌对于丰富南海子文化内涵，推动西山永定河文化带建设，助力全国文化中心建设具有多重意义。

此外，在积极做好西山永定河文化带建设方面，大兴区还着力打造永定河百里生态文化绿廊；强力推进永定河沿岸生态建设工程，实施 535 公顷造林绿化工程；加强永定河沿线 5 个传统村落的保护；强化文化内涵挖掘与传播，完成《西山永定河大兴段历史文化》概要编写；全力打造南海子皇家苑囿金名片，筹办"新国门·南囿秋风"南海子文化周、"新国门·南海子"春节苑囿庙会，提升团河行宫利用率，研究复建南红门行宫。

三、凤舞之象，风生水起

龙凤得象，风生水起。当大兴国际机场开工的那一日起，大兴就注定迎来了千载难逢的历史机遇，既要万象更新又要风生水起。

2019 年 12 月，时任北京市委书记蔡奇在丰台区就南部地区发展行动计划实施情况进行调研，信手拈来了两个成语——"风生水起""妙笔生花"，生动形象又精准贴切地预示了大兴作为首都发展新增长极的重要地位和美好前景。

大兴的"风生水起"有着强劲的动力源。宛如一只巨大的金凤凰腾空跃起的大兴国际机场，2019 年 9 月 25 日正式启用，标志着临空经济区也正式启航。据计算，大兴机场未来产出或达 3.6 万亿元，大兴区作为首都新国门、京津冀地区资源要素集聚流通的区域新动脉、国家科技成果创新转化的科创新高地的位置将日趋凸显。

国门概念历史上有之，微观上讲，指国都的城门，也指边防哨所和海关；宏观上讲，指国家的政策、法规、规定。历史上的北京城不仅有城池方位，还有天上人间，也就是"天之四野，地之四方"的观念，故宫就是按照人们想象中天的方位来规划设计的，布局是"前朱雀后玄武，左青龙右白虎"，前后左右就是南北东西。故宫南边门叫午门，历代王朝称之为"五凤楼"或"朱雀门"，也有"国门"之称。午门是取其正午与中正，然后是端门、天安门，内城正门叫"正阳门"，旧称"前门"。正阳表示南向，迎着太阳，正阳时光，寓意"日至中天，圣主当阳，万国瞻仰"。

大兴历史上号称"天下首邑"，县治所在北京老城东城区大兴胡同内。"大兴"预示着事物的兴旺发达、鼎盛正隆。京师要兴旺，须臾离不开大兴。龙脉中轴线南延直抵龙头村，便是大兴国际机场，预示着世纪之新已经跨入新时代。大兴国际机场的投入使用，使得南中轴延长线从永定门一直到新机场，串联起大红门、南海子、魏善庄、新机场，真正实现生态轴、文化轴、发展轴，标志着以首都北京为核心的世界级城市群发展的新篇章，是京津冀协同发展的桥头堡、国家发展的新动力源、首都建设发展的新国门。

对于具有后发优势的大兴而言，紧紧抓住非首都功能疏解和北京城市副中心建设、雄安新区规划建设等重大机遇，抓住《北京城市总体规划（2016—2035年）》和《促进城市南部地区加快发展行动计划（2018—2020年）》等有利时机，重塑发展格局、优化功能定位，处处皆可见"风生水起"之景。张培元先生在各个网站上亦发文高呼，在高质量发展的时代背景下，大兴实现了均衡发展和全域全要素激活，不再有通衢大道和背街小巷的分别和反差，每个地方都是极具成长性、极富生机活力的"金角银边"。

改革开放40年，北京发展看"上风上水"的"淀泊风光"大海淀；创新驱动的未来40年，历三千年沧桑的古都北京发展要看城南，这是积淀，也是期许。京师"凤城"飞出的金凤凰沿着南中轴"龙脉"一路向南，沿着中轴线，赏析底蕴厚重的历史轴、生态轴、文化轴，唤起京南古苑囿的沉睡，撩拨明清上林苑的幽州风光，在古燕国礼贤下士的大兴礼贤镇，在美好寓意的龙头村，摆出世界会客厅架势，筵宴八方宾客，笙歌曼舞。可以判定，昔日"北强南弱"之态势将由此发生根本逆转。其实，城南发展的重点就是要从源头上解决以往发展过程中出现的不平衡、不充分问题，以科学统筹的均衡发展补齐短板，从而实现"处处皆强""强强与共"。随着系列重大项目、重大工程落地，系列利好政策强势助力，大兴在新一轮发展中的"后发优势"将不断显现，会让每一个宾客更加切身地体验到新国门视域下的高颜值、可持续城市发展的高质量、宜居宜业人民生活的高品质"新三高"之实。

四、龙脉与凤仪的回归

当大兴国际机场建设进入加速度期间，大兴的"新国门印象"也在跟随"国家发展的新动力源"日臻清晰，分步推进，打造大绿、大美、大景观的2016世界月季洲际大会就是精彩的一笔。

2016年5月19日上午，风和日丽，2016世界月季洲际大会在大兴区魏善庄开幕。与此同时，世界首座月季博物馆也于当天开馆。会期之中，来自全球40多个国家的800余位月季专家举行了主题演讲。

上午，大会主题园从大门到主舞台的大道两侧，分别摆放着数十个品种的月季花。而每个月季花丛前，年轻的礼仪小姐身着与月季花色相呼应的色系的礼服，接待到来的宾客。在月季花的点缀下，整个主题月季园内，放眼望去几乎成了一片姹紫嫣红的花海。

漫步至五洲月季园，来自中、美、德、法、英、日等15个国家400多个品种的月季汇聚一堂。其中，在完全由中国专家自主培育的150多种月季里，"甜蜜的梦"有着扑鼻的果香，而"怡红院"则是我国第一个斩获世界奖项的自育品种。

2016 世界月季洲际大会囊括了多个会场，除了月季主题园之外，分会场古老月季文化园、纳波湾月季品种园和爱情海月季文化园中的月季花也都进入了盛花期。尤其是纳波湾月季品种园内，2000 多个品种的月季竞相开放。而在古老月季文化园中，更有 30 多种首次来京的古老月季品种等候与游客见面。

来到开幕式现场的，还有来自全世界 40 多个国家的 800 多名月季专家、大咖。"我国获得过美国园林玫瑰大师奖的月季专家王国良也将登上讲台。"据大会相关负责人介绍，从当天下午开始，这些来自世界各地的专家学者开展了一系列主题演讲，包括古老月季的演变传承、现代月季的栽培演化、纯种月季的收集保护等等。"大会期间，还举行了 18 场高端国际学术报告会和论坛。"

堪称传奇的法国"月季世家"梅昂家族、世界古老月季最著名的权威专家以及世界月季 DNA 基因序列研究权威帕斯卡也来到魏善庄参与大会活动，带来世界最前沿的研究成果。

此外，"花绘北京，悦跑大兴"半程马拉松活动也于 2016 年 5 月 22 日开展。赛道围绕在月季大会主要园区周边，穿越多个月季花景观公园和大片的月季花种植园。5 月 23 日以后，2016 世界月季洲际大会主题园全面对游客开放，位于主题园中的中国月季展持续到 6 月 18 日。

当天上午，两千多个品种的月季亮相 2016 世界月季洲际大会。回顾历史长河，原产于中国的月季最初并未能茁壮于故土，其品种的繁衍也并非一帆风顺。正因"中国现代月季奠基人"吴赍熙、"月季夫人"蒋恩钿等一干有识之士对月季的研究培育，才成就了如今月季大会的花团锦簇。

原天坛公园副园长徐志长讲，1959 年筹备新中国成立十年大庆时，人民大会堂的外围需要两个花园作为点缀。

"6000 株、92 个品种的月季要在国庆期间都开放，当时除了蒋恩钿不会再有第二个人有这个本事。"徐志长介绍道。最终，在蒋恩钿的建议下，2.04 公顷的月季花园如期完成，成为中国首个公共月季花园。而蒋恩钿捐出的有欧美血统的现代月季在花丛中也最为耀眼。

大兴区魏善庄镇位于北京市的正南部，南中轴的延长线从北至南纵贯全镇。这座小镇因为月季花而实现华丽转身，从一座以"一产"为主的传统农业城镇成功转型为拥有 400 公顷亩月季产业园区的"月季小镇"。

花卉产业吸引了越来越多的目光，在此基础上对于相关产业的发展补齐了月季淡季时期的短板，实现了村企联动，农业、旅游等产业联合发展。

五、倾力打造新国门国际会客厅

《南苑总绘全图》首次对外公开展示，五幅南海子样式雷图档首次亮相，首批南海子文创产品"麋鹿手办"惊喜现身，全国首个南海子主题数字博物馆正式开馆……2019 年 12 月 21 日，第二届北京南海子文化论坛在中国人民大学举行。

与首届论坛相比，此次论坛特别邀请中国第一历史档案馆、国家图书馆、故宫博物院等国家级文化单位共同参与主办，为提升南海子文化品牌、厚植新国门文化内涵奠定理论基石，为倾力打造南海子成为首都新国门的国际会客厅蓄势助力。

《南苑总绘全图》等珍贵史料首次对外展出。论坛举行当日，在中国人民大学国学馆一层连廊，"京南古苑囿、国际会客厅——2019 南海子历史文化特展"同期举办。展览紧扣主题，分别从"历史变迁、生态保护、文化研究、诗文记载"等角度对南海子文化进行展示，一些高品质珍贵史料均为首次对外公开展示。

其中，首次对外公开展示的、中国第一历史档案馆珍藏的《南苑总绘全图》，完整地展现了晚清南海子的总体格局，苑墙、苑门、水系、桥座、御路、行宫等位置关系在图上清晰可见。同时，故宫博物院藏的"南海子团河行宫宝"拓印、中国国家图书馆复制的五幅南海子样式雷图档作品，均为首次在公众面前亮相。

看展之余，互动 VR 打卡环节即刻唤醒观众对南海子文化魅力的无尽想象。《南囿秋风》摇身一变成国画动图，团河行宫切换 90° 视角，从落图转为互动地面投影及 VR 体验，清代《兵技指掌图说》分解为各招式和火绳枪实物操作，灵动的历史课堂带来丰厚的南海子文化内涵。

3D 打印的呆萌麋鹿，看着精致又可爱，不仅可以作为摆件，还可以依托鹿角成为手机支架、首饰架。作为首批南海子文创产品，"麋鹿手办"在此次论坛上正式发布并与公众见面。

为将南海子文化与文创产业深度融合，开启升级发展新模式，在本届论坛举办过程中，大兴区与故宫出版社正式签署战略合作协议。此后，大兴区与故宫出版社开展了多层次合作，通过出版南海子相关著作、开发南海子文创产品、建设南海子文创体验馆等形式，塑造南海子文化品牌，丰富新国门内涵，推动大兴区文化影响力向更高层次集聚。目前，《北京南海子简史》已由清华大学出版社出版发行。

全国首个南海子主题数字博物馆开馆。一键即览清代宫廷画师郎世宁笔下的《乾隆大阅图》，足不出户就可全景式领略德寿寺、旧衙门行宫、南红门行宫等古建全貌……南海子数字博物馆正式上线，让广大网友多了一个饱览南海子文化全貌的好去处。

《南苑总绘全图》

据了解，南海子数字博物馆是全国首个以南海子为主题的文献档案汇集与共享平台，目前已收集包括明清宫廷档案、近代档案、样式雷图档、历史文献、历史图像、相关研究成果等文献档案 1 万余条，这些文献档案全部来自中国第一历史档案馆、国家图书馆、故宫博物院、台北故宫博物院等全国各大馆藏机构。

为增添南海子文化的鲜活力和创造力，此次论坛还首次走进高校，将曾经的"五朝皇家猎场，三代皇家苑囿"所孕育的文化精髓向青年全景式展现。

木石缘、麋鹿苑、钧天坊、印刷学院、华艺斋、董陶窑、东方宝笈……在中国人民大学国学馆连廊，大兴区将区域内的更多文创资源深度挖掘，开设文创市集，让更多文创产品走出大兴，进一步对外推广和展示。通过吸引学生群体关注，不断增强大兴区本土文创企业的知名度和美誉度。

此外，在论坛现场，大兴区还正式启动《麋鹿东归》系列纪录片拍摄工作，用镜头重新复原麋鹿发展历史轨迹。

为增强南海子文化的国际影响力和传播力，此次论坛还特别邀请到美国著名环境史学家、中国人民大学生态史研究中心名誉主任唐纳德·沃斯特做客，针对南海子文化的历史和现实价值、文化保护与发展定位等内容进行阐释，从国际化的视角，为"南海子文化"注入新的内涵。

同时，在论坛现场，著名历史学家、"百家讲坛"主讲人阎崇年，古建筑学家、著名网红教授王其亨，国家级非物质文化遗产"古琴艺术"传承人王鹏被聘为新国门文化大使。

大兴区紧紧抓住北京大兴国际机场通航发展机遇，推进临空经济区、自贸区建设，依托南海子文化、永定河文化、古都文化等文化资源，打造新国门文化。随着新国门时代开启，作为新国门文化最具历史底蕴的代表，大兴区着力打造南海子成为传统与现代交融、自然与人文交织、物种多样性和文化多元性交响的"国际会客厅"。

从 2018 年第一届南海子文化论坛举办以来，到 2022 年，大兴已连续举办了五届论坛，论坛引发的文化效应覆盖了凤河大兴源头的南海子和以长子营镇为中心区域的凤河流域各乡镇，中国民间音乐的集散地和乡愁文化蓄势起步。

1. 凤凰飞鸣：民间音乐集散地在凤河流域蓄势

南囿秋风起，天籁凤鸣声。2022 年 9 月 15 日，中宣部学习强国平台报道了一条消息。题目是《北京大兴：凤河民间音乐集散地会聚起五省市民间音乐精粹》。为迎接中国共产党第二十次全国代表大会胜利召开，展现北京市大兴区"新国门"文化建设的丰硕成果和群众健康向上的精神风貌，9 月 3 日，2022 年"新大兴 新国门 美丽大兴我的家"系列文化之"大河永定 凤舞九天"京津冀蒙晋民间音乐艺术节在大兴区长子营镇呀路古热带植物园举行。活动按照 2022 年首都市民系列文化活动要求，组合、联动京津冀蒙晋五省市的民间音乐团队，展现新国门背景下永定河、凤河文化带传统音乐的时代魅力。

凤河文化带以非遗亮点多、文化底蕴深、传统民间音乐富有特色的强势成为北京西山永定河文化带建设的一抹"精彩重笔"。长子营镇作为大兴凤河流域民间音乐非遗承载的主区域、主阵地，将民间音乐集散地与凤河传说——凤凰的凤鸣灵音意象连接在一起。凤河传说非遗项目研究学者认为，"凤凰"传说的基本意象为灵音祥瑞、天籁清音，基本意象衍生出来的初始意象如悲情关怀、圣洁大爱、家园乡愁等都是基本意象的派生。凤凰之音就是天籁，百鸟朝凤就是天籁的和弦。

本次活动呈现给大家的有四大亮点。一是由京津冀晋蒙五省市的十支不同风格的乐队及组合登台亮相，通过多样的民间音乐艺术表演方式，形成展演交流、效应聚合之势；二是举办非遗项目、民间音乐文创产品展卖，由大兴区文化馆设计制作的首批"大兴礼物"文创产品亮相音乐节，并向群众免费发放，借力本次音乐会，推广大兴区非遗文创产品，激活消费热点；三是通过举办永定河、凤河流域历史文献展览，介绍流域的历史沿革，解读"平南红色文化"具有代表性的英雄人物事迹等；四是永定河流域民间音乐的研讨，深入挖掘永定河、凤河文化带非遗文化内涵，强化跨区域非遗保护的合作协同。

"艺术节邀请永定河流域京津冀蒙晋五地的民间音乐团队以及具有重要区域影响力的冀中笙管乐类非遗团队，与大兴区永定河、凤河流域国家级非遗项目白庙村音乐会同台共演，旨在着力搭建跨区域文化互动的平台，为民间音乐注入新的传承动能。"大兴区文化馆馆长侯文学说，"冀中笙管乐是北方一个大的音乐体系，像长子营镇的白庙音乐会，李家务的道教音乐，再城营的五音大鼓，包括现在大兴的武吵子、诗赋弦之类的艺术形式都属于冀中笙管乐系列，这类艺术基本上都集中在凤河流域的长子营一带，而且河北廊坊地区民间音乐与大兴是一脉相承的。"

这是一场华丽的民间音乐盛宴，来自北京、天津、河北、内蒙古、山西五个地区的民族音乐团队各领风骚，展示其独特的民间音乐的魅力。置身其中，既能感受到国家级非遗项目白庙村音乐会及冀中笙管乐带来的空灵美感，也能感受到来自大草原上马头琴悠扬的旋律，更能感受到来自秦晋高原粗犷奔放的倾诉，还能欣赏到融合了大兴区永定河历史文化的原创歌曲及原创舞蹈。

活动的最后环节，北京市大兴区文化旅游局、北京市大兴区文化馆与长子营镇政府举行了授牌接牌仪式，授予长子营镇"大兴区非物质文化遗产保护传承基地"。

民间音乐是华夏几千年来民间生产方式、思想情感、生活伦理的"活化石"，在传统文化土壤里积累发展而来，自然也就保留着中华民族浓郁的文化特征和地域特色。

此次活动力图以非遗赋能，形成文旅融合模式。组织专业团队制作自媒体短片，通过流量的精准定位投放，为北京呀路古热带植物园市场化带来引流效果，展示文旅融合互促、相互渗透、相互关联及相互成就的产业形态。通过推出民间音乐论坛、历史文化展、音乐会等系列精彩亮点，大尺度、高精准地展现新大兴、新国门的民间音乐艺术非遗内涵

"大河永定 凤舞九天"京津冀蒙晋民间音乐艺术节

和强劲发展态势，同时借力活动契机，紧贴旅游消费市场，集中推出一批特色文创产品，举办系列文化消费活动，促进文旅业态的良性互动，推进文旅深度融合，进一步彰显大兴区文旅事业的勃勃生机。

获悉，"新国门 美丽大兴我的家"系列活动之"大河永定 凤鸣九天——京津冀蒙晋民间音乐艺术节"，是大兴区文旅部门围绕全国文化中心创建目标开展的一项高端文化艺术活动。鉴于疫情防控的情势，此次音乐艺术节仅是一个尝试、一个探索，先在永定河流域的五省市小范围开展，随着经验的积累，拟向全国范围逐渐扩展，让全国各地有代表性的民间音乐艺术团体和个人有机会在凤鸣清丽的凤河传说非遗项目所在的长子营镇得以展示，让民间音乐集散地以品牌的力量在新国门这个"会客厅"更加炫亮，为全国文化中心建设助力添彩。在大兴国际机场这个"国家发展动力源"效应外溢的拉动下，凤凰意象的民间音乐将会成为"十四五"期间新国门下的民间音乐文化品牌，也将会有力地促进一个国际性的文化交流交往品牌的形成。

2. 乡愁文化装点历史移民村落

2021 年 9 月 11 日，"凤归长子 槐根乡土"凤河文化研讨会在长子营镇文化特色村——下长子营村隆重举行。

北京联合大学非遗学院院长张旗，长子营镇党委副书记、镇长王坡，镇党委副书记王颖，长子营镇文化顾问、凤河文化研究专家卫东海，大兴区委宣传部社会宣传科科长陈高嵩，大兴民间文艺家协会主席、大兴非遗专家赵玉良以及下长子营村党支部书记任玉何，国家级非物质文化遗产传承人贾廷信等参加本次研讨会。

长子营镇党委副书记、镇长王坡致辞并向专家教授赠书，大兴民间文艺家协会主席、大兴非遗专家赵玉良介绍大兴非遗情况。

长子营镇文化顾问卫东海发布长子营镇凤河文化研究进展及其阶段性成果，长子营镇凤河文化特色村下长子营村汇报凤河文化传承利用情况。

各位领导来宾的讲话饱含了对凤河文化传承发展的期望，为凤河文化的传承、保护与发展提供了新的思路。接着，与会嘉宾移步参观下长子营村党史村史馆和凤河北岸公园。

"亲不亲，故乡人；美不美，家乡水。"600 余载移民记忆，随着潺潺凤河流淌不息，形成了融合京晋特色、独具乡愁情怀的凤河文化。

在长子营流传着这样一句话："房前种上大槐树，不忘洪洞众先祖。"凤河文化的精髓散落在长子营镇每个角落，下长子营村作为凤河文化村，通过兴修党史村史馆和凤河北岸公园，把老一辈的所见、所闻、所思、所感、所忆如实地记载并展出，勾勒出了一个有着600 余年历史的山西移民村落的独特文化与发展脉络。参观结束后，全体领导、专家围绕长子营镇非物质文化遗产的传承与活化利用路径进行了深入的探讨。

在北京市"三个文化带"之一——西山永定河文化带建设提速的大背景下，如何把握机会实现凤河文化的传承发展，非遗的活化利用，打造地方文化品牌，推进文旅融合产业链的发展等，是文化特色村镇面临的共同难题。

本次研讨会针对这一共同难题也做出了尝试回应，即以文化传承为体，以文旅融合为用，持续打造地方文化品牌。

下午进行凤河文化实地调研，参观凤河流域历史文化展馆，观看非遗表演。

凤河文化实地调研使凤河文化不再停留于纸上，特色美食、非遗表演让凤河文化鲜活又平实，让人印象深刻。重振非遗表演也是长子营镇近年来文化振兴工作的重要内容，在镇党委政府与专家学者、非遗传承人的共同努力下，长子营镇多项非遗表演申遗成功，其中白庙音乐会为国家级非遗，李家务音乐会为市级非遗，再城营五音大鼓、沁水营神叉老会获评区级非遗。非遗表演百花齐放，在一次次演出中影响力不断扩大，成为凤河沿岸地区重要的文化现象。

这次凤河文化研讨会，是凤河文化季系列活动的重要组成部分，通过北京联合大学非遗学院进行院镇合作交流研讨，进一步提高了凤河文化研究的深度和广度，并就下一步深化院镇合作内容、助力非遗传承保护等方面达成了合作意向。

六、南海子文化的持续推进

2022 年 11 月 5 日，"居园理政古苑囿 风生水起新国门"第五届北京南海子文化云论坛暨颐和园研究院第三届学术研讨会举办。活动分为论坛和文化展两部分，旨在溯源南海子文化历史，延续南海子论坛品牌内涵，展现南海子文化遗存的当代价值，推动中华优秀传统文化的创造性转化、创新性发展。

北京南海子，曾经是北京最大的湿地，汇集皇家文化、麋鹿文化、苑囿文化、宫廷文化、民俗文化于一体，是中华民族文化融合交流的见证。今天的南海子，见证了北京的建城史，也见证了大兴区作为"新国门"的发展历程。

本次论坛有多位文化、历史、建筑、园林生态等领域的专家学者参加，他们向广大观众讲述了北京皇家苑囿的历史文化，并从园林生态、匠人精神方面探讨了南海子及颐和园蕴含的营造之道。

南海子和颐和园都是中国多元文化的见证。北京地处渔猎文明、游牧文明与农耕文明的交汇地带，辽代以来多民族文化再次相互碰撞、融合，对南海子、颐和园的营建产生了重要影响。南海子、颐和园分别是清代早期和晚期的居园理政中心，是少数民族首领向中

"凤归长子 槐根乡土"研讨会

"凤归长子 槐根乡土"研讨会成员调研

央集权统治者多次朝觐的场所，同时，南海子还是清朝皇帝处理少数民族政务的特殊场所。论坛以南海子和颐和园的功能为切入点，邀请中国人民大学、中国第一历史档案馆、颐和园等单位的专家，通过访谈的形式为广大观众讲述清朝居园理政模式由京南向西北转移的历史，解读皇帝在紫禁城外理政的脉络。

论坛从西山永定河文化带、博物馆之城建设等角度切入，探讨大兴区推进全国文化中心建设总体思路框架，展示大兴区推进全国文化中心建设的成效和未来规划。

南海子最新的学术研究成果在云论坛上发布，以图像和文字的形式展现南海子的建设过程、历史风貌和功能，讲述南海子的历史文化故事，进一步推动南海子文化传播与发展。

历岁月变迁，叙璀璨文脉。本次云论坛在"三山五园"之颐和园讲述南海子的前世今生与大兴的文化发展成就，以更加生动形象的方式展示在广大市民面前，讲好南海子故事、大兴故事，使南海子这张"大兴文化金名片"与新国门金凤凰飞向世界。

第十四章 凤河传说非遗衍生的民俗

民俗是特定历史条件下形成的文化认同，是祖祖辈辈生活伦理态度折射出来的人生观、价值观。民俗来自民众，又深藏在民众的行为、语言和心理中，是最贴切民众身心和生活的一种文化。如果个体生命由生物 DNA 和文化 DNA 两部分组成，那么文化基因的许多因子就存在于民俗的记忆里，生长在行为的日子里。多样的民俗是凤河流域村镇保持淳朴、坚韧、仁爱、乡愁情结的重要标志，尤其是日常生活中的禁忌、习惯。

天人合一、道德是凤河传说非遗中极其重要的精神部分，是凤河人在长期的生产实践和社会生活中逐渐形成并世代相传、较为稳定的文化事项，是群体共同创造或接受并共同遵循的风尚、习俗，"古之欲正世调天下者，必先观国政，料事务，察民俗，本治乱之所生，知得失之所在，然后从事。"①正所谓，好的民俗"可以渐推渐广，渐续渐远"②，"几多民俗熙熙乐，似到老聃台上来。"③

民俗现象虽然千差万别、种类繁多，但它深植于集体无意识中。在时间上，一代代传承；在空间上，它由一个村落向另一个村落扩散。比如压岁钱、女儿钱、祝寿钱、建房镇宅、功名钱等，风俗年年如此，而且直到现在，山西、内蒙古、河北北部、北京南部的村镇依然盛行。

习俗是习惯风俗，作为一种意识行为，有一定流行时间或流行区域。罗加伦、潘序伦等民国大师曾说道："'习俗移人，贤智者不免。'今一衣一帽、一器一物、一字一语，种种所作所为，凡唱自一人，群起而随之，谓之'时尚'。或尚坐关，群起而坐关；或尚礼忏，群起而礼忏；群起而背经，群起而持准提，群起而读等韵，群起而去注疏、专白文，群起而斋十万八千僧，群起而学书、学诗、学士大夫尺牍语，靡然成风。独于刻心励志，真实参禅念佛者，则有唱而无随，谓之何哉？"

本章以民俗钱币为例，剖析古钱币上的民俗对民众生活的塑造。

---

① 《管子·正世》。
② ［清］薛福成：《创开中国铁路议疏》，《庸庵全集》，光绪年精刻本。
③ ［宋］毕京：《和范希文怀庆朔堂诗句》，转引自中国民俗学家乌丙安《中国民俗学》，辽宁大学出版社，1985 年。

一、忌讳的内涵信息

禁忌是一种特殊的文化现象，从最早的《礼记·曲礼上》记载中就可以获得相关禁忌的内涵信息。记载云："入境而问禁，入过而问俗，入门而问讳。"显而易见，"禁忌"是对人们思想道德、信仰活动、社会行为的某种观念与做法的禁止或抑制，它渗透到人们的物质生活和精神生活的各个领域。民间禁忌对个体的规范是长期的、潜意识的，是一种源远流长、根深蒂固的传统风俗。

禁忌同时作为一种生活态度，时时刻刻体现在人们言谈举止、农耕交易、婚丧嫁娶等各个向度，包括婚姻禁忌、丧葬禁忌、日常禁忌、举止禁忌、居住禁忌、生活禁忌、语言禁忌、生产禁忌、月忌日等。每月内的忌日，旧俗以农历每月初五、十四、二十三日为逢中宫之日，称"月忌日"，月忌日凡事必避之，表现在不同环境和不同场合的不同交往层次。岁时禁忌，是年节的忌讳，如不能说"死""鬼"等不吉利话语、妇女忌动针线、男子忌剃头等。还有就是，梨不能分着吃，筷子不能插在饭上，不喜欢 4 和 13 数字，右眼皮跳有事，送礼不能送钟表、伞、扇和杯子，本命年一定要穿红戴金，不能用红笔写人名，正月里不能理发，床不能对着镜子，不能敲饭碗。如此禁忌，不一一列举。

很多民俗都是上古先人留下来的，中间有很多偶然和必然的事情让人不得其解，这些无法解释的解释也早已成为中国民俗文化的一部分。

民间把数字作为天人合一交流与对话的工具，"三"是生生不息、永续延年的意思，来自《易经》"道生一，一生二，二生三，三生万物"的原典含义，12 由 4 个 3 组成，依然是 3 的级差数列。

以"文曲星高照"系列的组合钱币、单枚花钱去煞为例，朝朝翰梁、一品当朝、加官进禄民俗组合钱都是希望子孙能够成为国家栋梁，出将入相，光耀祖庭。这些民俗组合钱均由 12 枚钱币组成，表示一年 12 个月，年年循环，日日如此，周流不殆。"一品当朝"由 12 枚元祐通宝组合，元祐通宝是北宋重臣司马光书写，意味国家栋梁、为国扛鼎之人才。司马光是北宋著名政治家、文学家、史学家，主持编纂了中国历史上第一部编年体通史《资治通鉴》，人格堪称中国传统文化儒学教化下的典范。钱文潇洒，布局协调，豪放隽美，妩媚圆韵。"朝朝翰梁"由 12 枚西汉的上林三官五铢钱组成，直接采纳上林三官的文化意义，意味为帝王辅佐，效力国家；"加官进禄"由 12 枚皇宋通宝组成，皇宋通宝是宋仁宗年间铸造，九叠篆体用于印章，典雅庄重，象征权力和威严。

在中国漫长的士、农、工、商四民社会结构中，在中国漫长的封建社会里，由于社会结构严重分化和人自身的阶级分层壁垒森严，改变社会地位和身份是一件几代人都难以做到的事情。书中自有黄金屋，书中自有颜如玉，改变一个家庭和个人命运的唯一通道就是科举及第。为了获得尊严、体面、地位和人生"三不朽"，每一个家族、家庭都把读书做官看作培养下一代的终极目标。除了"修齐治平"的教育和节日、节点拜孔庙、文庙外，人们还大量运用古钱币上的民俗予以加持，希望得到命运的垂青。

旧时，城乡居民禁忌较多，表现在人们行为的各个方面，相沿成习。其中有合理的禁忌，但多带封建迷信色彩。不合理的禁忌，已随着社会的进步、科学知识水平的提高，逐渐淡化、禁绝。

二、厌胜到吉祥化

古泉通神仙，天公自有情。民间禁忌那么多，其中的忌讳就是为了避凶趋吉、逢凶化吉、破煞转吉，这样一来，已经万人之手、历千年沧桑的古钱币压胜的价值就凸显出来了。压胜钱也叫厌胜钱，民间也习惯叫作花钱、押胜钱，它不承担流通中的货币功能，而是为了辟邪消灾、祈福迎祥、香火供养、博戏游乐、凭信记事等而特意铸造的钱币。压胜钱有着精美的艺术性和独特的文化价值，寄托着人们盼望吉祥如意、镇邪去恶等浓烈的情感。

钱币上的民俗，主要是通过厌胜钱的隐喻来实现。厌胜钱，既展示先人对生存世界的独特理解与感悟，也表达了祈求美好生活和追求幸福的思想感情，同时也透射出苦难岁月时的民情民意和宗教信仰。几枚花钱集成，仿佛诉说着求福求喜求安宁的生存主题，无言地延续着超时空的记忆。

厌胜钱作为民俗钱，是民间为馈赠、赏赐、祝福、辟灾、占卜、玩赏、戏作、配饰、生肖等而特铸的，专供佩带、悬挂、摆放、礼赠或收藏之用。每个图案、每个文字着力表现优美凄婉的故事。厌胜钱虽不是流通货币，却被人们视为特殊的灵物，承载类似宗教或巫术的文化功能，世代口传心授。

古代中国，先民对自然力量造成的灾难感到不可抗拒，对生理现象带来的生死不能理解，对受命于天的君王表现出敬畏和赞颂，对各种宗教产生了信仰与崇拜，对幸福、长寿、多财、多子有着深切的企盼和追求。于是，先民们便把这种心理和思想铸造于钱币之上。[1]

厌胜钱与社会民风、民俗渊源极深，钱币上面的图案大多反映了社会风俗、精神理念、宗教信仰、神秘文化，以至于当代学术界、收藏界纷纷提议在考据学和方志学中建立"钱币民俗学"。厌胜钱内涵丰富、寓意深远，琳琅满目的呈现为我们考证当时社会的经

---

[1] 张廷：《收藏与投资民俗钱》，华龄出版社，2008 年。

济、政治、文化、宗教、艺术及民风民俗等提供了丰富的实物依据。

厌胜钱无论钱文和图案反映的是当时民俗的内容，所以又被称为"民俗钱"。"厌"通"压"，日本又称为"绘钱"或"画钱"，台湾称为"玩钱"。厌胜钱是人们据厌胜法的本义，为避邪祈福而制造的形制与流通货币相似的物品，供人厌服邪魅，祈求吉祥。

"厌胜"即"以诅咒厌伏其人"，典出《汉书·王莽传》："是岁八月，莽亲之南郊，铸作威斗。威斗者，以五石铜为之，若北斗，长二尺五寸，欲以厌胜众兵。"《后汉书·清河孝王庆传》曰："因诬言欲作蛊道祝诅，以菟为厌胜之术。"《明史·马文升传》中"宪宗朝，岳镇海渎诸庙，用方士言置石函，周以符篆，贮金书道经、金银钱、宝石及五谷为厌胜具"是中国正史以"金银钱"用于压胜的明确记载。"中国民俗钱"一词，最早见于陆昕在 1990 年代末所写的《花泉六品》一文。后来"厌胜"演变成了古代方士的一种巫术——厌胜法。

厌胜钱币的内容几乎涉及生活的方方面面，称谓亦名目繁多，其形制、铭文、纹饰都达到精美绝伦的境界。

人们笃信钱币可以通神役鬼。从赞颂吉祥的"祝寿钱""洗儿钱""撒帐钱"，到厌魅解厄的"辟兵钱""神咒钱""八宝钱"；从祈嗣求子的"男钱""女钱""秘戏钱"，到嬉戏娱乐的"棋钱""马钱""灯谜钱"……几乎遍及社会生活的各个领域。人们遵循的惯性思维立足于从传统巫术中得出经验性的结论，认为行之有效的巫术，以及所有传统的生活样式都是不可变更的，否则就会违背了神灵的意志，带来灾异。天人感应的观念，决定了这个基本的前提。①

汉代五铢钱正面铭文为"辟兵莫当"，背面铭文为"除凶去央（殃）"，显然为辟凶致吉而特意制造。

钱圆形方孔恰与"天道圆，地道方"的宇宙认识相吻合，钱之所以具备逢凶化吉的神奇效应，就在于它被浇铸成形时，注入了负载"天道"、运行不穷的"神力"。东晋鲁褒撰《钱神论》，开篇即云"钱之为体，有乾有坤；内则其方，外则其圆"。

明清时期的山西民俗钱币沿袭了前代的传统并加以巩固创新。民间铸造厌胜钱可能已成为专门行业，人们可以随时到作坊或铸钱局去选购，内涵多样，意旨深远。从赞美吉祥到附庸风雅，从婚丧嫁娶到诞辰祝寿，从辟邪除恶到因果报应，从佛教经文到道教符咒，从飞禽走兽到神仙鬼怪，从花草树木到亭台楼阁，从历史故事到诗词曲赋，种类涉及历史、地理、宗教、神话、风俗、民情、文化、娱乐、书法、美术、工艺制作等。一是当代或前代的行用钱背加日、月、星、龟蛇、宝剑图案或人物故事、生肖等。二是以镂空花草、虫、鱼、蜂、蝶、龙、凤、麟、狮、鹿、马、人物故事为主调，寓意吉祥、太平之

----

① 《儒教与道教》，江苏人民出版社，1995 年，第 256–270 页。

意，如龟鹤齐寿、长命富贵、宜尔子孙、福德长寿等。三是以象征、影射、暗示、谐音等方式比喻、形容人和事。以龙象征皇帝，以凤象征皇后，以虎、狮象征大臣，以松鹤象征长寿，以枣、鸡、蝠等形象谐早、吉、福等音。无论生活在哪一个时代，不论达官显贵，还是草野黎民，在生命伦理的层面，都在一个起跑点上——对生存世界里的幸福、安逸、富有和长寿的期待，构成个体意义世界的重要追求。

压胜民俗钱，又称"口彩钱"，或"吉语钱"，吉语钱又分为：祝寿类，如福寿康宁、天下太平等；仕途类，如指日高升、马上封侯等；科举类，如五子登科、状元及第、连中三元等；生意类，如日入千金、招财进宝、黄金万两等；愿望与赞美类，如龙凤呈祥等；生肖钱，主要戴在身上，保佑平安吉祥，追求幸福美满的一种愿望；八卦类，主要用于镇宅院、保平安、祛病邪、巫术占卜等；打马格品，俗称"马钱"，一种博戏工具；神仙佛道类，铸有与道教、佛教相关的人物或咒语等文字。

作为有图案或文字的花钱，除了化煞、解凶，其神秘意义与审美境界也连接起来。图案花钱以吉祥图案呈现，图案的设计遵循的是"图必有意，意必吉祥"的原则。吉祥花钱的表现形式有数百种，多姿多彩，寓意深邃。如"福神"神采奕奕，梅花鹿体态优雅，喜鹊飞姿矫健，乌龟神态形象。福神谐音"福"，梅花鹿谐音"禄"，喜鹊谐音"喜"，乌龟喻指"寿"，连接起来，便是"福禄喜寿"之寓意。双鱼栩栩如生，莲花亭亭玉立，双鱼谐音"有余"，莲花谐音"连连"，寓意为"连连有余"。如松柏苍劲，猿猴灵动，上旋一只蜜蜂；反面双蝴蝶，中间为牡丹花。蜜蜂与猿猴的谐音是"封侯"，牡丹象征"花开富贵"，蝴蝶谐音"层层叠叠"，寓意象征着"富贵封侯"。如松树、仙鹤，背面四只狮子，中间如意，梅花鹿谐音"禄"，四只狮子谐音"事事"，松树与仙鹤象征着长寿，寓示"松鹤延年，事事如意"。双狮和如意谐音"事事如意"。鱼跃龙门寓意"飞黄腾达"。

花钱不像通用货币正统、规范，由官家督造甚至皇帝亲自审验，历代对民间铸造花钱也没有严格的规定，所以除了官炉以外，民间铸造的花钱数量数不胜数。花钱可以钱币的形制为载体，自由发挥，利用各种物什和其不同的组合将吉祥寓意以浪漫主义的形式表达出来，把民俗文化延展开来。

花钱的图案五花八门，没有年号，也没有通宝（除了前代的组合钱币外），花钱一般是用来佩戴的。中国古人有佩玉的风俗，但玉的价格很高，普通百姓买不起，而又想祈福消灾，佩戴写满愿望与祝福的花钱，是比较经济实惠的办法。

花钱在逢年过节时可以当压岁钱。做买卖时，要带上"招财利市"；进京赶考时，要带上"连中三元""文星高照"等；新婚时可以佩戴"龙凤呈祥"；盖房上梁时，压上花钱，以保平安。花钱无处不在。底层民众将铜钱制成"护身符"，祈求升官、发财、长寿。花钱形式上仍多以当时流通货币为文，如"常平五铢""五行大布"等，惟尺寸大小不一，书法有别；背面则铸有日、月、北斗星象以及仙道人物等图案。"开元通宝"钱背铸祥云、日月以及锲刻简易花草枝叶图案，取开元日新、天地和谐、吉祥美满之意。背面皆配有一首五言绝句，非常优美，折射出人们注重精神修炼、渴望成仙得道的人文气象。

明清二代是山西民俗钱铸造大发展的鼎盛时期，几乎遍及社会生活的每个领域，总体上以吉祥为宗。花钱得到大众的青睐，除其精神上的象征意义以外，精湛的工艺、丰富的表现内容、极强的艺术观赏性也是其中的原因。

这又不得不追溯到明清时期的社会背景。"重农抑商"几乎贯穿了中国封建时代的大部分时期，在明清时期这种禁锢有所缓解，对财富的追求已经不是那么隐讳的话题。明朝正德年间并没有铸造钱币，多为清代到民国时期铸造的花钱。清代俞典园《茶香室四钞》所载："余幼时尚见以正德钱佩于腰首者，近则无之矣。按正德游龙，俗传尚有此说，其钱可镇风涛，余亦尝闻之故老也。"人们为了渡海安全，购买"正德通宝"，反映出当时虽然有海禁政策，但民间商人仍愿意冒险追求财富。

科举自隋朝创立，成了寒门子弟步入仕途的途径。"文星高照""早登科第""连中三元""状元及第""独占鳌头""五子登科""位列三台""一品当朝"等钱币就是追求科考、仕途顺畅的读书人的必备之物。"文星高照"中文星指的是"文昌星"，被古人视为科举士子的守护神。科举制度普及后，人们对于文昌帝君的崇拜更加普遍。

古代科举分为乡试、会试、殿试三个级别，每个级别的第一名分别称为"解元""会元"和"状元"，合称"三元"。"连中三元"是指同一个考生在三个等级的考试中都获得第一名，又称"三元及第"。鳌头原指宫殿门前台阶上的鳌鱼浮雕，科举发榜时状元站在此处迎榜，因此，独占鳌头比喻位列第一。

古代有传说，河中鲤鱼若能跳过龙门，就会化身为龙，在科举考试中，人们常用鲤鱼跃龙门来比喻科举及第，寄寓了人们美好的祝福与愿望。

在"礼"的框架内，婚姻自古以来就是两个家族的大事，而民俗钱也在其中扮演了重要的角色。

洗儿钱是亲友长者送给未满月的新生儿的祝福之钱。《资治通鉴》第二十六卷记载了"玄宗亲往视之，喜赐贵妃洗儿金银钱"之事。洗儿钱除了贺喜之外，更重要的意义，是长者送给新生儿的压邪护身符。如"长命百岁"与压岁钱可以通用，还有"长命富贵""连生贵子"等。

古代文娱生活少，文人雅士间常以饮酒、下棋、弹琴、作诗为乐。而这些领域也都出现了与之匹配的民俗钱。行酒令钱有五铢钱。

总结明清民间使用的厌胜钱，种类基本涵盖如下。

阿弥陀佛（背八字真言、长命富贵），百福百寿，百子千孙（夫荣子贵），朝朝翰梁，崇宁通宝（缠枝花及各种花卉图案），出将入相，此符压怪，春披青甸（背龙凤），聪明智慧，长命富贵（背阿弥陀佛、金玉满堂），常平五铢，长命百岁，婴戏（背生肖），金玉满船，金玉满堂，景盛正隆，二十四福寿，儿孙满堂（背龙凤）。

多子多孙，多福多寿，大日如来，单龙花钱，大泉五十，堆金积玉，大观通宝（背双龙、花卉纹、日月星），大五帝钱（宋五帝钱），大泉五十（背日月、星座、龟蛇），大泉当千，大布黄千，儿孙绕膝，龟鹤齐寿，虎气龙光，虎守杏林，和同开弥，富贵长寿（背七星玄武），福禄双全（背龙凤），伏羲十二生肖，风花雪月，风调雨顺，福禄寿喜，福寿康宁（背宝泉龙凤），福寿双全（背早生贵子），福寿延长，福寿延年，福如东海（寿比南山），福寿花钱，福寿康宁（背千祥云集），禄高位升，福禄骈臻。

腾蛟起凤（紫电青霜），将军箭，降福辟邪，加官进禄（背生肖八卦），吉祥如意（背长命富贵），金玉满堂（背小鹿、妻财子禄、南通北达），和合生财，黄金万两，花卉五毒，秦将白起，驱邪降福，驱邪避恶，会昌开元（背23个纪地字），麟子呈祥，联生桂子，龙凤花钱，刘海戏金蟾，龙凤呈祥，禄高位升，龙飞凤舞，连中三元（背和合二仙）连升三级（背状元及第），罗汉刻花（康熙、乾隆年）。

小鹿花钱，卯兔花钱，马上封侯，开元通宝（背日月），清五帝钱，麒麟送子，麒麟挂花，七福神仙，平安吉庆，日升月恒，人寿年丰（背龙凤），瑞霭华堂，日入千金，日月光明，十三太保（背百家同保），十二生肖，生肖八卦，山鬼八卦，山鬼雷风八卦，顺风大吉，双龙镂空，三元及第，四寿字（背长庚），双龙（背八卦），鼠背八卦，双凤仪庭，双喜挂花，受天百禄，四季平安（华堂吉庆），四季太平，四季康宁，驮经人物，亭台楼阁，太平如意，太平富贵，太货六铢，太平通宝（背六六大顺、背吉语），太上老君（背八卦），太平通宝（背龙凤、人物），太上咒背八卦，天仙送子，天下太平（背日月、周处斩蛇、一团和气、官清民乐），天命通宝（满文），天长地久，天地交泰，天官赐福（背五福临门、富贵满门），天后翔凤，泰和重宝（背日月）。

喜喜喜喜（四喜），喜生贵子（背福寿双全），玉堂富贵，雨渐耳背，万事和合，五福来朝，五福康宁，五五背八卦，文武联升，五子登科，五毒背龙凤，五行大布，五日五时（五毒花钱），文星高照，文王百子，维善为宝，万福攸同，万事遂心，五铢面下半星、面上杠，位列三台，咸平通宝（背星月），永通万国背龟蛇，永保平安（背合家欢乐），永安五男，幼学壮行（背龙凤），玉堂富贵，裕国便民，易养成人，一品当朝（背福禄、龙凤），一品状元，一母九子，一本万利，一帆风顺。

皆大欢喜，斩邪治鬼，斩妖伏邪，招财进宝（黄金万两），紫绶金章，指日高升，芝兰并茂，祯祥花钱，状元及第（背福禄），周元通宝（背星、背月、背单龙、龙凤、罗汉、福星高照），子孙千亿，钟馗打鬼，诸神回避。

三、数字·文字·图案

压胜钱币除了单枚使用外，在一些极其重要的场合往往以组合钱聚合成的花钱出现，如老人祝寿、幼儿满月、婚礼、朋友交往、起房盖屋、看病驱邪等。这些组合钱币多以3枚、5枚、12枚组成，暗含的愿望、祈福等溢美之词与钱币上的文字释义基本一致。

数字"3"是老子哲学生活化，语出《老子》第四十二章，指由最初的有形之物生出万物，物物相生。三指宇宙间最原始的有形之物。《庄子·知北游》"万物以形相生"亦含有三生万物之义。物物相生，指由最初的有形之物生出万物，物物相生是一个生生不息的运动过程。

数字"5"来自"五行相生相克"理论。五行学说是华夏文明的重要组成部分。古代先民认为，天下万物皆由五类元素组成，分别是金、木、水、火、土，彼此之间存在相生相克的关系。木生火，火生土，土生金，金生水，水生木。金克木，木克土，土克水，水克火，火克金，在五行相生相克中，生命保持着中和运动。

数字"12"是占星术、古代天文学、历法中有关时间与空间范畴中最基本的数字：一年有12个月，一日（昼夜）各12个小时，人在12生肖运行中轮回，等等。"12"是"3"与"4"相乘的结果，哲学上又称为精神和世俗世界（实存世界与意义世界或是形上世界与形下世界）统一的生命共同体。

同时，十二生肖的源头连着古代天文学。干支纪年是我国古代特有的一种历法，用12种动物与12地支配合组成12生肖（属相），是中国古人记忆和推算年龄的特殊符号。这样一天的时辰和动物搭配就排列下来：子鼠、丑牛、寅虎、卯兔、辰龙、巳蛇、午马、未羊、申猴、酉鸡、戌犬、亥猪。后来，人们把这种纪时法用于纪年，每十二年循环一次，周而复始。

十二枚吉祥钱上有十二个本命星官，反映了十二生肖文化的渗透力。生肖钱的主要用途是取吉利、避邪恶，做斋祭之用。所以，人们也把生肖钱称作"命钱"，小孩子一生下来，大人就给他佩上一枚生肖钱，以保平安无事。

古人把"数"看作沟通人神的重要途径，还把"数"本身看作"所以变化而行鬼神"的神秘力量，好言"兴亡之数""天数""气数"。

压胜钱的谶纬意义，已经深入到民众的日常生活伦理中，成为人生世界观的重要部分。谶即征兆，用诡秘的隐语、预言作为神的启示，向人们昭告吉凶祸福；纬是用宗教神学观点解释儒家经义。由于汉字本身具有象征性和哲理性，加之人们对文字的起源所持的神秘感，使压胜钱有了一种超乎寻常的力量。如宣和八年（1126年）宋钦宗赵桓继位，改元为靖康。谶纬术士认为，年号不吉利，"靖康"二字拆读为"十二月立康"，钦宗只当十二个月皇帝便被康王赵构取代，是天意，天命难违。

民众相信古钱具有驱邪镇魔、禳灾祈福、趋吉避凶等超越于自然社会的力量。陪嫁、镇宅、供佛、祈福、驱邪、随葬均用钱币，构成了具有浓郁特色的山西民俗文化景观。

当单枚花钱已不能表达复杂的情愫时，组合花钱便出现了。这些组合花钱，制式考究，形式多样，人们以红线绳子或是中国结串起来，装入一个自制的袖珍布袋子，再充入香草，把它当作最神圣的、具有仪式感的礼物或是家庭装饰，以此呼应心灵的祈祷、期盼和愿望。

通过在山西灵丘、右玉、山阴、长子、黎城等乡村的田野调查，收集到部分组合花钱，记录了其中的象征、隐喻含义。

12枚汉五铢钱组成的组合钱（特别是铢面下半星为最佳），对应单枚花钱：长命富贵，长命百岁，龟鹤齐寿，福如东海，寿比南山，福寿康宁。寓意"福如东海长流水，寿比南山不老松。"五铢钱又称长寿币，亦称寿山福海。

由秦半两、汉五铢、唐开元、宋元通宝、明永乐通宝各一枚组成的大五帝组合钱。寓意降福辟邪、万事遂心。大五帝钱象征天地灵气之聚合，家庭装饰之，借以镇压邪气，避灾免祸，祈求平安。

12枚千禧通宝组成的组合钱。喜喜喜喜（四方喜），麟子呈祥，麒麟送子。表示对幸福、富有、长寿和喜庆的向往。

由元符通宝、元祐通宝、元丰通宝各2对共计12枚组成的钱币。三元及第，连中三元，禄高位升。"三元"乃古代士子梦寐以求、升腾取仕之阶梯，表示一种希望和向往。意为官运亨通、祝福连升三级之意。

由5枚大观通宝或5枚崇宁通宝组成的钱币。文星高照，福禄骈臻。

12枚太平通宝或12枚咸平通宝组成的钱币。表示平安吉庆、四季平安、四季康宁、太平富贵。

3枚背24种纪地开元通宝。寓意阿弥陀佛、惟善为宝。

宋12枚对子钱组成的钱币。寓意儿孙满堂、多福多寿、福禄双全。

由2枚机制龙币组成的钱币（清代光绪年后）。寓意龙凤呈祥、龙飞凤舞、腾蛟起凤。《淮南子》言，凤凰被称为祥瑞之鸟，雄曰凤，雌曰凰。象征天下太平、大吉大利、五谷丰登。

由至和1枚、政和2枚、宣和2枚共5枚组成的钱币。寓意和同开弥、和合生财，万事和合。

由东坡元丰通宝、王莽货泉、徽宗圣宋元宝各4枚组成的12枚钱币。寓意文星高照、朝朝翰梁。古称福禄寿三神为三星，传说福星司祸福，禄星司富贵贫贱，寿星司生死。文星高照象征着幸福、富有和长寿。取其吉祥喜庆之意。

政和、宣和、崇宁、大观、崇宁组成5枚，或6个年号各自5枚组成。寓意出将入相、文星高照。在古代中国神话传说中，文曲星是主管文运的星宿，文章写得好而被朝廷录用为大官的人是文曲星下凡。

背星月开元通宝12枚组成或3枚周元通宝组成的钱币。寓意驱邪降福、驱邪避恶、十三太保（百家同保）。后周柴荣下令毁掉3336座佛寺，熔掉一尊尊铜佛像铸成。唐代法门寺地宫出土的玳瑁"开元通宝"使得背星月、背纪地字的开元通宝具有了花钱的属性。

祥符元宝12枚，对应福禄寿喜，福寿康宁，福寿延年，吉祥如意，万福攸同。《书·洪范》："五福：一曰寿，二曰富，三曰康宁，四曰修好德，五曰考终命。"还有"五福临门"，寄希望于有福长寿。

清五帝各一枚组成的钱币。寓意家畜兴旺、驱邪避恶。

12枚淳化元宝组成的钱币。寓意阿弥陀佛、惟善为宝，五台山出土的宋代"淳化元宝"金佛币。

杠上五铢3枚。寓意马上封侯、禄高位升。

正隆元宝12枚。寓意金玉满堂、景盛正隆、堆金积玉、黄金万两、金玉昌隆。

南唐开元12枚（6对钱）。寓意风花雪月、多子多福。

熙宁通宝鸟虫篆体5枚。对应单枚花钱，此符压怪。

天禧6枚、天圣通宝6枚共计12枚。对应受天百禄，天官赐福，天长地久。

这里需要特别注意的是，宋代的年号，多取吉祥寓意，后经演化，被广泛应用于民间民俗中：

淳化："淳"字通"纯"，取"纯正""完美"之义；"化"字应为"造化""自然"的意思；"淳化"应是"美好的世界"。咸平："咸"是"都"，"咸平"是"到处都太平"，即"天下太平"之义。天禧："禧"意即"幸福""吉祥"，"天禧"意即"天赐的幸福吉祥"。天圣：天之圣者，真命天子。熙宁："熙"即"兴盛、繁荣"，"宁"，安宁。元丰：意思是"大丰收"。改元诏书中有"赖天之佑，年谷顺成"语，即依靠上天的保佑，农业顺利获得丰收。元符：绍圣五年，咸阳百姓段义捡到玉印一枚，经鉴定，认为该符印是天降的传国之宝，大吉。崇宁：意为"追崇熙宁之道，复行新政"。大观：取自《易经》，"大观在上，顺而巽，中正以观天下"。另外，"大观"也有洞达透彻的意思。政和：取自《尚书》"庶政惟和，万国咸宁"。宣和：徽宗收藏书画的宫殿——宣和殿之"宣和"。

四、吉祥与龙兴

1. 吉祥如意：佛法护佑

关于"大吉祥"民俗组合钱的民俗伦理，曾经采访过右玉县博物馆馆长吴承山先生、大兴区文物所所长侯文学先生。

吴馆长说，民俗，有很多层次，很多类别，它的核心有三个层面。为什么会形成民俗？一个是农业文明时代的财富拮据，异己的力量左右着个体的行为和思维；第二个就是人的面子，面子说白了就是脸面，人是需要尊严的；第三个就是文化，不同地区贫穷程度不一样，讲究面子的方式也不一样，不同的文化背景也不一样，最后促成了不同地区产生了非常丰富多彩的民俗。总的来说，把这三枚钱的组合说是广泛的民俗有点勉为其难，但也是特定区域的特色。五里不同俗，民俗是有地域局限性的。

侯所长认为，周元通宝、会昌开元通宝和淳化元宝三枚钱币组合在一起，在晋西北民间形成"大吉祥"，有着历史文化的维度。从佛教发展来看，佛教从东汉正式传入中国时，民间已经开始东传了，在唐代达到兴盛，因其强势兴起，影响力巨大，信众渐聚，以至影响到国家财政收入、劳动力供给。加之农民起义不绝，到了晚唐，钱币所需要的铜来源困难，朝廷为了维持经济社会正常运行，不得不开始灭佛，聚集货币制作的原材料。这样到了五代，佛法传播自然受到破坏，但是到了宋代，宋太宗赵光义本人又笃信佛法。一是从当时的政治背景考量，还有一个是从当时的社稷统一考虑，决定了他对佛教进行扶持。

侯所长说，关于淳化元宝进入佛法领域，有个特殊的时间节点。这就是，在当时特殊的历史背景下，尤其是文化、政治背景下，全国需要稳定统一的大背景，民众的信仰凝聚，客观上促成了佛教的进一步发展，这是历史逻辑而言。按文化发生学角度来说，佛教的发展、兴盛和被灭，然后又得到拯救，这三枚钱，放在一起是一个传承的记忆，一个是文化的传承，一个是宗教发展的警醒。

"民间把它作为'大吉祥'广泛运用，应该归于赵光义皇帝对佛教淳化民风作用的重视，同时又与五台山的文脉有关系。在当时这些背景下，取佛教当中的《吉祥经》《金刚经》，应该是一个总体的含义。佛教由印度传到中国，到兴盛再到被灭，然后到了宋代，又被挽救，总体的脉络是文化含义。"侯所长认为，民间不可能有这么大的手笔，把这三枚不同时期的钱币整合在一起，然后富于伦理意义进行赠送，民俗应该来自高端佛教徒的传承再传到民间。

"我觉得这三枚钱币形成的大吉祥，传播的源头应该是真正懂得佛教的饱学之士，他们把这三个不同时期代表了佛教当时境遇的钱币，用吉祥如意来表达，所以称为'大吉祥'，本身佛教里就有出处，有《吉祥经》，也有'大吉祥'这个词。实际上在藏传佛教中比较多。总体来说，是为了纪念，三个阶段所处的时期，属于三个不同的文化发展阶段，各具有特殊的纪念意义。"

"我觉得，从宗教的顶层看，为了让人们记住这些不同时期的大事件，把三枚钱币整合在一起，最后自然助推了民俗形成和为民众接纳后的运用，民俗是来自于从高端往基层走的过程，到了基层，就取这个吉祥如意之义，这样就等于在民间慢慢形成了一个约定俗成的习俗。它的根源还是来自大的历史文化政治背景。"

明清之际的山西忻州、朔州、大同一带，以至于到了现在，仍然保留着这一特殊的习俗，就是把周元通宝、淳化元宝、会昌开元（24 种纪地钱任意一种）组合起来，置于一个香袋，在家庭、家族举办重大家事活动、隆重仪式时，送给子女、长辈，以此作为最有文化含量的礼物呈现。这个最有浓浓情谊、最有意义的"礼物"，便是民间俗称的"大吉祥"组合钱。三枚钱币组合形成的"大吉祥"花钱，与"阿弥陀佛""惟善为宝""吉星高照"等单枚花钱在日常生活中的伦理意义是相同的。尤其在清末民国年间，使用频率最高。

这三枚钱币组合起来为什么受到民间如此追捧呢？为此，古泉馆藏采访了大兴区文化遗产保护协会会长卫东海博士。卫先生认为，可能与民俗的宗教性、儒教孝礼祭祀活动有关联，更与历史上的毁佛、铸佛、兴佛历程有关。这三枚钱币的组合体现出民间佛性修身的诉求。

"淳化元宝"是大宋立国第二任皇帝宋太宗赵光义改元淳化铸制最早的"御书钱"。淳化元宝背金佛钱币，是 20 世纪 90 年代在山西忻州五台山发现的。其实，在这之前，晋西北民间早就流传着铜质双佛淳化币。也就是说，百姓心目中早就把淳化元宝当作佛币运用于生活礼仪中。至于从哪个朝代开始，宋代，元代，明代？史料无载，不能妄下结论，我们只能通过民俗的演变进行田野社会学分析了。

赵匡胤黄袍加身称帝，开始了全新的文化治理。历经了唐代的道教盛行、五代的压制佛教运动后，宋太宗开始对佛教进行保护，停止对寺院的废毁，派人去印度求佛，使佛教得到恢复。而且赵光义皇帝本人对佛法也是虔诚的。民间认为，大宋重视佛教与赵光义"烛光斧影"篡位有关。传说归传说，毕竟这是野史。其实，大宋政权试图利用佛教对灾难深重的百姓进行精神抚慰，进而实现"和天下"，这才是不争的事实。从宋太宗赵光义赞赏宰相赵普的表述中可窥一斑，赵光义皇帝称赞"浮屠氏之教有裨政治"，于是便铸制了"淳化元宝"。"淳化元宝"作为佛教延续的证物广为流行，深入民心，其独特的历史价值和艺术价值不言而喻。

"周元通宝"是由后周发行的精美通货，也是现代古钱币收藏家公认的五代钱币中做工较为精细的钱币。周元通宝用佛铜铸造，这是有稽可考的。周元通宝作为毁佛钱，历史是这样记载的。显德二年（955 年），周世宗毁佛铸周元通宝钱，臣下非议铺天盖地，周世宗是一位睿智恢宏的明君，他据理训示："吾闻佛说以身世为妄，而以利人为急，使其真身尚在，苟利于世，犹欲割截，况此铜像，岂有所惜哉！"群臣也就不敢再言了。周世宗废天下佛寺，有据可查的记载应该是 3336 所，毁寺庙铜像铸成周元通宝。铜不够，还派重臣赴高丽（现在的朝鲜）购铜，而且下诏，禁止民间私自藏铜。

至于会昌开元背后毁佛铸币的故事，大家清楚，公元 840 年，唐武宗即位，以李德裕为相，贬牛僧孺等人，抑制宦官势力。又在会昌三年杀了刘稹，以此打击藩镇割据势力。会昌五年，诏陈佛教之弊，毁寺（官赐匾额者）4600 余区，毁招提、兰若（私造佛寺）4000 余区，还俗僧尼 26 万余，收良田数千万顷，释放奴婢 15 万人，史称"会昌灭佛"。此处不再赘述。

山西这些地区过去一直是佛国净土。忻州、朔州、大同这一代，从北魏以降，一直是中国佛教的文化聚集地，忻州五台山、大同云冈石窟、华严寺、朔州的崇福寺、应县木塔等佛教圣地、佛事活动场所对民间的影响至深至远。高僧大德深入民间弘法授业，自然就将三枚钱币背后的毁佛、铸佛、兴佛之中的文化苦旅传授到民众之中。

2. 吉祥如意：五帝钱

人副天数，泉通神坛。在中国几千年的民俗世界里，古钱币包括压胜钱、单枚花钱、民俗组合钱、庙宇钱、祭祀特制钱等，无论在农耕文化发达的秦晋高原，还是内蒙古、东北游牧地区，民间习惯把它与人的官运、财运，日常生活的祝愿、期盼、禁忌联系到一起，特别是各个版本的"五帝钱"。五帝钱分为官运五帝、文星五帝、财神五帝（财神五帝又称"小五帝"）。五帝钱有多个版本，讲究也不同。

"官运五帝"又称"大五帝""官五帝""大吉祥"钱，主官运，由千古一帝的始皇半两钱、汉高祖刘邦的五铢钱、唐太宗李世民的开元通宝、宋太祖赵匡胤的宋元通宝和大明永乐皇帝朱棣的永乐通宝组成。民间因为喜欢"文曲星高照""连中三元""独占鳌头""代代翰林"等民俗组合钱，也就更加喜欢北宋五帝的文星高照。"文星五帝"又称"文五帝"，由最能代表中国士大夫精神的北宋五帝钱组成，从目前收集到的样品分析，"文五帝"民间有三个版本。一个版本是北宋连续五个皇帝的钱币，他们个个才华横溢、学识渊博、经文维武，由宋太祖赵匡胤的宋元通宝、宋太宗的太平通宝、宋真宗的咸平元宝、宋仁宗的天圣元宝、宋英宗的治平元宝（通宝）组成。这是连续的文化传统。另一个版本是，由宋真宗祥符元宝（通宝）、宋仁宗皇宋通宝、宋神宗元丰通宝、宋哲宗元祐通宝、宋徽宗圣宋元宝组成。这些钱币有的出自帝王的御书，有的出自当时杰出的大臣之手，君臣和谐，尊严无上。还有一个版本是皇宋通宝、熙宁元宝、元丰通宝、元祐通宝、政和通宝组成。以大事件、大隐喻深入民众记忆。组合钱币以美丽的年号传递着文化畅明、文化自信的博大精深，融入民俗，广为传世，经万人之手，口口讲述。

到了清中叶，又有财神五帝，也就是小五帝钱。这就是清朝最兴盛的五位帝王（顺治、康熙、雍正、乾隆和嘉庆皇帝）在位期间所铸造的古钱。自1644年顺治帝入关，至1820年嘉庆帝驾崩，五位帝王相继在位176年，个个兢兢业业、勤勤恳恳，开创了清朝最辉煌的时期，他们在位时国势强盛，曾出现了中国历史上著名的"康乾盛世"。

在五帝组合古钱币的具体使用中，半两钱包含秦半两、战国半两、始皇半两、秦末半两、汉初半两，均集体被默认为作秦半两功能。五铢钱包含盛世汉五铢、郡国五铢、赤仄五铢、上林三官、东汉前期五铢、剪边五铢等，使用上也作为同一功能。

铜钱外圆内方，外圆代表乾、天，内方代表坤、地，中间的年号、文字代表人，"天、地、人"三才相聚相和，具有扭转乾坤、化腐朽为神奇之势能，故能显现人丁兴旺、官运亨通、吉祥如意、财源茂盛之功。

随着岁月的流逝，古钱币由美学、哲学层面逐渐过渡到民俗习俗层面。各种版本的五

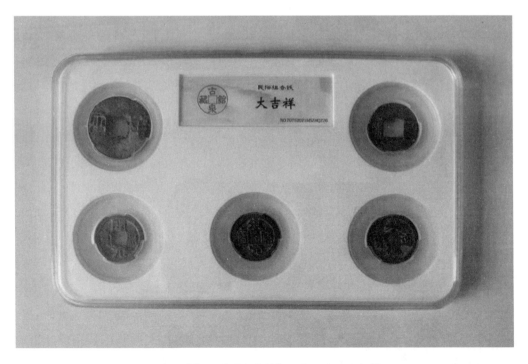

"大五帝"又称"大吉祥"，右玉县吐儿水村

帝钱逐渐成为灵器、法物，兼具了帝王之威和信仰之神。以大五帝为例，秦始皇纵横捭阖，可谓"千古一帝"，汉武帝开创"凿空之旅"，唐高祖"开元通宝"几乎贯穿整个唐朝，与汉五铢一起成为敬奉高堂的长寿币。宋太祖建立历史上开明、人道、文化最繁荣的大宋王朝，明永乐大帝五次亲征蒙古，开创了"天子守国门"的时代。有帝威灵物作陪，使保真的五帝钱既珍贵又难得。无论大五帝、文星五帝还是"小五帝"，五帝钱汇聚了华夏大地之灵气、中华民族之瑞气、真命天子之浩气、传承百家之喜气，形成"外圆内方""天人合一"的定制，取其象天法地。大五帝钱币是古代阴阳八卦学说的具体体现，天、地、神合一，也成就了古钱风水的功能。

3. 官运亨通：文曲星下凡

文曲星，星宿名，道教北斗七星之一。中国古代神话传说中，文曲星是主管文运的星宿，文章写得好而被朝廷录用为大官的人常被称为文曲星下凡。范仲淹、包拯、文天祥等都是中国民间传说出现过的文曲星。文曲星属癸水，主科甲功名。

钱币是灵性之物。清代以来，山西士子参加乡试及其以上的考试，常以"文曲星下凡"民俗钱币作为随身之物或是案头摆设之物。

田野调查发现，此种组合钱一般由 5 枚或 10 枚组成，分为三种类型。一种是徽宗五个年号的钱币，圣宋元宝、大观通宝、崇宁通宝、政和通宝、宣和通宝 5 枚钱币组合的花钱（重和年号时间短，不足 3 个月，民间鲜有，元符通宝属于登基未改元钱）；一种是历史公认的大学问家 5 枚钱币组合成的花钱，分别是王莽、欧阳询、苏轼、司马光、蔡京书写的钱币；再一种是大宋御书钱 10 种（宋太宗的淳化元宝、至道元宝 2 种，宋真宗的咸平元宝、景德元宝、祥符元宝等 5 种，宋徽宗的大观通宝、崇宁通宝、宣和通宝 3 种）。

先说徽宗五个年号的钱币作为文曲星的理由。徽宗"性甚机巧，优于技艺"，在位25 年，先后铸造了圣宋通宝、崇宁通宝（重宝）、大观通宝、政和通宝（重宝）、重和通宝、宣和通宝（元宝）等 6 种钱币，由于重和通宝流通不足三个月，民间几乎不存，故取其 5 枚。由于"靖康之耻"，历来对宋徽宗政绩的评价掩盖了他的才学，但无论如何，无法否定他作为一个杰出的文学家、书法家、绘画大师的历史地位。他在艺术上的造诣极高，他推动绘画，使宋代的绘画艺术有了空前的发展。他还自创了一种书法字体，被后人称为"瘦金体"。他热爱画花鸟画，自成"院体"。宋徽宗是古代少有的艺术型皇帝。

再说一下历史公认的大学问家 5 枚钱币组合成的花钱进入"文曲星下凡"的理由。

西汉末年，王莽当政，试图通过货币改革摆脱当时严重的社会危机。他以"托古改制"为名进行了一系列的币制改革。尽管改革是失败的，但他所发行的系列钱币却是古钱史上的精品。货币多采用悬针篆的字体，制作十分精美，史称"王莽针篆体"。

唐朝大臣欧阳询，主持编撰《艺文类聚》，书写大唐开国第一钱——开元通宝。欧阳询精通书法，与虞世南、褚遂良、薛稷三位并称"初唐四大家"，书法号为"欧体"，被称为"唐人楷书第一"。《旧唐书·食货志上》载，武德四年七月废五铢钱，行开元通宝钱。开元钱之文，为给事中欧阳询制词及书，文字庄重、隽秀、挺拔，时称其工。

北宋熙宁三年进士及第的蔡京，先后四次任宰相，任期达 17 年，书写了崇宁通宝面文。民间盛传蔡京书写时别有用心，被人指责为"有意破宋，无心宁国"。这段传说得不到印证，至今仍是一个谜。但不管怎么说，为相四起四落堪称古今第一人，这是不争的事实。

北宋著名政治家、文学家、史学家司马光，世称"涑水先生"，主持编纂了中国历史上第一部编年体通史《资治通鉴》，人格堪称中国传统文化儒学教化下的典范。元祐通宝行、篆双体，钱文为司马光所书，潇洒自然，布局协调，豪放隽美，妩媚圆韵。

北宋大文学家、书画家苏轼，是中国历史上最著名的才子。其文与欧阳修并称"欧苏"，为"唐宋八大家"之一；诗与黄庭坚并称"苏黄"；词与济南辛弃疾并称"苏辛"；书法与黄庭坚、米芾、蔡襄，并称"宋四家"。很多钱币文献都提到，苏东坡在宋神宗时期曾经书写过元丰通宝或元祐通宝钱文。

宋代是中国经济、文化、科技的鼎盛时期，书画名士与文学大家济济一堂，就连宋太宗与宋徽宗都是著名的皇帝书法家，因此，宋代很多钱币的文字都是皇帝与当时的一些书画名士及文学大家书写的，苏东坡能够为宋代钱币题字也便不足为奇了。

文献记载，苏东坡的书法与其文章一样苍劲豪放、态浓意淡、体势秀伟、骨劲肉丰、东坡泼墨的古币字体冰肌玉骨、钱文阔大、气象磅礴。

东坡"元祐"与东坡"元丰"也一直是学界争论的事情。中国字典总编辑、中国书法艺术家协会常务理事王正鹏先生认为，苏东坡书写的是元丰通宝。

古钱币进入民俗是幸运之神的造化，而且越是古老，越是吉星福星。这些艺术品一出现在世上，就带着高贵的身份背景，自然也就沾着更多的贵气。窖藏的传世品更是富贵之家才有可能做得到，能够预示着"家贵气旺盛，迟早会发达"。

从民间收集到的版本看，除了苏东坡、蔡京、司马光这些才子重臣书写的钱书进入民俗外，还有一种是北宋帝王御书体的钱币。巧合的是，这些帝王书写的钱币，不是三书体三枚（或是两个五枚）。宋太宗书写的是淳化元宝三书体和至道元宝三书体，同一个年号，宋太宗只用三种书体撰写，而不用四种或两种书体；宋真宗用真书书写了祥符通宝、祥符元宝、天禧元宝、景德元宝、咸平元宝四个年号的五种钱币，而没有书写二种、四种；宋徽宗执政到卸任的十枚（两个五枚）钱币为民间采用，分别是元符通宝对书、圣宋通宝对书、崇宁通宝瘦金体、大观通宝楷书体、政和通宝对书、宣和通宝对书。徽宗十钱还有一种说法是把崇宁通宝和崇宁重宝当作对书钱，正好形成五对子。

4. 否极泰来：如来转生

上了百年的钱币就可以算上是古钱币了，古钱币属金，金生水，水生财，水护运，因此民间默认古钱币可以生财、化煞、防小人、护运气。近代以来，特别是民国期间，山西晋东南长子营、沁水县和晋西北的大同县、山阴县等地，民间在祝福最亲近的人时，常把"如来转生"组合钱作为最贵重的礼物（当然也不是普通阶层和平民百姓）。"如来转生"由三枚"咸丰重宝"铁质钱币组成。那么为什么选择三枚呢？

主要是"三"象征着"天地人"三才，"道生一，一生二，二生三，三生万物"。"三"作为最吉祥的数字，与天地交感，与生灵对话，与生生不已的变化和合。"三"代表着无穷尽的发展延续，故有"三生万物"之说。"三"这个数字在中国传统文化中有着举足轻重的作用，因此也就有了民间把三枚"咸丰重宝（铁钱）"组合当作最高贵的压胜钱，来表示"绝地重生""佛陀转世""如来转生"之意，寓意否极泰来、时来运转，摆脱当下的困厄，迎接日后的美好。

清中叶之后，特别是到了咸丰年间，危机四伏，民生凋敝，民怨沸腾。鸦片战争加剧了西方列强对中国殖民统治的过程，国家财力拮据，物价飞涨，特别是来自中国南方的铸钱币的基本原料——铜的运输受阻，清政府陷入了苟延残喘的境地，只得在货币的虚拟值上大做文章，相继推出币值繁多的通宝、重宝、元宝，币值由小平钱推高到当五、当十、当百、当五百、当千等，最困难的时候，钱币的铜质都改成了铁质，国破山河，危在旦夕，成败一举。

大钱虚值，政府失信于民，百姓水深火热，大清王朝国运气数即将走到尽头。

绝处逢生。后来，本已风雨飘摇的大清王朝又得以获得短暂的新生的转机。所以，民间将此时期铸造的"咸丰重宝（铁钱）"冠以"转生"之意。

佛教教义对严酷、残忍的现实是一贴温凉剂，佛陀普度的意识深入人心，民间就有了佛陀显世保佑之说。

咸丰重宝一直被当作古泉交易市场的无价之宝，尤其是铁质钱币，受到地域限制，其流通范围很小，再加上后期纸币、银圆发行，咸丰重宝当时成为佼佼者，铁质的当十钱由于铸造时间短、区域所限、价值难以保存等多种因素，在民俗礼节上，三枚铁质组合钱币合成的"如来转生"，更是挚友间的"冰心玉壶"之敬。

5. 和美婚姻：女儿钱（撒帐钱）

天人感应，物我相融。由于历经万人之手的古钱币聚集天地灵性的特殊禀赋，民间对"古泉化钱""古泉蕴气"之说深信不二。明清时候，山西晋中、晋东南地区许多家庭在女儿出嫁时，都会选择 10 枚、12 枚数量不等的对子钱包成一个小包，送给女儿作为陪嫁随身之物。陪嫁随身带去的钱币俗称"女儿钱"，又称压箱钱、压柜钱、对子偕老钱。民间皆谓钱能生利，大富大贵。

女儿钱版别可以多样，一般 5 对子 10 枚起步，意为五行大化、十全十美、成双成对、两情连理、对子和合。普通家庭一般是可以不对钱的 5 个版别、10 枚铜钱；富裕家庭则讲究多一些，一般是 5 对子 10 枚、10 对子 20 枚、12 对子 24 枚。随意 5 对子比较容易配齐，但要达到古钱币形制、大小、厚薄、轮廓、铜质等完全相同，即真正意义上的"对子钱"，确实要耗费大量的人力、财力去搜罗配对。女儿过门后，如有机缘，还要留心继续收集配对，每配一对，意味婚姻的基石又上一个台阶，分别对应铁婚 6 年、铜婚 7 年、银婚 25 年、金婚 50 年、钻石婚 60 年五个台阶，寄寓着五世同堂、多子多福的美好夙愿。

作为"女儿钱"的对子钱究竟是怎么进入民俗的呢？

翻阅资料看，对子钱又称对钱、和合钱、对书钱、对品钱。日本钱币学界称其为"符合钱"。钱币专家戴志强先生在《"对钱"浅释》指出：互相对称之钱，其钱文、轮廓、大小、厚薄、铜质等相同，惟采用不同的书体，但字形笔势仍互相吻合。也就是说，达到对子钱的标准，至少应当具备 5 个元素。

对子钱类别不多，大概不到 30 个类别，但按照不同角度，如大小、轮廓、厚薄、铜质等细分，可以上百种，当然有时不一定非要严格到极限，大致认同亦未尝不可。对子钱的种类基本有以下年号钱和非年号钱。

五代十国时南唐的永通泉货、唐国通宝、开元通宝钱，虽隶篆两种书体，但形制、大小、厚薄、轮廓、铜质等不尽相同，只能算作对子钱的雏形期。

北宋从仁宗到徽宗，对子钱兴盛。一是仁宗朝的天圣元宝、明道元宝、景祐元宝、皇宋通宝、至和元宝、至和通宝、嘉祐元宝、嘉祐通宝 8 种钱文对子钱，均为小平钱；二是英宗朝的治平元宝、治平通宝 2 种钱文对子钱，均为小平钱；三是神宗朝的熙宁元宝、熙宁重宝、元丰通宝 3 种钱文对子钱，有小平、折二；四是哲宗朝的元祐通宝、绍圣元宝、元符通宝 3 种钱文对子钱，均有小平、折二钱；五是徽宗朝的圣宋元宝、政和通宝、重和通宝、宣和元宝、宣和通宝 5 种钱文对子钱，有小平、折二；六是钦宗朝的靖康元宝、靖康通宝 2 种钱文对子钱，有小平、折二。

南宋虽有延续，但已呈衰亡之势，淳熙七年后，铜钱的书体统一为宋体字。高宗朝有建炎元宝、建炎通宝、绍兴元宝 3 种钱文对子钱；孝宗朝有隆兴元宝、乾道元宝、淳熙元宝 3 种钱文对子钱。

对子钱以篆书体为配对的主钱，或篆真，或篆行，或篆隶配对。太宗淳化、至道年间（990—997 年），皇帝亲书钱文，始用真、行、草三种书体同时铸钱，史称书史丰碑的"三体书"，创北宋对子钱的先声。淳熙七年，也就是南宋第二任皇帝宋孝宗开始宋钱钱背记年，对钱制度不再施用。

日本收研古钱是从元和年间（相当于明天启年间）开始的，至元禄时（相当于清康熙年间），爱好古钱的人上至王侯，下至庶民。正如《符合泉志》三编序中所说："古钱，世之好之者，唯贵其稀少，不必问年代远近也，及至近世，其风一变，专于赵宋所铸，论其多寡异同以为贵贱，故有钱文全同而其值则有相什佰千万焉！"

经过寻觅对子钱的历程，不难看出，对子钱之所以能够作为"女儿钱"妖娆风采地进入民间习俗，主要有以下原因：一是书法美，钱文既有帝王亲自题写，又有当朝宰相题字，还有当世书法大家的墨宝题字，对钱琳琅满目、异彩纷呈；二是对称美，对称美是中华民族的中和审美观，方孔圆钱对称美的艺术效果，把金属铸币的艺术性推到极致；三是形制美，轻重规范、铜质优良、轮廓美观、厚薄一致、缘阔相等、布局相同，给人以整齐、沉静、稳重和谐的感觉，一种无与伦比的美的享受。

百年偕老，又称"白头到老""白头相守""执手天涯""百年之好"，与民俗花钱对应。"白头"就是头发白，寓意寿命长、寿相；"偕"是共同。夫妻相亲相爱，一直到老。最早出自《诗经·卫风·氓》里的"及尔偕老"。

百年偕老与百年好合民俗组合钱是一脉相承的，百年好合，俗称"女儿钱""撒帐钱""压箱钱""压柜钱"，一般是五对子起步；百年偕老是十对子、十二对子，意谓十全十美、如意美满、生生不息、多子多孙。

6. 招财聚宝：景盛正隆

在古代中国，商人的地位是很低的，与商人所处的社会结构有关。传统中国社会的主体是由士、农、工、商四大社会集团构成的。士、农、工、商，也即所谓四民。商人阶层处于最下层，自然失去法律的保护。

在异化的人生、失望的竞争中，经商之人借用一种不可把握的希望辅佐生存，也就成为习俗。从收集到的古钱币版本来看，有三种版本：一是货通天下，由 5 枚"大泉五十"组成；二是黄金万两，由 10 枚货泉组成；三是堆金积玉，由 10 枚正隆元宝组成。"5"是五行相生相克隐喻，寓意生意保持平衡，杜绝闪失；"10"是十全十美，尽如人意，本小利大。

"大泉五十"是王莽新朝通行货币中流通时间最长、铸量最大的货币，内涵丰富，背有纹饰、吉语。王莽是一个迷信谶符的人，铸币中出现多种厌胜纹饰，其中有人物、鸟兽、吉语、吉祥图案等。

泉是货币的指代，如：泉儿（古代钱币的通称）、泉币（钱币，货币又称泉货）、泉金（金钱）、泉布（帛币和布币）、泉刀（泉币与刀币）、泉布先生（钱币的谑称）。泉的甲骨文字形，像水从山崖泉穴中流出的样子。货泉是最常见的一种汉代钱币，它是王莽天凤元年（14年）第四次货币改制的产物。王莽的币制有"钱绝"之首，为后世所称道。"货布""货泉"堪称王莽后期铸币的代表作。

正隆元宝为大金国四十二年第一钱。正隆元宝仿北宋大观平钱制作，质地精良，文字俊秀。大金国的"金"成为货币的隐喻，正隆预示昌盛、繁茂、兴旺发达之意。

7. 相重相和：三元迎禧

"三元"，是古老中国最祥和喜庆的符号。大年初一，是农历一年之元，一月之元，一日之元，所以称为"三元"。这一天是岁之朝、月之朝、日之朝，所以又称"三朝""元朔"，同时还有上日、正朝、三朔、三始等别称。在这一天，人们除旧布新，迎禧接福，拜神祭祖，祈求丰年。

吉祥的物器，均以"元"打头。北宋钱币是铸造最精良、钱文最吉祥、底蕴最深厚的艺术品，大宋以降，各朝代民间常把北宋钱币作为民俗广泛应用于日常生活。北宋钱币，除了极少数非年号外（如宋元、皇宋、圣宋外），绝大部分是帝王的年号，以元字命名的钱币仅有三种。

一是三元开泰，又称"三阳开泰""三羊开泰"，由元丰通宝对子钱2枚、元祐通宝对子钱2枚和元符通宝篆书1枚共5枚折二钱币组成。三元开泰最早出自中国传统文化典籍——《易经》，大概意思是指"冬去春来"。《易经》以正月为泰卦，古人认为是阴气渐去，阳气始生。在《易经》六十四卦当中，泰卦是吉卦，故有"否极泰来"习语。"阳"和"羊"同音同调，羊在中国古代又被当成灵兽和吉祥物，古代器物上，很多"吉祥"的铭文都写成"吉羊"。"羊""祥"通假。《说文解字》说："羊，祥也。""三羊开泰"和"三阳开泰"都是吉祥之意。

二是连生贵子，由三对子元丰通宝小平钱组成。由精美的图画莲笙桂子演化而来，莲与"连"、桂与"贵"、笙与"生"同音。早在唐代铜官窑瓷器的纹饰中，就可以见到"连生贵子"的吉祥图案。莲蓬寓意连生，桂花寓意贵子。在民俗里，"为子孙计"是家族最大的信仰，多子多福是家庭积福的最大回报，连生贵子就是最好的三元开泰。

三是另一种三元开泰的版本，由元丰通宝、元祐通宝、元符通宝三对子折二钱币组成。"元祐通宝"由北宋大学者司马光题写。元符通宝铸于宋哲宗赵煦时代。据悉，"元符"钱文由苏东坡题写。以上三种钱币均由"3""5"组成，暗合生生不息的"三"和相生相克、协同平衡的"五"。

8. 家塽无恙：镇宅平安

中国传统的吉祥文化中，家居（镇宅）吉祥物的选择和摆放，是一个名望家族极为讲究的，镇宅之物多选择一些灵物。灵物是具有灵性的生物和器物。古人有很多禁忌和崇拜，使用灵物来镜定，就是希望自己的居住环境平安吉祥，招财进宝，趋吉避凶，驱邪祈求，阖家平安。禁压不祥之俗在民间甚为流行，尤其是在明清时期，镇物"石敢当"还成为国家级非物质文化遗产。

为什么古人对镇宅之物如此器重呢？

由于自然和社区环境的复杂多样性，总有一些住宅处在不那么"安全"或不那么"吉利"的环境当中，如面对破山、屋角、道路直冲、巷口、桥梁、赃物等。为了消除视觉、心理和习俗上的不利因素，祈求建筑环境的平安祥和，堪舆学通常使用一些"辟邪物"或"化煞器具"以应对"恶劣"环境，其中摆在分量最重、作用最大的地方的灵物，即为镇宅之器。名门望族的镇宅之器一般选择 3～5 件（处），暗含三生万物、五行相生相克之理。

民间传统的镇宅办法和镇物主要有以下五种。

大门外贴门神，门神分别叫"神荼"和"郁垒"，《山海经》里说神荼和郁垒是镇守东海边度朔山的将领，把守鬼门，不让恶鬼从鬼门溜出去害人。家中摆放文武财神，大门口摆放一对狮子，家中挂桃木材质的吉祥物。利用葫芦来镇宅，葫芦谐音"福禄""护禄"，有驱灾避邪、祈求幸福、安康寓意，因葫芦果实里面有很多种子，所以以葫芦还被视为繁衍生育、多子多孙的吉祥物。镇宅灵物，有龙、凤、龟、麟，另外还有貔貅、葫芦、文昌塔、金蟾、狮子等。貔貅是聚财神兽，龟是神灵之精，文昌塔利功名和事业，蟾蜍催旺财气，麒麟是仁义之兽。"石敢当"被奉为镇伏不祥之神。家中挂民俗古钱币。古钱币是中国传统文化中最具象征意义的吉祥器物，是因为古人对钱币大多持尊敬的态度，认为古钱币历千年沧桑、经万人之手，有一种超自然的威力，具有辟邪的功效。

目前收集到的古钱币镇宅之物主要有三种。一是由三枚大定通宝组成的组合钱。大定通宝为大金国金世宗大定十八年铸造，钱文造型简练、形貌大方、字仿"瘦金"，精美程度比大观通宝有过之无不及。"大"是至高无上之意，"大定"就是绝对安定。二是由五枚熙宁重宝组成的组合钱，选取的是鸟虫篆版，王安石实施熙宁变法，变则通，通则久，如商之《汤铭》所示。鸟虫篆是贵族、皇家的文化专利，象征正气、阳刚、高贵，邪不压正，权威如山。三是由宋仁宗年间铸造的皇宋通宝对子钱组成，12枚，预示大化流行，四季平安。皇宋通宝在民间一直有权威、官印之说，镇宅具有帝王辅我，小鬼岂敢作祟之隐喻。

9. 子不语怪乱：鬼的禁忌

人寄浮生，草木一秋，筑庐为本。有庐，便有家、家族、六畜、院落；有家，便有人丁滋生、长幼有序、生活伦理、家训家教、日常忌讳。家国一体，有家才有国，有修身齐家才有治国平天下。古人敬天尊地、仰神友人，但为什么最忌讳、最讨厌"鬼"这个意象呢？

甲骨文中的"鬼"，是个会意字，下面"人"字，上面是可怕的脑袋，意即像人一样的怪物。后来演化成人死之后所变之物。《礼记·祭义》说：众生必死，死必归土，此之谓鬼，意即人死则曰鬼。还说：庶人庶士无庙，死曰鬼。达官显贵死后有庙供奉，终年有人祭祀，则成了神，普通百姓死后无庙享祭，四处漂泊，才是鬼。

鬼在民间其实概念笼统，天地阴阳、五行周流，比人低级的另外空间的阴性生命好像都被人说成是鬼。按照佛教的说法，鬼分多财鬼、少财鬼、饿鬼。按照道教，鬼被定义为邪恶的代名词，似乎专门在害人、吓人，鬼又分成饿鬼道中的鬼、地狱道中的鬼、孤魂野鬼。

中国古人不太有灵魂的说法，他们将灵魂分为了魂与魄。道家进行了系统润色，儒家进行了推广和修正。他们认为：天孕育出了魂，地孕育出了魄；魂，是善的，是人的精神与思想，魄，是恶的，负责机体运动和反应；鬼是由魂形成，只有魄，而没有魂。

对鬼的禁忌有多种方法处理。一是祭祖，一般在招魂后开始，设祭祀酒菜、点香燃烛、烧纸钱等仪式。二是法事道场，佛家通过"盂兰盆会"，请戏班上演有关冥界神鬼故事的大戏。三是放河灯，表达对死去亲人的思念，对活着的人们表达祝福。

"结庐在人境，而无车马喧。"庐即为家，家为阳气之最、心灵之所。民间认为，所谓"阳宅"，即为聚合天地阳气、生命阳刚之所。"鬼"是阴气、邪恶、害人的象征，要保证阳气不受邪气、阴气的侵扰，就要辅助以镇宅之物镇压它。从目前民间收集到的镇宅之物——古钱镇物来看，有三个版本。

第一个版本叫"三玄清净"，又称"佛门祛鬼""法门打鬼"，由王安石变法时的楷书、隶书、鸟虫篆三书体3枚钱币组成。王安石是草根出身的平民宰相，变法让百姓从"鬼"的生活活成了人。在民间，王安石就是镇鬼的神。"三玄"表达禅宗"修行次第"的"初悟之境""无为之境""无为亦无"三个境界。以佛门正气压制鬼的邪恶。

第二个版本叫斩邪治鬼，又称"降妖除怪""扶正祛邪"，由5枚大定通宝组成。

第三个版本叫山鬼八卦，又称"诸神在此""小鬼廻避"，由小平、折二5枚鸟虫篆。山鬼八卦器物是明清道士用来施法以降妖震鬼驱邪的载体，也叫"法器"。山鬼，即山神，自古以来，山鬼都是以正义、高大的形象存在。山鬼纹饰朴素，文字简洁，显示着民族文化的博大精深，展示着中华文化的深邃底蕴。八卦最早见于《易经》，阴阳五行是《易经》的中心学说。"八卦"卦名乾、坤、震、巽、坎、离、艮、兑八字；背文多为地支十二字（子、丑、寅、卯等）及对应生肖图（鼠、牛、虎、兔等）。古时民间多以为此钱可避邪保安。人们生活的很多方面都是在阴阳五行相生相克的原理中传承发展。鸟虫篆属于金文，秦始皇兼并六国后，保留了八种文字，其中之一就是鸟虫篆。鸟虫篆字旁或字的上下附加"鸟""虫"的形状，字或与"鸟"或与"虫"融为一体，多见于出土的兵器、容器、瓦当、印章等。鸟虫篆是贵族、皇家的文化专利，象征正气、阳刚、高贵、邪不压正、权威如山，是镇宅辟邪的精神符号。

除了用古钱币镇压邪气、阳气外，民间通常还把钟馗画像作为镇宅的形象礼遇。钟馗是个家喻户晓的传说人物。关于钟馗的原型，传统的看法多认为，钟馗的原型就是《周礼·考工记》"大圭长三尺，杼上终葵首，天子服之"里所说的终葵。其主要活动是以鬼的面目出现，斩鬼除妖，惩恶扬善，驱疫逐鬼，护佑人间平安。其形象虽然是鬼，实则是人、是神，不仅有人的七情六欲，所做的事也是人间的事。作为亦鬼亦人亦神的形象，敦煌写本的《太上洞渊神咒经·斩鬼第七》。关于钟馗是这样写的：

今何鬼来病主人，主人今危厄，太上遣力士、赤卒，

杀鬼之众万亿，孔子执刀，武王缚之，

钟馗打杀（刹）得，便付之辟邪。

在写本中，作为捉鬼杀鬼者和驱邪治病者的钟馗，留下了非常多的身影。在中国众多的民间传说人物中，钟馗实在是独一无二的。

10.贵人相助：五龙币

五龙币民俗组合钱又称"贵人相助""仙人指路""龙行天下""鱼跃龙门""五子登科"等，与单枚花钱表达的意思是对应的。由与光绪元宝、大清铜币币值相同的钱币组成。有铜质和银质两类，由五枚或五对子钱币组成。盛行于晚清之后的华北各个省、州府、县。

五龙是古中国神话传承的五行思想体现的五个龙，即青龙、赤龙、黄龙、白龙、黑龙。五龙也指远古时代神话传说的皇伯、皇仲、皇叔、皇季、皇少五大部落首领。明胡应

麟《少室山房笔丛》中说："祝融氏为火帝，君南岳；五龙氏乘云登仙。"五龙也指古代传说中五个人面龙身的仙人，道教称为五行神。唐李邕《叶有道碑》："专精五龙，遍游群岳。"

五龙也指以才名著闻的五人。有汉代公沙穆的五子，晋代索靖、泛衷、张朜、索纟彡、索永五人，南朝齐时张岱兄弟五人，十六国时前凉辛攀兄弟五人，宋代窦仪兄弟五人。《宋史·窦仪传》言："仪，学问优博，风度峻整，弟俨、侃、偁、僖，皆相继登科……当时号为窦氏五龙。"

11. 如意人生：顺风大吉

顺风大吉民俗组合钱又称"一帆风顺""千帆竞发""顺风顺水""中江举帆"等，与单枚花钱具有相同的民俗意义，由三枚或五枚组成。

民国时期，为了纪念孙中山先生，铸造发行了各种版式的印有孙中山先生头像的银币。民国二十二年（1933年）、二十三年（1934年）的孙中山双帆币，成为当时特定历史时期流通的主要货币之一。钱币上的人物形象鲜明，肌肉线条饱满，栩栩如生。银币背面刻有双桅帆船放洋图，船身两侧各有一字"壹元"。此币背面刻有一艘帆船，乘风破浪，故名"船洋"。

民间采用一帆风顺组合钱，多用于表达考试祝福、生意顺达、官场遂心、交往面宽泛，寓意明了。

五、另一种去凶化吉的伦理

凤河移民群体对铜镜驱邪功能的认知广泛而深刻。明清时，山西民间大量使用铜镜。铜镜不仅是照面修饰的器具，也是一种兼有多样功能的法宝。其神明妙用在于"观照妖魅原形"的传统。葛洪在《抱朴子》言，世上万物久炼成精者，都有本事假托人形以迷惑人，"惟不能易镜中真形"，妖魔邪气一遇见铜镜，也就暴露了自己的本来面目，于是赶快溜掉。基于这一原理，凡巫士道观在从事捉鬼降妖等巫术活动时，都要先用一面镜子当识破妖怪的法宝，镜子乍现，妖怪就逃之夭夭。

明清山西的七大避邪宝物中，水是第一位，水为"五行"之一、"三官"（道教所奉的天官、地官、水官）之一，神通广大。其次是灰烬，《说文》解"灰"为"死火余烬"，余烬仅是物体形状的改变，其精魄仍聚积在灰里。民间常把"挫骨扬灰"与"斩尽杀绝"联系起来。三为石头。古人具有灵石崇拜意识。四曰鸡头狗血。狗血作为辟恶破妖的法宝，《史记》中已有记载。五曰小豆。古人称豆为菽，但据《广雅》《博雅》等书辨析，还有大豆称寂而小豆名荅的区别，小豆的神通首先在于辟瘟避疫，民俗中也广有"撒豆驱鬼"的行为。六曰桃木。桃木亦名"仙木"。桃木所以具有这等神力，是因为古人认定桃树为百鬼所惧。七曰铜镜，在众多法宝中，铜镜的挡煞能力最强。

照妖镜作为禁劾物，已经渗透到社会生活中。武士甲胄的后背或前胸部位，多嵌有一块"护心镜"，一方面，抵御剑矢之类武器侵害，而另一方面，它们又可以发挥镇吓诸多鬼怪妖物的功能。传统的婚礼、民间丧葬、民居建筑风俗中，铜镜是使用场合和次数很多的祛邪工具。

铜镜艺术特点非常鲜明，历经战国、两汉、唐代、宋代等，逐渐由稚朴走向成熟。战国铜镜非常出名，汉代在中国古代铜镜发展史中是一个成熟和大发展的时期，汉代铜镜不仅在数量上比战国时期多，而且在制作形式和艺术表现手法上也有了很大发展。唐代铜镜的主题纹饰以瑞兽为主。宋代铜镜注重实用，不崇华侈，器体轻薄，装饰简洁。背面多铸有花鸟鱼虫、人物故事、山水楼阁等图案纹饰，亦有光素无纹者。图案处理常采取隐起、阳线并用，以线的韵律、节奏来增强纹饰的起伏与重量。其中的动植物图案，形象准确，姿态生动，构图丰富多变。宋代以后铜镜开始衰落，除继承过去的圆形、方形、葵花形、菱花形外，葵花形、菱花形镜以六葵花为最普遍。到明代以后，铜镜就逐渐被玻璃镜取而代之了，但在民间依然保留了传统铜镜的浓厚习俗。

铜镜做工精良，纹饰优美，内容丰富，逐渐成为普通民众的日常生活用品，蕴涵着丰富的历史文化信息。《古镜图录》中说："刻画（划）之精巧、文字之瑰奇、辞旨之温雅，一器而三善备焉者莫镜若也。"随着社会变迁，铜镜的光明之意渐行渐远，避邪的意识日益淡化，升官加爵上升为经世致用的儒家实用法则。

六、吉祥蕴意考

凤河民俗文化中，家境富裕的人家嫁闺女时，要随着嫁妆陪送一对胆瓶或是梅瓶，陪送瓷器是有一定规矩的。男方家中堂一般摆设一个中条案，案上放置一对瓷瓶，这已是约定俗成的审美习惯，瓷瓶中间搁置一块秀气精美的石头，鸡毛掸子插在瓷瓶里，鸡寓意"吉"，瓶寓意"平安"，再加掸谐音"胆"，石头寓意"见识"，所有陈设加起来，寓意吉祥平安、有胆有识。"富家嫁女"的习俗与山西民间是一致的，似乎是传承了山西移民地的习俗。

胆瓶，瓶类器物的一种造型，因器型如悬胆而得名。直口，细长颈，削肩，肩以下渐硕，腹下部丰满。始烧于唐代，盛行于宋元时期，由于胆瓶造型典雅优美，给人超凡脱俗的无限情趣，为民间各家庭所追捧。胆瓶，应该说是陶瓷器型中的经典。

胆瓶形袭古制，具先秦青铜之韵。瓶罩青釉，色偏粉蓝。徐徐迭施釉层，甚或重复窑烧，始达柔光婉约、凝脂温润。胎骨棱角，裹之厚釉，锐角敛藏，柔里蕴刚，邀人抱于掌内，抚弄摩挲。烧成出窑以后，冷却时光掌握得宜，继而润其色，方得云云金丝开片，疏朗自然，仿佛琼玉整块琢成。

"求正不求奇"。山西陶瓷生长向来注重装饰。从最初彩陶到逐步生长而富厚的绳纹、刻画、彩绘、印花、釉下彩、雕塑、粘贴、堆叠等，装饰手法可谓丰富多彩不拘一格。到了明清，许多窑口的印花、剪纸漏花、木叶纹、釉下酱彩等的生长都得到借鉴。

胆瓶不但为文雅学士所喜爱，同时也为民间家庭所看重。

庙会活动里线条柔媚的净水瓶，渐变为造型古朴的胆瓶，成为礼佛场景中的经典器物。胆瓶千年不变的鼓腹里，承载的并非只是清水、空气与虚无，实则是沉甸甸的历史文化以及天人和谐的价值观念。

胆瓶梅，南宋词人朱敦儒有《绛都春》，清代文史大家纳兰性德有《梦江南》。《绛都春》云：

> 寒阴渐晓。报驿使探春，南枝开早。粉蕊弄香，芳脸凝酥琼枝小。雪天分外精神好。向白玉堂前应到。化工不管，朱门闭也，暗传音耗。轻渺。盈盈笑靥，称娇面、爱学宫妆新巧。几度醉吟，独倚阑干黄昏后，月笼疏影横斜照。更莫待，单于吹老。便须折取归来，胆瓶顿了。

《梦江南》言：

> 昏鸦尽，小立恨因谁？急雪乍翻香阁絮，轻风吹到胆瓶梅，心字已成灰。

山西民间又说，胆瓶最早的含意并非插鸡毛掸子之掸瓶。胆瓶因形若动物的悬胆而名。而胆瓶民间又叫嫁妆瓶，是明清特别是晚清民国时山西人嫁女儿的标配。

从朱敦儒《绛都春·早梅》、纳兰性德《梦江南》可以看出，胆瓶作为插花之器较为可信。

胆瓶的图案多样精美，寓意深刻，意象指代富有强烈的激励、祝福意蕴。常用的图案有下面这些。

渔樵耕读：渔樵即渔夫、樵夫、农夫与书生以渔樵耕读为雕刻图案，寓意着生意红红火火。

耕织图：天子三推，皇后亲蚕，男耕女织，这是中国古代很美丽的小农经济图景。

百子图：由于"百"含有大或者无穷的意思，因此把祝福、恭贺的良好愿望发挥到了一种极致的状态，意谓多子多福、祈福永年。

九龙闹海：龙的寓意大多不离神圣尊贵的象征、飞黄腾达的期待、吉祥安康的祝福与风调雨顺的祈求。

丹凤朝阳：比喻贤才赶上好时机，丹凤为鸾的一种，首与翼皆赤，寓有完美、吉祥、前途光明的含义。

婴戏图：充分体现精湛的技艺和"尚真"的审美追求，表达多子多孙、多福多寿，或祛灾辟邪含义。

婴戏纹：瓷器上装饰的儿童嬉戏、玩耍的画面。装饰方法为刻画、印花、绘画等。图案有童子戏花、双婴划船、骑竹马、抽陀螺、钓鱼、玩鸟、蹴鞠、赶鸭、放鹌鹑、攀树折花等，笔画简练流畅，构图生动活泼。明清时很流行。

福禄寿清代瓷器装饰题材，画面绘蝙蝠、鹿桃或松、鹤、寿星老人等内容。蝠、鹿音同"福""禄"，分别代表富贵和高官厚禄，松、鹤、寿桃、寿星均寓有长寿之意。此图又称"三星"。瓷器上装饰此图，象征福、禄、寿三星高照，表达了民间的美好愿望。

八仙：中国民间传说中广为流传的道教八位神仙。有"八仙过海，各显神通"名言。

八宝：八宝吉祥，藏语称"扎西达杰"，又称八吉祥徽，指吉祥结、妙莲、宝伞、右旋海螺、金轮、胜利幢、宝瓶和金鱼。

生动的图案还配以各种植物。

梅兰竹菊之所以成为山西民间感物喻志的象征，是因为人们对于其对应的傲、幽、坚、淡这种审美人格境界的神往。

各色花卉更是频繁出现。牡丹雍容大度，贵而不傲，艳而不俗，娇而不媚；荷寓意一团和气、和和美美，又寓意品性高洁；紫藤寓意紫气东来；杏花是十二花神之二月花，尽显晶莹剔透、冰姿雪清之雅韵。瓷器上绘有的暗八仙、如意、贡果、花瓶、琴棋书画等具有吉祥寓意的物件都可以叫作博古纹，寓意清雅高洁；葫芦谐音是"福禄"，福是和谐，代表家庭的幸福，禄代表升官发财，就是家庭幸福，升官发财；松鹰入画，寓意英雄长寿之意，体现力量与刚健，表现民间对英雄的赞颂之情；白菜意为"百财"，有聚财、招财、发财、百财聚来的蕴意。叶子层层包裹，寓意财源滚滚、多多发财、包你发财。

胆瓶的图案，以下基本囊括了宋元到明清时期的大部分：秋叶怪石、山石竹鹊、花卉蝴蝶、喜鹊梅花、海马瑞兽、雄鹰独立、荷花翠鸟、锦维牡丹、松鹿、松鹤、松下老人、二老赏月、人鹿、仕女、牧牛图、"三羊开泰"、五子登科、山高水长、万寿无疆、安居乐业、歌舞升平、五谷丰登、松寿梅、重阳菊花、七夕图、狮球、海兽、天鹅、天马、花蝶、竹石、菊石、松石、折枝花、折校果、灵芝、葡萄、蟠螭螭、草虫、鱼藻、蝈蝈、蛐蟑、佛手、西湖十景、庐山十景、羊城八景、太白读书、仕女歌舞、印谱、秦砖汉瓦、金石文字、皎洁明月、银河在天、七珍八宝、寿星、钟馗、罗汉、二老图、五伦图、太平有象、蝴蝶探花、喜字、八仙庆寿、福禄寿、蜂蝶、梅雀、杏林春燕、水浮莲、富贵白头、松下三老、和合二仙、刘海金蟾、梅兰菊竹、子孙葫芦、林竹七贤、四灵、十鹿、百鹿、三秋、九秋、八桃、九桃、西厢记、三国演义、封神榜、文王访贤、水浒、空城计、隋唐演义、陈平卖肉、木兰从军、加官晋爵、赤壁赋、饮中八仙等。

胆瓶的纹饰图案也是丰富多彩的，释其文化寓意，既有趋吉避凶，也有对生活美好的憧憬。明清时期盛行的以寓意谐音的方式表示祝贺和象征吉祥的纹样主要有：牡丹——富贵，桃子——寿，石榴——多子，松鹤——长寿，鸳鸯——成双，喜鹊——喜庆，鹿——禄，蝙蝠——福，鱼——富足有余，鹌鹑——平安，戟、磬、瓶——吉庆平安，喜鹊踏梅枝——喜上眉梢，梅花、竹子、喜鹊——梅竹双喜，梅花、竹子、绶带鸟——夫妻"齐眉祝寿"，牡丹、海棠——富贵满堂，牡丹、月季——富贵长春，牡丹、瓶——富贵平安，牡丹、玉兰——玉堂富贵，牡丹白头翁——富贵白头，毛笔、银锭、如意——必定如意，等等。

七、能量场的天人之际

为什么在传统习俗中，人们把古钱币、精美铜镜、图景瓷器、农业物品（如葫芦、马尾等）作为破除恶煞的物器使用？关键是这些器物币沉淀在人们意识中的社会伦理。我们从五个方面的意识形态做一次分析。

1. 雅士居官，对钱的敬畏感

"谪官无俸突无烟，唯拥琴书尽日眠。还有一般胜赵壹，囊中犹贮御书钱。"宋代王禹偁，北宋诗人、散文家，太平兴国八年进士，直言讽谏，屡受贬谪，真宗即位时被召还，复知制诰，后贬于黄州，又迁蕲州病死。他提倡"句之易道，义之易晓"，为后来欧阳修、梅尧臣等人诗文革新运动开辟了道路。

赵壹，东汉辞赋家。汉灵帝时入京，享有盛名。后回家乡，十次拒绝出仕，卒于家。有揭露东汉末年政治黑暗的名篇《刺世疾邪赋》。

"九府五铢世上珍，鲁褒曾咏道通神。劝君觅得须知足，钱解荣人也辱人。"唐代李峤，20岁进士第。这首诗告诫人们对钱不要贪得无厌，钱能给人带来光彩，也一样能给人带来侮辱！

"九府"，秦汉时曾在中央设置九府，泛指各种政权机构。"五铢"，西汉武帝时发行的一种货币，这里指代金钱财货。鲁褒，西晋文学家，所著《钱神论》中，极论钱之妙用如神，语带谐谑，嬉怒笑骂，对世人贪恋金钱的丑行以揶揄挖苦。

"多蓄多藏岂足论，有谁还议济王孙……朝争暮竞归何处，尽入权门与幸门。"徐黉，福建莆田人。宋熙宁九年（1076年），他和胞兄徐锐同时登第。他廷试时中了状元，后官至吏部尚书。后归隐延寿溪（现留于绥溪公园，系莆田二十四景之一）。

济王孙，《风俗通义·穷通》、汪遵《淮阴》、李白《送薛九被谗去鲁》等都提到王孙，"有谁还议济王孙"乃是用的此典。意思是人们蝇营狗苟地积攒金钱，已不复有古人慷慨解囊的风度和周济他人的同情心。

权门，指权贵、豪门，出自《东观汉记·阳球传》。

幸门，是奸邪小人或侥幸者进身的门户。取之于幸福大门。出自唐代白居易《杂兴》诗之三："奸邪得藉手，从此幸门开。"

"千金买颜色，万金买肺腑。见人口朴讷，黄金自能语。"

孙湘源，清代诗人。清嘉庆十年（1805年）进士。翰林院庶吉士，充武英殿协修。不久得疾返里不仕。

"人生薪水寻常事，动辄烦君我亦愁。解用何尝非俊物，不谈未必是清流。"袁枚，清朝诗人、散文家、文学批评家和美食家。乾隆四年（1739年）进士出身，授翰林院庶吉士。

2. 遍地尧舜：理学走向实学

以下为民间手抄本，多为晚明、清代、民国时期晋商学徒日记：

"帝王留墨去，人事让孔兄。百代谁为镜，方圆即我师。"

"功过何足道，兴衰须三思。沉浮司空事，通货为我师。"

"八政首食货，朋贝通有无。庙堂喜新政，变之在朝晡。轻重相比较，缓急天然殊。"

八政是古代国家施政的八个方面，食、货、祀、司空、司徒、司寇、宾、师。《汉书·王莽传》："民以食为命，以货为资，是以八政以食为首。"晋陶潜《劝农》诗："远若周典，八政始食。"朋、贝，古代用贝做货币，朋本义指一种货币单位。朝晡，朝时（辰时）至晡时（申时）。指一日两餐之食。

还有许多诗句为证：

"泉藏古蕴流岁月,红尘兴衰省方圆。天公支与穷诗客,只买清愁不买田。"

"半轮残月伴尘埃,依稀犹有开元随。买尽人间不平事,金黄铜绿唏盛衰。"

"扶窗疏夜雨,枕臂解秋禅。人生兴废事,尽在小方圆。"

"花开四季隔天色,孔方一脉续真传。泉货无声锁往昔,金银不语诉缠绵。"

"宣和圣殿山寺开,御笔临风甘露微。知否徽宗书字瘦,躬耕陇亩拂尘埃。"

"崇宁隽逸旧曾谙,大观雄道星月还。高士清幽琴瑟乐,名流雅集香芷兰。"

3. 众多称谓,浓缩时代影子

"钱币"自从产生以来,就注定成为人"活下去"依赖的崇拜物。所钱不是万能的,但没有钱万万不行。文人雅士耻于谈钱,认为"钱"这个字眼太粗俗、太生硬、太刺耳,于是便琢磨着用委婉含蓄的表达方式来借喻它,于是乎,"钱"就有了许多高雅飘逸的别称——布泉、邓通、阿堵物、孔方兄、青蚨、上清童子、没奈何、白水真人、盘缠,还有"不动尊""袁大头""大团结""么洞洞"等别名。

布泉,历史最悠久的一个称呼,出自《周礼·天官·外府》,汉代郑玄注解说:"布,泉(钱)也。其藏曰泉,其行曰布。"存着就叫"泉",流通就叫"布"。从当时的货币"秦半两"的外形演绎而来。秦半两,外圆内方,具有"周流四方"的含义,所以"泉"就泛指外圆内方的方孔钱。现在的集币迷们仍以"泉友"相称,钱学家也称为泉学家。

邓通是西汉文帝刘恒的宠臣,官居上大夫。明代小说《金瓶梅》就有"功名全伏邓通成"的诗句。文帝曾赐给邓通一座铜矿山,并破例允许邓通开矿铸钱,因而邓通钱遍布天下,故邓通成为钱的别称。

阿堵物。西晋时,有个大臣叫王衍,崇尚玄学,自命清高,嫌他妻子贪财,始终不愿意说出"钱"字。但妻子偏要想办法逼着他说。一天晚上,王衍上床休息后,妻子命婢女在床周围铺满钱币,使他无法下床行走。王衍晨醒,见满地钱币挡住去路,就叫来婢女,命令说:"举却阿堵物!"绝口不提"钱"字。"阿堵物"意为"这个阻挡的东西"。后来,"阿堵物"便成了钱的别名。

孔方兄,南北朝时,知识分子自标风雅,认为直称"钱"俗气,便依据铜钱外形,以及"钱"的繁体字形(右边为两个"戈","戈"谐音"哥"),称之为"孔方兄"。北宋黄庭坚《戏呈孔毅父》诗曰:"管城子(毛笔)无食肉相,孔方兄有绝交书。"表达自己吃不上肉是因为孔方兄与其绝交,无钱能买,戏谑中颇显士大夫情趣。

青蚨是南方的一种昆虫,形状如蝉。东晋干宝《搜神记》卷十三有这个传说。后世商人以"青蚨"代称"钱",取其"循环往复""用之不竭""财运亨通"之意。清光绪十九年(1893年)后,北京大栅栏绸布店取名为"瑞蚨祥",即据"青蚨"传说而来。一些老银号和商家，春节贴对联，常用"青蚨飞入"字样，祝愿来年"财源广进"。晚清刺绣围腰荷包上，常有"青蚨飞来"字样，亦取意于此。

上清童子。唐贞观年间，岑文本在一座山的山顶避暑，有一天听到敲门声。开门一看，只见一个自称"上清童子"的，穿着轻飘细软的"上清五铢"衣。一番对话后，童子出门而消逝在墙角。岑文本在墙下捡到一枚五铢钱，他顿时领悟到"上清童子"原是钱的化身。唐代后人们用"上清童子"作为钱的雅号。李时珍《本草纲目·金石一》亦载："昔有钱精，自称上清童子。"

钱中最奇怪的别名，顾名思义，其义为"无可奈何""没有办法"。此名来源于南宋张俊。张俊与岳飞等人屡立战功，后来他为保全富贵，投靠秦桧，还多方聚敛钱财。他担心家中招贼，将每一千两白银熔成一个大球，称之为"没奈何"，意即谁也奈何它不得，连窃贼都没法偷窃。

白水真人。王莽篡位后，惧怕刘家的影子。"刘"的繁体字是由"卯、金、刀"组成的，因为原来的铜钱上有"金刀"的字样，为了消除刘氏的影响力，王莽改称钱为"货泉"。因为"泉"字可以上下分拆成"白"和"水"，所以，钱就有一个雅称"白水真人"。还有一种说法，是因为光武帝刘秀在南阳郡的白水乡起兵兴汉的。

盘缠。铜钱外圆内方，为了便于计算和携带，一般都是用一根绳子把一千个钱币串起来，称为一贯钱。人们在出远门办事探亲之时，如果要随身携带笨重的成串铜钱，一般会把铜钱盘起来缠绕在腰间，这样既不会遗失，又不会露财，安全系数高，所以被称为"盘缠"。

时代在发展，社会在变迁，"钱"的别名仍在不断演变。近现代以来，还有"袁大头""大团结""么洞洞"等其他别名。

4. 丛林法则，孔方兄照见世人百态

钱币本身无罪无恶、无欲无求、无刚无柔，人用情感塑造了事态伦理，钱币却又颠覆扭曲了人的本真。成败荣辱，苦辣酸甜，钱币逼迫世人呈现出百态样貌。财富是社会阶层、地位的标志，人在财富面前实在太渺小，当一个人无法主宰自己的命运时，往往会不由自主地转向追求意义世界里的金钱崇拜。

世人百态相，大都与钱相关。从随意攫取的古诗中，不妨分为十种相貌，自照镜子，细细端详。

自信相。我国最早的诗歌总集《诗经》就有以钱入诗的句子。《诗经·小雅·菁菁者我》言："既见君子，赐我百朋。""百朋"即贝币，我国最早的货币。"朋"是贝的计数单位，20个贝称为一朋，百朋等于2000个贝。《诗经·氓》描写女子被丈夫遗弃，其诗

曰："氓之蚩蚩，抱布贸丝。匪来贸丝，来即我谋。"诗中的"布"，就是钱币的雏形。西汉《白头吟》载："愿得一心人，白头不相离……男女重意气，何用钱刀为？""钱刀"指的是战国时期行用的一种刀币，诗中描述的是司马相如欲聘一美女为妾，卓文君即写诗相劝，暗示用钱币买来的爱情不能长久。诗仙李白《答友人》曰"人生贵相知，何必金与钱"，同时在《答五十二寒夜独酌有怀》又记载："黄金散尽交不成，白首为儒身破轻。"诗圣杜甫《最能行》中曰："速今相就饮一斗，恰有三百青铜钱。"

《诗经》诗句"螽斯衍庆"中的"螽"指蝗虫，《诗经·周南·螽斯》："螽斯羽，诜诜兮。宜而子孙，振振兮。"吉语，祝愿佩带者像蝗虫一样多子多孙，繁衍不绝。由情到爱再到繁衍后代，向人们展开了先民生活侧面的风情画。

《孔雀东南飞》有"赍钱三百万，皆用青丝穿"之句，说明汉代已用金属货币作为聘礼，虽非确数，但言其多，说明上层聘礼之重。

嘲讽相。唐代天宝年间，尚书郎张谓有《题长安壁主人》诗云"世人结交须黄金，黄金不多交不深。纵令然诺暂相许，终是悠悠行路心"，讽刺拜金主义的炎凉世态。宋朝毗陵一位16岁的李姓姑娘的《咏破铜钱》很有深度："半轮残月掩尘埃，依稀犹有开元字。想的清光未破时，买尽人间不平事。"诗中描述的即唐朝货币开元通宝，这是我国货币历史上的一次飞跃。等级森严的社会里，金钱万能，钱能通神，有钱能使磨推鬼。唐代黄滔《书事》："千家数人在，一税十年空。"同代白居易《秦中吟》："一丛深色花，十户中人赋。"清代孙源湘有《黄金叹》，淋漓尽致地揭露了金钱主宰一切的不公平、不合理。清代吴敬梓《儒林外史》："三年清知府，十万白花银。"清代沙张白《白豆腐》："一盘珍馐值万钱，疮痍四海谁解怜。"清代赵元绍《米贵谣》："千钱一斗万钱斛，富家色喜贫家哭。"

审美相。西汉末年王莽篡权铸造"一刀平五千"，俗称"金错刀"，制作精美，风格典雅，后世文人雅士、藏家多崇拜、讴歌、吹捧它。张衡《四愁诗》："美人赠我金错刀，何以报之英琼瑶。"杜甫："金错囊从罄，银壶酒易赊。无人竭浮蚁，有待至昏鸦。"宋·梅尧臣："尔持金错刀，不入鹅眼贯。"宋风云："枚枚泉币如云烟，历历在目沧桑变。荣辱胜败转眼过，但留美藏在人间。"

宋代铸钱精美，御书钱"淳化元宝"制成后，首先赐给近臣。宋代文学家王禹偁写过《谢赐御书字样表》。米芾说宋太宗的字是："真造八法，草入三昧，行书无对，飞白入神。"

古泉学家把宋徽宗赵佶和王莽并称为中国古代造币能手。从书体上说，新莽的悬针篆质朴古拙，潇洒而飘逸，宋徽宗的崇宁、大观钱的瘦金体，纤细挺秀，劲拔飘放。这些钱是古代流通的货币，也是当今不可多得的古代精美艺术品。

"风流天子出崇观，铁画银钩字字端。闻道蜀中铜货少，任凭顽铁买江山！"从这首诗可以看出宋徽宗以瘦金书出名古今，从现存世的圣宋元宝、政和通宝、宣和通宝铁钱上仍能欣赏到对书泉风格独特的书法艺术之美。

当代泉家更是赞誉有加："铁撇银钩赵佶钱，皇书独创瘦金颠。""崇宁隽逸惊尘世，大观雄遒美永年。从来陛下丹墀后，失国徽钦跪鞑前。""铁画银钩数大观，丹青妙手烹小鲜。""风流天子出崇观，铁画银勾字字端。崇宁大观瘦金书，秋毫过处字字殊。"

宋徽宗赵佶是一个昏庸皇帝。但他精通书画，多才多艺，尤其写得一手绝顶好的瘦金体字。由他书写钱文的崇宁和大观钱，美轮美奂，令人爱不释手，所以他被后人称为"史上第二铸钱好手"，至于处理朝政昏庸，宠信奸佞蔡京、童贯、杨戬，大兴"花石纲"，靖康年间亡国被俘，被囚于黑龙江五国城，客死异乡，那是政治学的事情，与钱币民俗关系不大，不在讨论之列。

民俗相。东汉初年《蜀中童谣》曰："黄牛白腹，五铢当复。"唐代刘禹锡《蜀先主庙》诗云："天下英雄气，千秋尚凛然，势分三足鼎，业复五铢钱。"五铢钱即汉朝货币，流通了700多年，是我国历史上使用最久的钱币，被称"古钱寿星"，历代货币的定型标准。民间祝寿有赠送长寿币的习俗。

士人相。清代著名诗人袁牧写了一首《钱》诗："百物皆可爱，惟钱最寡趣，生时招不来，死时带不去。"黄庭坚被罢官，生活十分清贫，他写道"管城子（毛笔）无食肉相，孔方兄有绝交书"。杨万里因对文人穷愁潦倒愤愤不平写下了"野菊荒苔各铸钱，金黄铜绿各争妍。天公支与穷诗客，只买清愁不买田"。杜甫《秋雨叹三首其一》："雨中百草秋烂死，阶下决明颜色鲜。着叶满枝翠羽盖，开花无数黄金钱。"决明，夏初生苗，七月开黄花，可作药材，功能明目。杜甫身世，与决明有类似之处，故不禁为之伤心掉泪。

唐代李峤的《钱》诗明白告诉人们，钱虽能使人荣耀，亦能使人蒙羞，一切人间的腐化堕落和犯罪，都不能归咎于钱币本身。古代一些自命清高的士大夫，口里不讲"钱"字，以示清白。其实，生活在商品经济社会里，要想离开钱币，除非不食人间烟火，否则寸步难行。

平和相。明代著名画家沈周《咏钱币》诗云："个体微躯万事任，似泉流动利源深。平章市场无偏价，泛滥儿童有爱心，一饱莫充输白米，五财同用愧黄金。可怜别号为赇赂，多少英雄就此沉。"这首诗描述了古钱的职能，形体微小的钱币担任着万物交换的媒介，在像泉水般的流通过程中，产生着无穷的财利，公正评判着万物的价格，连天真的小孩对它都产生贪爱之心，虽不能饱腹却胜过白米，各种钱币同时使用，使黄金都感到羞愧，但是有人拿它贿赂，多少英雄豪杰为之沉沦。作者以含蓄手法告诫世人对钱要正确认识，不要行贿受贿，否则就会因此而身败名裂。宋白《宫词》："宫棋初罢请银筌，合曲偏宜钿面筝。未伏延年花下唱，金钱百万赏新声。"

清朱彝尊《洞仙歌·花糕九日》："花糕九日，缀蛮王狮子。圆菊金铃鬓边媚。向闲房密约，三五须来，也不用青雀先期飞至。恩深容易怨，释怨成欢，浓笑怀中露深意，得个五湖船，雉妇渔师，算随处，可称乡思。笑恁若伊借人看，留市上金钱，尽赢家计。"

宋吴文英《绛都春·螺屏暖翠》："螺屏暖翠。正雾卷暮色，星河浮霁。路幕递香，街马冲尘东风细。梅槎凌海横鳌背。倩稳载、蓬莱云气。宝阶斜转，冰娥素影，夜清如水。应记。千秋化鹤，旧华表、认得山川犹是。暗解绣囊，争掷金钱游人醉。笙歌晓度晴霞外。又上苑、春生一苇。便教接宴莺花，万红镜里。"

清代诗人袁枚的《咏钱》诗曰："人生薪水寻常事，动辄烦君我亦愁。解用何尝非俊物，不谈未必是清流。空劳姹女千回数，屡见铜山一夕休。拟把婆心向天奏，九州遍设富民侯。"

在人的日常生活中，每时每刻都需用钱，钱能解用，怎能不算好东西呢？而西晋王衍口不言钱并不是他的情操。东汉灵帝母永乐太后嗜好敛财，聚敛很多钱币，她最善于数钱，可即使数一千回，也终将徒劳无益。因此，说钱太多并不一定是好事。袁枚对钱币的认识和评价比较公允，既肯定了钱的积极作用，又讥讽了那些敛财聚钱的贪官奸商，恰如其分。特别是最后两句，心在富民，其意可嘉。

不少抒情且记事的钱诗，从不同侧面反映钱币的史实。清代蒋廷锡《送陶子师在昌化》："道险不知山水趣，法宽犹用宋元钱。""法宽"属假，"犹用宋元钱"倒是真。天高皇帝远，统治者鞭长莫及，管禁不住，在清代一些边远地区还在使用宋元朝代的货币。这种情况历代常见。如汉武帝元狩五年铸的五铢钱，直到明代还在湘西等边远地区流通。

拜钱相。明代画家沈周的《咏钱》诗，把钱的作用说得更为中肯："个许微躯万事任，似泉流动利源深。平章市物无偏价，泛滥儿童有爱心。一饱莫充输白粟，五财同用愧黄金。可怜别号为赇赂，多少苦难就此沦。"

丑态相。清代吴唐的《压儿钱》，辛辣地讽刺了一个钱币堆积如山的守财奴："钱串短，钱串长，积钱如堆卧钱旁。卧者翁之子，子能守钱翁意喜。夜半无人灯似豆，钱堆倾倒命难救。老翁拾钱抱钱哭，悔不将钱散亲族。"逼真生动，入木三分。

傲然相。传颂千古的名句要数唐人韦应物的一联："身多疾病思田里，邑有流亡愧俸钱。"范仲淹叹为"仁者之言"，朱熹称之"贤矣"。

宋诗人范成大《催租行》："床头悭囊大如拳，扑破正有三百钱。不堪与君成一醉，聊复偿君草鞋费。"寥寥几笔，将农民赔着笑脸把钱送给里正（地方小官）的痛苦心情和民间使用悭囊储钱的习惯，生动地记录于诗中。清代李骥元《卖女行》诗前小序中说："西安饥，卖女者以斤计值，一斤十钱，百斤每斤减两钱。"记述了人肉和钱币的比价："秦女饥馑时，贱同石与瓦。一斤卖十钱，百斤价还下……"如泣如诉，催人泪下。

白居易《卖炭翁》有"半匹红纱一丈绫，系向牛头充炭直"之句，虽半匹红纱一丈绫，远不足一车千斤重木炭之值，属强买之类，但可证实纱和绫在当时已作为交换的一种价值形式。

第十五章　凤河非遗软实力专家学者谈

文化遗产是新一轮区域竞争的重要核心优势，尤其作为文化软实力的非遗（非物质文化遗产简称），在市场竞争中的潜力显得日益突出。一个区域、一个区县、一个镇村，谁如果抢先占据了文化发展制高点，谁就能够迅速在激烈的国内、国际竞争中掌握文化主动权。美国哈佛大学教授约瑟夫·奈用"软实力"概念描述市场竞争的激烈强度，昭示出世界市场竞争已经把文化软实力建设上升到制定战略的重要因素加以考虑，预示了文化软实力已然成为市场争雄的角力场。2019 年大兴国际机场的运营投入，提速了京津冀发展的动力源外溢效应，有效辐射机场周边广大的镇区、村庄，古老的凤河流域也终于迎来了提升文化软实力、打造文旅产业的发展机遇。

一、品牌潜力

不应将凤河传说看作一个简单的故事加以"发酵""放大"，应该说，它是以"五朝古苑囿"里的凤凰形象为传说核，以悲情、吉祥、乡愁、音乐艺术等为基本意象承载起来的文化集合体。实现以文赋能、文旅结合，就是要将凤河传说系列故事的精彩文学、深厚的史学元素、优秀的时代价值资源提炼出来，通过市场化运作，最终形成独特的文化品牌。常言说，慢工出细活，品牌的成形需要一个"打磨"过程，需以工匠精神打造研磨。这个过程既要坚持与时代的文化事业协同，又要坚持与产业融和共促，不要抱着一蹴而就、急功近利的想法而一劳永逸，这样可能会落得个虎头蛇尾。

借船过河、借鸡下蛋、借风使舵是市场化进程中资源整合的最聪明的手法。借用，实际上就是一个补短板、壮软肋的高明之举，借智引智是降低成本运营的好办法。大兴区有地利优势，要主动与首都高校协作，进行资源对接，创意策划一批具有浓郁文化色彩的凤河文化文艺节目，打造一批亮点纷呈的文旅元素，以文促旅，以旅养文。同时，培育一批基层文艺队伍，挖掘一批乡土文化能人，培养一批乡村文化微企业和工作室，让引流、造势、市场壮实品牌。

——朱岩石（中国社会科学院考古研究所研究员、博士生导师）

校地合作"合作"什么？借船过河过到"对岸"哪一块？体现的成果应当有点震撼力，比如推出一批以"上林苑""大槐树""火凤凰""古苑囿"等为主题的系列考证、考据研究成果，从地方志、文化史的角度为龙河、凤河流域的镇村提供史论依据。

金石证史是最有说服力的讲述，积极调度大兴丰富的民间收藏资源，通过考据历史，挖掘资源，推动整合一批具有地域文化性、艺术性、独特性、不可复制性的流动馆藏。馆藏文化是历史的"活"化石，能够实现"流量"与"留量"双赢。政府职能部门和群众团体，要积极发动民间，智慧集成，资源集中，助力文旅新高地建设。

书声琅琅才能诗赋汤汤，在大兴区城市化了的高端社区，在永定河、凤河绿央滨水崛起的精品民宿和公园集社，要有序推出一批永定河（凤河）图书角，增设"益民书屋""读书角"，营造"处处可借书，游人有书读"的人文景象。

——李小凯（北京市大兴区瀛海镇镇长）

文化搭台"搭"得好，就能引得媒介注意，要举办一批相关主题、专题类的系列活动，以举办相关赛事、展览、演出、诗词歌赋赛为切入点，打造一批群众文化服务品牌，借此让京城内外的客人了解凤河非遗的文化元素，并借媒体之力增加曝光度。这就需要我们积极创造，多方联动，联合有志于馆藏文化研究的企业、协会，结合非遗特色，设计定制一批特色文游线路。

创新活力，塑造形象，创制一批以凤河传说非遗文化IP为主题的微纪录片作品，扩大现有IP的曝光度和影响力。创造新的文化IP，不仅可以丰富文旅产业中"购"的环节，还可通过生产文创产品，达到以文助旅、以旅富民的目的。文化产业是以创造、创新、创意为核心的新兴产业。以凤河传说中的文化核心价值为引领，最大程度拓展文化外延，在非遗文化的原创性、融合性和关联性上下足力气。

——卫东斌［中国投资协会投资委文化艺术品投融资（山西中心）
主任、山西聚缘堂艺术品鉴定中心主任］

大兴国际机场的运营和北京"四个中心"建设目标的确立，给号称"天下首邑"的大兴特别是龙河、凤河流域的镇村非遗文化转化聚焦了底气。盘点凤河流域相关镇村近年来的文旅亮点，发现当下的文旅产业发展确实呈现出"风生水起"的壮阔景象。非遗展示、精彩赛事、群众活动等，为这块绿色宁静的土地注入了新鲜的文化内涵，再加上主动培育的精品民宿产业，创造品牌的时机越来越成熟。但是，文旅产业仅有动态活动是不够的，得有制度、机制的长效保障。这种保障又是多方面的，它包括品牌价值、文化创新、旅游建制、结构方式、利益分配等，许多事情需进一步研究，需不断深入探讨补充。

北京大兴国际机场已经成为国家发展新的动力源，乡村振兴战略、城南行动计划也迎来了历史上难得的大发展时期。但在大兴区"十四五"总体规划和专项规划中，需要细致调研，寻找到永定河文化带所承载的时代使命，制定出台需要匹配的政策，细化文化建设与培育的办法措施，以确保凤河传说、南海子传说、永定河传说品牌的社会影响力有秩序、严谨务实地推开，和风细雨地得到社会接纳。

在形成品牌的过程中，若要达到具有国际化高度、世界文化软实力的品牌，更加需要积极策划，需要有高度、有世界影响力的文化思路，如凤河、永定河非遗品牌，产业民宿"文化＋"模式等；需要厚植历史文化遗产凝聚四海宾朋，使其成为引领新国门文化的纽带。以神话、故事、历史事件作为重要元素营造文化氛围；口袋公园、精品民宿、流动文博馆及一些民宿建筑的装饰，也要尽可能反映历史、现实和未来风貌，增加文化内涵和厚重感。

推动一个影响力持久的文化品牌更加需要工作合力。镇区职能部门间、村委会，对凤河非遗文化的影响力、吸附力关注度远远不够，还没有形成文旅互促、综合发展的吸附力，可持续发展的合力还不够，还没有与市、区级的专职机构有机衔接。

从目前推进的情况看，走出去、请进来的工作尚欠主动，理论视野与实证高度的研究欠缺大量的学者专家参与。就我所知，有一位学者，在大兴默默无闻地研究凤河非遗文化几十年，《凤河岸上长子营》《沧桑凤河的故园家山》等已为"凤河传说"申遗作出了学术奠基，现在牵头民间企业家参与的《凤鸣上林苑到乡愁大槐树——北京大兴凤河非遗文化史稿》煌煌50万字的学术专著即将完成，像这样的文化人，不应当孤军作战。区、镇应当建立可持续发展的国内外专家、学者智库团队（文化、历史、政治、经济、金融等）介入非遗文化的深度研究，借他山之石，使凤河流域成为北京市的生态、民宿、非遗文化聚集带，站在历史发展的高度，研究、规划文化点、线、面布局。

——栗壮志（俄罗斯美协、中国美协会员，深圳大学艺术学院副教授、美学博士）

凤河文化遗产保护不仅关系着沿河两岸许多镇村的社会、经济效益，而且沉淀着沿岸群众的记忆与情感。

辽金元明清"五朝"的兴盛，为大兴留下了丰厚的历史文化遗产，也为大兴的地域文化注入了新鲜的特色。这条河流见证了千年历史的沧桑巨变，承载着帝王、宫廷、皇家的文化记忆，为北京南城、大兴国际机场打通文脉、激发活力注入了灵动的气质。要树立文化遗产保护的理念，珍惜凤河文化遗产，对凤河文化遗产进行系统化的基础研究和时代转化。只有深入、系统、全面研究，才能揭示出凤河文化的独特价值。举凡文学艺术、水利文献与科技成就、法律典章、治河经验、历史人物、民俗民谣等，都应当列入非物质文化遗产的范围，它们同样是永定河文化、南海子皇家文化、北京古都建设的重要元素，是北京地域文化不可或缺的组成部分。这些文化宝贵遗产，在发掘大兴区域历史文化资源、创建地方文化品牌方面尤为重要。现在关于永定河、凤河文化研究的文章不多，且多为零散之作，缺乏系统化的整体研究成果。

——钱宁（天津外国语大学教授）

凤河传说作为文化遗产，被当作一个摆设的品牌不是我们最终的目的，目的是要释放出最大的社会红利。凤河文化是一种聚合的文化，要将源头及沿河各村的民俗、传说、故事、景观、民歌、藏品等融会贯通。通过展示、宣传、交流、教育等活动，赋予新的文化内涵、新的功能，让传说"活"起来。比如结合发展文化创意产业，集聚相关企业发展，提高集合和创新能力；结合古镇、名镇特色小镇建设，深入发掘历史资源，做好展览展示工作，厚植永定河文化带的吸睛力和凝聚力。

联合国教科文组织通过的《保护非物质文化遗产公约》中，定义的非物质文化遗产包括表演艺术、社会风俗、礼仪、节庆、有关自然界和宇宙的知识和实践、传统的手工艺技能等。作为北京与晋、内蒙古、津、冀交流的重要纽带，凤河对北京大兴的社会、经济、文化等方面具有重要作用。凤河非物质文化遗产包括：民间文学（包括民间传说和民谣等）、民间音乐舞蹈、饮食文化、节日习俗、释道信仰、河神信仰、地名文化等。目前对凤河文化资源研究整合的力度远远不足，缺乏全方位的挖掘。要充分利用大兴区文化遗产保护协会这个平台，吸纳多领域、多学科、多层次的专家、学者。

——鲍维江（著名收藏家、大兴文化遗产保护协会副会长）

二、文化资本强势性

在资本的构成中，文化资本应该说是优于商业资本、货币资本的。文旅定位必须考虑到资源和市场两个方面的要素支持。随着近年来大兴经济的发展，交通建设更为快速，市场要素的可进入性和融合性大为增强。凤河非遗文化资源要有三个方面考量：一是有历史悠久的多层次传说做依托；二是明廷筵宴文化、上林苑管理系统、大槐树移民文化、民俗习俗、寻根文化、庙会传统、传统工艺等；三是现有的物质遗产，也就是历史馈赠给我们的物质形态的标识。

从目前大兴文化研究的整体上看，民间自发研究的积极性高，但大多是孤军作战，并且学术性有待持续提高。目前的研究多系一般性的概述、介绍，基础性研究少，缺少必要性的史料学梳理，或全面而系统的布局把握等，缺少集大成的研究；资料运用单一，除了基本的实录、史志，对馆藏档案、地方志的使用及挖掘较少；研究范围狭窄，史学、民俗学、宗教学、社会学、城市史、哲学史、文化史的前沿理论运用太少，要进一步拓展研究领域。

——卢欣（中国人民大学管理哲学专业博士研究生）

文化在最初并不是作为一种资本而存在的，著名社会学家孔德把资本的概念引进文化之中，才使文化成为一种资本的概念。这种"积累"的存在对于新国门的大兴来说就是一种文化上的资本。

京南大兴是北京西山永定河文化带的重要有机组成部分，历史文化的深度挖掘整理，是形成新国门印象的充分必要环节。

对于凤河非遗文化的转化问题，我认为要以更加积极的姿态参与并融入《北京大兴区"十四五"规划纲要》。进一步挖掘出深厚的文化禀赋和今后文化遗产的巨大潜力，开展跨区域文化合作与建设，塑造出崭新的凤河非遗协同新品牌，提升镇域的文化创造力和社会影响力，在永定河文化带建设和京津冀文化共建等多元化、多角度、跨地区的文化传承发展中，积极争得更多的非遗转化的主动权和话语权。因为文化资本是属于具体化的文化资源，货币资本、社会资本和文化资本，相互之间是能够转化的。

文化是旅游的灵魂，旅游是文化的载体，要找准文化和旅游的最大公约数、最佳连接点，多方位、全链条地深度融合，达到资源共享、优势互补、协同并进。

——蒙本曼（清华大学访问学者、
广西民族大学社会学与民俗学学院党委书记、副院长）

在北京市西山永定河文化带建设提速的背景下，如何注入更多的文化亮点，打造文化品牌，扎实推进文旅、产城、城乡融合？凤河传说非遗的申报成功就是一个文化选题的前瞻性理念。

"风生水起在大兴"。2020年，时任北京市委书记蔡奇在考察大兴时，对大兴提出了要求与厚望。在新的历史重要转折点，大兴肩负的将是比肩先进城区村镇发展水平，彰显永定河文化发展战略的历史重任。

"凤河传说"作为一个系统性文化故事的集合体，作为与辽金元明清"五朝"宫廷、苑囿、理政相关联的文化命题，从品牌的内涵看，称得上文化品牌，最起码要符合五方面标准。即文化品牌能够反映地域地理特点；能够引领地域的历史文化发展；有知名度、美誉度，契合时代特色，符合城市发展目标；有广阔的市场前景。凤河传说非遗形成品牌兼具以上这些要求和特点。

第一，"上林苑""乡愁""凤鸾和鸣""大槐树"等是独特的文化符号，富有历史的厚重感和时代的美学价值，是一个高质量的地域性文化符号，它体现着人文、历史、文化、宫廷礼仪样态等文明、和谐、厚重的价值，其价值意义非同寻常。第二，"创新驱动""皇家苑囿""新国门""后花园"等，揭示了乡村振兴战略中的文化理念，具有鲜明的时代特色。以北京母亲河永定河为纽带连接起来的晋蒙京津冀，地缘、情缘、业缘将不断抬升大兴的知名度和美誉度。第三，"绿色、生态、低碳、休闲"演绎了凤河流域文化积极健康的人文场域，流域优美的原生态自然环境，丰饶的农业物产，深厚的民俗文化底蕴与多样、健康、科学的生活方式，酷爱民间艺术的民风，共同构建起了休闲之旅的浓郁氛围，是凤河馈赠给百姓的丰厚遗产。因此，我建议必须抓好两个发力点。

第一个发力点，以文化注入乡村旅游特色产业，引进投资、引进项目、引进业态、引进产品、引进客源、引进运营等服务，补短板、扬长板，双箭齐发。加速乡村采摘、文化阅读、艺术创作、体育健身、非遗展演与乡村旅游融合发展，形成音乐艺术村、田野营地、民宿集聚区、平原休闲度假区等乡村文化旅游 IP。鼓励本地青年回乡创业，实现乡村民俗、传统手工与现代艺术不断碰撞；引进艺术家画室、研学生态、艺术康养等项目，让当地的民俗、风物体验形成特色的文化旅游符号。

第二个发力点，围绕集聚区域内的旅游核心元素，打造"吃""住""游""购"为重点的产业产品体系，加强对周边旅游景点、景区村庄、精品（等级）民宿的串联衔接，打造具有本土特色、差异化、多样化的乡村旅游集聚区。同时，以"美丽乡村"和精品线路等为载体，产业融合、创意整合、营销组合和跨地区平台联合，打造引领乡村旅游升级发展的新业态。

——张茂林（北方工业大学马克思主义学院党委书记、副院长）

"文化 +"模式不失为乡村振兴的新名片和京畿郊游的新业态。凤河流域依托新国门外溢效应和良好的生态资源，大力发展乡村旅游、产业民宿，我对凤河文化品牌的构建，有四点建议。

一是利用传统文化纪念日、历史名人纪念日，举办有特色、创意新颖的文旅节庆活动，塑造新国门旅游目的地，包括建设旅游目的地、构建旅游产业体系、整合旅游生态资源等；开展好"上林苑遇见""大槐树移民实景秀""戏曲音乐夜间曲艺秀"等非遗宣传展示活动，推动非遗见人见物见生活。聚焦新国门建设，强化载体支撑，推动文化旅游融入大局、服务大局，在传承弘扬优秀传统文化上发力；推出精品民宿、休闲农业产业园等主题精品旅游线路。上下联动、广泛参与。这里要注意统筹政策扶持，重点解决村庄停车场、导引系统、美化绿化等公共产品的配套问题，提升村庄的整体环境。尊重自然田园风光，反对整齐划一打造，尽可能保留原汁原味的乡村风貌。

二是深入挖掘历史资源，推出更多更好时代题材、历史故事类的舞台艺术，让鲜活生动的故事、有血有肉的精神绽放于文艺舞台、走进观众心里，在文艺精品创作上发力。

三是推动文旅产业改革创新，包括创建文化产业和旅游产业融合发展示范基地，积极推动旅游业创新，持续探索制度创新；全方位提升参观旅游点的吸引力，重点是馆藏文化的展览展示，让藏品活起来，讲好凤河故事；围绕绿色低碳生态"活起来""火起来"的目标，争创一批文化产业聚集点和文化产业示范点，促进群众就业增收，更好服务乡村振兴，在提质增效上发力；加强文化旅游合作交流，积极融入京津冀"朋友圈"，构建"大凤河群"，成立京津冀晋蒙永定河旅游联盟，在文化互通、产业互补、品牌互塑、机制互促等方面开展务实合作。

四是完善文化旅游公共服务体系，包括提升智慧文旅能级、丰富公共文化供给、加强旅游服务设施建设等，打响特色文旅品牌、提升文旅公共服务能级，实现"线上＋线下"互动展示、传统媒体和新兴媒体融合传播，营造良好的群众文化活动氛围。

——高贵武（中国人民大学视听传播系主任、新闻学院教授、博士生导师，

中央电视台、中央人民广播电台节目评审专家）

这是一个文化塑造发展形象、推动社会进步的时代，同时也是一个文化吸附创造、建构人民群众美好精神生活的时代。共享经济、粉丝经济、社群经济在不断创新，只有娴熟整合本土的历史资源、文化资源，放大资源优势，以互联网、裂变思维，形成文化感召力，才有可能成就文化品牌。

凤河传说非遗文化品牌是一个区域性的文化标志。文化品牌是一个镇、一个村的名片，它不一定最时髦，也不一定最现代，但一定最让人回味、最让人向往，值得休闲享受时光、品味记忆。文化品牌是城市发展最好的记录者。文化总是最传统、最特色而又最富有记忆性的。提起永定河、凤河，有许多悠久的农业品牌，不论京津冀如何协同发展，他们依然"烙印"着低碳、绿色、天然。要建立一座现代化的城区不难，但是要打造文化小镇、历史名镇却是时间和金钱无法做到的。凤河流域的村镇就要挖掘好非遗文化，把凤河传说非遗品牌做大、做强。还有，如大槐树艺术文化节、上林苑诗会、冀中声乐、移民风情等，这些大兴人引以为傲的本土文化品牌早已成为西山永定河文化带的明信片，或许你在地理位置上无法辨认出它在哪一个点，但是一提起这些悠久的文化品牌你就会知道大兴。大兴区就应该有一种大境界、大格局、大胸怀，在新国门的推动下，走在前沿，豪情满怀去吹响时代的文化号角。打造一个文化品牌的时间远远长于打造一个商业品牌。文化品牌有文化气息、有浓烈的人情味儿，它是留给喧闹城市休闲放松的一道文化盛宴。

——梁中和（四川大学教授、博士生导师）

三、文化资本效能

资本，是能够持续带来收益的存在。文化资本可以理解为由文化加持带来比较优势，最终形成资本的过程。城乡接结合部的大兴应该借势新国门动力源、经济圈，以凤河传说、永定河传说、南海子传说非遗文化做锚点，盘活文化资源，形成资本，促进乡村振兴和群众增收。

一是努力促进文化旅游的互动共赢、协调发展。通过各种方式为文化赋能，努力讲好乡村故事，推动创意向乡村旅游延伸，激发文旅产业可持续发展的生命力。以文化注入乡村旅游特色产业，用乡村旅游推动新时代乡村振兴，探索建立各类人才服务乡村振兴的长效机制。

二是积极推动、总体设计、宏观把控、统筹规划。对外招鸾引凤，为乡村旅游项目与旅行社、景区、民宿、饭店等旅游投资经营主体当好"红娘"，为外部企业和本地经营实体建立紧密的"联姻"合作关系；对内提升公共服务水平，将本地资源有机整合，实现资源价值最大化。通过一系列的绿色开发、营销推广、文化挖掘，助力文旅复苏、乡村共富，走出一条文旅赋能乡村振兴的新路子，推动乡村旅游产业转型和发展。

三是通过文化搭台，引进业态、引进客源、引进运营等多项服务，以及未来可期的多层次拓展合作，借助市场化手段，为乡村旅游提振拾遗补阙。

四是以文旅一体化推进乡村建设的思路，围绕民宿集聚区域内的旅游集散地的打造，建立"吃""住""游""购"的一条龙旅居游体系，具体办法包括加强旅游景点、大棚农业、精品民宿的串联衔接，发挥旅游业综合带动作用，联合旅行社、当地休闲观光农业园和民宿抱团合作，推出旅行社＋民宿＋乡村绿色农业"旅合联"模式，共同打通农产品销售渠道，等等。

——刘未沫（中国社会科学院副编审）

文化是重要标识、闪光名片，如果没有文化的注入，就没有人民生活的美好，就没有民宿、文创产业的提升，就没有绿色生态的魅力和旅游业态的生成。《北京城市总体规划》描绘了"长城文化带""运河文化带""西山永定河文化带"三带建设蓝图，"西山永定河文化带"发展潜力大，堪称北京多元文化形态的精品展示橱窗。凤河传说作为西山永定河文化带一颗璀璨的文化符号，里面藏有巨大的文化基因。

地域形象已经成为提升地区竞争力的重要抓手。地域"形象"是什么？是每一个游人的视觉、听觉、触觉等各种感官，共同形成对某个区域、某个具象的整体印象，它是历史印象、现实感受和未来期许的一种理性综合。我们处于一个知识经济、算力经济、元宇宙、虚拟经济时代，也是一个眼球经济、自媒体、生人社会的快时代，地域的文化形象就要考虑到聚合人们关注、思考、品味的焦点。因为这种印象一旦形成，就会影响休闲旅游者行为的选择、兴趣的取舍。

在凤河非遗品牌的"创意"上，要从历史、文化、科研价值与体验、市场、审美价值上整合考虑。把历史文化、民俗文化、生态资源变成可感受、可体验、可消费的旅游产品综合考虑，把凤河文化元素打造成有温度、有故事、有品位、有体验的文化集合体去包装。

——李秋零（中国人民大学教授、博士生导师）

环境好，则人才聚、事业兴；环境不好，则人才散、事业衰。文化创意产业更加需要高水平的人才。能不能吸引人才、积聚人才、用好人才，发展环境是关键要素。打造高水平人才集聚地，重点是引得来、能落地、可持续。为高水平人才打造良好的发展环境，更需要我们在改善人才发展环境上下功夫，努力从思想认识、体制机制和服务观念入手，创造良好的人才发展环境，为大兴创新发展注入强大活力。

无论是培育人才，还是引进人才，最终目的都是为了更好地发挥人才的创新效应。既要运用好创新园区、创新机构、创新团队等招才引智的有效平台，进一步提高对高端人才的承载力和吸引力，又要聚焦需求吸引人才，搭建全方位、多元化引才育才平台，实现产业发展与人才的良性互动。同时，创新手段用好人才，强化效益意识和柔性引才理念，不求所有、但求所用，不求所在、但求所为，在实践中以贡献评价人才，不断提高人才效能，推动更多人才不断涌现。

——葛德军（山西省大同市招商局原党组书记）

四、品牌的核心要素

大兴之所以是北京母亲河的骄子，原因在于康熙朝永定河大堤的修筑基本确立了大兴段河工的历史地位。也就是说，康熙三十七年修筑的永定河北岸大堤以及后来修筑的求贤、胡林村、崔营等，属于北京市范围的工段，绝大部分位于今天的大兴区管辖范围，成为众多文献中常被提及的险工工段和治水活动集中工段。永定河治理中包括大兴段在内的上游地区筑堤束水的做法，被纳入康熙皇帝治水的大框架中，成为治理黄河的试验场，从而更加突出了永定河治理的特殊地位和重要作用。大兴段是康熙皇帝巡视永定河工程和水灾情形的必经之地和最主要落脚点，永定河大兴段带有鲜明的皇家治水的色彩。在永定河治水重心向下转移之后，永定河形成了上游维护堤防安全、下游治理淤垫的治水格局。清代晚期大兴段依然是上游地区的防御重点所在，依旧发挥着捍卫京师的重大作用。凤河文化不能孤立地讲，要紧密结合永定河治水、农业、生态等联动起来讲述创意。

——杨景波（北京市大兴区作家协会秘书长、大兴区文化遗产保护协会副会长）

最美丽的乡村应该是以经济发展为后盾、以历史文化为名片的生态良好之地，一个可居可游的宜居之地，地理标识有湿地、生态涵养，有都市现代休闲观光旅游业态。

旅游活动是"玩"的心态、娱乐的心态，是一种轻松愉悦的观光感知和生活体验。从过去的观光旅游过渡到今天的休闲旅游，加重的是文化成分。文化资源是旅游发展的核心资源。有了文化赋能，休闲、度假、艺术审美、生命家园感的寄托就上升到了精神层面。发掘凤河文化内涵，将其历史功能释放出来，通过"漫生态"休闲、文化创意、会展、生态及环保等功能，扩充文化带空间尺度，彰显文化遗产价值。以更长远的视线、多元的角度，赋予和开拓"凤河传说"纪念性标志，不断赋予它新的时代内涵。推动文化遗产保护成果为人民群众共享，把更多的博物馆、非遗传习所、古籍展示馆等文化场所纳入旅游线路。打造越来越具有吸引力和感染力，体现文化独特性、鲜活性、多样性的文化场景。创作推出一批实景版旅游演艺，不仅要给人产生审美的感动，而且要使人产生旅游的冲动。民间传说寄托着本土人对历史记忆的评价，承载了过多的历史情感，能够赋予自然特色与人文资源更高的文化品位，锁住对故土、家乡的眷恋。一部艺术精品的推出，一台有影响力的演出，会产生受众的集聚效应，凤河传说的非遗效应就应该是这个样子。

——赵玉良（北京市大兴民间文艺家协会主席）

乡愁本身就是重要 IP，它是历史文化的重要内核。在为全面实现第二个一百年奋斗目标奋力拼搏的今天，打造凤河文化 IP 是顺势而为，是当前党和国家人才战略的重要文化内需，也是增强新时代中国特色社会主义"四个自信"的重要文化内需。当今时代，文化是经济社会发展的命脉，大到一个国家，小到一个村社，经济社会发展都不离开文化建设。文化自信是习近平新时代中国特色社会主义伟大思想的精髓，也是带领全民族实现中华民族伟大复兴的脊梁。文化 IP 是文化自信的基础内核，是文化自信的星星之火。

凤河传说非遗 IP 打造要系统谋划、科学施策，形成良性发展格局。文化 IP 打造是一个系统工程，要放在文化生态系统中进行科学打造。在这个生态系统中，凤河是雪球之核，是星星之火，是发展之元，是见人、见物、见精神的有形之物，要深挖细究，追根溯源，找到文化精髓，在此基础上施以阐释、解读、外化、提升，终成一系。要赋予凤河文化内涵以科学发展之翼。科学发展的首要原则就是立足对象、符合需求，精准文化对象，精进文化需求。科学发展的另一原则就是立足实际、实事求是。立足传说的历史脉络，逐渐辐射，渐势而发，就是科学，就能够将凤河文化发扬光大。据此"凤河—凤凰意象—明代上林苑—大槐树移民—关公文化—戏剧音乐集散地—镇村承载"文化系统渐次而成，文化 IP 方得始终。

近年来，很多文化 IP 的打造都寄希望在流量上。的确，不可否认，流量在文化 IP 打造中的确发挥了快的作用。但不得不承认，很多流量造就的文化 IP，极易昙花一现，最后得不偿失，损失巨大。凤河传说非遗所蕴含的文化是严肃、谨慎、高雅之皇家苑囿文化、乡愁文化、诚信忠义的关公文化、戏剧音乐的美学文化等，文化 IP 打造绝对要避免流量之惑，一定要切实分析、研究其文化内涵、文化吸引力和内驱力，研究并尊重地域性历史文化遗产的发展规律，从其本身的发展内驱出发稳扎稳打，切忌好高骛远，切忌假、大、虚、空的各类造势行为。

——田绪永（文化传媒董事长）

五、以文塑旅、以文赋能从哪里切入

扩大凤河非遗的影响，到南方学习非遗传承与经济效益成功结合的经验，使非遗精华得到传承的同时，把非遗"软实力"变成增收"生产力"，转化为农村留守劳动力增收的"生产力"。

非遗项目的转化可以有效"盘活"留守劳动力。因为老人和孩子需要照顾，农村还留守了大量的劳动力，特别是畿辅地区的乡村。他们中的不少人正值壮年，却空有力气无处施展。同时，还有一些残障人士、贫困妇女想自食其力，却鲜有就业机会。

解决留守劳动力的就业问题，就得让他们有一技之长，组织非遗传承人、手工匠人在村镇上办"扶贫车间"，"给予一定的政策帮扶，留守劳动力学到了一技之长，增加了收入，非遗项目也得以传承，实现"双赢"。

"非遗+扶贫"是一个促增收的有效途径。非物质文化遗产尤其是传统技艺联系千家万户，具有带动群众就近就业、居家就业的独特优势，是助力精准扶贫的重要抓手。传统技艺只有学的人多了，才有传承和创新的可能，可以吸纳较多留守劳动力参与进来。当非遗项目实现产业化发展，既能让参与者创收，又能传承非遗技艺。

让非遗转化为文化软实力，必须加大政策扶持力度，将非遗技艺扶贫纳入精准扶贫和乡村振兴工程予以支持，同时建立非遗技艺扶贫金融服务体系，实施缓、减、免财税优惠措施，设立专项扶持资金，重点帮扶非遗项目企业。

——向彬（东南大学教授）

在"天下首邑"的大兴凤河流域，打出"凤河传说非遗"响亮的文化牌的创举，就是要着意把文化融入文旅产业，让文化融入旅游过程，实现以文塑旅、以旅彰文、以文赋能，使人们到凤河流域的镇村休闲观光，在旅游过程中感受文化魅力、增强文化自信，这就是打造文化品牌、让传统文化焕发新生命力的目的和意义。

乡村旅游正成为文化旅游的新名片，成为助力乡村振兴的新途径。要大力发展以文化品牌为基础的乡村旅游，要全方位打造乡村文旅新标杆。

打造群众文化服务品牌要培养一批乡村文化带头人；让旅游重点户、乡村民宿、农家乐、农家饭、土特产形成文化品牌，实现资源变资产；建设新国门知名文化旅游休闲目的地，形成文旅资源产品矩阵，让每一处都成为网红景点和市民游客打卡地。

丰富文旅产品供给才能为全面建成小康社会提供精神动力。从凤河传说中挖掘具有鲜明特色和民俗风情的活动，如打造优秀原创剧目，举办诗词笔会。推动更高水平的公共文化服务，大力推动文艺精品创作演出繁荣发展，提供更多营养丰富、群众喜闻乐见的文化食粮。

进一步完善非物质文化遗产保护传承利用体系，让优秀传统文化"活"起来。建立凤河非遗传习展示中心、非遗传习基地，让文化遗产"活起来"，让更多非遗产品进入普通百姓家。推动非物质文化遗产保护利用，积极推进全域旅游示范点创建，把社会效益放在首位，社会效益和经济效益相统一，全力构建"锦绣长子营""魅力青云店""历史蕃育署"等旅游品牌体系，坚持以文塑旅、以旅彰文。不断升华融合发展的气质内涵，以此为载体传播好幽州台文化。

推动旅游业高质量发展，为全面建成小康社会增添动能。在深入挖掘文化内涵、丰富产品业态的基础上，围绕凤河流域"生态文化、历史文化、民宿文旅、馆藏文化"等旅游板块，高标准打造，高质量建设。重塑优化旅游产业发展格局，使"旅游+""+旅游"蓬勃发展起来，研学旅游蔚成风气。

——王敬川（中国儿童中心期刊总社原副总编辑）

市场经济是全方位竞争的经济。文化产品竞争力的高低取决于其内在价值，也取决于其品牌价值。打造具有较大覆盖面和影响力的区域文化品牌，必须区域协同定位、协调发展，形成完整、统一的区域文化形象；必须以强烈的竞争意识、积极主动的姿态，协同策划、协同包装、协同推介，形成强大的区域文化美誉度和感召力；要吸引政府、企业、战略投资者参股，组织多种形式的"凤河文化展""凤河非遗世界行"活动，形成出版演艺、旅游节庆、动漫制作、工艺品制作、文化输出等互动型凤河非遗文化产业链，集凤河文化产品的创意、科研、生产、服务、销售于一体，大力提升凤河文化品牌的产业价值；要高层次、大力度、全方位做好区域文化品牌的宣传推介工作，鼓励和引导区域内相关部门和企业加大投入；要把整体文化营销与能代表区域形象的文化品牌宣传结合起来，借助企业的力量达到双赢。

目前我们的策划多限于文化界、社科界的活动，多限于一般意义上的文化交流，可以开展"凤河文化山西行""凤河文化关东行""凤河文化草原行""凤河文化海外行"等大兴系列活动。通过主讲人精彩演讲、嘉宾精彩点评、著名民间艺人精彩演出、文化实物解读、实景精彩演示、主讲嘉宾与听众现场互动等方式，展示凤河文化的内涵和魅力。

——刘敬东（清华大学教授、博士生导师）

早在 2005 年，国务院就下发了《关于加强文化遗产保护的通知》（以下简称《通知》），这是我国关于文化遗产保护工作的一个纲领性文件。《通知》把保护文化遗产的重要性提升到维护国家文化安全的高度来强调，决定每年 6 月的第二个星期六为中国的"文化遗产日"。这是一个有步骤、有计划、逐步推进的过程。

当前文化遗产保护从相关法律法规的制定到财政经费的逐步落实，从确立非遗传承人程序到建立具体工作机制，从提高政府部门的管理能力到增强民众的保护意识，文化遗产保护工作应该说取得了重要进展。但也应看到，文化遗产保护所面临的形势严峻。从政策环境来看，政府对文化遗产保护的投入虽然有很大增加，但与当今经济发展的速度仍然不相对应。就文化遗产保护行业自身存在的问题而言，观念滞后、基础工作薄弱、体制障碍、人才匮乏等问题仍然束缚着事业的发展，不少从业人员知识结构单一滞后，缺乏开拓创新的时代精神。

文化遗产是新一轮区域竞争的核心优势，要提高基层群众的文化自觉，特别是镇村领导的责任意识。除了在资金、人才、立法等方面需要加强外，最重要的是提高群众的文化自觉。应当增强文化遗产保护意识，处理好"保护"与"发展"的关系。尤其切实将文化遗产保护纳入城乡发展规划，防止出现"建设性破坏"。在乡村振兴战略中，将保护民间非遗的内容纳入总体规划，使存留在广大农村的丰富的文化遗产得到保护。

——卫明源（清华大学工业工程系博士研究生）

六、创意发展新空间

我期待的未来乡村应当是以文旅融合、高端产业形态为支撑，以厚重民俗、非遗为名片的生态秀美之地，一个可居可游的宜居之地。优美的生态环境和深厚的文化底蕴相结合，将使凤河的文化旅游焕发出勃勃生机。打好"凤河传说非遗"这张文化名片，其一定是北京永定河旅游最亮丽的一道风景线。

应该努力将这些统筹规划，致力于打造一个集民俗、旅游、艺术文化为一体的休闲新空间。要以更长远的视线、多元的角度，赋予和开拓"凤河传说"文化新的时代内涵，将凤河历史功能释放出来，通过"漫生态"游览、文化创意、会展、艺术展览等功能，扩充文化带空间尺度，彰显文化价值。

非物质文化遗产是民族的文化印记，是以人为核心、以生活为载体的活态传承实践，打造越来越具有吸引力和感染力，体现文化独特性、鲜活性、多样性的文化场景，还可以通过多种途径。在非遗传承和展示过程中，注重传统与时尚结合、古典与现代相结合，弘扬传统工艺，激发文化创造力，为非遗注入创意、创新、创造元素，让凤河流域的非遗与时俱进、活态传承，激发非遗旺盛的生命力，让优秀的传统文化焕发出勃勃的生机。

同时还应该深入挖掘相关的传说故事，发挥历史传说独特的文化价值。凤河传说申遗已经成功，要认真挖掘好民间传说多个版本。民间传说寄托着本土人对历史记忆的评价，承载了过多的历史情感，能够赋予自然特色与人文资源更高的文化品位，能够锁住乡土、家乡的眷恋。大兴的民间文学中传说故事尤为丰富，目前大兴本土民间学者整理出的有《上林苑监与凤凰和鸣》《南海子传说》《古桑园传说》《永定河传说》《广阳城传说》等，每个系列都有严密的逻辑体系、实证解析，考据精细，情节曲折，说理深刻，有很强的教育意义。充分拓展更多的新故事、新形象是我们下一步的任务。

——郑晓慧（北京邮电大学副教授）

文化旅游是一种心神愉悦，是一种精神享受。新国门建设是大兴区的一道"考题"，国门之新如何体现，休闲之旅（民俗、生态）、文化之根（馆藏、会展）、非遗之魂（现有非遗项目的市场化运作）等为内涵的文化里面究竟装什么内容？

文化资源从哪里盘点，文化创意从哪里引入，旅游品位从哪里提升，旅游业态从哪里丰富，旅游发展空间从哪里拓展，这是文化赋能应当考虑的。文化是旅游的灵魂，旅游是文化的载体，凤河流域就是要找准文化和旅游的最佳连接点，全链条深度融合。

文旅的视角不外乎遗产（自然和历史）、宗教场所、节庆、魅力乡村文化、民俗文化（习俗、传说）、红色文化、演艺、影视、研学、文化园、古村落、博物馆（所）、文创产业园区等，旅游资源是静态的资源，如何让这种静的东西"活"起来呢？打造意象性的纪念、标识是一个很好借用的实例。

文化遗产不单单是历史遗迹，更多的是纪念性的展示，能激发游人的审美冲动，打造越来越具有吸引力和感染力，体现文化独特性、鲜活性、多样性的文化场景。一部艺术精

381 第十五章 凤河非遗软实力专家学者谈 | 381

品的推出，一台有影响力的演出，一批实景版旅游演艺，给人产生的审美感动是无限的。民间传说承载了太多的历史情感，能够赋予自然特色与人文资源更高的文化品位。

要整合首都文化资源优势，推动演艺、动漫等产业与旅游业融合开展文化体验旅游，推出一批具有融合特色的活动载体。积极参照昆山的盛典、博物馆、昆曲小镇、首届大运河文化旅游博览会等做法，通过设置主题演出、展览展示、主题论坛、互动联动等板块，打造有重要影响力的文旅融合品牌。

在"创意"上做文章，把历史文化、民俗文化、生态资源变成可感受、可体验、可消费的旅游产品，为把文博场馆打造成文化客厅注入更多的文化元素。

——张旗（北京联合大学艺术学院非物质文化遗产学院院长、教授）

文化产业是内容产业，其价值与产品的原创性、差异性和不可替代性息息相关。文化产业的核心要素主要有四个，即内容、科技、资本、服务。四个核心要素的功能和作用各不相同：内容引发社会需求，科技改变产品形态，资本影响市场规模，服务决定事业成败。凤河流域要立足区域文化资源优势，从凤河传说丰厚积淀中拓展现代的空间，以文化创意的差异性和不可替代性为主攻方向；在科技要素上注重传统文化内容与现代科技手段的有机结合，加大无形资产的含量；在服务要素上着力体现大兴文化的历史悠久性、时代沧桑感、文化震撼力，在文化产品的开发上突出地域特征。

随着时代的发展，大众的审美观已经发生了很大变化，体验、感悟、休闲成为人们的新追求，旅游从初期的观光游向体验游转变。到民间去感知淳厚的民风民俗，体验与快节奏的城市生活截然相反的农家生活和田园风光，亲身参与一些富有地域文化特色的休闲游、科普游、修学游活动，逐渐成为新时尚。"住农家屋，吃农家饭，做农家活，随农家俗"活动使游客体验到传统民俗文化和民间文艺表演的魅力和精彩，增加了趣味性、互动性，并突出生态、民俗和文化旅游特色，休闲游、修学游、体验游等使人们放松自我、了解历史、增长见识、开阔眼界。

——周兰兰（东北师范大学副教授）

区域文化品牌的再生产，是区域文化符号再生产的过程。区域文化符号通过表意、传递、消费实现其文化意义。各村镇都应将特色文化产业作为一个重要的经济增长点，重点培育文化产业。以河北蔚县剪纸产业为例，小小剪纸在蔚县已形成颇具规模的特色大产业，成为区域性特色文化产业发展的一个典范。河北蔚县是一座历史古城，凭借剪纸这一传统文化工艺名扬四海。全县96个行政村、2.1万人在从事剪纸业，剪纸艺术品销售欧、美、日等50多个国家和地区，年收入逾亿元。蔚县剪纸入展、入选中国美术馆，入选北京大学百年校庆纪念品，作为礼品馈赠国际友人，剪纸产品远销日本、韩国、美国及东南亚各国。蔚县剪纸产业化以市场为导向，以经济效益为中心，依靠龙头企业带动和剪纸艺术的继承创新和发展，形成贸、工、艺一体化，产、供、销一条龙的经营方式。蔚县的经验值得我们深思。

——胡邓（中国人民大学心理学研究所教授）

七、影响力建构

文化这张牌要想打得响，首先站位要高远，要立足长时段规划。用市场手段打造文化品牌，离不开政府的指导和引领。党委、政府要把品牌战略系统理念渗透于文化建设的整体规划，把创建凤河传说非遗品牌纳入永定河文化建设的总体发展规划，进一步树立"品牌资本"意识，将地缘、体制和经济优势转化为文化聚合和文化创新。

机制要跟进，形成协同合力。精心策划，把各种文化资源整合起来，形成文化品牌、产业开发的优势；建立多元化投入机制，引导多种投资主体以合资、合作、合营等多种方式兴办文化产业；以"互联网"思维开发文化市场，多角度开发幽州台文化资源，打造集知识性、高科技性、娱乐性、互动体验性于一体的特色旅游产业高地。

要深度挖掘、拓展品牌内涵。构建可持续发展的文化生态，需要在品牌内涵上做文章。提炼文化资源精粹，使历史记忆和现代印象、人文景观和自然景观、经济气象和文化氛围互为衬托，相得益彰；实施"精品战略"，把丰富的自然、文化、旅游生态资源，整合形成一个有利于文化产业发展，生态旅游做大做强的"凤河文化旅游圈"；加强非遗活态传承与创新发展，建成多个特色鲜明、新颖质朴的网红打卡地；融合永定河冲积扇古老的传统节庆，创意凤河特色的农耕文化"丰收季"。围绕生态观光、田园休闲、皇家苑囿、非遗体验、科技研学、国际荟萃等主题，办好多种形式的文化活动季、文化论坛、研讨等活动。互动要立体，推动 IP 传播。统筹媒体平台资源，讲好凤河皇家文化、苑囿文化、移民文化的故事。用"3D 都市慢生活""魅力乡愁""我家民宿""绿色田园"等文化标签与符号，吸引大量游客到凤河流域观光游览。宣传好自己的文化形象，讲好自己的文化故事，展示好凤河流域区域文化风采。

——徐飞（中国人民大学哲学院原党委书记、教授）

美学经济就是创意经济，可以说，创意就是创新驱动。

大兴是永定河冲积平原的前沿，是冲积扇的核心区域，凤河传说非遗成果的转化应当扣住生态大美、绿色渲染，发挥艺术家的潜质，充分调度凤河自然美景，开发出夜游、会展、流动博物馆、非遗演示等多个项目；调动社会力量积极介入，资源整合，优势叠加，每月一主题，每周有亮点，举办多层次、高维度的音乐节、诗词笔会、美食街、汽车拉力赛、越野巡回赛、电竞大会等系列节事活动，为这块美丽神秘的土地注入新创意、增加新亮点，使其成为游客盛赞的旅游新地标。

民宿应当是美的组合。按照"自然化、原生态、后现代"等多种理念，打造出更多"云上院子"，让游客体验到"浓浓风情是我家"的田园生活。不同特色的精品民宿，有看头，有新意，有卖点，散落在凤河两岸的乡间村落，能够吸引市区游客和周边省份的游客驱车数百公里前来体验。

道路也应当是美的集成。以美学理念打造的"路的审美"，别具一格，彩色墙面、彩色门窗、彩色村庄、彩色巷道、彩色护栏，与路边的野石、绿树、小建筑、小摆放相呼应，成为乡村情趣一道亮丽的风景线，带动沿线美丽乡村、党建示范村和旅游景点的发展。

甚至农村的村部、队部、村民活动室、文化活动室等也应当按照美学经济的视角追求美、营造美。比如农村基层党建阵地可以精心设计"人民至上，共产党好""江山就是人民　人民就是江山""永定河畔红色记忆""共产党，像太阳，照到哪里哪里亮"等品牌标志，增强党建引领、不忘初心的辨识度和感召力，成为别具一格的"网红队部"，招徕一拨拨的休闲度假参观者。

以更加积极的姿态参与并融入《北京城市总体规划》《文化产业规划》，进一步挖掘出凤河文化深厚的历史积淀、美学积淀，瞄中今后文化建设的巨大潜力。

——林乐成（清华大学美院教授、博士生导师）

眼界决定境界，对文化品牌的包装、推进力度，取决于对文化品牌建设的认识程度。文化产业作为知识密集、信息密集、技术密集、资本密集的新兴产业，要想赢得市场就必须走品牌化之路。美国、日本、韩国等文化产业之所以迅猛发展，很大程度上得益于政府产业政策的引领和支持。有一个数据很有说服力，目前世界级品牌数量占全球品牌总量不到3%，却占据了全球市场50%左右的销售额。国内市场几年里不断涌现出了一批像湖南广电、辽宁出版、浙江横店等文化企业品牌，一批像"丽水金沙""印象刘三姐""禅宗少林""刘老根大舞台""云南映象"等知名演艺品牌，以"文化圣地　度假天堂"为内涵的好客山东品牌，以"记忆中原　老家河南"为内涵的中原寻根文化品牌，以"海纳百川　尽在上海"为内涵的海派开放文化品牌等吸引世界眼球。文化品牌的竞争已逐步从微观层面的产品品牌竞争发展为宏观层面的区域文化品牌竞争。

20世纪60年代，新加坡经济面临着很多困难。旅游局长在给李光耀总理的报告中，认为新加坡地域狭小，缺山少水无资源。李光耀批示：你还想要什么？有上帝赐给的阳光还不足够吗？利用阳光充足的优势，新加坡着力建设热带花园城市，成了举世闻名的旅游强国，带动了经济腾飞。文化产业作为一种特殊形态的新兴产业，其发展更需要非物质形态的创意资源和人才资源。而用市场经济的眼光和创意的思维看待资源，则是有资源用好资源，无资源创造资源。况且一个地方即使没有知名的文化资源，总还会有传说和神话，关键看能否把它利用好。一个文化品牌能否打响，很大程度上在于创意的水平、开发的水平。关键要抓住"创意"这一文化产业的灵魂，立足打造大品牌，大手笔创意，高水平运作。

——赵建红（北京市大兴区长子营镇原党委书记）

文化资源包括风土人情、名胜古迹、历史文化传说、历史人物、宗教信仰、语言文字、戏曲曲艺等。由于我们受到创意人才缺乏、产业发展引导者经验不足等因素的影响，资源的开发利用不够充分，还有较大的开发利用空间。政府政策支持执行力度不够。政策多为宏观层面的架构，真正可操作性的具体措施则不够明确，具体的发展措施还未能很好地落实。产业链不够完整，在文化产品的生产、经营、推广、品牌宣传推广等方面还没能完整地连接起来，各企业间也是独立运作，合作匹配度不高，造成了同质化经营，产品制造成本偏高，不容易形成品牌效应。

——郑齐猛（中国社会科学院博士后、大兴区委党校教授）

八、馆藏、精品民宿与富民

2019 年 9 月 25 日，中共中央总书记、国家主席、中央军委主席习近平出席北京大兴国际机场投运仪式，宣布机场正式投运。区委顺应新形势，提出了"新国门"的概念，得到了市委和社会各界的认可。2021 年，六届区委提出打造"宜居宜业新大兴，繁荣开放新国门"的愿景目标。

一是新时代赋予大兴区新的功能定位，坐拥新机场，毗邻副中心，联通雄安新区，辐射京津冀。

二是目前大兴属于城乡接合，相对来讲，城的比重偏弱一些，乡的比重大一些。所以，现在大兴区乡村振兴的任务还比较重。总书记提出五大振兴，即产业振兴、人才振兴、文化振兴、生态振兴、组织振兴。在今年全国两会座谈会上，习近平总书记又从新的战略、新的高度提出，"实施乡村振兴战略，必须把确保重要农产品特别是粮食供给作为首要任务"，"把提高农业综合生产能力放在更加突出的位置"，"把藏粮于地、藏粮于技真正做到实处"。总书记在两会时又提出，我国发展现在具备五大战略性有利条件，有中国共产党坚强领导，有中国特色社会主义具大制度优势，有持续快速发展积累的坚实基础，有长期稳定的良好的社会发展环境，有自信自强的精神力量。怎么将习近平总书记的重要讲话与"新国门"意识融合在一起？

三是大兴新的发展阶段的时代要求。目前，大兴正在打造3个千亿级产业集群，临空经济区、生物医药产业、先进性制造业。同时，全国文明城区创建成绩斐然。这些，对于我们打造"新国门"意识提出了新的要求。国门打开后，我们应该怎么办？每个人到了大兴之后，是大兴人，新来的大兴人，或者是经过大兴的人，应该怎么做？

四是大兴国际机场在两会之后，一定开辟国际航班。国门打开后，大兴群众应该有什么样的意识，需要我们探索研究。

——蒋俊杰（北京市大兴区文化艺术界联合会主席）

新国门意识的核心要义应当是"坚守创新，空天丝路，永定大兴"。守正创新是政治层面，就是强化政治担当、责任担当，构筑坚实堡垒，立足"三区一门户"功能定位，发挥"三敢一甘"精神，守卫好建设好首都南大门、新时代国门。空天丝路是经济层面，从发展动力源角度看，北京大兴国际机场正式投运，这是一个历史性的时刻。2017年2月23日，习近平总书记在视察北京新机场建设时提出，北京新机场是"国家发展一个新的动力源"。这把我们对北京大兴国际机场的认识提升到了一个新的高度。

从数字经济角度看，大兴通过跨境电子商务网络平台和跨境电子商务产业交易链的建设，实现各国的跨境自由贸易；依托大型枢纽机场的综合优势，发展具有航空指向性的产业集群，促使资本、技术、人力等生产要素在机场周边集聚，发展现代服务与新时代新型产业。北京商业航天产业基地，打造百亿级特色园区、北京高端制造业标杆园区以及全国商业航天产业特色示范基地。基地将围绕商业火箭研发、关键零部件、系统集成以及卫星互联网示范应用等领域，汇聚卫星应用、信息技术、航天材料和先进能源、航天特种技术应用等配套企业，形成全产业链布局发展。同时，建立商业航天企业孵化、共享、创新平台，营造航天产业节约集约、协同共享、创新发展的良好生态。

永定大兴是历史文化层面，大兴区是彰显中华优秀文化、国家形象的窗口，是全国文化中心建设的文化兴盛之地。永定河是北京的母亲河，也是大兴的母亲河和文化源头。大兴全域属于永定河文化带范围，历史文化积淀厚重。北京大兴国际机场坐落在南中轴及其延长线的南端，凤舞南天，首都的南大门，国家的新国门。大兴区划内，南中轴线北起五福堂公园、凤池公园，南至永定河畔，南中轴线是彰显中华优秀文化、国家形象的窗口，是打造世界文明交流交往的重要平台。永定河两岸抗战时期曾是平南敌后抗日根据地，大兴人民赓续平南红色血脉、传承红色基因，这里是平南红色文化的重要承载区域。大兴之兴，天下安宁，《山海经》卷一《南山经》描述凤凰为"见则天下安宁"。凤城之南，凤河之名，美好意象。

——侯文学（北京市大兴区文物管理所所长）

自大兴国际机场正式落成，这一巨大变化和功能定位，必然要求全区所有民众更新观念，确立和强化一种新的意识即"新国门意识"。我所理解的"新国门意识"核心要义是："勇于担当，科学引领，文化兴区，服务至上。"

勇于担当是从对党忠诚和国家及人民利益至上的层面来考虑的，大兴自古以来就有优越的地理优势。"新大兴、新国门"这一新的功能定位，给本地区的发展带来了新的更大发展空间和机遇，但同时也不可避免地带来新的问题和挑战，这就要求我们广大的党员干部牢固树立起对党忠诚和对国家及人民利益负责，勇于担当、无私奉献的精神，铸牢新国门，守好新国门。科技引领是发展所趋，小平同志在 20 世纪 80 年代末已经提出了"科学技术是第一生产力"的论断，习近平总书记提出"科技是国之利器，国家赖之以赢，人民生活赖之以好"，大兴要强，人民生活要好，就必须有强大的科技后盾。不光农业现代化发展需要科技创新引领，工业、教育、服务及各个领域均需科学技术引领。文化兴区是民生福祉。一个民族的复兴需要强大的物质力量，也需要强大的精神力量。文化可以强国，也意味着可以兴区。要着重举办面向全国乃至世界的高规格、高品位的大型文化艺术活动，开展好一流的文化工作，抵制和消除一切不健康文化的侵袭和影响。服务至上是时代所需。面对新形势，政府的各项工作都应本着服务为先、服务至上的原则，各级公职人员要认真审视服务工作，增强工作的主动性和灵活性，把北京市人民政府《关于进一步建设服务型政府的意见》真正落到实处。

——戴振宇（北京文联理事、中国水墨研究院院长、中国水墨机构执行主席）

2013 年 12 月，习近平总书记在中央城镇化工作会议上指出："让居民望得见山，看得见水，记得住乡愁。"乡愁是什么，乡愁就是印在我们心里的传统，是祖先留给我们的灿烂文化。

大兴区位于永定河东岸，在北京的南部，是首都的南大门。大兴是农耕田园文化与草原游牧文化的交融区。从契丹到女真，大兴的文化在融合中发展、在碰撞中融合，留下了游牧民族的印记。但仁义礼智信、中庸等儒家文化思想在大兴的历史文化中一直占据主导地位。大兴是离中心城区最近的一个郊区，如今的大兴，坐拥新机场，毗邻副中心，辐射京津冀，连通雄安新区，作为京津冀协同发展的中部核心区，是首都北京古都文化、红色文化、京味文化、创新文化的重要组成部分。我们要通过新国门临空经济区的引领，全方位展现大兴区优秀传统文化、生态文化、创新文化、馆藏文化，这对于北京"国际交往中心"的建设具有重要的战略意义。我们将以开放包容、和谐共赢的面貌迎接五湖四海的宾朋，传递华夏文明。

"科技创新中心"也是首都重要的功能。大兴有亦庄经济技术开发、生物医药基地、新媒体产业园等科创引领示范区，是承接中心城区适宜功能、服务保障首都功能的重点地区。大兴拥有"林中有飞鸟，水中有游鱼，四季有美景"的独特生态景观和深厚的文化积淀。这都是田园文化与绿色生态的重要体现。

我们要用三个主要城区带动整个大兴城镇的发展，以南中轴和永定河为线，串联起各个乡镇的文化、旅游资源，做好城市和乡村的深度融合发展，实现既有城市的高效快捷，又有农村田园的绿水青山，精致诚心地服务首都核心功能，打造宜居宜业的新国门。

——王鹏（钧天坊创始人、中国乐器制作协会常务理事、

第五批国家级非物质文化遗产代表性项目代表性传承人）

大兴处于京津冀核心地带，特殊的地理位置决定了我们的历史使命。作为入境第一印象，要有国际化的意识，向世界展示中华文化。"引进来，走出去"，以新国门为舞台，搭台唱戏，邀请展示中国各地区多元化的文化艺术形式参与进来，展示中国人天下一家、世界命运共同体的情怀。同时，融入大兴本土文化、京味儿文化、首邑文化。

借鉴国内外成功的活动形式，打造文化品牌。充分利用好大兴国际机场这个具有国际影响力和吸引力的核心地标，发挥首都文化引领作用，在国内打造文化创新品牌。在北京市民心中根植新国门意识，宣传航空文化。

作为"新国门"，要用文化提高大兴对外形象。通过打造网红打卡点等社会关注热点，吸引外界对大兴的关注，打造国际化、开放的大兴形象。可借鉴首都国际机场、成都双流国际机场、广州白云国际机场等成熟做法，在机场周边打造航空观景平台或航空主题公园，让首都市民在享受城市休闲生活的同时有获得感和参与感，让大兴机场的壮观景象能被广大市民观摩体验，打造航空休闲系列设施，让大型国际机场成为市民"看得见、摸得着"的城市地标，于无形中强化"新国门"意识。同时，对于大兴辖区内具有网红潜质的念坛公园（生态涵养、野生动物）、梨花村（春节花海）、三中巷（最美街巷）等区位，应加深思考和学习借鉴，全区各部门统筹协调、联动配合，打造知名景观，在"绿水青山"大潮中发出大兴声音，全面提高"新国门"整体形象。

——王巍（北京市大兴区摄影家协会主席）

关于"新国门意识"的核心要义，我的建议是：民族使命、守卫国魂、大仁博爱、科技创新。民族使命就是，有担当，责任伦理是中华民族共有的核心价值观；守卫国魂就是对党绝对忠诚。树立"新国门意识"，是大兴区人民的优秀品质。完成南中轴线建设、完成北京中轴线（世界非物质文化遗产）向南延伸、建设好社会主义现代化"新国门"，是大兴区正在完成的光荣使命。我们要坚持"文化强国、文化自信"理念，讲好中国故事，弘扬中华文化，倡导人类命运共同体；通过"新国门"窗口，让世界更加了解伟大的中国；守卫好"新国门"，这是我们的职责；提倡"大仁博爱"理念，建设现代化、科技化新大兴，社会主义现代化新乡村；把"新国门"作为与国际政治、文化、经济、科技交流的中心和门户，架起一座与世界交往的金桥；把科技振兴，科技强国作为首都科技重要的主战场，大兴区要继续在科技振兴上做足文章，为首都发展建设做出重要贡献。

——马北辰（北京市大兴区玉文化协会主席）

九、新大兴魅力

党的二十大报告明确提出实施乡村振兴战略任务，乡村振兴离不开文化的引领。传统的精神和价值观念、民俗礼仪、风土人情、生活方式等各种物质文化遗产和非物质文化遗产在凤河流域的村镇非常丰富，需要我们保护。

要高度重视修志修史，让文物说话，重视村志村史的编纂，深入挖掘地方志、村史的精髓，保留地方的历史记忆，增强人们的乡土情结。乡村文化的保护与传承亟须推行"乡村记忆工程"。结合生产用具、生产生活遗物遗迹的展示，形成集乡土建筑和乡村民俗为一体的"乡村博物馆"，集中展示当地的村史、村情，增强当地村民对自身文化的认同感、归属感。体现出地方风情、风俗和当地的历史文化，利用好数字化技术，分门别类，将列入国家、省、市县级非物质文化遗产保护名录的项目及代表性传承人资料逐一进行数字化采录、存储，以便长期保存。通过调查、采访，将各类非遗项目以文字、录音、录像、数字化多媒体的形式记录下来。

——王建［世界钱币论坛组委会秘书长、崇健钱币展厅（海南）有限公司董事长］

活力不足、后劲不足、投入不足是制约文化产业发展的障碍，文化产业本质上是有一定知识结构和创新能力的人才对文化资源的不断重新认识、挖掘和创新过程。这就能看出，人才资源最重要。建立完善人才招聘、交流、流动制度，优化人才资源配置，抓好"借脑"工程；完善激励机制，本着"不求所有、不求所在、但求所用"的原则，通过项目协作、信息交流、资源共享等途径，共享人才资源。

在文化旅游发展的集群效应与链条效应考虑上，提炼区域文化符号，构建区域文化品牌，打造区域文化形象，将区域文化资源优势转化为具体可见的文化市场竞争优势，发挥其对于经济社会发展的促进作用，在满足人民群众多样化的文化需求基础之，扩大文化资本对社会经济的良性反哺作用。

——荣俊艳（北京市大兴区政协副主席）

区域文化品牌的塑造为区域发展注入了新鲜的生命力与厚重的文化含义。区域文化品牌的意义生产、信息传播、内容解码与文化再生产，这样一个过程不单单是区域文化产业发展的内在要求，更是区域文化从"自发"到"自觉"、从"分散"到"整合"的一个由低等级向高一层级发展的结果。

区域文化品牌构建与传播的重要内容就是提炼自身文化特色，突出区域文化与他者之间的差异性，区域文化品牌构建呈现出异彩纷呈、绚烂夺目的竞争态势。当今文化发展到大众文化消费时代，愈加汹涌，信息洪流夹裹着、充斥着各种嘈杂的声音，能以最简洁的文本话语、最鲜明的文化符号表达区域文化信息，抢占眼球经济市场，是文化发展大趋势对区域文化发展提出的新要求。区域文化品牌不仅是区域文化方面的一个鲜明印记，也是区域经济文化社会发展的一张名片、一个对外的第一印象、一个对内的品质塑造。

——李满意（中国纺织工业出版社副社长、编审）

空壳化的文化品牌，脱离了实际，脱离了区域广大群众的精神生活，脱离了区域本身的文化气息与文化品格，区域文化品牌建设对于区域经济、文化、社会的推动作用就得不到良好的彰显。

在总结自身文化资源特色的基础上，归纳现有的文化禀赋、文化品质，力戒同质化的、趋同性的文化建设；因为这样的区域文化品牌建设缺乏多样性的彰显，缺乏根植于人们心中的文化精神的支撑。只谈文化而忽略其现实根基，或缺乏提炼升华，就不能实现区域文化的创新性发展与创造性转化。

——于竞游（中国音乐学院副教授）

区域文化品牌的建设是一个系统工程，是一个结构性的牵一发而动全身的链条。

区域文化品牌的传播体系，不仅要兼顾传统媒体，也要注重新媒体的文化整合力量，重庆就是一个很好的范本。重庆强势突破短视频宣传，量身打造属于自己的文化鲜亮标签，"烟火繁盛的人间""赛博朋克式风格""3D魔幻都市"等，这些文化标签与符号的导入，直接把大量外地游客吸引过来，以文化的高颜值让游客一睹"网红城市"重庆的超然风采。

　　每一种媒体因其属性不同，表达方式也充满个性化，并在释放其自身的优势与过人之处中给受众的信息也异彩纷呈，正所谓"渠道为王""媒介为王"，有时超越了"内容为王"。在这样一个境遇中，凤河传说非遗作为大兴区域文化品牌，在构建的理路上既要不落窠臼，也要不流于虚表。不仅要兼顾传统媒体的严肃叙事，也要偏重新时代大众传媒的"接地气""烟火气"特色，以文化科技手段加强传统媒介与新媒体对文化资源的适配组合，实现文化品牌的高质量传播。

——王紫媛（清华大学博士后、北京印刷学院附中书记）

附录：凤河传说申遗之旅

从非遗的文化坐标而言，凤河传说不是一个简单的传说，它是由凤凰母体即传说核引发出的系列故事、传说、神话、民谣等组成的民间口头文学集合体。凤凰意象是凤河传说的传说核，是派生乡愁、爱情、宫廷、艺术等二级意象的原生母体。在这个故事集合的挖掘整理过程中，凤河流域以核心区长子营镇牵头，始终不渝坚持"两手抓，两手都要硬"的决策，整合社会资源，调度学术团队、文化志愿者力量，使得凤河传说由文本上的流传变为文化战略的核心竞争力。

一、乡愁牵动数百年沧桑

2021 年 7 月 3 日注定是凤河传说申遗史上一个值得永远铭记的日子。这天，夏日和风，芳菲云景。在北京市大兴区长子营镇呀路古热带植物园具有南国风情的雅园，"崇史明理 情满凤河——庆祝中国共产党成立 100 周年长子营镇凤河文化活动季"启动仪式隆重拉开序幕。大兴区委常委、宣传部翟德罡部长出席启动仪式并讲话，长子营镇党委书记赵建红致辞，永定河联盟专家代表发表了热情洋溢的讲话，随后与山西省人民政府驻北京办事处领导、区文化和旅游局、区农业农村局、呀路古热带植物园负责人一道共同启动活动季开启仪式。这个活动是凤河申遗的序曲，标志着凤河流域乡愁文化系列活动的高调展开。五十余位政企代表、学术专家、媒体记者等各界嘉宾出席了此次活动。启动仪式上，"鼓舞中华""李家务音乐会""呀路古少数民族舞蹈""沁水营神叉老会"以精彩的表演拉开了活动季的序幕。

凤河是永定河故道，承载了北京母亲河太多的历史、民俗、非遗、移民等记忆。凤河流域是南海子皇家苑囿上林苑监良牧、蕃育、嘉蔬、林衡署的核心区域，是明清宫廷农产品的供应基地，是皇家苑囿、宫廷筵宴、礼仪祭祀文化的有机整体。

长子营镇作为凤河历史文化最为厚重的文化元素聚集区，早在 2013 年就组织收藏家、专家学者以考据学、文化学为立论根基，通过文化寻根、明清历史变迁、移民进程、民俗习俗、文化信仰等具体场景研究，完成了凤河文化研究的阶段性整理工作。"凤河岸上长子营"课题学术严谨、考据细致、学理清晰、梳理透辟，合乎情理地呈现出明清凤河移民生活与地域社会文化生态图，走进了晋蒙京津冀五省市视野，受到了社会的密切关注。在北京市按下推进全国文化中心建设快进键的背景下，长子营镇更以前瞻性眼光，以学术研究为基础，以民间馆藏实证为抓手，夯实凤河文化的史料依据，学术成果不断呈现，金石考据不断丰富。2021 年在庆祝中国共产党成立 100 周年之际，众多文化志愿者、文化学者、民间博物馆严密系统梳理，推出了系列性的研究成果和馆藏实物。

此次凤河文化活动季系列活动，按照区委宣传部的策划思路，以多项活动整合推进，包括"中华民族从苦难走向辉煌——长子营镇山西移民地百年钱币看民族复兴之路""复兴之路——中国百年邮票展""《沧桑凤河的故园家山》新书发布会""凤河非遗课题中期研讨"、十二集微纪录片《沧桑凤河》脚本二稿创作讨论、"凤河·大槐树·乡愁——永定河视域中的文化风景线"史学逻辑讨论等。随着活动的展开，陆续推出"永定河源头著名画家油画展""血与火的洗礼——辽金时期精品瓷器展""山西移民地的老照片"等多项展览展示。但遗憾的是，由于疫情防控，活动只开展了两项，即"山西移民地百年钱币看民族复兴之路""中国百年邮票展"。但这并没有影响凤河传说文化申遗的进程，毕竟凤河流域的长子营镇历届班子成员一直秉持以文赋能的文化意识、"中心"意识，从 2010 年就一直保持着凤河文脉的温度。当然，青云店镇、瀛海镇、采育镇在非遗文化的挖掘上也高屋建瓴。

活动季启动仪式

系列活动季中的百年钱币展展出了长子营镇山西移民地各县收藏家提供的 1840 年至 2020 年 180 多年的钱币 3000 多枚（张），主要是银圆、铜圆、各种纸币，实证解读中华民族艰难的奋斗历程；百年邮票展展出从大清龙票到 2020 年期间极具代表性的邮票，呈现民族的复兴之路；新书发布会和创作中的课题研究，旨在深度讨论凤河文化的研究方向和时代价值，展示长子营镇凤河文化研究成果的新高度；大美永定河源头油画展呈现永定河源头在画家笔下的大美、苍凉与悲壮；"血与火的洗礼"展出宋辽金时期山西各窑口的代表性精品瓷器，从实物的角度展现移民地的生活习惯、审美习俗及文化习性等；老照片集中展示长子营镇的山西移民地从清末、民国期间到 20 世纪 80 年代的历史风貌。通过凤河文化活动季丰富多彩的主题活动，长子营镇将全面打造凤河流域文化古村落的知晓度和美誉度，夯实文化引领，实现文化与休闲、旅游、观光、民俗业态的双融双促，进一步彰显文化魅力，积极构建最适宜人居、最适宜创业的特色古村落，打造首都南部文旅产业新高地。

"乡村振兴要靠文化振兴，文化振兴更要靠乡村振兴的活的文化驱动力。"镇党委书记赵建红说，"近年来，特别是党的十九大以来，传统文化的生命力和吸引力逐渐增强。现在农村的发展仍然是现代化发展中的短板，传统文化资源的流失，农村、农民精神文化与现代文化的对接能力不足。为文旅产业赋能，就要把优秀传统乡土文化保护传承和开发利用结合起来，赋予文化新内涵。""乡村文化复兴，在于重新激活乡村的活力，不是推倒重来，再造一个完全不同的乡村，而是让'乡愁'切实落地，让传统文化延续下去。我们推出凤河文化活动季，目的是重塑乡愁记忆，重建乡村文化自觉。"长子营镇镇长王坡说。

长子营位于大兴区东南部，文化形态神奇而迷离。"凤凰悲情""凤鸣天籁""大槐树下老鹳窝""七十二连营"等，浓缩沉淀了皇家苑囿的帝王气象、明清大移民的苍凉史话，见证着 600 余载京晋文化、移民文化的交织融合。近年来，长子营镇党委、政府把提升文化软实力战略提高到重要议事日程。作为永定河故道上的文化特色镇，文化遗产日渐勃发出生机，白庙村雅乐、再城营五音大鼓、沁水营神叉老会、良善坡庙会、铁匠台冶铁文化、平南红色地下交通线等文化特色，为这座美丽的特色小镇增添了丰厚的文化附加值，有力地撬动着镇域内休闲、观光、生态、民俗、文旅业态突起。

启动仪式结束，活动季首展"中华民族从苦难走向辉煌——长子营镇山西移民地百年钱币看民族复兴之路"向游客正式开放。

凤河文化活动季系列活动由中共北京市大兴区委宣传部指导，中共长子营镇委员会、长子营镇人民政府主办，元丰大观（北京）文化传媒有限公司、大兴区文化遗产保护协会、呀路古热带植物园以及多位文化志愿者齐力协助，活动持续到金秋十月。

"亲不亲，故乡人；美不美，家乡水。"此次凤河文化系列活动季还有一个地缘情缘的亮点。元丰大观（北京）公司旗下的凤河馆藏牵头的山西众多收藏家、文化志愿者，当获悉长子营镇要举办山西移民地的民俗文化展时，纷纷献出自己的藏品，山西聚缘堂艺术品鉴定中心、中国投资协会投资委文化艺术品投融资中心（山西中心）负责系统梳理、学术鉴定并包装编号，東华国际文化交流（山东）有限公司、山西省右玉县古泉馆藏文化发展有限公司负责展品的断代甄别、解说词细化。"工作很累，但我们内心无比快乐！"凤河馆藏负责人兴奋地说。

2021年是中国共产党成立100周年，是"十四五"开局之年，更是开启全面建设社会主义现代化国家新征程、向第二个百年奋斗目标进军的第一年。随着乡村振兴战略的实施，北京西山永定河文化带建设的深入推进，大兴国际机场的运营，京南发展日新月异，长子营镇紧抓历史机遇，加快"绿色绵廊风光旖旎，文旅产业形态高端，文化气息厚重浓郁"的新市镇建设步伐，加速向体现"国门印象"的文化特色小镇转变。长子营镇正在成为首都南部传统文化的会客厅、新国门民间音乐集散地。

出乎意料的是，凤河文化活动季活动序幕拉开后，得到了媒体界的高度关注，一时形成文化亮点：中国城市网、中宣部学习强国平台、新华社客户端、北京日报客户端、光明网、北京青年报、北京日报客户端等16家媒体做了深度报道，有力地推动了凤河传说非遗项目的申报工作。

二、长子营牵头的申遗旅程

凤河是永定河的"晴雨表"，历史上永定河多次决口，使得凤河与之同步盛衰；凤河由于明代上林苑的建立，形成了上林苑监—蕃育署—海户、栽户、养户、匠户、坟户等发展共同体和文化共同体。由特定环境、特定历史、特殊区位的地理环境形成的凤河传说，意象多层，内容丰富多彩，表现方式多样，形成多彩生动、意趣叠加的口述传播，构成了一道凤河民风独具的文化带，是西山永定河文化带建设不可割舍的一部分。

1. 凤河传说非遗的宏观审视

文化，不是一个孤立抽象的概念，它是看得见、摸得着的物质性文化遗产，比如南海子团河行宫、晾鹰台，长子营村的大槐树，南苑关帝庙，海子西墙的沙岗、蚂蚁坟，沁水营村的神叉老会等，文化同时也是非物质文化遗产，比如凤凰传奇、辽将射凤、吴娘娘、苏麻喇姑、太监催粮、打铁锅、脚趾说等。作为非物质文化遗产的凤河传说，是永定河和南海子非遗文化的重要部分，是研究辽金元明清五朝皇家苑囿文化的重要元素。通过对凤河传说非遗文化的深入探究，能对辽金捺钵政体的运行、游牧文化与农耕文明交汇碰撞、华夷之辨、清代园林生态理念等多个维度形成新的解读。

大兴文化遗产十分厚重，自秦置县，定名于金，历史悠久，史称"天下首邑"。2021年，大兴区长子营镇人民政府，根据大兴区文化和旅游局《关于申报第七批大兴区级非物质文化遗产代表性项目的通知》，开始组织文化志愿者、社会团体、文化学者，对凤河传说非遗立项，经过多次、多角度的严密论证，形成系列工作机制。在梳理凤河文化脉络、挖掘特色文化元素、提炼文化内涵价值上，调研访谈，举办学术研讨，整理历史文献，开展系列文化活动，为传播永定河历史文化内涵提供了坚实的支撑。

凤河传说的非遗形成，史料积淀丰厚。上林苑监所属的蕃育署区域——凤河流域的长子营镇、青云店镇、采育镇、瀛海镇及河北廊坊安次区的民众以口头方式创作和传承着凤河流域的传说。这些传说含有神话、史事、人物、风物、生活等场景，表达了凤凰意象的价值导向和凤河流域风土人情、文化生活和历史变迁中的艰辛。

长子营镇以凤凰文化意象、帝王苑囿朝野为魂，以大槐树移民乡愁为基色，选择将凤河传说作为立项的切入点，旨在梳理皇家苑囿文化对凤河流域民间的辐射、上林苑监对凤河文化的影响、乡愁文化的历史脉络；通过挖掘特色文化元素，提炼文化内涵价值，充分展现凤河流域凤河文化遗产特有的底蕴，厚植凤河文化根脉，为传播北京西山永定河文化提供支撑。

在漫长的文化史形成过程中，民间传说是民众记忆历史的重要工具之一，对于数百年甚至上千年来那些没有用文字铭记历史的能力和话语力的普通百姓来说，就更是如此。但凤河传说经历了许多世代，特别是历史变迁的剧烈运动，如"幽云十六州"归属辽麾、大金国的入主、蒙古大元的铁骑、永乐皇帝朱棣的迁都、大清努尔哈赤的破竹入京等，因此传说中不断叠加了不同时代的讲述者记忆的历史，成为一种"长时段"的历史文本。关于凤河的传说故事有若干类，每类又有不同版本，这些故事，虽然在大兴的不同村落、不同族群、不同年龄段都有不同的流传方式、表述方式，但其基本情节甚至某些叙事风格、主观倾向却是大致相同的。

凤河传说不是一个历史事件，它是一个非常复杂的历史、地理、信仰、人文、社会等交织的文化现象。长子营镇牵头完成这项工作量巨大的工作，主动迎接多个挑战，付出了极其艰巨的劳动。

2. 申遗面对的六项挑战

一是面对凤河传说的价值评价问题。凤河传说是大兴区已经申遗的永定河传说、南海子传说的一个极具高附加值的文化脉点。该传说围绕凤河名称的来源、凤河与迁都的共时态、上林苑引发的山西大移民等展开文学性的构思，以凤凰落难的悲剧意识延伸出宫廷皇妃与帝王爱的凄美、明代宦官的骄横、山西移民的乡愁记忆，体现大兴很早以前，以南海子为中心的广阔的森林、湖泊、沼泽以及生产生活景象。在凤凰这个主要意象之下，凤河流域出现了许多民间传说，内容涉及辽金元明清多民族和谐共处、凄美大爱、习俗民风、森林沼泽、溪流湖泊、明清移民等元素，尤以"凤凰落难""光禄寺筵宴""上林苑宦官""大槐树乡愁"等组成凤河民间传说体系的元素为要。凤河传说无论是哪一种版本，应该说篇篇都有鲜明的个性特点。凤河传说，是大兴人民文化生活的重要部分。

凤河的传说既是古老的，也是新鲜的。以凤凰、南海子、上林苑、生态环境、社会结构为主要创作元素形成的传说内容丰富有趣、故事跌宕起伏、情节曲折紧张，散发着浓浓的泥土芬芳。凤河传说，不是一个河流的传说，它是多个系列传说的集合体。这种超越民间一事一议的综合意蕴的传说，富有极强的生命力，甚至对文化解构、历史线索、社会治理、生态保护、产业民宿、文旅品牌打造等都有借鉴意义。传说故事也为多样的文学体裁提供了很好的"原材料"，为文化活动留下了极宝贵的资源，是大兴民间文学的一朵奇葩，可读性强，自成一体。

凤河文化是一个延续了上千年、具有开放性和包容性的地域文化。在多元文化交融中，大量民众以口头方式创作和传承着凤河由来和凤河流域的传说故事，这些传说故事含有神话、史事、人物、风物、生活等元素。

这个评价是长子营镇聚合多位专家学者反复研讨、修正的结果。

二是传说指陈的地理环境圈定。凤河传说是永定河的文化遗产。北京的母亲河——永定河，因其河流无定，历代朝政皆赋予其不同称谓。在中国河流史上，永定河应该是名称最多的河流之一。凤河，就是它曾经的故道和潜水溢出带——团河泉水形成的"永定河的血脉"。

大兴区界的形成，是一个漫长的演变过程。在相当长的时间里，大兴在行政区划上并没有完成整合，就名称而言，历史上的所谓"凤河流域"的范围与今天的大兴并不完全吻合。在清朝乾隆年以前，现在大兴凤河流域许多村庄与河北省廊坊市安次区（历史上的东安县、安次县）的地域处于同一个行政区内，有时部分村庄、乡镇甚至为不同政权、民族所割据。凤河流域特别是沿河两岸的村庄，在明代与清早期分别属于上林苑监的"蕃育署"、大兴县和东安县（今廊坊市安次区）。因此，明清凤河流域的广大村落应当属于大兴县、"蕃育署"、东安县（今廊坊市安次区）共治区域。

为了资料研究需要，凤河传说的地域范围被限定在明清大兴所含涉的地域到凤河下游的河北省东安县（今廊坊市安次区），流域贯穿北京南海子（南苑）、大兴东南部和河北廊坊安次区所辖镇村。主要包括现在西红门镇、瀛海镇、长子营镇、采育镇和青云店镇的一部分，方圆 100 平方千米有余，200 多个自然村。

其实，历史上的南苑面积就达到 200 多平方千米，是北京城的三倍，曾长期作为皇家苑囿，在清代末期长达七八百年的时间里，这片广大的区域基本上是以森林、湖泊、草原、流泉为主的湿地园林景观。

三是凤河传说的主要价值、影响如何表达。北京母亲河——永定河的古道凤河，是"永定河潜水带"溢出的"散状型河流"，其源头的南海子是辽金元明清五朝古苑囿，民间比喻凤河是"天之骄子"不为过。凤河定名的凄美传说与凤河流域在文化传承、地理情缘与历史机缘上，存在着紧密的文化关联，蕴藏着传说素材、精彩典故、文化景象以及千丝万缕的民俗遗风。凤河源头的皇家苑囿、庙宇楼台、湖光水色，成为凤河传说的美丽情景。

凤河传说作为非物质文化遗产有着重要的时代价值。

凄美动听的凤凰传说，浓缩着大兴乡土之美和人文之美，沉淀着价值理念、道德规范和共同社会心理认同，能够增添社会主义核心价值观的内容。

乡愁是凤河明清移民文化的底色，也是时代的话题。习近平总书记在北京考察时，叮咛要"让城市留住记忆，让人们记住乡愁"。凤河传说在生动的讲述中，广泛流传到凤河流域的千家万户，叙事方式更加生动，表达效果更加逼真，增强了乡村的凝聚力和人际的吸附力。写好大兴故事，传播乡愁情怀，便是凤河民间传说传播的最大公约数。

凤鸾和鸣，天籁清音。凤河流域民间音乐已经成为国家级非遗，日渐勃发生机，如白庙村雅乐、五音大鼓等，能够促进大兴民间音乐集散地的打造与形成。

凤河边际的麋鹿文化节、月季文化节、西瓜节、桑葚节、凤河文化活动季等品牌，正在撬动凤河流域文旅业态的形成，为凤河流域增添了丰厚的文化附加值。

乡土文化重在"灵魂"，深入挖掘凤凰文化意象、大槐树情节、地缘情缘等非遗资源，唤醒京津冀协同发展的地域文化审美取向和艺术价值，唤起越来越多的京津冀文化认同。

四是凤河传说非遗的特色是什么。北京联合大学北京非物质文化遗产保护学院的专家学者帮助长子营镇梳理了凤河传说的非遗特色，主要有以下几个方面。

文学性突出。首先体现在凤凰形象创造时的定格，场景刻画、地理描写、环境渲染、细节铺陈等。

传承恒定。美好的传说被群体或个体一代接一代享用、继承和发展，通过人与人的精神交流，即口述、身体示范、观念或心理积淀等形式，凤凰的善美——"质的规定性"，没有随传承时间、地点的改变而被随意改变，只是不断完善丰满。

社会性强。传承者的创造能力、认知能力和群体认同力，表现为极强的社会性、参与者（群体参与，分年龄段参与，分性别参与，分角色参与及不分男女老幼的共同参与等）参与形式多样化。

创新空间大。凤河非遗以抽象的文化思维表现形式，存在于传承者的观念中，且随着传承者观念的变化而变化，如知识、信仰、习俗、仪式等。它以一种变动的、抽象的观念存在。

包容多元。不同风格、素养的传承人造成了传说的多元性与多样性。挖掘、保护多元性，是文化遗传可持续发展的源泉。

活态意蕴。凤河传说这种"活态"性，在口头传说、表演艺术、社会风俗、礼仪、节庆表现等方面尤为突出。传承者在不同时期、不同地域、不同场次或场景的表述、表演都会有所发挥，都是一种新的创造。"活态"性是非物质文化遗产的本然形态和生命线。

五是凤河传说的历史渊源与生成脉络。

（1）地域的名称常常承载着历史沧桑的记忆，地名的考据有助于凤河非遗的传承。

凤河地名的来历，其实在明代早期的史料中并没有明确记载，到了明后期，民间的史料、资料用过的凤河称谓才开始进入正史。大明成化年间的《明故中宪大夫右佥都御史李公葬墓志铭》，崇祯三年的《大明一统名胜志》《东安县志》《水道提纲》，还有王照的八景诗《凤河春水》等可窥一斑。《东安县志》载："凤河，源出南苑内，自大兴县之凤河营入东安境。"《永定河志》亦载："凤河，发源南苑一亩泉。"《畿辅舆地全图》亦曰："凤河，形如凤故名，源出南苑，东南流经岱上营，又东南经采育营，又东南经凤河营入东安县。"《水道提纲》言："明时，浑河南注，夺琉璃河，经流下达霸州，其东流一道，不复相通，遂名凤河。"

可以说，凤河记载，明朝仅局限于私修史料中，如《潜确居类书》《读史方舆纪要》。之后，《大清一统志》与其记载类似。

雍正十三年的《畿辅通志》，与乾隆八年的康熙《大清一统志》、乾隆十四年的《东安县志》等文献都记载了雍正四年疏治凤河这一事件。清乾隆时期凤河名称已经扩充到整条河流，但由于流经范围较广，受地名影响，随地异名，有新庄河、凤河、潮水铺河、安沽港河等河流名称，而后整条河流名称被凤河代替。

民国之后，正史把凤河传说作为史料载入，如2002年9月出版的《大兴县志》记载："辽时当地是鸟兽的天堂，而凤凰则是百鸟之王，它们自由地生活在这片土地上。后来大辽皇帝射杀凤凰从而形成了团河与凤河。"

康熙五十四年至雍正三年，畿辅地区大涝，京南治水，以凤河为切入点，引凉水河入凤河故道，积潦尽消，再加政治色彩等考虑，凤河名称从而由多条河流名称陆续扩充为一条河流，且有关凤河的记载也就从民间史料过渡到了官方史料。

（2）源流的历史考察需要大历史观，需要跳出狭隘的地理学范畴。

凤河属季节性河流，团河行宫内的湖、泉是凤河的主水源，因其形如凤而得名，历史上每至夏季，常有多处漫溢决口。

自辽至清代，南海子始终保持着"四时不竭，汪洋若海"的湿地风貌，位于南苑之内南部的团河附近有泉源94个，汇聚为团河而向东南流入凤河。凤河因南苑泉水溢出而成为大兴南部发散性的河流。

关于凤河在南苑的源头，又有两种解读。

其一，发源于南苑团河的双泡子，因其曾供帝后妃子垂钓，故名。南苑宁佑寺御笔题诗《海子行》有凤河源的描述为证。凤河源头喷涌泉水环绕的团河行宫，是南苑四座行宫中规模最大、最为豪华的一座，宫内"亭台多点缀，山水尽清澄"，尽显江南园林的精致典雅。

其二，凤河在南苑流出，仍然没有固定河道，漫溢散流，形似展开的凤。乾隆皇帝同样作《海子行》诗注解。南海子是辽金以来中国封建社会后期都城政治功能的承载地。游牧与渔猎兼具的辽、游牧文明的元、农耕文明的明、渔猎文明的金和清，聚合在南海子一带，使南海子成为一座综合性皇家苑囿。

六是凤河传说多版本成因在哪里。

关于凤河的传说故事有若干类，每类下有不同版本，内容也多以南海子文化背景出现。值得注意的是，这些故事，虽然在大兴的不同村落都有流传，但其基本情节、人物，甚至某些叙述语言却是大致相同的。

与其说凤河传说是一个历史事件，毋宁说它更是一个非常复杂的历史、文化现象。

凤河传说的文化价值系统经过自觉的反省与提高，获得了与时俱进的意义，故事所涵盖的精神底蕴无论如何都是大兴历史文化、皇家文化、京味文化活的灵魂。

三、申遗的历时态和共时态

凤河的传说很多，有长子营、青云店、采育三个镇志的官方记录，也有瀛海镇、西红门镇民间社团相互抄录转载的，更多的是民间高寿老人按照记忆口述的。但从镇志的角度而言，官方"凤河传说"进入了镇志，无论从逻辑、历史境遇来看，还是从典故考据、文采辞章来看，都不及民间口传的凤河传说精彩。无论是官方，还是民间，无论采信价值如何评价，凤河传说无疑都融入了凤河流域民众的社会生活中。

组织大批文化志愿者深入研究，直面传说现状。传说大概有十多种，主要有龙凤共舞说、凤凰哀乐说、苏麻喇姑说、雌凤殉难说、耶律璟掠杀说、凤尾说、老槐树说、沙冈祭凤说、蚂蚁对话说、吴娘娘说、宫廷筵宴说、关公显灵说等。每个文本表述的语境情节、传说中的情节描写、创作者的内在体验、传递过程的语言感知等美学境界基本不同，但都生动形象，尤其在对传统性的批判、融合时代的创新、正能量传递等方面却是相同的。无论群体还是个人，都紧紧围绕民间文学非遗"质的稳定性"这个核心，累集层世，积极创新，既古老又高雅，符合非遗文化的保护特色。

大兴的历史就是一部民族大融合史，稳定是相对的，变化是常态的。每一个版本既有其闪光点，又有其不完善之处，瑕疵之处为后人的文化传递、填充留下了空间。

调度社会各界力量，整理存续凤河非遗。凤河传说数百年口传不衰，它已经变为一种"活态"文化深深扎根于大兴民众生活中。凤河传说有北京市大兴区长子营、青云店、采育三个镇的镇志；青云店政府主编了《青云店故事汇》《凤河岸边长子营——北京大兴区凤河流域明清移民文化考略》《沧桑凤河的故园家山》；2021 年 7 月开始的凤河文化活动季，持续到 2021 年年底，系列活动有"长子营镇山西移民地百年钱币看民族复兴之路""中国百年邮票展""《沧桑凤河的故园家山》新书发布会""凤河非遗课题中期研讨"、六集纪录片《沧桑凤河》脚本二稿创作讨论、"血与火的洗礼——辽金时期精品瓷器展""山西移民地的老照片"等多项展览展示。中宣部、人民网、北京日报客户端等 18 家媒体做了报道。

国际视野首善标准，进行新时代再创造。新的口述版本更加具有时代性，而且越来越变得形象生动，又有强烈的历史文本感。无论新的凤河传说多么新颖，但"南海子、凤凰、辽金时代、凤河"这些质的规定性始终保留到现在。以一篇最新的《凤河传说》文学作品为例。2021 年，卫东海创作的以凤河传说为背景、梧桐和凤凰为意象的《新国门 新大兴》长诗获得中宣部"学习强国"全国征文二等奖，有力地推动了凤河传说的影响力。2019、2020 年大兴区新春团拜会以南海子、凤河为文化背景的诗朗诵由卫东海原创。区文旅局邀请了中央电视台、北京人民广播电台等全国著名播音员组成的朗诵团体朗诵了《南海子》《新国门》作品，诗朗诵效果赢得央视、北京台高度评价。

提炼赓续集体传承方式和文化特点。凤河传说以凤河名称来源、上林苑文明聚合、明清移民文化为主体。传承方式表现为集体传承，传承区域以长子营镇为主体。

19 世纪 80 年代至 20 世纪初，为第一代集体传承人，传承代表为贾永善、尤明山、赵文元、高文清、李秀春、申庆榆，传承特点是本真客观、不加修饰，保持记忆中的原汁原味。20 世纪初至 40 年代，为第二代集体传承人，传承代表为刘长荣、尤宗义、张永禄、祁李秀、李树仁、申悦，传承特点是加入主观倾向，偏向渲染凤凰的悲剧情节、把吉祥善良拟物化。20 世纪 30 年代至 50 年代，为第三代集体传承人，传承代表为贾朝生、尤德芳、冯学文、李瑞堂、李金荣、圣达君，情节上夸大了射杀凤凰的残忍手段，尤其是对辽金元的士兵有了负面的夸大，汉人中心说的民族情绪加重。20世纪50年代至70年代，为第四代集体传承人，传承代表为贾延信、尤春哲、郭振会、任玉何、李树松、申中林，加入了生态文明的成分并强化民族团结、和谐因素。四代传承人表述的内在体验、传递过程的语言感知等美学境界不同，但表达传说的重要元素相同，融合时代的创新、正能量传递等相同。

凤河传说非遗四代传承人谱系如下。

第一代传承人代表：

贾永善（1887年出生），白庙，国家级音乐会传承人

尤明山（1887年出生），再城营，五台八庙讲述人

赵文元（1920年出生），沁水营，神叉老会传承人

高文清（1921年出生），上长子营，良善坡娘娘庙长大

李秀春（1924年出生），李家务，李家务音乐会传承人

申庆榆（1874年出生），潞城营，申氏接骨丹传承人

第二代传承人代表：

刘长荣（1918年出生），白庙，国家级音乐会传承人

尤宗义（1907年出生），再城营，五台八庙讲述人

张永禄（1934年出生），沁水营，神叉老会传承人

祁李秀（1931年出生），上长子营，良善坡娘娘庙道士

李树仁（1940年出生），李家务，李家务音乐会传承人

申悦（1893年出生），潞城营，申氏接骨丹传承人

第三代传承人代表：

贾朝生（1934年出生），白庙，国家级音乐会传承人

尤德芳（1936年出生），再城营，五台八庙讲述人

冯学文（1956年出生），沁水营，神叉老会传承人

李瑞堂（1937年出生），上长子营，良善坡娘娘庙模型制作者

李金荣（1946年出生），李家务，李家务音乐会传承人

圣达君（1936年出生），潞城营，申氏接骨丹传承人

第四代传承人：

贾延信（1945 年出生），白庙，国家级音乐会传承人

尤春哲（1955 年出生），再城营，五台八庙讲述人

郭振会（1964 年出生），沁水营，神叉老会传承人

任玉何（1961 年出生），下长子营，凤河文化传承者

李树松（1977 年出生），李家务，李家务音乐会市级非遗申报者

申中林（1955 年出生），潞城营，申氏接骨丹传承人

主要参考文献

［1］顾祖禹 . 读史方舆纪要［M］. 北京：中华书局，1955.

［2］励宗万 . 京城古迹考［M］. 北京：北京古籍出版社，1981.

［3］熊梦祥 . 析津志［M］. 北京：北京古籍出版社，1983.

［4］叶隆礼 . 契丹国志［M］. 上海：上海古籍出版社，1985.

［5］于敏中，等 . 日下旧闻考［M］. 北京：北京古籍出版社，1983.

［6］潘锡恩，等 . 嘉庆重修一统志［M］. 影印本，北京：中华书局，1986.

［7］宇文懋昭 . 大金国志校证［M］. 北京：中华书局，1986.

［8］北京辽金城垣博物馆 . 北京元代史迹图志［M］. 北京：北京燕山出版社，2009.

［9］北京文物研究所 . 北京考古四十年［M］. 北京：北京燕山出版社，1990.

［10］陈宗蕃 . 燕都丛考［M］. 北京：北京古籍出版社，1991.

［11］大兴县地名志编辑委员会 . 北京市大兴县地名志［M］. 北京：北京出版社，1992.

［12］北京市档案馆 . 北京寺庙历史资料［M］. 北京：中国档案出版社，1997.

［13］北京百科全书编委会 . 北京百科全书·大兴卷［M］. 北京：北京奥林匹克出版社，2001.

［14］北京市大兴县志编纂委员会 . 大兴县志［M］. 北京：北京出版社，2002.

［15］张茂节，李开泰等 . 大兴县志［M］. 北京：北京古籍出版社，2002.

［16］政协文史资料办公室 . 北京文史资料精选·大兴卷［M］. 北京：中国文史出版社，2006.

［17］中共北京市委党史研究室 . 中国共产党北京市大兴区历史大事记（2001—2013）［M］. 北京：中央文献出版社，2015.

［18］温卫东，谢荫明，陈煦 . 大兴改革开放三十年［M］. 北京：中央文献出版社，2008.

［19］孙奂仑 . 洪洞县志［M］. 山西：山西人民出版社，l992.

［20］景大启 . 增广山西洪洞古大槐树志［M］. 山西：洪洞县积祥斋石印局，

1932（民国二十年）.

［21］胡宗虞等修，吴命新等纂．临县志［M］．铅印本，1917（民国六年）.

［22］李吉．姓氏总论［M］．北京：气象出版社，1999.

［23］刘涛．刘氏族谱（平遥）［Z］．手抄本，1895（清光绪二十一年）。

［24］白鹤修，史传远纂．武乡县志［M］．刊本，1790（清乾隆五十五年）.

［25］皇甫振清等修，李光宇等纂．续修昔阳县志［M］．手抄本，1914（民国三年）.

［26］霍殿鳌等纂．马邑县志［M］．铅印本，1918（民国七年）.

［27］洪汝霖等修，杨笃纂．天镇县志［M］．铅印本，1890（清光绪十六年）修，1935（民国二十四年）重刊.

［28］卢承业原本，马振文等增修，王有宗校订．偏关志［M］．铅印本，1914（民国四年）.

［29］孙奂仑修，韩垌等纂．洪洞县志［M］．铅印本，1917（民国六年）.

［30］殷俊玲收集．生意论［Z］．手抄本.

［31］张互，萧光汉，等．芮城县志［M］．铅印本，1923（民国十二年）.

［32］余宝滋修，杨铍田等纂．闻喜县志［M］．石印本，1919（民国八年）.

［33］李凯明修，耿步蟾纂．灵石县志［M］．铅印本，1934（民国二十三年）.

［34］段金成等纂修．永和县志［M］．抄本，1931（民国二十年）.

［35］杨世璜等修，王锡侦、宋思本等纂．安泽县志［M］．铅印本，1932（民国二十一年）.

［36］李培谦监修，阎士骧纂辑．阳曲县志［M］．1843（清道光二十三年）修，1932（民国二十一年）重印.

［37］刘玉玑、仇曾祐修，胡万凝纂．太谷县志［M］．铅印本，1931（民国二十年）.

［38］刘建民收藏．武氏家书（祁县）［Z］．手抄本.

［39］李侃、胡谧纂修．山西通志［M］．刻本，1475（明成化十一年）.

［40］王轩等纂修，孙安邦点校．山西通志［M］．北京：中华书局，1990年.

［41］孙和相、戴震纂．汾州府志［M］．刻本，1771（清乾隆三十六年）.

［42］冯秋航．山西乡土志［M］．影印本，1910（清宣统二年）.

［43］杨国泰纂修．太原县志［M］．1826（清道光六年）.

［44］王植纂修．介休县志［M］．刻本，1692（清康熙三十一年）修，1696（康熙三十五年）刻，1698（康熙三十七年）补刻重印.

［45］费淳，沈树声纂修．太原府志［M］．刻本，1783（清乾隆四十八年）.

［46］常赞春．山西献征［M］．铅印本，1936（民国二十五年）.

［47］张嘉言纂．寿阳县志［M］．刻本，1882（清光绪八年）.

［48］郑立功等编纂.水文县志［M］.刻本，1673（清康熙十二年）.

［49］阎士骧纂辑.阳曲县志［M］.刻本，1843（清道光二十三年）.

［50］恩瑞修，武达才等纂.平遥县志［M］.刻本.1882（清光绪八年）.

［51］俞世铨修，王平格等纂.榆次县志［M］.刻本，1863（清同治二年）.

［52］张全海重修.张氏宗谱［M］.铅活字本，1998年.

［53］赵冠卿.太谷县志［M］.刻本，1886（清光绪十三年）.

［54］王道一、王景符等.汾州府志［M］.刻本，1609（明万历三十七年）.

［55］马丕瑶、魏象乾修，张承熊纂.解州志［M］.刻本，1882（清光绪七年）.

［56］成连增等.文水乡土志［M］.铅印本，1909（清宣统元年）.

［57］李培信.文水县志［M］.山西：山西人民出版社，1994.

［58］榆次市地方志编纂委员会.榆次市志［M］.北京：中华书局，1996.

［59］俞廉三纂修，杨笃参订.代州志［M］.山西：三晋出版社，2016.

［60］武福长.汾阳县宜柴堡村志［M］.山西：山西高校联合出版社，1995.

［61］陈时纂修.祁县志［M］.刻本，1776（清乾隆四十年）.

［62］徐昭俭修，杨兆泰纂.新绛县志［M］.铅印本，1929（民国十八年）.

［63］行龙收集.贾令镇志［Z］.手抄本.

［64］沈凤翔纂修.稷山县志［M］.石印本，1865（清同治四年）.

［65］言如泗总修，韩夔典纂修.平陆县志［M］.石印本，1933（民国二十一年）.

［66］崔澄寰、王嘉会纂修.续修隰州志［M］.刊本，1898（清光绪二十四年）.

［67］巫慧修，王居正纂.蒲县志［M］.1753（清乾隆十八年）刊本，1933（民国二十二年）重印本.

［68］郭晋修，管粤秀纂.太谷县志［M］.刊本，1795（清乾隆六十年）.

［69］李遵唐纂修.闻喜县志［M］.刊本，1765（清乾隆三十年）.

［70］贠佩兰修，杨国泰纂.太原县志［M］.刊本，1826（清道光六年）.

［71］太原市政协文史资料研究委员会.太原文史资料［M］.太原市政协文史资料研究委员会，1987.

［72］太原市南郊区政协文史资料研究委员会.晋阳文史资料［M］.太原市南郊区政协文史资料研究委员会，1990.

［73］方戊昌修，方渊如纂.忻州志［M］.刻本，1880（清光绪六年）.

［74］言如泗修，吕滗、郑必阳纂.解州安邑县志［M］.刊本，1764（清乾隆二十九年）.

［75］马家鼎修，张嘉言纂.寿阳县志［M］.刊本，1882（清光绪八年）.

［76］傅山.霜红龛集［M］.刻本，1854（清咸丰四年）.

［77］李凯朋修，耿步蟾纂.灵石县志［M］.铅印本，1934（民国二十三年）.

［78］方家驹、庆文修，王文员纂.汾阳县志［M］.刻本，1884（清光绪十年）.

［79］武先慎修.武氏家谱（山西太谷）［Z］.手抄本，1791（清乾隆五十六年）.

［80］张鸿逵、茅丕熙修，韩子泰纂.续修曲沃县志［M］.刻本，1880（清光绪六年）.

［81］曹宪等修，周桐轩纂.续修汾西县志［M］.刻本，1881（清光绪七年）.

［82］王道隆，王道彰.山西寿阳王氏家谱［M］.刻本，1848（清道光二十八年）.

［83］太谷程素仁收藏.县署日抄［Z］.手抄本.

［84］榆次陈小健收藏.拣选袖珍便览［Z］.手抄本.

［85］殷俊玲收集.陈汝安岳丈手记［Z］.手抄本.

［86］殷俊玲收集.书信［Z］.手抄本.

［87］侯生荫记，殷俊玲收集.书信［Z］.手抄本.

［88］段志先.友山书屋吟草［Z］.手抄本，1904（清光绪三十年）.

［89］张家骐，盂阳续修.张氏族谱［M］.活字本，1899（清光绪二十五年）.

［90］竺国亨.山西汾阳竺氏宗谱［M］.刻本，清乾隆年间.

［91］王梦鹏.灵石王氏族谱［M］.木刻本，1785（清乾隆五十年）.

［92］祁县民报［N］.1925（民国14年）.

［93］张诚.平遥说古［Z］.内部刊印.

［94］盂家祠堂账本［Z］.手抄本.

［95］平遥西赵董氏宗祠轶事录［Z］.油印本.

［96］曹润堂.木石庵诗选［Z］.曹氏家藏本.

［97］交城田瑞收藏.路程［Z］.手抄本.

后 记

凤河，曾是北京的母亲河——永定河故道，也是永定河潜水溢出带形成的南海子团河的"血脉"，同时又是滋养明代上林苑和宫廷筵宴农业生产资料供应基地的"动脉"。凤河源头的北京大兴，一个充满传奇色彩的区域。凤河传说在大兴申遗成功，是永定河文化的一个重要亮点，这份西山永定河文化带沉甸甸的厚重文化遗产，是馈赠给大兴人民无尽的精神财富。如何将凤河传说打造成特色文化品牌，进而提升影响力，也是大兴区文化发展中，需要用实践理性回应的命题。

这些年来，大兴区持续加强对文化课题研究的指导策划，在凤河文化研究中，凤河流域中心区域的长子营镇最为积极主动、超前谋划、统筹聚力，其他相关镇（村）纷纷参与凤河文化挖掘，取得了初步成果。"凤河三部曲"的《凤河岸上长子营——北京大兴区凤河流域明清移民文化考略》《沧桑凤河的故园家山》已正式出版，该书为第三部关于凤河非遗研究的最新成果。可以说，凤河文化研究在史料收集、学术研讨、典籍梳理、活动策划、机制创新和品牌效能等方面，取得的成效可圈可点。

为了充分挖掘和利用凤河传说非遗文化资源，在大兴区委宣传部的策划指导下，一批心怀共同使命感的文化志愿者团队，在努力钩沉凤河流域民间传说、文献史料、田野调查资料、访谈录音基础上，结合凤河流域村镇文旅融合新业态，积极寻找促进凤河传说文化品牌构建的突破点，以期寻找出凤河传说非遗转化的新路径。

非遗研究是一项艰苦的工作，需要大量的资料积累和考证。十几年来，大兴区历届领导和凤河流域的乡镇一直支持文化志愿者团队，尤其是长子营镇。本书形成过程中，长子营镇的赵建红、王坡、黄浩、周放等同志给予了大力支持，王颖、李万兴和万文平同志，在协助开展资料收集中功不可没。常言道："薄而育之，以至于丰；弱而培之，以至于充"，众人拾柴火焰高，加之流域内其他镇的配合，终使这条过去名不见经传的河流成为新国门的一张非遗名片。

本书是集体智慧的结晶。卫东海指导统筹了全书的逻辑结构、调研的方案设计，撰写了课题作者之外的章节并对全书做了最后统稿；北京联合大学阮海云副教授撰写了本书第二章、第六章、第七章、第八章、第十二章、第十三章、第十四章；任鑫、云章为主的资料收集团队整理、撰写、考证了 20 个传说和第十一章的第四节、第五节及第十五章第七节和凤河传说申遗的文案起草、影视资料的拍摄整理；李少白修订了全书的注释、注解和第三章第五节、第六节；侯文学指导、校订了全书的考据、历史资料，并对民间传统的 30 余处史料知识点进行了校正。本书在调研过程中，元丰大观（北京）民俗文化交流中心全力资助调研、史料收集，组织志愿者积极服务于凤河传说申遗的全过程，用企业家的担当助推了凤河非遗文化研究。山西省三晋研究会、聚缘堂艺术品鉴定中心、三晋艺术馆、半山草堂书院、右玉古泉馆藏的友人和高校、机关的同人给予了资料查询的许多便利，在此，一并感谢。

2023 年 5 月